데이터베이스 처리

김성규 · 고진광 지음

HS 도서출판 한산

머리말

이 책에서 데이터베이스를 설계하고 데이터베이스 기반 응용 프로그램 작성하기 위한 기본적인 방법에 대해 설명하였습니다. 현재 정보화 사회의 근간이 되는 데이터베이스 기술을 요하는 응용 분야가 점점 증가하고 있기에 데이터베이스 기술을 익히면 많은 도움이 되리라 생각합니다. 기업에서 데이터베이스 기술의 이점에 대해서는 잘 알고 있으나 데이터베이스 기술을 잘 이해하고 활용할 줄 아는 전문가는 드뭅니다. 따라서 이 책에서는 기업에서 요구하는 데이터베이스 기술과 구현 방법을 소개하고자 합니다. 추상적인 개념을 실제로 구현하여 보는 것만큼 중요한 것은 없기에 실례를 위해 현재 가장 많이 사용되고 있는 데이터베이스 관리 시스템인 MS 액세스, MS SQL Server 그리고 오라클(Oracle)을 통해 데이터베이스 기술을 학습합니다. 다음의 일정으로 학습을 진행하면 좋을 것이라 판단됩니다.

1주차	데이터베이스 소개
2주차	개체 관계 모델
3주차	정규화와 함수종속성
4주차	관계 모델
5주차	관계 대수와 SQL
6-11주차	MS Access / MS SQL Server / Oracle 실습 (5 주)
12주차	웹과 데이터베이스
13주차	데이터베이스 관리
14주차	최신 데이터베이스

이 책은 대학 및 전문대학의 컴퓨터 기본 과정을 익힌 학생이면 누구나 쉽게 이해할 수 있도록 집필하려고 노력하였으나 아직 미비한 점이 많으리라 생각합니다. 특히 웹과 데이터베이스 그리고 데이터베이스 시스템 개발 실무를 위해 JAVA에 관한 지식이 도움이 되리라 판단됩니다. 이 책의 미흡한 내용은 계속 수정 보완해 나갈 것을 약속드립니다.

끝으로 이 책이 완성되기까지 작업을 시작하지 못하고 머뭇거릴 때 많은 도움을 준 여러분께 감사드립니다.

2018. 12. 25
김성규
고진광

차례

제3장 관계 모델과 정규화 _ 47

제4장 관계 데이터 모델 _ 67

제5장 관계 대수와 SQL _ 81

제6장 액세스(Access) _ 117

제9장 웹과 데이터베이스 _ 323

제10장 데이터베이스 관리 _ 359

제11장 데이터베이스 경향 _ 373

DATABASE

CHAPTER

01

데이터베이스 처리

1.1 정보화 사회

인간은 태초부터 실 세상에 관한 이해를 어떻게 건 표현하려 하였는데 이를 자료(data)라 한다. 자료는 사실(fact)을 의미하는 라틴어의 datum으로부터 유래되었으나 항상 구체적이며 실재하는 사실을 뜻하는 지는 않는다. 의미 있는 기록할 수 있는 사실이면 자료가 된다. 과거 자료는 동굴 벽화, 이집트의 파피루스(papyrus)에서 알 수 있듯 그림, 상형문자, 글 등을 이용하여 종이나 돌 등에 기록되었다. 일반적으로 이런 자료의 기록은 자료와 그 자료에 대한 해석이 같이 수반되었다. 예를 들면, 키가 178cm 이라는 문장은 자료, 178과 이 자료의 해석, cm로 나타낸 키를 뜻한다. 실제 자료와 의미로 이루어진 문서에서는 새로운 자료의 삽입, 삭제, 변경이 어렵고 검색은 자료의 양이 증가하면 할수록 신속성이 떨어져 컴퓨터가 도입되면서 이런 방식의 처리는 사라지게 되었다. 컴퓨터의 사용은 자료와 그 자료에 대한 해석의 분리를 야기하였다. 사람이 사용하는 언어를 컴퓨터를 이용하여 그대로 표현하고 처리하기 용이하지 않기 때문이다.

컴퓨터의 활용 분야는 크게 자료처리 시스템, 개인 업무, 과학 연구, 공정 제어, 교육 그리고 인공 지능으로 나눌 수 있다. 그림 1-1은 최근 데이터베이스 시스템과 같은 자료 처리 시스템이 전체 영역 안에서 차지하는 비중을 보여 준다. 컴퓨터의 주요 활용분야는 자료처리 시스템이며 컴퓨터 및 스마트기기의 대중화와 인터넷의 발달로 점점 더 증가하고 있다.

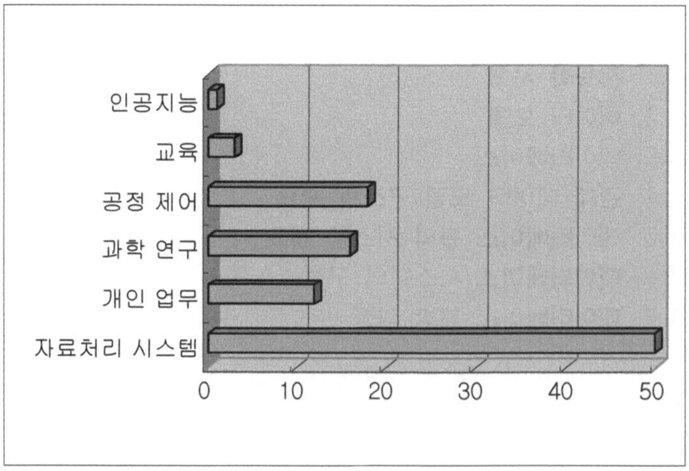

그림 1-1 • **컴퓨터의 활용 분야**

대부분의 컴퓨터 응용에서 컴퓨터 시스템을 이용하는 주된 이유는 데이터를 저장하고 액세스하기 위해서이다. 컴퓨터 시스템에 저장되는 데이터는 문자, 수자 등의 단순 데이터에서부터 오디오, 비디오, 이미지 등의 멀티미디어 데이터까지 다양하며 일반적으로 방대한 양의 데이터를 컴퓨터 시스템을 이용하여 관리하고 처리하고 있다.

정보의 가치를 객관적으로 측정하기 위한 척도의 하나가 불확실성이다. 어떤 사건이 발생할 지 안 할지를 정확히 안다면 불확실성은 0이 된다. 정보의 가장 큰 역할은 이런 불확실성을 감소시키는 기능이며 정보의 가치는 불확실성을 감소시키는 정도로 측정할 수 있다. 정보 데이터를 관리하고 처리하기 위한 방법으로 종래에는 각 조직의 데이터를 보조기억장치에 저장하고 관리하기 위해 프로그래밍 언어로 구현한 파일 시스템이 많이 쓰였으나 현재는 데이터베이스 관리 시스템(DataBase Management System; DBMS)을 이용하고 있다.

그림 1-2에서 보듯 파일 시스템을 사용하는 경우에는 인사과와 총무과의 서로 다른 컴퓨터 시스템으로 인해 혹은 같은 하드웨어에 같은 운영체제 같은 언어로 작성된 파일 시스템일지라도 두 부서의 서로 다른 하드웨어 혹은 서로 다른 운영체제 혹은 같은 하드웨어와 운영체제를 사용한다 해도 개발언어와 파일 구조가 달라 인사과와 총무과 사이의 데이터의 공유가 이루어질 수 없었다. 그리고 파일 시스템에서는 파일 단위로만 검색, 갱신, 실행 권한을 사용자 별로 나누어 배정하므로 사용자의 다양한 권한에 따른 세밀한 수준(예, 레코드) 단위의 접근제어를 시행하기 어려워 보안이 미흡하다.

데이터 종속이란 데이터와 응용 프로그램간의 상호의존 관계를 말하는데 파일시스템에서는 데이터 파일의 형태, 구조, 접근 방법 등이 응용 프로그램에 상세히 명시되어

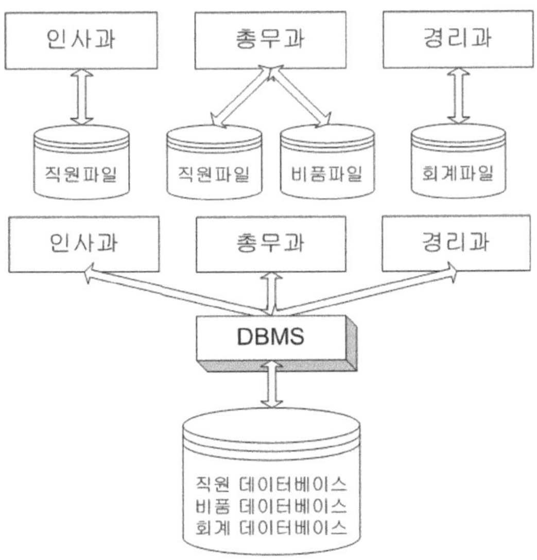

그림 1-2 • **파일 시스템과 데이터베이스 시스템**

야만 한다. 그러므로 파일의 변경이 있게 되면 그 파일을 이용한 모든 응용프로그램들은 변경된 내용에 맞게 모두 수정되어야 한다.

파일시스템에서는 개체에 새로운 속성이 추가 되었을 때 파일 시스템은 그 개체를 사용하는 모든 응용 프로그램이 수정되어야만 하지만 데이터베이스 시스템에서는 그 개체를 사용한다하더라도 그 속성을 사용하지 않는 응용 프로그램은 수정할 필요가 없다.

데이터베이스 시스템을 사용하면서 데이터의 공유가 가능하여 하나의 직원 데이터베이스 파일을 유지하여, 두 개의 같은 내용을 유지함으로써 발생할 수 있는 기억 공간의 낭비와 한쪽의 데이터는 갱신하고 다른 쪽의 같은 데이터를 갱신하지 않음으로써 발생하는 불일치(inconsistency) 문제를 해결할 수 있게 되었다.

게다가 데이터베이스의 사용으로 작업의 표준화가 가능하다. 데이터의 구조, 형식 등의 표준화에 의한 데이터 통합으로 데이터베이스가 구성되므로 해당 기관의 작업, 행정 등에서 표준화가 가능하다. 조직의 여러 부서의 요구사항이 분석되어 데이터베이스에 반영되고 새로운 변경 사항 등이 집중되어 관리되므로 조직의 변화, 요구사항들의 균형적인 반영이 가능하다.

현재 급변하고 전역화되어 가는 경쟁 사회에서 기업체와 같은 조직에서의 효율적인 의사 결정은 적절한, 정확한, 신뢰할 수 있는 데이터를 여하히 확보하고 유지하는가에 달려 있다. 의사 결정(Decision Making)은 주어진 수치 또는 문자 자료를 가공하여 정보로 생성하여 추론을 통해 문제에 대한 최선의 답안을 내는 인간 본연의 행위이다. 이처럼 자료를 가공하여 정보를 생산하는 작업을 정보 처리(Information Processing)라 하며 데이터베이스는 정보 처리 작업을 효과적으로 수행할 수 있도록 지원하는 필수적인 도구라 할 수 있다.

1.2 데이터 모델

데이터의 본질은 한 조직의 활동에 여러 모로 의존하고 있다. 예를 들어 대학에서는 학생, 교수, 강좌 등의 여러 계층의 개체(entity)를 다룬다. 따라서 적절한 데이터 모델이 개체와 그 들 사이의 관계를 나타내며 조직의 서로 연관된 개체 자료는 데이터베이스 내에 저장된다.

자료 제공에 효율적이기 위해서 자료는 효과적으로 처리할 수 있도록 되어 있어야 한다. 자료 모델링에 있어 자료를 실제에 가깝게 나타내려 하고 있다. 그러면서도 컴퓨터에 의해 잘 처리될 수 있게 하여야 하는데 이 두 목적은 상반되는 개념이다. 주어진 응용에 가장 잘 맞는 자료 구조를 만들기 위해서 자료의 의미를 담는데 중요한 특성을 이해하여야 하며 이 특성들은 자료가 어떻게 구성되고 처리되는지를 명시하는 일반적 문장으로 표현 가능해야 한다.

데이터베이스 응용에 있어 데이터 모델은 추상적 개념을 제공한다. 추상적 개념은 응용에 연관된 것을 상세하게 보여주나 관계가 없는 것은 숨겨주는 역할을 한다. 데이터 모델링은 관심 있는 개체(entity)와 개체들 사이의 관계를 찾아내어 표현하는 것을 말한다. 과거 25 년간 많은 데이터 모델이 개발되었다. 이 모델들은 개체들 사이의 관계를 표현하는 방법에 있어 서로 다르다. 데이터 모델에는 현재 많이 쓰이고 있는 관계 데이터 모델과 개체 관계 모델(Entity Relationship; ER) 모델외에 관계 데이터 모델 이전의 계층(Hierarchical) 데이터 모델, 네트워크(Network) 데이터 모델이 대표적이다.

계층 데이터 모델에서는 데이터를 부모와 자식과의 계층 관계처럼 레코드를 계층에 따라 데이터 구조를 만든다. 네트워크 모델은 데이터 구조가 그래프 구조에 기반한 형태로 계층 데이터 모델을 포용할 수 있다. 계층 데이터 모델에서는 부모-자식의 일대일/다 관계만 존재하지만 네트워크 모델에서는 다대다 관계도 허용된다.

관계 데이터 모델에서는 값에 의해 관계(relationship)가 형성되지만 계층 또는 네트워크 데이터 모델에서는 링크(link)에 의해 관계가 형성된다. 이런 링크는 일반적으로 일대다 관계를 나타낼 수 있으나 네트워크 데이터 모델에서는 보다 복잡한 다대다 관계를 나타낼 수 있다는 점이 다르다. 또한 네트워크 데이터 모델에서는 링크에 이름이 붙지만, 계층 데이터베이스에는 없다.

계층 데이터 모델은 관계 타입이 기능적이어야 하고 트리(tree) 형태를 가져야 한다는 두 가지 중요한 제약이 있다. 계층 데이터베이스가 일반적으로 표현하고 관리하기 쉬우나 응용 시스템에 따라서는 사용되는 데이터의 형태가 모두 트리 구조를 갖지 않기에 경우에 따라 적당하지 않을 수도 있다. 게다가 계층 구조는 비 대칭적이기에 데이터베이스 응용 프로그램 작성이 관계 데이터 모델보다 어려우며 따라서 디버그(debug)하고 관리하는데도 어려움이 따른다. 계층 구조는 더군다나 데이터의 입력, 삭제, 갱신 시 예외 현상(Anomaly)이 일어날 수도 있다.

네트워크 데이터 모델은 계층 구조보다는 다대다 응용을 모델화하기에 유리하다. 네트워크 데이터베이스 파일의 내부 구조는 계층 데이터베이스의 그 것보다 훨씬 복잡하며 네트워크 구조는 계층 구조보다는 대칭적이지만 응용 프로그램은 관계 데이터베이스의 그 것보다 복잡하다. 네트워크 데이터베이스의 근본적인 단점은 데이터 구조

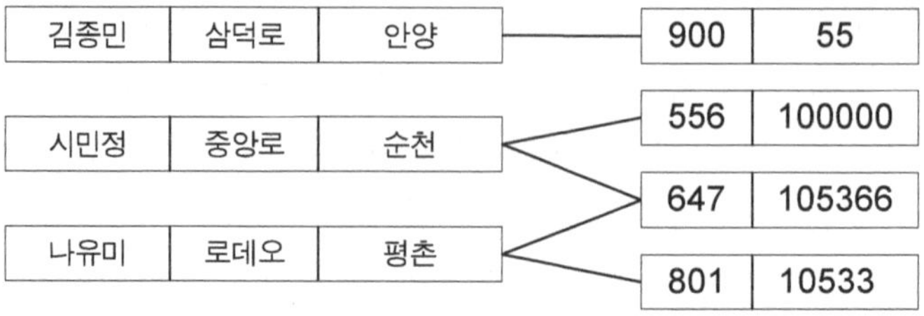

네트워크 데이터 모델

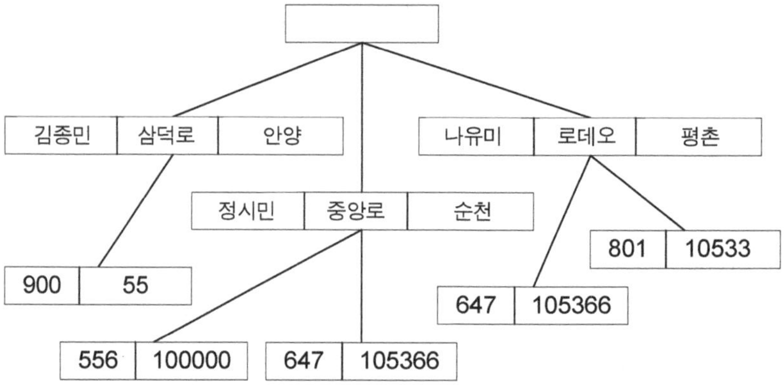

계층 데이터 모델

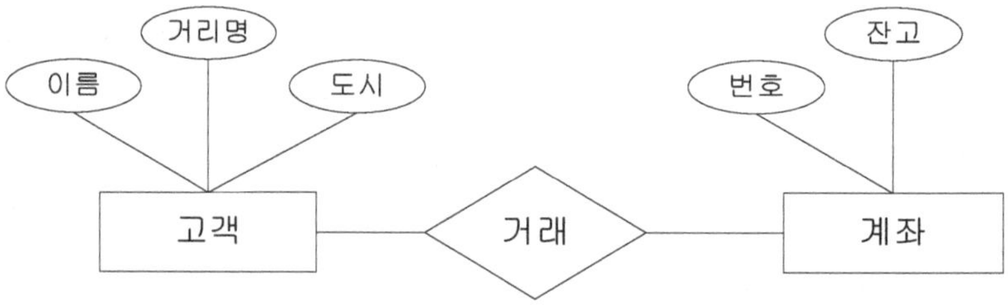

ER 모델

이름	거리명	도시	계좌번호
김종민	삼덕로	안양	900
정시민	중앙로	순천	556
정시민	중앙로	순천	647
나유미	로데오	평촌	647
나유미	로데오	평촌	801

계좌번호	잔액
900	55
556	100000
647	105366
801	10533

관계 데이터 모델(Relational Database)

그림 1-3 ● **데이터 모델**

자체와 DML(Data Manipulation Language)의 복잡성에 기인한다. 그림 1-3은 고객과 은행 계좌 관련 내용을 네트워크 데이터 모델, 계층 데이터 모델, ER 모델 그리고 관계 데이터 모델로 나타낸 것이다.

E. F. Codd에 의해 제안된 관계 데이터 모델은 데이터의 구조와 데이터 조작/처리(manipulation) 연산을 기술한다. 초기에는 관계 데이터 모델의 구현 시 성능문제가 있었으나 하드웨어의 발달과 효율적인 구현 기법의 발달로 이러한 문제는 해소되어 상당히 많이 보급되었다. 이런 많은 보급의 주된 요인은 관계 데이터 모델의 간단성에 기인한다. 관계 데이터 모델에서는 데이터가 일상생활에서 흔히 쓰이는 개념적 표현법인 테이블(table)형태를 사용하여 쉽게 배울 수 있다. 게다가 이론적 근거가 튼튼한 수학의 관계에 토대를 두고 있다는 점도 주목할 만한 장점이다.

관계 데이터 모델과 같은 데이터 모델은 데이터베이스 내에 무엇이 저장되는지 그리고 그 들 사이의 연관 관계(relationship)을 형상화하기 위한 개념 도구이다. 데이터 사이의 연관 관계는 세 가지 형태, 일대일(one-to-one), 일대다(one-to-many), 다대다(many-to- many) 관계가 존재한다. 일대일 관계에서 하나의 개체는 단지 하나의 개체에만 연관되며 그 역도 역시 마찬가지이다. 예를 들어 한 학과에는 한 명의 학과장이 있고 한 명의 학과장이 한 학과를 관리한다. 일대다 관계에서는 한 교수가 여러 과목을 가르치거나 한 저자가 여러 권의 책을 저술하듯 하나의 개체가 여러 개의 개체와 연결된다. 다대다 관계에서는 한 학생이 여러 과목을 수강하고 한 과목에 여러 수강생이 등록하는 것처럼 여러 개체가 여러 개의 개체와 연결된다.

데이터 모델링할 때 사람, 장소, 물건, 사건 등은 개체(entity) 또는 객체(object)로 개념화 된다. 예를 들어, 대학의 경우, 흥미로운 개체로 학생, 교수, 강좌, 학과, 대학, 직원 등이 있을 수 있다. 각 개체는 속성(attribute, property)의 집합으로 특징지어 진다. 예를 들어 학생을 모델화할 때 학번, 이름, 학년, 전공, 전화 번호 수강 과목, 그리고 수강 과목 평점 등이 의미 있는 속성이 될 수 있다. 한 특정 개체를 나타내기 위해 레코드란 용어를 사용하기도 한다. 한 항공편의 레코드는 승객의 이름, 예약번호, 좌석번호, 좌석 등급 등의 서로 다른 속성으로 이루어진다. 같은 형태의 레코드는 하나의 파일로 구성되며 한 파일 내의 하나의 레코드를 유일하게 구별하는 속성을 키(key)라 한다. 항공편의 경우 승객의 이름이나 좌석번호 혹은 예약번호가 키가 될 수 있으나 동명이인이 한 비행기에 탑승할 수 있기에 승객의 이름보다는 예약번호가 좀 더 나은 선택이다. 파일 내의 레코드는 일반적으로 키 값 순으로 정렬된다.

객체지향 데이터 모델은 최근에 데이터베이스 분야에서 많은 관심을 가지는 데이터 모델로서 실세계에 존재하는 객체를 기반으로 객체 클래스(object class), 복합객체(complex objects), 상속(inheritance), 캡슐화(encapsulation) 개념 등을 지원하고 있는 것이 특징이다. 이 모델은 상속개념을 이용하여 새로운 객체 클래스의 정의가 용이하며, 함수의 중복과 우선순위개념을 활용한 일관된 함수 인터페이스 등의 편리성을 제공하므로, 지리정보시스템(GIS: Geographical Information System), 공간데이터베이스(spatial database)나 시공간데이터베이스(spatio-temporal database)의 복잡한 현실세계를 효과적으로 모델링할 수 있는 데이터모델로 평가받고 있다.

관계 데이터 모델에서의 단점은 다양한 데이터 양식의 지원이 미흡하다는 것이다. 반면 객체지향 데이터모텔에서의 한 가지 치명적 결함은 공통된 질의어가 없다는 점이다. 객체 관계 데이터모델(Object Relational Data Model)은 관계 데이터 모델과 객체지향 데이터 모델의 통합으로서 언급된 단점들을 해소할 수 있다. 결국 객체 관계 데이터 모델은 기존의 관계 데이터 모델의 장점과 객체지향 데이터 모델의 장점을 합한 것으로 볼 수 있다. 현재 많은 DBMS 들이 기존의 관계 데이터베이스 엔진에 새로운 기능을 추가하여 객체 관계 데이터베이스를 발전시켜 나가고 있는데 이러한 이유는 객체지향 응용과 기존에 관계 데이터 모델에서 사용해 오던 응용이 공존할 수 있을 뿐만 아니라, 관계 데이터베이스가 제공하는 신뢰성, 확장성, 보안, 질의 최적화 등이 객체기술이 도입되더라도 그대로 보장될 확률이 높기 때문이다.

이제까지의 정보 체계에서 속성이 모여 레코드를 이루고 레코드가 모여 파일을 구성한다는 사실을 알아 봤다. 파일들이 모여 파일의 집합을 이룰 수도 있다. 한 응용 분야나 한 조직의 응용 프로그램에 의해 사용되며 이들 파일의 레코드 사이에 관계가 존재할 때 이런 파일의 집합을 데이터베이스라 한다. 속성, 레코드, 파일, 데이터베이스는 어떻게 구현되고 하드디스크 등의 저장 매체에 어떻게 저장되는지에 대해 언급 없이 사용된다는 점에서 추상적인 용어라 말할 수 있다.

1.3 데이터베이스

데이터베이스(data base)는 직역하면 데이터의 기지이지만 일반적으로 사용자의 실세계를 사용자의 요구에 맞게 컴퓨터에 형상화한 서로 연관이 있는 데이터의 모임이라 말할 수 있다.

데이터베이스의 어원은 1963년 System Development사의 “Development and Management of Computer - Databases” 심포지움에서 처음 사용되었으며 데이터베이스

의 표준화 작업은 1965년 CODASYL의 DBTG(Database Task Group)로부터 시도되었다.

계층 데이터베이스(Hierarchical Database), 네트워크 데이터베이스 (Network Database)에 이어 1970년 E. F. Codd에 의해 관계(Relational) 데이터베이스가 제안되었는데 언급했듯 논리적인 수학적 근거, 구조적 단순성으로 인해 계층 데이터베이스와 네트워크 데이터베이스를 대체한 데이터베이스로 자리잡았다. 또 1986년에는 관계 데이터베이스를 위한 데이터베이스 독립적인 언어인 SQL(Structured Query Language)이 표준으로 채택되었으며 현재 관계 데이터베이스와 관계 데이터베이스에 객체 지향 개념이 첨가된 객체 관계(Object Relational; OR) 데이터베이스가 주류를 이루고 있다.

대학의 학사 업무에 대한 관계 데이터베이스에 대해 생각해보자. 학생을 네 개의 속성을 지닌 개체로 모델하였다. 테이블의 각 레코드는 하나의 논리 레코드로 간주한다. 각 학생은 학번에 의해 유일하게 확인되는데 이를 기본 키(primary key)라 한다. 학생 파일의 레코드는 학번 순으로 나열하였다. 실제 시스템에서는 이보다 많은 속성이 존재할 수도 있다. 두 번째 테이블에서는 학생들이 수강할 수 있는 교과목을 나열하고 있다. 각 과목은 세 가지 속성을 지니고 있는데 과목코드가 기본 키가 된다. 세 번째 테이블은 학생과 교과목 사이의 관계를 나타내는 수강과목이다. 같은 과목코드가 여러 번 나열되고 같은 학번이 여러 번 나열되고 있다. 즉, 특정 학생이 수강한 특정 과목에 학점을 부여할 수 있는 다대다 관계를 형성하고 있다.

간단한 데이터베이스에서 이루어지는 연산에 대해 생각해보자. 학생 레코드는 학생 파일로부터 삽입, 삭제, 갱신이 이루어지고 교과목 파일에서도 마찬가지이다. 수강과목 테이블에도 삽입, 삭제, 갱신이 이루어질 수 있다. 수강과목 테이블에 하나의 새 레코드는 한 학생이 한 과목을 선택한 것을 의미하고 기존 레코드의 삭제는 한 학생이 그 과목을 수강 철회하였음을 의미한다.

학생

학번	이름	전공	전화번호
278123	정시민	국사	123
314182	한성환	회계	456
392044	김혜진	수학	789
412181	김종민	국사	102
673040	나유미	회계	203
821688	박부희	경제	555

교과목

과목코드	시간	강의실
BA200	M-F9	SC110
BD445	MWF3	SC213
BF410	MWF8	SC213
CS150	MWF3	EA304
CS250	MWF12	EB210

수강과목

학번	과목코드	학점
278123	BD445	
314182	BA200	
392044	BD445	
382044	CS250	
673040	BD445	
821688	CS150	

1.3.1 데이터베이스 시스템 활용의 특성

운영 데이터는 조직의 의사결정이나 고유 기능 수행을 위해 필요한 데이터의 집합이다. 단순히 입출력을 위한 데이터나 작업 과정상 일시적으로 필요로 하는 데이터가 아니라 그 조직의 존재 목적이나 기능을 수행하는데 필요한 데이터를 말한다.

데이터베이스가 등장하기 이전에는 이러한 운영 데이터를 주로 파일의 개별적인 데이터 관리 형태를 사용하여 왔다. 기존의 파일시스템과 비교하여 데이터베이스 시스템은 필수적으로 데이터베이스 관리 시스템(Database Management System; DBMS) 소프트웨어가 필요하며 다음과 같은 이점을 제공한다. 데이터베이스 시스템의 이점은 대표적으로 데이터 중복(data redundancy)의 최소화와 데이터의 독립성 보장 또는 공유로 요약될 수 있다. 특히 데이터베이스 시스템의 궁극적인 목적은 응용프로그램이 데이터에 종속되지 않고 독립적으로 사용 될 수 있도록 하는 데 있다. 좀 더 구체적으로 알아보면 다음과 같다.

첫째 데이터 중복의 최소화인데 파일시스템에서 모든 응용프로그램 또는 사용자들은 필요한 데이터의 개별적인 관리로 인한 데이터의 중복이 많이 발생한다. 반면 데이터베이스시스템은 DBMS를 이용한 데이터 은행과 같은 통합 데이터베이스를 유지하므로 데이터 중복을 줄일 수 있다. 하지만 데이터베이스의 경우에도 필요에 따라 최소한의 데이터 중복은 존재할 수 있다.

둘째 데이터 독립성의 보장으로 데이터베이스시스템에서 데이터 독립성은 데이터베이스시스템의 3계층 스키마 구조로 얻어지는 논리적 데이터 독립성(log1cal data independence)과 물리적 데이터 독립성(physical data independence)의 두 가지로 분류된다. 즉, 논리적 데이터베이스 독립성은 데이터베이스시스템의 응용프로그램과 개념 스키마 사이의 데이터 독립성 보장으로 응용프로그램 자체 또는 외부 스키마에 영향을 주지 않고 데이터베이스의 논리적 구조변경이 가능함을 의미한 다. 물리적 데이터 독립성은 논리적인 개념 스키마와 물리적 내부 스키마 사이의 데이터 독립성 보장으로 데이터베이스의 개념구조를 변경하지 않고 데이터베이스의 물리적 구조를 변경할 수 있는 것을 말한다. 여기서 반대로 물리적 구조변경은 데이터베이스의 논리적 개념 스키마에 영향을 주지 않음을 뜻한다. 결국 물리적 데이터 독립성은 응용프로그램이나 데이터베이스의 논리적 구조에 영향을 주지 않고 데이터베이스의 물리적 구조변경이 가능함을 뜻한다. 위의 내용을 요약하면 다음과 같다.

- 논리적 데이터 독립성 - 기존의 파일시스템에서 데이터의 논리적 구조변경은 곧바로 프로그램의 변경을 의미한다. 하지만 데이터베이스시스템에서 논리적 데이터 독립성이란 데이터의 논리적 구조가 변한다고 해도 전체적인 데이터베이스의 논리적인 구조로서 이미 알려진 데이터의 논리적인 구조만 변경하면 응용프로그램은 바꿀 필요가 없음을 의미한다.
- 물리적 데이터 독립성 - 물리적 데이터 독립성이란 하드웨어의 물리적 저장장치의 교체와 같은 물리적 변경이 이루어질 지라도 응용프로그램의 변경 없이 데이터베이스의 물리적 기술 부분의 제한적인 변경만을 의미한다. 기존의 파일시스템에서 물리적인 하드디스크 변경은 곧바로 관련 응용프로그램의 변경을 의미한다. 하지만 데이터베이스시스템은 하드디스크와 같은 물리적 장치가 변경될지라도 단지 실질적인 액세스 모듈의 변경에 의한 개념 스키마는 물론 외부의 응용프로그램은 전혀 변화가 발생하지 않는다.

셋째 데이터의 일관성과 무결성 유지로 파일시스템은 기본적으로 데이터 중복이 불가피하며, 이것은 계속되는 데이터 변경이나 삭제, 추기와 같은 연산으로 데이터의 불일치성 문제가 대두된다. 데이터베이스 관리시스템 사용은 데이터 중복의 최소화에 의한 데이터의 일관성(consistency)을 유지한다. 아울러 데이터 무결성(integrity)이란 데이터베이스에 저장된 데이터와 현실세계에서 측정된 실제 값의 일치성을 의미한다. 데이터베이스 관리시스템은 중앙제어 기능을 통해 데이터베이스 갱신이 발생할 때마다 유효성 검사를 함으로서 데이터의 무결성을 유지한다.

넷째 데이터의 공유로 데이터베이스 관리시스템은 많은 사용자들의 모든 데이터베이스 접근을 통제하는 역할을 수행한다. 즉, 데이터베이스시스템은 다양한 요구사항을 수렴한 통합적 개념 스키마를 통해 데이터의 공유(sharing)가 자연스럽게 이루어진다. 이것은 곧바로 데이터베이스의 갱신, 추가, 삭제와 같은 변경연산으로 인한 데이터베이스의 일관성과 직결된다. 또한 이것은은 여러 응용프로그램들의 데이터를 공유할 뿐만 아니라 새로 개발하는 응용프로그램도 기존의 통합된 데이터베이스의 활용이 가능함을 의미한다.

다섯째 데이터베이스의 사용자 인터페이스 표준화로 데이터베이스 관리시스템은 기본적으로 데이터베이스 정의어(Data Definition Language; DDL)와 데이터베이스 조작어(Data Manipulation Language; DML), SQL(Structured Query Language)에 의한 표준 사용자 인터페이스가 지원된다. 따라서 기존의 파일시스템에서 함수호출에 따른 상이한 인터페이스와 달리 DBMS에서 제공하는 스키마 생성과 변경, 데이터의 삽입, 갱신, 삭제, 검색에 이르는 모든 사용자 인터페이스의 표준화를 지원한다.

이 외에도 데이터베이스 관리시스템은 여러 사용자의 동시 사용으로 인한 동시성 제어기능, 저장매체의 파손과 같은 작업 도중에 발생하는 오류에 대한 복구기능, 데이터베이스의 보안과 안정성 제공, 사용자 요구에 다양한 뷰(views)등을 지원한다. 데이터베이스시스템 활용은 위와 같은 이점을 제공하는 반면 반드시 고비용의 DBMS 소프트웨어가 필요하며, 이로 인한 DBMS의 설치 운용과 데이터베이스 설계와 생성 유지 보수를 위한 숙달된 엔지니어와 기술이 필요하다. 즉, 초기의 데이터베이스 구축비용이 많이 든다. 데이터베이스 관리 시스템은 상당히 크고 복잡하여 상당히 비싸다. 또한 그에 맞는 하드웨어가 필요하며 데이터베이스의 설계에서부터 유지, 보수 관리는 초보자가 할 수 없는 복잡한 작업이다. 조직 전체의 의견이 반영된 데이터 관리를 책임을 질 수 있는 관리자가 필요하다. 유기적으로 연결된 전체의 데이터에 알 수 없는 오류가 발생한 경우 회복을 위한 시간이 더 많이 걸릴 수 있으며 관리의 어려움이 커질 수 있다.

1.4 관계 데이터 모델 구조의 개요

전술하였듯 데이터 모델은 관계 데이터 모델의 관계나 테이블과 같은 데이터 구조, 데이터 구조를 정의하기 위한 언어, 5장에서 학습할 관계 모델의 관계 대수처럼 데이터를 조작하기 위한 언어, 그리고 보안과 무결성을 위한 제약 등을 포함한다. 그림 1-4는 학생 관계를 이용하여 용어를 나타낸 것이다.

관계는 간단히 테이블에 해당한다고 말할 수 있다. 관계의 정의는 스키마에 의해 지정되는데 스키마는 테이블 이름, 속성 집합, 각 속성이 취할 수 있는 값을 포함한다. 속성들의 도메인(domain)은 반드시 서로 다른 것은 아니다. 즉, 속성들의 한 도메인을 공유할 수도 있다. 대부분의 데이터베이스 관리 시스템에서 공식적으로 이 도메인의 정의를 지원하고 있지는 않다. 테이블의 각 행 또는 레코드를 튜플(tuple)이라 한다. 테이블의 열 또는 속성의 개수를 그 관계의 차수(degree)라 한다. 그림 1-4에서 튜플의 수는 6 이고 관계의 차수는 4 이다. 한 속성의 도메인은 하나의 데이터 타입이거나 그 속성이 가질 수 있는 값의 집합이다. 관계의 카디날리티(cardinality)는 한 테이블 내의 튜플의 개수를 의미한다. 이 카디날리티는 시간이 흐름에 따라 레코드/튜플이 삽입되고 삭제되기에 변하기 마련이다.

관계 내의 레코드를 유일하게 구별할 수 있는 속성을 기본 키(primary key)라 한다. 따라서 한 테이블 내의 튜플은 중복될 수 없다. 게다가 테이블 내의 레코드들이 나타나는 순서도 중요하지 않다. 수학적으로 테이블 내의 튜플은 순서 없는 집합이라 볼 수 있다. 또한 한 튜플 내의 속성이 나타나는 순서도 중요하지 않다.

개체 또는 객체는 특성이나 속성을 갖는다. 특정 응용 분야의 문맥 하에서 개체를 특징화 하는 성질을 속성(attribute)이라 한다. 속성의 값은 도메인으로부터 온다. 한 도메인은 같은 데이터 타입의 값들의 집합이다. 즉, 한 도메인의 값들은 동질이다. 도메인은 단순한(atomic) 형태이거나 복잡한 형태이다. 정수의 집합, 실수의 집합, 블리언(boolean) 값의 집합처럼 단순한 형태의 값은 의미의 변화 없이 더 이상 나눌 수 없다. 반면에 복잡한 형태의 도메인으로부터의 값들은 학생 테이블의 속성 주소에 들어갈 값처럼 거리 이름, 번지로 나눌 수 있다. 같은 도메인으로부터의 값들은 서로 비교할 수 있다.

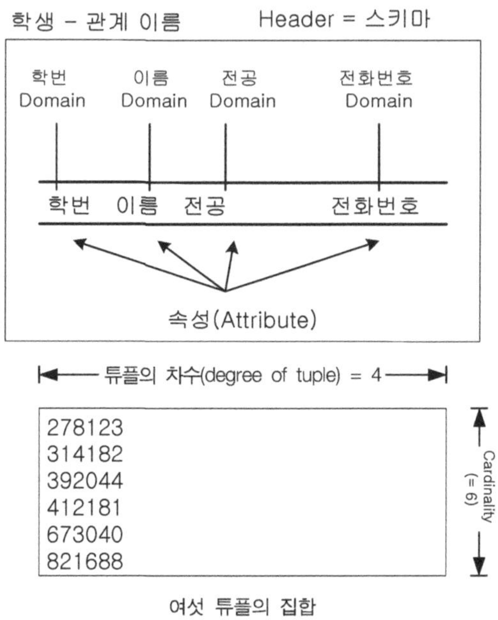

그림 1-4 • **관계 구조**

그림 1-4에서 헤더(header)는 한정된 수의 속성 이름의 집합을 포함한다. 이 헤더를 가끔 관계 스키마 또는 스키마라 하며 데이터베이스 스키마는 이 들 관계 스키마의 집합이다.

1.4.1 데이터베이스 스키마

데이터베이스 스키마는 데이터베이스의 구조, 테이블, 관계(relationship), 도메인, 규칙을 정의한 것이다. 데이터베이스 스키마는 데이터베이스와 데이터베이스 응용 프로그램 작성의 기초가 된다.

데이터베이스 스키마는 무엇이며 왜 중요한지 살펴보자. 어떤 대학의 운동 관련 학과에서 여러 운동 동아리를 위해 여러 종류의 운동 기구를 구비하여 빌려 주고 있는데 이를 빌려간 동아리를 쉽게 파악하기 위해 데이터베이스 시스템을 구축하기로 한다. 이 문제 해결을 위해 두 개의 테이블을 만들었다.

동아리 (동아리대표, 전화번호)
운동기구 (수량, 종류, 빌려간날자, 가져온날자)

여기서 동아리와 운동기구는 테이블 이름이고 괄호 안에 각 열의 이름이 들어 있다. 이 때 동아리 대표와 종류는 각각의 값들이 반드시 유일해야 하는 것은 아니다. 즉, 동아리 대표이름으로 홍 길동 이라는 사람이 두 명 이상 존재할 수 있고, 축구공이 여러 개 존재할 수 있기 때문이다. 이를 해결하기 위해 각 테이블에 다음과 같이 유일한 번호를 더한다.

동아리 (동아리이름, 동아리대표, 전화번호)
운동기구 (종류번호, 수량, 종류, 빌려간날자, 가져온날자)

이 두 테이블간의 관계는 동아리의 각 행은 여러 운동기구와 연결될 수 있지만, 운동기구의 한 행은 반드시 동아리의 한 행에 연결되어야 한다. 이러한 관련성을 1:N, 일대다 관계라 한다. 1:N은 첫 번째 테이블의 한 행이 두 번째 테이블의 여러 행에 연결됨을 말한다. 위 테이블에서는 동아리의 어떤 행이 운동기구의 어떤 행과 연결되는 지가 나타나 있지 않다. 이 연결을 위해 동아리이름을 운동기구의 한 열로 더한다.

동아리 (동아리이름, 동아리대표, 전화번호)

운동기구(종류번호, 수량, 종류, 빌려간날자, 가져온날자, 동아리이름)

이 관계에서 어느 동아리가 주어진 종류번호를 빌려 갔는지 쉽게 알 수 있다. 예를 들어 농구공 3을 빌려간 동아리를 찾는다면 운동기구 테이블에서 농구공 3을 찾고 동아리 이름을 가져온 뒤 동아리 테이블로부터 동아리 대표와 전화번호를 찾아 낼 수 있다.

도메인은 한 열이 가질 수 있는 값의 집합이다. 운동기구의 도메인을 살펴보자. 종류코드와 수량은 둘 다 정수이고, 운동기구 이름은 길이 25의 문자이고 빌려간 날자와 가져온 날자는 모두 날자, 동아리대표이름은 길이 15의 문자열을 도메인으로 갖는다. 물리적 형태 외에 테이블에서 어떤 도메인이 유일해야 하는지 결정해야 한다. 종류번호가 유일해야 한다면 그렇게 정의해야 한다. 한 동아리가 여러 개의 운동기구를 대여받을 수 있기에 동아리 대표이름은 운동기구 테이블에서는 유일하지 않다. 마찬가지로 동아리 테이블에 대한 도메인도 정의되어야 한다.

이러한 테이블의 값이 바르게 유지되기 위한 다음과 같은 규칙이 필요하다.

1. 운동기구를 빌려 가기 위해서는 동아리 대표의 연락 번호가 꼭 필요하다.
2. 한번에 3개 이상의 운동기구를 빌려 갈 수 없다.
3. 빌려 간 운동기구는 한 달 이내에 반환해야 한다.
4. 만약 빌려 간 운동기구를 한 달 이내에 반납하지 않은 동아리는 더 이상 운동 기구를 빌려 갈 수 없다.

규칙은 스키마의 중요한 부분으로 데이터베이스 내의 값이 바르게 유지 될 수 있도록 해 준다. 사용자의 폼에 의해, 질의 갱신에 의해, 또는 응용 프로그램에 의해 값이 변했을 때 DBMS는 이러한 값의 변경이 규칙을 어기는 일이 없도록 해 주어야 한다. 하지만 현재 DBMS는 제한된 약간의 규칙을 제공하고 있으나 점점 더 많은 형태의 규칙을 제공할 수 있는 DBMS 제품이 개발되고 있다. 스키마가 정의되고 나면 DBMS의 테이블 생성 기능을 이용하여 데이터베이스 테이블을 만들게 된다.

1.4.2 관계의 표현

관계의 각 튜플은 적어도 한 개의 유일한 키를 갖고 있기에 개체간의 관계는 쉽게 표현될 수 있다. 데이터베이스 설계에 있어 데이터를 잘 표시할 수 있는 테이블을 만드는 일이 중요하다. 테이블에 많은 속성을 갖게 하면 데이터의 중복이 많아지기에 데이터를 저장하고 갱신하기에 덜 효율적이다. 반대로 테이블에 적은 수의 속성을 갖게 하면 테이블과 테이블 사이의 관계 설정을 하기가 어렵게 되어 흥미로운 사실을 도출할 수 없다.

예를 들어 수강과목 테이블은 학생 개체와 교과목 개체사이의 관계를 나타낸다. 학생과 교과목 사이의 관계는 수강과목(과목코드, 학번, 학점)으로 표현되는데 과목코드와 학번은 각각 교과목 개체와 학생 개체의 기본 키에 해당한다. 학점은 한 학생의 수강 과목에서 얻은 점수를 나타내기 위해 존재한다.

과목코드나 학번을 외래 키(foreign key)라 한다. 수강과목은 한 학생을 교과목에 연결시켜 주는 결합 테이블이다. 이런 형태의 관계에서 실제로 존재하지 않는 새로운 사실이 유추될 수 있다. 결합 테이블에서 사용되는 외래 키 값은 결합된 관계 내에 그에 해당하는 값을 꼭 갖고 있어야 한다. 예를 들어 수강과목 테이블에 과목코드로 CS260이라는 값이 존재하면 이 값이 교과목의 기본 키로 존재해야 한다. 교과목의 과목코드에 없는 값이 수강과목 테이블의 과목코드에 존재해서는 안 된다.

1.4.3 무결성 규칙

관계 모델에는 여러 가지 무결성 규칙이 존재한다. 데이터 모델은 무결성을 보장해야 한다. 급여 프로그램에서 월급 속성을 위한 무결성 규칙은 예를 들면 월급액수가 한정된 범위 내에 존재하는가 이다. 또 다른 무결성은 어떤 개체가 참조되었을 때 그 개체는 반드시 존재하게 하는 것이다.

관계 데이터 모델은 두 가지 일반적인 무결성 규칙을 제공한다. 첫째는 개체 무결성으로 기본 키와 관련된 것이다. 한 속성은 빈(null) 값을 가질 수 있다. 한 속성의 null 값은 그 속성의 값이 알려져 있지 않거나 주어진 실제 개체(entity instance)에 해당하지 않음을 의미한다. 기본 키 값은 null 값이 아니어야 하는데 만약 null 값이 허용된다면 특정 개체를 유일하게 인식하지 못하기 때문이다. 예를 들어 학생 등록 시스템에서 각 학생은 유효한 학번을 가져야 한다. 유효한 학번을 갖지 못한 학생은 유일하게 인식되지 못하기 때문이다. 마찬가지로 수강 과목도 유일한 과목 번호를 가져야 한다. 개체 무결성 규칙은 관계 스키마의 한 속성 A가 기본 키의 일부이면 실제 개체내의 A의 값은 null이 아니어야 한다는 것이다.

또 다른 무결성은 결합 관계(associative relation)에서 볼 수 있다. 교과목과 학생 관계의 기본 키를 외래 키로 하는 수강과목 관계에서 사용되는 외래 키 값은 결합된 관계 내에 그에 해당하는 값을 꼭 갖고 있어야 한다. 또 고객과 판매원의 기본 키를 각각 고객 번호와 판매원 번호라 하자. 만약 한 판매원의 판매원 번호가 고객 테이블의 한 튜플의 속성으로 존재한다면 판매원 관계의 판매원 번호로 이 값이 존재해야만 한다. 하지만 고객의 튜플의 그 속성에 판매원의 번호가 반드시 존재해야 하는 것은 아니다. 이 경우 고객을 도와 준 판매원이 존재하지 않는다는 것을 의미한다. 이런 경우의 무결성을 참조 무결성(referential integrity)이라 한다. 보다 공식적으로 표현하면 관계 A가 다른 관계 B의 기본 키가 되는 하나 이상의 속성을 외래 키로 가지면 A의 특정 개체의 외래 키 값이 B의 키 값으로 존재하거나 외래 키의 값이 null이어야 한다.

1.5 데이터베이스 관리 시스템 개요

데이터베이스 관리 시스템(Database Management System; DBMS)은 사용자가 데이터베이스를 생성하고 관리할 수 있도록 편리한 기능을 제공하는 소프트웨어의 모임으로 현재 널리 사용되고 있는 DBMS에는 SQL(Structured Query Language) 기반의 정형 데이터 처리를 위한 Oracle, MS SQL 등과 NoSQL 기반의 빅 데이터와 같은 비정형 데이터처리를 위한 MongoDB 등이 있다.

초기의 데이터베이스 관리 시스템은 1960 년대 후반 대형 컴퓨터 상에서 수행되었는데 초보적인 기능만을 제공하였다. 그 이후로 데이터베이스 기술의 괄목할 만한 성장을 이루어 현재는 데이터베이스를 효율적으로 처리할 뿐만 아니라 데이터베이스 응용 프로그램을 작성할 수 있는 기능까지 겸비하고 있게 되었다. 특성과 기능 면에서 데이터베이스는 디자인 서브시스템, 런타임(run-time) 서브시스템, 데이터베이스 엔진으로 구분된다.

디자인 서브시스템은 데이터베이스와 데이터베이스 시스템을 설계하고 구현하기 위한 도구를 제공한다. 테이블을 만들고, 폼을 만들고, 질의를 하고, 리포트를 출력하게 하는 것을 포함한다. DBMS는 또한 프로그래밍 언어와 프로그래밍 언어의 인터페이스를 제공한다. 예를 들어 액세스(Access)의 경우 프로그래밍 지식을 많이 요구하지 않는 매크로(Macro) 언어와 Visual Basic을 제공한다. 폼, 질의, 리포트 설계 도구를 이용할 때 이 들 언어는 현재 가능한 범위를 뛰어 넘는 기능을 응용 프로그램에 구현하고자 할 때 사용될 수 있다.

런타임 서브시스템은 디자인 도구를 이용하여 개발된 응용 프로그램을 처리한다. 예를 들어, 액세스는 폼을 구체화하고 테이블의 데이터와 연결시키는 런타임 기능을 갖고 있다. 즉, 학생 테이블로부터 학번을 가져와 폼 내의 문자열 상자에 나타내야 하는 경우 수행 중 폼이 사용되면 런타임(run-time) 프로세서는 현재 학생 테이블로부터 학번을 가져와 화면에 보여 주는 역할을 한다. 이 모든 것이 사용자나 개발자의 수동적 조작 없이 자동적으로 이루어진다. 또 다른 일은 질의에 답을 하고 리포트를 출력하는 일이다. 게다가 데이터베이스 데이터에 대한 요구를 처리해 주는 런타임 프로세서도 있다.

대부분의 DBMS는 C, JAVA, C++과 같은 일반적인 프로그래밍 언어와의 인터페이스를 제공한다. 이들 언어로 작성된 테이블을 만들고 테이블의 데이터를 읽고, 삽입하고, 갱신하는 프로그램을 가능하게 해 주는 서브프로그램 호출 라이브러리도 있다.

디자인 서브시스템, 런타임 서브시스템 그리고 데이터 사이에 DBMS 엔진이 있다. DBMS 엔진은 두 서브시스템으로부터의 테이블, 행, 열로 나타낸 요구를 받아 이 요구를 운영체제에 전달할 보조 기억장치에 읽기, 쓰기 명령으로 번역한다. DBMS 엔진에는 트랜잭션 관리, 동시성 제어를 위한 잠금(locking), 백업(backup)과 회복 등의 기능도 있다. 하나의 트랜잭션은 모든 서브 트랜잭션이 수행되거나 아니면 하나도 수행되지 말아야 하는데 이를 보장할 수 있도록 조절하는 역할을 DBMS 엔진이 한다.

데이터베이스는 사용 주체에 따라 사용자 데이터베이스와 시스템 데이터베이스로 나뉜다. 사용자 데이터베이스는 사용자가 직접 접근하는 것이고 시스템 데이터베이스는 사용자 데이터베이스를 위해 시스템의 작업을 돕는 것으로 데이터사전 또는 시스템 카탈로그라 불리며 데이터베이스 관리 시스템에서 사용된다. 보통 데이터베이스라 하면 사용자 데이터베이스를 말하며 시스템 데이터베이스는 관리자가 필요에 따라 직접 접근하여 원하는 정보를 얻기도 한다. 사용자가 새로운 테이블을 만들거나 기존 테이블을 변경하는 등의 작업이 일어나면 시스템 데이터베이스에 이러한 정보가 반영된다. 즉, 시스템 데이터베이스는 데이터베이스에 포함되는 모든 데이터 객체들에 대한 정의, 명세에 대한 정보를 유지 관리하는 또 다른 데이터베이스인 셈이다. 그래서 데이터에 관한 데이터(data about data)라는 의미로 메타데이터(meta data)라 한다.

데이터베이스 관리 시스템(DBMS)은 사용자와의 인터페이스를 통해 데이터베이스의 내용을 관리한다. 데이터베이스 관리 시스템은 그림 1-5에서와 같이 사용자, 데이터, 소프트웨어, 하드웨어의 네 구성원으로 이루어진다. 데이터베이스 관리 시스템에는 일반 사용자, 응용 프로그래머, 데이터베이스 관리자 등 여러 종류의 사용자가 있다. 일반 사용자는 데이터베이스 시스템의 존재 여부를 인지하지 못하고 사용하는 현금 지급기의 사용자와 같은 사람이다.

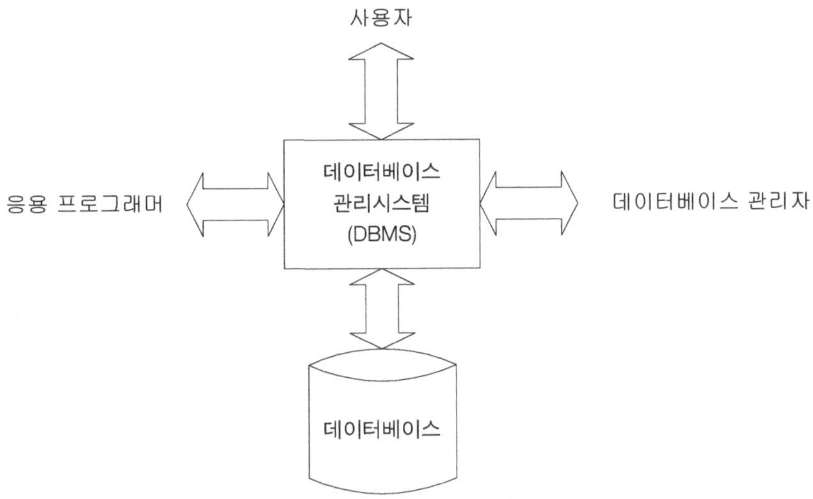

그림 1-5 • **데이터베이스 관리 시스템과 사용자**

좀 더 고급 사용자는 데이터베이스 응용 프로그램을 개발하고 일반 사용자를 위한 인터페이스를 개발하는 응용 프로그래머이다. 이 응용 프로그램은 C, Java과 같은 고급 언어로 작성된다. 가장 능숙한 데이터베이스 사용자는 데이터베이스의 데이터 구조를 관리하고 데이터베이스내의 데이터를 관리하는 데이터베이스 관리자(Database Administrator)이다. 좀 더 정확히 말하면, 데이터베이스 관리자는 데이터베이스의 저장 구조, 사용자와의 연락, 데이터베이스 사용의 인허가, 백업과 회복 기능 그리고 시스템의 성능과 사용자의 데이터베이스 사용 행위 모니터링(Monitoring) 등을 한다.

데이터베이스 관리자(DBA)는 데이터베이스 내에 무엇을 어떤 형태로 저장할지 등 데이터베이스 구조를 정의하는 DDL(Data Definition Language)를 사용하며 사용자 또는 응용 프로그래머는 데이터베이스에 새로운 데이터를 추가하거나, 저장되어 있는 데이터를 변경 혹은 삭제하거나 저장되어 있는 데이터를 조회하기 위해 DML(Data Manipulation Language)를 사용한다. 관계 데이터베이스 표준 언어인 SQL(Structured Query Language)에는 DDL과 DML의 기능을 포함하고 있다.

데이터베이스 관리 시스템은 단일 사용자 혹은 다수 사용자용 일 수 있다. 대부분의 많은 데이터베이스가 다수 사용자용이다. 이러한 시스템에서 데이터는 통합되어 공유된다. 데이터 통합은 데이터를 단일화하여 중복을 줄이기 위함이다. 공유되는 데이터는 여러 사용자가 사용할 수 있다. 다수 사용자 시스템의 또 다른 측면은 동시성 제어(Concurrency Control)이다. 시스템에서 여러 사용자의 한 파일내의 한 레코드로의 동시 접근을 제대로 다룰 수 있어야 한다.

데이터베이스 관리 시스템의 주요 목적은 하드디스크와 같은 보조 기억 장치에 저장된 데이터베이스로부터 사용자를 감추기 위함이다. 또한, 사용자의 요구를 처리하기 위한 자세한 하드웨어 상의 조작을 다룬다. 데이터베이스 내의 데이터를 질의하고 조작하기 위해 응용 프로그래머에 의해 소프트웨어가 만들어진다. SQL(Structured Query Language)과 같은 프로그래밍 언어가 이런 목적에 사용된다.

데이터베이스 관리 시스템의 중요한 기능은 데이터베이스 시스템에서 사용되는 데이터 모델의 지원이다. 하나의 데이터 모델은

1. 데이터 구조, 데이터 사이의 관계
2. 데이터 구조를 정의하고 조작하기 위한 언어
3. 보안, 무결성, 동시성 제어를 위한 제약으로 이루어진다.

1.6 데이터베이스 시스템의 구성

데이터베이스 시스템은 사용자 데이터인 데이터베이스, 메타데이터(metadata), 색인, 응용 프로그램 메타데이터, 쿼리와 응용 프로그램 처리를 위한 소프트웨어와 데이터베이스 접근을 위한 소프트웨어 구성된 DBMS 그리고 응용 프로그램으로 이루어진다.

사용자 데이터는 테이블 형태의 관계로 표현된다. 테이블의 열(column)은 필드(field) 또는 속성이고 행은 특정 개체를 나타내기 위한 하나의 레코드에 해당한다. 정의된 모든 관계가 항상 바람직한 것은 아니다. 어떤 관계는 다른 관계보다 구조가 훨씬 좋다. 3 장에서 가장 바람직한 구조를 갖는 관계를 만들기 위한 정규화(Normalization) 과정에 대해 자세히 다룬다. 잘 된 구조와 잘 못된 구조사이의 차이점을 알아본다.

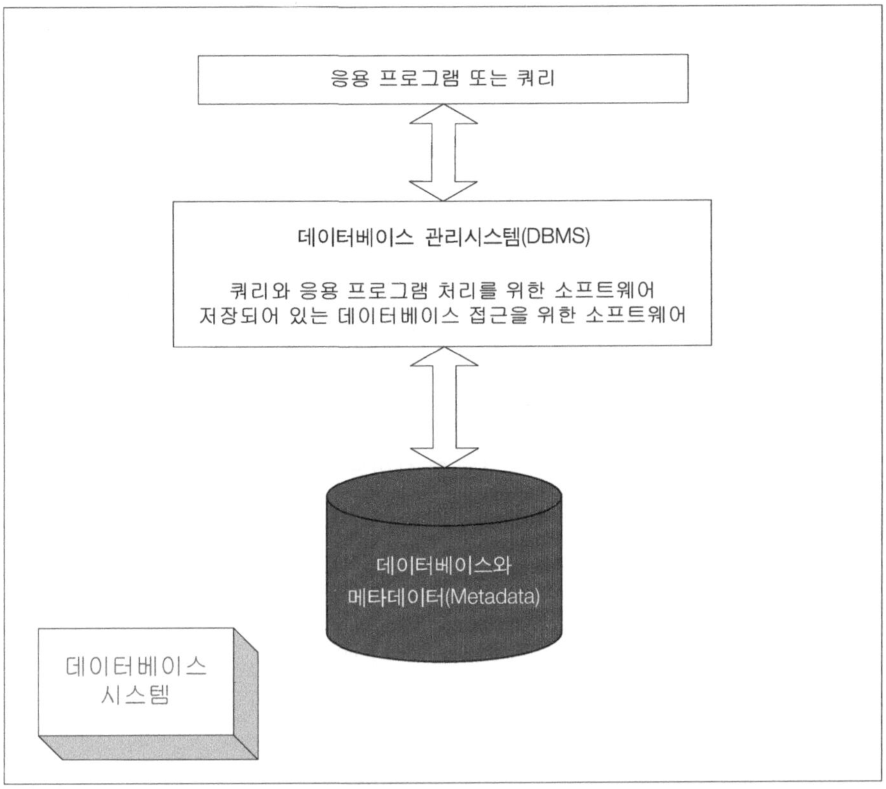

그림 1-6 • **데이터베이스 시스템 구성**

학생이름	전화 번호	지도 교수이름	지도 교수 연락 번호
정시민	123-4567	김성규	879
김준석	234-5678	권희용	878
나유미	235-8976	김성규	879
안인순	786-8976	박성순	877
문보석	987-6543	박성순	877

이 관계는 학생과 지도 교수에 관한 두 가지 주제를 다루고 있다. 이러한 관계는 데이터의 갱신 시 많은 문제점이 발생한다. 예를 들어 김 교수의 전화번호가 바뀌게 되면 두 행의 튜플이 모두 바뀌어야 한다. 따라서 이 관계는 두 관계 지도(학생이름, 전화번호, 지도교수이름)와 교수연락번호(교수 이름, 연락 번호)로 나누게 되면 갱신할 때 나타나는 문제를 줄일 수 있다. 즉, 교수의 연락 번호가 바뀌면 교수연락번호의 한 행만 바뀌면 된다. 물론 학생이름과 지도교수의 연락번호를 같이 출력해야 하는 경우 이 두 관계의 행들이 결합되어야 한다. 관계를 되도록 주제별로 분류하여 저장하고 필

요 시 분리된 관계를 하나로 결합시키는 것이 하나의 관계에 여러 주제를 넣는 것보다 좋다는 것이 증명되었다.

1.6.1 메타데이터(Meta Data)

데이터베이스는 자신의 구조에 대한 설명을 데이터베이스의 일부분으로 포함하고 있다. 이 설명이 메타데이터이다. 대개의 데이터베이스관리시스템(DBMS)이 테이블을 저장하고 조작하기에 이 메타데이터도 일반적으로 테이블의 형태로 존재하는데 이를 시스템 테이블이라 한다. 다음은 시스템 테이블의 예이다.

시스템 테이블

테이블 이름	열의 수	기본 키
학생	4	학생번호
지도교수	3	교수이름
교과목	3	과목코드
수강과목	3	학생번호, 과목코드

Column 테이블

열 이름	테이블 이름	데이터 타입	길이 (Byte)
학생번호	학생	정수	4
이름	학생	문자	10
성	학생	문자	1
전공	학생	정수	4
교수이름	지도교수	문자	10
연락번호	지도교수	문자	11
학과	지도교수	문자	3
과목코드	교과목	정수	4
과목명	교과목	문자	10
시수	교과목	정수	2
학생번호	수강과목	정수	4
과목코드	수강과목	정수	4
학점	수강과목	정수	2

색인 테이블

전공 색인	학번
회계	100, 300, 500, 700
국사	200, 600
수학	400

첫 번째 테이블은 데이터베이스 내에 저장된 테이블을 열거한 것으로 각 테이블에 몇 개의 열이 있으며 기본 키가 무엇인지를 저장한다. 이 기본 키는 각 행을 유일하게 구별할 수 있는 열 또는 열의 집합이다.

두 번째 테이블은 각 테이블의 열의 이름과 데이터 타입 그리고 길이를 저장한다. 이 두 가지가 전형적인 시스템 테이블이며 이외에도 색인, 키, 규칙 등을 저장한 시스템 테이블도 있다.

메타데이터를 이처럼 테이블 형태로 저장하는 것은 테이블을 취급하는 DBMS에 효율적일 뿐더러 사용자 데이터와 마찬가지로 메타데이터를 질의를 통해 접근할 수 있다. 따라서 사용자 데이터에 접근하기 위한 DBMS의 질의 언어에 대해 익히면 시스템 테이블에 대해서도 같은 언어를 사용하여 질의를 할 수 있다. 시스템 테이블 접근의 필요성은 만약 데이터베이스 내에 저장된 관계가 많으면 어떤 테이블의 어떤 속성 이름이 특정 데이터 타입으로 정의하였는지 기억하지 못할 수 있다. 이 때 어떤 데이터 타입을 갖는지 알고 싶을 경우에 사용 할 수 있다.

세 번째 색인(index) 테이블은 데이터는 데이터베이스의 성능을 향상시키고 접근을 용이하게 하기 위한 것이다. 이 데이터는 일반적으로 색인으로 구성된다. 위의 색인 테이블은 학생 테이블의 하나의 색인을 보여 준다. 이러한 데이터베이스의 필요성을 보이기 위해 다음과 같은 경우를 생각해 보자. 학생 테이블의 데이터가 학번 순으로 정렬되어 있다고 하자. 이때 사용자가 학생의 성별 순으로 정렬하여 출력하고자 한다. 이를 위해서는 원본 테이블로부터 데이터를 뽑아내어 순서화하여야 하는데 데이터의 양이 적지 않은 한 많은 시간이 걸리게 된다. 따라서 성별 순으로 되어 있는 색인 테이블을 만들어 이 시간을 줄일 수 있다. 또한 가령 학생의 데이터가 학생의 전공 순으로 출력되어야 한다고 하자. 전의 경우와 마찬가지로 원본 테이블로부터 데이터를 뽑아내어 순서화하여야 하는데 전공에 관한 색인이 만들어져 있으면 처리를 쉽게 해 줄 수 있다.

색인은 단순히 순서화하는데 만 이용되는 것이 아니라 데이터의 접근을 신속히 하는 데에도 사용될 수 있다. 예를 들어 전공이 전산학인 학생을 원하는 경우 전공 색인 테이블이 없다면 학생 테이블의 전체 데이터를 찾아야만 한다. 하지만 전공 색인이 존재하면 전산학에 해당하는 열만 찾아내어 출력하면 된다. 데이터의 양이 적은 경우에는 그다지 효율적이지 않지만 데이터의 양이 많다면 색인 테이블을 사용함으로써 순서화하는데 걸리는 혹은 특정 데이터를 찾는 시간의 절약을 가져 올 수 있다. 하지만 그만한 대가를 치러야 한다. 즉, 학생 테이블의 데이터의 갱신 시 색인 테이블도 갱신되어야 한다. 비록 색인 테이블을 사용하는 대가를 치르더라도 이를 사용함으로써 얻는 이익이 더 크기에 사용된다.

응용 프로그램 메타데이터는 사용자의 폼(form), 리포트(report) 질의, 그리고 다른 응용 프로그램의 구조와 형식을 저장한다. 모든 DBMS가 이런 데이터를 저장하지는 않지만 현대의 DBMS들은 대개 데이터베이스의 일부를 이를 저장한다. 또한 응용 프로그램 개발자나 사용자는 이 데이터에 직접 접근하지는 않지만 DBMS 내의 도구를 이용하여 간접적으로 사용하게 된다.

1.6.2 데이터베이스 구조

저장매체에 데이터베이스를 저장할 경우 기본 단위는 저장 레코드이며 단일 테이블에 속하는 레코드들을 파일이라고 한다. 이들 레코드 또는 파일의 저장 순서는 기본키 등 상황에 의해 결정되며 이들의 배치 방법을 클러스터링이라고 한다.

데이터베이스를 구성하는 레코드는 B^+-tree, 해시(hash) 테이블 등의 파일 구조에 의해 저장 매체에 저장되어 관리된다. 그림 1-7은 차수(order)가 3인 B^+-tree 구조를 보여준다. 예를 들어 검색하고자 하는 주민 센터가 문정동이라면 최상위 노드의 값과 비교하여 작으면 왼쪽 포인터를, 크면 오른쪽 포인터를 따라 가는 방식으로 하위 노드로 이동하면서 찾아가게 된다.

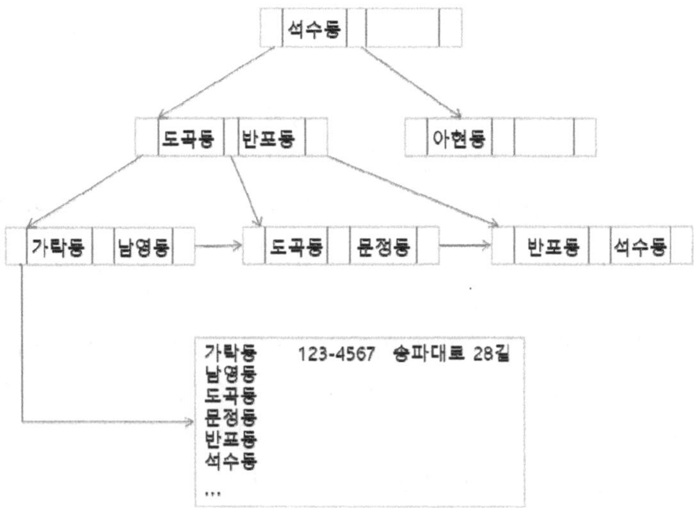

그림 1-7 • B^+-tree 구조

1.6.3 데이터베이스 시스템의 목표

데이터베이스 시스템의 목표는 데이터의 공유에 있다. 그림 1-8에서 보듯 과거의 파일처리 시스템에서는 서로 다른 언어와 설령 같은 언어를 사용했다 하더라도 서로 다른 데이터 구조로 인해 서로 다른 파일 시스템에서의 데이터의 공유는 거의 불가능하였다. 데이터 공유의 불가능은 결국 서로 같은 내용의 데이터가 여러 파일에 산재하는 것을 의미하며 한 파일에 있는 내용을 변경하고 다른 파일에 있는 내용을 갱신해주지 않으면 같은 개체에 대해 서로 다른 내용을 갖게 되는 불일치(inconsistency)가 일어날 수밖에 없었다.

데이터베이스 시스템의 두 번째 목표는 데이터 독립(Data Independence)이다. 데이터 독립은 데이터와 이를 이용하는 응용 프로그램이 서로에게 영향을 안 미치며 바뀔 수 있음을 의미한다. 따라서 예를 들어 데이터의 구조를 변경해도 응용 프로그램은 아무런 영향도 안 받게 된다. 어떤 파일의 저장 위치가 변하거나 파일의 내부 색인 번호가 바뀌거나 그 파일 내에 여러 개의 종속 파일이 생겨도 그 파일의 내용을 찾을 수 있다. 즉, 자료에 대한 요구는 그 자료가 어디에 저장되었는지 어떻게 구조화되었는지

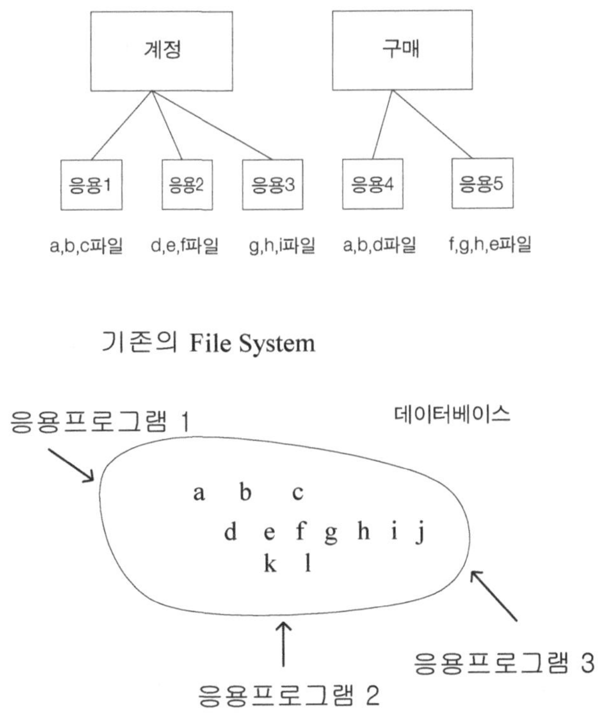

그림 1-8 • **데이터 공유**

에 대한 정보를 거의 포함하고 있지 않다. 즉, 데이터베이스 데이터가 하드디스크와 같은 기억장치에 저장되는 구조는 복잡하다. 사용자에게 이러한 복잡한 물리적 데이터 구조는 숨기고 사용자 관점대로 데이터를 처리할 수 있도록 해주어야 한다.

데이터의 독립이 극에 달하면 (찾고자 하는 내용의 색인 정보를 제거하거나 내용이 다른 파일이 포함되어 있는 경우) 추출하는데 많은 시간이 걸린다. 데이터베이스 데이터가 하드디스크와 같은 기억장치에 저장되는 구조는 복잡하다. 사용자에게 이러한 복잡한 물리적 데이터 구조는 숨기고 사용자 관점대로 데이터를 처리할 수 있도록 해주어야 한다.

1971년 미국의 CODASYL(COference on DAta System Langugae) DBTG(DataBase Task Group)에서 데이터베이스의 구조를 추상적인 3 단계(level)로 분류하여 제시하였으며 ANSI(Amerian National Standards Institute)/SPARC(Standards Planning and Requirements Committee)에서는 이를 토대로 데이터베이스의 3 층 구조를 제안하였다.

데이터 독립(Data Independence)을 보장해주기 위해 데이터베이스는 그림 1-9와 같이 세 개의 추상화(abstraction) 레벨로 구성된다. 내부 스키마(Internal Scherma or Level)은 예를 들면 "학생 테이블의 학번은 데이터 타입이 정수로 4 바이트를 차지하며 학생 테이블의 키이다"와 같이 데이터베이스의 물리적인 요소를 기술한다. 즉, 내부 스키마는 실제 데이터베이스의 물리적 저장구조에 대한 정의로서 전체 데이터베이스에 대해 역시 하나의 내부 스키마만 존재한다. 이 단계에서는 대용량 데이터베이스 처리를 위한 효율성이 고려되어야 하며 해싱, 인덱스, 레코드의 순서와 길이 등이 저장

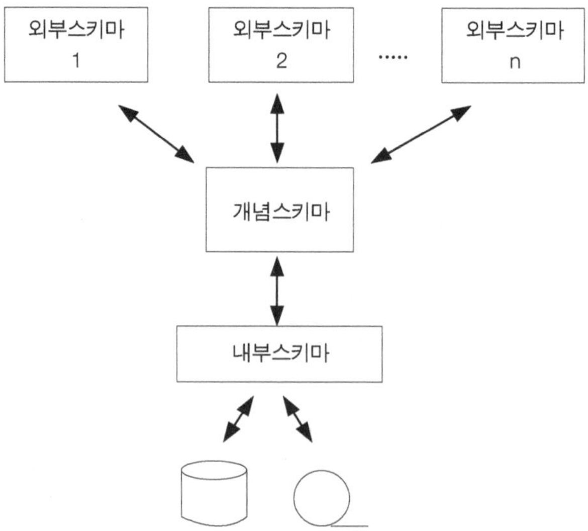

그림 1-9 • **데이터베이스의 세 레벨**

된다. 개념 스키마(Conceptual Schema or Level)에서는 예를 들어 "학생 테이블은 학번, 이름 전공 나이로 구성되었으며 교과목 테이블과 수강과목이라는 관계로 연결되어 있고 한 학생의 최소 수강 과목은 한 과목이고 최대 여섯 과목을 넘지 못한다"와 같이 데이터베이스 내의 개체, 관계 그리고 제약 사항을 기술한다. 즉, 개념 스키마(논리 스키마라고도 함)는 전체 데이터베이스의 논리적 구조로 데이터베이스 내에 어떤 개체, 개체의 속성, 제약조건이 있는지를 정의한 것으로 하나만 존재한다. 외부 스키마(External / View Schema or Level)는 개념 스키마의 부분 집합으로 특정 사용자가 볼 수 있는 데이터베이스를 의미한다. 외부 스키마는 전체 데이터베이스에는 관심이 없고 특정 데이터만을 원하는 각 응용 프로그램의 다양한 접근을 지원하므로 여러 개의 뷰(view)가 생성될 수 있다. 이 뷰는 저장해 두지 않으며 작업 종료 후에는 자동적으로 제거된다.

세 레벨로 구성된 데이터베이스는 논리적 데이터 독립(Logical Data Independence)과 물리적 데이터 독립(Physical Data Independence)을 보장해준다. 물리적 데이터 독립은 데이터의 실린더 위치 변경 또는 데이터 타입의 변경과 같은 내부 스키마의 변화가 개념 스키마에 영향을 안 미치는 것을 의미하고 논리적 데이터 독립은 관계에 속성을 더하는 것 또는 새로운 관계의 첨가나 삭제와 같은 개념 스키마의 변화가 외부 스키마에 영향을 안 미치는 것을 의미한다.

이외에도 데이터베이스 시스템은 중앙 제어 기능을 통해 다음의 장점을 제공한다.

1. 저장된 데이터의 중복량 감소
2. 데이터의 일관성 보장 및 표준화
3. 데이터베이스 상태를 바르게 유지하는 데이터의 무결성(integrity) 보장
4. 보다 단순하고 효율적인 보안

1.7 데이터베이스 개발 과정

데이터베이스는 사용자의 비즈니스(business) 활동 모델을 컴퓨터에 표현한 것이다. 효율적인 데이터베이스 구축과 응용 프로그램을 개발하기 위해서는 사용자의 모델을 완벽하게 이해해야 한다. 이를 위해 데이터베이스 내에 저장되어야 하는 것과 그 들의

구조 관련성을 나타낸 모델을 만들어야 한다. 이는 개발 초기에 사용자와 면담을 하고 사용자의 요구 사항을 기록함으로써 얻을 수 있다. 이러한 요구 사항에는 만들 시스템의 여러 특징을 보여 줄 수 있는 샘플 데이터베이스와 프로그램인 프로토타입(prototype)의 사용을 포함한다.

데이터베이스를 개발하는 데는 두 가지 일반적인 방법이 있다. 하나는 하향식(Top-down) 개발 방법으로 일반적인 것으로부터 세밀한 것으로 나아가는 방법으로 사용자의 데이터베이스 구축 목적으로부터 시작하여 이를 만족시키기 위한 정보 요구 사항을 만들고 이 정보를 제공하는 데 필요한 시스템을 구하여 추상적인 데이터 모델을 만들게 된다.

이 데이터 모델을 사용하여 개발 팀은 점점 더 자세한 모델과 응용 프로그램을 만들게 된다. 이 중간 단계는 특정 데이터베이스와 응용 프로그램이 알려질 때까지 반복된다. 하나 이상의 이 들 응용 프로그램 중에서 하나가 선택되어 개발된다.

두 번째 방법은 위 방법의 반대 순서로 행하는 상향식(Bottom-up) 개발 방법이다. 즉, 특정 프로그램을 회의나 사용자에 의해 선택하고 나면 개발 팀은 컴퓨터 프로그램의 입출력, 기존 수작업 시의 폼, 리포트 그리고 사용자와의 면담을 통해 요구 사항을 파악하여 데이터베이스 시스템을 개발한다. 하향식 개발 방법의 옹호자들은 데이터베이스를 체계적인 관점 아래에서 구축할 수 있고 보다 나은 인터페이스를 제공하며 나중에 다시 만들거나 변경을 덜 할 것이기에 좋다고 하고 반대로 상향식 개발은 빨리 데이터베이스 시스템을 구축할 수 있고 하향식 개발이 분석에 많은 시간을 요하며 계획 세우기 힘들다는 점을 단점으로 내세운다. 비록 상향식 개발 방법이 최적의 방안(solution)을 제공하지는 못하지만 쓸모 있는 시스템을 빠르게 구축할 수 있다. 전체적인 목적에 맞도록 시스템을 다시 만들거나 변경하는 일이 필요할 지라도 빠른 시스템의 구축이 이를 보상하고도 남는다고 생각한다.

본서에서는 일반적인 데이터베이스 시스템 개발 방식인 개체 관계(Entity-Relationship) 모델을 이용한 하향식 개발 방식에 대해 알아본다.

언급했듯 요구사항 분석 단계의 중요한 임무는 사용자의 데이터에 대한 관점을 알아내는 일이다. 하향식 개발 방식이건 상향식 개발 방식이건 이 단계는 사용자와의 면담과 문서로 기록하는 일 그리고 데이터 모델과 프로토타입을 만드는 일이 포함된다. 이 데이터 모델에는 데이터베이스 내에 무엇이 저장되어야 하고 데이터들 사이의 구조 관련성을 어떤지를 나타낸다. 예를 들어 어느 기간 동안의 한 점원에 의해 만들어진 주문에 대해 생각해 보자. 이런 리포트가 데이터베이스 시스템에 의해 생성되기 위해서는 데이터베이스에는 리포트에 보여지는 데이터의 생성에 필요한 모든 자료를 저장하고 있어야 한다. 이 경우 판매원의 이름, 지역 그리고 회사 주문일, 금액 등의 주문 사항이 있어야 한다.

데이터베이스 개발의 어려움은 한 개 이상의 요구 사항이 존재하고 때론 이들이 중복된다는 점에 기인한다. 주문에 관한 리포트와 수수료에 관한 리포트로부터 개발자는 이 들 사이의 관계를 알아내야 한다. 리포트와 폼으로부터, 사용자와의 면담으로부터, 개발 팀의 지식을 이용하여 이 관계를 알아내야 한다.

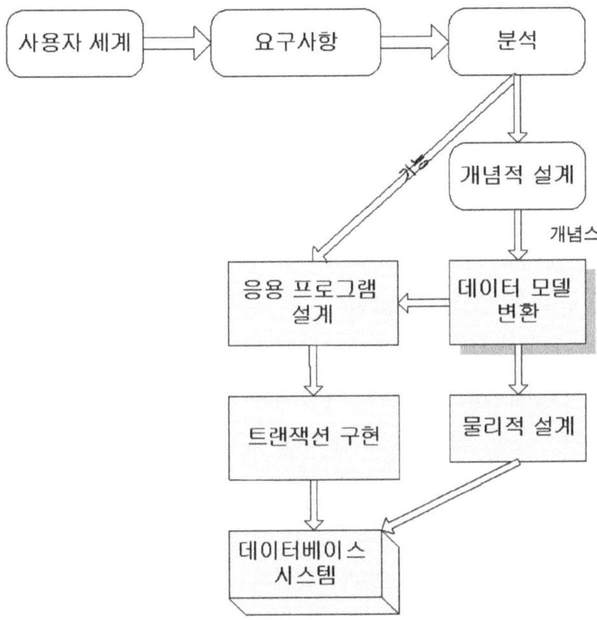

그림 1-10 • **데이터베이스 시스템 개발 단계**

사용자가 데이터와 구조를 갖는 폼이나 리포트가 필요하다고 할 때 그 들 세상의 사물에 대한 모델을 가정하고 말하는 것이다. 사용자는 정확히 그 모델을 어떻게 기술할지 모른다. 예를 들어 "판매원이 사용할 데이터 모델의 구조는 어떻게 생겼나요?"라고 질문하면 일반 사용자는 제대로 답할 수 없을 것이다. 개발자는 사용자의 데이터베이스 내의 폼, 리포트, 사물의 관련성에 관한 문장으로부터 이를 유추해 내야 한다. 개발자는 데이터 모델 내에 이 유추 사실을 기록하여 데이터베이스 설계를 하고 DBMS를 이용하여 구현하게 된다. 따라서 데이터 모델을 만든다는 것은 추론 과정을 요한다. 리포트나 폼은 벽에 비친 그림자에 해당한다. 사용자는 그림자에 관해 기술할 수 있지만 무엇이 그 그림자를 만드는지는 설명하기 쉽지 않다. 개발자는 그림자로부터 구조와 관련성을 거꾸로 유추해야만 한다. 이 추론은 과학이라고 보기보다는 예술에 가깝다고 말할 수 있다. 데이터 모델링을 하는 도구를 배울 수는 있으나 이 도구를 사용하는 것은 직관에 의한 경험을 필요로 하는 일종의 예술이다. 모델이 얼마만큼 사용자의 마음

속의 데이터 모델에 가까운가가 중요하다. 사용자의 모델에 가까울 수록 사용자가 원하는 리포트를 만들어 낼 확률이 높기 때문이다.

다수의 사용자가 사용하는 데이터베이스 시스템의 데이터 모델링을 하는 경우 많은 사용자의 데이터 모델이 일치하지 않을 수도 있기에 굉장히 복잡하다. 개발자는 사용자들 사이의 견해의 차이를 해소할 수 있도록 해 주어야 하는데 이는 다른 사용자의 데이터의 관점을 변화 시켜 주어야 함을 의미한다. 거대 시스템의 경우 단 한 사람의 모델 가지고는 전체 구조를 알 수 없는 경우가 생길 수 있다. 즉, 전체에 대해서 아는 사용자가 없고 다만 일부분만을 아는 경우 각 사용자의 데이터 모델을 논리적 합을 취하여 데이터베이스를 만들게 되는데 이 작업은 상당히 까다롭다.

물리적 데이터베이스 모델링 단계에서는 논리적 데이터베이스 모델링 단계에서 얻어진 정규화 모델의 각 칼럼(속성, attribute)에 대한 데이터의 타입과 종류를 정의한다. 각 테이블과 칼럼의 제약조건을 정의하고 데이터 사용량 분석과 사용자의 업무 프로세스를 분석한다. 정규화된 모델은 많은 조인 질의로 인해 시스템에 많은 부하를 일으켜 성능 저하가 일어난다. 이런 이유로 정규화하지 않고 그대로 사용하는 경우도 있다. 그리고 효율적인 데이터베이스 관리가 가능하도록 물리적 데이터베이스 모델링에서는 인덱스를 정의한다. 또 정장 레코드의 양식설계, 저장 장치에 레코드들의 물리적인 집중화 및 접근 경로설계가 포함된다. 저장 레코드 양식설계는 데이터 타입, 데이터 값의 분포, 사용될 응용 프로그램, 접근 빈도 등을 고려하여 결정하게 된다. 레코드의 빈도수에 따라 그룹을 달리하여 물리적으로 다르게 저장하는 것도 양식 설계단계에서 고려되어야 한다. 레코드들의 물리적인 집중화 설계는 저장 공간에 레코드를 물리적으로 집중하여 저장하도록 메모리를 할당함으로써 검색 작업 수행 시에 물리적 순차성을 이용할 수 있도록 해준다. 접근 경로 설계는 저장된 데이터의 검색과 저장을 가능하게 하며 저장 구조와 탐색 기법이 기본 요소가 된다. 저장 구조는 주로 인덱스를 통하여 저장 기법과 저장 레코드를 정의하는 것을 의미하며 탐색 기법은 응용 프로그램을 위해 수행되어야 할 적절한 접근 경로를 정의하는 것이다. 물리적 데이터베이스 설계에서는 응답시간, 저장 공간의 효율, 트랜잭션 처리 등의 사항도 고려하여야 한다.

이렇게 하여 개념적인 데이터 모델이 완성되고 나면 정규화 된 관계 데이터 모델로 바꾸어 관계 데이터베이스의 물리적 데이터베이스로 만들고 요구 사항 분석으로 파악한 기능을 응용 프로그램으로 설계하고 트랜잭션으로 작성하여 데이터베이스 시스템을 완성하게 된다.

물리적 데이터베이스 모델링 단계에서는 논리적 데이터베이스 모델링 단계에서 얻어진 정규화 모델의 각 칼럼(속성)에 대한 데이터의 타입과 종류를 정의한다. 각 테이블과 칼럼의 제약조건을 정의하고 데이터 사용량 분석과 사용자의 업무 프로세스를 분석한다. 정규화된 모델은 많은 조인 질의로 인해 시스템에 많은 부하를 일으켜 성능 저하가 일어난다. 이런 이유로 비정규정형일지라도 그대로 사용하는 경우도 있다.

그리고 효율적인 데이터베이스 관리가 가능하도록 물리적 데이터베이스 모델링에서는 인덱스를 정의한다. 또 저장 레코드의 양식설계, 저장 장치에 레코드들의 물리적인 집중화 및 접근 경로설계가 포함된다. 저장 레코드 양식설계는 데이터 타입, 데이터 값의 분포, 사용될 응용 프로그램, 접근 빈도 등을 고려하여 결정하게 된다. 레코드의 빈도수에 따라 그룹을 달리하여 물리적으로 다르게 저장하는 것도 양식 설계단계에서 고려되어야 한다.

레코드들의 물리적인 집중화 설계는 저장 공간에 레코드를 물리적으로 집중하여 저장하도록 메모리를 할당함으로써 검색 작업 수행 시에 물리적 순차성을 이용할 수 있도록 해준다. 접근 경로 설계는 저장된 데이터의 검색과 저장을 가능하게 하며 저장 구조와 탐색 기법이 기본 요소가 된다. 저장 구조는 주로 인덱스를 통하여 저장 기법과 저장 레코드를 정의하는 것을 의미하며 탐색 기법은 응용 프로그램을 위해 수행되어야 할 적절한 접근 경로를 정의하는 것이다. 물리적 데이터베이스 설계에서는 응답시간, 저장 공간의 효율, 트랜잭션 처리 등의 사항도 고려하여야 한다.

본서에서는 그림 1-10의 데이터베이스 시스템 개발 단계에 맞춰 내용을 기술한다.

익힘문제

1. 스키마란?

2. 3 단계 데이터베이 구조를 설명하고 그 이점을 간단히 기술하시오.

3. 데이터베이스, 데이터베이스 시스템, 데이터베이스 관리 시스템에 대해 설명하시오.

4. 응용 프로그램과 Query로 데이터베이스 접근할 때 두 방법의 차이점을 설명하시오.

5. 메타데이터(Meta Data)란 무엇인가?

6. 데이터의 공유(sharing)이란 무엇이며 이의 장점과 단점을 설명하시오.

7. 데이터의 독립성이란 무엇이며 왜 중요한가?

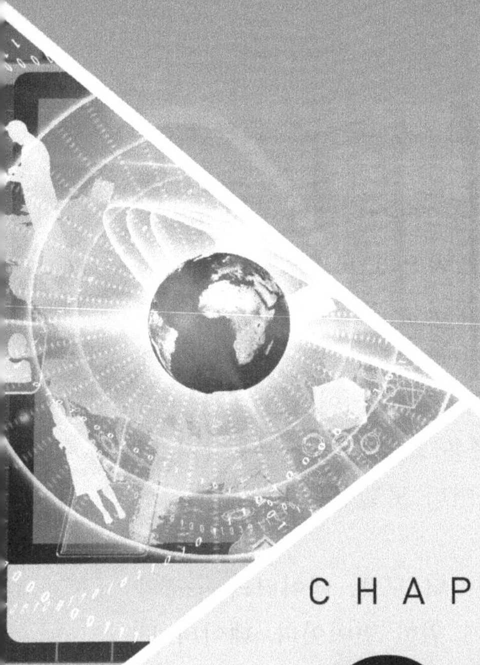

CHAPTER

02

개체 관계(Entity-Relationship) 모델링

데이터 모델링은 데이터에 대한 사용자의 관점을 표현하기 위한 과정이다. 데이터 모델링은 현실세계의 데이터를 컴퓨터 세계의 물리적인 데이터의 모임으로 변경하는 과정을 말한다. 즉, 데이터베이스 설계과정에서 데이터의 구조를 개념적으로 표현하고 물리적으로 구현하는 작업 과정을 말한다. 효율적인 데이터베이스 응용 프로그램의 개발을 위해 가장 중요한 과정이기도 하다. 데이터 모델이 사용자의 데이터에 대한 관점을 제대로 나타내지 못하면 사용자는 그 데이터베이스 응용 프로그램을 사용하기 어렵게 여기게 되거나 불완전하다고 생각하게 될 것이다. 데이터 모델링은 데이터베이스의 개발과 그 응용에 필수적이다.

개체 관계(Entity-Relationship; ER) 모델은 사용자의 데이터 모델, 데이터의 구조와 사용자 작업 환경하에서 데이터들 사이의 관계를 나타내기 위한 언어이다. 데이터 모델링은 의사코드(pseudocode)나 흐름도(flowchart)가 논리적 프로그램 디자인을 나타내는데 쓰이는 것처럼 논리적 데이터 디자인에 사용된다. 이러한 ER 모델은 1976년 Peter Chen에 의해 소개되었다. 그 이후 여러 학자들이 ER 모델을 변경 확장하여 현재 표준이 되는 ER 모델은 존재하지 않지만 여러 ER 모델 방계로부터 공통되는 구조체를 만들어 낼 수 있다. 본 서에서는 되도록 많이 사용되는 기호를 사용하였다.

개체 관계(Entity-Relationship) 모델의 주요 구성원은 개체, 속성, 인식자(identifier), 그리고 관계(relationship) 이다. 개체는 사용자의 작업 환경 내에서 서로 다르게 인식되는, 사용자가 흔적을 살피고픈 대상으로 실 세상을 설명하며 사용자, 시스템 분석가 그리고 데이터베이스 관리자 사이의 중요한 통신 수단이다. 개체의 예는 직원 홍길동, 고객 12345, 주문 번호 1000, 판매원 아무게, 그리고 상품 A4200등이다. 같은 속성을 지닌 개체들은 개체 클래스를 이룬다. 따라서 직원 개체 클래스는 모든 직원 개체의 집합이다. 개체 클래스는 그 클래스에 속한 각 개체의 구조나 형태에 의해 서술된다. 한 개체는 고객 12345와 같이 그 개체의 속성 값에 의해 표현된다. 개체군에는 일반적으로 많은 개체들이 존재한다.

개체들은 개체의 특성을 나타내는 속성(attribute, property)을 갖는다. 속성의 예로 직원 이름, 입사일, 부서 등을 들 수 있다. ER 모델에서 한 개체군의 모든 개체는 같은 속성을 갖는다. 원래 ER 모델에서는 속성의 값이 여러 개의 값 혹은 복합된 값을 허용하나 실제 구현된 시스템에서는 이들을 허용하지 않는다.

모든 개체는 인식자를 갖는데 각 개체를 부르는 이름이거나 구분하는 속성들이다. 예를 들어 직원은 주민등록번호, 사번 또는 이름으로 구분될 수 있다. 직원들은 일반적인 이름의 역할을 하지 못하는 봉급이나 입사일과 같은 속성으로 인지되지 않는다. 마찬가지로 고객은 고객 번호 또는 고객이름에 의해 인식되고 주문은 주문번호에 의해 인식된다. 이러한 인식자는 하나 또는 그 이상의 개체의 속성으로 구성되는데 유일한 값만 허용할 수도 있고 중복을 허용할 수도 있다. 만일 유일하다면 인식자의 값으로 단지 한 개체만을 인식할 수 있다. 유일하지 않으면 여러 개의 개체를 인식하게 된다. 사번은 유일한 인식자이지만 사원 이름은 동명이인이 존재하기에 유일한 인식자가 아니다. 두 개 이상의 속성으로 구성된 인식자를 복합 인식자라 하며 {지역번호, 전화번호}와 같은 예에서 찾아 볼 수 있다.

개체들은 하나 이상의 다른 개체와 관계를 가질 수 있다. ER 모델은 관계 군과 하나의 관계를 포함한다. 관계 군은 개체군들 사이의 연관성이고 관계 인스탄스(instance)는 개체들 사이의 연관성이다. 관계도 속성을 가질 수 있다. 하나의 관계에는 여러 개의 개체가 연결될 수 있는 데 한 관계 내의 연결된 개체의 수를 관계 차수(degree)라 한다. 그림 2-1에서 각 부품은 두 개의 개체 공급자와 프로젝트에 연결되어 있기에 관계 차수는 3 이다. 표 2-1은 공급 관계의 데이터를 예시한 것이다. 관계 차수는 보통 2 이며 이진 관계(Binary Relationship)라 부른다.

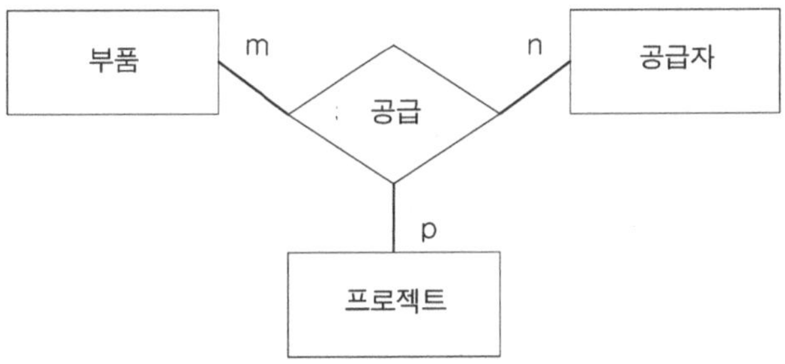

그림 2-1 ● **차수가 3 인 관계 (Ternary Relationship)**

표 2-1 ● **관계 공급의 표현**

부품 번호	공급자 번호	프로젝트 번호
25	4	1
25	5	2
10	4	2
17	4	3
17	2	1
17	5	1

2.1 이진 관계의 세 가지 형태

다음 그림은 이진 관계의 세 가지 형태를 보여준다.

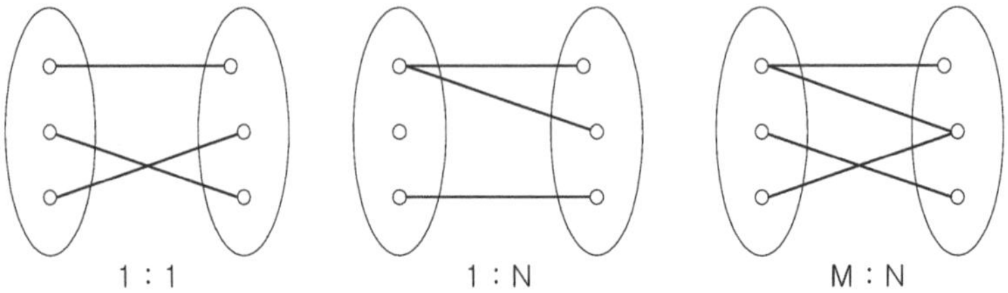

그림 2-2 • **이진 관계의 세 형태**

1:1 관계는 한 개체가 다른 형태의 한 개체와 연관되는 것을 말한다. 부부 관계는 한 남자와 한 여자를 연결시킨다. 부부관계에서 한 남자는 둘 이상의 여자와 연결되지 않으며 한 여자도 둘 이상의 남자와 연결되지 않는다. 기숙사 입주 관계는 1:N으로 한 기숙사에 많은 수의 학생과 연결된다. 하나의 기숙사에 여러 명의 학생이 연결될 수 있지만 한 학생은 단 하나의 기숙사에 연결되어야 한다. 1 과 N의 위치가 중요하다. 1은 가까이 있는 기숙사, N은 역시 가까이 있는 학생과 연결된다. 만약 1과 N의 위치가 바뀌면 한 학생은 여러 개의 기숙사와 연결되지만 한 기숙사는 단 한 명의 학생하고만 연결되게 된다. 학생과 취미활동의 경우는 N:M으로 표현된다. 한 학생은 하나 이상의 취미 활동을 하고 있으며 같은 취미 활동을 하는 학생도 여러 명이 존재한다.

그림 2-2에서 결국 숫자는 관계에 의해 연결될 수 있는 실제 개체의 최대 수자를 의미한다. 이러한 제약을 관계의 최대 카디날리티(cardinality)라 하며 최대 카디날리티는 1 이상의 수이면 된다. 예를 들어 시합 중인 농구팀과 농구 선수의 경우 팀과 선수와의 관계는 1:5로 정의할 수 있다.

그림 2-3과 같은 개체 관계 다이어그램 (Entity-Relationship Diagram)은 약식으로 표준화되어 있다. 즉, 개체 군은 사각형으로, 관계는 마름모로, 최대 카디날리티는 각 해당 개체 군 옆의 관계쪽 방향에 숫자로 나타낸다. 개체 군의 이름은 사각형 안에 나타낸다. 관계 이름의 경우 마름모 안에 나타내기도 하고 마름모 아래에 나타내기도 하는데 본 서에서는 마름모 안에 나타내기로 한다. 언급하였듯 최대 카디날리티는 관계에 포함될 수 있는 개체의 최대 수 이다. 그림 2-3에서 학생은 최대 한 개의 기숙사에 연결되어야 한다는 점을 보여 주지만 한 학생이 반드시 하나의 기숙사에 연결되어야 하는지는 정의되어 있지 않다. 다시 말하면 학생이 기숙사에 연결되어 있지 않아도 좋은

지 아니면 두 개 이상의 기숙사에 연결되어도 좋은지를 알 수 없다.

이를 나타내기 위해서는 최소 카디날리티를 사용해야 한다. 최소 카디날리티를 표현하는 방법에도 여러 가지가 있지만 여기서는 (최소 카디날리티, 최대 카디날리티) 표현법을 사용한다. (1, N)은 최소 1, 최대 N개의 개체가 연결될 수 있음을 말한다.

그림 2-3 • ER Diagram 1

그림 2-3은 기숙사는 최소 한 명의 학생과 연결 될 수 있으나 한 학생은 반드시 기숙사와 연결 될 필요가 없음을 나타낸다. 기숙사는 최소 한 명 최대 N명의 학생과 연결될 수 있고 한 학생은 최소 0 개, 최대 1 개의 기숙사에 연결될 수 있음을 의미한다. 최소 카디날리티가 0 인 경우 자동적으로 최대 카디날리티만을 쓰도록 한다.

그림 2-4 • ER Diagram 1과 같은 의미의 ER Diagram

관계는 같은 개체 군내에서도 존재할 수 있다. 추천이라는 관계가 고객 개체에 정의되는 하나의 개체 군내의 관계를 순환 관계(Recursive Relationship)이라 한다.

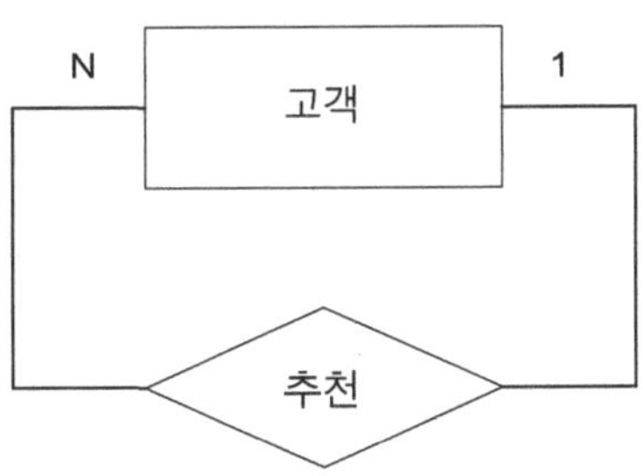

그림 2-5 • 순환관계(Recursive Relationship)

2.2 개체 관계 다이어그램에서의 속성

개체 관계 다이어그램에서 속성은 타원으로 표시되며 속성이 속한 개체나 관계에 연결된다. 그림 2-6에서 기숙사는 이름, 위치 그리고 방 수 속성을 가지고 있으며 학생은 학번과 이름을 가지고 있으며 입주 관계는 학생의 기숙사에 기거하기 위해 필요한 금액인 기숙사비를 속성으로 갖는다. 속성이 많아서 그림으로 나타내면 알아보기 힘들땐 해당 개체 아래에 속성 이름들을 나열한다. 대부분의 CASE 도구에서는 Pop-up 윈도를 사용하여 개체를 보여 준다.

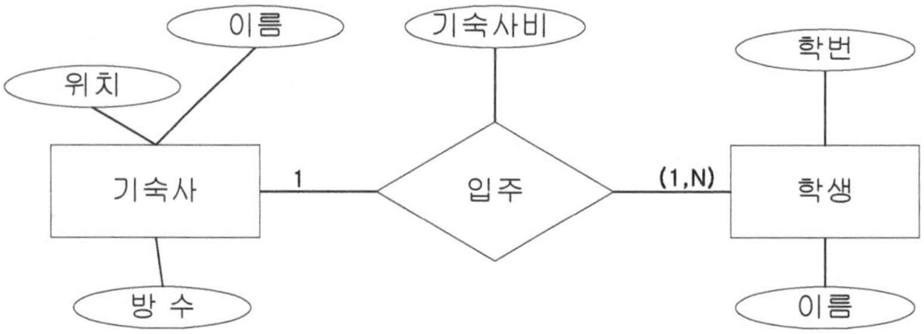

그림 2-6 • ER Diagram에서의 속성 표현

속성과 개체에 대해 한 가지 집고 넘어갈 것이 있다. 색상의 경우 속성일까? 아니면 개체일까? 자동차의 색상으로 볼 때 색상은 분명 속성이지만 페인트 공장에서 색상은 삼원색의 비율과 명도, 채도 등의 속성으로 이루어진 개체이다. 그러면 어떤 경우에 속성이 되고 어떤 경우에 개체가 되는 것일까? 개체 속성을 구분하는 중요한 잣대는 사용자가 그 데이터를 어떻게 보느냐이다. 즉, 데이터를 보는 사용자의 관점에 따라 개체가 될 것인지 속성이 될 것인지가 결정된다.

2.3 Weak Entity

종속 개체(weak entity)는 데이터베이스 내에 어떤 개체가 존재하지 않는 한 데이터베이스 내에 존재할 수 없는 개체를 말한다. 어느 회사의 의료 보험용 사원 관리 데이터베이스를 생각해보자. 사원은 부양가족에 연결됨 없이 존재할 수 있지만 부양가족은 해당 사원의 존재 없이는 데이터베이스 내에 존재할 수 없다. 이 경우 부양가족은 종속 개체이다. 미국의 건물과 아파트 사이의 관계를 나타낸 아래 그림에서 아파트는 건물이 존재해야만 존재할 수 있지만 건물은 아파트 용도로 존재하지 않을 수도 있음을 보여준다.

그림에서와 같이 종속 개체는 이중 사각형으로, 종속 개체를 연결하는 관계는 이중 마름모로 나타낸다.

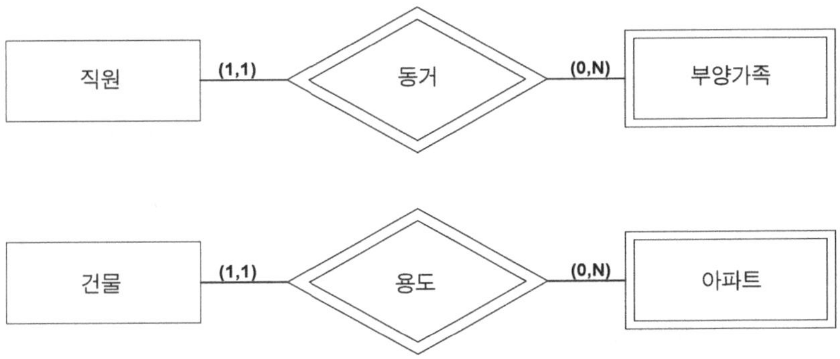

그림 2-7 • **종속 개체**(Weak Entity)

어떤 종속 개체는 종속된 개체로부터 인식자를 부여받아 존재하게 된다. 예를 들어 소프트웨어 제품과 버전(version)의 관계를 살펴보자. 소프트웨어 제품의 경우 인식자는 소프트웨어 이름이 되고 버전의 경우 인식자는 소프트웨어 이름과 버전 번호가 된다.

종속 개체에 대한 애매모호성이 존재한다. 종속 개체가 데이터베이스 내에 특정 개체의 존재 없이 존재할 수 없다고 할 때 최소 카디날리티가 1 인 관계에 연결된 개체는 종속 개체로 보아야 하는가 이다. 학사 관리 데이터베이스 경우 만약 한 학생이 반드시 지도 교수를 갖아야 한다면 학생은 종속 개체가 된다. 왜냐하면 지도 교수 없이 학생을 저장할 수 없기 때문이다. 하지만 이 해석은 종속 개체의 의미를 확대한 것이다. 학생은 건물과 아파트의 관계처럼 물리적으로 지도 교수에게 종속되어 있지 않고 논리적으로도 종속되어 있지 않다. 따라서 학생 개체는 종속 개체가 아니다.

이런 애매모호성을 없애기 위해 한 개체가 논리적으로 다른 개체에 종속되어야 할 때 종속 개체라 한다. 부양 가족은 종속된 사원이 있지 않는 부양될 수 없고 버전은 그에 연결된 소프트웨어 제품의 존재 없이는 존재할 수 없다. 하지만 학생은 지도 교수 없이도 존재할 수 있다. 환자와 조제약의 경우 조제약은 환자 없이는 논리적으로 존재할 수 없다. 따라서 조제약은 환자의 종속 개체에 해당한다. 최소 카디날리티가 1 인 개체의 전부가 아니라 일부는 종속 개체가 될 수 있으며 인식자에 종속된 개체는 종속 개체이다. 모든 종속 개체는 연결되어 있는 개체의 최소 카디날리티가 1 이나 최소 카디날리티가 1인 개체는 항상 종속 개체는 아니다.

2.4 Subtype 개체

어떤 개체는 속성을 선택적으로 갖는다. 고객 개체의 경우 고객 번호, 고객 이름을 속성으로 갖고 저장되어야 하는 부수적인 속성에 따라 일반 고객과 회원 고객으로 나누어진다고 하자. 일반 고객의 경우에는 다른 속성이 없으나, 회원 고객의 경우에는 누적 보너스 포인트를 속성으로 갖는다. 이를 나타내기 위한 가장 단순한 방법은 그림 2-8 (ㄱ)과 같이 고객에 관련된 모든 속성을 고객 개체에 두는 것이다. 일반 고객의 경우 누적 보너스 포인트는 무의미하며 값을 갖지 않는다.

보다 나은 표현 방법은 그림 2-8(ㄴ)처럼 일반 고객과 회원 고객을 고객의 하위(subtype) 개체로 보는 것이다. 각 하부 개체는 상위(supertype) 개체인 고객에 속해야 한다. 하위 개체들은 반드시 서로 배타적일 필요는 없다.

하위 개체와 상위 개체 구조를 일반화 계층 구조라 한다. 일반 고객도 회원 고객도 고객이기에 이 관계를 ISA 관계라 하기도 한다. ISA 관계를 증명하기 위해서는 계층 구조의 각 개체의 인식자를 살펴보면 된다. 고객의 경우 모두 같은 인식자인 고객 번호를 갖는데 이 점이 전술한 다른 관계와는 다르다.

일반화 계층 구조는 유전(Inheritance)라는 특성을 있는데 하위 개체는 상위 개체의 속성을 이어 받음을 의미한다. 일반 고객, 회원 고객 공히 고객 번호, 고객 이름을 내려 받는다.

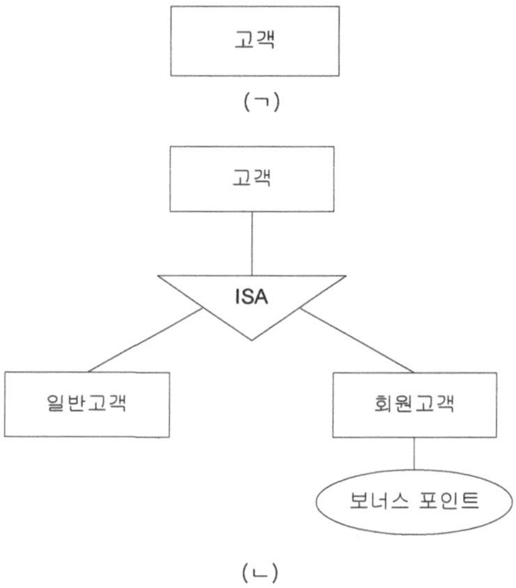

그림 2-8 • Subtype 개체

2.5 규약

데이터베이스 스키마는 테이블, 관계, 도메인 그리고 규약으로 이루어진다. 규약을 제외한 나머지는 ER 모델로부터 얻을 수 있으나 규약만은 구할 수 없다. 데이터 모델링 과정에 이를 첨부해야 한다. ER 모델은 사용자의 요구 사항 분석을 통해 얻을 수 있다. 이 분석 과정 중 규약을 알아내고 시스템 분석가는 이를 확인해야 한다. 예를 들어 운수 회사에서 트럭을 운전사에게 할당할 때 트럭 수가 운전사 수에 비해 모자랄 때 운전사를 어떻게 배치할 것인가 이다. 이를 해결하기 위해 가급적 사고 경험이 적은 운전사에게 우선적으로 할당한다든지 회사에서 세운 방침을 데이터베이스 응용 프로그램에 반영시키는 것이다.

DBMS 혹은 응용 프로그램에 의해 규약을 준수하게 할 수 있다. 때론 이러한 규약이 데이터베이스 응용 프로그램 사용자가 따라야 하는 규범집에 기록된다. 이 때는 규약을 어떻게 따르게 할 것인가 보다는 이러한 규약을 규범집에 잘 기록해 놓는 것이 중요하다.

ER 모델을 사용하여 데이터 모델을 개발하기가 ER 그림을 그릴 수 있는 도구를 포함한 CASE 도구의 등장으로 훨씬 쉬워졌다. IEW, IEF, ER-WIN, VISIO 등은 ER 다이어그램을 만들기 위한 선, 도형 작성 도구를 제공한다. 또한 데이터베이스 관계를 나타내기 위한 개체를 포함하는데 이를 이용하면 데이터베이스의 관리 및 유지 보수가 간단해진다. 이들 제품을 이용하여 만들어진 ER 다이어그램은 보기도 좋을 뿐더러 변경하거나 적용하기 쉽다.

2.6 모델링

모델링 도구를 잘 사용하기 위해서는 예를 공부하고 도구를 사용하여 실제로 데이터 모델을 만들어 보는 것이다.

왕호 태권도장은 여러 종류의 개인 혹은 그룹 태권 교습을 하고 있다. 개인 교습은 한 학생 당 한달에 15만원을 받고 있으며 매일 오전 10 시부터 오후 8시 까지 시간 약속에 의해 행해진다. 개인 교습에는 두 사람 사이의 대련을 많이 지도하고 있다. 그룹 교습은 한 사람 당 8만원을 받는데 학생들을 주 고객으로 하여 하교 시간 이후인 오후 1 시 부터 8 시까지 1 시간의 교습을 하고 있다. 왕호 태권 도장에는 전임 사범과 시간 사범이 있는데 전임 사범의 경우 월급을 받으나 시간 사범의 경우 시간 당 수당을 받는다. 또한 왕호 태권도장에서는 태권도의 보급을 위해 한 달에 한번 세번째 일요일에 태권 대회를 열고 있다. 왕호 태권도장의 관장은 학생과 어떤 종류의 교습을 받으며 각 사범이 어떤 종류의 얼마나 많은 시간을 교습했는지 파악하여 급여를 계산하는 데이터베이스 시스템을 만들고자 한다.

개체 관계 모델의 첫 발은 개체를 찾아내는 일이다. 일반적으로 사용자의 요구 사항을 적은 문서 혹은 면담 내용 중의 명사가 개체에 해당한다. 위 문장에서 중요한 명사를 추려내면 다음과 같다.

개인 교습
그룹 교습
사범
전임 사범
시간 사범

대회
학생 고객

사범, 전임 사범, 시간 사범은 공통점이 있으며 개인 교습과 그룹 교습사이에도 공통점이 있다. 사범 개체를 정의하고 그 밑에 전임 사범과 시간 사범을 두고 교습 개체 밑에 개인 교습과 그룹 교습을 두는 방안을 생각해 볼 수 있다. 전술하였듯 데이터 모델링은 과학이라기 보다는 예술에 가깝다. 위의 방안은 여러 방안 중의 하나 일 뿐이다. 둘째 방안은 문장에서 언급되지 않은 교습 개체를 없애고 사범 개체는 그대로 두는 방안 등 많은 방안이 존재하지만 이 둘째 방안이 사용자의 요구 사항에 가장 잘 어울리는 것 같으므로 이를 택한다. 따라서 개체를 나열하면 개인 교습, 그룹 교습, 사범, 전임 사범, 시간 사범, 대회, 고객을 들 수 있다. 또한 설계 시 예를 들어 교습 개체처럼 인식자외에 다른 속성을 갖지 않는다면 그 개체는 필요없다.

개체를 정하고 난 후 개체들 사이의 관계를 찾아내야 한다. 사범의 경우 전임 사범과 시간 사범 두 종류가 있다. 이 둘은 상호 배타적이어서 전임 강사가 시간 강사가 될 수 없고 그 역도 마찬가지이다. 사범과 개인 교습 또는 그룹 교습사이의 관계를 생각해보자. 한 사범은 많은 개인 교습을 할 수 있다. 보통 한 사범이 개인 교습을 하지만 대련을 원하는 고객을 위해서 두 사람의 사범이 하나의 개인 교습을 하기도 한다. 개인 교습과 사범의 관계는 M:N이다. 그룹 교습의 경우 한 사범이 할당되어 가르친다고 하자.

고객은 개인 교습이나 그룹 교습을 택할 수 있으며 교습은 한 사람씩 혹은 두 사람씩 조를 이루어 이루어진다. 이를 모델화하기 위해서 대련 상대라는 개체를 만들어 고객과 1:2관계를 맺을 수 있으며 또는 대련 상대 개체와 고객을 개인 교습과 연결시킬 수 있다. 대련 상대의 경우 그룹 교습을 받지 않는다고 하자. 개인 교습은 고객 또는 대련 상대에 종속된다. 즉 고객이 개인 교습을 신청하기 전에 개인 교습은 존재할 수 없다. 개인 교습의 경우 최소 한 고객이나 대련 상대가 연결되어야 한다.

또 다른 방법은 대련 상대를 명시적으로 나타내지 말고 고객과 개인 교습과의 관계를 M:N으로 하는 것이다. 좀 더 자세히 정의하면 1 또는 2 :N의 관계로 설정하는 것이다. 왕호 태권도장의 요구 사항에 충분히 부합됨으로 후자를 선택한다. 마지막으로 대회의 경우 다른 개체와 어떻게 연결시킬 것인가 하는 문제이다. 왕호 태권도장의 관장은 대회에 누가 참석하는지 알고 싶은지 아닌지 또는 이를 기록으로 남기고 싶은지 혹은 고객이 기록으로 남는 것을 원하는지를 알아내어 연결시켜야 한다. 하지만 요구사항에서 알 수 있듯 이 관계는 필요하지 않다. 하지만 대회와 사범 사이는 이것과는 다르다. 왕호 태권도장의 관장은 사범들이 대회에 참석해주길 바랄 것이다. 대회에 참

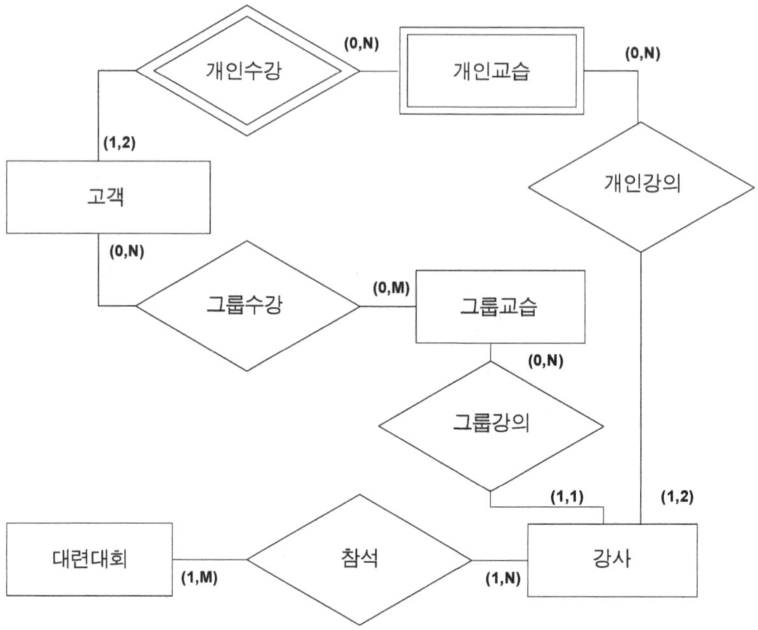

그림 2-9 ● **완성된** ER Diagram

석할 사범을 관리하기 위해 대화와 사범 사이의 관계를 M:N으로 정한다.

그림 2-9는 최종 ER 다이어그램이다. 개인 교습은 고객에 종속되어 있지만 그룹 교습은 고객에 종속되어 있지 않다. 왜냐하면 그룹 교습의 경우 고객이 신청하기 전부터 정해 놓아 아무 고객도 등록하지 않아도 그 교습이 존재하기 때문이다. 개인 교습의 경우는 고객의 신청에 의해서만 가능하기에 종속 개체가 된다. 이처럼 ER 다이어그램이 완성되면 정확성이나 완전성을 사용자에 의해 검증받아야 한다.

2.7 ER 데이터 모델의 검증

데이터베이스 개발 단계에서 오류 찾아내어 고치는 것이 나중에 하는 것보다 쉽고 비용이 적게 든다. 예를 들어 데이터 모델링 과정에서 관계를 1:N에서 M:N으로 고치는 것은 그림의 1 을 M으로만 고치면 되지만 일단 데이터베이스가 설계되어 데이터가 입력되고 이를 처리하기 위한 응용 프로그램이 작성된 후에 고치려면 상당히 많은 작업이 필요하다는 것을 쉽게 알 수 있다. 따라서 데이터베이스 설계 전에 데이터 모델을 평가한 일이 매우 중요하다.

데이터 모델의 가장 손쉬운 평가 방법은 그 모델을 이용하여 사용자의 질의에 답할 수 있는가를 따지는 것이다. 예를 들어 작성된 그림을 구현한 데이터베이스로부터 어떤 질의에 답할 수 있는가를 알아보는 것이다.

개인 교습은 누가 가르쳤는가?
홍 길동 사범으로부터 개인 교습을 받은 고객은 누구인가?
전임 사범은 누구 누구인가?
어떤 사범이 다음 대회에 참석할 것인가?

ER 모델 평가 시 이러한 질문을 만들어서 사용자에게 건네고 사용자에게 그러한 질문을 만들어 줄 것을 부탁한다. 사용자로부터의 질문도 모델의 적절성을 위해 시험 과정을 거친다. 즉, 지난 번 대회에 참석한 고객에는 누가 있는 가?라는 질문이 주어지면 그림의 모델은 이런 질문에 답을 할 수 없기에 바르지 못하다고 결정지을 수 있다. 만약 반드시 이 질문에 답을 할 수 있어야 한다면 고객과 대회 사이의 관계가 새로 설정되어야 한다. 하지만 이런 단순 하지만 실용적인 평가 방법으로는 설계가 바르다는 것을 증명하지는 못한다. 그러나 데이터베이스 설계의 타당성을 검증하는데 쓰일 수 있고 전혀 평가를 안 하는 것보다 훨씬 좋다.

기업 활동을 모델링하는 방법에는 여러 가지가 존재하며 이러한 다양성은 데이터베이스 시스템이 복잡할수록 증가한다. 경우에 따라선 여러 가지 방안이 존재하며 그 중에 하나를 택한다는 것이 무척 어렵다. 선택하기 위해서 어떤 데이터 모델이 실 세계를 가장 잘 나타내었는가 따져보기도 하는데 이는 잘못된 방법이다. 데이터 모델은 실 세계의 모델이 아니라 사용자의 세계의 모델이기 때문이다. 따라서 이 설계가 사용자의 작업 환경하의 데이터 모델을 정확하게 반영하고 있는가를 따져야 한다.

익힘문제

1. 데이터 모델이란?

2. M:N관계의 예를 들어 설명하라.

3. 일반적인 병원을 생각하여 병원 데이터베이스를 위한 ER 다이어그램을 설계하라.

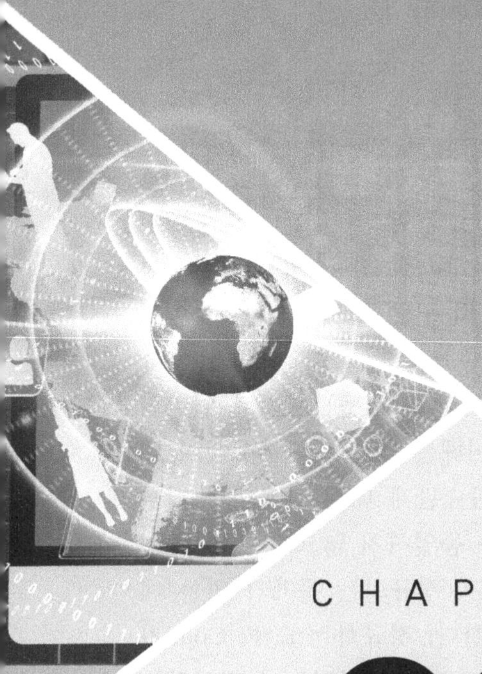

DATABASE

CHAPTER

03

관계 모델과 정규화

3.1 관계 데이터 모델
3.2 함수적 종속
3.3 정규화
3.4 암스트롱의 공리

이 장에서는 관계 데이터 모델과 정규화에 대해 알아본다. 관계 데이터 모델은 데이터베이스 설계의 표준이며 현재 관계 데이터베이스 관리 시스템 상용 제품의 기초가 되기에 매우 중요하다. 정규화(Normalization)는 관계 데이터 모델 설계의 질을 높이기 위한 기법이다.

관계 데이터 모델은 DBMS 독립적인 데이터베이스 설계에 사용될 수 있고 일반적이어서 관계 DBMS의 기초가 된다. 관계 데이터 모델의 이해는 DBMS를 이용하여 데이터베이스를 구현하는데 중요한 역할을 한다. 이 장에서는 관계 데이터 모델의 기본을 배우고 정규화의 기본 개념을 설명한다. 모든 테이블은 동일하지 않으며 어떤 테이블은 데이터의 삽입, 삭제, 갱신 시 문제가 발생할 수 있다. 정규화는 문제가 있는 테이블을 두 개 이상의 문제가 없는 테이블로 나누는 일을 한다. 정규화는 E. F. Codd가 정규화 된 테이블을 소개하면서 알려졌으며 테이블이 제대로 만들어졌는지 확인하는데 쓰일 수도 있다.

3.1 관계 데이터 모델

관계(Relation)는 2 차원 테이블이다. 각 행(row)은 어떤 개체 혹은 그 일부에 속한 데이터를 갖고 각 열(column)은 속성에 관련된 데이터를 갖는다. 행을 튜플(tuple)이라고 하기도 한다. 관계, 속성, 튜플 등의 용어는 관계 모델의 이론적 근원인 관계 대수학으로부터 가져왔다. MIS(Management Information System)분야의 사람들에게는 파일, 레코드, 그리고 필드라는 말로 알려져 있고 대부분의 사용자들에게는 테이블, 행, 열로 알려져 있다. 이를 정리하면 다음 테이블과 같다.

표 3-1 • **용어**

관계 모델	프로그래머	사용자
관계	파일	테이블
튜플	레코드	행
속성	필드	열

테이블이 관계(relation)가 되기 위해서는 만족시켜야하는 제약이 있다. 테이블의 각

셀(cell)은 하나의 값을 가져야 한다. 집합, 배열 등을 값으로 가질 수 없다. 어느 한 열의 값들은 같은 종류이어야 한다. 예를 들어 한 열이 사번을 그 값으로 가지면 각 행의 그 열의 값은 사번이어야 한다. 각 열은 한 테이블에서 유일한 이름을 가져야 하며 열의 순서는 중요하지 않다. 마지막으로 테이블 내에 같은 튜플은 존재하지 않으며 튜플의 순서도 중요하지 않다.

아래 테이블은 사원 테이블로 4 개의 열(속성)로 구성된 7 개의 튜플을 지닌 테이블 예를 보여준다. 사번을 맨 왼쪽으로 열의 순서를 바꿔도 또는 나이순으로 행을 재 정렬하여도 같은 테이블이다.

표 3-2 • **테이블의 예**

이름	나이	성별	사번
정시민	21	남	S1010110
한성환	22	남	S1010113
김혜진	22	여	S2021367
김종민	21	남	S1110001
나유미	19	여	S2120201
박부희	20	여	S2101010
이갑열	21	여	S2113456

위 테이블은 하나의 예이며 이를 일반화 된 형태로 나타내면 사원(이름, 나이, 성별, 사번)과 같이 표현할 수 있고 이를 관계 구조 그리고 줄여서 관계라 한다. 관계 모델과 정규화를 이해하기 위해 함수적 종속과 키에 대해 정의해야 한다.

3.2 함수적 종속

함수적 종속은 속성들 사이의 관계를 말한다. 한 속성의 값이 주어졌을 때 다른 속성의 값을 얻을 수 있다. 예를 들어 은행에서 고객의 계좌 번호를 알면 그 고객의 잔고를 알 수 있다. 이때 잔고는 고객의 계좌 번호에 함수적 종속된다고 한다.

좀 더 일반적으로 이야기하면, 속성 X의 값이 속성 Y의 값을 결정하면 Y는 X에 함수적 종속되었다고 한다. 즉, X의 값을 알면 Y의 값도 알 수 있다.

등식은 함수적 종속 관계를 나타낸다. 예를 들어 산 물건의 값과 수량을 알면 지불해야 할 금액을 물건 값 X 수량으로 알 수 있는데 이 때 지불해야 할 금액은 물건의 값과 수량에 함수적 종속되었다고 말한다. 관계의 속성 사이의 함수적 종속이 등식을 의미하는 것은 아니다. 학생의 경우 유일한 인식자인 학번을 갖고 있으며 각 학생은 단 하나의 전공을 택하고 있을 때 학번을 알면 그 학생의 전공을 알 수 있다. 즉, 전공은 학번에 함수적 종속된다. 또한 컴퓨터는 주 기억 장치를 갖는데 이 주 기억 장치 용량은 컴퓨터의 일련 번호에 함수적으로 종속된다. 등식의 경우와는 달리 이런 함수적 종속은 계산이 아니라 해당 내용을 데이터베이스에서 가져온다.

함수적 종속은 다음과 같이 표기한다.
학번 → 전공
컴퓨터_일련 번호 → 기억_장치_용량

첫 번째 표기는 학번이 전공을 함수적으로 결정한다고 하고 학번을 결정인자라 한다. 특정 학번은 단 하나의 전공과 쌍을 이룬다. 하지만 한 전공은 하나 이상의 서로 다른 학번과 쌍을 이룰지도 모른다. 학번 123인 학생의 전공이 회계학이라 하자. 학번 123은 언제나 회계학과 쌍을 이루지만 그 역은 참이 아니다. 회계학은 학번 123이외의 많은 학번과 쌍을 이룰 것이기 때문이다. 따라서 학번과 전공의 관계는 N 대 1이라고 말 할 수 있다. A가 B를 함수적으로 결정하면 A와 B 사이의 관계는 N:1이다.

함수적 종속에 여러 속성이 포함된다. 성적(학번, 과목명, 점수) 관계를 보면 학번과 과목명은 점수를 함수적으로 결정한다.

(학번, 과목명) → 점수

즉, 학번과 과목명 둘 다 필요하다. 둘 중의 하나로는 점수를 함수적으로 결정지을 수 없다. 일반적으로 X → (Y, Z) 이면 X → Y 이고 X → Z 이다. 예를 들어 학번 → (학생이름, 전공) 이면 학번 → 학생 이름이고 학번 → 전공이다. 하지만 (X, Y) → Z 이면 X → Y 또는 X → Z가 성립되지 않는다.

각 행을 유일하게 식별할 수 있는 하나 이상의 속성을 키라 한다. 학번, 취미활동, 비용의 속성을 지닌 취미 관계를 생각해보자. 각 행은 학생과 그 학생의 취미 활동과 드는 비용을 나타낸다. 한 학생은 한 가지 취미 활동만을 할 수 있다고 가정하면 학번은 각 행을 유일하게 식별할 수 있기에 키가 된다. 다시 말하면 취미활동과 비용은 학번에 함수적으로 종속되어 있다. 아래의 취미 관계에서 학번은 키(key)이자 결정인자이지만 취미 활동은 결정인자는 되지만 키는 될 수 없다.

표 3-3 • **취미(학번, 취미 활동, 비용) 관계**

학번	취미 활동	비용
100	스키	200
150	수영	50
157	볼링	30
200	스키	200

두 개 이상의 속성이 모여 키를 이룰 수도 있다. 학생들이 하나 이상의 취미 활동을 택할 수 있도록 하면 학번 하나 만으로 각 행을 유일하게 식별하게 할 수는 없다. 학번과 취미활동 조합은 각 행을 유일하게 식별할 수 있도록 해준다. 여기서 주의할 점은 학번만으로 키인지 아니면 학번과 취미활동 조합이 키인지는 데이터베이스를 사용하는 조직 내부의 사용자의 데이터를 보는 관점과 규약에 의해 결정된다는 점이다. 따라서 키를 결정하기 위해서는 사용자에게 문의해서 정해야 한다. 사용자와 면담 후 학생이 여러 취미 활동을 할 수 있다고 하면 다음 테이블을 얻을 수 있다.

표 3-4 • **복수취미(학번, 취미활동, 비용)**

학번	취미 활동	비용
100	스키	200
150	수영	50
150	볼링	60
175	정구	50
175	수영	50
200	수영	50
200	스키	200

학번 150의 경우 수영과 볼링을 취미활동으로 갖고 있기에 두 행에 학번 150이 나타난다. 이 관계에서 어떤 한 속성도 키가 될 수 없다. 따라서 두 개 이상의 속성이 모여 키가 될 수밖에 없다. 이 테이블로부터 얻을 수 있는 두 속성의 조합은 (학번, 취미활동), (학번, 비용), (취미활동, 비용) 이다. 이 세 가지 조합 모두 키가 될 수 있는가? 키가 되기 위해서는 행을 유일하게 식별해야 한다. 단순히 이 테이블만 보고 키를 찾

아낼 수는 없다. 사용자와의 대화를 통해 몇 몇 취미 활동의 비용이 동일하다는 것을 알게 되면 (학번, 비용) 조합은 행을 유일하게 식별할 수 없어 키가 될 수 없다는 사실을 쉽게 알 수 있다. 175번 학생의 경우 같은 비용이 드는 두 가지 취미 활동을 하고 있기에 (175, 200 천원)를 갖는 행이 테이블 내에 두 번 나타난다. 그러면 (취미활동, 비용)의 경우는 어떠한가? 많은 학생이 같은 취미를 가질 수 있기에 이 조합도 역시 키가 될 수 없으나 (학번, 취미 활동)의 조합은 학생의 취미 활동에 관련된 과거의 데이터를 포함하지 않은 한 키가 될 수 있다. 과거의 데이터를 포함하게 되면 예를 들어 100 번 학생이 스키 비용이 150 천원일 때부터 스키를 취미로 해오고 있다면 (100, 스키)를 갖는 두 행이 존재하기에 키가 될 수 없게 된다. 다시 사용자와의 대화를 통해 현재의 취미 활동만 저장하기로 하면 (학번, 취미활동)이 이 관계의 키가 될 수 있다.

어떤 관계도 중복된 행이 존재하지 않기에 모든 관계는 최소 하나의 키를 가지고 있어야 하며 경우에 따라서는 관계의 속성 전부가 키가 될 수도 있다.

함수적 종속의 결정자는 관계 내에서 유일할 수도 있고 유일하지 않을 수도 있다. 같은 관계 내의 속성 X, Y가 있어 X가 Y를 결정한다고 할 때 X가 관계 내에서 유일한지는 모른다. 예를 들어 취미 활동과 비용의 경우 취미 활동이 비용을 결정하지만 관계 내에 같은 취미 활동을 하는 많은 학생이 있어 유일하지는 않다. 함수적 종속은 단지 같은 취미 활동에 대해 같은 비용이 소요된다는 사실을 나타내기 위한 것이다.

이와 달리 키는 유일해야 한다. 키는 행 전체를 함수적으로 결정한다. 키의 값이 중복되었다면 같은 튜플이 두 개 이상 존재하게 된다. 하지만 관계의 정의에 의해 이런 튜플은 관계 내에 허용되지 않는다. 따라서 한 속성 혹은 속성의 조합이 키라면 그 키는 유일하다고 말할 수 있다.

3.3 정규화

다음과 같은 관계 공급(공급원, 주소, 품목, 가격)을 생각해보자.

표 3-5 • **공급 관계**

공급원	주소	품목	가격
갑	서울시 강남구	연필	100
갑	서울시 강남구	풀	500
을	안양시 만안구	볼펜	900
을	안양시 만안구	샤프	1000
병	인천시 강화군	클립	50

위의 관계에서 각 품목이 공급될 때마다 공급원의 주소가 반복해서 나타나는 중복 이상(redundancy anomalies), 다른 행에 있는 한 공급원의 주소는 남겨둔 채 한 행에 있는 공급원의 주소를 바꿀 수 있음으로써 생기는 갱신 이상(update anomalies), 좋은 item이 있어도 공급원이 있지 않는 한 삽입할 수 없는 삽입 이상(insertion anomalies), 한 공급원에서 공급하는 품목을 모두 지울 경우 주소도 지워지는 삭제 이상(deletion anomalies)이 일어난다. 위의 관계를 다음과 같은 두 개의 관계로 분리하면 변경이상을 해결할 수 있다.

공급아이템(공급원, 품목, 가격)
공급원주소(공급원, 주소)

테이블 내의 데이터의 변경이 데이터베이스 내의 내용을 바람직하지 못한 상태로 가져 갈 수 있다. 이를 변경 이상(Modification Anomaly)이라고 하며 이 테이블을 정규화를 통해 두 개 이상의 테이블로 분리함으로써 이상 현상을 없앨 수 있다. 대부분의 경우에 정규화된 테이블을 선호한다.

표 3-6 • **취미(학번, 취미 활동, 비용)**

학번	취미 활동	비용
100	스키	200
150	수영	50
175	볼링	30
200	스키	200

다시 취미 관계를 생각해보자. 이 관계에서 150 학생을 삭제하면 150 학생이 수영을 취미로 하고 있다는 사실 이외에 수영에 드는 비용이 50 천원이라는 사실도 잃어버리

게 된다. 이를 삭제 이상(Deletion Anomaly) 이라고 하고 한 개체의 삭제가 다른 개체의 삭제를 유발하는 것을 말한다. 또 정구가 50 천원이 든다는 사실을 삽입하려 할 때 어떤 학생이 정구를 취미로 선택하여 등록하기 전에는 저장이 불가능한데 이를 삽입 이상(Insertion Anomaly)이라 한다. 정구를 취미로 하려는 학생이 관계에 등록하기 전까지 정구의 비용이 50 천원이라는 사실을 데이터베이스 내에 기록하지 못하고 기다려야 한다.

응용 프로그램에 취미 관계를 그대로 사용할 수도 있으나 삽입, 삭제 이상으로 문제를 야기 시킬 것임에 틀림없다. 따라서 이 테이블을 아래와 같이 학생의 취미(학번, 취미활동)와 취미활동비용(취미활동, 비용) 두 개의 테이블로 나누면 이러한 이상 현상을 없앨 수 있다.

표 3-7 • 제 2 정규화 형태로 만들어진 관계

학생의 취미(학번, 취미 활동)

학번	취미 활동
100	스키
150	수영
175	볼링
200	스키

취미활동비용(취미 활동, 비용)

취미 활동	비용
스키	200
수영	50
볼링	30

하지만 테이블을 둘로 나누는 것이 항상 좋은 것은 아니다. 예를 들어 250 번 학생이 스쿼시를 취미로 하고자 한다. 취미활동비용 관계 내에 들어 있지 않은, 취미활동을 하려는 학생을 학생의 취미에 등록하는 것이 좋은가 하는 문제이다. 이는 사용자의 요구 사항을 반영하여 결정하여야 한다. 만약 이러한 등록이 불가능하다면 이 제한 사항을 스키마 설계 시에 학생의 취미 · 취미활동, 취미활동비용 · 취미활동과 같은 형태로 기록해야 한다. X.Y는 X 관계의 Y 속성의 값을 말한다. 이렇게 함으로써 학생의 취미 관계에 어떤 취미 활동을 더하기 전에 취미활동비용 관계 내에 그 취미활동이 들어 있는지 점검해야 한다. 이러한 제약을 참조 무결성 제약(Referential Integrity Constraint)이라고 한다.

3.3.1 정규화 이론

취미 관계는 두 가지 주제를, 어떤 학생이 어떤 취미 활동을 하고 있으며 그 취미 활동에 드는 비용, 가지고 있기에 한 행을 더하고자 할 때나 삭제할 때도 두 가지 주제를 한번에 더하거나 지우기 때문에 문제가 발생한 것이다. 정규화의 기본적인 개념은 서로 다른 두 가지 이상의 주제를 다루고 있는 관계는 하나의 주제를 갖는 별도의 관계로 나누어주어야 한다는 것이다. 따라서 변경 이상을 보이는 관계는 각 각 하나의 주제를 지닌 두 개 이상의 관계로 나누어준다. 관계를 분리할 때마다 참조 무결성 조건을 만족시켜야 하는 지도 경우에 따라 점검해야 할 지도 모른다.

관계는 변경 이상 유형에 따라 세분된다. 어떤 유형의 제약 조건을 만족시키느냐에 따라 그 제약을 요건으로 하는 정규형(Normal form)에 속한다고 한다. 이 제약 조건에 따라 제 1 정규형(First Normal Form:1NF), 제 2 정규형(Second Normal Form:2NF), 제 3정규형(Third Normal Form:3NF), 보이스-코드 정규형(Boyce-Codd Normal Form:BCNF), 제 4 정규형(Fourth Normal Form:4NF), 제 5정규형(Fifth Normal Form:5NF) 그리고 도메인/키 정규형(Domain/Key Normal Form)이 있다.

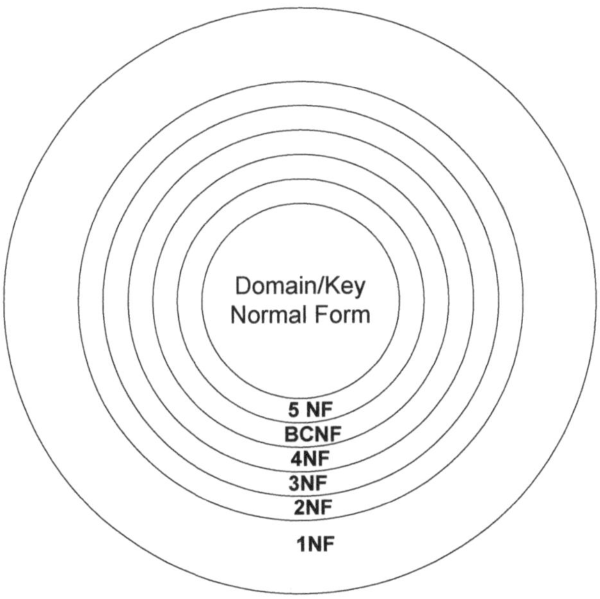

그림 3-1 • 정규화 형태사이의 관계

그림 3-1에서 짐작 할 수 있듯 이 정규형은 차수가 높아질수록 만족시켜야 하는 제약 조건이 늘어난다. 그러므로 2NF는 1NF를 이미 만족시키며 5NF는 4NF, BCNF, 3NF, 2NF, 1NF를 만족시킨다. 하지만 1NF로부터 5NF에 이르는 정규형은 반드시 변경 이상이 안 일어난다고 보장하지 못하는 단점이 있다. R. Fagin이 1981년에 도메인/키 정규형은 어떠한 변경 이상도 안 일어난다는 것을 증명하였다. 또한 변경 이상이 없기 위해서는 도메인/키 정규형에 속해 있어야 한다는 점을 증명하였다. 따라서 관계

를 도메인/키 정규형으로 만들면 변경 이상이 절대로 일어나지 않는다는 것을 보장할 수 있으나 문제는 어떻게 도메인/키 정규형으로 만드느냐이다.

정규형을 만드는 방법에 대해 알아보자. 정규형은 함수적 종속 관계를 이용한 좋은 데이터베이스 설계 방법이다. 관계의 정의를 만족시키는 테이블은 제 1 정규형이다. 전술한 표 3-6의 취미 관계는 제 1 정규형에 속한다. 이 관계는 앞에서 본 바와 같이 변경 이상 현상이 있다. 이 현상을 없애기 위해 관계를 두 개 이상의 관계로 분리하게 되는데 이 분리된 관계는 제 2 정규형에 속하게 된다.

3.3.2 제 2 정규형

제 2 정규형을 이해하기 위해 취미 관계를 살펴보자. 만약 175번 학생을 삭제하면 볼링에 30 천원이 든다는 사실을 잃어버리게 되고 한 학생이 신청하기 전에 새로운 취미활동을 삽입할 수 없다. 따라서 이 관계는 삽입, 삭제 이상 문제를 피할 수 없다. 또한 스키에 드는 비용을 200 천원에서 250 천원으로 올리면 여러 해당 튜플을 갱신해야 한다.

이 관계의 문제는 함수적 종속이 부분 키에 의존하고 있다는 데서 기인한다. (학번, 취미활동) 조합을 키로 하고 있으며 취미활동이 비용을 함수적으로 결정한다. 이런 경우 비용이 키에 부분적으로 종속된다고 한다. 비용이 키 조합 (학번, 취미활동)에 함수적 종속된다면 변경 이상은 더 이상 생기지 않을 것이다. 이상 현상을 제거하기 위해서 관계를 두 관계로 나누어야 한다. 이 예로부터 제 2 정규형의 정의를 구할 수 있다. 관계는 키가 아닌 모든 속성이 키에 종속되면 제 2 정규형에 있다고 한다. 정의에 의해 한 속성으로 이루어진 키는 부분 종속이 존재할 수 없기에 자동적으로 제 2 정규형에 속한다. 제 2 정규형은 조합 키를 갖는 관계만을 고려한다. 취미활동은 표 3-7과 같이 두 개의 관계로 분리된다.

3.3.3 제 3 정규형

제 2 정규형에 있는 관계도 이상 현상이 생긴다. 표 3-8의 기숙사(학번, 건물 이름, 기숙사비) 관계에서 키는 학번이 되고 학번 → 건물_이름, 건물_이름 → 기숙사비의 함수적 종속 관계가 성립된다. 이 종속은 한 학생이 한 건물에만 살고 한 건물의 기숙사비는 똑같기 때문이다. 학번이 건물 이름을 결정하고 건물 이름이 기숙사비를 결정함으로 학번이 기숙사비를 결정한다고 할 수 있다. 이러한 종속 관계를 이행 종속(Transitive Dependency) 관계라고 한다.

기숙사 관계의 키는 학번이고 이 관계는 제 2 정규형에 속한다. 이 관계도 전과 같은 변경 이상이 있다. 200 번 학생을 지우면 문화관을 임대하는데 1200 천원이 든다는 사실을 잊어버리고 새로운 건물 우일관의 기숙사비가 1500 천원 이라는 사실은 한 학생이 우일관에 기숙하기로 신청하지 않는 한 삽입할 수가 없다.

표 3-8 • **기숙사 관계**

기숙사(학번, 건물_이름, 기숙사비)

학번	건물_이름	기숙사비
100	대신관	1200
150	수리관	1100
200	문화관	1200
250	수봉관	1300
300	대신관	1200

제 2 정규형에 있는 관계의 문제점을 없애기 위해서는 이행 종속을 제거해야 한다. 제 3 정규형의 정의는 다음과 같다. 제 2 정규형에 있으면서 이행 종속이 없는 관계를 제 3 정규형이라고 한다.

기숙사 관계는 제 3 정규형의 두 관계 주거(학번, 건물 이름)와 주거비(건물 이름, 기숙사비)로 나누어진다.

표 3-9 • **제 3 정규화형태로 만들어진 관계**

주거(학번, 건물_이름)

학번	건물_이름
100	대신관
150	수리관
200	문화관
250	수봉관
300	대신관

주거비(건물_이름, 기숙사비)

건물_이름	기숙사비
문화관	1200
수리관	1100
수봉관	1300
대신관	1200

3.3.4 보이스-코드(Boyce-Codd) 정규형

제 3 정규형에 있는 관계도 이상 현상이 발생한다. 표 3-10과 같은 지도교수 관계에서 학생은 하나 이상의 전공을 택할 수 있고 한 전공에는 여러 지도 교수가 있으며 교수는 한 전공 분야만 지도한다고 하자. 학생은 복수 전공을 할 수 있으므로 학번으로 전공을 결정할 수 없다. 게다가 한 학생은 여러 명의 지도 교수를 가질 수 있으므로 학번으로 지도 교수를 결정할 수 없다. 따라서 학번은 키가 될 수 없다. (학번, 전공) 혹은 (학번, 지도교수)의 조합은 각각 지도교수와 전공을 결정한다. 따라서 둘 중의 하나가 키가 된다. 두 개 이상의 키를 후보 키(Candidate Key)라 한다. 후보 키 중 하나를 키로 선택하면 기본 키(Primary Key)가 된다.

표 3-10 • **지도교수**

지도 교수(학번, 전공, 교수_이름)

학번	전공	교수_이름
100	수학	권희용
150	심리학	박성순
200	전산학	김성규
250	심리학	박성순
300	전산학	오승은
300	수학	고진광

게다가 한 교수는 단 하나의 전공 분야를 지도하기에 교수 이름이 전공을 결정한다. 지도 교수 관계는 제 1 정규형이고 키가 아닌 속성이 어떤 후보 키를 선택하든 키에 종속되기에 제 2 정규형을 만족한다. 이행 종속이 성립하지 않기에 제 3 정규형이나 변경 이상이 존재한다. 예를 들어 300 학생이 학교를 그만 두면 오승은 교수가 전산학을 가르친다는 사실을 잃게 된다. 또한 홍길동 교수가 경제학전공을 가르친다는 사실을 학생이 홍 길동 교수를 지도 교수로 택하지 않는 한 삽입할 수 없다. 이 문제는 모든 결정자가 후보 키가 되도록 함으로써 제거할 수 있다. 모든 결정자가 후보 키가 되는 관계를 보이스-코드 정규형이라 한다. 지도 교수는 표 3-11과 같이 이상 현상을 갖지 않는 두 개의 관계로 나누어진다. 보이스-코드 정규형은 함수적 종속으로 인한 변경 이상을 갖지 않지만 함수적 종속이외의 상황에서 이상 현상을 보인다.

표 3-11 • BCNF 형태로 만들어진 관계

학생지도(학번, 교수 이름)

학번	교수 이름
100	권희용
150	박성순
200	김성규
250	박성순
300	오승은
300	고진광

전공지도(교수 이름, 전공)

이름	전공
권희용	수학
박성순	심리학
김성규	전산학
고진광	수학
오승은	전산학

3.3.5 제 4 정규형

학생과 전공, 취미활동 사이의 관계를 나타내는 표 3-12의 학생활동 관계에서 학생은 복수 전공을 할 수 있고 여러 취미 활동을 하는 것이 허용된다. 만일 이렇다면 학생활동(학번, 전공, 취미활동) 조합이 이 관계의 키가 된다. 100 번 학생이 음악과 전산학을 전공하며 수영과 정구를 취미 활동으로 하고 있으며 150 학생은 수학을 전공하며 골프를 취미로 한다. 학번과 전공 사이에는 한 학생이 여러 전공을 택할 수 있기 때문에 함수적 종속 관계가 존재하지 않는다. 또한 학번에 여러 전공과 취미활동이 대응한다. 이러한 속성의 종속을 다치 종속(Multivalued Dependency)이라 하고 학번 →→ 전공, 학번 →→ 취미활동과 같이 표현한다. 다치 종속도 역시 변경 이상이 존재한다. 학번 100 번 학생의 경우 전공과 취미활동으로 구성할 수 있는 쌍의 조합으로 네 개의 레코드를 갖는데 만약 이런 중복을 피하기 위하여 두 개의 음악과 수영, 전산학과 정구만 저장한다면 이 학생은 음악을 전공할 때는 수영만을 하고 전산학을 전공할 때는 정구만 하는 의미로 해석하게 된다. 이런 해석이 옳지 않다는 것은 쉽게 짐작할 수 있다. 따라서 네 개의 튜플을 저장할 수밖에 없다.

표 3-12 • 학생활동

학생활동(학번, 전공, 취미활동)

학번	전공	취미활동
100	음악	수영
100	전산학	수영
100	음악	정구
100	전산학	정구
150	수학	골프

100 번 학생이 스키를 하고자 한다면 단순히 [100, 음악, 스키] 튜플을 삽입하면 되는 것이 아니라 [100, 전산학, 스키]도 삽입해 주어야 한다. 또한 삭제 시에도 데이터베이스의 데이터가 일관성을 유지하기 위해서 같은 일을 해 주어야 한다. 일반적으로 세 가지 속성으로 이루어진 관계에서 다치 종속이 존재할 때 두 속성은 나머지 한 속성에 종속된 여러 값을 갖는다. 학생활동은 부분 키에 의존하지 않기에 제 2 정규형이고, 이행 종속이 존재하지 않기에 제 3 정규형을 만족시키며, 키가 아닌 결정자가 없기에 보이스-코드 정규형이다. 언급한 바와 같이 레코드의 삽입 또는 삭제 시 이상 현상이 일어난다. 다치 종속을 각각 하나의 관계로 만들어 이 이상 현상을 제거한다. 관계가 제 4 정규형이기 위해서는 보이스-코드 정규형이어야 하고 다치 종속이 없어야 한다.

표 3-13 • 제 4 정규화 형태로 만들어진 관계

학생의 전공(학번, 전공)

학번	전공
100	음악
100	전산학
150	수학

학생의 취미(학번, 취미활동)

학번	취미활동
100	수영
100	정구
150	Jogging

3.3.6 제 5 정규형

제 4 정규형까지의 테이블의 분리는 분리 된 테이블을 다시 하나로 만들 때 정보를 잃어버리지 않기에 무 손실 조인(Lossless Join)[1] 성질을 만족한다. 분리된 관계를 하나로 조인할 때 원래 없던 정보가 더해지는 경우가 있는데 이런 조인을 원래의 정보를 잃어 버렸다는 의미에서 손실 조인(Lossy Join) 이라 한다. 제 5 정규형은 무 손실 조

1) 조인(Join)에 관해서는 5 장 참조

인을 만족하는 관계를 말한다. 표 3-14의 회사(전화번호, 회사명, 우편번호) 관계에서 변경이상이 일어나 다음과 같이 두 개의 관계 CZ(회사명, 우편번호)와 PC(전화번호, 회사명)으로 분리했다고 하자.

표 3-14 • **제 5 정규형 예**

회사(전화번호, 회사, 우편번호)

전화번호	회사명	우편번호
312-392-3864	Edison	60025
313-415-4196	Edison	61136

CZ(회사명, 우편번호)

회사명	우편번호
Edison	60025
Edison	61136

PC(전화번호, 회사명)

전화번호	회사명
312-393-3864	Edison
313-415-4196	Edison

만약 원래 회사명, 전화번호 그리고 우편번호를 알고싶다면 두 개의 관계를 조인 연산을 통해 다시 하나로 만들어야 한다. 아래 관계는 분리된 두 관계로부터 조인하여 얻은 결과이다. 이상하게도 원래 없던 튜플이 생성되었는데 이로 인해 변경이상이 일어난다는 사실을 알아냈다. 분리된 관계로부터 원래의 관계를 회복할 수 있으면 제 5 정규형에 있다고 하며 무 손실 조인을 만족한다고 한다.

표 3-15 • **회사**

회사2(전화번호, 회사명, 우편번호)

전화번호	회사명	우편번호	비고
312-392-1864	Edison	60025	
312-392-1864	Edison	61136	원래 없던 정보
313-415-4196	Edison	60025	원래 없던 정보
313-415-4196	Edison	61136	

무 손실 조인이란 관계 R이 R_1과 R_2로 분리되었을 때 다음을 만족하는 경우를 말한다.
$R_1 \cap R_2 \rightarrow R_1$ 또는 $R_1 \cap R_2 \rightarrow R_2$이면 R_1, R_2는 무 손실 조인을 만족한다. $R_i \cap R_j$는 R_i와 R_j에 공통되는 속성을 의미한다.

3.3.7 도메인/키 정규형

제 1 정규형부터 제 5 정규형에 이르는 정규형은 낮은 차수의 정규형의 변경 이상을 제거함으로써 그 다음 차수의 정규형으로 발전해 왔다. 하지만 제 5 정규형에 있다고 해도 변경 이상이 더 이상 존재하지 않는다는 보장을 할 수 없다.

1981년에 R. Fagin이 도메인/키 정규형을 발표하였는데 그는 관계가 도메인/키 정규형에 있으면 변경 이상이 없으며 변경 이상이 없는 관계는 도메인/키 정규형이라는 사실을 증명하였다. 이 발표로 변경 이상 현상 제거를 위한 더 높은 차수의 정규형 개발의 필요성이 없어졌다.

도메인/키 정규형은 데이터베이스 개발자가 가장 관심을 갖고 있으며 현존 DBMS에에 의해 이미 지원되는 키와 도메인 개념에 국한된 방법으로 알고리즘으로 나타낼 수가 없어 현재는 개발자의 직관에 의존하여 관계의 모든 제약이 도메인과 키의 논리적 결과에 의해 만들어야 한다는 단점을 안고 있다.

제약(Constraint)이라고 하는 것은 속성이 가질 수 있는 값이 참 인지 아닌지를 결정할 수 있는 규칙으로 관계 내 혹은 관계 사이의 제약, 함수적 종속 그리고 다치 종속 등이 이에 속한다. 이 규약은 정적으로 데이터 값의 변화나 시간에 종속적인 규약은 제외된다.

키는 튜플의 유일한 식별자이고 도메인은 한 속성이 가질 수 있는 값의 집합과 속성의 의미 모두를 포함한다. 관계는 도메인 제약과 키가 모든 제약을 만족시키면 도메인/키 정규형에 속한다. 도메인/키 정규형은 변경 이상을 유발하지 않기에 DBMS는 단순히 키와 도메인 제약이 만족되도록 하면 이상 현상의 발생을 없앨 수 있다. 하지만 관계를 도메인/키 정규형으로 바꿔 주는 알고리즘이 존재하지 않는다. 도메인/키 정규형을 설계한다는 것은 과학이기보다는 예술이다. 이러한 관점에서 볼 때 데이터베이스 설계 시 도메인/키 정규형은 유용한 설계 목표를 제시한다. 일반적으로 이런 설계 목표는 달성될 수 있고 만약 안 된다면 제약이 응용 프로그램의 일부로 채워져야 한다.

다음의 예를 살펴보자. 학생 관계는 학번, 건물이름, 비용으로 구성된다. 건물 이름은 학생이 살고 있는 건물의 이름을 말하고 비용은 학생이 그 건물에 기숙하기 위해 내는 금액이다. 학번이 다른 두 속성을 함수적으로 결정하므로 학번이 키가 된다. 또 건물이름이 비용을 함수적으로 결정하고 학번은 9로 시작해야 한다고 하자. 이런 제약을 도메인과 키 정의의 논리적 결과로 표현할 수 있으면 이상 현상이 없는 관계를 만들 수 있는 것이다. 학번이 9로 시작한다는 제약은 아래 상자와 같이 학번이 이 제약을 포함하도록 도메인을 정의하면 된다. 다음으로 함수적 종속 건물 이름 비용이 키로부터 논리적으로 구할 수 있어야 한다. 건물 이름이 키라면 건물 이름 비용은 논리적 결과로 간단히 얻을 수 있다. 하지만 학생 관계에서 건물 이름은 여러 학생이 한 건물에 살 수 있기에 키가 될 수 없으나 건물 이름과 비용으로 구성된 관계의 키가 될 수 는 있다. 따라서 건물 이름과 비용의 속성을 지닌 관계를 만든다. 이 새로운 관계로 인해 학생 관계로부터 비용 속성을 제거 할 수 있다. 그 결과 아래 상자와 같은 도메인과 관계 정의를 얻을 수 있다. 이를 통해 제 2 정규형을 제 3 정규형으로 바꿀 때와 같은 결과를 얻었지만 도메인/키 정규형을 구하는 과정이 이행 종속 관계를 따질 필요가 없어 간단하고 이상 현상이 안 일어날 것이라는 것을 알 수 있기에 바람직하다.

학생(학번, 건물 이름, 비용)
제약 : 건물 이름 → 비용
학번은 9 로 시작
도메인 정의

학번	IN	CDDD, 단 C는 9이고 D는 숫자
건물 이름	IN	CHAR(4)
비용	IN	DEC(4)

관계, 키 정의
학생거처(<u>학번</u>, 건물 이름)
기숙사비(<u>건물이름</u>, 비용)

3.3.8 설계 시의 고려 사항

이 장에서 정규화란 무엇이며 변경 이상이 발생하지 않는 높은 차수의 정규형으로 변환시키는 방법에 대해 알아보았다. 일반적으로 정규화는 바람직하지만 정규화 하는 것이 안 하는 것보다 못한 경우도 있다.

관계 고객(고객번호, 고객이름, 도시명, 구이름, 우편번호)의 경우를 생각해보자. 밑줄 친 고객번호가 이 관계의 키이다. 이 관계는 함수적 종속 우편번호 → (도시명, 구이름)을 포함하고 있는데 이는 키의 논리적 결과로 구할 수 있는 것이 아니기에 도메인/키 정규형이 아니다. 이 관계는 다음의 두 도메인/키 관계 고객(고객번호, 고객이름, 우편번호) 그리고 코드(우편번호, 도시명, 구이름)로 변환 될 수 있다. 비록 이 두 관계가 도메인/키 정규형에 있으나 정규화 하지 않은 원래의 관계가 훨씬 더 처리하기 쉽고 도시명과 구이름의 중복이 그다지 큰 단점이 되지 않기에 더 낫다. 즉, 성능면에서 비교해 보면 하나의 관계를 처리하는 편이 둘 이상으로 분리된 관계를 결합하여 처리하는 것보다 빠르기 때문에 정규화 시키지 않고 그대로 사용하기도 한다.

정규화를 하느냐 마느냐는 정해진 규칙이 없다. 가장 좋은 방법은 데이터베이스를 사용하는 응용 프로그램의 처리 특성을 감안하여 선택하는 것이다.

3.4 암스트롱의 공리

함수적 종속 관계에 관한 암스트롱(Armstrong)의 공리(axiom)에 대해 알아본다. 암스트롱의 공리를 이용하여 수퍼키(super key)를 찾거나 데이터베이스 변경 시 점검해야 하는 함수적 종속 관계를 줄여줄 수 있는 canonical cover를 찾을 수 있다.

암스트롱의 공리는 다음의 여섯 가지 규칙으로 되어 있으며 기본적으로 모든 함수 관계는 X → X와 같이 자기 자신으로 가는 함수를 만족한다. 이러한 암스트롱의 공리를 이용하여 X → Y이고 Y → Z이면 X → Z임을 증명하지 않고 알 수 있다.

Reflexivity Rule	if $\beta \subseteq \alpha$, then $\alpha \rightarrow \beta$
Augmentation Rule	if $\alpha \rightarrow \beta$, then $\gamma\alpha \rightarrow \gamma\beta$
Transitivity Rule	if $\alpha \rightarrow \beta$ and $\beta \rightarrow \gamma$, then $\alpha \rightarrow \gamma$
Union Rule	if $\alpha \rightarrow \beta$ and $\alpha \rightarrow \gamma$, then $\alpha \rightarrow \beta\gamma$
Decomposition Rule	if $\alpha \rightarrow \beta\gamma$, then $\alpha \rightarrow \beta$ and $\alpha \rightarrow \gamma$
Pseudotranstivity Rule	if $\alpha \rightarrow \beta$ and $\gamma\beta \rightarrow \delta$, then $\alpha\gamma \rightarrow \delta$

암스트롱의 공리는 올바르지 않은 함수관계를 발생시키지 않는다는 점에서 건전(sound)하며 이를 이용하여 모든 함수적 종속관계를 찾아 낼 수 있다는 점에서 완전(complete)하다. 함수의 집합 F로부터 암스트롱의 공리를 이용하여 찾아낸 모든 함수를 F의 폐포(closure) 집합 F^+이라한다. 암스트롱의 공리를 이용하여 한 개체를 유일하게 구별하는 하나 혹은 그 이상의 속성의 집합인 수퍼키(super key)를 찾아낼 수 있다.

키(key) 관련하여 몇 가지 용어에 대해 알아본다. 후보 키(candidate key)는 최소 속성을 지닌 수퍼키이고 수퍼키의 진부분 집합이 수퍼키가 될 수 없으며 기본 키

(primary key)는 데이터베이스 설계자에 의해 선택된 후보 키이다.

수퍼키를 찾는 알고리즘은 다음과 같다.

```
result := α
while (changes to result) do
        for each functional dependency β → γ in F do
                if β ⊆ result then result := result ∪ γ
```

어떤 테이블 R이 A, B, C, G, H, I 속성을 가지고 있으며 이들 사이의 함수적 종속 관계 집합 F = { A → B, A → C, CG → H, CG → I, B → H}이다. 수퍼키의 정의는 개체를 유일하게 구별할 수 있는 하나 혹은 그 이상의 속성이기에 result를 {A}로 놓고 시작하면 알고리즘에 의해 result가 {A, B, C, H}가 됨을 알 수 있다. 따라서 {A}는 수퍼키가 될 수 없고 {A}로부터 시작하여 구할 수 없는 {G}를 포함시켜 {A, G}를 result로 놓고 알고리즘을 따라가면 {A, B, C, G, H, I}를 구하게 되어 {A, G}가 수퍼키가 됨을 알 수 있다.

익힘문제

1. 다음 테이블은 몇 번째 정규화 형태인지 밝히고 이상 현상을 없애려면 테이블을 어떻게 분리해야 하는가?

Employer(Person, Child, Salary)

Person	Child	Salary
Codd	Alice	60K
Bob	Codd	60K
Mark	Codd	60K
Joseph	Zloof	44K
Abe	Zloof	44K
Alice	Codd	50K

2. Relation의 세 가지 특성을 설명하라.

3. 관계와 속성의 순서가 없다는 것의 의미와 구현 방법에 대해 간략히 논하라.

DATABASE

CHAPTER

04

관계 데이터 모델

2 장과 3 장에서 ER 모델을 이용하여 데이터 모델의 사양을 지정하고 관계 모델과 정규화하는 방법에 대해 공부하였다. 이 장에서는 이 들을 종합하여 사용자의 요구 사항을 표현한 개체 관계 모델을 특정 DBMS와는 무관한 관계 데이터베이스 디자인으로 바꾸는 절차를 알아본다.

ER 모델에서 사용자가 기록으로 남기고 싶은 것을 개체로 나타내고 이 들 사이의 관련성을 관계로 나타내었다. 개체를 관계로 나타내는 방법은 간단하다. 각 개체에 대해 하나의 관계를 정의하면 된다. 개체의 이름이 관계의 이름이 되고 개체의 속성이 관계의 속성이 된다. 그리고 나서 각 관계를 전 장에서 공부한 정규화 이론을 이용하여 높은 차수의 정규형으로 고칠 것인지 결정한다.

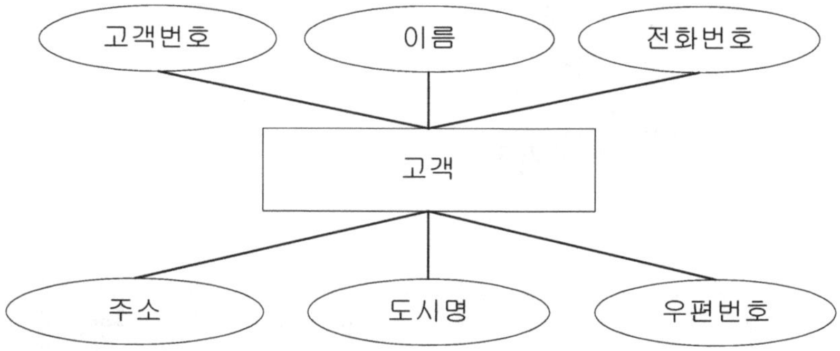

고객(<u>고객번호</u>, 이름, 주소, 도시명, 우편번호, 전화번호)

그림 4-1 • ER Diagram

그림 4-1의 ER 다이아그램에서 고객은 여섯 가지 속성, 이름, 고객번호, 전화번호, 주소, 도시명, 우편번호를 가지고 있다. 이 개체를 관계로 나타내려면 개체의 이름을 고객으로 하고 관계 고객의 열에 속성을 나열하면 된다. 이 관계에서 어떤 속성이 튜플을 유일하게 인식할 수 있는지 짐작할 수 있다면 그 속성이 키가 된다. 만약 모른다면 사용자의 요구 사항을 검토하거나 사용자에게 직접 문의하여 키를 찾아낸다. 그림 4-1에서 고객번호가 고객 관계의 키로 가정한다. 항상 밑줄 친 속성이 키가 된다.

요구 사항 분석 단계에서 가장 중요한 일은 사용자가 필요로 하는 개체를 찾아내는 일이다. 관계가 어떤 정규형을 만족시키느냐는 일단 개체로부터 관계를 만들고 난 뒤에 고려할 사항이다. ER 다이어그램을 구하고 나서 만약 고객 관계가 도메인/키 정규형을 만족시켜야 한다고 하자. 요구 사항이 기록된 문서를 통해 혹은 속성의 이름으로부터 추측하여 도메인과 키에 관한 제약 사항을 파악하여야 한다.

함수적 종속 관계를 살펴보면 고객번호가 다른 모든 속성을 유일하게 결정하게 해주고 우편번호는 도시명을 결정한다. 전 장의 도메인/키 정규형 정의대로 키 이외의 함수적 종속 관계를 도메인과 키의 논리적 결과로써 얻을 수 있도록 해주어야 하기에 두 개의 관계를 만든다. 고객의 키는 고객번호가 되고 우편번호 테이블의 키는 우편번호가 된다. 이런 두 관계는 도메인/키 정규형에 속하게 되고 이상 현상의 발생 없이 우편번호를 더하거나 삭제할 수 있다. 하지만 실제로 구현 시에는 두 개의 관계로 나누지 않고 원래의 관계를 그대로 유지할 수도 있다.

요약하면 사용자가 필요로 하는 개체를 찾아내어 개체의 모든 속성을 지닌 관계를 만들어 내고 정규형 기준을 만족시키는지 검사한다. 대부분의 경우 도메인/키 정규형으로 관계를 만듦으로써 좋은 데이터베이스 디자인을 얻을 수 있으나 경우에 따라서는 도메인/키 정규형이 아닌 편이 선호 될 수도 있다. 정규화 할 것인지 안 할 것인지의 결정과 무관하게 모든 관계는 무언가 잘못되었을 때 무엇이 잘 못되었는지 알고 대체할 수 있도록 정규화 기준에 맞는지 검사해야 한다.

4.1 관계 데이터 모델의 표현

데이터베이스 설계는 일반적으로 ER 모델을 만들고 나서 관계 데이터 모델로 변환한다. 즉, 그림 4-2에서 보듯 개념 스키마 설계 단계와 소유하고 있는 데이터베이스에 맞는 데이터 모델로 변환하는 단계의 2 단계로 이루어진다.

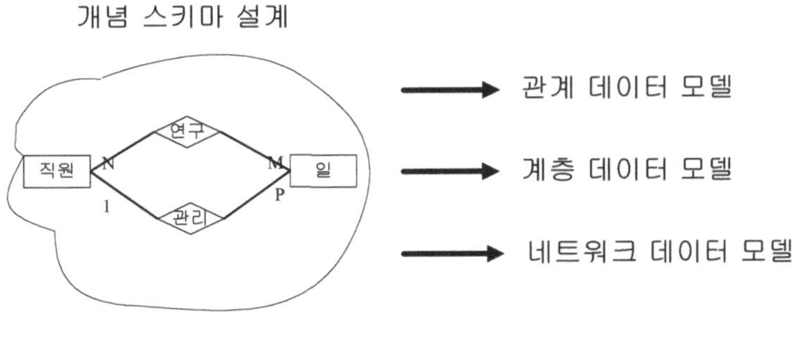

그림 4-2 • **2 단계 설계**

관계 데이터 모델 설계 시 종속 개체는 다른 개체에 의존하여 존재하기에 주의하여 관계로 바꾸어 주어야 한다. 인식자에 종속적이지 않은 종속 개체는 적절한 개체가 있지 않는 경우 응용 프로그램에서 생성되지 않도록 해주어야 한다. 또한 어떤 개체 A의 존재에 종속되어 있는 개체 B는 A가 삭제되면 B도 삭제되도록 해 주도록 구현되어야 한다.

공장의 물품 송장과 생산라인 품목에서와 같이 생산라인 품목의 논리적 존재가 물품 송장에 달려 있는, 인식자에 종속적인 개체는 물품 송장의 키와 생산라인 품목의 키가 종속 개체를 나타낸 관계의 속성으로 나타나야 한다. 물품 송장의 키를 속성으로 갖지 않으면 생산라인 품목 관계는 같은 라인에서 생산된 같은 수량의 같은 물품을 허용하여 중복된 튜플을 갖게 될 것이다. 즉 생산라인 물품의 경우에서 보는 바와 같이 인식자 종속 개체는 자기 자신 만으로는 키가 존재하지 않게 되므로 반드시 종속되어 있는 관계의 키를 포함해야 한다.

관계의 유형에는 논리적으로 서로 다른 두 개체간의 관련성을 나타내는 것과 한 개체의 하위 개체의 관련성을 나타내는 ISA관계 두 가지가 있다.

4.1.1 1:1 관계의 표현

가장 단순한 이진 관계는 한 개체 인스탄스(instance)가 단 하나의 다른 개체 인스탄스와 연결되는 1:1 관계이다. 직원과 자동차의 관계를 나타낸 그림 4-3에서처럼 직원은 단 한대의 자동차에 연결되고 한 자동차는 한 직원에게만 연결된다고 하자.

직원(사번, 이름, 전화번호, ...)
자동차(차량번호, 일련번호, 색상, 모델명, .., *사번*)
(a)

직원(사번, 이름, 전화번호, ..., *차량번호*)
자동차(차량번호, 일련번호, 색상, 모델명, ..)
(b)

그림 4-3 • **1:1 관계**

1:1 관계는 각 개체를 관계로 나타내고 한 관계의 키를 다른 관계의 속성으로 포함시키면 된다. 한 관계의 키가 다른 관계 내에 포함되어 있을 때 그 키를 외래 키(Foreign Key)라고 한다. (a)에서는 사번이 자동차 관계에서 외래 키이고 (b)에서는 등록번호가 직원 관계에서 외래 키이다. 외래 키는 외래 키에 대해 특별한 취급은 하지 않지만 관계 내의 원래 속성과 구분하기 위해 이탤릭체로 나타내기로 한다.

그림 4-3의 (a)는 사번이 외래 키로서 자동차 관계에 위치한 경우로 직원 관계를 통해 자동차 관계로 갈 수 있고 그 반대로 자동차 관계를 통해 직원 관계로 갈 수도 있다. 그림 4-3 (b)의 경우는 차량번호를 외래 키로 직원 관계에 놓은 경우로 (a) 에서처럼 두 관계를 넘나들 수 있다. 비록 두 디자인이 개념적으로는 동등할지 모르나 성능면에서는 차이가 날 수 있다. 보통 DBMS에서 기본 키를 이용하여 자료를 찾는데 걸리는 시간이 외래 키를 이용하여 자료를 찾는데 걸리는 시간보다 훨씬 적게 든다. 예를 들어 어느 회사의 주차장에 잘못 세워 둔 차의 소유주에게 연락하기 위해서는 (a)와 같이 자동차의 차량번호를 통해 사번을 알아내고 직원 관계의 기본 키인 사번을 통해 전화번호를 알아내어 연락하는 편이 (b)에서처럼 직원 관계의 외래 키인 차량번호를 통해 직원 관계의 튜플을 일일이 비교하여 해당 차량번호를 갖는 사원의 전화번호를 알아내어 연락하는 편보다 빠르다고 말할 수 있다.

4.1.2 주의하여야 할 1:1

그림 4-4 • **주의하여야 할 1:1**

그림 4-4는 각 직원은 단 하나의 고과를 갖고 한 고과는 한 직원에게만 연결되는 1:1 관계를 보여 준다. (1, 1)에서 이 관계의 최소 카디날리티가 1 이기에 각 직원은 하나의 고과에 반드시 연결되어야 한다. 이같이 관계가 1:1 이며 최소 카디날리티가 1 인 경우 같은 개체의 다른 면을 나타낸 것이다. 따라서 보통 두 개체를 결합하여 하나의 관계로 나타낸다.

하지만 하나의 개체를 성능 또는 보안의 문제로 인해 두 개의 관계로 나타낼 필요가 있기도 하다. 예를 들어 직원에 관한 자료는 빈번히 이용되나 고과가 굉장히 길고 보너스 지급을 위해 6 개월에 한번 사용할 정도로 드물게 사용되는 경우 고과 관계를 따로 저장하는 편이 보다 자주 사용되는 관계에 관한 질의를 빨리 처리해 줄 수 있다. 또한 고과 관계는 허가받지 못한 사용자가 접근하지 못하도록 따로 저장할 수도 있다.

그렇다고 모든 최소 카디날리티가 1 인 1: 1 관계가 이에 해당하지는 않는다. 다만 한 개체의 두 면을 다룰 경우에 주의해야 한다는 것이다. 예를 들어 직원과 자동차의 최소 카디날리티 1 인 1:1 관계는 각 관계가 논리적으로 서로 다른 사물이기에 별도의 주의를 기울이지 않아도 된다.

4.1.3 1:N 관계의 표현

두 번째 이진 관계는 1:N으로 한 개체가 다른 유형의 많은 개체에 연결된다. 그림 4-5는 교수와 학생 사이의 1:N관계를 나타낸 것이다. 한 교수는 자신이 지도하는 많은 학생과 연결된다. (a)는 선택적 관계로 교수가 어떤 학생도 지도하지 않는 경우를 의미한다. 하지만 교수와 학생의 관계에서 한 학생은 반드시 한 교수에게만 지도를 받아야 한다. 1:N관계를 부모와 자식 관계로 말하기도 하는데 1 이 부모, N 이 자식을 의미한다. 이 표현을 빌리면 교수는 부모 개체이고 학생은 자식 개체이다.

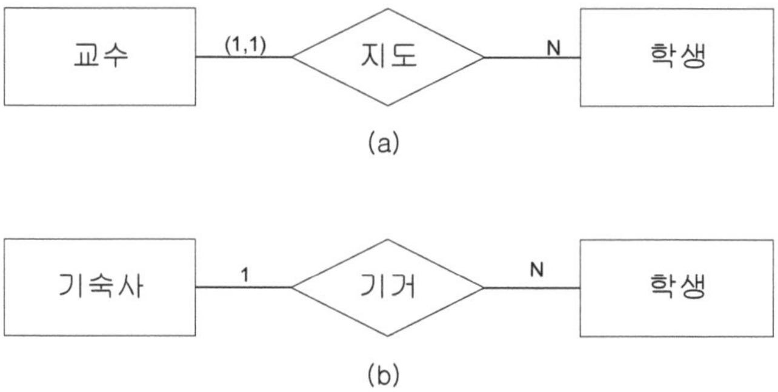

그림 4-5 ● **1:N의 관계**

그림 4-5의 (b)는 기숙사와 학생과의 관계로 한 기숙사에 여러 명의 학생이 기거할 수 있으나 한 학생은 하나의 기숙사에만 기거할 수 있음을 나타낸다. 또 학생은 기숙사에 살 수도 있고 살지 않을 수도 있으며 기숙사에는 학생이 기숙하는 곳도 있고 수리 혹은 기타 다른 사유로 학생이 기거하지 않는 곳도 있다.

1:N관계의 표현은 1:1 관계에서와 마찬가지로 간단하다. 각 개체는 하나의 관계로 바뀌고 부모 개체를 나타낸 관계의 키가 자식 개체를 나타낸 관계의 한 속성으로 들어가면 된다. 그러므로 (a)의 경우 교수(교수이름, 학과, 전화번호), 학생(학번, 이름, 연락처, 교수이름) 와 같이 나타내 주면 된다. 1:1의 경우에는 위와는 반대로 교수 관계에 외래 키로 학번 속성을 집어넣을 수도 있으나 1:N 관계에서는 부모 관계의 키가 자식

관계의 속성으로 존재해야 한다. 교수 관계에 학번을 속성으로 집어넣으면 1:N관계를 표현하기 위해 학번 속성 칸에 여러 학생의 학번이 들어가게 되어 관계가 꼭 만족시켜야 하는 한 속성 칸에 한 값이 들어간다는 사실에 위배되게 된다. 여러 값을 한 셀에 집어넣을 수 없기에 표 4-1과 같이 만들 수도 있으나 변경 이상 현상을 유발시켜 한 교수의 전화번호가 바뀌면 그 교수가 나타난 모든 행의 전화번호를 고쳐 주어야 하고, 신임 교수를 등록하고자 할 때 지도 받을 학생이 없으면 등록이 안되며 한 명의 학생을 지도하는 교수의 경우 그 학생이 다른 교수에게 옮겨가거나 졸업 등의 이유로 삭제할 필요가 생기면 그 교수의 전화번호를 잃어버리게 된다. 따라서 1:N 관계에서는 부모 관계의 키가 자식 관계의 속성으로 존재해야 한다. (b)의 경우도 (a)의 경우와 마찬가지로 처리해 주면 된다.

표 4-1 • **지도교수**

교수이름	학과	전화번호	학번
김 성규	컴퓨터학과	879	1004
김 성규	컴퓨터학과	879	1005
박 성순	컴퓨터디자인학과	878	1006
박 성순	컴퓨터디자인학과	878	1008
권 희용	컴퓨터학과	877	1010

4.1.4 M:N 관계의 표현

M:N 관계는 한 유형 A의 한 개체가 다른 유형 B의 여러 개체와 연결되고 유형 B의 한 개체는 유형 A의 여러 개체와 연결된다. 그림 4-6은 한 학생은 여러 수업에 참석하고 한 수업에는 여러 학생이 참석함을 보여 준다.

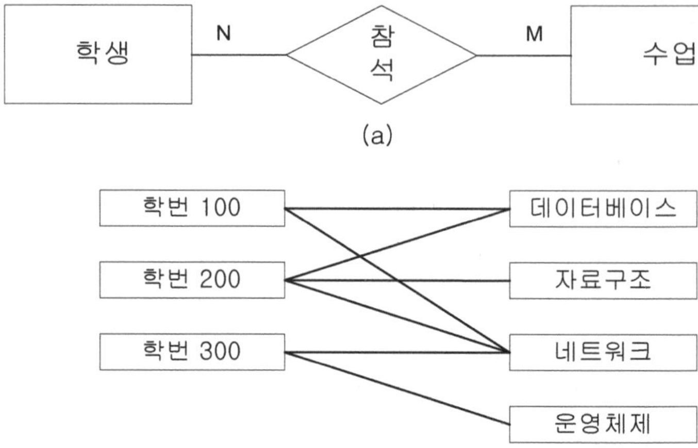

그림 4-6 ● **M:N의 관계**

M:N관계는 1:1 또는 1:N 관계에서와 같이 간단히 표현되지 않는다. 만약 1:1 또는 1:N의 관계에서처럼 한 관계의 외래 키를 다른 관계 내의 속성으로 나타내면 제1 정규형을 만족시키기 위해 여러 값을 한 셀에 집어넣을 수 없고 있다고 해도 변경 이상 문제가 생기게 된다. 이를 해결할 수 있는 유일한 방법은 M:N관계 자체를 관계로 나타내는 것이다. 결국 M:N 관계는 두 개의 1:N 관계로 만들어진다.

학생(<u>학번</u>, 이름, 전공)
수업(<u>과목번호</u>, 과목이름)
참석(<u>학번</u>, <u>과목번호</u>)

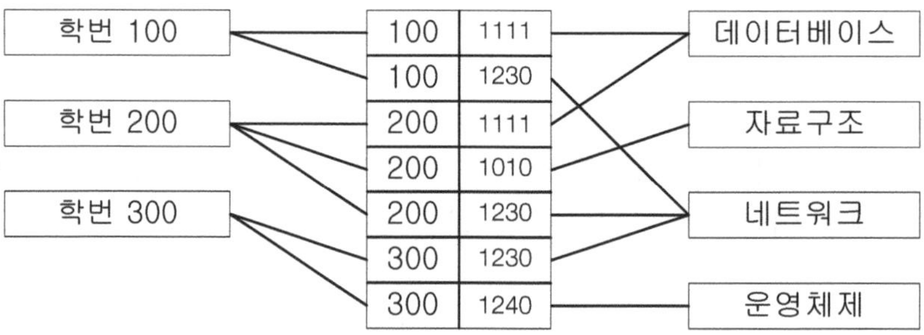

그림 4-7 ● **M:N 관계의 표현**

4.1.5 순환(Recursive) 관계의 표현

순환(Recursive) 관계는 같은 유형의 개체 사이의 관계를 말한다. 이 관계는 다른 관계가 근본적으로 다른 점은 없다. 순환 관계도 1:1. 1:N, M:N 관계를 가질 수 있다.

1:1 순환 관계는 한 관계 내에 1:1 관계를 나타낸다는 점 외에 보통 1:1관계를 나타낼 때와 별다른 차이가 없다. 그림 **4-8**(a)과 같은 보증 관계에서 고객 관계의 키를 보

증인 속성 값으로 갖게 하면 된다. 즉, 고객(고객번호, 고객이름, 연락번호, 보증인) 혹은 고객(고객번호, 고객이름, 연락번호, 피보증인)으로 만든다. 이때 고객번호와 보증인 또는 피 보증 인은 같은 도메인을 갖는다.

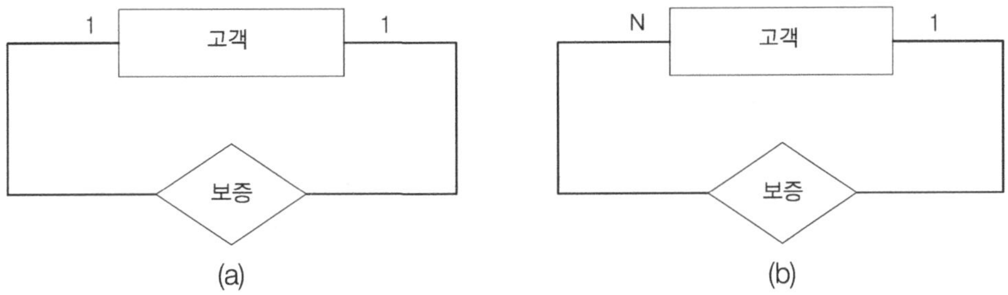

그림 4-8 ● **순환(Recursive) 관계**

1:N 관계를 나타낼 때도 1:1 관계를 나타낼 때와 마찬가지로 한 관계 내에 부모와 자식간의 관계를 나타낸다는 점 외에 보통 1:N 관계를 나타낼 때와 다른 점이 없다. 그림 4-8(b)의 보증 관계를 데이터로 나타내면 아래의 표 4-2를 얻을 수 있다. 관계에서 알 수 있듯 한 열에는 부모 개체에 해당하는 보증인 그리고 다른 열에는 자식 개체에 해당하는 피 보증인으로 구성하게 되는데 보증인과 피 보증인 공히 고객번호를 도메인으로 한다.

표 4-2 ● **순환(Recursive) 관계 표현**

보증 관계를 나타낸 데이터 예

고객번호	보증한 고객
100	200, 400
300	500
400	600, 700

Recursive 관계 표현

고객번호	피보증인
100	Null
200	100
300	Null
400	100
500	300
600	400
700	400

순환(Recursive) M:N 관계 역시 보통 M:N 관계를 나타낼 때와 마찬가지로 해 주면 된다. 다른 점은 보통의 M:N 관계에서는 두 개의 관계와 이 둘 사이의 관계를 나타내는 관계의 세 관계로 바뀌는데 비해 순환 M:N 관계에서는 두 개의 관계가 아니라 한 개의 관계와 관계를 나타내는 관계, 두개의 관계로 바뀐다는 점이 다르다.

4.1.6 종속 개체의 표현

그림 4-9는 한 물품 송장과 라인 생산품과의 관계를 나타낸 것으로 물품 송장은 라인 생산품이 없거나 여러 라인 생산품을 갖지만 한 라인 생산품은 단 하나의 물품 송장과 반드시 연결되어 있어야 한다. 즉, 라인 생산품은 물품 송장의 존재에 종속된 개체이다.

그림 4-9 • **종속 개체(Weak Entity)**

1:N 관계의 종속 개체를 관계 모델로 표현하기 위해서는 종속되어 있는 부모 개체를 관계로 나타내고 그 관계의 인식자인 키를 종속 개체를 표현한 관계의 한 속성으로 포함시킨다. 종속 관계의 키는 부모로부터의 키와 자기 자신의 키를 합친 것이 된다. 그림 4-9를 관계 모델로 나타내면 다음과 같다.

물품송장 (송장번호, 고객번호, 주문일,)
라인생산품 (송장번호, 라인번호, 물품번호, 수량, . . .)

만약 송장번호가 라인생산품에 더해지지 않는다면 즉 라인생산품(라인번호, 물품번호, 수량, ..) 같이 나타내면 같은 라인의 같은 수량의 같은 물품을 구별할 방법이 없다. 따라서 논리적으로 다른 개체에 종속된 종속 개체의 경우 반드시 부모 개체로부터 키를 가져와 관계로 나타내야 한다.

4.1.7 하위 개체 관계(ISA Relationship)의 표현

하위 개체는 상위 개체와 대부분을 공유하지만 하위 개체만의 특성으로 인해 구분되어 진다. 그림 4-10에서 하위 개체인 전임 강사와 시간 강사는 전임 강사는 월급을 받는데 반해 시간 강사는 시간 당 강사료를 받는다는 점 외에 상위 개체인 강사의 속성을 고스란히 지니고 있다.

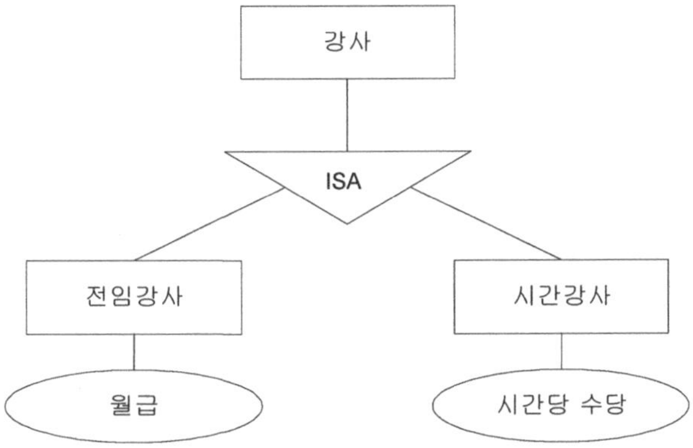

그림 4-10 • **ISA 관계의 표현**

하위 개체의 표현은 이제까지의 관계의 표현과는 사뭇 다르다. 예를 들어 그림 4-10과 같이 두 유형의 강사가 있는 경우 상위 개체인 강사를 자신의 속성을 포함한 관계로 나타내고 하위 개체 각각을 각자의 속성을 가진 관계로 나타낸다. 하위 개체에는 키가 없기에 이를 정의해 주어야 하는 데 상위 개체의 키를 하위 개체에 전해 준다. 강사번호가 하위 개체인 전임 강사와 시간 강사의 키가 되며 이 키로 해서 상위 개체인 강사의 속성을 내려 받을 수 있게 된다. 이때 만약 동시에 전임강사이며 시간 강사가 가능하면 키에 대한 아무런 제약 없이 사용할 수 있지만 불가능하다면 키를 구분해 줄 필요가 있다. 전임 강사의 키는 F로 시작하고 시간 강사의 키는 P로 시작하게 하는 방안을 생각해 내야 할지도 모른다. 위의 ISA 관계는 다음과 같이 나타낼 수 있다.

강사(강사번호, 이름, 주소, 전화번호)
전임강사(강사번호, 월급, ..)
시간강사(강사번호, 시간당수당, ..)

4.2 관계 데이터베이스의 제약 조건

개체 관계 데이터 모델을 관계 데이터베이스로 변환하는 절차에 대해 알아보았다. 관계 데이터베이스는 데이터베이스를 바르게 유지해주는 무결성 제약조건(integrity constraints)을 만족해야 한다. 이런 제약 조건에는 널 값이 아니며 유일해야 한다는 키 제약조건, 애트리뷰트의 값은 지정된 데이터 형식과 길이를 만족해야 한다는 도메인 제약조건, 한 테이블이 다른 테이블 값을 참조하는 경우 참조하는 테이블의 값을 변경되거나 삭제되면 그 테이블의 값도 변경되거나 삭제되어야 하는 참조무결성 등이 있다.

그림 4-7의 수업(과목번호, 과목이름)과 참석(학번, 과목번호) 테이블에서 참석 테이블의 과목번호는 수업 테이블의 과목번호를 외래 키(foreign key)로 참조하는 참조무결성(referential integrity)이 유지되어야 하는데 그 이유는 새 교육과정에 따라 과목번호를 1111에서 1234로 변경하고 참석의 과목번호 1111을 1234로 변경하지 않으면 학생은 과목번호가 없는 유령 수업에 참석하기 되기 때문이다. 또한 마찬가지 이유로 과목번호 1240 과목이 폐강이 되어 수업 테이블에서 과목번호 1240의 수업을 삭제하면 참석 테이블에서 과목번호 1240을 갖는 참석 튜플을 삭제해야 한다. 하지만 그 반대의 경우는 이에 해당하지 않는다. 즉, 참석 테이블에서 어떤 학번의 과목번호 1234의 변경이나 삭제 시에 수업의 과목번호 1234의 변경이나 삭제는 이루어지지 않아도 된다.

익힘문제

1. 다음을 관계 데이터 모델로 나타내라.

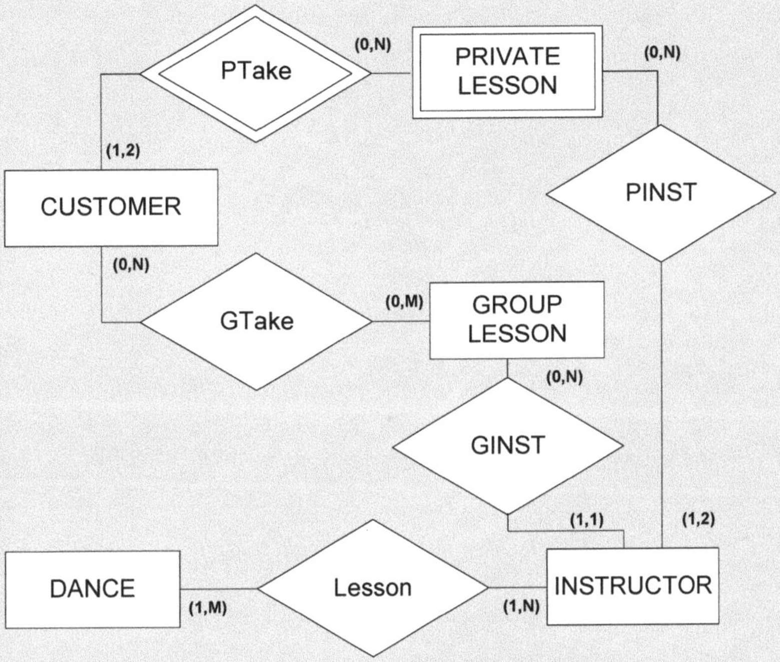

DATABASE

CHAPTER

05

관계 대수와 SQL

이 장에서는 관계 데이터베이스 처리에 관해 알아보고 관계 대수의 기본 명령어와 미 표준협회(ANSI: American National Standards Institute)의 관계 데이터베이스 처리를 위한 표준 언어이며 현재 상업용 관계 DBMS의 기본 데이터 언어인 SQL(Structured Query Language)에 대해 알아본다.

SQL은 1974년 IBM의 SEQUEL로 시작하여 1986년 ANSI/ISO SQL 표준 최초 제정된 후 1992년 두 번째 ANSI/ISO SQL 표준이 만들어 졌으며 1999년, 2003년, 2008년, 2011년에 ANSI/ISO SQL 표준이 개정되어 현재에 이르고 있다.

SQL은 테이블과 인덱스 구조를 관리하는 데이터 정의 언어(DDL : Data Definition Language), 테이블의 데이터 삽입, 삭제, 변경을 위한 데이터 조작 언어(DML : Data Manipulation Language), 그리고 권한 부여와 트랜잭션 처리를 위한 데이터 제어 언어(DCL : Data Control Language)으로 나누어진다.

5.1 관계 데이터의 정의

관계 데이터베이스를 구현하기 위해서는 데이터 정의 언어 또는 동등한 도구를 이용하여 데이터베이스의 구조를 DBMS에 정의해야 하고 실제 기억 매체에 기록되어 데이터가 채워지게 된다.

관계는 다음 성질을 만족시키는 테이블이다.

1. 테이블의 한 행과 한 열이 만나는 곳을 셀(cell)이라 하는데 이 셀에는 하나의 값만 들어간다.
2. 각 열은 같은 유형의 값들로 이루어지며 각 열은 유일한 이름을 가지며 열의 순서는 중요하지 않다. 관계의 각 열을 속성 또는 애트리뷰트(attribute)라 하고 각 애트리뷰트는 허용되는 값의 논리적 그리고 물리적 서술인 도메인을 갖는다.
3. 관계의 어떤 두 행도 같지 않으며 행의 순서도 중요하지 않다. 행을 튜플이라고도 한다.

다음은 관계의 예이다. 일반적인 형태인 상품(코드, 원가, 가격)은 관계 구조로 흔히 관계라고 한다. 관계 구조에 허용되는 값의 제약을 더한 것을 관계 스키마(Relational Schema)라 한다.

상품(코드, 원가, 가격)

코드	원가	가격
A	5	8
B	4	4
C	6	9

키는 설계 시와 구현 시에 다른 의미로 사용될 수 있기에 주의해야 한다. 설계 시에 키는 하나 이상의 속성(attribute)들의 집합으로 관계의 행을 유일하게 인식하기 위해 사용된다. 구현 시의 키는 DBMS가 색인 또는 다른 자료 구조를 만드는 애트리뷰트를 의미하며 원하는 행을 빨리 찾아내기 위한 목적으로 사용되는데 반드시 유일하지는 않다.

관계 주문(주문번호, 주문일, 고객번호, 금액)에서 설계 시 이 관계의 키로 주문번호로 각 행을 유일하게 이식할 수 있기에 주문번호가 키가 되지만 구현 시 네 애트리뷰트 모두가 키가 될 수 있다. 예를 들어 주문일을 키로 할 수 있으며 DBMS는 주문 관계의 행이 주문일을 통해 빨리 접근될 수 있도록 파일 구조를 만든다.

키의 두 가지 면을 구분하기 위해 관계 내의 각 행을 유일하게 인식할 수 있는 키를 논리적 키라 하고 성능을 높이기 위해 구현 시 정의한 키를 물리적 키라 한다. 물리적 키는 일반적으로 색인이라 하고 보통 키라 하면 논리적 키를 의미한다.

색인을 구성하는 속성(애트리뷰트) 값을 이용하여 원하는 행을 빨리 찾기 위해, 그 애트리뷰트로 순서를 정렬하기 위해 그리고 그 애트리뷰트의 유일성을 위해 색인을 구성하게 된다. 색인이 반드시 유일해야 하는 것은 아니지만 한 애트리뷰트의 값을 유일하다고 정의하게 되면 DBMS는 색인을 만든다. 이렇게 만들어진 색인은 서로 다른 두 행이 같은 색인을 갖는 것을 허용하지 않는다. 대부분의 DBMS에서 하나 혹은 그 이상의 애트리뷰트를 유일하게 정의할 수 있게 해 준다.

5.2 관계 데이터베이스의 구현

데이터베이스 설계에 관계 모델을 사용함으로써 바로 관계 데이터베이스를 구현할 수 있다. 만약 관계 모델이외의 데이터 모델을 기본으로 하는 DBMS 제품에 구현하기 위해선 그 데이터 모델에 맞게 바꿔 주어야 한다.

DBMS 제품에 따라 데이터베이스 구조를 여러 다른 방법으로 정의한다. 데이터 정의 언어로 작성된 텍스트 파일로 데이터베이스의 구조를 정의하기도 하는데 그림 5-1과 같이 데이터베이스 내의 관계 이름, 관계에 속한 애트리뷰트 이름, 색인, 기타 제약이나 보안 사항을 정의할 수 있다. 다음은 DB2의 데이터 정의 언어로 간단한 관계 데이터베이스를 작성한 것이다.

ACCESS와 같은 개인용 컴퓨터의 DBMS는 그림 5-1에서와 같이 텍스트 파일 형식의 DDL(Data Definition Language)이 아니라 데이터베이스의 구조를 그림으로 나타낼 수 있게 해주기도 한다. 텍스트 형태의 DDL은 일반적으로 서버(Server)나 중대형 컴퓨터의 DBMS에서 제공된다. 어떤 방식으로 데이터베이스 구조를 정의하건 테이블의 이름, 각 테이블의 애트리뷰트 이름과 데이터 유형 그리고 DBMS에서 제공된다면 제약 사항을 나타내야 한다. 또한 어떤 애트리뷰트의 값이 유일한지, Null 값을 허용하는지, 그리고 관계 들 사이의 제약도 정의되어야 하며 보안을 위한 암호 등을 설정한다.

```
CREATE SCHEMA PHYSICIAN
CREATE TABLE PATIENT
( Name              CHAR (35)        NOT NULL,
  Age               SMALLINT,
  Gender            CHAR (10),
  AccountNumber     INTEGER          NOT NULL
  PhysicianName     CHAR (35)        NOT NULL,

  PRIMARY KEY ( AccountNumber )
  FOREIGN KEY ( PhysicianName )      REFERENCES PHYSICIAN
)

CREATE TABLE PHYSICIAN
( PhysicianName     CHAR (35)        NOT NULL,
  AreaCode          DECIMAL (3),
  LocalNumber       CHAR (8)         NOT NULL,

  PRIMARY KEY ( PhysicianName )
)
```

그림 5-1 • DB2로 작성된 관계 데이터베이스 예

데이터베이스 구조를 정의하고 난 뒤에 데이터베이스 구조를 기억 매체에 기록해야 한다. 이 역시 DBMS마다 다르다. 개인용 컴퓨터의 DBMS에서는 데이터베이스의 이름을 부여하고 저장하면 DBMS가 자동적으로 저장 공간을 할당한다.

인덱스는 데이터베이스 내의 테이블에서 원하는 데이터를 좀 더 빨리 검색할 수 있게 데이터의 위치 정보를 모다 놓은 데이터베이스 내의 객체이다. 인덱스는 키 값과 주소로 이루어진 인덱스 파일과 실제 데이터 파일로 이루어진다. 데이터베이스 시스템은 인덱스를 이용하여 검색 대상이 되는 레코드가 어느 블록에 있는지 찾은 다음 해당 블록을 메모리로 가져온 후 해당 레코드를 메모리 내의 블록에서 찾는다. 인덱스는 데이터베이스 시스템의 성능에 중요한 역할을 하며 정렬된 상태를 유지한다. 인덱스에는 ordered index와 hash index가 있다.

Ordered index는 인덱스 키 값에 대해 정렬된 순서로 되어 있으며 주로 특정 구간의 데이터를 검색하는 질의 유형에 적합하다. 반면 hash index는 버킷의 범위 안에 인덱스 키 값이 일정하게 분배되어 있으며 데이터가 들어가는 버킷은 hash 함수에 의해 결정된다.

서버나 메인프레임(Mainframe) 컴퓨터에서 사용되는 DBMS에서는 데이터베이스 데이터의 기억 장치 할당 시 성능을 향상시키고 제어를 확실하게 할 수 있도록 해야 한다. 예를 들어 응용 프로그램의 특성상 하나의 디스크에 저장하면 좋은 테이블이 있는가 하면 여러 디스크에 각 테이블을 저장하는 쪽이 더 나은 경우도 있다. 예를 들어 주문, 라인 생산품, 상품 관계에서 주문을 처리하기 위해서는 주문 관계의 한 행, 그 행에 해당하는 여러 라인 생산품 그리고 각 라인 생산품에 해당하는 상품을 가져와야 한다고 하자. 각 주문에 연결된 라인 생산품은 함께 모여 있지만 해당 상품은 모여 있지 않다고 하고 이 회사는 상당히 빠른 대용량의 디스크와 속도도 느리고 용량도 적은 디스크를 가지고 있다고 하자. 개발자는 각 데이터의 양, DBMS의 처리 특성, 디스크의 성능 그리고 응용 프로그램의 요구 사항을 검토하여 어떤 데이터를 어느 디스크에 저장해야 하는 지 결정해야 한다.

데이터베이스가 정의되고 기억 장치에 할당되면 실제 데이터를 저장할 수 있게 된다. 실제 데이터의 입력은 DBMS에서 제공되는 도구를 이용하여 미리 컴퓨터에 의해 처리될 수 있는 형태로 저장된 것을 데이터베이스 시스템의 요구사항에 맞춰 바꾸어 저장되거나 처음부터 수작업으로 이루어진다. 저장된 데이터는 정확성을 검증 받아야 한다. 검증은 지루하고 힘든 작업이기는 하나 반드시 거쳐야 할 과정이다. 대용량의 데이터베이스를 위해 검증 프로그램을 따로 작성하여 레코드의 수를 센다든지 데이터 값의 유효성 여부 등을 따진다.

5.3 관계 데이터의 조작

관계 데이터의 조작은 크게 두 가지 절차(procedural) 그리고 비 절차 혹은 선언(declarative) 방식으로 이루어진다. 절차 방식은 원하는 결과를 얻기 위해 수학의 더하기, 곱하기 등의 연산자처럼 관계를 조작하는 관계 연산자를 어떻게 사용해야 하는지를 알려 주어야 하는데 비해 비 절차 방식은 무엇을 원하는 지만 알려 주면 원하는 결과를 얻을 수 있다. 관계 대수 (Relational Algebra)는 전자에 속하는데 사용하기 어렵기에 이를 제공하는 DBMS 상품이 거의 없지만 SQL의 기본이 되기 때문에 중요하다. Relational Calculus, SQL, Query by Example 등은 후자에 속한다.

Relational Calculus는 원하는 것만 명시하면 절차를 알려 주지 않고도 원하는 것을 얻을 수 있는 언어로 이 언어를 제공하는 상용 DBMS는 없으며 이론적 관점에서의 관계 데이터베이스 기술을 공부하기 전에는 필요하지 않다.

SQL은 주어진 하나 이상의 관계를 처리하여 하나의 관계로 만들어 내는 비 절차 방식의 언어로 원하는 데이터가 무엇인지를 쉽게 표현할 수 있도록 해 주며 QBE(Query by Example)는 데이터 조작을 간략하게 해줄 수 있도록 사용자의 모든 명령문은 테이블에 인수로 기입하고 그 실행 결과 역시 테이블 형태의 표현으로 원하는 결과를 얻을 수 있게 해 준다. QBE는 검색조건의 예를 들어 검색하도록 하는 방법이기 때문에 데이터베이스의 정확한 구조를 모르거나 복잡한 SQL 문을 모르는 사용자도 쉽게 사용할 수 있지만 여러 다양한 조건을 표현하기는 어렵다.

5.3.1 DBMS의 DML 인터페이스

1 장에서 언급한 바와 같이 사용자가 DBMS를 통해 데이터베이스를 사용하기 위해서는 DBMS에서 제공되는 폼이나 리포트 도구를 이용하거나, 질의 언어로 접근하거나 혹은 DBMS 명령어로 작성된 응용 프로그램을 통하여 접근한다.

대부분의 관계 DBMS 제품은 폼이나 리포트를 만들 수 있는 도구를 제공한다. 테이블이 정의되면 자동적으로 생성되기도 하지만 대부분 개발자가 원하는 대로 만들게 된다. 폼이나 리포트 도구의 사용 방법은 DBMS 제품마다 차이가 난다.

사용자가 데이터베이스에 특정 연산을 행하게 하는 질의 언어를 사용할 수도 있는데 DBMS는 이 명령어는 해석하여 연산을 수행하게 된다. 가장 많이 사용되고 있는 질의 언어가 SQL이며 예를 들어 관계 환자(이름, 나이, 성별, 등록번호, 담당의사)를 처리하기 위해 주어진 SQL문 아래와 같다고 하자.

```
SELECT 이름, 나이
FROM   환자
WHERE  나이 > 49
```

이 SQL문은 환자 테이블에서 나이가 50 이상인 사람들을 추출하여 이름과 나이를 하나의 테이블로 만들어 출력한다.

질의 언어(Query Language)는 종래의 절차 언어를 사용하여 데이터베이스 시스템을 개발하는 것보다 자연스럽게 프로그래머가 아닌 사람도 데이터베이스를 접근할 수 있도록 하고자 개발되었다.

비록 질의 언어가 프로그래밍 언어 보다 간단하기는 하나 보통 일반 사용자가 사용하기에 그리 쉬운 것은 아니다. 따라서 많은 일반 사용자들은 매개 변수 값을 줄 수 있는 파일로 저장된 질의를 갖고 필요할 때 호출하여 쓰는 방식을 택하기도 한다. 이처럼 질의가 저장된 파일은 손쉽게 개발할 수 있다는 점 이외에 기존의 프로그래밍 언어로 작성된 프로그램과 별 다른 점이 없다.

데이터베이스의 데이터를 사용하기 위한 다른 방법은 JAVA, Perl, C++ 등의 프로그래밍 언어와 DBMS 업체에서 제공하는 ObjectPAL, dBASE 등의 해당 DBMS에서만 사용되는 언어로 작성한 응용 프로그램을 통해서 이루어진다. DBMS에서 제공되는 라이브러리 내의 서브루틴 (Subroutine)을 응용 프로그램에서 호출하도록 할 수 있는데 이 방법은 테이블 이름 등을 전달하기 위한 매개 변수가 복잡하고 오류 발생 소지가 높아 많이 사용되지 않는다. 따라서 DBMS 업체들은 보통 프로그래밍 언어의 일부가 아닌 고차원의 데이터 접근 명령어를 만들어 응용 프로그램의 문장으로 사용할 수 있게 하고 있다. 이런 명령어가 들어 있는 프로그램은 DBMS에서 제공된 예비 컴파일러를 거쳐 데이터베이스 내의 데이터를 조작할 수 있는 환경이 만들어지고 원하는 데이터를 조작할 수 있는 코드로 바뀌게 된다.

SQL은 질의 언어의 역할뿐만 아니라 데이터 접근 언어로 응용 프로그램 문장 내에 사용되기도 한다. 응용 프로그램 내의 SQL문은 데이터 접근 명령어와 마찬가지로 예비 컴파일러에 의해 매개 변수를 갖고 서브루틴을 호출하는 문장으로 바뀐다. 한가지 단점은 SQL이 관계를 처리하여 여러 행으로 이루어진 관계를 출력하기에 응용 프로그램에서는 한번에 한 관계의 한 행씩 처리해야 한다는 점이다. 이를 임피던스 부조화(Impedance Mismatch)라 하며 비록 SQL이 질의 및 데이터 접근에 사용될 수 있는 장점이 있으나 잘못 짝지어진 임피던스를 해결하기 위해 응용 프로그램에서 SQL의 결과를 하나의 파일로 간주해야 하는 문제점이 있다.

5.3.2 관계 대수(Relational Algebra)

관계 대수는 관계를 조작하기 위한 연산자의 집합이다. 관계 연산자는 관계를 조작하여 새로운 관계를 만들어 내기에 관계 대수는 폐쇄 성질(Closure Property)을 만족시킨다. 관계는 집합으로 볼 수 있고 관계의 튜플은 집합의 원소로 볼 수 있으며 집합에 적용할 수 있는 연산은 관계에도 적용할 수 있다. 관계 대수에는 피 연산자를 하나만 필요로 하는 단항(unary) 연산자와 두 개의 피 연산자를 필요로 하는 이항(Binary) 연산자가 있다.

Unary Operator

σ	Selection
π	Projection
ρ	Rename

Binary Operator

X	Product
⋈	Join
∪	Union
∩	Intersection
-	Difference
÷	Division

셀렉션(Selection)은 한 관계 내에서 주어진 조건을 만족하는 튜플만을 골라 새 관계로 만들며 σ로 나타낸다. 예를 들어 관계 학생(학번, 이름, 전공, 연락처)이 주어졌을 때 "$\sigma_{전공\ =\ '컴퓨터학'}$ 학생"을 하면 전공이 컴퓨터학인 학생을 뽑아 새 관계를 만든다.

프로젝션(Projection)은 한 관계에서 원하는 애트리뷰트들로만 관계를 구성해 주며 Π로 나타낸다. 예를 들어 "$\Pi_{이름,\ 연락처}$ 학생"은 학생 관계의 이름과 연락처만을 뽑아 새 관계를 만든다. 프로젝션은 관계 내의 애트리뷰트의 순서를 바꿀 때도 쓰일 수 있다.

학생

학번	이름	전공	연락처
100	정시민	컴퓨터공학	123-4567
150	한성환	경영학	234-5678
200	최원용	컴퓨터공학	345-6789
250	류재훈	영문학	987-6543

$\sigma_{전공 = '컴퓨터공학'}$ 학생

학번	이름	전공	연락처
100	정시민	컴퓨터공학	123-4567
200	최원용	컴퓨터공학	345-6789

$\pi_{이름,\ 연락처}$ 학생

이름	연락처
정시민	123-4567
한성환	234-5678
최원용	345-6789
류재훈	987-6543

리네임(Rename) 연산자 ρ는 관계의 이름을 또 만들어 쓰고자 할 때 사용한다. 예를 들어 "ρ_{st} student"는 student 관계를 st라는 또 다른 이름으로 부르겠다는 것을 의미한다.

두 관계의 합(Union)은 한 관계의 튜플과 두 번째 관계의 튜플을 더한 새로운 관계를 만들며 이 새 관계 내의 튜플의 순서는 중요하지 않지만 중복된 튜플은 제거된다. 관계 A, B의 합은 A ∪ B로 나타내며 합을 행하기 위해서는 두 관계 A, B가 같은 수의 열을 가져야 하며 상응하는 애트리뷰트가 같은 논리적 도메인을 가져야 한다. 따라서 예를 들어 A의 세 번째 열의 도메인은 나이로 정수로 선언되었으며, B의 세 번째 열은 지능 지수로 역시 정수로 선언되었을 때 이 둘의 합은 가능해도 논리적으로는 무의미하다. 두 관계 A, B가 열의 수가 같고 각 대응하는 열의 도메인이 같을 때 동일구조 또는 합병가능(union compatible)하다고 한다.

두 관계 A, B의 차(Difference)는 관계 A에는 있으나 B에는 없는 튜플로 구성된 관계를 만든다. 두 관계 A, B의 차(Difference)는 A - B로 나타내며 A와 B는 동일구조(union compatible)이어야 한다. 수의 뺄셈에서와 같이 A - B의 결과는 B - A와 같지 않다.

두 관계 A, B의 교집합(Intersection)은 관계 A, B 모두에 있는 튜플만을 모아 만든 관계로 관계는 Union Compatible해야 하며 A ∩ B로 나타낸다. 다음은 합집합, 차집합, 교집합 결과를 보여 준다.

두 관계 A, B의 카티션 프로덕트(Cartesian Product)는 A X B로 나타내며 A의 모든 행에 대해 B의 모든 행을 연결시킨 튜플을 갖는 관계를 만든다. A의 튜플 수가 m이고 B의 튜플 수가 n일 때 결과는 m X n개 만큼의 튜플을 가지며 두 관계가 동일구조(union compatible)일 필요는 없다.

조인(Join)은 카티션 프로덕트, 셀렉션 그리고 경우에 따라선 프로젝션의 조합인 연산자로 두 관계 A, B의 조인은 A와 B의 카티션 프로덕트를 구하고 조건에 맞는 튜플을 구하기 위해 셀렉션을 취하고 필요 시 프로젝션으로 원하는 애트리뷰트들만 뽑아 관계를 만든다. 이 때 값이 같은 애트리뷰트 쌍이 생기는데 둘 중 하나만 있어도 되므로 한 애트리뷰트를 생략한 관계를 만드는 자연 조인(Natural Join)이 도입되었다. 일반적으로 조인이라 하면 자연 조인을 의미한다.

조인 조건은 Ai $\underset{\theta}{\bowtie}$ Bi의 형태의 조건들로 이루어지는데 θ는 =, ≠, <, >, <=, >= 등의 비교 연산자이고 Ai와 Bi는 각각 A, B의 애트리뷰트이며 같은 도메인을 갖는다. 이처럼 θ로 표현되는 조인을 세타 조인(Theta Join)이라 하며 θ가 = 일 때 동등 조인(Equijoin)이라 한다.

디비전(Division)은 ÷로 표시하며 두 관계 A, B에서 A ÷ B는 B의 모든 튜플을 갖는 A의 튜플을 찾아 B에 속해 있는 애트리뷰트를 제외한 나머지 애트리뷰트로 관계를 만든다.

다음 테이블을 이용하여 이진 연산자의 사용법을 알아보자. Buyer와 Prod_old의 카티션 프로덕트(Buyer X Prod_old) 결과는 아래 테이블과 같다.

Buyer(Name, Item)

Name	Item
Smith	A
Jones	B
Adams	A
Jones	A
Smith	C

Prod_old(Code, Cost, Price)

Code	Cost	Price
A	5	8
B	4	4
C	6	9

Prod_new(Code, Cost, Price)

Code	Cost	Price
B	4	4
D	8	15

Buyer X Prod_old

Name	Item	Code	Cost	Price
Smith	A	A	5	8
Smith	A	B	4	4
Smith	A	C	6	9
Jones	B	A	5	8
Jones	B	B	4	4
Jones	B	C	6	9
Adams	A	A	5	8
Adams	A	B	4	4
Adams	A	C	6	9
Jones	A	A	5	8
Jones	A	B	4	4
Jones	A	C	6	9
Smith	C	A	5	8
Smith	C	B	4	4
Smith	C	C	6	9

Prod_old와 Prod_new의 합집합(∪), 교집합(∩) 그리고 차집합(-) 결과는 다음과 같다.

Prod_old ∪ Prod_new

Code	Cost	Price
A	5	8
B	4	4
C	6	9
D	8	15

Prod_old ∩ Prod_new

Code	Cost	Price
B	4	4

Prod_old - Prod_new

Code	Cost	Price
A	5	8
C	6	9

Buyer와 Prod_new의 조인 그리고 디비전 결과는 다음과 같다. Buyer ÷ Prod_bought는 Buyer 중에서 A와 C 둘다 구입한 사람을 찾는 것을 의미한다.

Buyer ⋈ Prod_new

Name	Item	Cost	Price
Smith	B	4	4

Prod_bought

Item
A
C

Buyer ÷ Prod_bought

Name
Smith

5.4 Structured Query Language

1970년대 IBM사의 SEQUEL로 시작되어 1980년에 SQL로 명칭을 바꿨으며 그 후 여러 소프트웨어 개발 업체들과 SQL을 위한 제품을 개발하여 왔다. 미 표준협회(American National Standards Institute : ANSI)에 의해 관계 데이터베이스 조작 언어로 선정된 SQL(Structured Query Language)은 DB2, ORACLE, INFORMIX, SQL Server, Paradox, ACCESS 등의 대부분의 DBMS에서 데이터 접근 언어로 사용되고 있다. SQL은 1986년 미 표준협회의 공식 언어로 지정된 이후 대부분의 컴퓨터와 운영체제에서 사용될 수 있는 표준 언어로 자리 잡고 있다. 현재는 1992년에 표준언어로 제정되었다고 해서 SQL92(두 번째 표준안이라 SQL2라고도 함) 이라 불리는 SQL을 사용 중이며 객체 지향 개념이 첨가된 SQL3이 개발되어 표준화되길 기다리고 있다. 비록 표준화되기는 했지만 각 DBMS 제품마다 SQL의 구현이 조금씩 다르다.

SQL은 데이터베이스 작업을 위한 강력하고 다양한 기능을 가지고 있지만 응용 프로그램 작성을 위한 프로그래밍 언어들이 가지고 있는 조건문, 반복문 등의 기능이 없다. SQL 표준인 SQL2는 1992년에 발표한 미 표준협회(American National Standards Institute)와 ISO(International Standards Orgranization)가 정한 기준을 따르고 있다. 대부분의 데이터베이스 관리 시스템은 SQL2외에 응용 프로그램 작업을 지원하기 위해 추가적인 구문이 많이 포함되어 있다. 여기에는 작업의 흐름을 제어할 수 있는 제어 명령들이 있으며 사용자에게 편의성을 제공하기 위한 여러 가지 변수 사용도 지원한다. 또한 재사용이 가능하도록 작성한 응용 프로그램을 하나의 객체로 저장하여 관리할 수 있는 저장 프로시저 기능도 있다.

SQL 명령어는 대화 형식의 질의 언어로 사용되거나 응용 프로그램 안에 섞여 사용될 수 있다. SQL은 C, JAVA와 같은 프로그래밍 언어가 아니라 다른 언어 안에 섞여 사용되는 데이터 접근 언어(Data Access Language) 혹은 데이터 부속(언)어(Data

Sublanguage)로 볼 수 있다.

각각의 SQL문을 한 단위의 트랜잭션으로 관리하며 명령문이 성공하면 자동적으로 완료(commit)되고 성공하지 못하면 자동으로 롤백(rollback)되는 자동 완료(commit)트랜잭션과 트랜잭션의 시작, 끝, 완료(commit)을 모두 명시는 명시적 트랜잭션이 있는데 명시적 트랜잭션은 완료나 롤백이 되지 않으면 트랜잭션이 계속 잠금 상태로 남아 있게 된다.

이 장에서는 프로그램 내에 섞여 사용되기 위해서는 어느 정도 변경이 필요한 대화형 SQL 문장을 소개한다. 데이터 정의나 제어를 위한 SQL 문장이 존재하기는 하나 여기서는 데이터 조작 언어에 대해 먼저 알아본다.

SQL 언어 컴파일러는 대소문자를 구분하고 여러 줄에 걸쳐 문장을 작성하기를 요구하지는 않지만 보기 쉽게 하기 위하여 대소문자를 구분하고 여러 줄에 걸쳐 SQL 문을 작성한다. SQL 예제를 위해 다음 테이블을 사용한다.

학생

학번	이름	전공	학년	나이
100	정시민	국사	GR	21
150	한성환	회계	SO	19
200	김혜진	수학	GR	50
250	김종민	국사	SN	50
300	나유미	회계	SN	41
350	박부희	수학	JR	20
400	오상욱	회계	FR	18
450	김민성	국사	SN	24

등록

학번	과목코드	등록순서
100	BD445	1
150	BA200	1
200	BD445	2
200	CS250	1
300	CS150	1
400	BA200	2
400	BF410	1
400	CS250	2
450	BA200	3

교과목

과목코드	시간	강의실
BA200	M-F9	SC110
BD445	MWF3	SC213
BF410	MWF8	SC213
CS150	MWF3	EA304
CS250	MWF12	EB210

SQL의 기본 형태는

```
SELECT  <애트리뷰트 리스트>
FROM    <관계 리스트>
WHERE   <조건>
```

와 같이 주어지는데 WHERE에 정의 된 조건을 만족하는 튜플을 FROM 다음에 나오는 관계로부터 찾아 <애트리뷰트 리스트>에 정의된 애트리뷰트를 가져와 관계로 만든다. 이때 관계 대수의 처리 결과와는 달리 구한 관계가 반드시 집합일 필요는 없다. 즉, 별도로 지정하지 않는 한 중복된 튜플을 제거하지 않고 출력한다. 또 항상 SELECT와 FROM으로 시작해야 하고 SQL의 구문인 SELECT와 관계 대수의 연산자인 셀렉션을 혼동해서는 안 된다.

5.4.1 SQL을 이용한 프로젝션

관계에 프로젝션을 취하기 위해서는 프로젝션을 적용할 관계 이름을 FROM뒤에 쓰고 SELECT 다음에 관계에서 원하는 애트리뷰트를 나열하면 된다.

```
SELECT  학번, 이름, 전공
FROM    학생
```

학번	이름	전공
100	정시민	국사
150	한성환	회계
200	김혜진	수학
250	김종민	국사
300	나유미	회계
350	박부희	수학
400	오상욱	회계
450	김민성	국사

또 다른 예를 살펴보자.

```
SELECT 전공
FROM   학생
```

전공
국사
회계
수학
국사
회계
수학
회계
국사

이 연산의 결과로 얻은 테이블에는 중복된 튜플이 존재한다. 정확히 말하면 이 테이블은 관계가 될 수 없다. SQL은 중복된 튜플을 제거하는데 많은 시간이 소요되고 꼭 제거할 필요가 없는 경우가 많기에 자동적으로 중복된 튜플을 제거하지는 않는다. 만약 중복된 튜플을 제거하고 싶으면 다음과 같이 한정자 DISTINCT를 사용하면 된다.

```
SELECT DINSTINCT 전공
FROM   학생
```

전공
국사
회계
수학

5.4.2 SQL에서의 셀렉션

관계 대수의 셀렉션 연산자도 SQL SELECT로 나타낼 수 있다.

```
SELECT 학번, 이름, 전공, 학년, 나이
FROM   학생
```

```
WHERE    전공 = '수학'
```

SELECT문 뒤에 학생의 모든 애트리뷰트를 나열하였고 FROM뒤에 사용될 테이블을 명시했으며 WHERE는 셀렉션에 사용될 조건을 명시하였다. 이 SQL문장은 다음 SQL문장과 같다.

```
SELECT   *
FROM     학생
WHERE    전공 = '수학'
```

애스터리스크(*)는 테이블의 모든 애트리뷰트를 의미한다. 이 두 SQL 질의의 결과는 다음과 같다.

학번	이름	전공	학년	나이
200	김혜진	수학	GR	50
350	박부희	수학	JR	20

여러 조건이 WHERE구문에 정의될 수 있다. 예를 들어 수학을 전공하며 나이가 22살 이상인 학생을 찾기 위한 질의와 질의의 결과는 다음과 같다.

```
SELECT   이름, 나이
FROM     학생
WHERE    전공 = '수학' AND 나이 > 21
```

이름	나이
김혜진	50

또한 WHERE 구문에 값의 집합을 IN 또는 NOT IN의 예약어(keyword)를 사용하여 지정할 수도 있다. 다음 질의는 수학과 회계학을 전공하는 학생의 이름을 나타낸다

```
SELECT    이름
FROM      학생
WHERE     전공 IN ['수학', '회계학']
```

이름
한성환
김혜진
나유미
박부희
오상욱

다음 SQL문은 수학이나 회계학을 전공하지 않는 학생을 구한다.

```
SELECT   이름
FROM     학생
WHERE    전공 NOT IN ['수학', '회계']
```

이름
정시민
김종민
김민성

결과로 구한 관계를 하나 이상의 열의 값으로 정렬하고자 할 때는

```
SELECT   이름, 전공, 나이
FROM     학생
WHERE    전공 = '회계'
ORDER BY 이름
```

이 SQL은 회계학(Accounting)을 전공하는 학생들을 이름 값의 오름차순으로 나열한다.

이름	전공	나이
나유미	회계	41
오상욱	회계	19
한성환	회계	18

하나 이상의 열을 정렬하고자 할 때 열의 나온 순서대로 정렬을 해 나간다. 또한 열을 오름차순으로 정렬할 지 아니면 내림차순으로 정렬할 지도 명시할 수 있다.

```
SELECT   이름, 전공, 나이
FROM     학생
WHERE    학년 IN ['FR', 'SO', 'SN']
ORDER BY 전공 ASC, 나이 DESC
```

학번	이름	전공	학년	나이
250	김종민	국사	SN	50
450	김민성	국사	SN	24
350	박부희	수학	JR	20
300	나유미	회계	SN	41
150	한성환	회계	SO	19
400	오상욱	회계	FR	18

5.4.3 SQL 함수

SQL은 COUNT, SUM, AVG, MAX 그리고 MIN의 다섯 내재함수(Built-in Function)를 제공한다. COUNT는 테이블의 열의 수를 세고 SUM, AVG, MAX, MIN함수는 각각 숫자 유형을 갖는 열의 합, 평균, 최대 값, 최소 값을 구하는데 쓰인다.

```
SELECT   COUNT(*)
FROM     학생
```

은 학생 관계의 행의 수를 한 행과 한 열을 갖는 테이블로 표시한다.

Count
8

GROUP BY구문과 같이 쓰였을 때를 제외하고 이 다섯 함수는 SELECT 문에 열의 이름과 같이 쓸 수 없다. 즉, SELECT Name, COUNT(*)는 쓸 수 없다.

```
SELECT  COUNT(전공)
FROM    학생
```

Count
8

은 학생 관계에서 중복된 전공을 포함한 전공의 수를 구하지만

```
SELECT  COUNT(DISTINCT전공)
FROM    학생
```

Count
3

은 중복된 전공을 제외한 전공의 수를 결과로 출력한다.

SQL에서 이 다섯 함수는 WHERE 구문 내에서는 사용될 수 없다.

함수의 효용성을 높이기 위해 테이블의 같은 값을 갖는 열을 모아 만든 그룹에 적용할 수 있다. 예를 들어 학생을 전공에 따라 그룹으로 만들고 함수를 적용하는 것이다.

```
SELECT  전공, COUNT(*)
FROM    학생
GROUP BY 전공
```

전공	Count
국사	3
회계	3
수학	2

학생 관계의 행을 전공별로 논리적으로 모아 그룹을 만들고 각 그룹의 행의 수를 구해 결과로 각 전공 이름과 행의 수를 출력한다.

그룹의 크기, 즉 그룹의 행의 수를 제한하고 싶은 경우 HAVING 구문을 사용하여 나타낼 수 있다. 다음 SQL 문은 각 전공별 학생 수가 2 인 이상인 전공만을 구하기 위한 것이다.

```
SELECT   전공, COUNT(*)
FROM     학생
GROUP BY 전공
HAVING COUNT(*) > 2
```

전공	Count
국사	3
회계	3

같은 전공의 학생이 논리적 그룹을 형성하고 2 인 이상의 학생은 갖는 전공이 선택된다. 물론 WHERE 구문도 같이 사용할 수 있다.

```
SELECT   전공, AVG(나이)
FROM     학생
WHERE    학년 = 'SN'
GROUP BY 전공
HAVING COUNT(*) > 1
```

전공	Avg(나이)
국사	37

이 때 WHERE 구문을 HAVING 조건에 선행하여 수행하느냐 아니면 다음에 수행되느냐에 따라 다른 결과를 가질 수 있다. 이러한 애매모호함을 없애기 위해 WHERE 구문을 먼저 수행한다. 따라서 4학년 학생을 먼저 구하고 전공 별로 그룹을 만든 후 HAVING 조건을 만족시키는 전공을 찾는다. SQL 중에는 SELECT와 GROUP BY를 같이 사용할 때 GROUP BY 다음에 나온 애트리뷰트만 SELECT 구문 다음에 쓸 수 있도록 허용하는 것도 있다.

5.4.4 SUBQUERY의 사용

BD445에 등록한 학생의 이름을 알고자 한다. 100 번과 200 번 학생이 이 수업에 등록하였다고 하면

```
SELECT   이름
FROM     학생
WHERE    학번 IN [100, 200]
```

하지만 일반적으로 수업을 듣고 있는 학생의 학번을 모른다.

```
SELECT   학번
FROM     등록
WHERE    과목코드 = 'BD445'
```

은 BD445를 수강하는 학생의 학번을 구해 준다.

학번
100
200

이 둘을 합하면

```
SELECT   이름
FROM     학생
WHERE    학번 IN
    (SELECT 학번
    FROM   등록
    WHERE  과목코드 = 'BD445')
```

중첩질의(nested query)인 두 번째 SELECT 문은 괄호 안에 나타낸다.

이름
정시민
김혜진

중첩질의에 세 개 이상의 테이블을 연결할 수 있다. 예를 들어 MWF3으로 표시한 월, 수, 금 3시 수업을 받는 학생의 이름을 알고 싶다고 하면 먼저 그 시간을 만족시키는 수업 이름을 찾아내고

```
SELECT   수업.과목코드
FROM     수업
WHERE    시간 = 'MWF3'
```

그 수업을 듣는 학생의 학번을 알아낸 다음

```
SELECT  등록.학번
FROM    등록
WHERE   등록.과목코드 IN
    (SELECT 수업.과목코드
     FROM   수업
     WHERE  시간 = 'MWF3')
```

그 학번에 해당하는 학생의 이름을 가져오면 된다.

```
SELECT  학생.이름
FROM    학생
WHERE   학생.학번 IN
(SELECT 등록.학번
    FROM등록
    WHERE   등록.과목코드 IN
         (SELECT    수업.과목코드
          FROM  수업
          WHERE 시간 = 'MWF3'))
```

이 때 X.Y는 관계 X의 애트리뷰트 Y를 의미한다. 중첩질의의 사용은 알고자 하는 애트리뷰트가 한 테이블로부터 오는 경우에는 적용할 수 있으나 두 개 이상의 테이블로부터 애트리뷰트를 가져오고자 할 때는 적용할 수 없는 단점이 있다.

이름
정시민
김혜진
나유미

5.4.5 SQL에서의 조인(JOIN)

각 학생의 학번, 학생이름, 과목코드를 알기 위해서는 학생 테이블과 등록 테이블을 조인해야 한다.

```
SELECT  학생.학번, 학생.이름, 등록.과목코드
FROM    학생, 등록
WHERE   학생.학번 = 등록.학번
```

학번	이름	과목코드
100	정시민	BD445
150	한성환	BA200
200	김혜진	BD445
200	김혜진	CS250
300	나유미	CS125
400	오상욱	BA200
400	오상욱	BF410
400	오상욱	CS250
450	김민성	BA200

카티션 프로덕트 연산과 셀렉션 연산을 한 다음, 경우에 따라 프로젝션 연산을 하는 연산이 조인이다. FROM 구문은 카티션 프로덕트를 의미하는데 FROM 구문 뒤에 학생과 등록의 카티션 프로덕트가 이루어지고 WHERE 구문에 의해 셀렉션 연산의 조건

학생.학번 = 등록.학번을 만족하는 튜플을 학생과 등록의 카티션 프로덕트 결과로부터 가져온다. 마지막으로 학번, 이름, 과목코드를 프로젝션 연산에 의해 뽑아 오면 된다.

WHERE 구문에는 조인에 필요한 조건이외에도 조인에 참여하는 튜플의 수를 한정할 수 있는 문장을 더할 수도 있다.

```
SELECT 학생.학번, 등록.과목코드
FROM   학생, 등록
WHERE  학생.학번 = 등록.학번 AND 학생.이름 = '오상욱' AND 등록.등록순서 = 1
```

학번	과목코드
400	BF410

학생.이름 = '오상욱' AND 등록.등록순서 = 1은 이러한 한정자의 전형적인 예이다. 이 SQL은 학생의 이름이 오상욱 이고 수업에 첫 번째로 등록한 학생의 학번과 과목코드를 나열한다. 세 개 이상의 테이블이 필요할 때도 이와 비슷하게 하면 된다.

```
SELECT 학생.학번, 수업.이름, 수업.시간, 등록.등록순서
FROM   학생, 등록, 수업
WHERE  학생.학번 = 등록.학번
    AND 등록.과목코드 = 수업.이름
    AND 학생.이름 = '김혜진'
```

학번	과목코드	시간	등록순서
200	BD445	MWF3	2
200	CS250	MWF12	1
300	CS150	MWF3	1

조인에는 동등 기호를 사용하여 조건 값이 정확히 일치하는 경우에만 검색 결과를 나타낼 때 사용하는 내부 조인(inner join)과 조건에 맞지 않는 필드들도 검색 결과에 함께 표시하고자 할 때 사용하는 외부 조인(outer join)이 있다.

조인의 경우 조건을 만족시키는 튜플들로만 결합시켜 테이블을 구성하게 된다. 이

때 결합에서 제외된 튜플에 대한 정보도 필요하면 FROM 절의 두 테이블 사이에 OUTER JOIN을 사용한다. 일반적으로 두 개의 테이블로부터 조인이 이루어지기에 조인 연산 왼쪽에 있는 테이블의 결합되지 않은 튜플만 나타내기 위해서는 LEFT OUTER JOIN, 오른쪽에 있는 테이블의 결합되지 않은 튜플을 나타내기 위해서는 RIGHT OUTER JOIN을 사용한다.

5.4.6 중첩질의와 조인 비교

조인은 여러 중첩질의를 대신하여 사용할 수 있다. 예를 들어 BD445 과목을 등록한 학생의 이름을 알기 위해서는

```
SELECT  학생.이름
FROM    학생, 등록
WHERE   학생.학번 = 등록.학번
    AND 등록.과목코드 = 'BD445'
```

마찬가지로 월, 수, 금(MWF3)시에 수업을 받는 학생의 이름을 알기 위해서는

```
SELECT  학생.이름
FROM    학생, 등록, 수업
WHERE   학생.학번 = 등록.학번
    AND 등록.과목코드 = 수업.과목코드
    AND 시간 = 'MWF3'
```

대부분의 경우 조인 연산이 중첩질의 를 대체할 수 있지만 EXIST와 NOT EXIST를 포함하는 중첩질의는 조인으로 바꿔 나타낼 수 없다. 역으로 중첩질의로 모든 조인 연산을 대체할 수 없다. 애트리뷰트가 조인에 사용되는 여러 관계로부터 오는 경우에는 중첩질의를 사용하여 나타낼 수 없다. 예를 들면

```
SELECT DISTINCT 등록.과목코드
FROM     등록, 학생
WHERE    등록.학번 = 학생.학번
    AND 학년 NOT = 'GR'
```

는 다음의 중첩질의로 표현이 가능하나

```
SELECT DISTINCT 과목코드
FROM     등록
WHERE    학번 IN
     (SELECT 학번
      FROM    학생
      WHERE   학년 NOT = 'GR')
```

과목코드와 학년을 출력하는 아래와 같은 경우는 중첩질의로 바꿀 수 없다.

```
SELECT DISTINCT 등록.과목코드, 학생.학년
FROM     등록, 학생
WHERE    등록.학번 = 학생.학번
    AND 학년 NOT = 'GR'
```

과목코드	학년
BA200	SO
CS150	SN
BA200	FR
BF410	FR
CS250	FR
BA200	SN

5.4.7 EXISTS와 NOT EXISTS

EXISTS와 NOT EXISTS는 조건을 만족하는 튜플이 존재하느냐 안 하느냐에 따라 참 또는 거짓의 값을 가지는 논리 연산자이다. 예를 들어 두 과목 이상을 수강하는 학생의 학번이 알고 싶은 경우

```
SELECT DISTINCT 학번
FROM     등록 A
```

```
WHERE   EXISTS
    (SELECT *
         FROM   등록 B
     WHERE  A.학번 = B.학번
            AND A.과목코드 NOT = B.과목코드)
```

학번
200
400

이 경우 질의와 중첩질의는 등록 테이블을 사용한다. 혼동을 피하기 위하여 등록 관계를 임시로 A, B로 이름을 등록하였다. 중첩질의는 등록 테이블에서 학번은 같으면서 서로 다른 과목코드를 갖는 두 행을 찾는 일을 한다. 이런 조건을 만족하는 두 행이 존재하면 EXISTS의 논리 값이 참이 되는 경우 해당 학번을 나열한다.

좀 더 자세히 설명하면 등록 테이블의 복사본을 하나 만들어 원본을 A, 복사본을 B라 놓는다. A의 각 행과 B의 각 행을 비교하는데 우선 A의 첫 번째 행과 B의 첫 번째 행을 비교한다. 두 행이 같으므로 중첩질의의 두 번째 조건이 만족되지 않아 EXISTS가 거짓이 되므로 학번을 나열하지 않고 A의 첫 번째와 B의 두 번째 행을 비교한다. 즉, A의 첫 번째 행과 B의 두 번째 행을 비교한다. 이 두 행은 학번도 같지 않고 과목코드도 같지 않으므로 역시 EXISTS가 거짓이 되어 A의 첫 번째 행과 B의 다음 행들을 비교한다. B의 모든 행과의 비교가 끝난 후에 A의 두 번째 행과 B의 첫 번째 행부터 마지막 행까지 각 행을 비교하여 EXISTS가 참이 되면 학번을 나열한다. A의 마지막 행에 대해 B의 각 행을 비교하면 질의 처리가 끝나게 되고 EXISTS를 참으로 한 학번들이 나열된다. 여기서 같은 행의 쌍에 대해 두 번씩 비교가 이루어지기 때문에 DISTINCT를 사용하였다.

NOT EXISTS의 경우 EXISTS와 동작은 같지만 EXISTS와는 반대의 논리 값을 취한다. EXISTS의 경우 조건을 만족시키면 참이 되지만 NOT EXISTS의 경우는 거짓이 된다.

모든 과목을 수강하는 다시 말해 수강을 하지 않는 과목이 없는 학생을 알고 싶으면

```
SELECT  학생.이름
FROM    학생
WHERE   NOT EXISTS
```

```
(SELECT *
FROM 등록
WHERE NOT EXISTS
    (SELECT *
    FROM 수업
    WHERE 수업.이름 = 등록.과목코드
          AND 등록.학번 = 학생.학번))
```

지금까지의 SQL 구문을 종합한 질의로 SQL의 가능성을 생각해 보자. 대학원 학생들하고만 수업을 받는 대학원 학생의 이름을 알고 싶다면

```
SELECT  A.이름
FROM    학생 A
WHERE   학생.학년 = 'GR'
    AND  NOT EXISTS
     (SELECT *
      FROM  등록 B
      WHERE 학생.학번 = B.학번
         AND B.과목코드 IN
             (SELECT C.과목코드
              FROM   등록 C
              WHERE  B.과목코드 = C.과목코드
                 AND C.과목코드 IN
                     (SELECT D.학번
                      FROM   학생 D
                      WHERE  C.학번 = D.학번
                             AND D.학년 NOT ='GR')))
```

이름
정시민

이 질의는 좀 논리적으로 복잡하지만 다른 프로그래밍 언어를 사용하여 구할 때보다 훨씬 수월하다. 매일 다른 질의를 하는 경우 SQL을 사용하는 것이 다른 방법을 사

용하는 것보다 간단하다.

SQL은 새로운 행을 더하거나 삭제하거나 행의 값을 변경하는 일에도 사용될 수 있다. SQL을 사용하여 심지어는 데이터베이스 구조도 바꿀 수 있다.

5.4.8 삽입

행은 한 번에 그룹으로 혹은 한 행씩 테이블에 삽입될 수 있다. 하나의 행을 삽입하기 위해서는

```
INSERT INTO 등록
VALUES (400, 'BD445', 44)
```

만약 한 행에 들어갈 모든 데이터를 모를 경우, 예를 들어 등록순서를 모를 경우

```
INSERT INTO 등록 (학번, 과목코드)
VALUES (400, 'BD445')
```

이 SQL문에 의해 등록번호는 값이 없는 널(null)이었다가 후에 알게 되면 첨가될 수 있다.

일련의 행을 한 테이블에서 다른 테이블로 복사하는 SQL 예문은 다음과 같다.

```
INSERT INTO 졸업예정자
VALUES
(SELECT 학번, 이름, 전공
 FROM  학생
 WHERE 학년 = 'SN')
```

앞서 언급한 모든 유형의 SQL SELECT 문으로 복사할 행을 한정지을 수 있다.

5.4.9 삭제

삭제 시에도 한 행 혹은 일련의 행을 삭제할 수 있다. 다음 예는 학번이 100 인 학생을 삭제하는 SQL이다.

```
DELETE 학생
WHERE  학생.학번 = 100
```

여기서 주의할 점은 만약 100번 학생이 수강 신청을 하여 등록 관계의 행 중에 학번이 100 인 학생의 경우 이 학생의 삭제는 등록 테이블에서 해당 학생에 대한 행의 삭제를 유도하여야 한다.

삽입 시와 마찬가지로 삭제 시에도 일련의 행을 삭제할 수 있다. 다음 예는 전공이 회계학인 학생들이 등록한 수업을 모두 삭제하고 그 학생들도 삭제하는 SQL이다. 회계학 전공의 학생을 먼저 삭제하면 그 학생들이 등록한 수업을 삭제할 수 없기 때문에 삭제하는 순서가 중요하다.

```
DELETE 등록
WHERE  등록.학번 IN
    (SELECT 학생.학번
     FROM   학생
     WHERE  학생.전공 = '회계학')

DELETE 학생
WHERE  학생.전공 = '회계학'
```

5.4.10 변경

예약어인 SET을 사용하여 변경 시에도 역시 한 행씩 혹은 일련의 행을 한꺼번에 변경할 수 있다. SET 다음에 값을 변경할 애트리뷰트의 이름이 나오고 그 뒤에 새로운 값 또는 새로운 값을 구하는 방법을 명시하여 애트리뷰트의 값을 변경한다.

```
UPDATE 등록
SET    등록순서 = 44
WHERE  학번 = 400
또는
UPDATE 등록
SET    등록순서 = MAX(등록순서) + 1
WHERE  학번 = 400
```

두 번째 SQL에서는 등록순서 열의 값을 MAX 함수를 이용하여 갱신하였다. 몇몇 DBMS에서는 SET 다음에 내재 함수의 사용을 금하고 있다.

```
UPDATE 등록
SET    과목코드 = 'BD564'
WHERE  과목코드 = 'BD445'

UPDATE 수업
SET    과목코드 = 'BD564'
WHERE  과목코드 = 'BD445'
```

위의 첫 번째 SQL은 등록의 과목코드가 BD445인 행을 BD564로 바꾼다. 이 경우 수업의 과목코드 BD445는 더 이상 존재하지 않기에 데이터베이스의 무결성 문제를 야기시킨다. 이를 방지하기 위해 두 번째 UPDATE가 필요하다. 일련의 행을 삭제하거나 변경할 때는 중대한 문제가 발생하지 않도록 주의하여야 한다.

5.4.11 합집합, 교집합, 차집합

다음과 같은 동일 구조(Union compatible)의 테이블에서 합집합, 교집합, 차집합을 순서대로 알아본다. 관계 대수의 디비전(division) 연산은 SQL 구문으로 구현되어 있지 않기에 다른 SQL 구문을 이용하여 구현하여야 한다.

Prod_old(Code, Cost, Price)

Code	Cost	Price
A	5	8
B	4	4
C	6	9

Prod_new(Code, Cost, Price)

Code	Cost	Price
B	4	4
D	8	15

```
SELECT *
FROM   Prod_old
UNION
SELECT *
FROM   Prod_new
```

Code	Cost	Price
A	5	8
B	4	4
C	6	9
D	8	15

```
SELECT  *
FROM    Prod_old
INTERSECT
SELECT  *
FROM    Prod_new
```

Code	Cost	Price
B	4	4

```
SELECT  *
FROM    Prod_old
MINUS
SELECT  *
FROM    Prod_new
```

Code	Cost	Price
A	5	8
C	6	9

5.5 트리거

트리거(trigger)는 무결성 강화나 자동 처리를 해야 하는 작업에 효율적으로 사용되나 성능 면에서는 치명적인 결과를 초래할 수 있다. 예를 들어, 잘못된 데이터 처리를 미리 예방하는 제약 조건에 비해 트리거는 데이터의 수정이 일어난 후 동작하므로 제약조건에 위배되는 작업이 있을 경우 이를 실행한 뒤 그 트리거가 포함된 트랜잭션을 모두를 롤백(rollback)해 버린다. 따라서 제약조건을 지정하지 못하는 경우에만 트리거를 사용해야 한다. 게다가 트랜잭션의 일부이므로 트랜잭션의 길이가 길어지고 그 트랜잭션이 수행되는 동안에는 계속 잠금 상태가 되어 블록킹(blocking)이 일어날 수 있다.

```
CREATE TRIGGER 트리거이름
ON 테이블[뷰]
FOR {insert|delete|update}
AS
[BEGIN]
SQL
[END]
```

5.6 트랜잭션과 데이터 잠금

트랜잭션의 무결성 및 데이터베이스 일관성을 유지하기 위해 트랜잭션이 수행될 때 잠금(lock)을 이용하여 사용 중인 데이터를 다른 사용자가 변경할 수 없게 해준다. 동시에 여러 사용자가 동일한 데이터에 접근하려고 할 때 데이터베이스는 잠금을 이용하여 동시성 제어를 하게 된다. SET LOCK_TIMEOUT 구문을 사용하여 잠금 시간을 지정할 수 있어 교착상태 및 성능 개선을 할 수 있다.

익힘문제

다음의 테이블을 이용하여 다음에 답하라.

공급자

SNO	SNAME	STATUS	CITY
S1	Smith	20	London
S2	Jones	10	Paris
S3	Blake	30	Paris
S4	Clark	20	London
S5	Adams	30	Paris

부품

PNO	PNAME	Color	Weight	City
P1	Nut	Red	12	London
P2	Bolt	Green	17	Paris
P3	Screw	Blue	17	Rome
P4	Screw	Red	14	London
P5	Cam	Blue	12	Paris
P6	Cog	Red	19	London

SP

SNO	PNO	QTY
S1	P1	300
S1	P2	200
S1	P3	400
S1	P4	200
S1	P5	100
S1	P6	100
S2	P1	300
S2	P2	400
S3	P2	200
S4	P2	200
S4	P4	300
S4	P5	400

1. status > 20이며 파리에 있는 공급자 번호를 구하는 SQL을 작성하라.

2. 모든 부품을 공급하는 공급자를 구하는 SQL을 작성하라.

3. 최소 하나라도 붉은색(Red) 부품을 공급하는 공급자 이름을 출력하는 SQL을 작성하라.

4. 부품 P2를 공급하는 공급자 이름을 구하는 SQL을 작성하라.

5. 부품 P2가 공급된 전체 개수를 구하는 SQL을 작성하라.

DATABASE

CHAPTER

06

액세스(Access)

마이크로소프트 액세스는 1992년 첫 버전이 나온 이래로 눈부신 성공을 거두어 데스크톱 데이터베이스 시스템의 판매량에서 수위를 달리고 있다. 데이터베이스는 대부분의 워드 프로세스나 스프레드시트보다 배우기가 보다 어렵고 복잡하다. 그 이유는 테이블과 쿼리를 구성하는 법을 알아야 할 뿐만 아니라, 그것들이 왜 이런 방법으로 구성되어야 하는지도 이해해야 하기 때문이다. 액세스 2010은 어렵고 복잡한 데이터베이스 시스템을 배우려는 노력을 보다 적게 하는데 도움을 준다. 짧은 기간 내에 데이터베이스 시스템 프로토타입을 만들려는 경우에도 사용가능하며 MS SQL Server로의 마이그레이션(migration)도 가능하다.

6.1 액세스의 시작

관계 데이터 모델을 액세스에 각 관계의 자료 유형과 길이, 키의 설정 그리고 무결성 제약을 데이터 정의 언어 혹은 기타 표현 기법을 이용하여 나타내고 보조 기억 장치에 할당하면 데이터베이스의 물리적 구조가 만들어지게 된다. 그 다음은 응용 프로그램을 설계하고 트랜잭션으로 구현하면 데이터베이스 시스템이 완성되게 되는 것이다. 데이터베이스 시스템의 목적은 항상 데이터베이스의 보안과 무결성을 유지하면서 데이터를 사용자가 원하는 대로 입력하고, 삭제하고, 갱신하고 보여주기 위함이다. 그러면서 사용하기 쉽고 편리한 인터페이스를 제공해야 한다.

6.1.1 데이터베이스 작성

액세스를 이용하여 데이터베이스 스키마를 생성하기 위해서는 다음의 과정을 거쳐야 한다.

1. 새 데이터베이스를 만드는 단계
2. 필드로 이루어진 테이블 생성 단계
3. 관계 정의 단계

액세스를 이용하여 데이터베이스 작업을 하려면 윈도의 **시작** 단추를 눌러 프로그램 그룹에서 액세스 실행 파일을 클릭하거나, 윈도 바탕 화면에 액세스 단축 아이콘이 있으면, 단축 아이콘을 더블 클릭하여 액세스를 실행한다. 그러면 그림 6-1과 같은 화면이 나타나고 액세스를 처음 시작하거나 새로운 데이터베이스를 만들기 위해서는 새 데이터베이스 아이콘을 선택한 상태에서 데이터베이스를 만들려는 폴더를 선택하고 파일 이름을 입력한 후 **만들기** 단추를 클릭하여야 하며, 이미 만들어진 데이터베이스를 열려면 데이터베이스 열기 메뉴 아래의 목록 상자에서 원하는 파일을 선택하거나 목록 상자에 없으면 **열기**를 선택하고 열기 화면에서 원하는 데이터베이스 파일을 선택하여야 한다. 액세스 창에는 하나의 데이터베이스만을 표시할 수 있다.

그림 6-1 • **액세스 첫 실행화면**

1) 새 데이터베이스

액세스에서 새로운 데이터베이스를 작성하기 위해, 대화상자에서 작성하려는 데이터베이스의 이름을 저장할 폴더를 지정한 다음 파일 이름 입력 칸에 입력한다. 파일 이름은 자동적으로 Database1, Database2, ...와 같이 Database에 일련번호를 더한 형태로 표시되는데 다른 파일 이름을 원하면 이를 지우고 원하는 파일 이름을 입력한 다음

만들기 단추를 클릭하면 테이블, 쿼리, 폼, 보고서 등을 만들 수 있는 테이블도구라는 이름으로 데이터베이스 대화상자가 나타나 **데이터베이스** 테이블을 작성할 수 있게 된다.

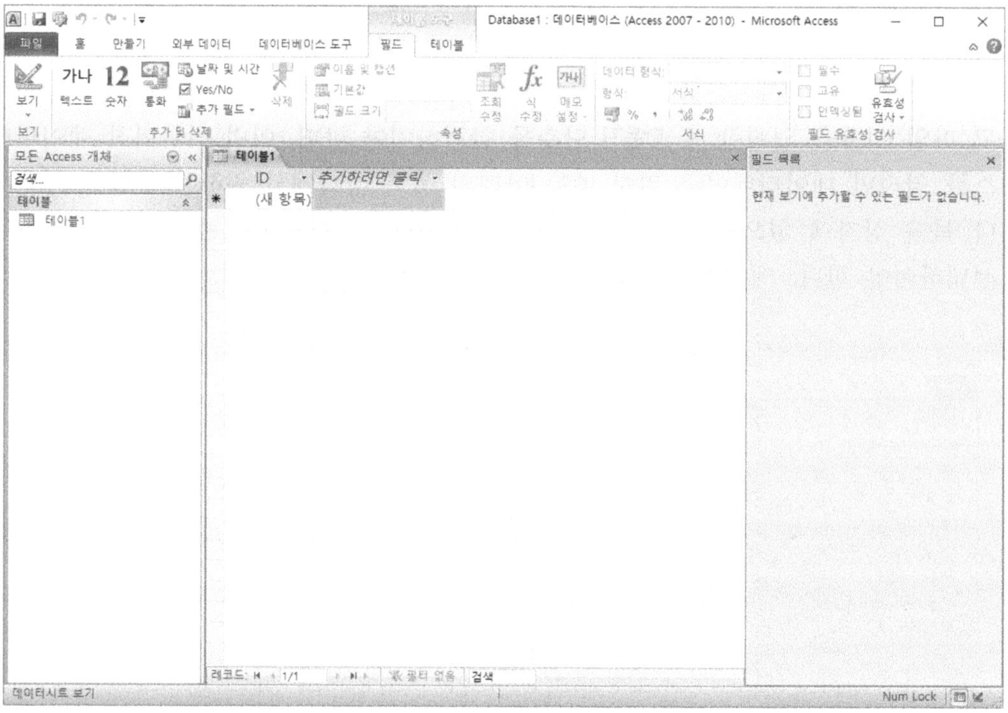

그림 6-2 • **새 데이터베이스 만들기**

2) 서식 파일

액세스에서 제공하는 데이터베이스 서식 파일을 실행하는 옵션으로, 초기화면의 대화상자에서 **예제 서식파일 혹은 office.com 서식 파일**에서 원하는 데이터베이스를 선택하고 필요에 따라 를 클릭하여 원하는 폴더를 지정한 다음 **파일 이름**을 입력 후 만들기를 실행하면 된다.

그림 6-3 • **미리 정의되어 있는 데이터베이스 서식**

3) 기존의 데이터베이스 열기

이미 작성되어 있는 혹은 작성 중인 데이터베이스를 열어서 화면에 표시하는 옵션으로, 대화상자의 목록에서 열려는 데이터베이스를 클릭한다. Ctrl + O 키를 누르거나 [파일] → [열기] 메뉴를 선택하여 나타나는 **열기** 대화상자에서 데이터베이스 파일을 선택해도 동일하게 실행된다.

4) 액세스의 화면 구성

원하는 데이터베이스를 선택하고 나면 아래 그림과 같이 메뉴, 도구 모음, 데이터베이스 개체 선택 창 그리고 상태 표시줄로 이루어진 액세스 작업 화면이 나타난다.

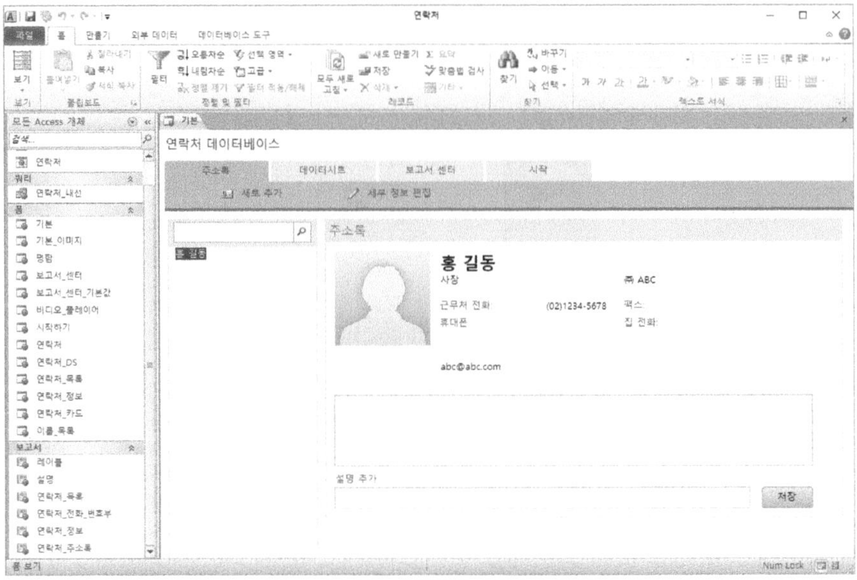

그림 6-4 • **액세스의 작업화면**

6.1.2 액세스의 개체 구성

액세스에는 테이블, 쿼리, 폼, 보고서, 매크로 및 모듈 5개의 개체가 있으며, 화면은 개체에 따라 서로 다르게 나타난다.

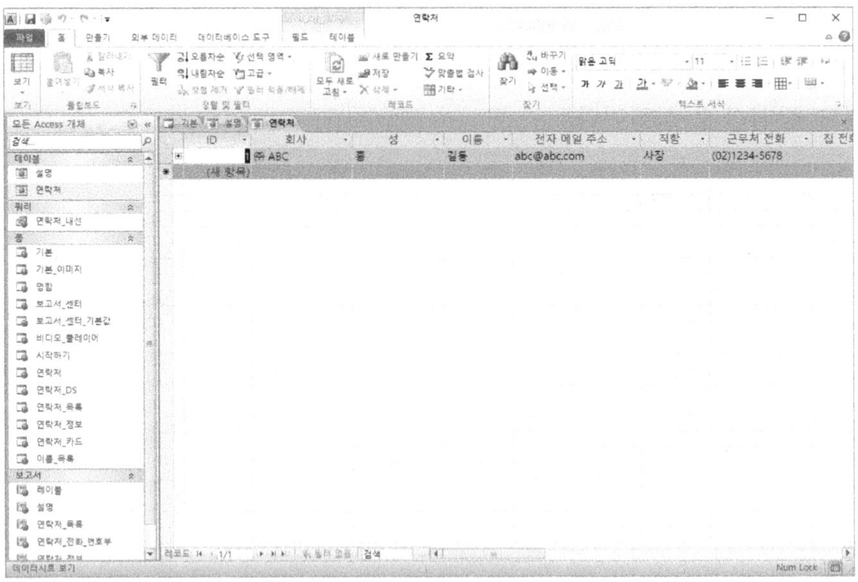

그림 6-5 • **테이블 선택 시 화면**

1) **테이블**(table)

테이블은 모든 데이터베이스 작업을 실행하는 근간이 된다. 테이블은 행과 열로 이루어져 있으며, 한 행을 레코드, 한 열을 필드라 하며 실제 데이터가 레코드 단위로 들어가게 된다. 메모리 자원만 풍부하다면 1024개의 테이블을 한 데이터베이스 내에 포함할 수 있다.

2) **쿼리**(Query)

쿼리는 테이블에 입력된 데이터를 가지고, 사용자가 필요한 데이터만을 추출하도록 하는 작업으로, 주로 여러 개의 테이블을 연결하여 사용하며, 쿼리에 의한 결과를 가지고 새로운 테이블을 만들 수도 있다. 쿼리에는 단순 쿼리, 실행 쿼리, 매개 변수 쿼리 등 여러 종류가 있다.

3) **폼**(Form)

폼은 테이블의 데이터나 쿼리에 의한 결과를 가지고, 사용자가 디자인한 화면에서 데이터의 입력이나 수정을 할 수 있도록 작성하는 하나의 양식으로, 테이블에서는 데이터 시트 전체를 보면서 작업하는 반면, 폼은 레코드 단위로 하는 것이 다르다.

4) **보고서**(Report)

보고서는 테이블의 데이터나 쿼리에 의한 결과를 화면에 혹은 프린터로 보기 좋게 출력할 수 있도록 만든 출력 양식으로 폼과 동일한 방법으로 디자인하지만, 일반적으로 그룹화 한다는 점이 다르다.

6.1.3 데이터베이스 시스템 구축과정

데이터베이스는 사용자의 세계에서 사용자가 보는 데이터의 흐름을 데이터 모델로 나타낸 것이다. 따라서 데이터베이스를 구축하기 위해서는 그러한 데이터 모델인 ER(Entity Relationship) 모델을 만드는 일부터 시작해야 한다.

ER 모델의 주요 구성원은 개체(Entity), 속성, 식별자(identifier), 그리고 관계(Relationship) 이다. 개체는 사용자의 작업 환경 내에서 서로 다르게 인식되는, 흔적을 살피고픈 대상으로 실 세상을 설명하며 사용자, 시스템 분석가 그리고 데이터베이스 관리자 사이의 중요한 통신 수단이 된다. 개체의 예는 직원 홍 길동, 고객 12345, 주문번호 1000, 판매원 무명씨, 그리고 상품 A4200등이다. 같은 속성을 지닌 개체들이 모여 개체 클래스를 이룬다. 따라서 직원 개체 클래스는 모든 직원 개체의 집합이다. 개체 클래스는 그 클래스에 속한 각 개체의 구조나 형태에 의해 서술된다. 한 개체는 고객 12345와 같이 그 개체의 속성 값에 의해 표현된다. 개체 클래스에는 일반적으로 많은 개체들이 존재한다.

개체들은 개체의 특성을 나타내는 속성(attribute, property)을 갖는다. 속성의 예로 직원 이름, 입사일, 부서 등을 들 수 있다. ER 모델에서 한 개체 클래스의 모든 개체는 같은 속성을 갖는다. 원래 ER 모델에서는 속성의 값이 여러 개의 값 혹은 복합 된 값을 허용하나 실제 구현된 시스템에서는 이들을 허용하지 않는다.

모든 개체는 식별자를 갖는데 각 개체를 부르는 이름이거나 구분하는 속성들이다. 예를 들어 직원은 주민등록번호, 사번 또는 이름으로 구분될 수 있다. 직원들은 일반적인 이름의 역할을 하지 못하는 봉급이나 입사일과 같은 속성으로 인지되지 않는다. 마찬가지로 고객은 고객 번호 또는 고객이름에 의해 인식되고 주문은 주문번호에 의해 인식된다. 이러한 식별자는 하나 또는 그 이상의 개체의 속성으로 구성되는데 유일한 값만 허용할 수도 있고 중복을 허용할 수도 있다. 만일 유일하다면 인식자의 값으로 단지 한 개체만을 인식할 수 있다. 유일하지 않으면 여러 개의 개체를 인식하게 된다. 사번은 유일한 식별자이지만 사원 이름은 동명 이인이 존재하기에 유일한 인식자가 아니다. 두 개 이상의 속성으로 구성된 식별자를 복합 인식자라 하며 {지역번호, 전화번호}와 같은 예에서 찾아 볼 수 있다.

개체들은 하나 이상의 다른 개체와 관계를 가질 수 있다. 관계란 개체 클래스들 사이의 연관성으로 속성을 가질 수 있다. 하나의 관계에는 여러 개의 개체 클래스가 연결될 수 있는 데 한 관계 내의 연결된 개체 클래스의 수를 관계 차수(degree)라 한다. 관계 차수는 보통 2 이며 이진 관계(Binary Relationship)라 부른다.

관계에는 1:1, 1:N 그리고 M:N 관계가 존재하는데 이 구분은 한 개체에 대해 몇 개의 개체가 대응되는지를 의미하며 1:1 관계는 남자와 여자 사이의 합법적인 부부로 맺어지는 경우를, 1:N 관계는 한 교수가 여러 학생을 지도하고 학생은 단지 한 교수에게 지도 받는 경우를 그리고 M:N 관계는 한 교수가 여러 학생을 가르치고 한 학생은 여러 교수한테 수업을 받는 경우를 말한다.

1장에서 학습한 그림 6-6의 데이터베이스 시스템 개 발 단계에 맞춰 데이터베이스 시스템을 개발해보기로 한다.

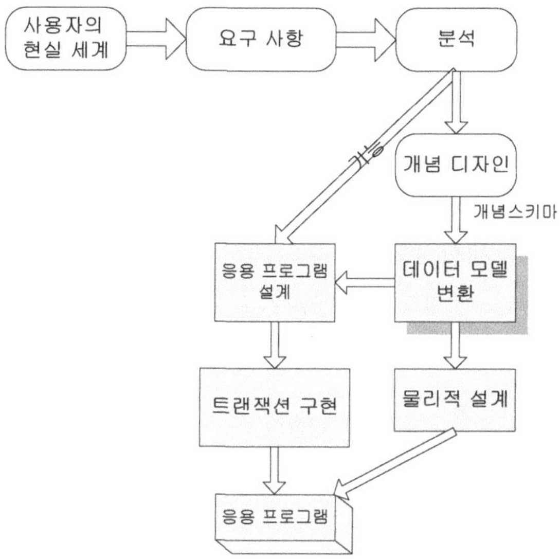

그림 6-6 • **데이터베이스 시스템 개발 단계**

예랑은 판화, 서양화, 동양화 그리고 조각품 등의 현대적인 미술품을 판매하는 조그만 화랑이다. 판화는 작가의 사인과 유일한 일련번호를 갖고 있으며 대부분의 작품은 8 만원에서 500 만원 정도이다. 예랑은 25 년의 역사를 자랑하며 주인 한 사람과 세 명의 판매원 그리고 액자를 만들고 미술품을 전시하며 주문품의 배달을 위한 준비를 하는 두 명의 종업원이 일하고 있다. 예랑은 고객을 유치하기 위해 개막전과 다른 전시회를 열고 있으며 작품은 그 지역의 회사, 고급 음식점 그리고 공공장소에 빌려주어 전시하고 있다. 예랑은 판매하는 모든 작품을 소유하고 있으며 위임받아 판매하는 예술품은 하나도 없다.

예랑의 주인은 다음 요구 사항을 만족하는 데이터베이스 시스템을 만들고자 한다. 주인과 판매원은 고객과 고객의 기호 작품 성향을 관리하고자 하며 특히 판매원은 새로운 작품이 입점되면 그 작품에 관심을 보일 회비를 낸 고객에게 편지나 문자를 통해 알려 주려 한다. 그리고 고객이 구입한 작품을 기록하여 많이 구입한 고객에게 좀 더 나은 서비스를 제공하려 하고 종종 구하기 힘든 작품은 다시 사들여 높은 가격에 팔려고 한다. 이를 정리하면 데이터베이스 시스템은 다음과 같은 일을 처리할 수 있어야 한다.

■ 고객과 고객의 취향 관리

- 고객의 구입 작품 기록
- 화랑의 구입 작품 기록
- 화랑에 전시 된 작가와 작품 목록 제공
- 현재 재고 목록 제공

요구 사항 분석에 관한 자세한 내용은 본서에서 다루는 범위를 벗어나기에 요구 분석 결과인 ER 다이어그램만 살펴보면 다음과 같다.

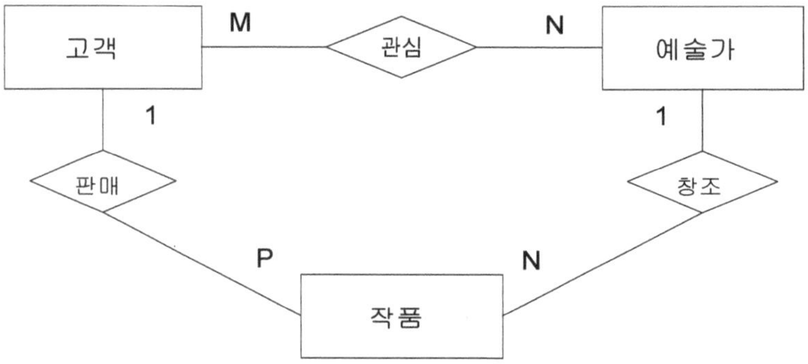

그림 6-7 • **ER 다이어그램**

예랑에서는 고객의 취향, 즉 특정 고객이 관심을 갖고 있는 예술가와 작품의 종류 그리고 특정 작가에 관심을 보이는 고객을 파악해야 하기에 M:N으로 연결된다. 고객의 속성에는 유일한 식별자가 없기에 화랑에서 부여하는 일련 번호인 고객 번호를 키로 하지만 작가 이름의 경우 동명이인이 없는 것으로 간주하여 이름을 키로 한다. 작품의 키는 작가의 키, 작품 제목과 복사 번호의 조합인데 데이터 형식이 일련 번호인 작품번호를 만들어 키로 하면 복잡성을 피할 수 있다. 한 고객에게 여러 작품을 구입할 수 있으며 공동으로 소유하는 경우는 없다면 1:N의 관계를 갖는다. 작가는 공동으로 한 작품을 안 만든다는 가정 하에 여러 작품을 창조할 수 있기에 1:N관계를 갖는다.

이 ER 다이어그램을 데이터 모델 변환 단계를 거치면 아래와 같은 관계 데이터 모델을 구하게 된다.

- 고객(<u>고객번호</u>, 고객이름, 전화번호, 이동전화, 주소, 우편번호, 회비)
- 작품(<u>작가이름</u>, <u>제목</u>, <u>일련 번호</u>, 설명, 고객번호)
- 예술가(<u>작가이름</u>, 국적, 생년월일, 사망일)
- 관심(<u>고객번호</u>, <u>작가이름</u>, 작품종류)

이 관계 데이터 모델을 데이터베이스 관리 시스템에 테이블로 표현하고 각 테이블 필드의 자료 유형과 길이, 키의 설정 그리고 무결성[2] 제약을 데이터 정의 언어 혹은 기타 표현 기법을 이용하여 나타내어 보조 기억 장치에 할당하면 데이터베이스의 구조가 만들어지게 된다. 그 다음 쿼리, 폼 그리고 보고서 등의 응용 프로그램을 설계하고 트랜잭션으로 구현하면 데이터베이스 시스템이 만들어진다. 데이터베이스 시스템의 목적은 항상 데이터베이스의 보안과 무결성을 유지하면서 테이블을 사용자가 원하는 대로 만들고, 삭제하고, 갱신하고, 보여 주기 위함이다. 그러면서 응용 프로그램은 사용하기 쉽고 편리한 인터페이스를 제공해야 한다. 액세스를 이용하여 데이터베이스 시스템을 만드는 법을 알아본다.

6.2 테이블

관계 데이터베이스에서 모든 자료나 정보를 하나의 테이블에 포함하여 작업하는 단편형이 아니라, 사용자 요구 사항 분석에 따라 여러 개의 테이블을 작성하고 그들 사이에 관계를 부여한 다음 필요에 따라 여러 테이블의 내용을 조건에 맞춰 합쳐서 출력하거나 테이블의 일부분을 출력한다. 일반적으로 테이블은 한 가지 주제에 관련된 속성들로 이루어진다. 예를 들어 학생 테이블은 학번, 이름, 학년, 연락처 등으로 구성된다.

6.2.1 테이블의 화면구성

테이블은 액세스 상에서 데이터베이스 작업을 할 때 데이터 처리와 관리의 기본 단위로 테이블 화면은 초보자가 쉽게 테이블을 구성할 수 있도록 단순하게 설계되어 있다. 테이블을 통해 스프레드시트나 다른 데이터베이스 프로그램에서 작성한 데이터를 가져오기도 하고 원하는 데이터베이스 형태로 변환하여 내보내기도 한다.

---

2) 예를 들어 참조 무결성에 대해 알아보자. 학사관리 시스템에는 학생들의 이름에 해당하는 테이블과 학과에 해당하는 테이블이 있을 것이다. 여러 학생은 한 학과에 속하게 되고 한 학과는 여러 명의 학생을 가지게 됨으로 학과와 학생의 관계는 「일대다」가 된다. 학생 테이블에 학과에 대한 정보가 있을 경우, 학과 테이블에 없는 학과가 있어서는 안 된다. 따라서 학과 테이블에 있는 실제 학과의 이름을 참조해야 하며, 학생 테이블의 학과필드에 데이터를 넣을 때마다 학과 테이블을 참조하는 것은 존재하지 않는 학과를 입력하는 것을 방지할 수 있다. 이를 참조 무결성이라고 한다.

1) 디자인 보기

테이블을 디자인하는 화면으로 필드의 이름과 데이터 형식을 지정한다. 필드에 대한 설명과 데이터 형식에 관한 속성은 필요에 따라 선택한다.

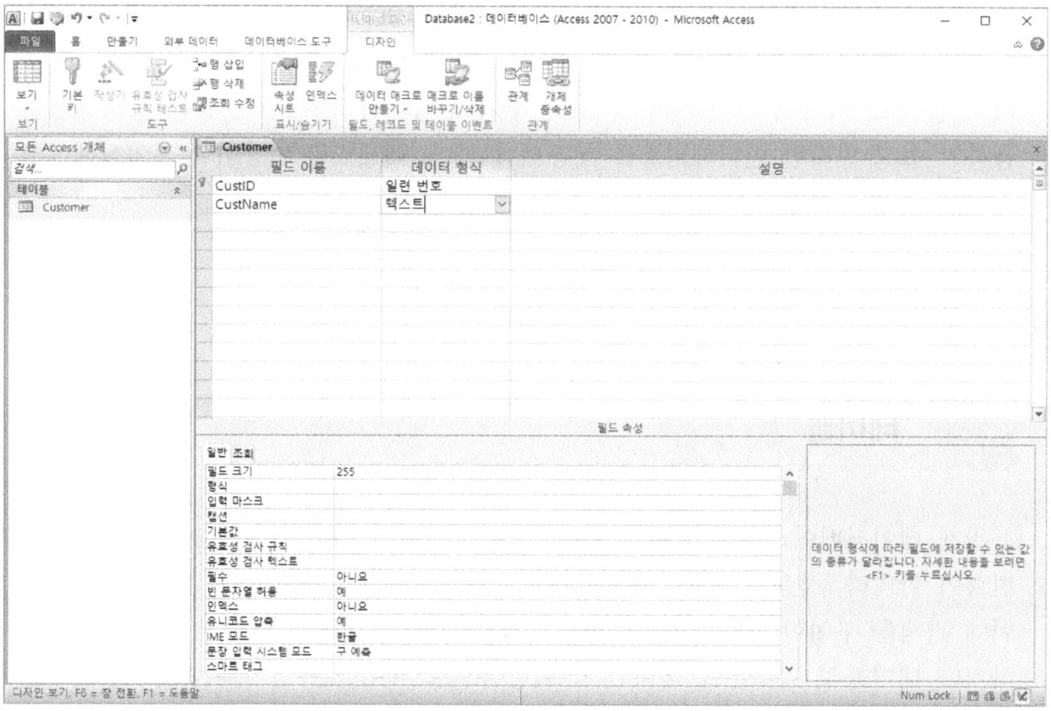

그림 6-8 • **디자인 보기 화면**

2) 데이터시트 보기

데이터를 입력하거나, 이미 입력되어 있는 데이터를 확인할 때의 화면상태이다. 테이블에 지정한 필드와 데이터 형식에 따라서 입력한다. 데이터를 입력할 때, 데이터 형식이 문자열일 때 숫자를 입력하는 것은 무방하지만, 데이터 형식이 숫자일 때 문자를 입력하면 오류 대화상자가 표시된다.

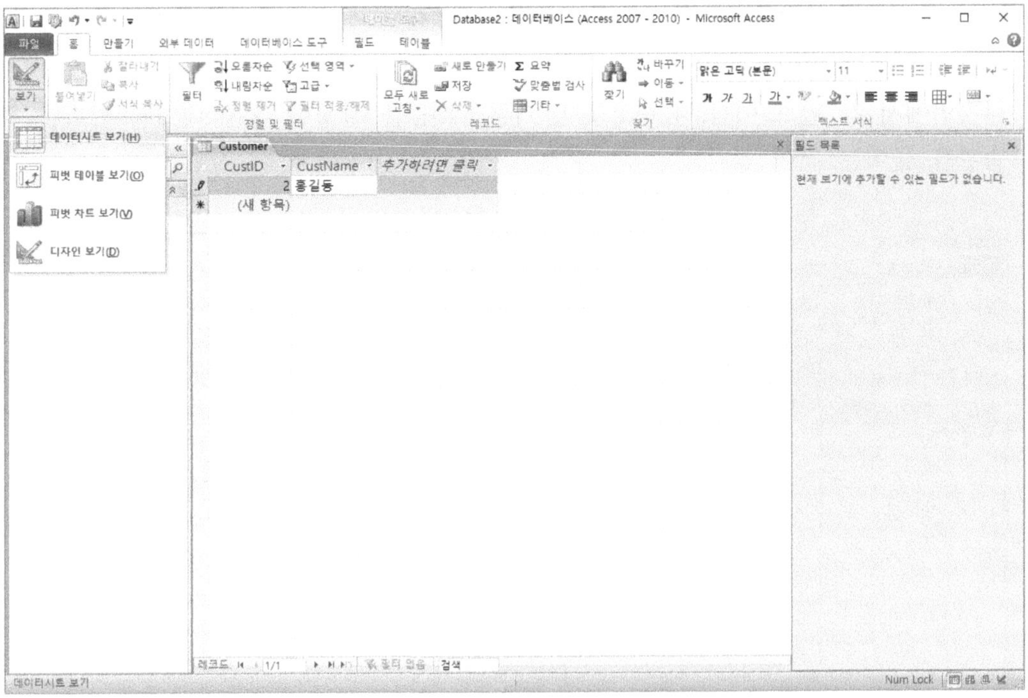

그림 6-9 • **데이터시트 보기 화면**

3) 화면의 전환

디자인 보기와 데이터시트 보기 사이의 화면 전환은 도구모음에 있는 보기 형식 아이콘(보기)을 사용한다. 현재 화면에 표시되어 있는 보기 상태에 따라 아이콘이 자동으로 변경되어 표시된다.

6.2.2 테이블 디자인

액세스 상에서 데이터베이스를 만들기 위한 첫 번째 작업은 테이블 디자인이다.

1) 테이블의 시작

예랑을 위한 데이터베이스를 만들어 보기로 한다. 화면에 그림 6-2와 같은 **테이블도구** 대화상자가 표시되어 있어야 한다. **만들기** 메뉴의 테이블 아이콘(테이블)을 클릭하여도 테이블을 만들 수 있는 화면을 얻을 수 있다. **추가하려면 클릭**을 클릭하면 그림 6-10과 같은 화면에서 데이터 유형을 선택하면 상단에 Field1, Field2, ..와 같은 순서로 만들어 지는데 Field1, Field2,.. 클릭하여 필드 이름으로 수정하고 해당 필드에 맞게 데이터를 입력하여 테이블을 만들 수 있으나 건축물을 지을 때 설계도에 따라 짓듯 테이블 디자인에서 각 필드 이름, 유형, 크기, 기본 키 등을 설정한 다음 데이터 입력을 하는 습관을 들이는 것이 좋다.

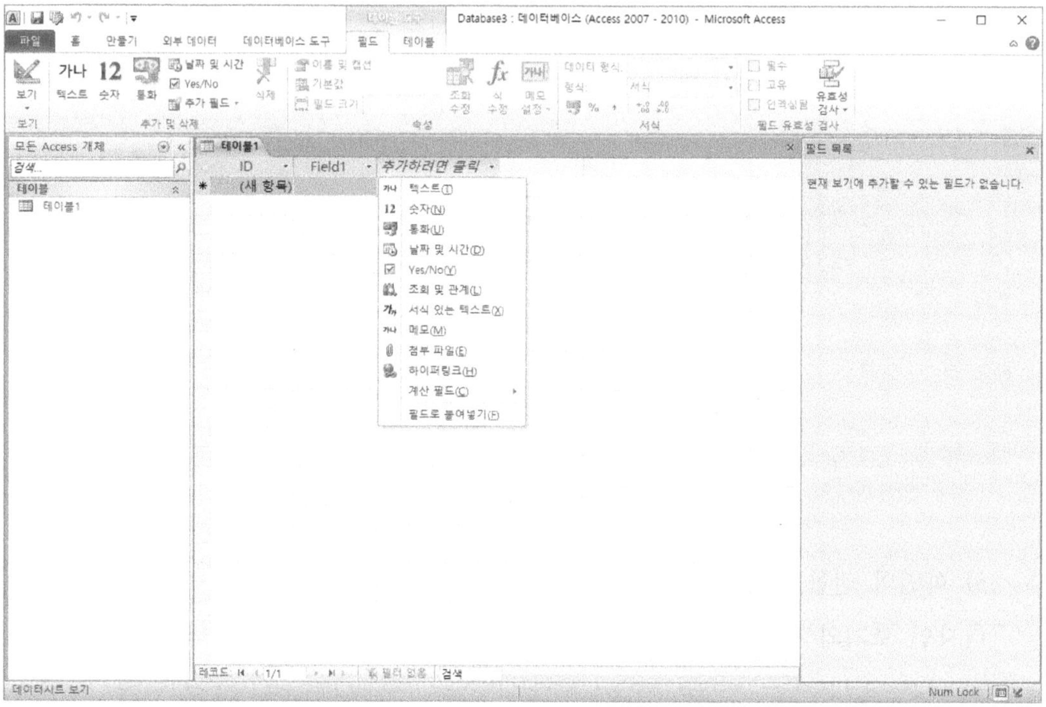

그림 6-10 • **필드의 데이터 유형 선택**

2) 테이블의 디자인

테이블에는 필드의 이름과 데이터 형식, 데이터 형식 관련 속성과 필드에 대한 설명을 입력하거나 선택하여 지정한다. 이는 테이블 만들기 화면의 보기 아이콘 (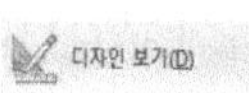)를 클릭하여 나타나는 6-11 화면에서 설정한다.

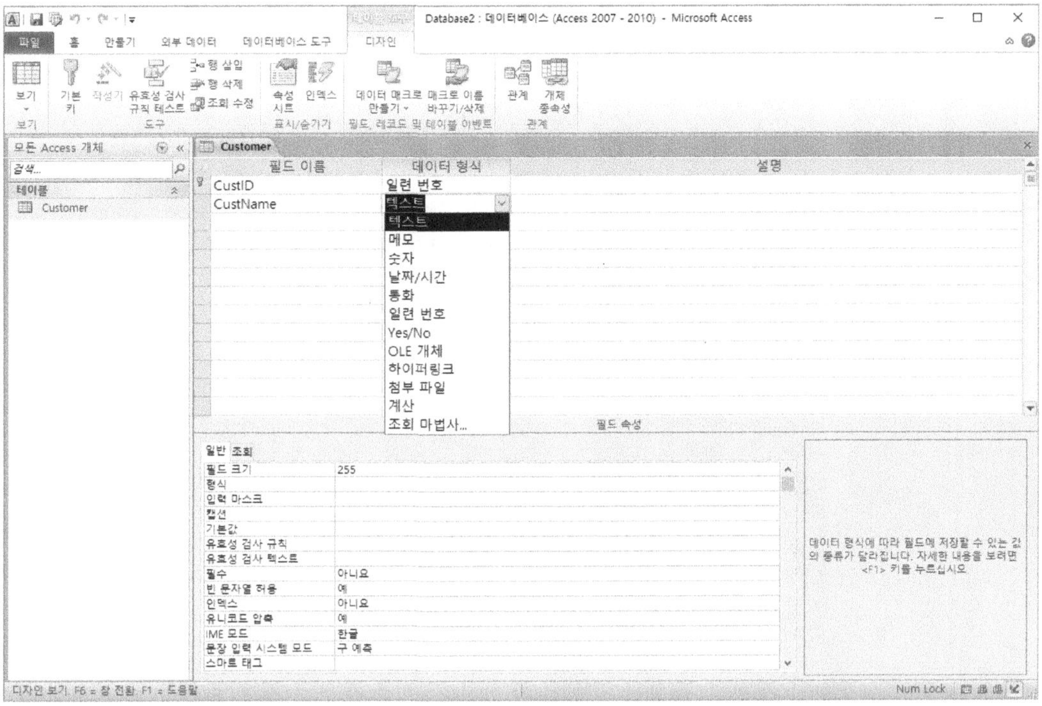

그림 6-11 • **데이터형식 설정**

예랑의 고객 테이블을 만든다면 첫 번째 필드에는 필드 이름으로 고객번호를 입력하고, 데이터 형식은 일련번호를 선택한다. 두 번째 필드는 필드 이름을 고객이름으로 하고, 데이터 형식은 텍스트를 선택한다. 필드 크기는 20자로 한다. 일반적인 이름의 경우 크기를 4로 해도 충분하지만 다른 나라 사람의 이름까지 입력할 수 있도록 충분히 크기를 정한다. 필드 크기를 20으로 하면 20 글자까지만 입력된다. 세 번째 필드는 필드 이름을 전화번호로 하고, 데이터 형식은 텍스트를 선택한다. 필드 크기는 지역번호 3 자리, 국번 4 자리, 번호 4 자리 그리고 각각을 구분하기 위한 괄호와 대시(-)를 나타낼 수 있어야 하므로 크기를 255가 아니라 15로 수정한다. 고객이름과 전화번호는 반드시 입력해야 한다면 **필수** 항목을 클릭하여 예를 선택한다. 네 번째 필드는 주소로 하고 크기는 50자로 하고 다섯 번째 필드는 우편번호로 하고 크기는 7로 한다. 전화번호와 우편번호의 경우에는 **입력마스크**를 클릭한 다음 그림 6-12에서와 같이 원 내의 아이콘을 클릭하여 **입력 마스크 마법사**를 나타내어 원하는 입력 형식을 선택하거나 수정할 수 있다. 이때 먼저 테이블을 저장해야 한다는 대화상자가 나타나는데 **예** 단추를 클릭하면 된다.

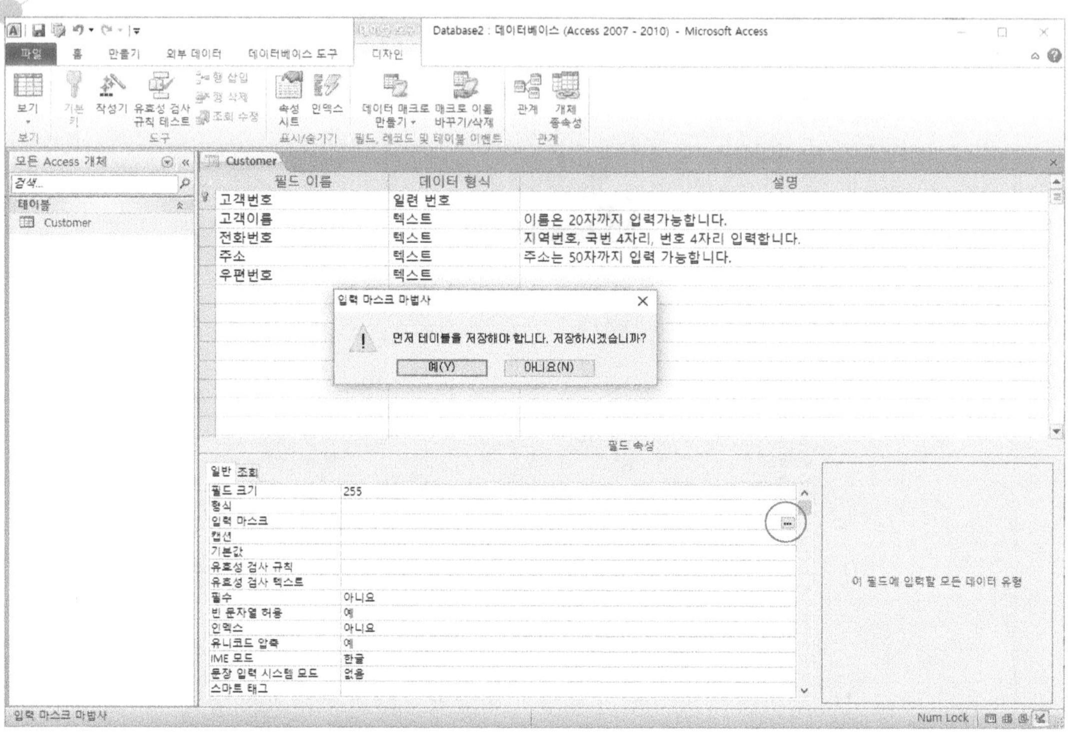

그림 6-12 • **입력마스크 선택**

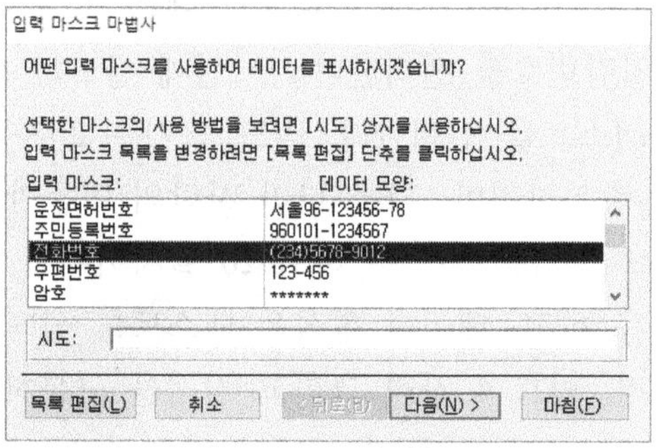

그림 6-13 • **입력 마스크 마법사 창**

설명 칸에 각 필드의 데이터를 입력할 때 도움이 될 만한 내용을 입력해 놓으면 테이블에 데이터 입력 시 상태 표시줄에 그 내용이 나타나 입력하는데 도움을 줄 수 있다.

필드의 이름과 데이터 형식이 완료되고, 일반적으로 첫 번째 필드가 키 필드로 지정되는데 만약 키 필드에 키 모양 아이콘()이 없거나 다른 필드로 변경하고자 한다면 해당 필드를 선택하고, 도구 모음에 있는 기본 키 아이콘()을 클릭하거나, 마우스 우측 단추를 클릭하여 기본 키를 선택하면 키 필드에 키 모양이 표시되어, 기본 키

로 설정되었음을 보여준다. 테이블 내의 자료를 구별할 때 일반적으로 사용되는 속성이 기본 키가 된다. 여러 필드의 조합을 키로 하기 위해서는 해당 필드에 마우스를 위치시키면 나타나는 화살표 모양의 마우스 끌기로 선택한 후 도구모음의 기본 키 아이콘을 클릭하면 쉽게 만들 수 있다.

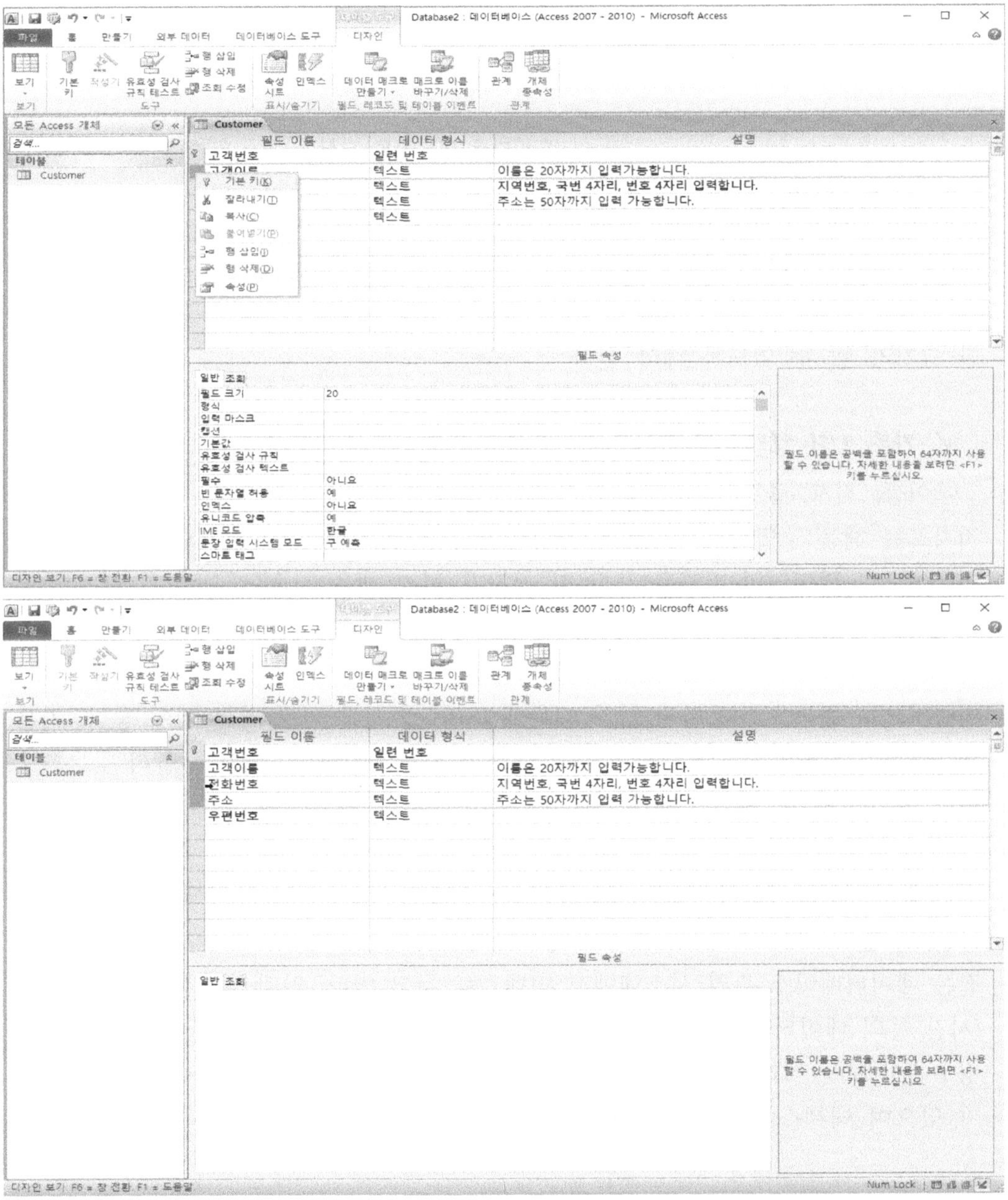

그림 6-14 • **기본 키 설정**

디자인을 마친 테이블을 저장하기 위하여 도구 모음에 있는 저장 아이콘( )을 클릭한다. **다른 이름으로 저장** 대화상자가 나타나면 테이블 이름으로 고객을 입력하고 Enter↵ 키를 누르거나 **확인** 단추를 클릭한다.

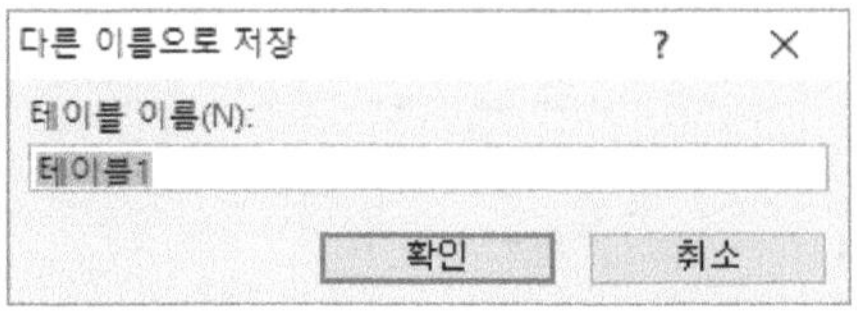

그림 6-15 ● **다른 이름으로 저장**

다른 테이블도 이와 마찬가지로 만든다. 테이블을 만들 때 어떤 필드를 기본 키로 할 지 깊이 생각하여 정하여야 하며 크기는 너무 크게 잡으면 공간이 낭비되고 너무 작게 잡으면 데이터를 다 입력할 수 없으므로 실제 데이터의 예를 들어 따져보고 적절한 크기가 될 수 있도록 해야 한다.

✓ 기본 키와 인덱스의 설정

책이름, 저자, 출판사, ISBN, 가격 등으로 책을 나타낼 수 있다. 이중 책이름 또는 저자로는 책을 구별할 수가 없다. 왜냐하면 같은 제목의 책이 존재할 수 있고 저자의 경우에도 동명이인의 저자를 포함 한 저자가 여러 책을 저술할 수 있기 때문이다. 하지만 책 뒤에 있는 ISBN은 서로 다른 책마다 다르다. 즉, 책을 유일하게 구분할 수 있는 것은 ISBN이다. 무엇을 기본 키로 하는 것이 좋은지에 대해 생각해보자. 기본 키는 일반적으로 중복을 허용하지 않기 때문에 ISBN을 기본 키로 하는 것이 좋다. 기본 키의 역할은 각 레코드를 유일하게 구분하는 것 외에 레코드를 되도록 빨리 찾는데도 쓰인다. 서점에서 책을 사기 위해 ISBN를 외어서 사는 사람은 아마 없을 것이다. 일반적으로 누구의 무슨 책을 달라고 하거나 무슨 책을 달라고 한다. 즉, 책 관리를 위한 데이터베이스 시스템에서 기본 키로 ISBN을 사용하지만 기본 키 외에 책이름이나 저자로 책을 빨리 찾을 수 있는 방법이 필요하다는 말이 된다. 이런 경우를 위해 액세스와 같은 데이터베이스 관리 시스템에서 인덱스를 두고 있다. 인덱스는 텍스트, 숫자, 날짜/시간 등의 데이터 형식을 이용하여 특정 레코드를 빨리 찾고자 할 때 사용된다. 책의 경우에서 보듯 이러한 인덱스는 하나의 필드만이 아니라 여러 필드에 걸쳐 필요할 수가 있으며 액세스에서는 최대 32 개의 필드를 인덱스로 지정할 수 있다.

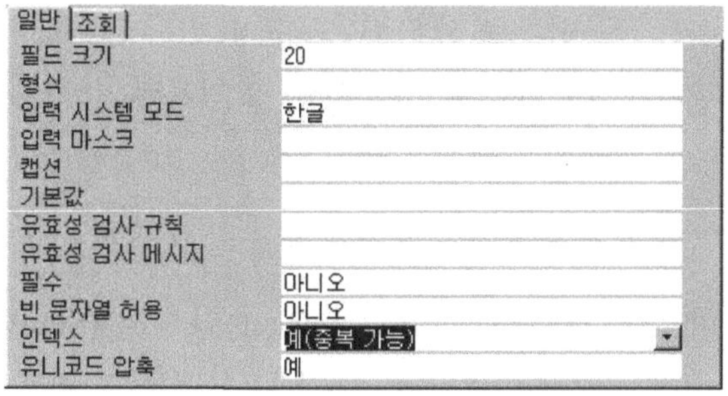

그림 6-16 • **인덱스 항목**

인덱스를 지정하기 위해서는 필드 속성 중 인덱스 항목을 **예(중복 가능)** 혹은 **예(중복 불가능)**으로 설정해주어야 하는데 중복 가능은 말 그대로 같은 데이터 값이 나올 수 있다는 의미이고 중복 불가능은 같은 데이터 값이 나올 수 없다는 의미이다.

✓ 필드 이름의 지정 규칙

필드 이름은 액세스의 개체 이름 규칙에 따라 입력한다. 혼돈을 막기 위하여 가능한 다른 테이블의 이름과 중복 사용하지 않는다.

- 필드의 이름은 최대 64자까지 사용할 수 있다.
- 개체를 구분하는 마침표(.), 느낌표(!), 강조표시('), 대괄호([])를 제외한 문자, 숫자, 공백, 특수문자 등을 사용할 수 있다.
- 이름의 첫 문자는 컨트롤 문자나 공백은 사용할 수 없다. 컨트롤 문자는 ASCII 값 0부터 31까지를 말한다.
- 액세스에서 사용하는 함수나 속성의 이름은 가능한 사용하지 않는다.

✓ 데이터 형식의 종류

데이터 형식은 입력되는 값을 구분하기 위해서 사용한다. 숫자 형식을 지정하면 문자가 입력 될 수 없으며, 그림이나 소리를 기록할 때에는 OLE 개체 형식을 사용해야만 한다. 데이터 형식에 대해 간단히 설명하면 다음과 같다.

• 텍스트

문자와 숫자를 포함하여 입력하며, 필드에 입력할 수 있는 최대 문자는 255자이며, 기본 값은 50자로 설정되어 있다.

• 메모

가변 길이의 텍스트를 저장하는데 사용하는 형식으로 문자를 최대 64,000자까지 입력할 수 있다.

• 숫자

숫자만을 입력하며, 정수(Integer, Long Integer)와 실수(Single, Double)로 구분된다. 기본 값은 정수(Long)로 설정되어 있다. 숫자를 선택하면 필드 크기로 0부터 255까지의 숫자를 사용할 수 있는 바이트, -32,768에서 32,767까지의 값을 사용할 수 있는 정수, -2,147,483,648에서 2,147,483,647 까지를 사용할 수 있는 정수(Long), 단정도 실수, 배정도 실수 등을 선택할 수 있다.

• 날짜/시간

100년부터 9999년까지의 날짜와 시간을 설정한다. 날짜와 시간의 형식을 바꿀 수 있으며 수식을 적용시킬 수 있다.

• 통화

화폐 값과 숫자를 입력하며, 소수점 1자리에서 4자리까지 표시한다.

• 일련번호

새로운 레코드가 추가될 때마다, 자동으로 번호가 부여되며, 정수(Long)를 사용한다. 일단 해당 데이터 필드에 값이 입력되면, 일련번호는 수정할 수 없다. 일련번호는 자동, 임의 두 개의 형식 중 하나를 선택할 수 있다.

• 예/아니오

논리적인 데이터 형식으로 True/False, On/Off값을 설정한다. 주로 체크상자/옵션 단추 디자인 시 사용한다.

• OLE 개체

OLE 서버 프로그램의 역할을 할 수 있는 다른 프로그램에서 만들어진 객체, 예를 들어 그림이나 소리 등을 기록할 수 있으며, 실행 가능한 하드디스크 공간에 따라 다르지만, 1 GB까지 사용할 수 있다.

• 조회 마법사

다른 테이블의 값을 조회하거나 데이터시트의 목록으로 만들 때 사용한다. 예를 들어 관심 테이블의 작품종류를 유화, 동양화, 판화, 조각품으로 한정하고 싶으면 데이터 형식에서 **조회 마법사**를 선택한다. 그러면 **조회 마법사** 대화상자가 나타나고 **조회 열에서 테이블이나 쿼리에 있는 값을 조회하도록 합니다**하는 항목과 **원하는 값을 입력합니다** 항목 선택화면이 나타나는데 **원하는 값을 입력합니다** 항목을 선택하고 **다음** 단추를 클릭하면 몇 개의 열을 조회할지 정하고 아래 쪽 창에 **유화, 동양화, 판화** 그리고 **조각품**을 차례대로 입력한 후 **다음** 단추를 클릭한다. 조회 열에 사용할 레이블을 입력한 다음 **마침** 단추를 클릭하면 된다. 그림 6-17은 조회 마법사의 각 단계를 보여준다.

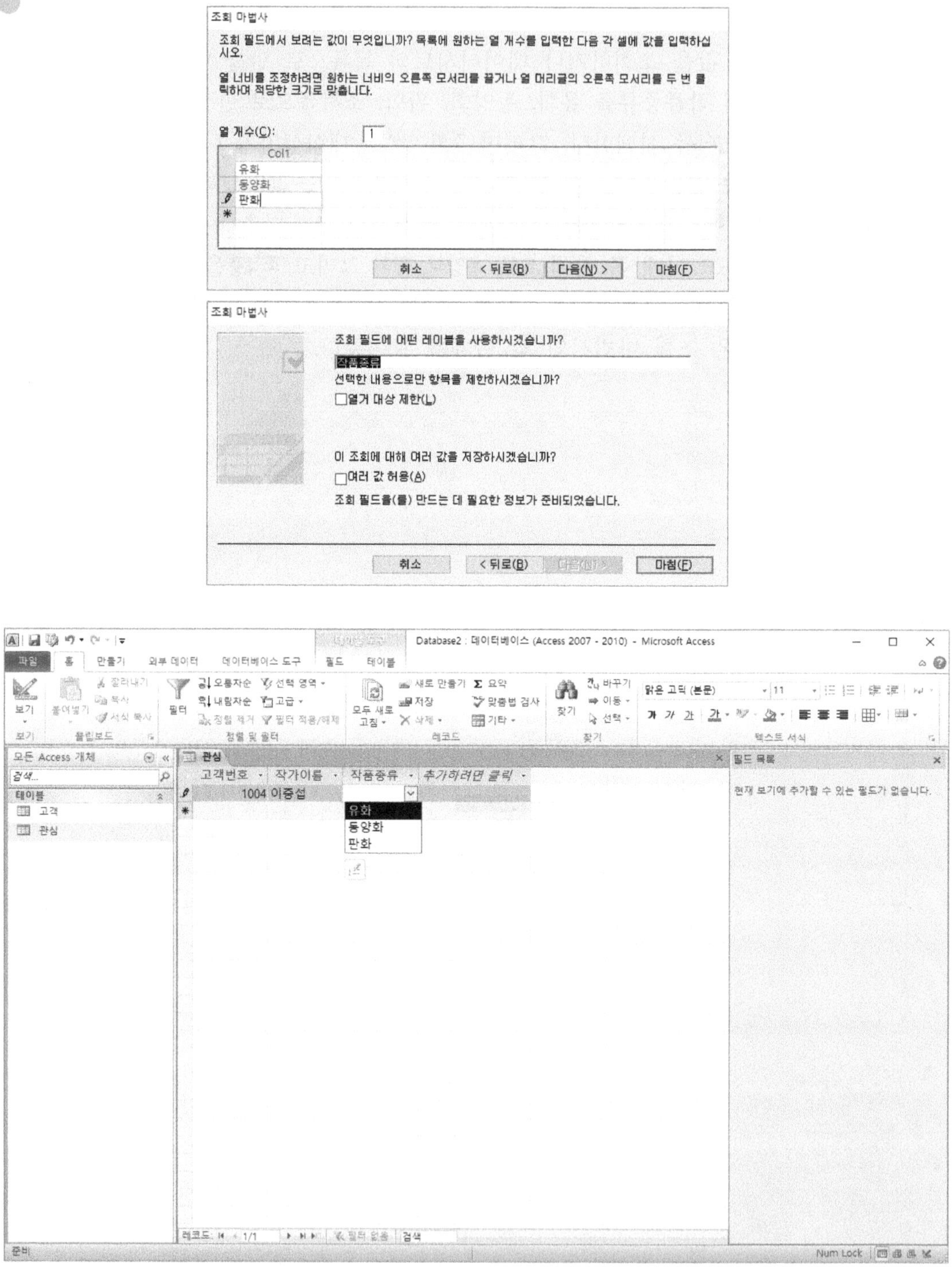

그림 6-17 • 조회 마법사를 이용한 데이터 입력

• 하이퍼링크

범용 명명 규약(UNC)이나 범용 자원 위치(URL)중 하나를 입력할 수 있는 필드로 예를 들어 "\\서버이름\디렉토리\파일"과 같은 형태가 UNC이고 "http://www.anyang.ac.kr"과 같은 형태가 URL이다.

✓ 속성의 지정

속성은 데이터 형식에 따라 설정하며, 필드의 속성은 입력되는 데이터의 크기, 서식 등을 지정하는 것으로, 속성을 지정하는 목적은 입력되는 데이터의 오류를 방지하거나 우편번호와 같이 입력 값을 알아보기 좋게 하는 데 있다. 속성은 일반과 조회 탭이 있으며, 데이터 형식에 따라 설정하는 내용이 조금씩 다르다. 조회 탭은 조회 마법사를 데이터 형식으로 지정했을 때 사용한다. 속성의 종류와 사용 방법은 다음과 같다.

• 필드 크기

문자열과 숫자 데이터 형식에 표시되며, 문자열인 경우에는 입력되는 문자수를 입력하며 숫자인 경우에는 목록에서 선택한다. 속성에는 기본 값이 표시되는데, 가장 많이 사용하는 문자열과 숫자 형식의 기본 값은 도구 메뉴의 옵션 명령을 실행하고, 테이블/쿼리 탭의 기본 필드 크기에서 조절할 수 있다.

• 서식

문자열에서는 주로 대소문자의 표시를 목적으로 사용하며, 숫자의 경우에는 세자리마다 표시하는 콤마(,), 통화 형식($,₩)을 말한다. 콤마, 마침표 등과 같은 것은 윈도 95/98 제어판의 국가별 설정에 의존하며, 기본적인 소수점(Decimal)은 2자리로 표시된다.

• 입력 마스크(Input Mask)

서식과 유사하나 단지 데이터를 입력할 때 공백으로 처리할 수 있다는 것이 다르며, 서식과 입력 마스크가 지정되어 있는 경우에 서식이 우선한다. 데이터 형식이 문자열과 날짜/시간인 경우에는 입력 마스크 마법사 기능을 사용할 수 있다. 입력 마스크에 대한 자세한 내용은 도움말 메뉴의 Microsoft 액세스 도움말 명령을 실행하고, 대화상자의 색인 탭에서 Input Mask 속성을 입력하고 도움말을 참조하도록 한다.

• 표제(Caption)

필드의 이름만으로 자세한 설명을 하기 어려울 때 사용한다. 필드의 이름 대신에 사용하는 제목으로 2,048자까지 사용할 수 있다.

• 기본 값

테이블에 새로운 레코드를 추가할 때마다 자동으로 표시되는 값을 지정한다.

• 유효성 검사 원칙

필드에 입력되는 데이터의 유효성을 검사하는 원칙을 설정하는 것으로, 유효성 검사 원칙의 설정을 위반하는 데이터를 입력할 때에는 유효성 검사 메시지 설정에 따라 경고 메시지를 표시한다. 그림 6-18의 원 부분을 클릭하여 나타나는 표현식 작성기를 통해 좀 더 다양한 유효성 검사 방법을 설정할 수 있다.

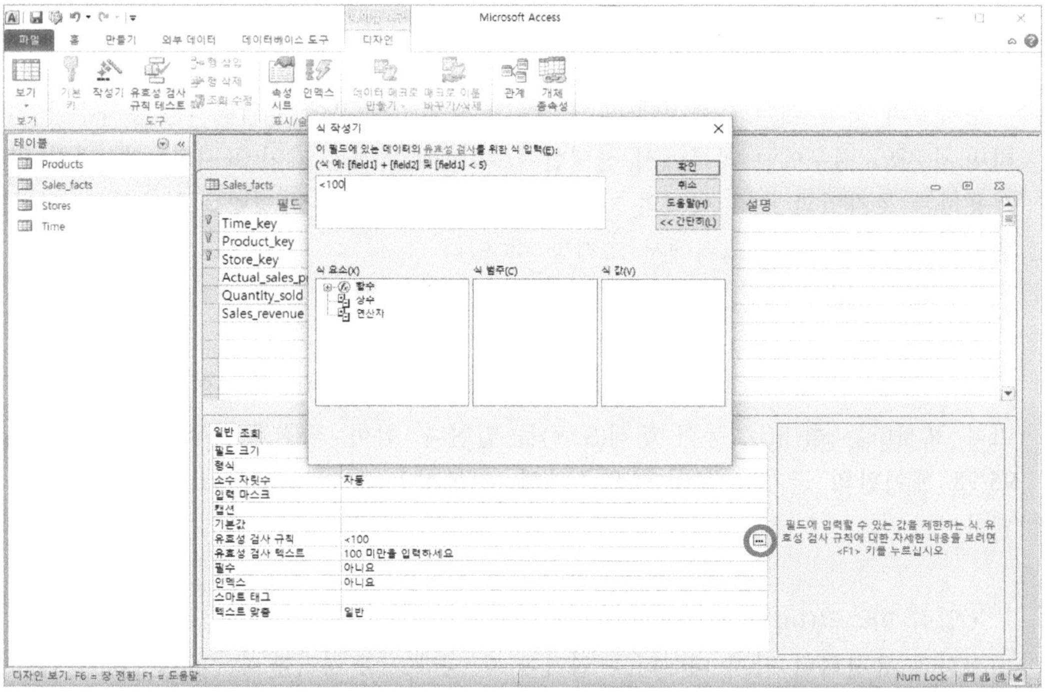

그림 6-18 • **유효성 검사**

• 유효성 검사 메시지

유효성 검사 원칙에 위반될 때, 에러 대화상자에 표시될 내용을 설정한다.

• 인덱스

인덱스는 정렬과 데이터를 빨리 찾기 위해서 사용한다. 인덱스 선택 시 같은 데이터의 중복을 허용하거나 허용하지 않을 수 있다.

✓ 테이블의 수정

만약 처음 생각했던 것과 달리 필드를 추가하거나 삭제해야 한다면 그림 6-14에서와 같은 테이블 디자인 보기에서 필드를 선택한 후 마우스 우측 단추를 클릭하여 나타나는 단축메뉴에서 추가하기 위해서는 **행 삽입**을, 삭제하기 위해서는 **행 삭제**를 선택하면 된다. 물론 필드 속성의 수정도 가능하다. 단, 주의할 점은 일단 데이터가 입력된 다음 테이블을 수정하기 위해서는 많은 시간이 걸리므로 디자인 시에 많은 시간을 할애하여 테이블을 작성하여야 한다는 점이다.

6.2.3 관계(Relationship) 설정

관계는 서로 관련 있는 두 테이블의 필드사이의 연결을 의미하며 쿼리, 폼과 보고서에서 관계로 서로 연결된 테이블의 정보를 한 번에 추출할 수 있게 해준다. 관계를 설정하기 위해서는 그림 6-19에서와 같이 [데이터베이스 도구]에서 관계 아이콘(관계)을 클릭한다. 그러면 그림 6-20와 같은 관계 편집 화면이 나타나고 각 테이블을 하나씩 선택하여 **추가** 단추를 클릭하면 그림 6-20에 보이는 화면을 얻을 수 있다. 관계 편집 화면에서 추가한 테이블을 삭제하고 싶으면 필드 목록에 표시되어 있는 테이블의 제목을 누른 다음, Delete 키를 누르거나 [편집] → [삭제] 명령을 실행한다.

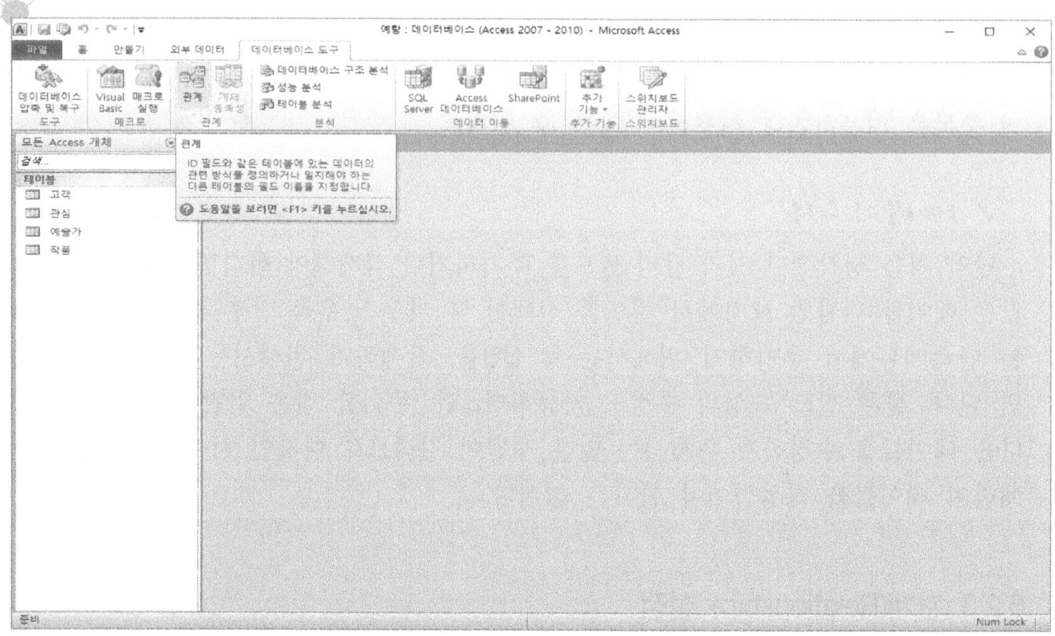

그림 6-19 • **도구 메뉴의 관계**

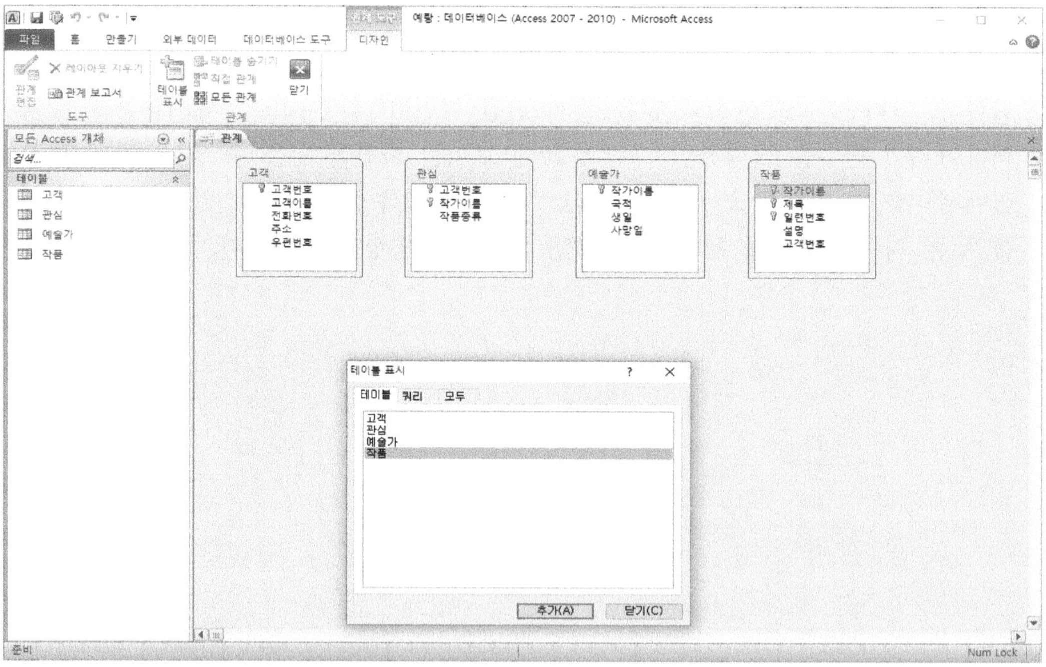

그림 6-20 • **관계를 맺을 테이블의 추가**

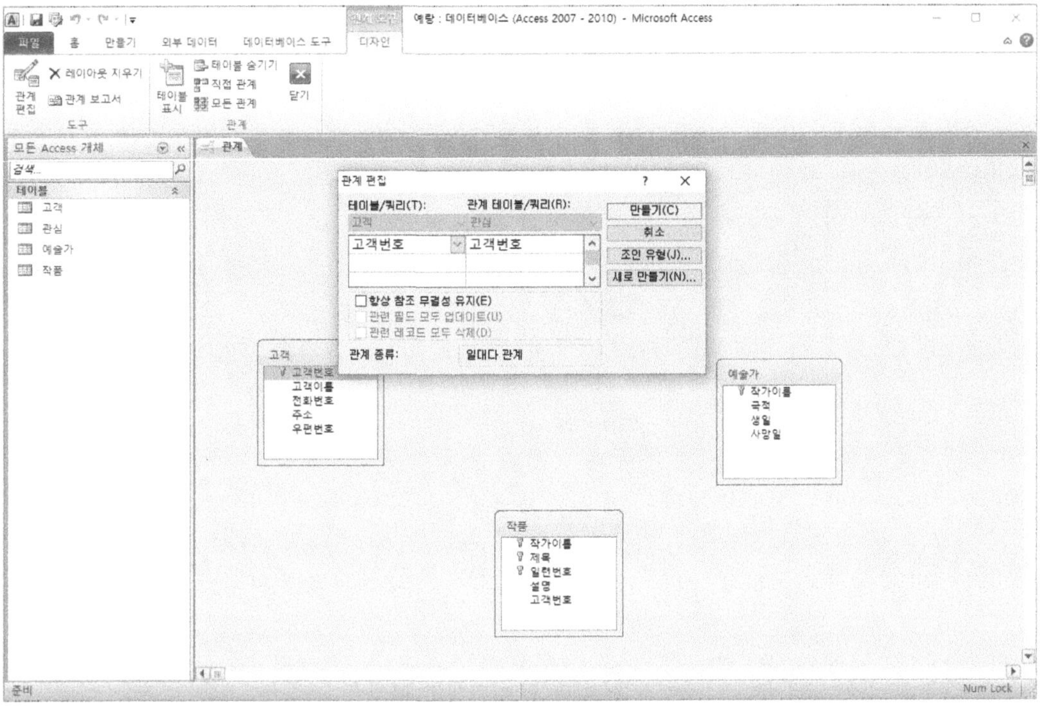

그림 6-21 • **관계 편집 화면**

그림 6-20에서 각 테이블에서 키 모양의 아이콘이 있는 필드이름은 기본 키를 의미한다. 다음으로 테이블을 연결하는 관계를 설정하여야 하는데 이를 위해서는 연결할 두 테이블 중 한 테이블의 키 필드를 마우스로 끌어서 다른 테이블의 연관 키 필드에 갖다 놓으면 그림 6-21의 상단의 **관계 편집** 대화상자가 나타나고 **만들기** 단추를 클릭하면 관계가 형성되고 그림 6-22에서와 같이 이를 표시하는 선이 생성된다.

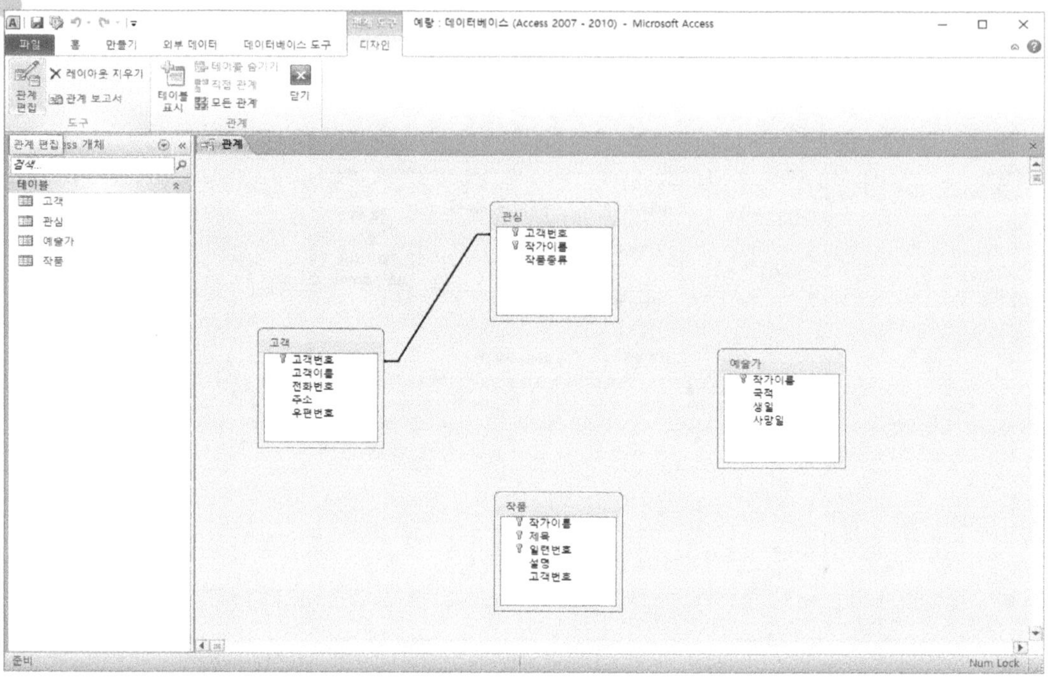

그림 6-22 ● **관계의 형성**

필드의 데이터 형식과 인덱스 항목에 중복 가능 또는 중복 불가능으로 설정되어 있느냐에 따라 1:1 또는 1:N의 관계가 성립된다. 예를 들어 양쪽의 데이터 형식이 같고 데이터가 중복이 불가능하다면 1:1의 관계가 성립되고 한쪽은 중복 불가능이고 다른 쪽은 중복 가능하다면 1:N의 관계가 성립된다. M:N 관계는 데이터베이스 관리 시스템에서 지원되지 않기에 양쪽 모두 중복 가능으로 설정되어 있다면 관계가 확정되지 않는다. 또한 인덱스 항목이 아니오로 설정되어 있는 경우에도 관계는 확정되지 않는다.

관계를 나타내는 선을 마우스 우측 단추로 클릭하면 그림 6-23에서 보듯 **관계 편집**과 **삭제**로 이루어진 단축 메뉴가 나타나는데 **삭제**는 관계를 지워주며 **관계 편집**을 선택하면 다시 그림 6-21의 **관계 편집** 대화상자가 나타나고 **항상 참조 무결성 유지** 항목을 클릭하여 체크 표시가 나타나게 한 다음 **만들기** 단추를 클릭하면 그림 6-24에서 보듯 1과 1:N의 N에 해당하는 ∞ 표시가 선 위에 표시된다.

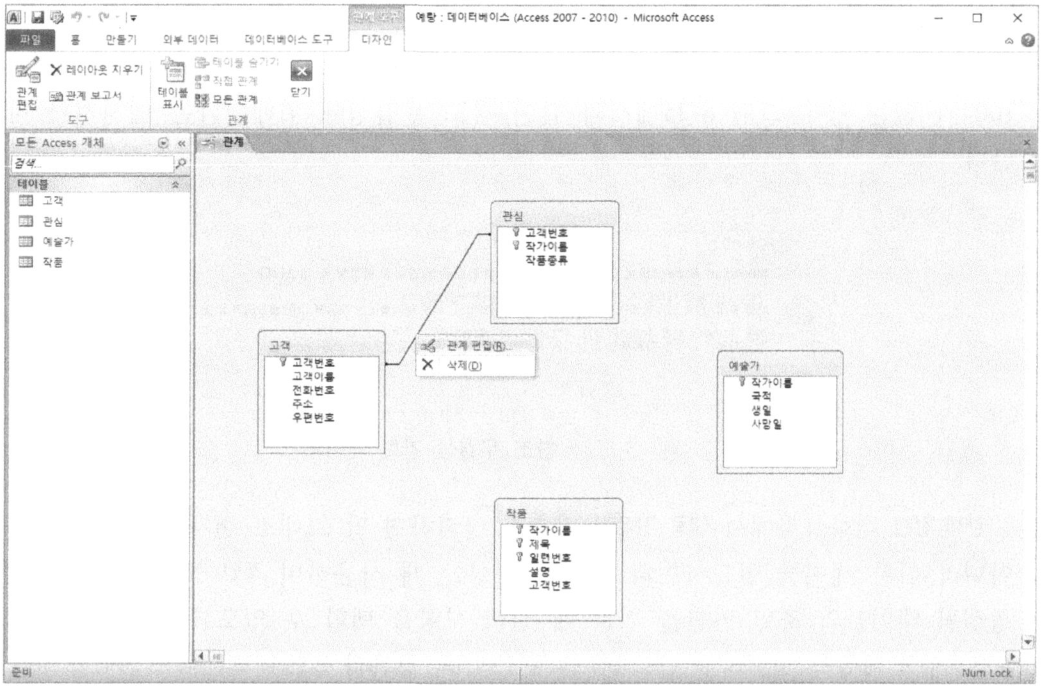

그림 6-23 • **관계 편집**

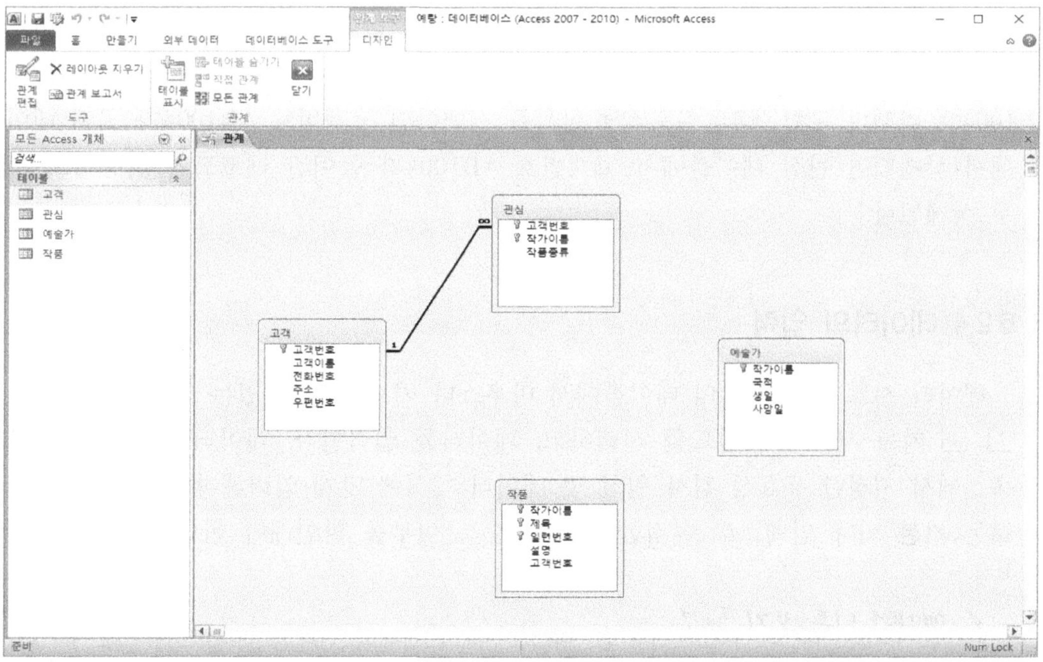

그림 6-24 • **관계 형성**

그림 6-24에서보면 관심의 고객번호는 고객의 고객번호를 참조하게 되는데 관계를 맺을 시 고객 테이블에는 고객번호 1004가 들어 있으나 관심 테이블의 고객번호에 1004가 없는 경우 그림 6-25에서와 같이 참조 무결성에 위배된다는 메시지가 나타난다.

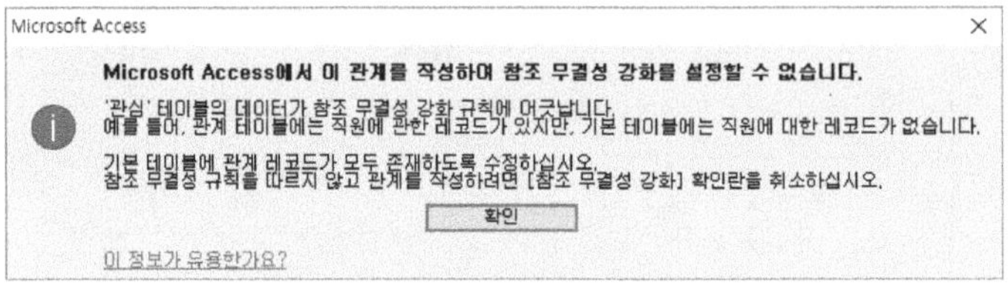

그림 6-25 • **참조 무결성 강화 메시지**

관계 편집 대화상자에서 **새로 만들기** 단추를 클릭하면 말 그대로 현재 선택한 테이블이 아니라 다른 테이블 필드사이의 관계를 형성할 때 사용하며 **조인 형식** 단추는 관계가 형성될 테이블의 조인 연산을 취할 때 선택 사항을 택할 수 있도록 해준다. **항상 참조 무결성 유지** 항목을 선택하면 **관련 필드 모두 업데이트** 항목과 **관련 레코드 모두 삭제** 항목을 선택할 수 있는 상태로 변하며 **관련 필드 모두 업데이트**를 클릭하여 체크 표시가 된 경우 필드 내용이 바뀌면 자동으로 관계가 형성된 다른 테이블의 해당 필드의 내용도 변경된다. 예를 들면 관련 필드 모두 업데이트를 선택하면 고객 테이블의 고객번호를 AB1004에서 가나1004로 바꾸면 관심 테이블의 고객번호 AB1004가 자동적으로 가나1004로 바뀐다. **관련 레코드 모두 삭제** 항목을 선택하면 고객번호 AB1004가 고객 테이블에서 삭제되면 관심 테이블에서 고객번호 AB1004가 들어간 레코드가 자동적으로 모두 삭제된다.

6.2.4 데이터의 입력

데이터 시트 보기 상태의 테이블에서 마우스나 키보드 상에 있는 [Enter↵], [⇆], [←], [→], [↑], [↓] 키를 사용하여 필드를 선택하고, 데이터를 입력한다. 데이터를 입력할 때에는 속성에서 지정한 유효성 검사 원칙 및 데이터 형식에 맞게 입력해야하며, 레코드 단위로는 기본 키나 인덱스로 설정한 필드의 중복 여부를 확인해야 한다.

✓ **데이터 시트 보기 화면**

데이터 시트 보기 화면은 만든 테이블을 더블 클릭하거나 **디자인 보기에서 새 테이**

블 만들기로 디자인을 마친 다음 도구모음에 있는 보기 아이콘(보기)을 클릭하여 **데이터 시트 보기**를 선택하면 나타난다. 데이터 시트 화면에는 레코드의 편집 상태를 알려주는 레코드 선택기와 필드 이름 등이 표시된다. 데이터는 레코드 단위로 입력이 완료되면, 다음 레코드를 입력할 수 있도록 현재 레코드 위치가 이동한다.

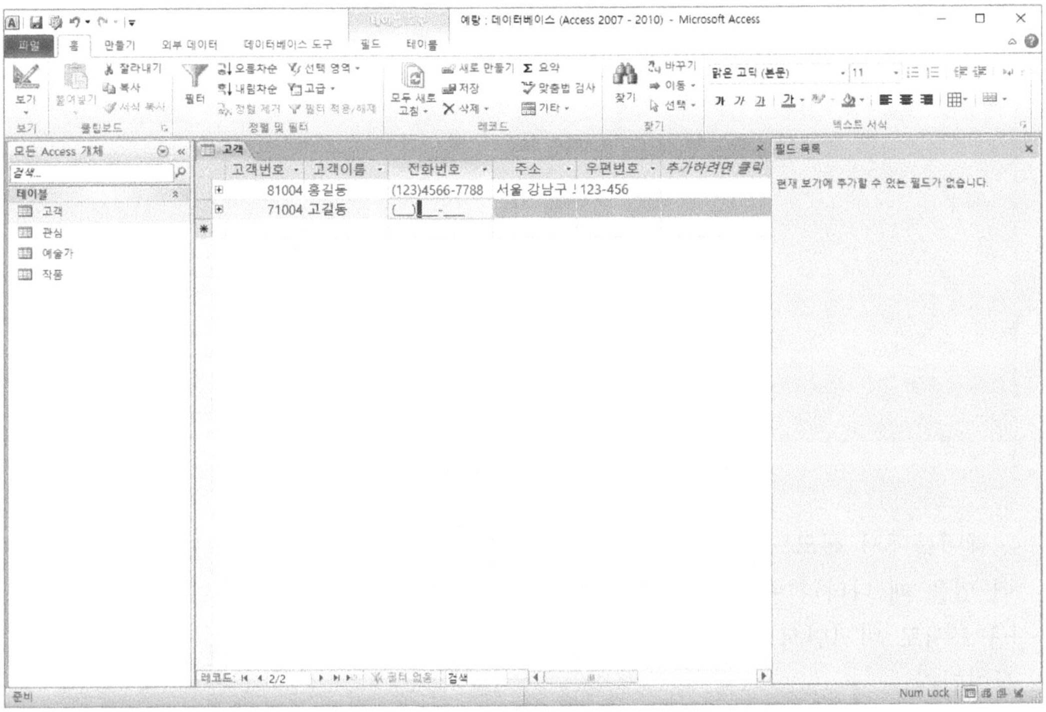

그림 6-26 • **데이터시트 보기**

✓ 데이터의 편집

레코드를 삽입하거나 삭제하는 방법으로 레코드 선택기를 마우스 우측 단추를 클릭하여 단축 메뉴를 표시하여 실행한다. 잘못 입력한 데이터는 마우스나 방향키를 이용하여 해당 레코드의 필드로 이동하여 수정하면 된다.

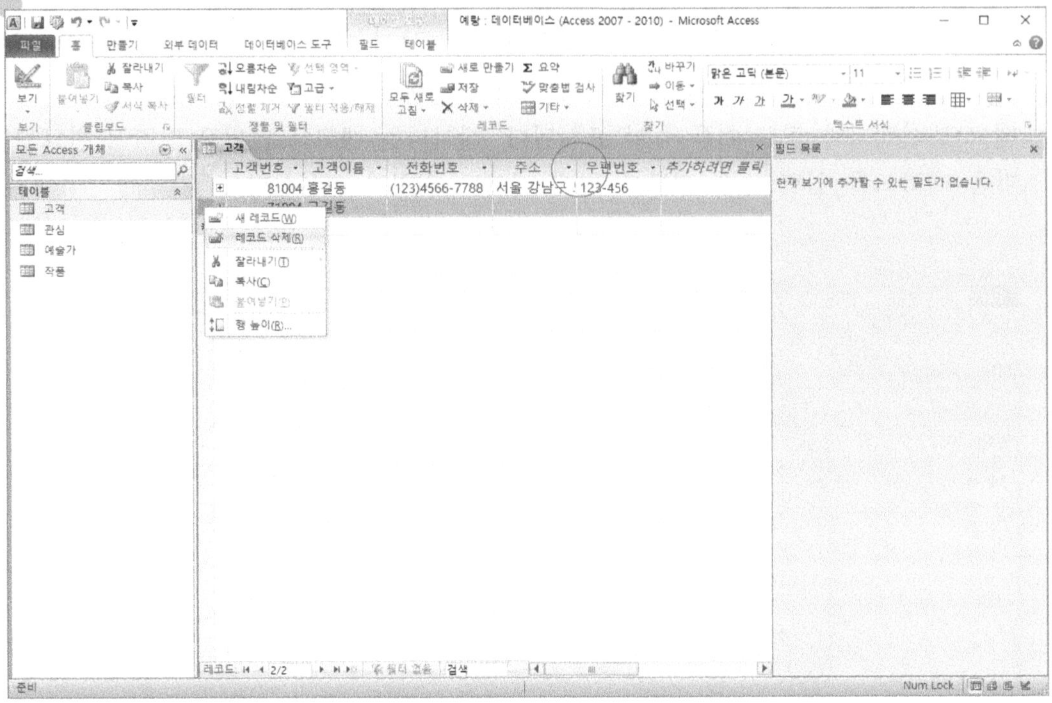

그림 6-27 ● **단축메뉴와 데이터 확장**

테이블에서 레코드 왼쪽의 ⊞ 표시는 하위 레코드나 다른 테이블과 관계가 설정되어 있을 때 나타나며 그림 6-27에서와 같은 ⊞표시를 클릭하면 그림 6-28에서와 같이 ⊟ 표시로 바뀌면서 연결된 하위 데이터가 나타난다. ⊟ 표시를 클릭하면 원 상태로 돌아간다.

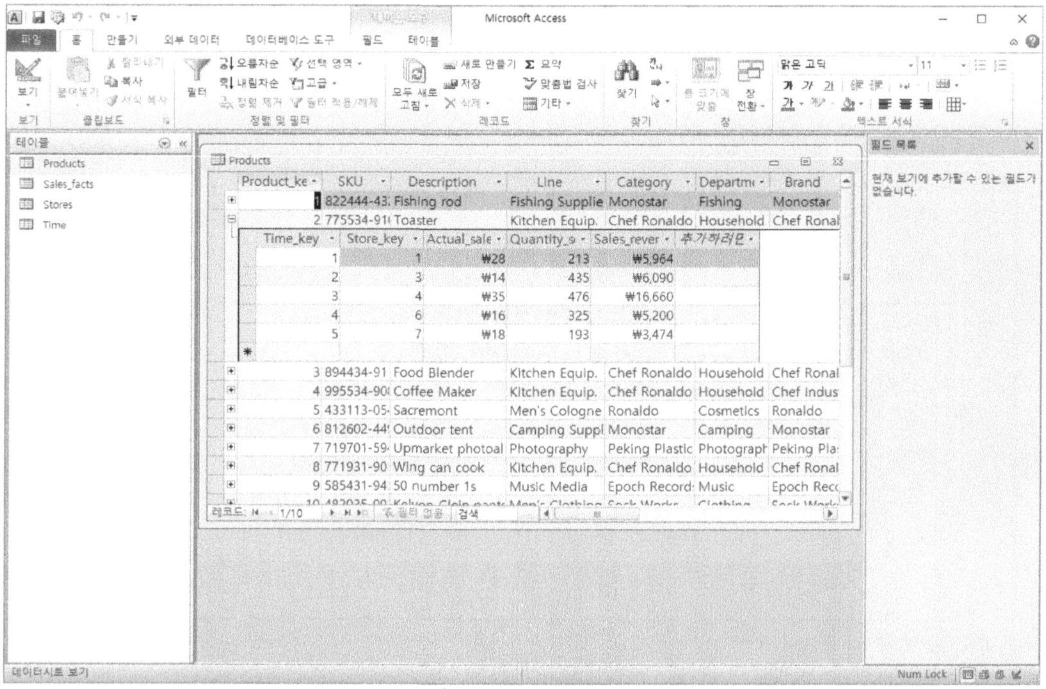

그림 6-28 • **펼쳐진 하위 데이터시트**

✓ 열 너비와 높이의 조절

데이터가 차지하는 필드 너비가 넓어서, 필드의 데이터를 한 눈에 확인하기 어려울 때, 필드의 너비를 조절하려면, 그림 6-27의 원 내에 보이는, 필드의 이름 오른쪽에 있는 경계선에 마우스를 위치시켜 마우스 포인터가 ↔ 표시로 변하면 끌어서 조절하거나, 더블 클릭하면 필드의 데이터 크기만큼 자동으로 조절된다. 높이의 조절은 레코드 선택기 영역에서 레코드와 레코드 사이에 마우스를 위치시켜 마우스가 ↕ 표시로 변하면 너비의 조절과 비슷하게 끌거나 더블 클릭하여 조절할 수 있다.

✓ 데이터의 맞춤법 검사와 자동 고침

입력하는 데이터가 맞춤법에 맞게 입력되었는지를 점검하기 위해서는 데이터 시트 보기 상태 또는 테이블을 선택한 상태에서 **홈** 탭의 **도구 아이콘** 중 **맞춤법 검사** 또는 F7 키를 누른다.

또한 자주 틀리는 단어나 긴 문장을 간단히 입력하기 위해서는 **파일** 탭의 **옵션** 메뉴를 클릭하여 언어 교정 탭의 자동 고침 옵션 단추를 클릭하면 다음과 같은 자동 고침 대화상자가 나타나고 **입력 단어** 항목에 자주 틀리는 단어나 짧은 단어를 입력하고 **바꿀 단어** 항목에는 바른 단어 혹은 긴 문장을 입력한다.

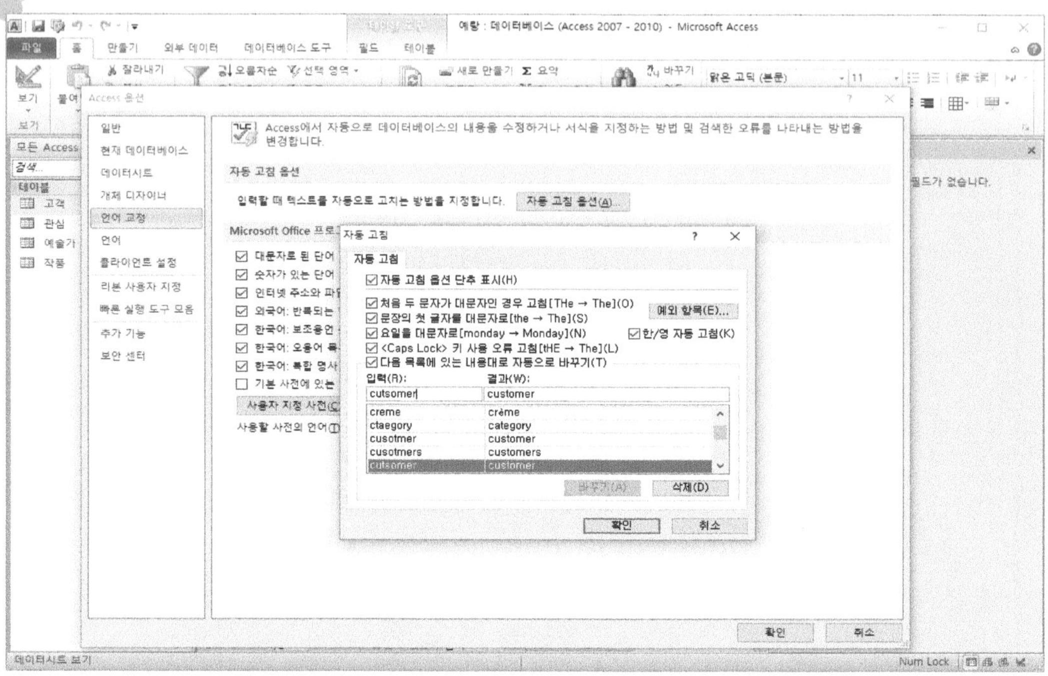

그림 6-29 • **자동고침 옵션**

✓ 데이터 찾기와 바꾸기

데이터를 찾기 위해서는 데이터시트 보기 상태에서 마우스로 스크롤 막대를 끌거나 방향키로 이동하여 특정 레코드를 찾을 수 있으며 데이터 양이 방대할 경우에는 **홈** 탭의 도구 아이콘 중 찾기 아이콘()을 클릭하면 **찾기 및 바꾸기** 대화상자가 나타나고 **찾을 내용** 항목에 찾고자 하는 내용을 입력하고 찾는 위치와 찾을 조건 정한 후 다음 찾기 단추를 클릭하면 된다. 이 때 **자세히** 단추를 클릭하여 검색 방향을 지정할 수도 있다. 바꾸기는 **찾기 및 바꾸기** 대화상자에서 **바꾸기** 탭을 클릭하여 찾을 때와 마찬가지로 특정 단어를 원하는 내용으로 바꿀 수 있다.

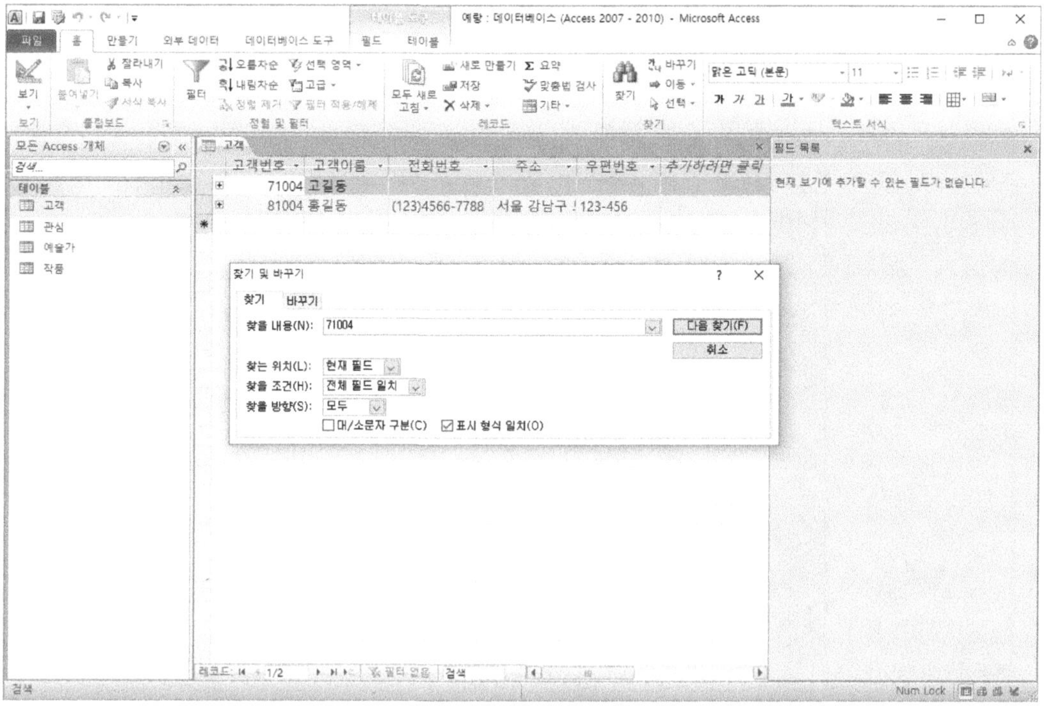

그림 6-30 • **찾기**

찾을 내용을 지정할 때 와일드 문자의 사용이 가능하다. 예를 들어 '소*' 라고 찾을 내용을 입력하면 '소'자로 시작하는 소비, 소비자, 소유자, 소송 등을 찾아 주며, '소?'자 라고 입력하면 소비자, 소개자, 소유자 등 세 글자 단어 중 첫 글자가 '소'자이고 마지막 글자가 '자'인 단어를 찾아준다. 그리고 소비자나 소개자를 찾기 위해서는 '소[비개]'자와 같이 대괄호를 이용하고 소비자나 소개자가 아닌 내용을 찾기 위해서는 '소[!비개]'자와 같이 입력하면 된다. 이런 와일드 문자의 사용은 찾기뿐만 아니라 쿼리나 표현식에서도 사용 가능하다.

✓ 필터의 사용

액세스에는 데이터시트의 한 필드의 특정 값을 출력해주는 필터 기능이 있다. 필터를 이용하기 위해서는 그림과 같이 필드의 특정 값을 선택한 다음 도구 아이콘에서 선택 영역 필터 아이콘( )을 클릭하면 그림과 같이 지정한 값을 갖는 레코드만 출력시킬 수 있으며 필터 적용되어 있다는 의미로 도구모음에서 음각 된 필터 적용/해제 아이콘( )을 볼 수 있다. 이 필터 적용/해제 아이콘( )을 다시 클릭하면 원래의 데이터시트로 돌아온다.

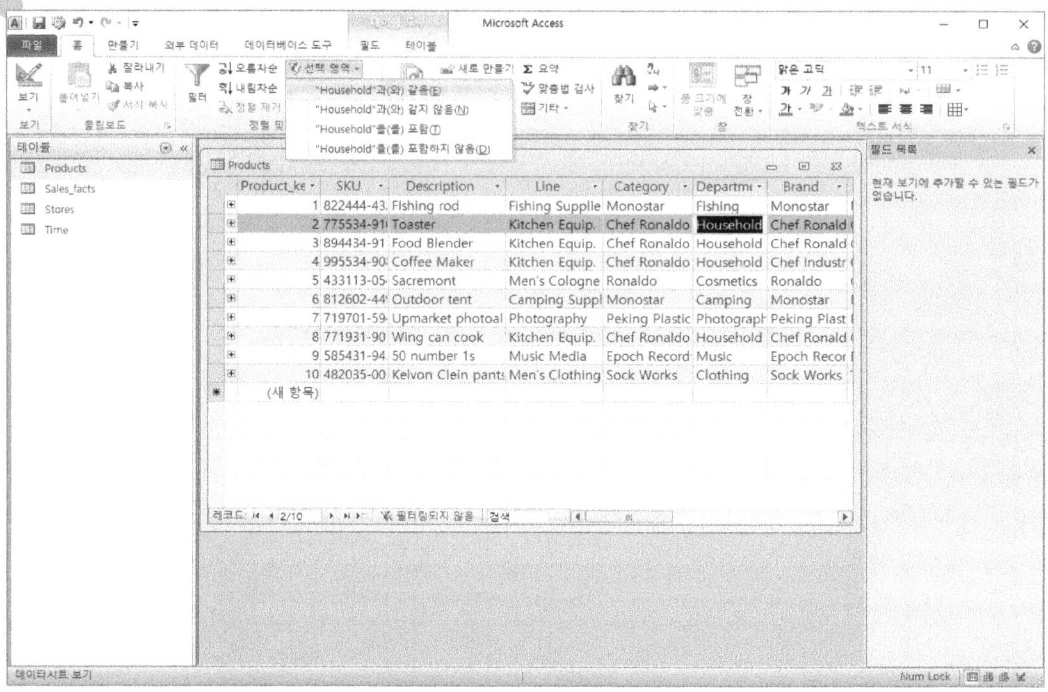

그림 6-31 ● **선택영역 필터**

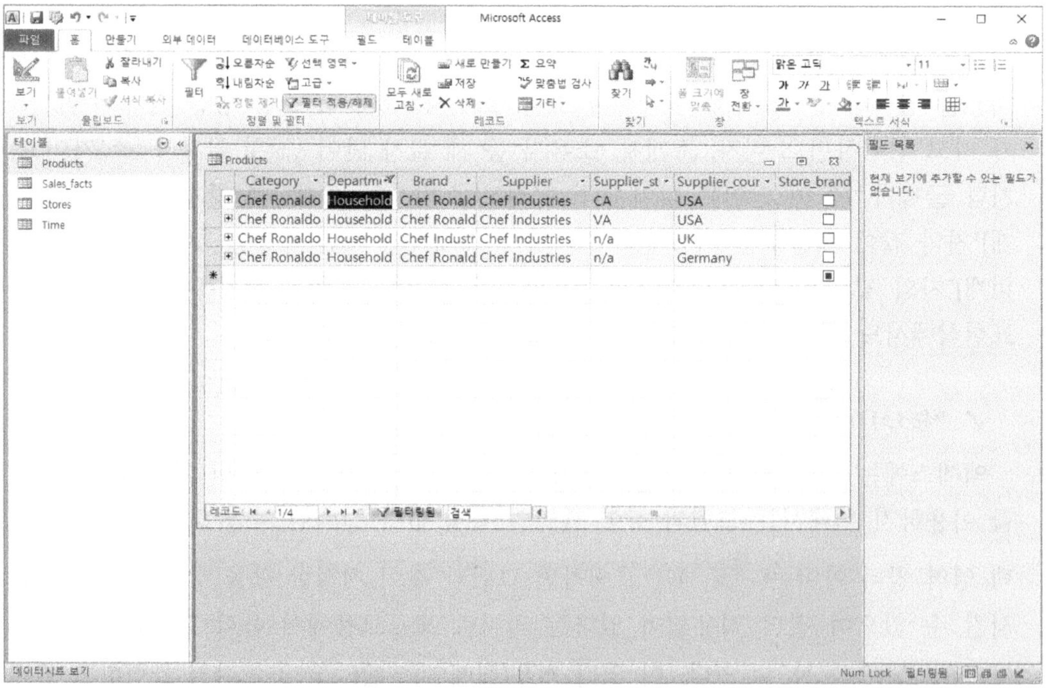

그림 6-32 ● **선택영역 필터 적용 결과**

혹은 필터를 적용하고자 하는 필드에서 마우스 우측 단추를 클릭하면 나타나는 단축 메뉴 상자에서 **[텍스트 필터] → [다음과 같은 경우]**와 같은 메뉴를 클릭하여 나타나는 사용자 지정 필터 창에서 찾고자 하는 내용을 입력해도 된다.

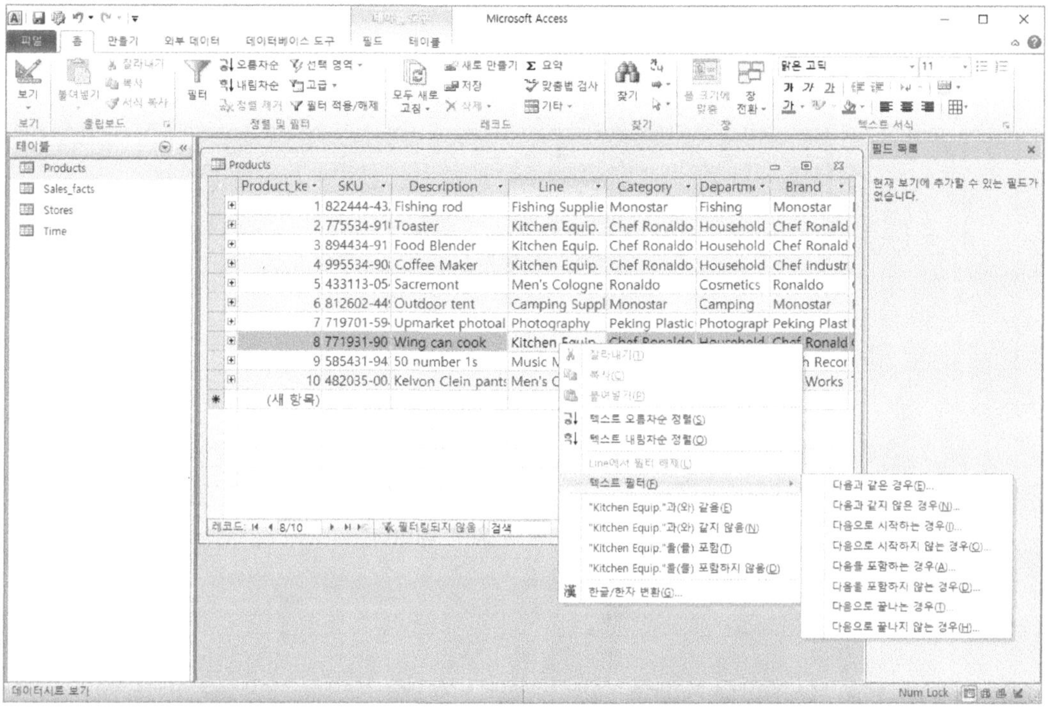

그림 6-33 • **사용자 지정 필터**

6.2.5 외부 데이터 가져오기

스프레드시트나 다른 데이터베이스의 테이블을 가져오기 또는 연결해서 사용하는 방법이다. 테이블 가져오기를 실행하면, 액세스의 테이블로 변경되기 때문에 데이터 형식에 따른 속성을 변경할 수 있다. 다른 데이터베이스의 테이블과 연결해서 사용하게 되면, 단순히 테이블간에 연결만 된 것이기 때문에 속성을 변경할 수 없다. 테이블 가져오기나 연결을 하기 위해서는 그림 6-34에서와 같이 **외부 데이터** 탭을 클릭하여 나타나는 가져오기 및 연결 아이콘 중에서 원하는 아이콘을 선택하고 나타나는 대화창에 따라 설정하면 된다. 그림 6-35에서 보는 바와 같이 테이블 개체를 우측 마우스로 클릭한 후 나타나는 메뉴의 **가져오기** 메뉴 중에서 선택하여도 같은 결과를 얻을 수 있다.

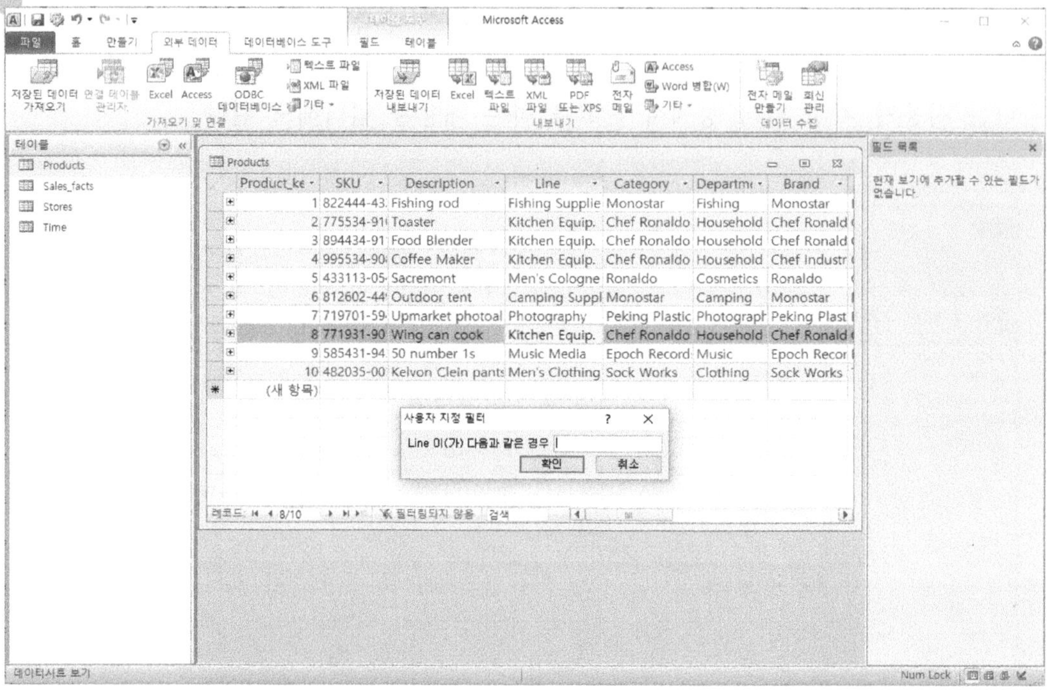

그림 6-34 • **외부 데이터**

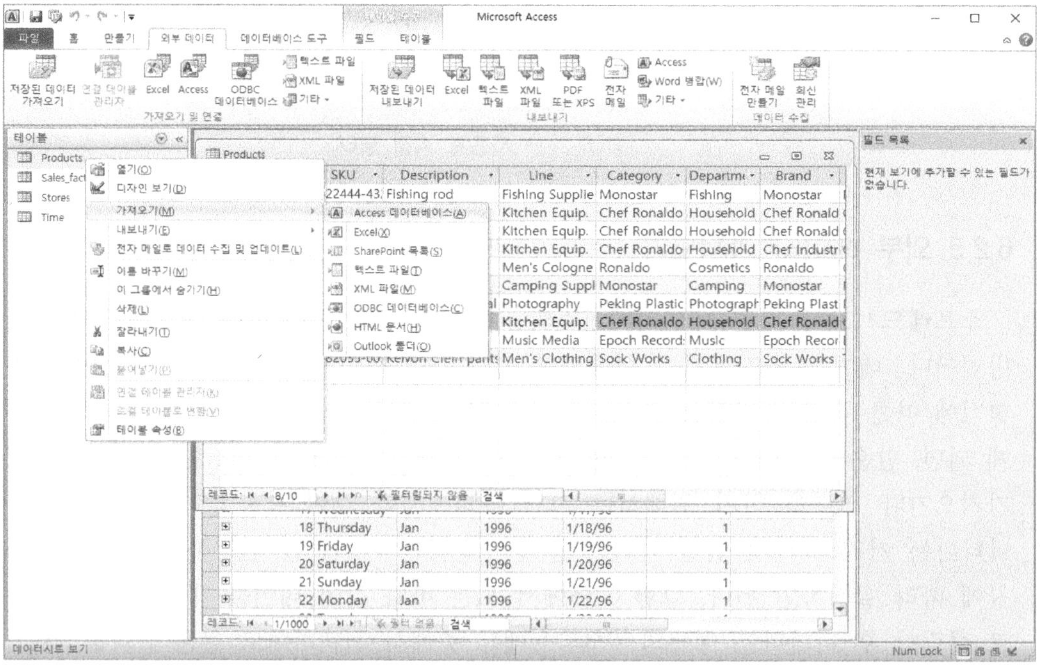

그림 6-35 • **테이블 개체를 통한 외부데이터 가져오기**

6.3 쿼리(Query)

레코드를 추출하고 테이블에 레코드를 추가, 삭제, 변경하기 위해 쿼리를 사용한다. 과거에는 사용자가 SQL(Structured Query Language)라고 불리는 질의 언어를 이용하여 프로그램을 작성할 줄 알아야 데이터베이스에 있는 원하는 자료를 추출할 수 있었다. 액세스에서 쿼리는 QBE(Query by Example) 형식을 사용하여 하나 또는 그 이상으로 나뉘어져 있는 테이블의 데이터를 상호 연결하여, 필요한 정보를 추출하는데 사용된다. QBE는 대화상자에서 필드 이름을 선택하고 범위나 조건을 입력하면 원하는 결과를 가져올 수 있으며, 형식이 비절차적이고 문법이 간단하기 때문에 일반 사용자들도 쉽게 사용할 수 있다.

6.3.1 쿼리 화면 구성

쿼리를 사용하기 위해서는 그림 6-36에서 보는 바와 같이 만들기 탭을 선택 후 나타나는 쿼리 마법사 아이콘이나 쿼리 디자인 아이콘을 클릭한다. 쿼리 디자인 아이콘을 클릭하면 그림 6-37과 같은 화면이 나타나고 원하는 자료를 어느 테이블로부터 추출해 낼지 선택하는 테이블 표시 대화상자에서 쿼리에 사용될 하나 또는 그 이상의 테이블을 선택하고 추가 단추를 클릭하면 선택된 테이블이 그림 6-38과 같이 위쪽 창에 나타난다. 만약 둘 이상의 테이블을 선택했다면 두 테이블 사이의 관계도 역시 표시된다. 위쪽 창의 필드 목록 중 원하는 필드를 더블 클릭하거나 선택한 다음 끌어서 아래 쪽 창의 필드에 갖다 놓거나 아래 쪽 창에서 필드 칸이나 테이블 칸을 클릭하여 선택하고 원하는 조건을 입력하거나 정렬방식을 선택해주면 된다. 그림 6-38은 작가 테이블의 작가 이름 필드에서 이중섭을 찾아, 제목을 오름차순으로 정렬을 하는 쿼리 디자인이다.

만일 테이블에 있는 모든 필드를 표시하려면, 테이블 이름이 있는 창 제목을 두 번 클릭하고, 테이블 내의 모든 필드가 선택된 것이 확인되면, 선택된 필드 전체를 마우스로 끌어서 쿼리 디자인 괘선의 필드 칸에 놓는다.

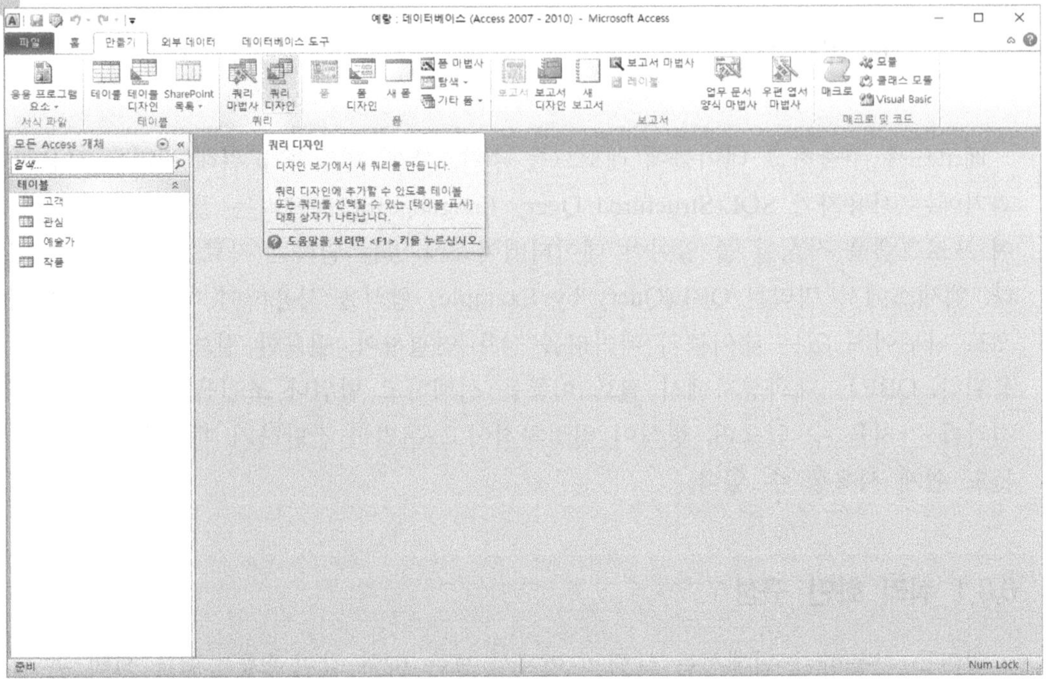

그림 6-36 • **쿼리 첫 화면**

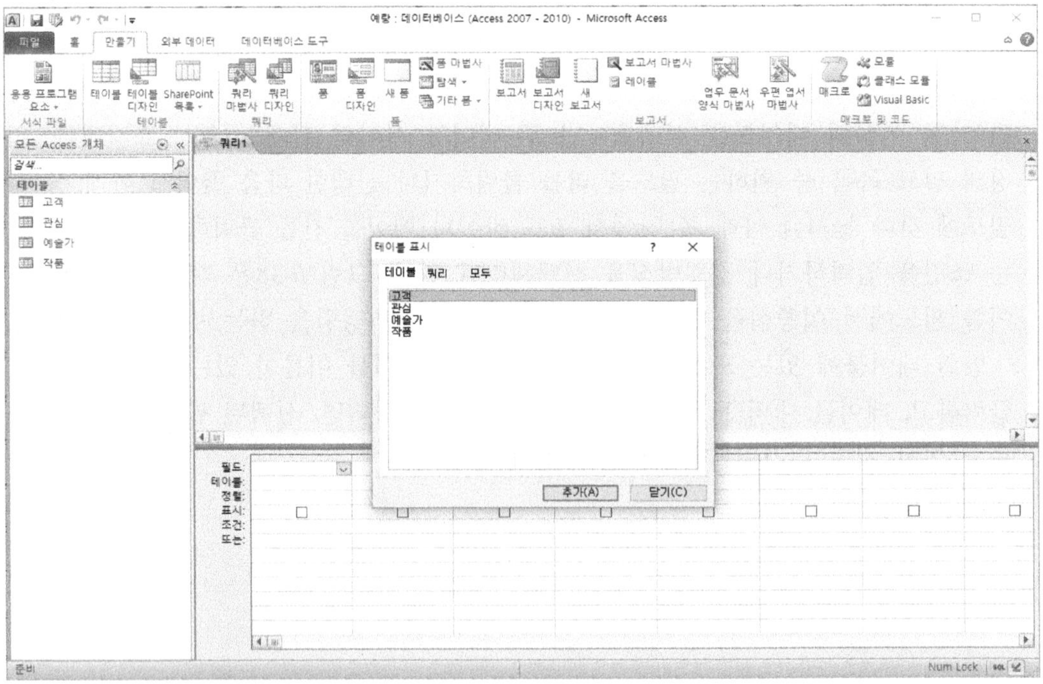

그림 6-37 • **쿼리에 사용될 테이블 설정 화면**

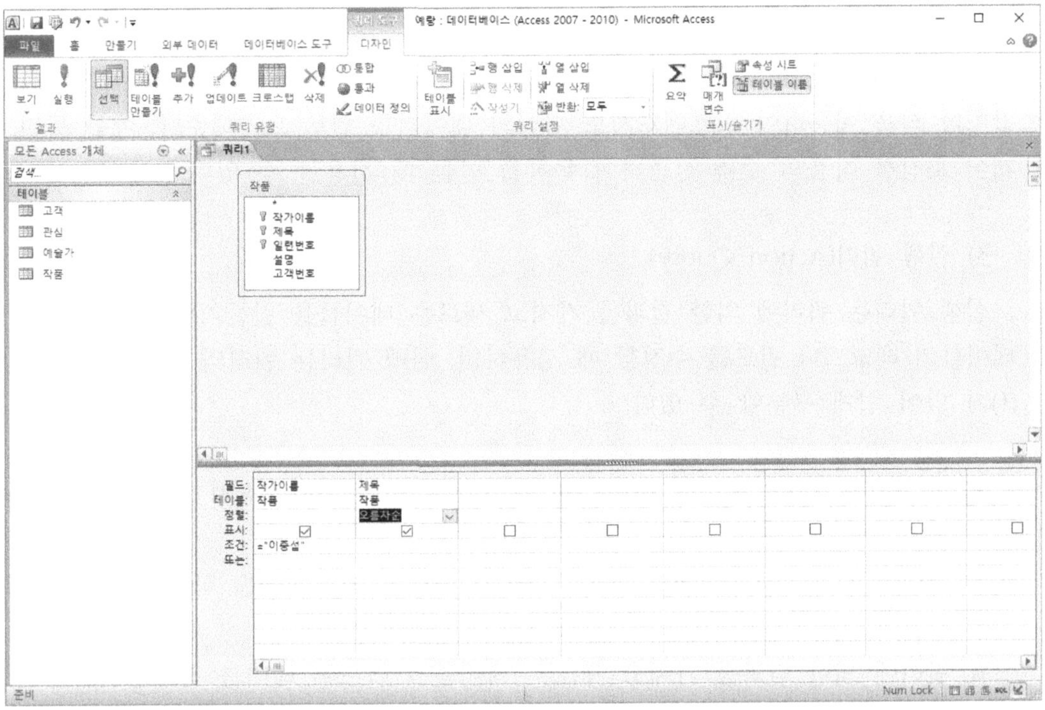

그림 6-38 • **이중섭 화백의 작품을 오름차순으로 정렬하는 쿼리**

그림 6-38처럼 쿼리 디자인이 완성되면 원 내의 실행 아이콘(실행)을 클릭하면 원하는 결과를 얻을 수 있다. 쿼리에는 16개의 테이블과 255개의 필드가 사용될 수 있다.

6.3.2 쿼리 유형

액세스에서는 다양한 쿼리를 제공하고 있으며 그림 6-36에서처럼 **만들기** 탭을 선택 후 나타나는 **쿼리 디자인** 아이콘 클릭하면 그림 6-38에서와 같이 여러 종류의 쿼리 선택 메뉴가 나타난다.

1) 선택 쿼리

만들기 탭을 선택 후 나타나는 **쿼리 디자인** 아이콘 클릭하면 선택되는 기본적인 쿼리로 하나 또는 그 이상의 테이블에서 필요한 데이터를 추출하여 데이터시트를 작성한다. **쿼리 설정**의 **반환** 칸을 이용하여 한 번에 표시되는 결과의 수를 조절할 수도 있다.

2) 크로스탭 쿼리

크로스탭 쿼리 아이콘을 선택하면 크로스탭 쿼리가 되는데 크로스탭 쿼리는 필드 값이나 식을 이용하여 스프레드시트 형식의 데이터를 열로 요약해준다. 예를 들면 고객이 소장한 작품의 수를 산출하여 목록을 만들 때 사용할 수 있다.

3) 실행 쿼리(Action Query)

실행 쿼리는 쿼리에 의한 결과를 가지고 새로운 테이블을 만들거나, 작성되어 있는 테이블의 레코드나 필드를 수정할 때 사용하며, 실행 쿼리는 쿼리의 이름 앞에 느낌표(!)가 있어 쉽게 구분할 수 있다.

- 회비를 일률적으로 인상하는 것과 같이 필드의 값을 수정하기 위한 갱신(Update) 쿼리
- 일년동안 회비를 납입하지 않은 사람의 레코드를 삭제하는 삭제(Delete) 쿼리
- 다른 테이블의 레코드를 가져오는 추가(Append) 쿼리
- 쿼리에 의한 결과를 가지고 새로운 테이블을 만드는 테이블 작성 쿼리

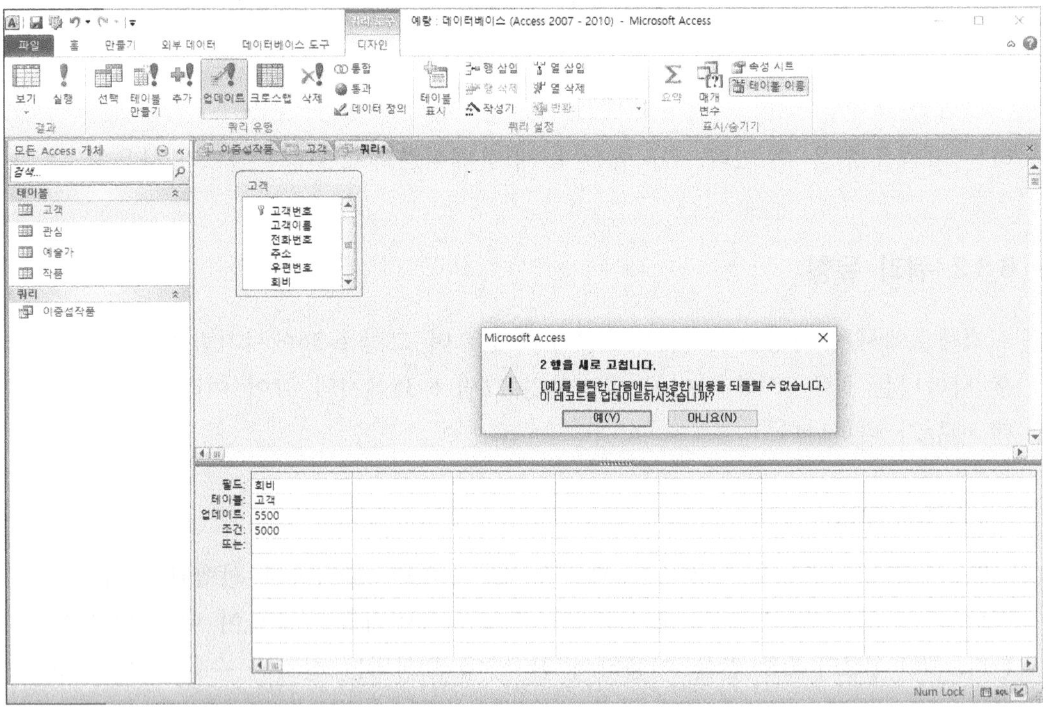

그림 6-39 • **업데이트 쿼리 예**

그림 6-39는 회비 5000원을 내는 고객의 회비를 5500원으로 인상하는 업데이트 쿼리이다. 조건에 5000을 입력하고 업데이트에 5500을 입력한 다음 실행 아이콘( )을 클릭하면 업데이트를 계속하겠느냐는 대화상자가 나타나고 **예**를 클릭하면 고객 테이블 내의 회비 필드 값이 5000인 레코드는 5500으로 갱신된다.

표시/숨기기의 **매개변수** 아이콘을 선택하면 같은 쿼리에서 여러 결과 값을 얻을 수 있도록 하기 위해 쿼리 실행 시 조건 등을 묻는 매개 변수와 데이터 형식을 설정할 수 있다.

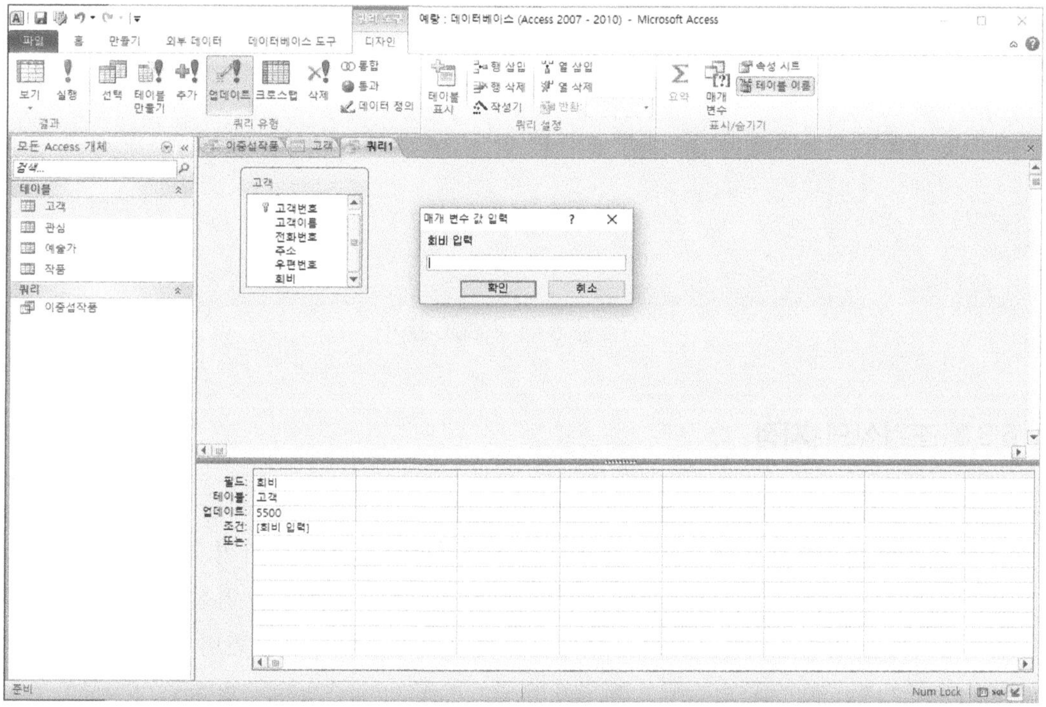

그림 6-40 ● **매개 변수를 이용한 업데이트 쿼리**

완성된 쿼리 디자인은 보기 아이콘( )을 클릭하여 **SQL 보기**를 선택하면 SQL로 작성된 쿼리를 볼 수 있다. SQL 보기 화면에서 SQL 문법에 맞게 원하는 쿼리를 작성 또는 편집하여 실행할 수도 있다.

그림 6-41 • **SQL 보기**

6.3.3 조건식의 지정

쿼리는 하나 또는 그 이상의 테이블의 필드를 연결하여, 조건식을 통하여 필요한 데이터를 추출하게 된다. 조건식은 표현식(Expression)이라고도 하며, 조건식은 쿼리 뿐만 아니라 폼, 보고서의 컨트롤에도 사용하게 된다. 조건식에는 연산자와 식별자가 사용되며, 직접 입력하거나 표현식 작성기를 통하여 지정하기도 한다.

1) 연산자

연산 즉, 계산을 하기 위해 표시하는 +, -, >, Or 등과 같은 기호나 단어를 말하며, 액세스에는 산술, 비교, 연결, 논리 연산자가 있다.

- 산술 연산자는 더하기(+), 빼기(-), 곱하기(*), 나누기(/) 등을 말한다.
  = Date()-30: 현재의 날짜에서 30일을 차감 하는 조건식
  [금액]/[수량]: 금액 필드의 값을 수량 필드의 값으로 나누는 조건식

- 비교 연산자는 같다(=), 크다(>), 작다(<), 크거나 같다(>=)등과 같이 하나 또는

두 개의 값을 비교한다.
= “Lee”: Lee라는 문자와 같은가를 비교하는 조건식
A>B: A는 B보다 큰 값인가를 비교하는 조건식

■ 연결 연산자는 문자를 결합하는 연산자로 더하기(+), 엠퍼센트(&)를 사용한다. 더하기(+)는 더할 것인지 결합할 것인지 구분이 잘 되지 않으므로, 특별한 경우가 아니고는 사용하지 않는 것이 좋다.
“Lee” & “,” & “Henry”: Lee,Henry라는 결과를 표시한다.

[성]+[이름]: 성 필드의 값과 이름 필드의 값이 숫자인 경우에는 산술 연산자로서의 더하기를 수행하고, 문자열인 경우에는 연결 연산자로서 두 개의 필드 값을 결합한다.

■ 논리 연산자는 두 개 이상의 데이터를 비교하여, 하나의 결과 True, False값을 얻기 위해서 사용한다.
“Lee” or “Kim”: Lee 또는 Kim 문자열인 경우
>100 AND <200: 100보다 크고 200보다 작은 값

■ 주로 많이 사용하는 연산자는 다음과 같다.
Is Null: 필드 값이 Null이면 선택한다.
Like “박??”: 필드 값이 “박”으로 시작하면 선택한다.
In(“Lee”,“Kim”,“Park”): “Lee”, “Kim” 그리고 “Park” 목록 중의 한 값을 가지면 선택한다.
Between 5000 AND 6000: 5000에서 6000사이의 값을 선택한다.
Lee*: Lee 문자열로 시작하는 필드 값을 비교하는 데, 여기서 사용하는 별표(*)는 여러 개의 문자열을 대신하는 대표 문자로 사용하는 기호이다.
C?ung: 두 번째 문자를 무시하고, 다른 문자가 동일한 값인지를 비교한다. 물음표(?)는 하나의 문자를 대신하는 대표 문자로 사용된다.
#95-5-1#: 날짜/시간은 항상 파운드(#)기호를 사용해야만 인식이 가능하다.
= NOW(): Date()는 오늘 날짜를 돌려주지만, Now()는 현재의 날짜와 시간까지 알려 주는 함수다. 액세스에는 약 140개 이상의 함수가 내장되어 있다.

2) 식별자

개체나 필드를 지정할 때 사용하는 것으로, 사용하는 기호는 느낌표(!), 마침표(.)이다. 느낌표(!) 연산자 뒤에 오는 것은 사용자 정의 항목이다. 예를 들어, 느낌표(!) 연산자를 사용하여 열린 폼, 열린 보고서 또는 열린 폼이나 보고서의 컨트롤을 참조한다.

테이블 이름.[필드 이름]: 테이블의 필드를 지정한다.
테이블![테이블 이름]: 테이블을 지정한다.
폼![출력]![내용].속성: 출력 폼의 내용 컨트롤의 속성을 참조한다.

```
=Forms![Orders]![Subtotal] + Forms![Orders]![Freight]
```

3) 매개 변수 쿼리

쿼리를 실행할 때 조건을 묻는 대화상자를 화면에 표시하는 쿼리이다. 조건식을 빈번하게 변경하여 쿼리를 사용할 때, 화면에 표시되는 대화상자에 조건을 입력하면 되기 때문에 유용하게 사용할 수 있다. **매개변수** 아이콘을 클릭하여 그림 6-42의 좌측과 같이 매개변수 이름을 입력하고 데이터 형식을 설정하거나 그림 6-40에서와 같이 괘선의 조건 칸에 **[회비를 입력하세요]**라고 입력하고 실행 아이콘(! 실행)을 클릭하면 그림 6-42의 우측과 같은 대화상자가 표시된다.

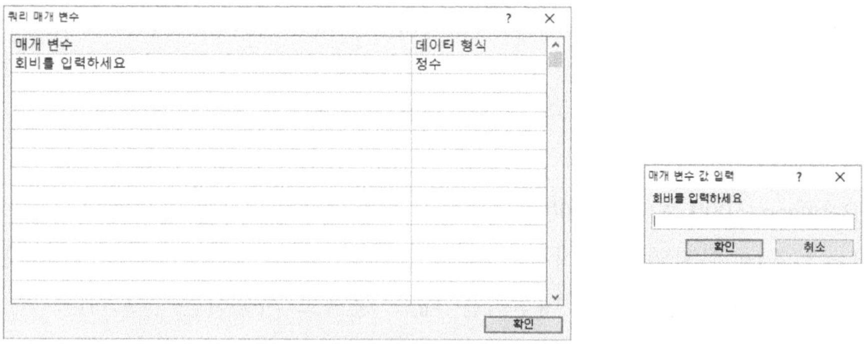

그림 6-42 ● **쿼리 매개변수 입력**

4) 표현식 작성기의 이용

표현식 작성기는 연산자를 몰라도 조건을 부여할 수 있으므로 초보자도 쉽게 사용할 수 있으며 보다 복잡하고 다양한 조건이나 표현식을 입력할 수 있다. 표현식 작성기를 이용하여 조건이나 표현식을 입력하기 위해서는 필드 이름이 있는 조건 행이나 이름 행에 마우스로 클릭하여 커서를 위치시키고 도구모음의 표현식 작성기 아이콘(작성기)을 클릭하거나 마우스 우측 단추를 클릭하여 나타나는 그림 6-43에서와 같은 단축메뉴의 **작성**을 클릭하면 된다.

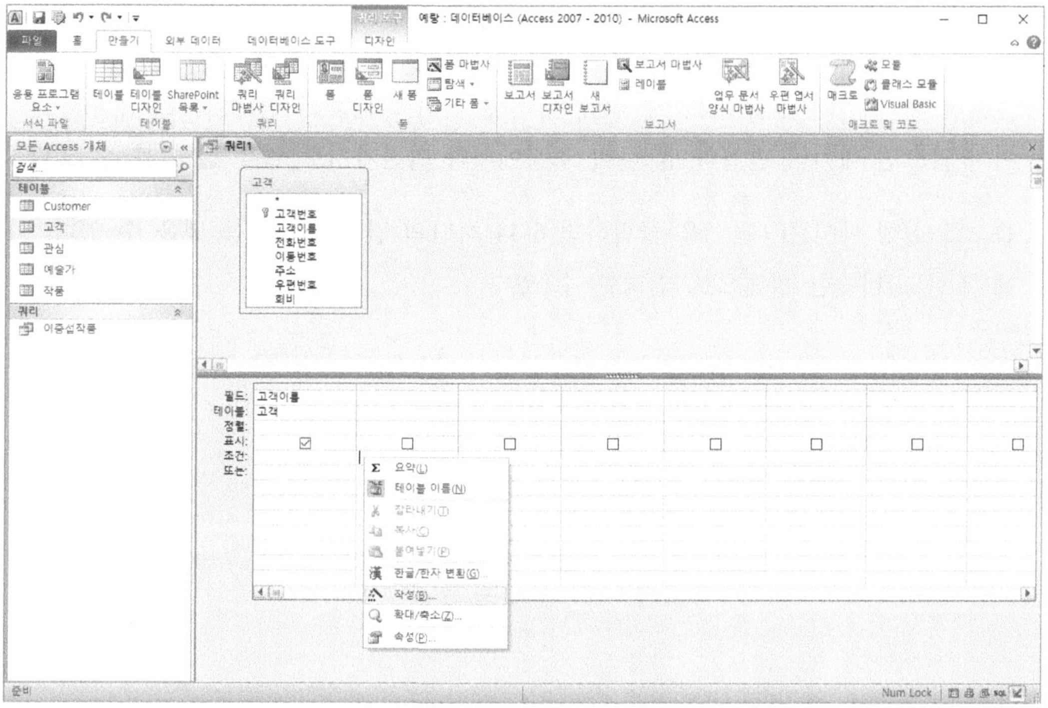

그림 6-43 • **표현식 작성**

그러면 그림 6-44 상단의 **표현식 작성기** 대화상자가 나타나는데 표현식 작성기 대화상자는 상단에는 식을 입력할 수 있는 영역이 있고 그 아래에 연산자를 입력할 때 사용되는 연산자 아이콘이 있으며 하단의 좌측 상자에서는 테이블, 쿼리, 폼, 보고서, 사용자 정의 함수를 포함한 함수, 상수, 연산자 등을 선택할 수 있으며 중간의 상자에서는 좌측 상자에서 선택한 폴더의 요소와 요소의 범주가 나타나 필요로 하는 요소를 선택할 수 있고 우측 상자에는 선택한 항목에 대한 값이 나타난다.

고객 테이블에 이동전화 필드를 추가하여 고객의 연락번호를 열거하는 쿼리를 표현식 작성기로 만들어본다. **만들기** 탭의 **쿼리 디자인** 아이콘을 클릭하고 **테이블 추가** 대화상자에서 고객을 추가한 다음 고객이름을 더블 클릭한다. 고객이름 필드 다음 필드 칸에 마우스 포인터를 두고 클릭하여 커서를 위치시키고 도구모음의 표현식 작성기 아이콘(작성기)을 클릭하거나 마우스 우측 단추를 클릭하여 나타나는 단축메뉴의 **작성**

을 클릭한다. **표현식 작성기** 대화상자가 나타나면 상단의 입력 칸에 **연락번호** :를 입력하고 하단 좌측 상자에서 **테이블**을 더블 클릭하여 나타나는 **고객**을 더블 클릭한 다음 중간 상자에서 **전화번호**를 더블 클릭한다. 만일 전화번호 앞에 <expr>이 붙었으면 보통 편집 시와 마찬가지 방법으로 지우고 서로 다른 필드인 전화번호와 이동전화를 함께 나타내기 위해 연산자 &를 클릭하고 " HP "를 입력하고 다시 연산자 &를 클릭하여 & " HP " &를 입력한 다음 중간 상자에서 **이동전화**를 더블 클릭하고 **확인** 단추를 클릭한다. 그러면 필드 칸에 그림 6-44 세 번째 화면에 보이는 내용이 입력되는데 내용이 잘 보이지 않으면 데이터 편집의 열 너비 조정에서와 마찬가지로 열을 넓혀 볼 수 있다. 다음으로 실행 아이콘(실행)을 클릭하면 6-44 하단의 결과 테이블을 얻을 수 있다. 이외에 조건도 비슷한 방법으로 입력할 수 있다.

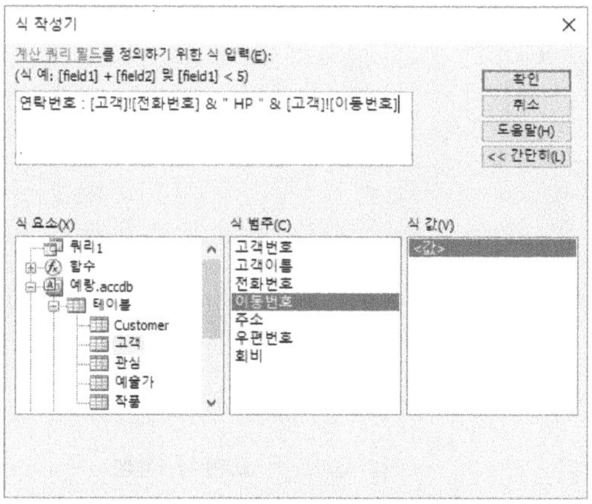

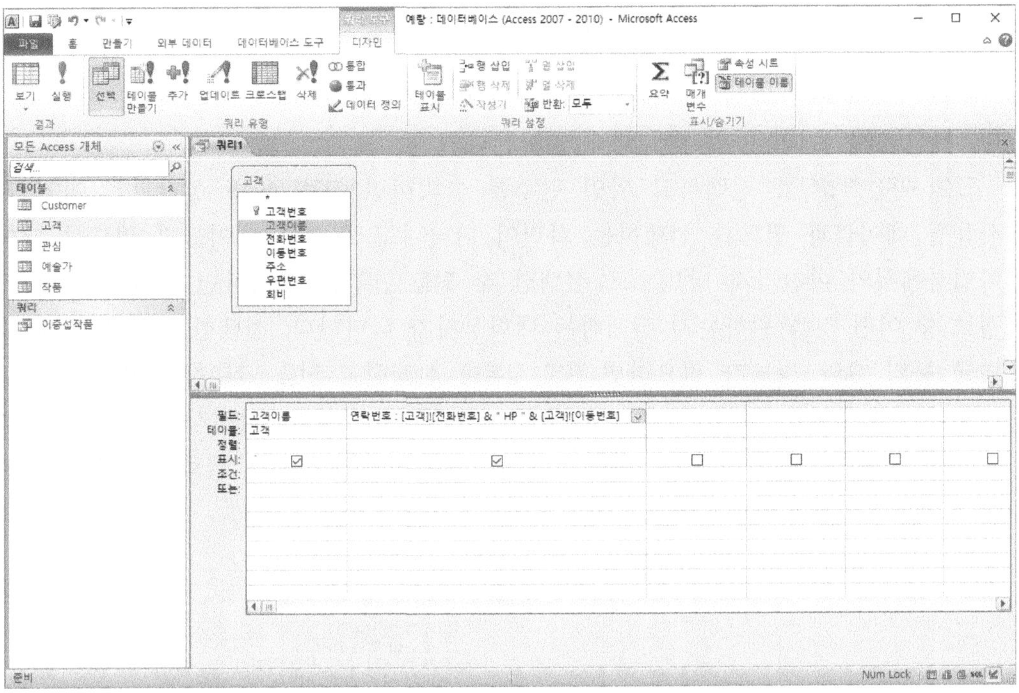

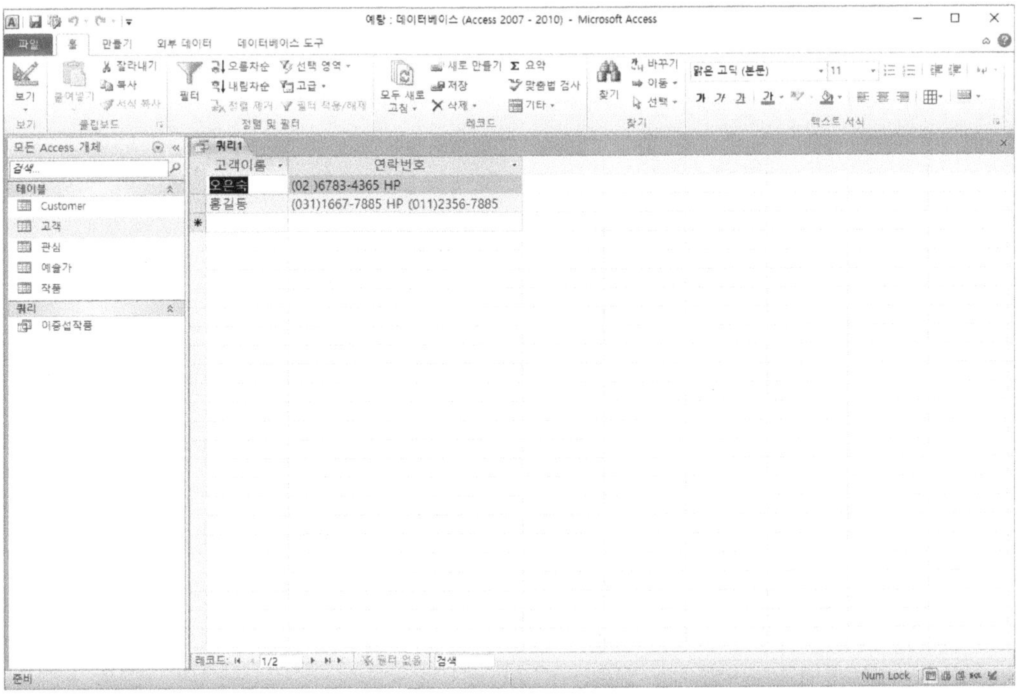

그림 6-44 • **표현식 작성기의 이용**

6.3.4 마법사를 이용한 단순 쿼리

만들기 탭의 **쿼리 마법사**를 클릭하면 그림 6-45와 같이 쿼리 마법사 유형이 나타난다. 우선 단순 쿼리 마법사에 대해 알아본다.

단순 쿼리 마법사를 선택하고 확인 단추를 클릭하면 그림 6-46 상단과 같이 쿼리에 사용될 테이블과 필드를 선택하는 화면이 나타나고 원하는 테이블과 필드를 테이블 마법사에서와 마찬가지 방법으로 선택한 후 **다음** 단추를 클릭하면 상세 정보와 요약 정보 중 어떤 것을 원하는지 선택하는 대화상자가 나타난다. 선택한 필드에 대해 합계, 평균 등의 요약 정보가 필요하면 **요약 정보**를 선택하고 **다음** 단추를 클릭하고 그렇지 않으면 **상세 정보**가 선택된 상태에서 **다음** 단추를 클릭한다. 마법사를 사용하여 쿼리 만들기의 마지막 단계로 쿼리 이름을 입력한 다음 **마침** 단추를 클릭하면 쿼리가 완성되고 결과 테이블이 나타난다.

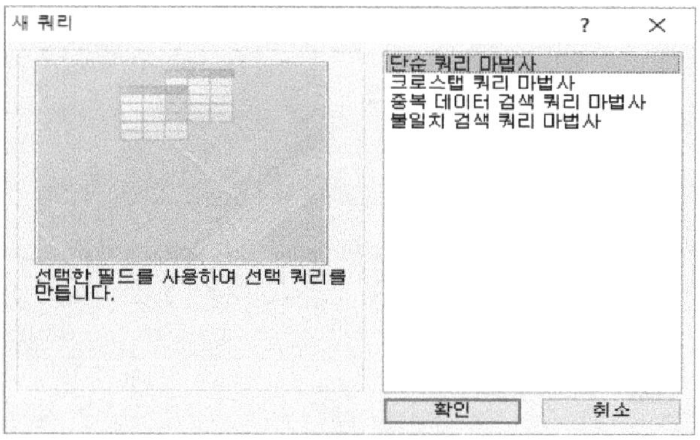

그림 6-45 • **쿼리 마법사 유형**

그림 6-46 • 마법사를 사용한 단순 쿼리 만들기의 각 단계

상세 쿼리나 요약 쿼리를 선택하십시오. 에서 **요약**을 클릭하면 **요약 옵션** 단추가 활성화되는데 이 단추를 클릭하면 그림 6-47과 같은 **요약 옵션** 대화상자가 나타나고 필드에 대해 합계, 평균, 최소, 최대 값을 구할지 결정할 수 있게 해준다.

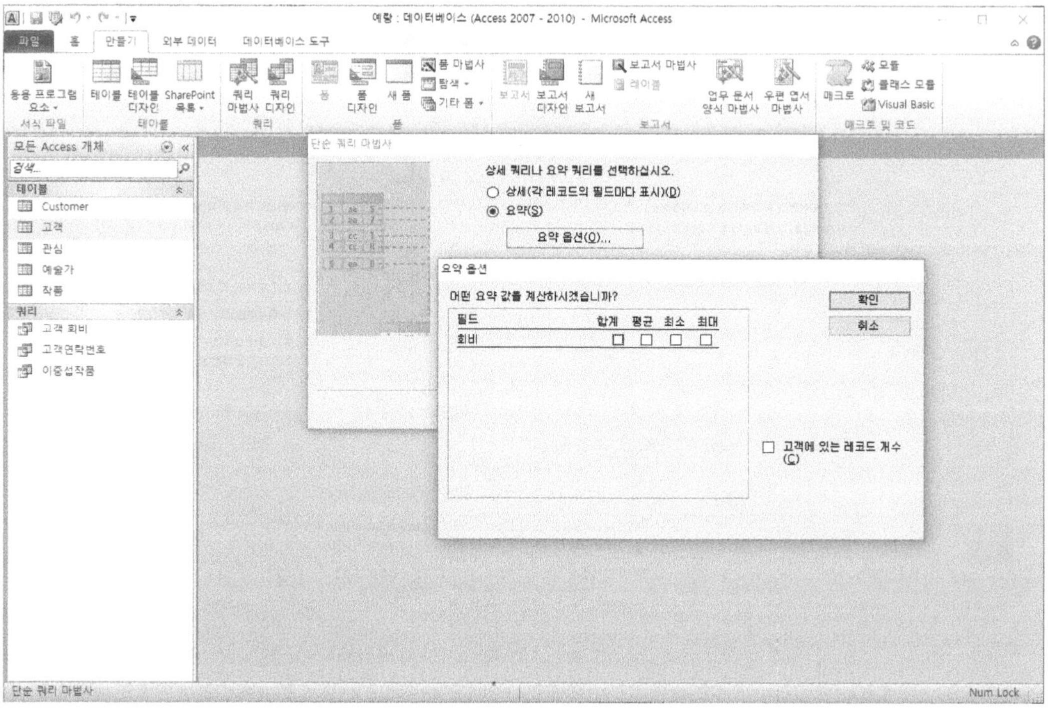

그림 6-47 • **요약 쿼리 선택 시 화면**

만들기 탭의 **쿼리 디자인** 아이콘을 클릭하고 **테이블 추가** 대화상자에서 쿼리에 사용될 테이블을 선택한 후 필드를 선택하고 난 다음 **요약** 아이콘(Σ 요약)을 클릭하거나 그림 6-48과 같이 요약 정보를 원하는 필드에서 마우스 우측 단추를 클릭하면 단축 메뉴 상자가 나타나는데 **요약**을 선택한다. 그러면 항목에 **묶는 방법**이라는 풀다운 메뉴가 나타나고 이를 클릭하면 그림 6-49과 같이 다양한 방법으로 요약 정보를 계산할 수 있다.

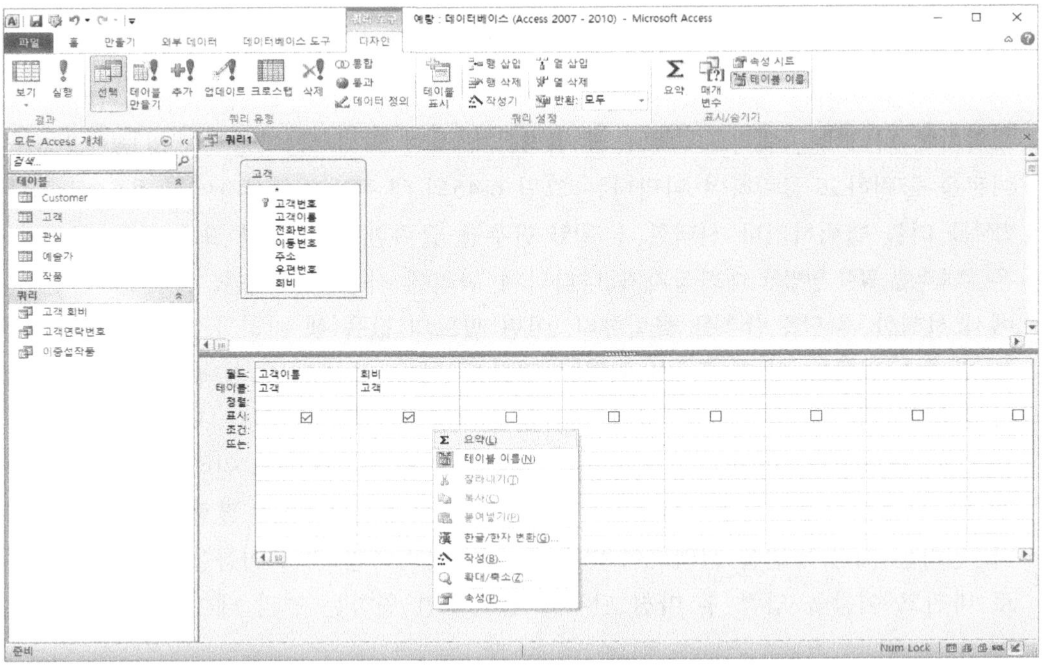

그림 6-48 • **요약 메뉴**

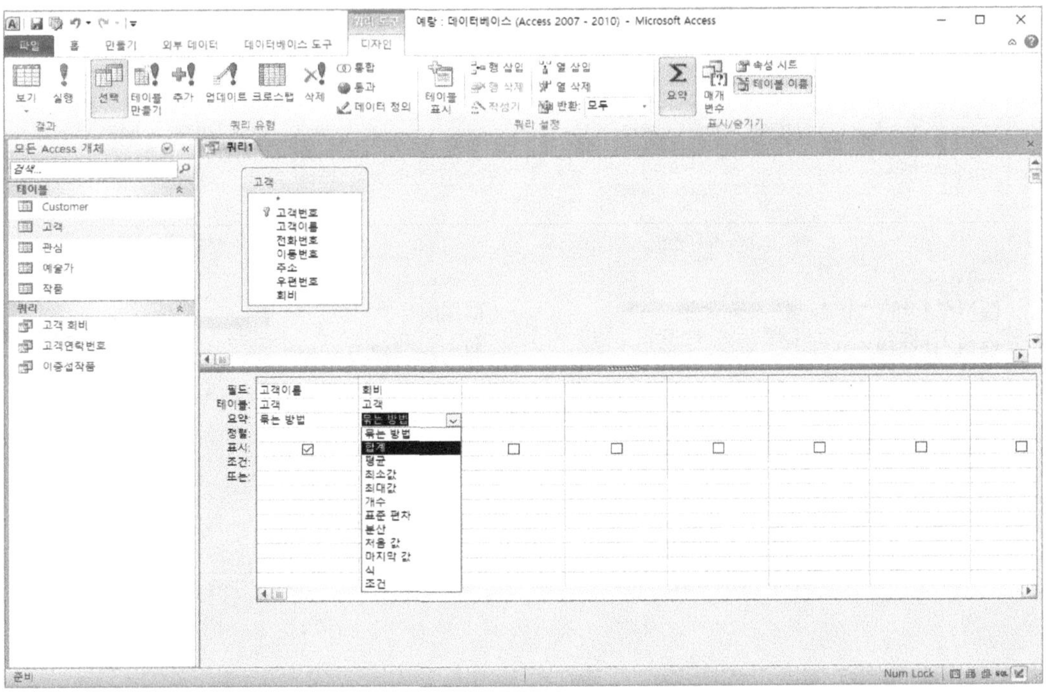

그림 6-49 • **요약의 묶는 방법 풀다운 메뉴**

6.3.5 마법사를 이용한 크로스탭 쿼리 만들기

크로스탭 쿼리는 필드 값이나 식을 이용하여 스프레드시트 형식의 데이터를 열로 요약하여 나타내는 쿼리로 크로스탭 쿼리를 만들기 위해서는 **만들기** 탭의 **쿼리 마법사** 아이콘을 클릭하고 클릭하여 나타나는 그림 6-45의 **새 쿼리** 대화상자에서 **크로스탭 쿼리 마법사**를 더블 클릭하거나 선택한 후 **확인** 단추를 클릭한다. 그러면 그림 6-50 상단과 같은 **크로스탭 쿼리 마법사** 대화상자가 나타나며 쿼리에 사용될 테이블, 쿼리 또는 전체 중에서 선택한 후 **다음** 단추를 클릭한다. 어떤 필드의 값을 행 머리글로 사용할지 결정하는 단계로 변하고 이 단계에서 원하는 필드를 최대 세 개까지 선택하면 된다. 대화상자의 하단에 미리 보기 창이 있어 선택된 결과를 확인할 수 있다. **다음** 단추를 클릭하면 어떤 필드를 열 머리글로 사용할지 결정하는 단계로 변하고 원하는 필드를 선택한 후 다음 단추를 클릭하면 행과 열이 만나는 곳의 계산 방법을 결정하는 단계로 변한다. 원하는 계산 방법을 선택하여 다음 단추를 클릭하면 쿼리 이름을 입력하는 화면으로 바뀌고 이름을 입력 후 마침 단추를 클릭하면 원하는 결과 테이블을 얻게 된다.

그림 6-50 • **고객의 관심 작품 종류를 알아내는 크로스탭 쿼리의 각 단계**

6.3.6 쿼리의 수정과 삭제

작성한 쿼리를 경우에 따라 수정하거나 삭제할 필요가 생긴다. 쿼리를 삭제하기 위해서는 삭제할 쿼리를 선택한 후 **레코드** 아이콘 중 삭제 아이콘(✕ 삭제 ▾)을 클릭하거나 쿼리를 선택한 상태에서 마우스 우측 단추를 클릭하여 나타나는 단축메뉴의 **삭제**를 클릭하면 된다. 쿼리의 한 필드를 삭제하기 위해서는 화면 아래쪽 디자인 괘선 부분의 해당 필드 이름 상단에 마우스 포인터를 갖다 놓아 포인터가 ⬇와 같이 변하면 클릭하여 선택한 후 Delete 키를 누르거나 마우스 우측 단추를 클릭하여 나타나는 메뉴에서 **잘라내기**를 클릭하면 된다. 단순히 필드이름을 바꾸기 위해서는 해당 필드 이름을 클릭하여 나타나는 필드 이름 중 다른 필드 이름을 선택하고 정렬 방식을 다시 설정하거나 조건을 입력하면 된다.

쿼리를 수정하기 위해서는 수정하고자 하는 쿼리를 선택한 후 **데이터베이스** 대화상자의 **디자인보기** 단추(디자인 보기(D))를 클릭하거나 마우스 우측 단추를 클릭하여 나타나는 단축메뉴의 디자인 보기를 클릭한다. 그러면 그림 6-51과 같은 화면이 나타나는데 다른 테이블을 추가하고 싶으면 **쿼리설정**의 **테이블 표시** 아이콘(테이블 표시) 선택하여 나타나는 **테이블 표시** 대화상자에서 원하는 테이블을 추가하면 된다. 다른 필드를 추가하고자 한다면 원하는 필드를 더블 클릭하면 제일 마지막 열에, 원하는 필드를 선택한 후 위치시키고자 하는 열에 마우스로 끌어 놓으면 원래 있던 필드가 우측으로 밀리면서 쿼리에 해당 필드가 추가되고 다음으로 정렬 방식을 설정하거나 조건을 입력하면 된다.

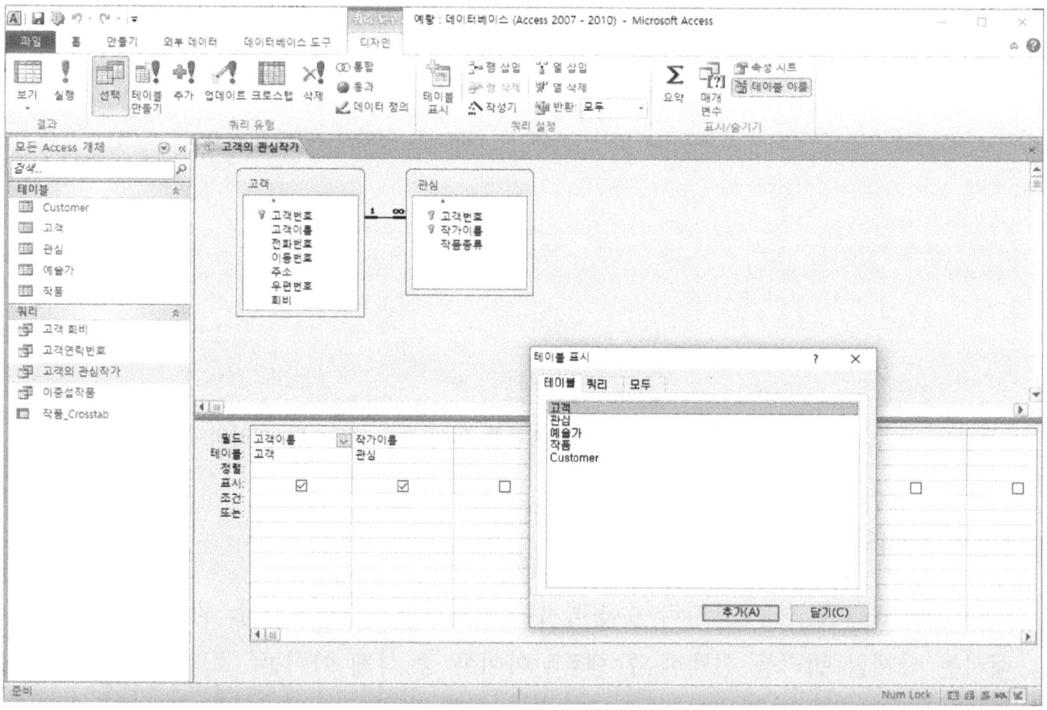

그림 6-51 • **쿼리 수정 화면**

6.4 폼(Form)

폼은 사용자가 테이블의 데이터 입력이나 수정을 쉽게 할 수 있도록 화면상에 틀을 작성하는 것으로, 테이블에서는 데이터 시트 전체를 보면서 작업하는 반면, 폼은 레코드 단위로 하는 것이 다르다. 폼은 간단히 말해 도구 상자와 서식에 관한 도구 모음의 아이콘을 통하여 화면의 보기 형태를 더욱 보기 좋게 만드는 작업을 한다.

6.4.1 폼의 화면 구성

폼은 모든 Access 개체 중 폼으로 만들려는 테이블이나 쿼리를 선택한 후 **만들기** 탭의 **폼** 아이콘을 클릭하면 그림 6-52과 같이 레이아웃 보기 형태로 나타나는데 보기 아이콘 메뉴의 **디자인보기**(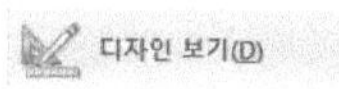

) 아이콘을 클릭하면 그림 6-53에서 보는 여러 형태의 폼을 만들 수 있는 컨트롤 도구와 폼 머리글, 본문과 폼 바닥글 그리고 사용 가능한 필드 상자로 이루어진 화면이 나타난다.

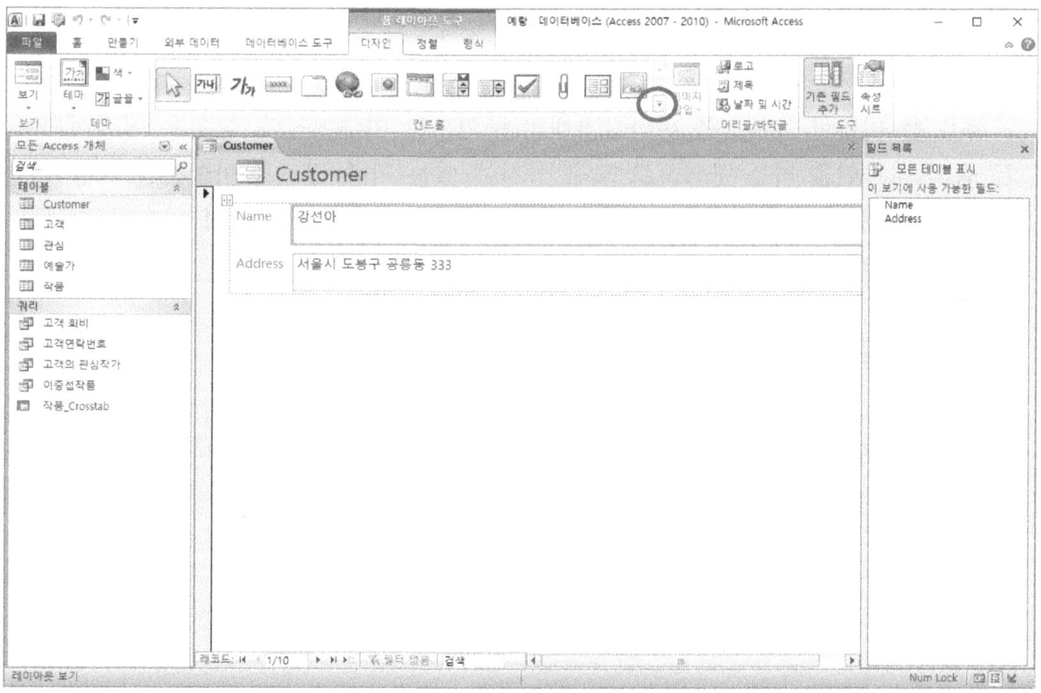

그림 6-52 • **폼의 레이아웃 보기**

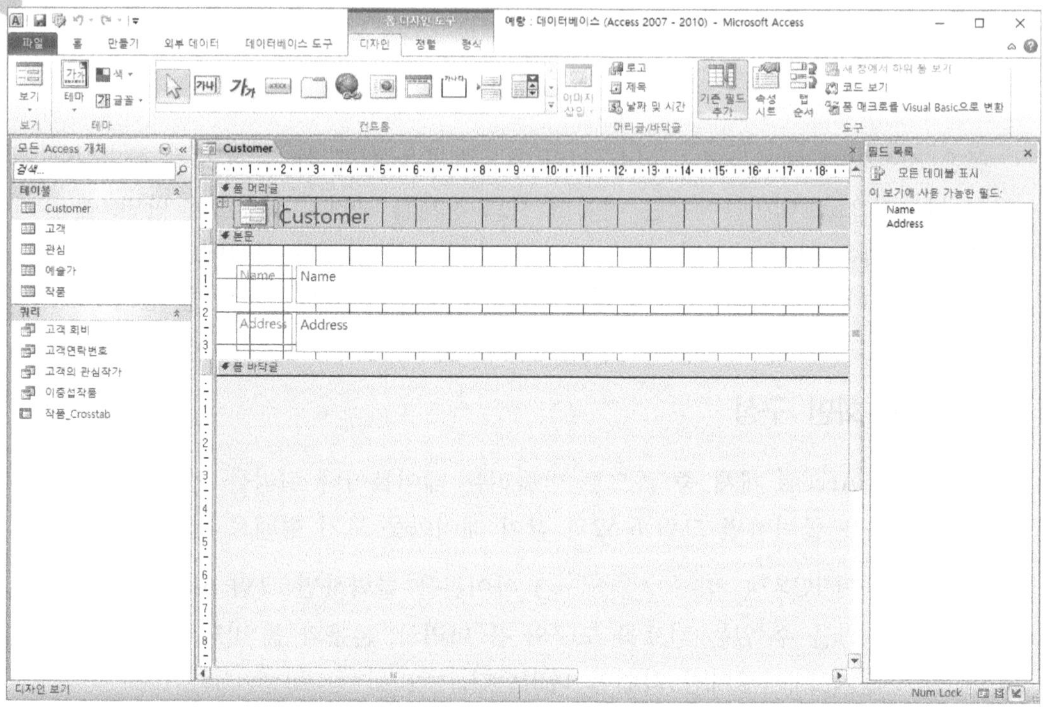

그림 6-53 ● **폼 디자인 화면**

1) 폼의 구역

폼은 폼 머리글, 본문, 폼 바닥글 3개의 구역으로 이루어진다. 본문은 실질적으로 모든 폼의 디자인을 하는 구역으로 도구 상자에 있는 각종 컨트롤 아이콘을 사용하여 테이블의 필드를 나열한다. 폼 머리글/바닥글은 제목, 날짜 등과 같이 필요한 정보를 표시하는 구역이다.

2) 폼 디자인에 사용되는 컨트롤

폼이나 보고서를 만들 때 컨트롤 아이콘도 함께 나타나는데 각각의 아이콘은 폼 디자인에 사용될 컨트롤이다. 그림 6-52의 동그란 부분을 클릭하면 나타나는 폼과 보고서에서도 사용되는 주요 컨트롤 아이콘에 대해 알아본다.

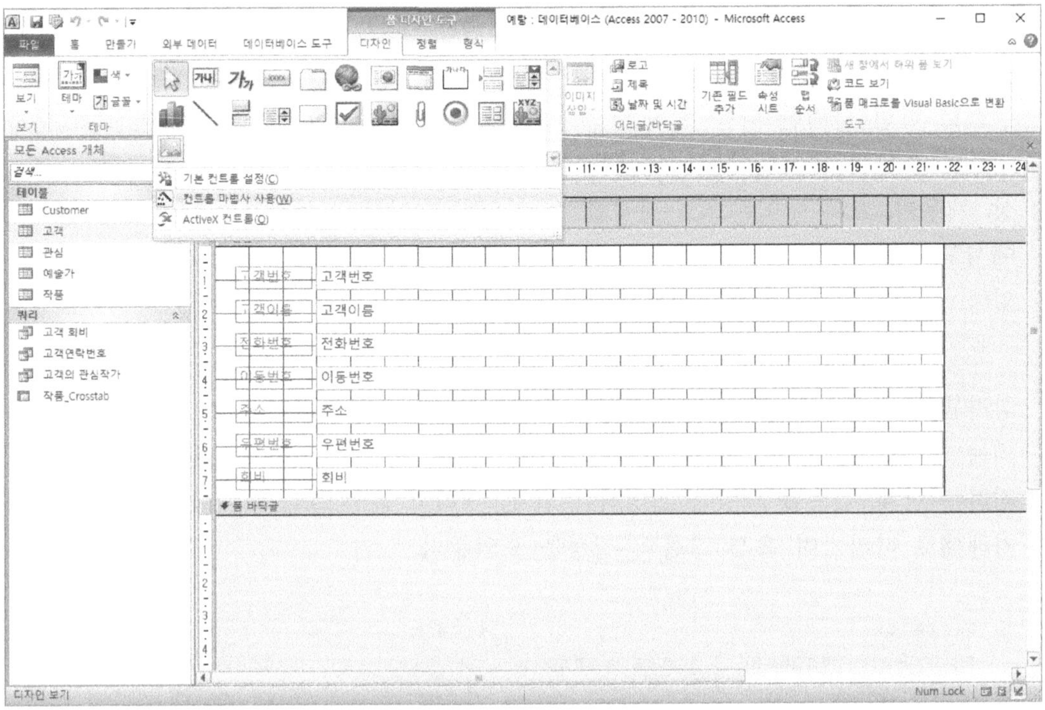

그림 6-54 • **폼 컨트롤 아이콘**

객체 선택 아이콘으로 기본적으로 선택되어 있는 상태이며 컨트롤, 영역, 또는 폼을 선택하거나 컨트롤의 크기, 위치 및 속성을 지정할 때 사용한다.

텍스트상자 아이콘은 레코드 원본의 데이터를 표시, 입력 또는 편집하거나, 계산 결과를 나타내거나 사용자의 입력 내용을 받아들일 때 사용한다. 폼이나 보고서의 입력란을 넣을 위치를 정하고 마우스로 한번 클릭한 다음 원하는 크기가 될 때까지 끌기를 하면 입력란의 이름과 입력란이 기본 속성을 이용하여 만들어진다. 이때 컨트롤 마법사가 선택되어 있으면 입력란 마법사가 나타나는데 글꼴 크기, 정렬 등의 속성, 문자 입력 상태, 입력란의 이름 등을 정할 수 있게 해준다.

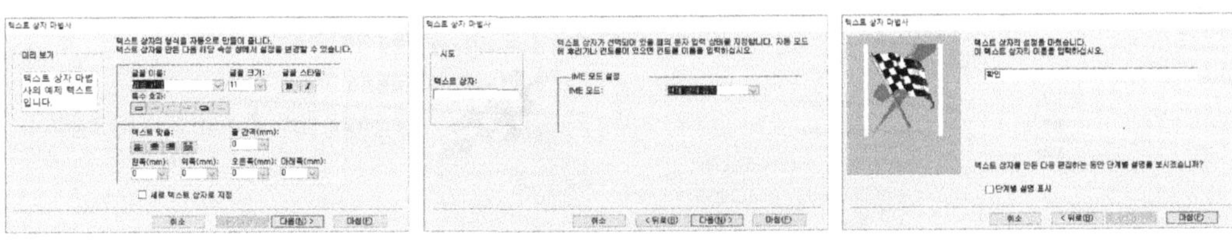

그림 6-55 • **텍스트상자 작성 단계**

가 레이블 아이콘은 폼이나 보고서에 제목을 넣을 때 사용한다. 레이블을 넣기 위해서는 레이블 아이콘을 클릭한 다음 폼이나 보고서의 제목을 넣을 위치를 정하고 마우스로 한번 클릭한 다음 원하는 크기가 될 때까지 끌기를 하면 만들어진다. 문자로 이루어진 모든 레이블의 크기, 글꼴, 색상, 효과 등은 서식 도구모음의 글꼴, 크기, 색상, 채우기, 효과 아이콘으로 지정할 수 있으며 레이블을 선택하여 나타나는 단축메뉴에서도 정할 수 있다. 단축메뉴에서는 이외에도 자동 맞춤, 크기, 속성 등을 선택할 수 있다.

옵션 그룹 아이콘은 여러 가지 항목 집합 중 하나를 선택하여 입력할 수 있는 상자를 만들어준다. 컨트롤 마법사가 항목의 집합을 입력하는 단계, 기본적으로 선택되는 항목을 설정하는 단계, 선택된 항목의 값을 지정하는 단계, 값을 저장할 필드를 정하는 단계, 컨트롤 모양을 결정하는 단계, 그리고 옵션 그룹의 이름을 정하는 단계를 차례대로 따라가며 옵션 그룹의 생성을 도와준다.

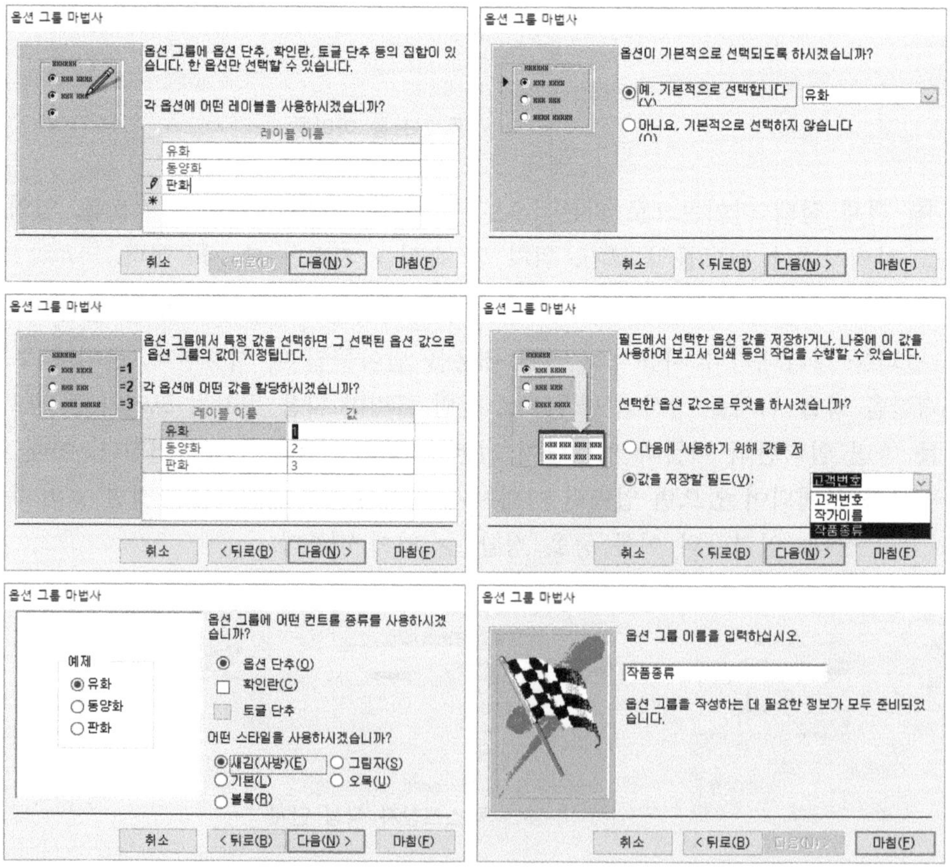

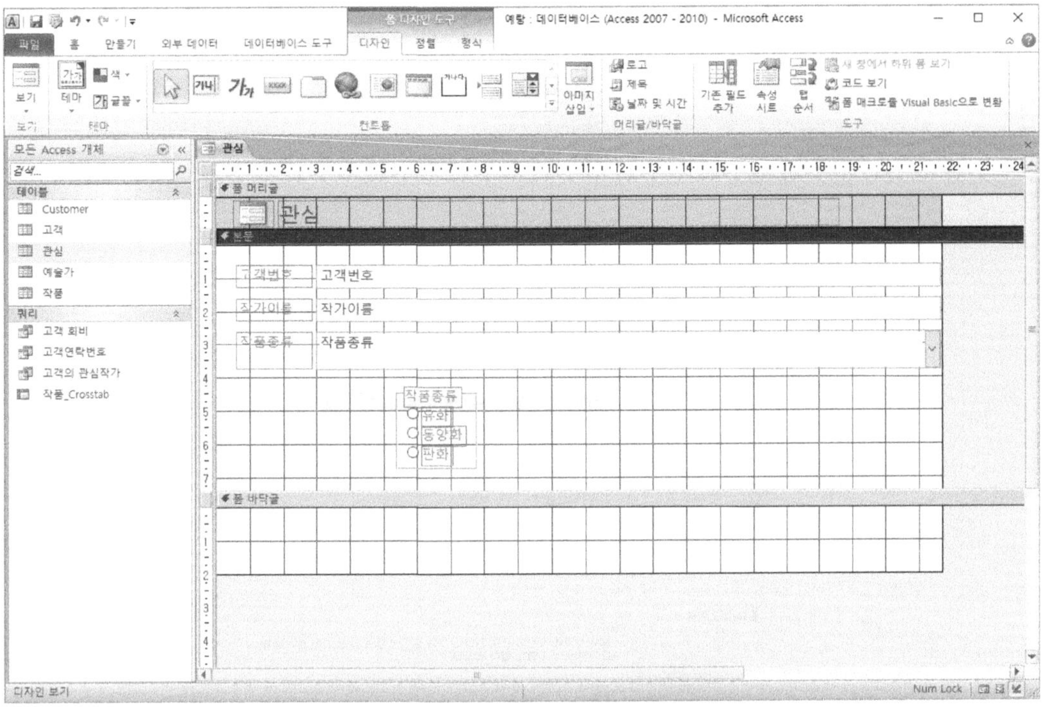

그림 6-56 • **옵션 그룹 작성 단계**

토글 단추 아이콘은 단추가 선택되어 있는지의 여부로 예/아니오 등의 입력을 받아들이는 컨트롤로 단추만 나타나는데 단추 안에 문자열을 입력할 수 있다.

옵션 단추 아이콘은 사용자의 입력을 받아들이는 컨트롤로 여러 목록 집합 중 하나를 반드시 선택해야하는 경우에 사용되며 옵션 단추와 함께 옵션 목록을 입력할 수 있는 문자열이 같이 나타난다.

확인란 아이콘은 사용자의 입력을 받아들이기 위한 컨트롤로 확인란 단추와 함께 무엇을 확인하는지를 나타내는 문자열이 같이 나타난다.

콤보상자아이콘은 콤보상자를 클릭하여 끌기로 만들어 놓으면 필드에 입력되어 있는 값을 화살표를 누르면 목록이 나타나 사용자가 선택할 수 있도록 해준다. 컨트롤 마법사가 선택되어 있으면 콤보상자 마법사가 나타나 값 지정 단계, 콤보상자에 들어갈 테이블이나 쿼리 선택 단계, 선택한 테이블이나 쿼리의 필드 중 사용할 필드 선택 단계, 열 너비 조절 단계, 선택 후 선택한 값을 어떻게 할지 지정하는 단계, 콤보상자의 이름을 입력하는 단계를 거쳐 콤보상자를 쉽게 만들 수 있도록 해준다. 보기 형식 아이콘을 클릭하여 폼 보기를 선택하면 그림 6-53 하단의 화면을 얻을 수 있다.

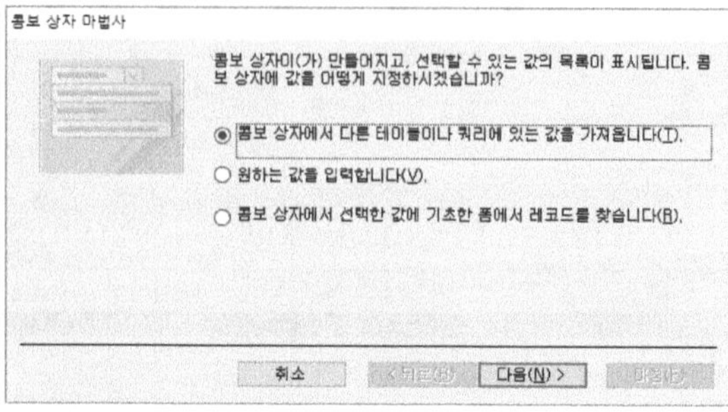
콤보 상자 마법사
콤보 상자이(가) 만들어지고, 선택할 수 있는 값의 목록이 표시됩니다. 콤보 상자에 값을 어떻게 지정하시겠습니까?
콤보 상자에서 다른 테이블이나 쿼리에 있는 값을 가져옵니다(T).
원하는 값을 입력합니다(V).
콤보 상자에서 선택한 값에 기초한 폼에서 레코드를 찾습니다(R).
취소
< 뒤로(B)
다음(N) >
마침(F)

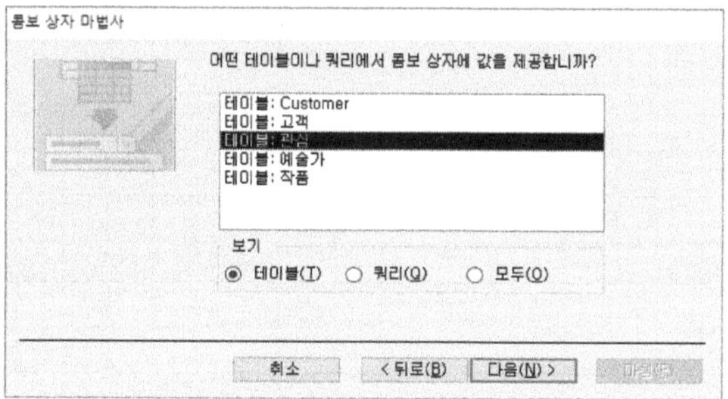
콤보 상자 마법사
어떤 테이블이나 쿼리에서 콤보 상자에 값을 제공합니까?
테이블: Customer
테이블: 고객
테이블: 관심
테이블: 예술가
테이블: 작품
보기
테이블(T)
쿼리(Q)
모두(O)
취소
< 뒤로(B)
다음(N) >
마침(F)

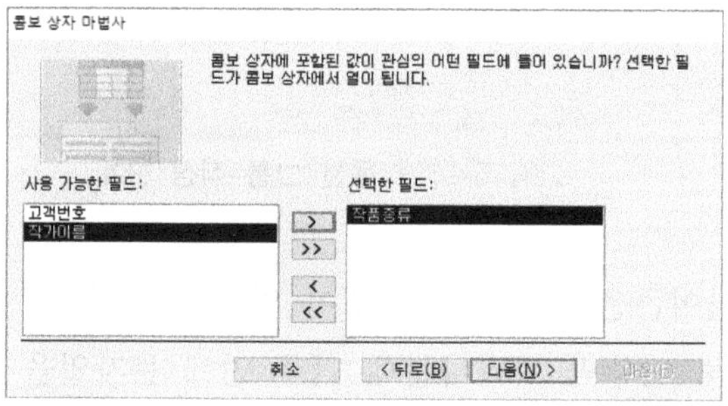
콤보 상자 마법사
콤보 상자에 포함된 값이 관심의 어떤 필드에 들어 있습니까? 선택한 필드가 콤보 상자에서 열이 됩니다.
사용 가능한 필드:
고객번호
작가이름
선택한 필드:
작품종류
취소
< 뒤로(B)
다음(N) >
마침(F)

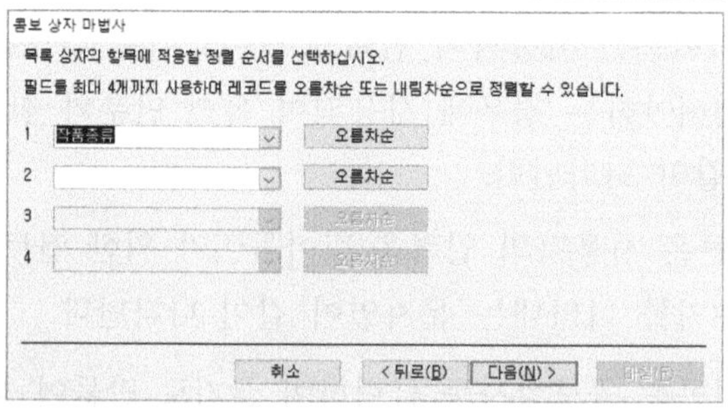
콤보 상자 마법사
목록 상자의 항목에 적용할 정렬 순서를 선택하십시오.
필드를 최대 4개까지 사용하여 레코드를 오름차순 또는 내림차순으로 정렬할 수 있습니다.
1 작품종류 오름차순
2 오름차순
3 오름차순
4 오름차순
취소
< 뒤로(B)
다음(N) >
마침(F)

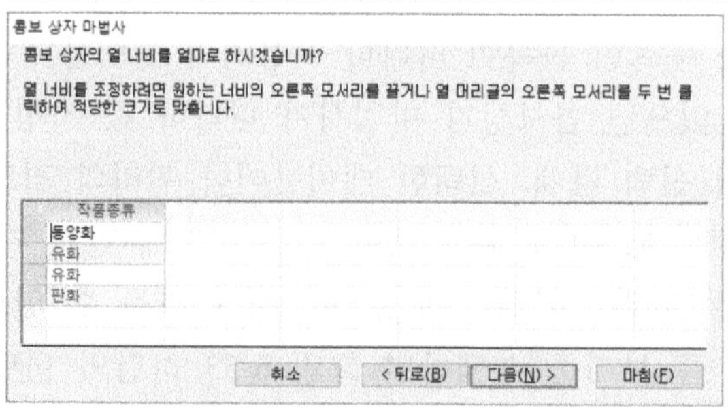
콤보 상자 마법사
콤보 상자의 열 너비를 얼마로 하시겠습니까?
열 너비를 조정하려면 원하는 너비의 오른쪽 모서리를 끌거나 열 머리글의 오른쪽 모서리를 두 번 클릭하여 적당한 크기로 맞춥니다.
작품종류
동양화
유화
유화
판화
취소
< 뒤로(B)
다음(N) >
마침(F)

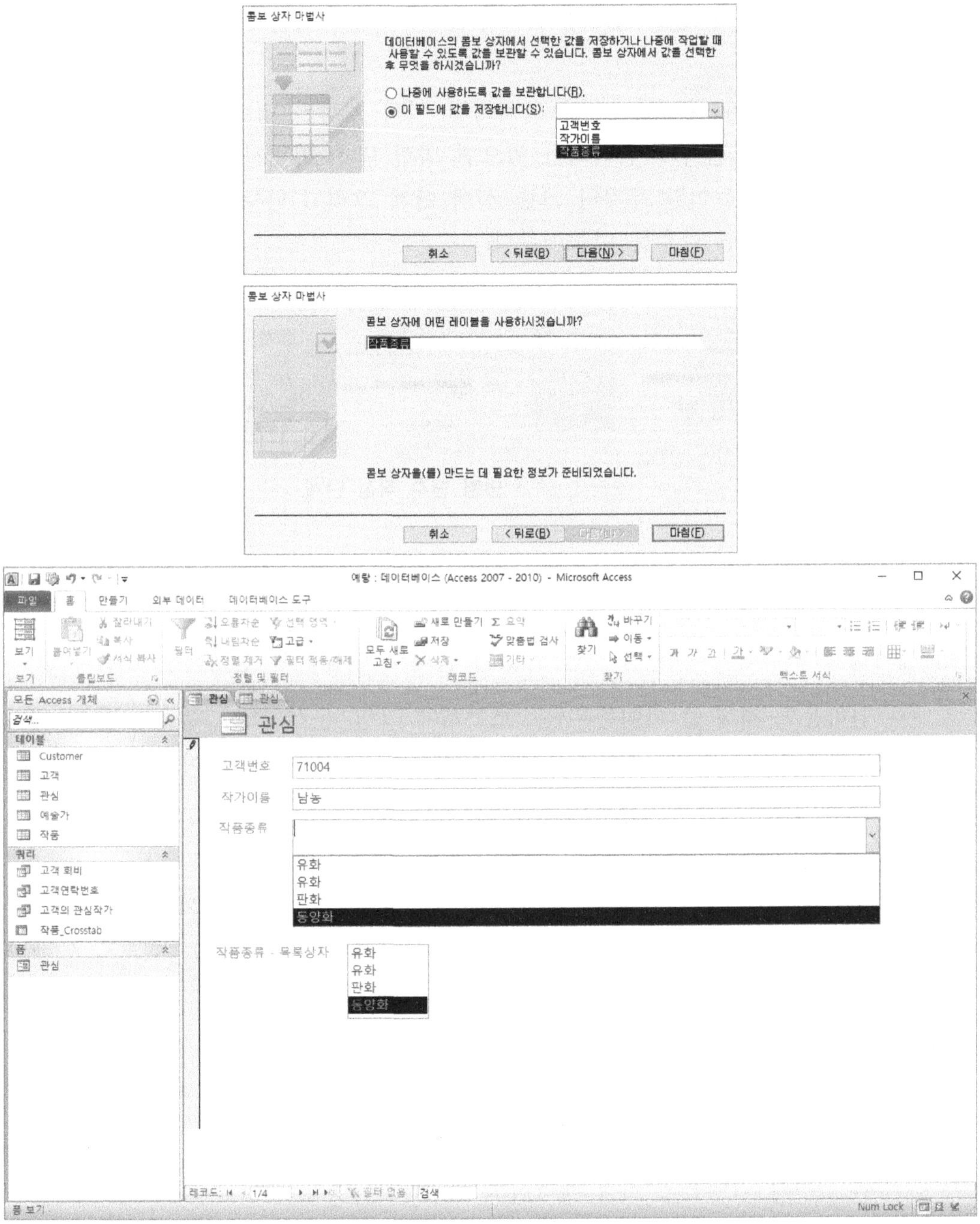

그림 6-57 • **콤보상자와 목록상자 작성 단계**

목록상자 아이콘은 목록상자를 클릭하여 끌기로 만들어 놓으면 필드에 입력되어 있는 값을 기억해 놓고 스크롤이 되는 목록상자에 나타나게 해주어 사용자가 선택할 수 있도록 해준다. 폼에 목록상자를 만들고 컨트롤 마법사가 선택되어 있으면 목록

상자 마법사가 나타나 콤보 상자에서와 똑 같은 단계를 거쳐 6-57의 목록 상자를 만들어 준다.

명령 단추 아이콘은 단추를 클릭하면 미리 설정된 명령을 수행하도록 해주는 컨트롤로 컨트롤 마법사가 선택되어 있으면 명령 단추 마법사가 나타나 실행할 함수 지정 단계, 단추에 들어갈 문자나 그림 선택 단계 그리고 단추의 이름을 입력하는 단계를 거쳐 폼에 명령 단추를 만들어준다.

그림 6-58 • **명령 단추 작성 단계**

이미지 아이콘은 폼, 보고서에 그림을 나타내기 위해 사용하는 컨트롤로 이미지 아이콘을 클릭한 후 그림을 넣을 위치에 적당한 크기가 될 때까지 끌기를 하면 **그림삽입** 대화상자가 나타나 원하는 그림이 있는 폴더로 이동하여 선택해주면 된다.

언바운드 개체 틀 아이콘은 폼, 보고서에 그림, 문서, 소리, 동영상 등의 언바운드 OLE 개체를 표시하기 위해 사용하는 컨트롤로 독립 개체 틀 아이콘을 클릭한 후 마우스로 끌기를 하면 **개체 삽입** 대화상자가 나타나 원하는 개체를 삽입할 수 있도록 해준다. 삽입된 개체는 레코드간의 이동시에도 그대로 남아 있다.

바운드 개체 틀 아이콘은 폼, 보고서에 레코드 원본의 필드에 저장된 그림, 문서, 소리, 동영상 등의 바운드 OLE 개체를 표시하기 위해 사용하는 컨트롤로 레코드간의 이동시에도 서로 다른 개체를 나타낼 수 있다.

페이지 나누기 삽입 아이콘은 폼이나 보고서의 새 페이지를 시작하려 할 때 사용하는 컨트롤로 페이지 나누기 아이콘을 클릭한 후 새 페이지로 지정하려는 위치에서 마우스 끌기를 하면 된다.

탭 컨트롤 아이콘은 여러 페이지로 된 폼이나 옵션 대화상자와 같은 탭 형식으로 이루어진 폼을 만들 때 사용되는 컨트롤로 다른 컨트롤과 마찬가지 방법으로 만들어지며 만들어진 탭을 더블 클릭하면 탭 페이지 속성을 지정할 수 있는 대화상자가 나타나고 각 속성을 지정하면 바로 폼에 적용된다. 탭은 기본적으로 2 개가 만들어지는데 만약 탭을 추가하고 싶으면 **페이지 삽입**을 선택하면 된다. 탭 페이지를 삭제하고 싶으면 탭을 마우스 우측 단추로 클릭하여 나타나는 단축메뉴에서 **페이지 삭제**를 선택하면 된다.

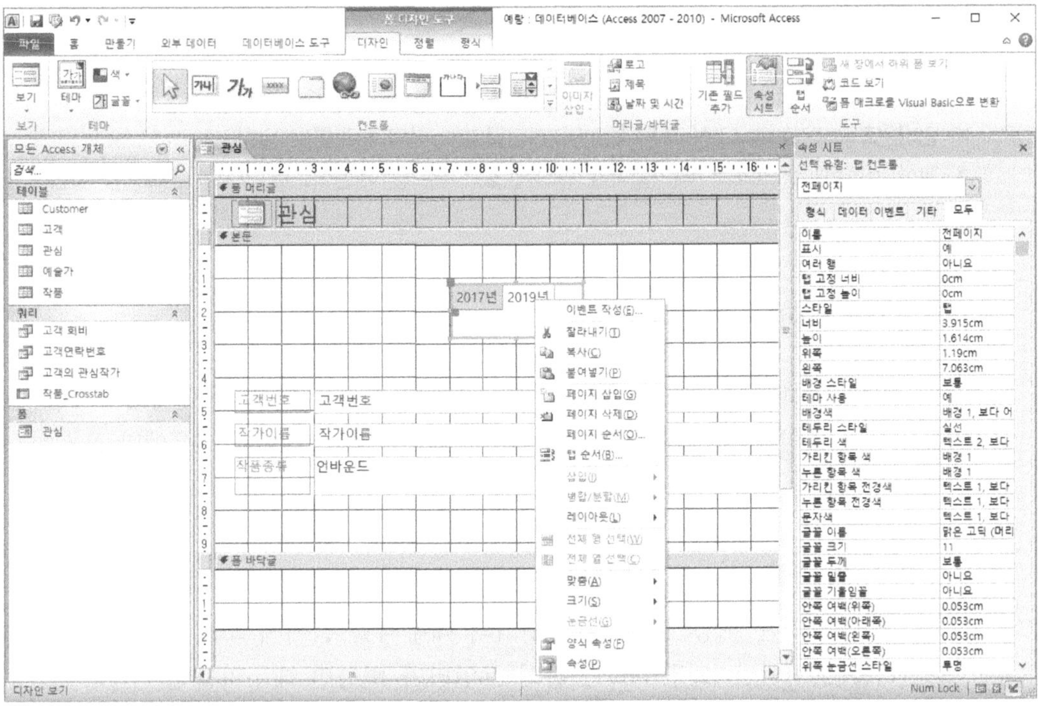

그림 6-59 • **탭 페이지의 속성 지정**

하위 폼/보고서 아이콘은 폼이나 보고서에 여러 테이블의 데이터를 표시하기 위해 사용하는 컨트롤이다. 다른 컨트롤과 마찬가지 방법으로 만들며 컨트롤 마법사가 선택되어 있으면 하위 폼/보고서에 넣을 테이블과 필드를 선택할 수 있도록 해준다.

선 아이콘은 폼이나 보고서에 선을 그어주는 컨트롤이다. 선의 속성을 통해 여러 모양의 선을 나타낼 수 있으며 직선을 그리기 위해서는 Shift 키를 누른 상태에서 끌기로 선을 그리면 된다.

직사각형 아이콘은 폼이나 보고서에 직사각형을 그려주는 컨트롤로 직사각형을 더블 클릭하여 나타나는 **구역** 대화상자에서 속성을 지정할 수 있다.

하이퍼링크 아이콘은 하이퍼링크를 연결해주는 역할을 한다.

컨트롤 마법사 아이콘으로 컨트롤 마법사를 설정하거나 해제한다. 컨트롤 마법사는 콤보 상자, 옵션그룹, 하위 폼 등을 작성하는 것을 도와준다.

폼, 보고서에서는 컨트롤에 속성을 지정하여 필요한 데이터를 표시하는데 데이터의 유무에 따라 3가지 유형이 있다.

- 바운드(Bound): 테이블이나 쿼리에 있는 데이터를 연결하여 사용한다.
- 언바운드(Unbound): 그림 또는 데이터가 연결되기 전의 컨트롤을 말한다.
- 계산 컨트롤(Calculated): 테이블이나 쿼리에 있는 필드를 계산식으로 작성한 컨트롤을 말한다.

6.4.2 폼의 디자인

폼을 디자인 할 때에는 도구 상자, 속성, 필드 목록 등 몇 개의 대화상자가 화면에 표시되어, 작업 영역이 줄어들 수 가 있으므로, 대화상자는 필요한 경우에만 표시하도록 한다.

1) 폼의 크기 조절

본문 구역의 크기는 보통 창과 같이 구역의 테두리를 끌어서 조절한다. 테두리에 마우스 포인터를 위치시켜 그림 6-60과 같이 포인터가 변하면 테두리를 끌어 크기를 조절한다.

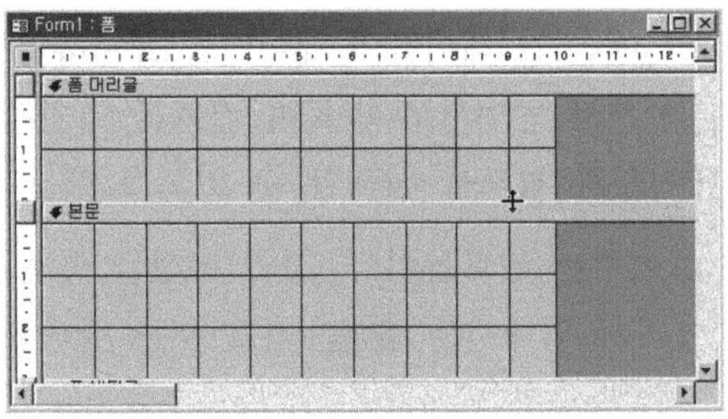

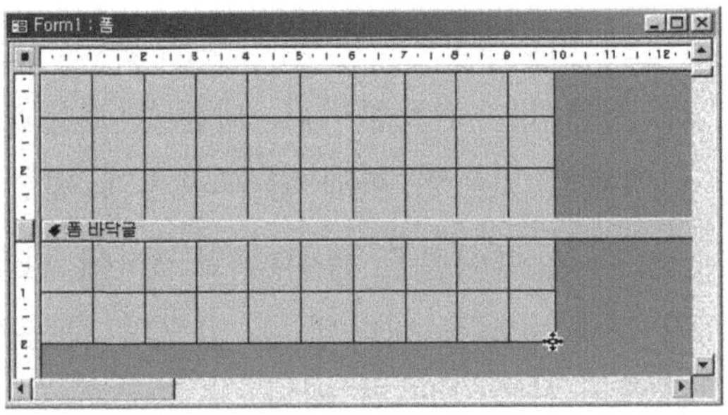

그림 6-60 • **폼의 크기 조절**

머리글/바닥글의 구역 크기는 머리글/바닥글 아래의 경계선을 끌어서 조절한다. 폼에서는 그리 중요하지 않으나, 보고서에서와 같이 레코드 단위로 인쇄해야 하는 경우에는 많은 여백으로 다시 조절해야 하는 문제가 발생할 수 있다.

2) 폼 디자인

테이블 또는 쿼리 결과에 따른 필드를 나타내기 위해 폼을 디자인하기 위해서는 테이블이나 쿼리 개체를 선택한 후 **만들기** 탭의 **폼** 아이콘을 클릭하여 만들 수 있는데 폼은 이미 작성되어 있는 테이블과 쿼리를 사용하여 작성하는 것이기 때문에, 특별한 경우가 아니고는 폼 마법사를 사용하는 것이 편리하다. 혹은 테이블이나 쿼리 개체를 선택 후 **폼** 아이콘을 클릭하여 디자인 보기로 폼을 작성하면 보다 쉽게 작성할 수 있다. 컨트롤이나 형식이 없는 폼을 만들기 위한 **새 폼**은 생략하고 디자인 보기에서 사용자 지정 컨트롤 및 쓰기 코드 추가와 같은 고급 양식을 만들기 위한 **폼 디자인**을 통하여 폼을 만드는 방법에 대해 알아본다. **만들기** 탭의 **폼 디자인** 클릭하면 그림 6-61의 화면이 나타나는데 **기존필드 추가** 아이콘(기존 필드 추가)을 선택하면 나타나는 테이블의 목록에서 폼에 사용할 테이블의 필드이름을 더블 클릭하면 그림 6-62와 같은 화면을 얻을 수 있다.

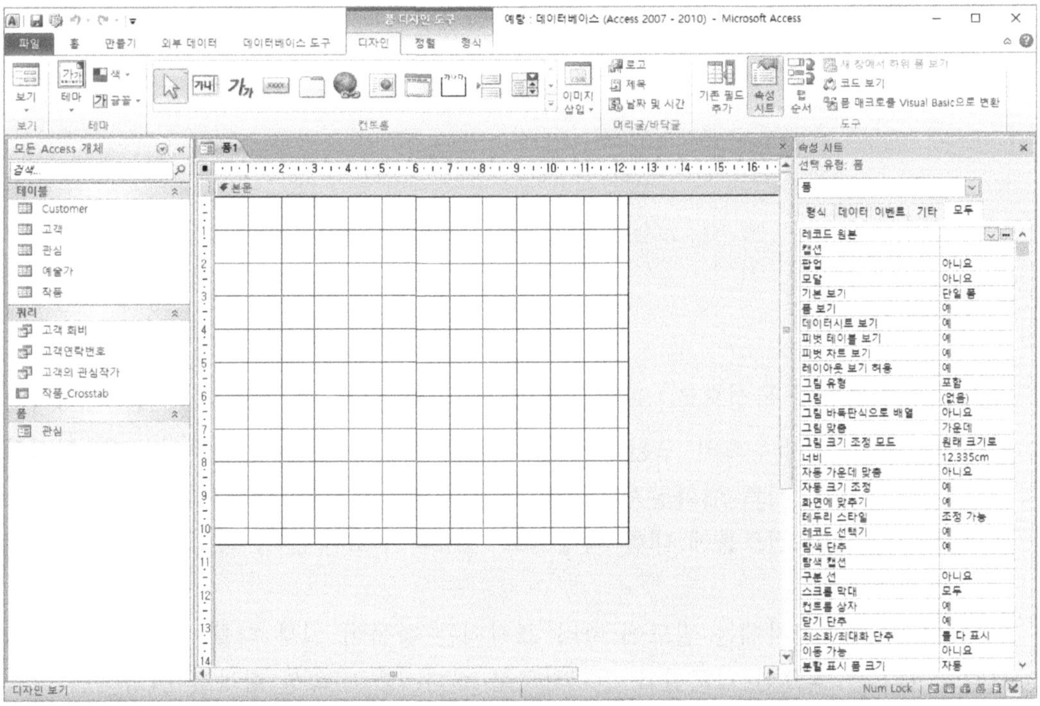

그림 6-61 • **폼 디자인 화면**

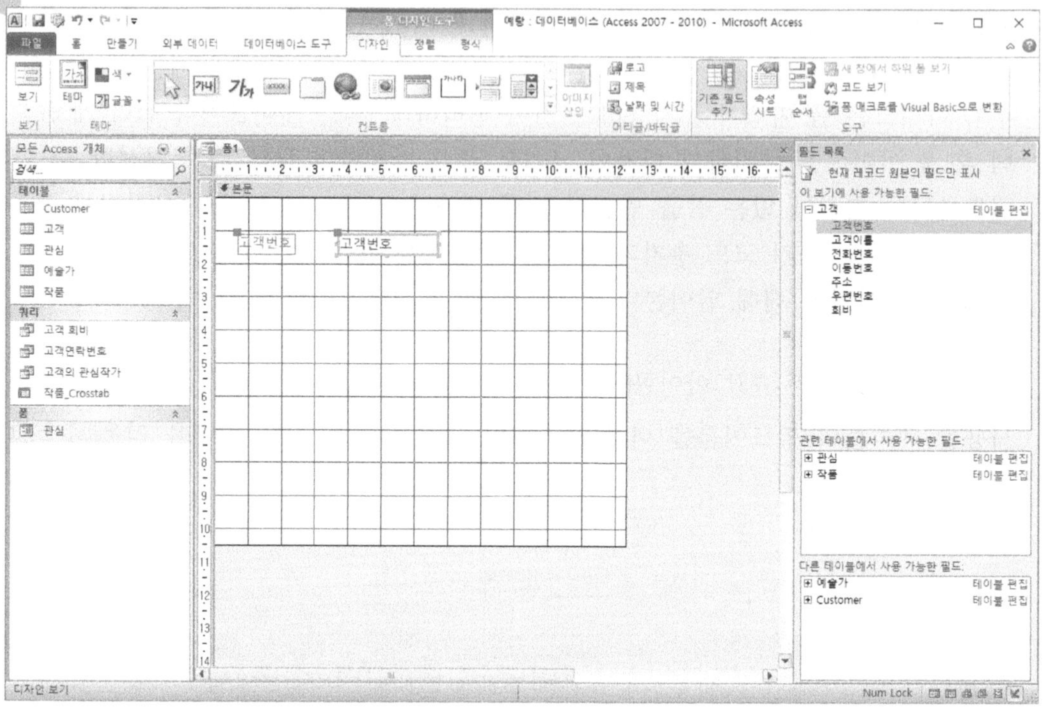

그림 6-62 • **폼 디자인의 기존필드 추가 화면**

3) 속성의 지정

속성은 컨트롤의 특성으로, 도구 모음에 있는 속성시트 아이콘( )을 클릭하거나 또는 컨트롤에서 마우스의 오른쪽 단추를 클릭하여 단축 메뉴에서 속성을 선택하면 그림 6-61의 속성 시트 대화상자가 나타난다. 속성시트 대화상자가 이미 표시되어 있으면 바로 선택한 컨트롤에 대한 속성으로 변경되어 표시한다. 속성에는 5 개의 탭으로 구분되어 있다.

속성시트 대화상자에는 필드에 따라 표시되는 항목이 일부 다를 수 있으며, 속성을 지정할 때에는 필요한 항목만을 선택하도록 한다. 중요 속성 항목을 설명하면 다음과 같다.

- 이름: 컨트롤의 일련번호나 필드의 이름을 말한다. 표제 컨트롤에 표시되는 내용을 말하는 것으로, 실질적으로 사용하는 데 있어, 이름과 차이는 없으나, 이름이 컨트롤에 붙여진 이름이라고 하면, 표제는 그 내용을 말한다.
- 컨트롤 원본: 바운드 된 것으로 주로 테이블, 쿼리의 필드 이름이다.
- 크기 조절 모드: 바운드 된 그림으로, 컨트롤의 크기에 그림의 크기를 맞추는 모

드를 설정한다. 원래 크기는 그림 본래의 크기만 표시한다. 전체 확대/축소(Stretch)는 그림의 크기를 컨트롤의 크기에 맞춘다. 한 방향 확대/축소(Zoom)는 그림의 크기를 컨트롤의 가로/세로의 비율로 맞춘다.

- 화면 표시: 화면에 표시 여부를 묻는 항목으로 예/아니오 속성이 있다.
- After Update: 매크로, 모듈을 지정하여, 컨트롤에 데이터를 입력한 후에 모듈을 실행한다.
- On Click: 매크로, 모듈을 지정하여 컨트롤을 누르면 해당 모듈이 실행된다.

폼은 한 화면에 하나의 레코드를 표시하는데 한 화면에 레코드가 여러 개 표시되면, 전체화면 속성의 기본 표시 형식 항목을 살펴본다. 기본 표시 형식은 단일 폼, 연속 폼, 데이터시트 3가지 속성이 있는데, 연속 폼으로 설정 된 속성을 단일 폼으로 변경하여 지정하면 된다.

4) 마법사를 이용한 폼의 디자인

예술가 테이블을 가지고 **폼 마법사**를 이용하여 폼을 디자인 해 보기로 한다. **만들기** 탭을 클릭하고 **폼 마법사** 아이콘(폼 마법사)을 클릭한다.

폼 마법사 대화상자의 테이블 목록에서는 예술가를 선택하여 예술가 필드를 모두 선택한 필드로 보낸 후 **다음** 단추를 클릭한다.

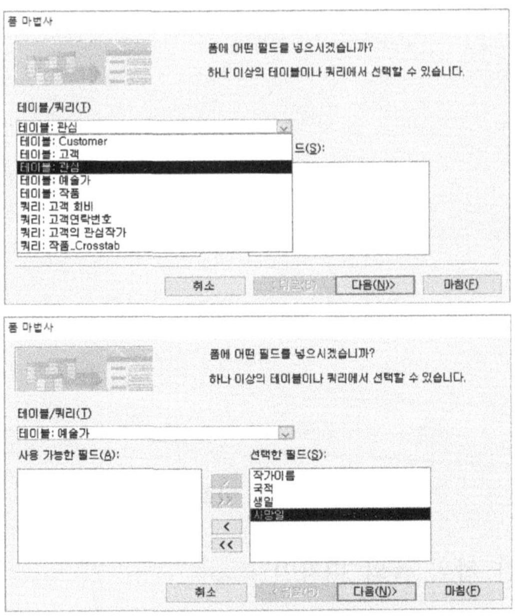

그림 6-63 • **폼 마법사 - 테이블, 쿼리, 필드 선택 단계**

2 번째 단계에서는 폼의 모양을 선택하는 데, 기본 값을 그대로 사용하기 위해 **다음** 단추를 누른다. 컬럼 형식은 레코드 단위로 화면에 데이터를 표시하는 폼의 기본이다. 다음 단계에서는 폼의 이름을 예술가로 입력하고, **마침** 단추를 클릭한다. 만약 폼을 더 수정하고 싶다면 폼 디자인 수정을 선택하면 된다.

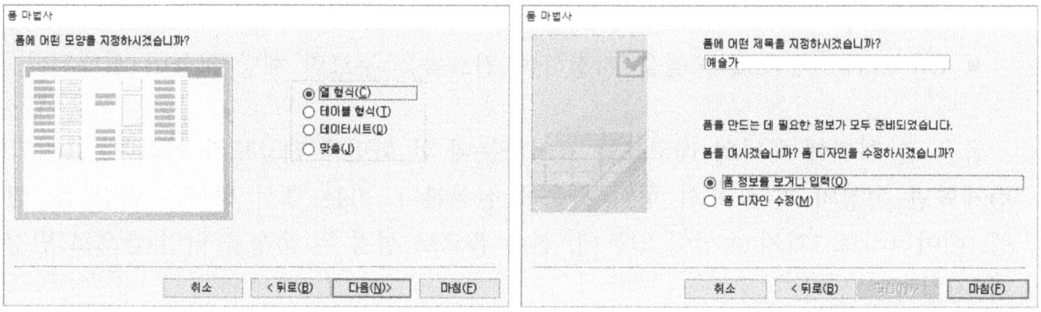

그림 6-64 • **폼 마법사 - 모양 및 이름 지정 단계**

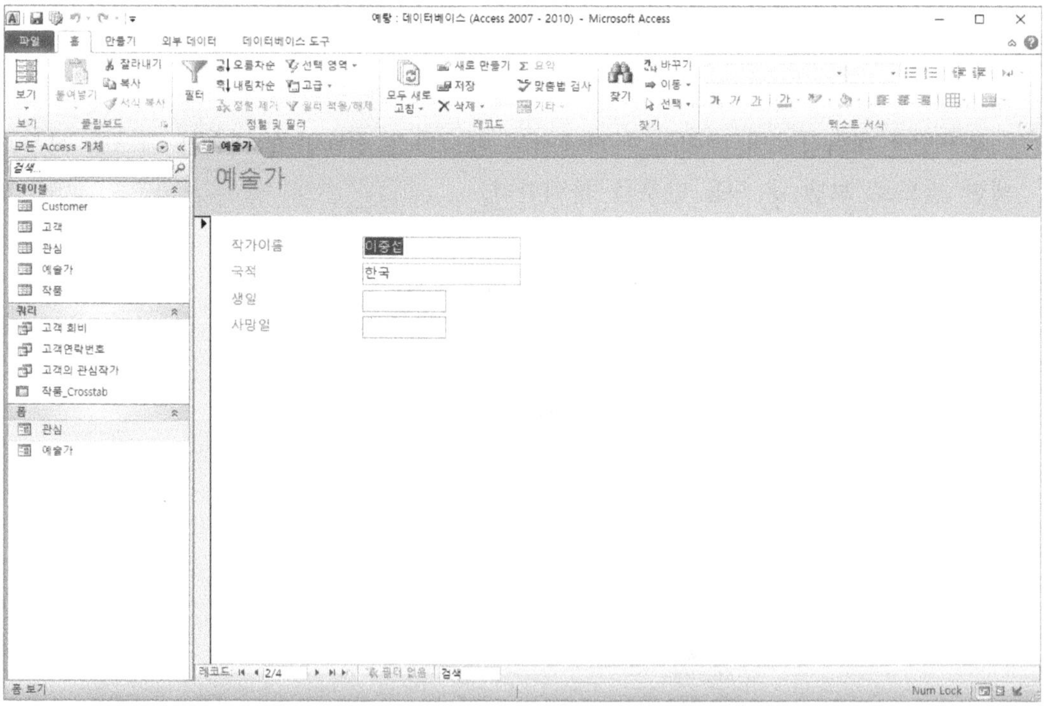

그림 6-65 • **폼 마법사 실행 결과**

5) 마법사를 이용한 하위 폼의 디자인

하위 폼은 기본 폼 안에 있는 또 하나의 폼으로 1:N 관계에 있는 테이블이나 쿼리 데이터를 효과적으로 표시할 수 있다. 하위 폼을 사용하면 예를 들어, 고객 테이블의 데이터는 1:N 관계의 "1"쪽에 해당하고 관심 테이블의 데이터는 "N"쪽에 해당하므로 각 고객에 대해 한 사람 이상의 관심 작가와 작품을 나타낼 수 있다.

기본 폼과 하위 폼은 서로 연결이 되어 있어서 하위 폼에는 기본 폼의 현재 레코드와 관련된 레코드만 표시되고 하위 폼에서 새 레코드를 입력하는 경우 기본 폼의 현재 레코드에 연결되어 저장된다. 이러한 하위 폼은 전술한 하위 폼/보고서 컨트롤을 이용하여 만들 수 있다.

6.5 보고서(Report)

액세스에서 테이블의 데이터시트, 쿼리 결과에 따른 데이터시트의 인쇄가 가능하지만, 데이터시트로 그대로 출력하기보다는 폼과 같이 출력 양식을 디자인하여 원하는 데이터를 보기 좋게 출력하기 위해 보고서가 존재한다. 폼이 데이터를 레코드 단위로 보기 또는 입력을 위한 작업이라면, 보고서는 데이터를 출력하기 위한 기능이다.

6.5.1 화면 구성

보고서의 화면은 폼의 화면과 동일하게 보고서 디자인 창, 도구 상자, 속성 창으로 구성되어 있으며, 보기 메뉴에 디자인 보기, 출력되는 상태를 미리 보기, 디자인 결과를 확인하는 레이아웃 미리 보기가 나타난다는 점이 다르다. 보고서의 구역은 폼과 동일하게 보고서 머리글/바닥글, 본문 구역으로 나뉘어져 있으나 폼과는 다르게 쪽 머리글에는 필드의 이름, 쪽 바닥글에는 출력되는 날짜/시간, 쪽 수가 자동으로 표시된다.

디자인 보기로 본 보고서 작성화면은 그림 6-66에서 보듯 폼의 그것과 유사하며 컨트롤이 담겨있는 도구상자도 폼에서와 동일하다. 따라서 컨트롤에 대한 내용은 다루지 않고 마법사를 사용하여 보고서를 작성하는 방법에 대해 알아본다.

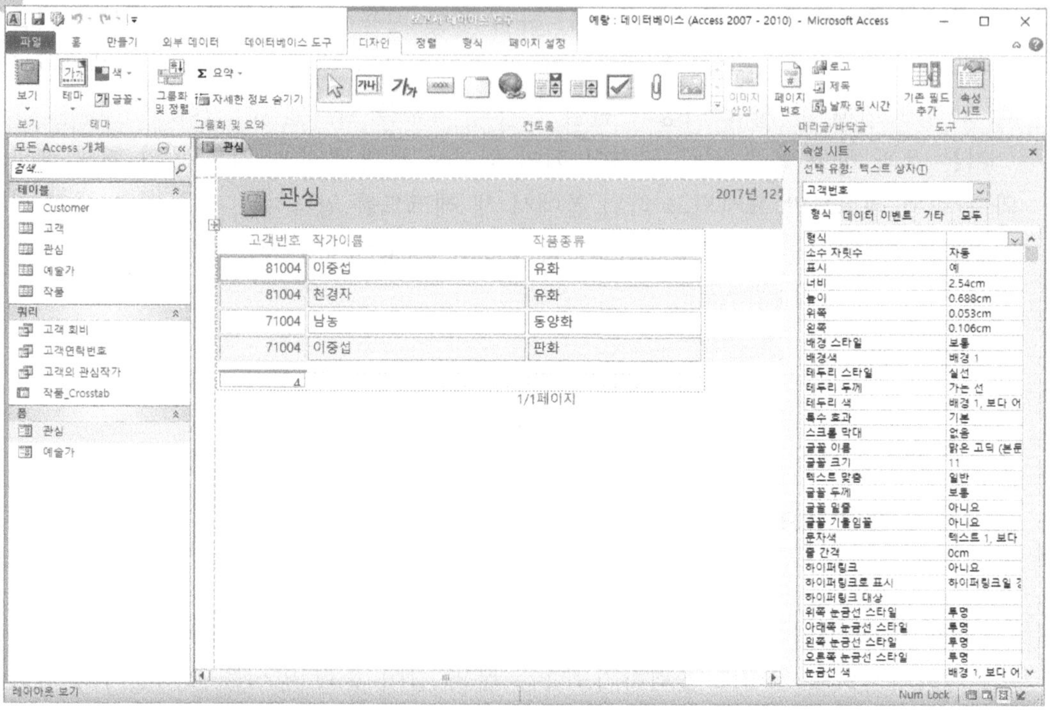

그림 6-66 • **보고서 작성 화면**

6.5.2 보고서 디자인

보고서 디자인은 폼 디자인하는 방법과 거의 동일하다. 폼과 다른 점은 필드를 그룹화 하여 합계 등을 구한다는 점이다.

도구상자의 컨트롤을 이용하여 보고서를 작성할 수도 있으나 마법사 기능을 사용하여 보고서를 작성해본다. **만들기** 탭을 클릭하고 **보고서 마법사** 아이콘(보고서 마법사)을 클릭한다. 1 단계에서는 보고서에 표시할 테이블과 필드를 선택하고, **다음** 단추를 누른다.

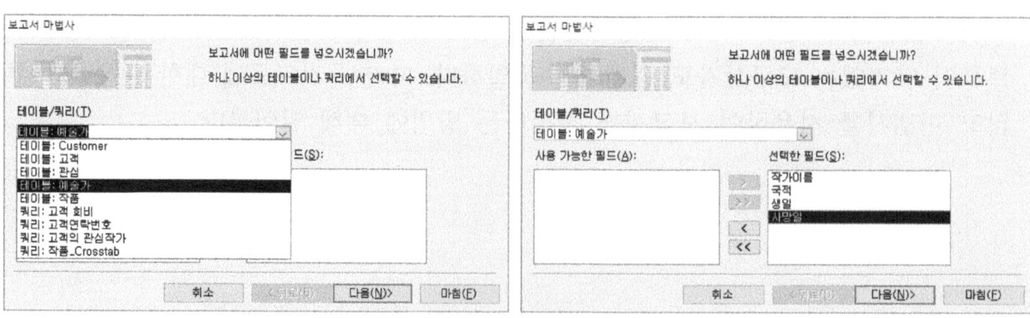

그림 6-67 • **보고서 마법사 - 테이블, 쿼리, 필드 지정 단계**

2 단계에서는 예를 들어 국적별 예술가를 한 그룹으로 지정하고 싶으면 국적을 선택한 후 그림 6-68의 원 내의 아이콘을 클릭하고, 그룹화 옵션 단추를 클릭하여 그룹간의 간격을 결정하고 **다음** 단추를 클릭한다. 그룹화 작업은 필드의 데이터 형식이 문자열인 경우에는 문자 단위로 숫자인 경우에는 숫자 단위로 그룹을 만들 수 있다.

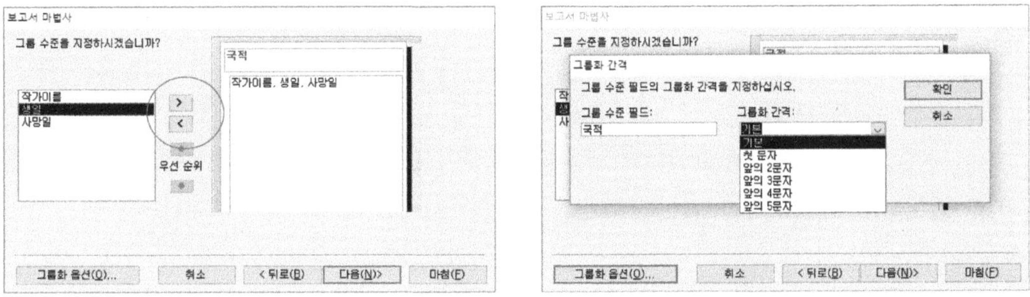

그림 6-68 • **보고서 마법사 - 그룹 지정 단계**

3 단계에서는 정렬 순서 지정하는 곳으로, 정렬 순서는 이름을 지정하고, **다음** 단추를 누른다. 4 단계에서는 유형을 지정하고, 5 단계에서는 보고서의 제목을 국적별 예술가로 입력하고, **마침** 단추를 클릭한다.

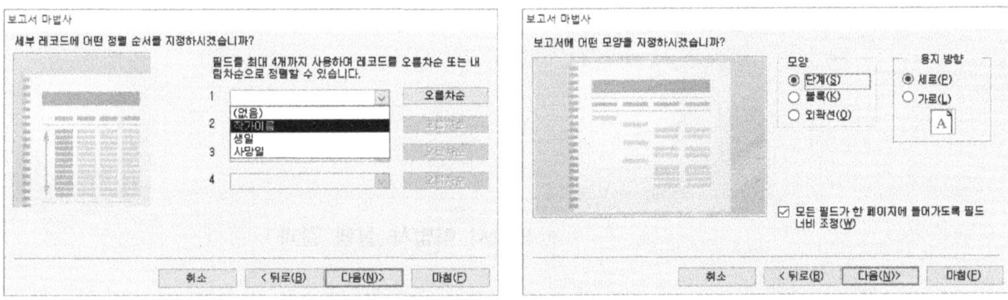

그림 6-69 • **보고서 마법사 - 정렬 필드와 방법 및 모양 지정 단계**

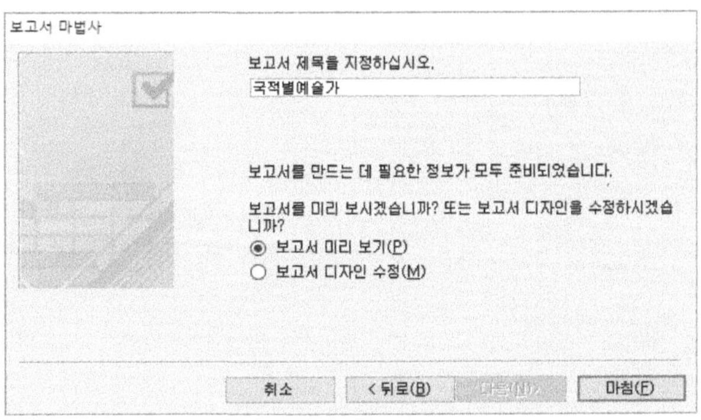

그림 6-70 • **보고서 마법사 - 제목 지정 단계**

그림 6-71에서 보는 결과 화면을 얻게 되는데 마음에 들지 않으면 국적별예술가 탭을 우측마우스로 클릭하여 나타나는 단축메뉴의 **디자인 보기**를 클릭하여 디자인을 수정할 수 있다. 보고서는 주로 탭 형식을 사용하는데, 본문 구역의 높이가 필드의 높이보다 크면 출력 시 간격이 너무 넓어지게 됨으로 최소화하는 것이 좋다.

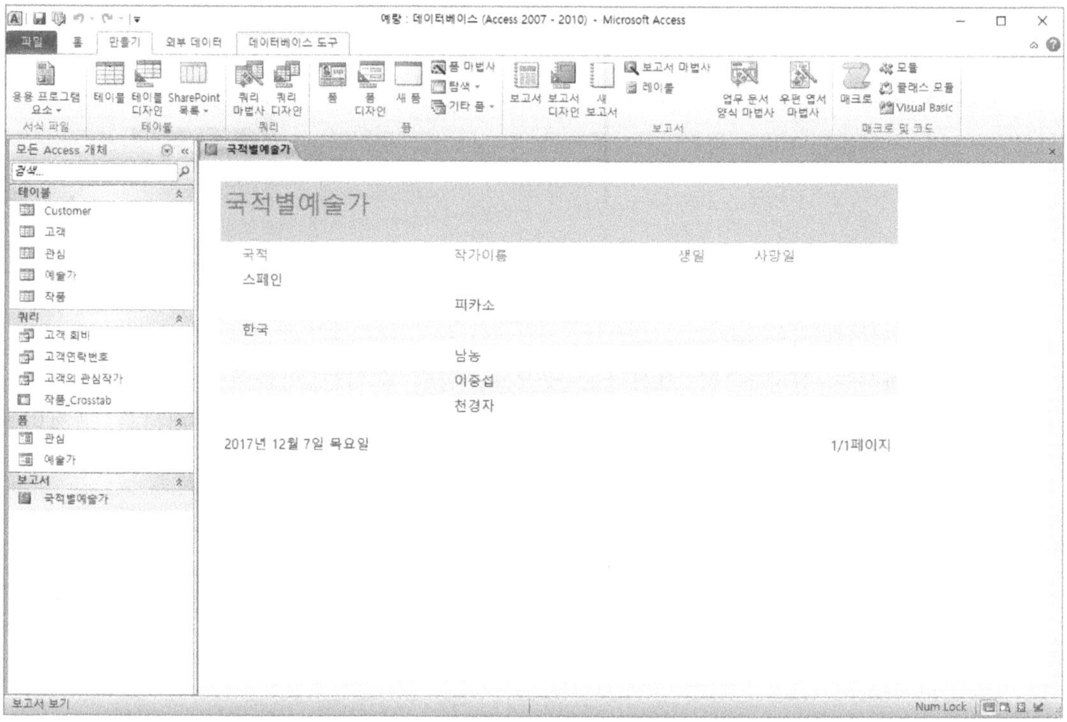

그림 6-71 ● **보고서 마법사 실행 결과**

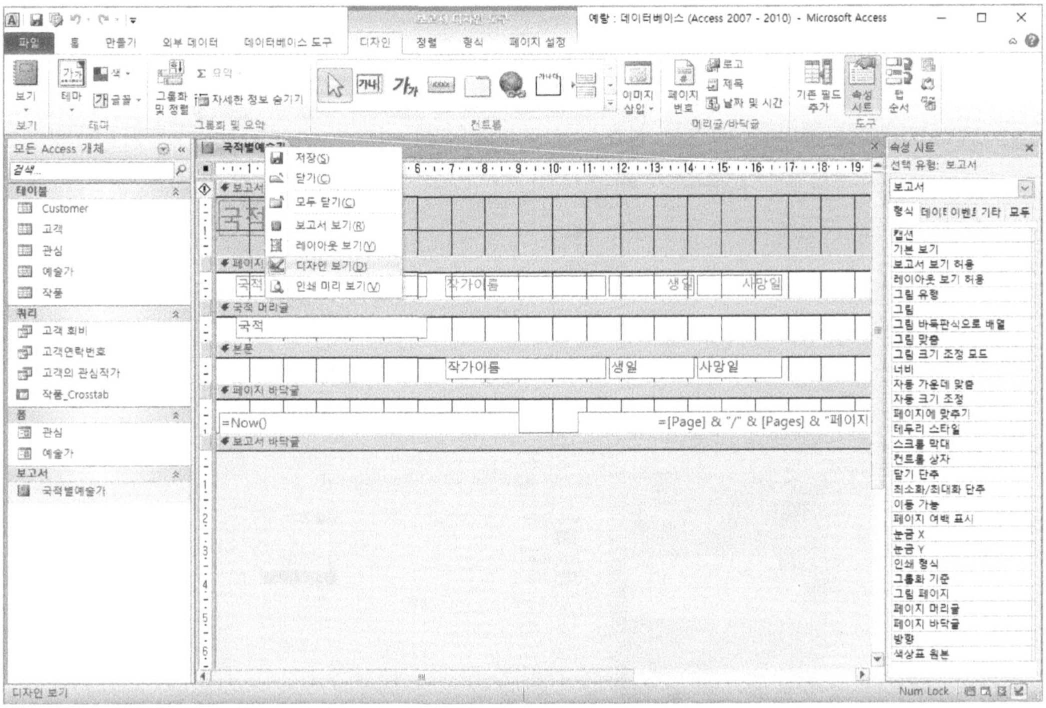

그림 6-72 • **보고서 디자인 보기 화면**

6.5.3 레이블 작성

액세스 보고서 기능 중의 우편물 레이블 작성에 대해 알아본다. 우편물 레이블을 작성하기 위해서는 데이터베이스 개체 중 레이블로 만들고 싶은 개체를 선택 후 **만들기** 탭의 도구 모음 중 **레이블** 아이콘(레이블)을 클릭한다.

그림 6-73의 화면이 나타나면 **제조업체 필터링**에서 제조업체와 제품번호를 선택한다. 그 다음 단계로는 텍스트의 글꼴 이름, 크기와 색상을 지정한다.

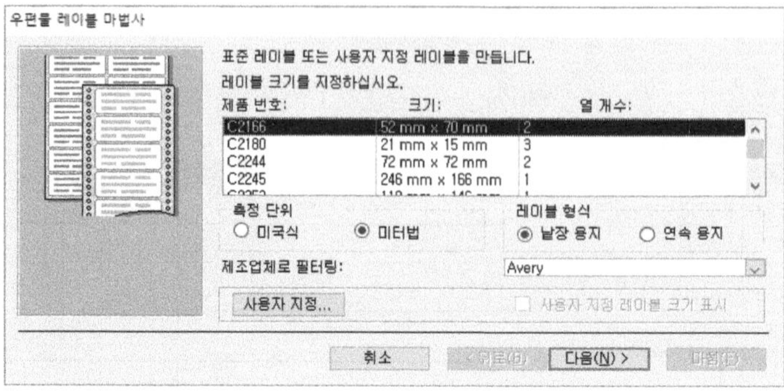

그림 6-73 • **레이블 마법사 1 단계**

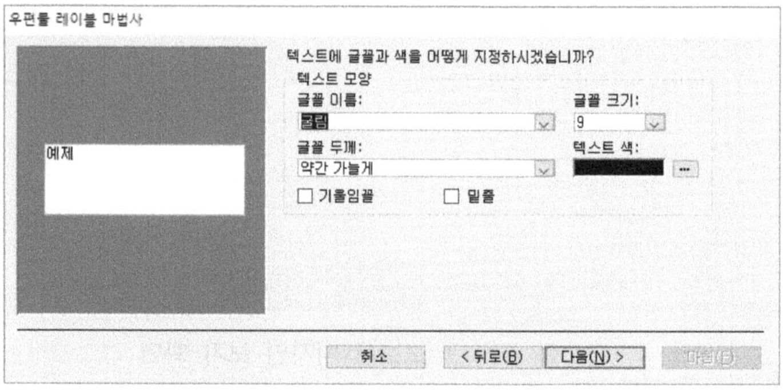

그림 6-74 • **텍스트 글꼴과 색상지정**

우편물 레이블에 들어갈 필드를 원 내의 단추를 이용하여 선택하고 **다음** 단추를 클릭한 다음 정렬기준을 정한다.

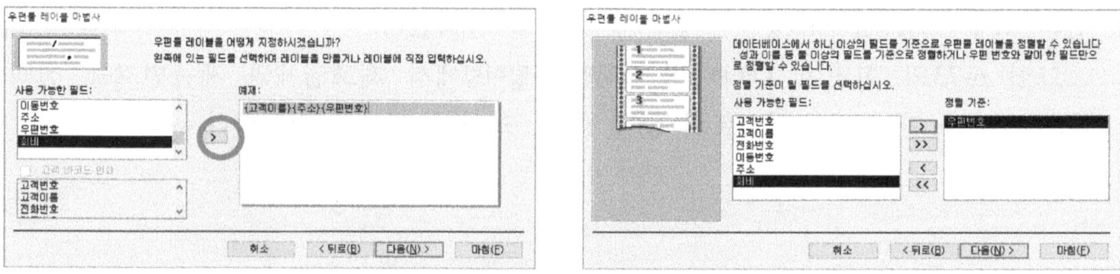

그림 6-75 • **필드 및 정렬 기준 선택**

우편물 레이블 마법사의 마지막 단계로 보고서 이름을 입력하고 인쇄 미리 보기나 디자인 수정을 선택 후 **마침**을 클릭한다.

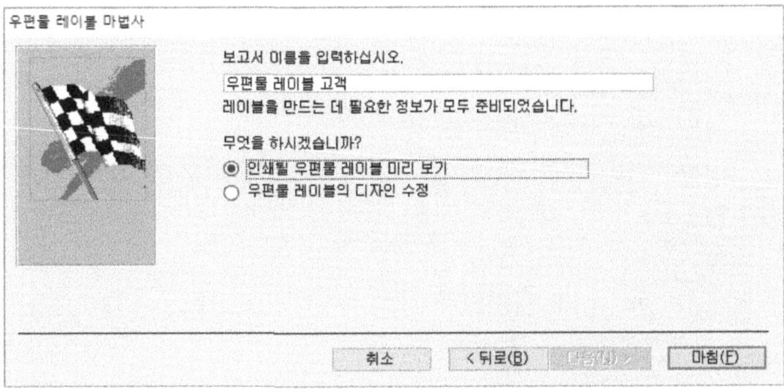

그림 6-76 • **보고서 이름 입력**

레이블의 이름을 지정하고 **마침** 단추를 클릭하면 화면상에 레이블 형태가 나타나고 디자인이 마음에 들면 인쇄하면 된다. 마찬가지 방법으로 업무 양식에 맞는 레이블도 출력할 수 있다.

6.6 매크로와 모듈

매크로는 폼 열기나 보고서 인쇄와 같이 특별한 기능을 수행하는 하나 이상의 매크로 함수 집합으로 매크로를 사용하면 예를 들어, 사용자가 명령 단추를 누를 때 보고서를 인쇄하는 등의 일반적인 작업을 자동화할 수 있다.

매크로를 만들기 위해서는 **만들기** 탭에서 **매크로** 아이콘(매크로)을 클릭하면 그림 6-73과 같은 **매크로** 대화상자가 나타나고 **플러스** 아이콘(+) 옆의 매크로 함수를 나열하는 **새 함수 추가** 열을 클릭하여 원하는 함수를 선택한 후 매크로 실행에 필요한 추가적인 정보를 제공하는 매크로 함수 인수를 설정하면 된다. 일반적으로 앞에 오는 인수의 설정에 따라 다음에 오는 인수의 설정이 결정될 수도 있으므로 목록에 나와 있는 순서대로 인수를 설정하는 것이 좋다. 매크로 함수 인수 설정에 대한 자세한 내용을 보려면 원하는 매크로 함수 인수를 클릭하고 F1 키를 누르면 된다.

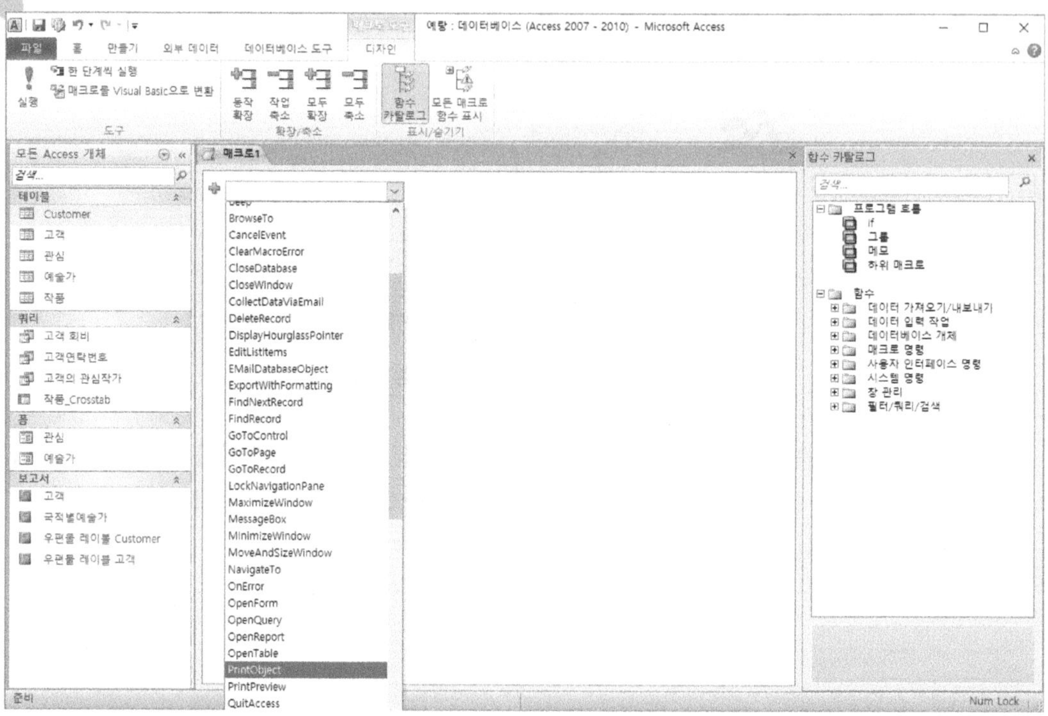

그림 6-77 ● **매크로 만들기**

매크로의 사용 예를 살펴보기 위해 다음 일련의 그림으로 ASCII로 만든 문자 데이터를 데이터베이스 테이블로 만드는 과정을 알아본다.

메모장을 이용하여 그림 6-78과 같이 데이터를 콤마로 구분하여 입력하고 하나의 레코드는 ENTER 키로 구분한 다음 텍스트 파일로 저장한다.

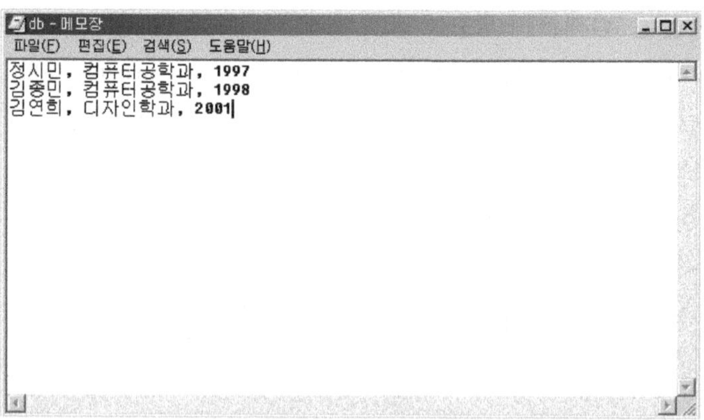

그림 6-78 ● **텍스트 파일**

만들기 탭에서 **매크로** 아이콘(매크로)을 클릭하면 그림 6-79와 같이 어떤 매크로를 선택할지 결정하는 대화상자가 나타나는데 **모든 매크로 함수 표시** 아이콘(모든 매크로 함수 표시)을 클릭하고 **새 함수 추가** 칸을 클릭하여 나타나는 매크로 함수에서 ImportExportText를 선택한다.

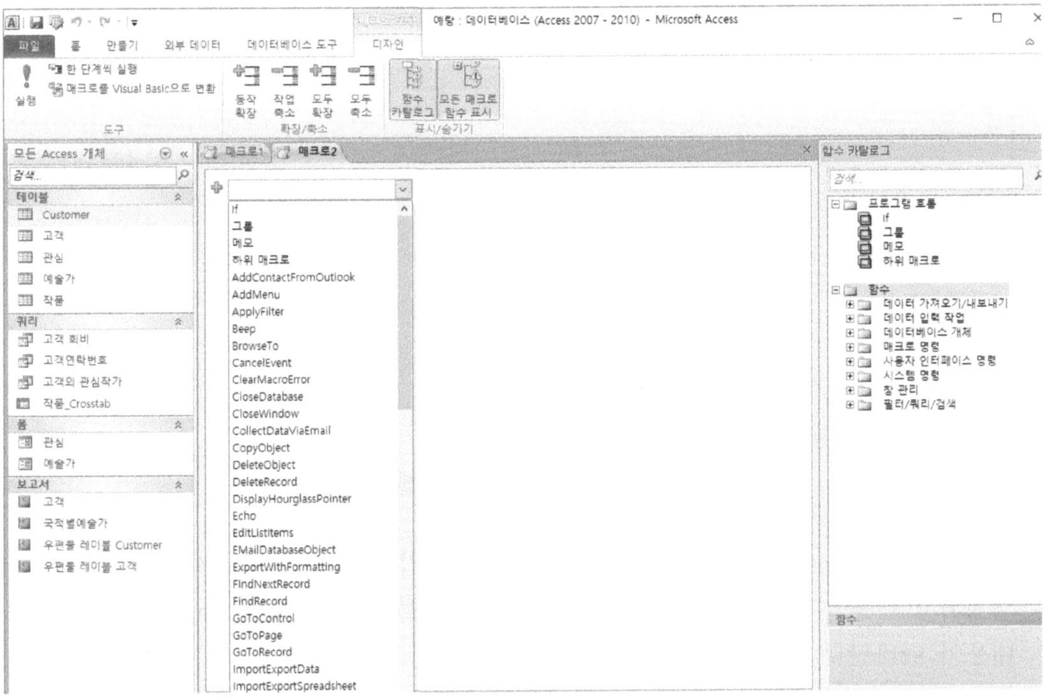

그림 6-79 • ImportExportText **매크로 선택**

그 다음에는 읽어 들일 메모장 문서의 이름을 경로와 함께 **파일 이름** 항목에 입력하고 이 파일을 읽어서 만들고자 하는 **테이블 이름**을 테이블 이름 항목에 입력한다. 매크로 함수 수행 전에 저장을 하면 **모든 Access 개체**에 그림 6-80과 같이 매크로 개체 지도학생 입력이 생성되는데 SQL 수행에서와 마찬가지로 **실행** 아이콘 (실행)을 클릭한다.

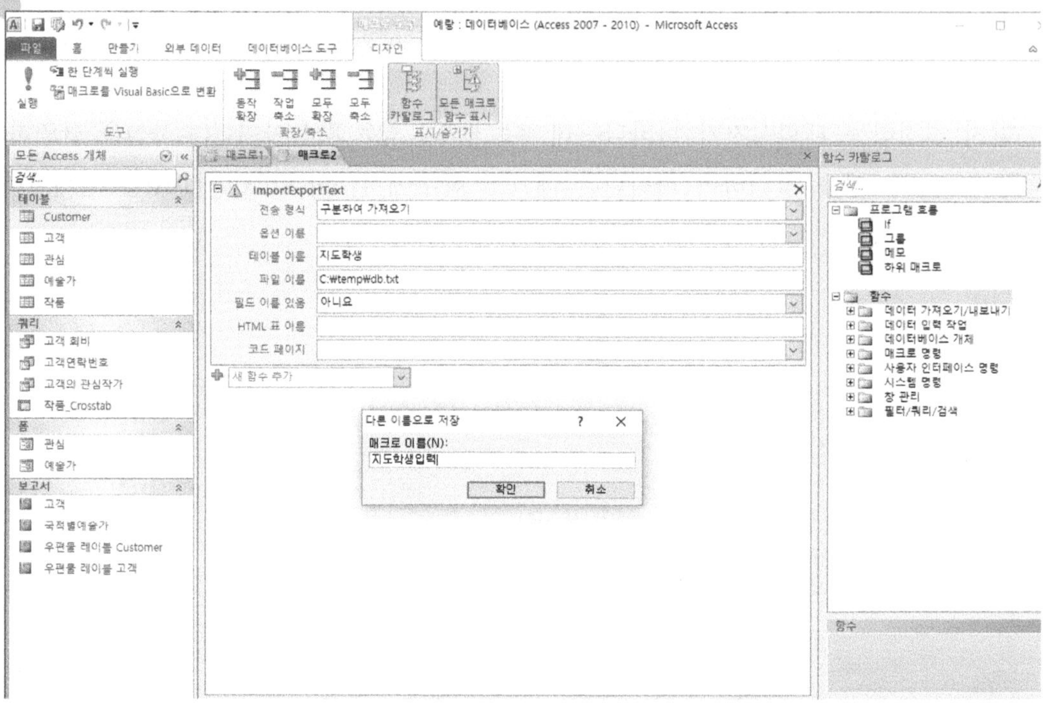

그림 6-80 • ImportExportText 함수 인자 입력

그러면 **모든 Access 개체**에 그림 6-81에서 보듯 입력한 이름대로 지도 학생 테이블이 생성되고 내용을 확인하기 위해 테이블 이름을 더블클릭하면 그림 6-81과 같이 테이블 내용이 나타난다.

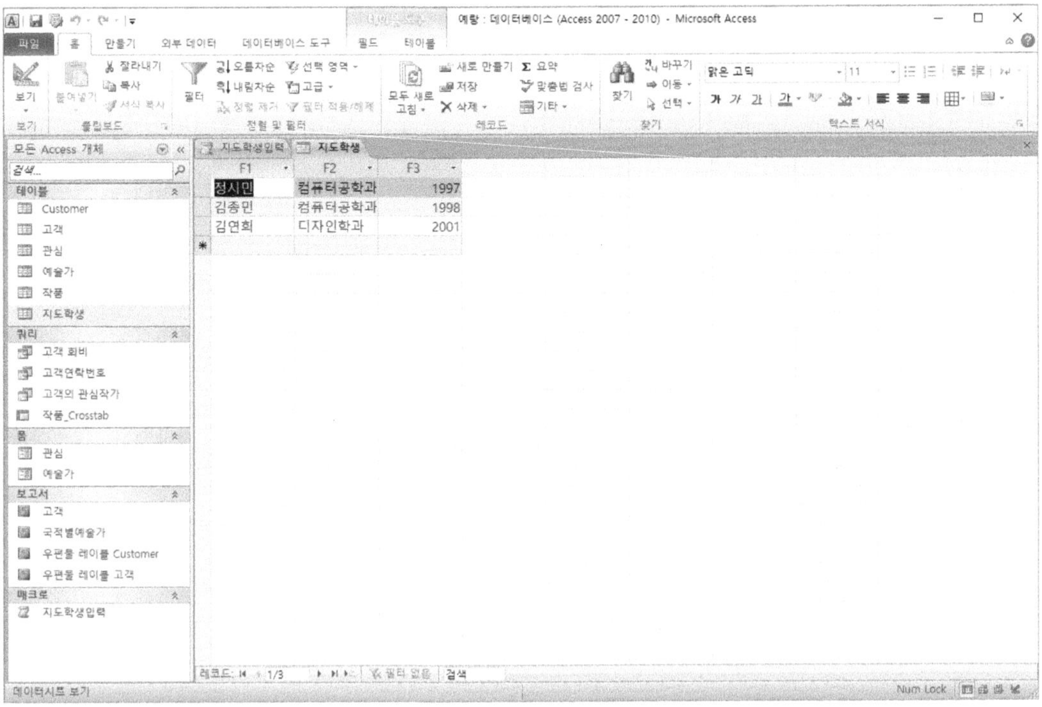

그림 6-81 • **매크로 실행 결과**

매크로를 편집하기 위해서는 **매크로를 Visual Basic으로 변환 아이콘** (매크로를 Visual Basic으로 변환) 을 클릭하여 그림 6-82와 같은 창이 나타나면 변환 단추를 클릭하여 나타나는 그림 6-83의 Visual Basic 편집 창에서 매크로 함수를 수정할 수 있다.

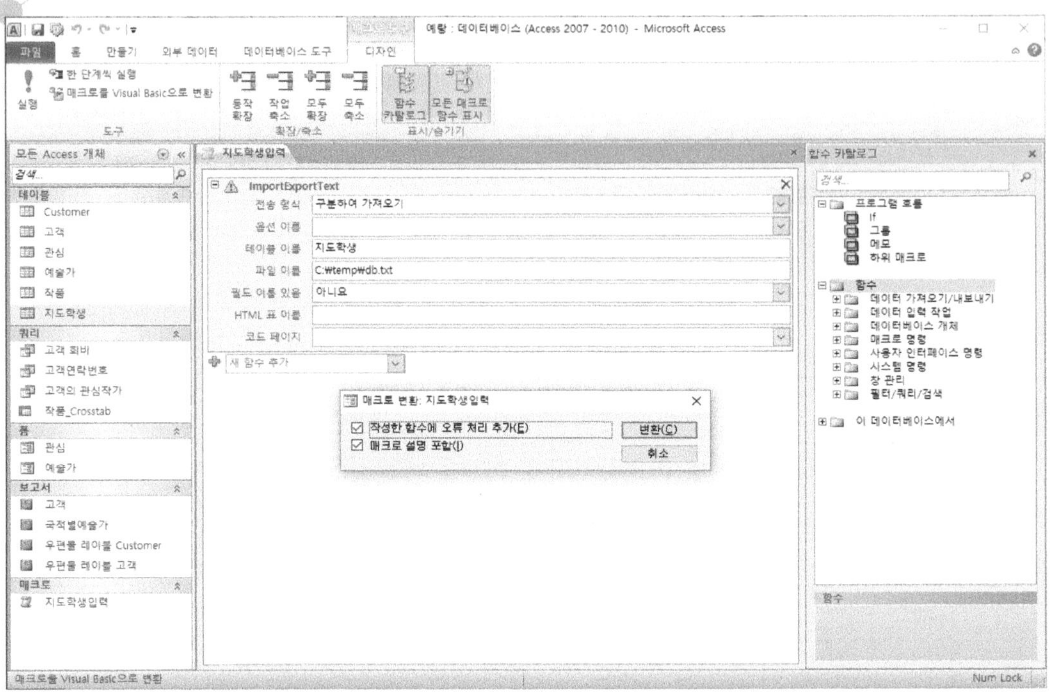

그림 6-82 • **매크로를 Visual Basic으로 변환**

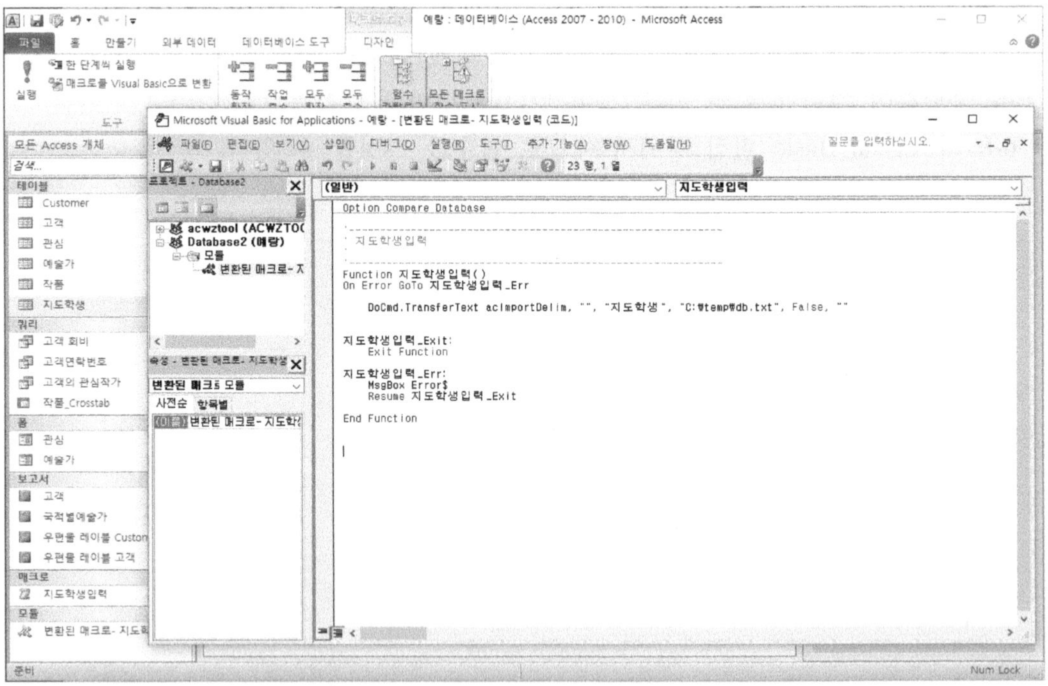

그림 6-83 • **매크로 수정을 위한 Visual Basic 편집 화면**

모듈은 VBA(Visual Basic for Application)으로 작성된 선언문과 프로시저의 모음이며 액세스의 다른 개체로 힘든 작업이나 보다 다양한 작업을 위해 사용된다. 모듈은 Visual Basic에 대한 기본적인 지식이 필요함으로 여기서는 다루지 않는다.

일반적으로 모듈에서 다음과 같은 이점 때문에 Visual Basic을 이용하게 된다.

- 응용 프로그램에 DAO를 이용할 수 있다.
- 응용 프로그램의 오류를 찾아내기 용이하다.
- OLD, DDE 기능을 응용 프로그램에 통합할 수 있다.
- 트랜잭션의 처리가 가능하다.
- 윈도의 API 함수를 사용할 수 있다.
- 응용 프로그램에 기능을 추가하거나 더 좋게 해주는 DLL을 호출할 수 있다.
- If then else, Do while, Select, Case 등의 복잡한 반복문의 사용이 가능하다.
- 다른 응용 프로그램에서 사용될 수 있는 기능의 구현이 가능하다.

6.7 기타 유용한 기능

6.7.1 스위치보드 관리자

데이터베이스를 완성 후 데이터베이스를 실행하면 지정한 폼이 자동으로 열리게 해주는 스위치보드에 대해 알아본다. 스위치보드를 만들기 위해서는 **데이터베이스 도구** 메뉴의 **스위치보드 관리자** 아이콘(스위치보드 관리자)을 클릭한다. 만약 기존에 만들어진 스위치보드가 없다면 그림 6-84과 같은 대화상자가 나타난다. **예** 단추를 클릭하고 스위치보드 만들기 과정에 들어간다.

만약 **스위치보드 관리자** 아이콘이 안 보인다면 **데이터베이스 도구** 아이콘 줄의 빈 곳을 마우스 우측 단추를 클릭하여 나타나는 **빠른 실행도구 모음 사용자 지정**을 클릭하면 그림 6-85의 **Access 옵션** 대화상자가 나타난다. **다음에서 명령 선택** 칸의 풀다운 메뉴에서 **리본 메뉴에 없는 명령**을 선택하면 **스위치보드 관리자**가 나타나는데 이를 선택하여 **추가** 단추를 클릭한 다음 **확인** 단추를 클릭하면 **데이터베이스 도구** 아이콘에 **스위치보드 관리자** 아이콘

(스위치보드 관리자)이 생성된다.

그림 6-84 • **스위치보드 관리자 메시지**

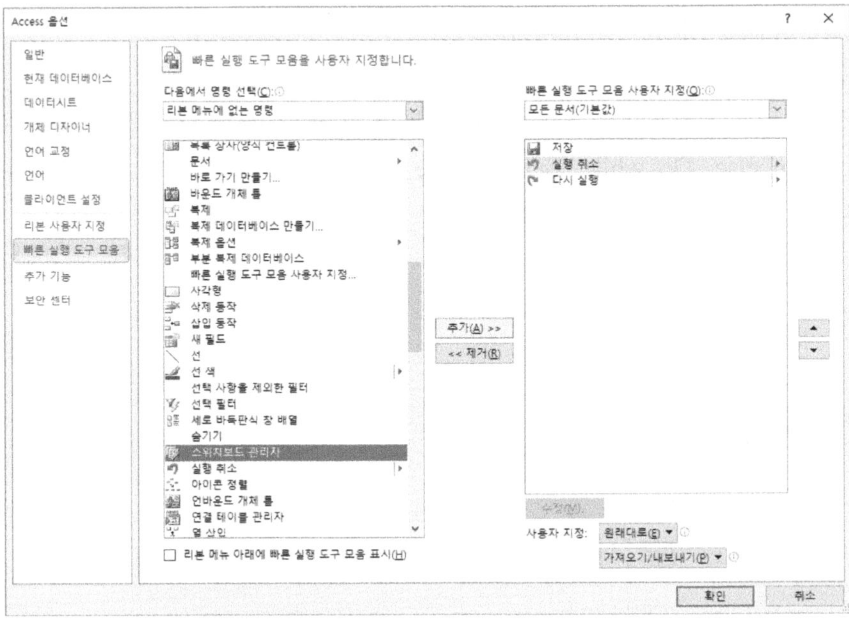

그림 6-85 • **스위치보드 관리자의 리본 메뉴에 생성**

스위치보드 관리자 대화 상자에서 **새로 만들기**를 클릭하여 새로운 이름의 스위치보드를 만들거나 기본적으로 주어진 **주 스위치보드**를 선택한 다음 **편집** 단추를 클릭한다. 그러면 **스위치보드 쪽 편집** 대화상자가 나타나고 **새로 만들기** 단추를 클릭하여 **스위치보드 항목 편집** 대화상자를 연 다음 **스위치보드 항목 편집** 대화 상자의 **문자열** 상자에 첫 번째 스위치보드 단추의 제목을 입력하고, **명령** 상자에서 명령을 선택한다. 예를 들어, **문자열** 상자에 지역 별 고객 목록을 입력한 다음 **명령** 상자에서 보고서 열기를 선택한다. 선택한 명령에 따라 명령 상자에 나타나는 상자들이 달라진다. 필요하면 이 상자에서 한 항목을 선택한다. 예를 들어, 명령 상자에서 보고서 열기를 선택하고, **보고서** 상자에서 원하는 보고서 이름인 우편번호 별 고객 목록을 선택한 다음 **확인** 단추를 클릭한다.

스위치보드 항목 편집을 반복하여 스위치보드에 원하는 항목을 모두 추가한다. 항목을 편집하거나 삭제하려면 이 스위치보드 항목 편집 대화상자에서 해당 항목을 선택한 다음 편집이나 삭제 단추를 클릭하고 항목의 순서를 재배열할 때는 상자에서 해당 항목을 선택한 다음 위로 이동이나 아래로 이동 단추를 클릭한다.

원하는 항목을 모두 추가한 다음 닫기 단추를 클릭하여 스위치보드 항목 편집을 마치고 다시 닫기 단추를 클릭하여 스위치보드 관리자 대화상자를 닫는다. 만약 두 개 이상의 스위치보드를 만든 경우에는 원하는 스위치보드를 선택한 다음 기본값으로 단추를 클릭하면 초기 화면에 선택한 스위치보드가 나타난다. 이렇게 하면 폼 개체에 스위치보드 폼이, 테이블 개체에 Switchboard Items 테이블이 형성된다. 폼 개체의 스위치보드를 더블 클릭하면 그림 6-86의 우측 하단의 주 스위치보드 대화상자를 얻을 수 있으며 항목을 클릭하면 설정해 놓은 명령이 실행된다.

그림 6-86 • **스위치보드의 작성 단계**

만일 데이터베이스를 열자마자 주 스위치보드를 시작하게 하고 싶으면 **파일** 탭의 **옵션**을 클릭하여 나타나는 그림 6-87의 Access 옵션 대화상자의 **현재 데이터베이스**를 클릭하면 나타나는 메뉴 중 **폼 표시** 칸을 클릭하여 **스위치보드**를 선택하면 된다.

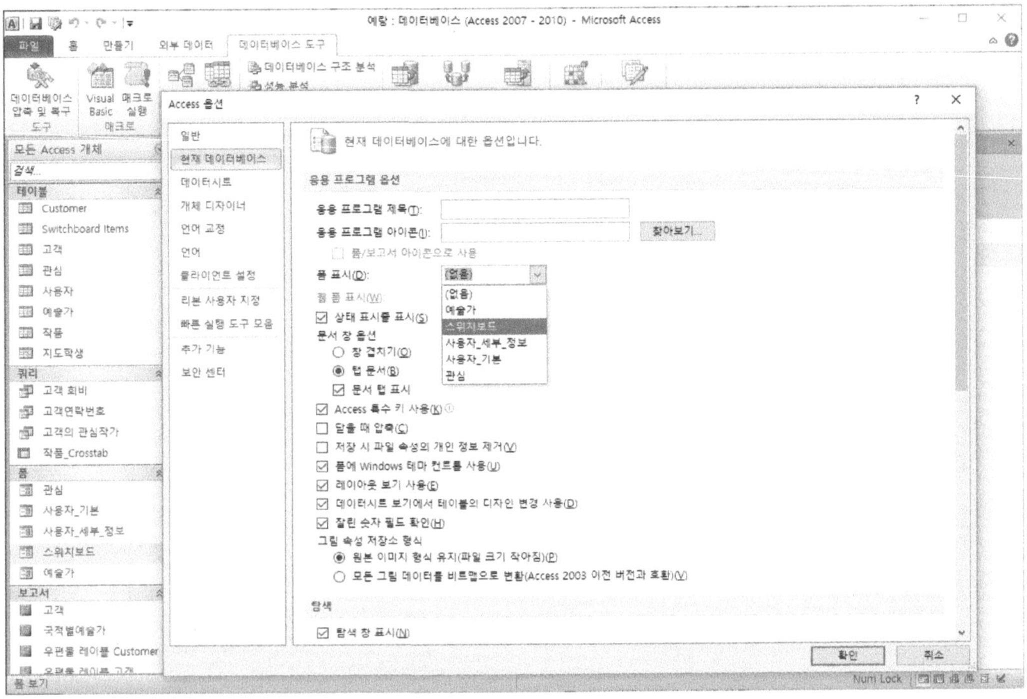

그림 6-87 • Access 옵션의 현재 데이터베이스 대화상자

6.7.2 데이터베이스 암호 설정 및 해제

데이터베이스 자체에 암호를 걸어 암호를 모르는 사용자의 접근을 제한하는 방법에 대해 알아본다. 데이터베이스를 열 때 **파일** 탭의 **열기** 대화상자에서 데이터베이스 파일을 선택한 후 **열기** 단추 옆의 역삼각형 모양을 클릭하여 나타나는 **단독으로 열기** 메뉴를 클릭한다. 그 다음 다시 **파일** 탭을 선택하면 그림 6-89와 같이 **데이터베이스 암호 설정** 아이콘이 나타나는데 이를 클릭하여 나타나는 **데이터베이스 암호 설정** 창에서 **암호**와 **확인** 칸에 같은 암호를 입력하고 **확인** 단추를 클릭한다. 그러면 블록 암호화에 대한 메시지 창이 그림 6-89와 같이 나타나는데 **확인** 단추를 클릭한다. 이제 데이터베이스를 닫고 암호를 설정한 데이터베이스를 열려고 하면 그림 6-90과 같이 **암호 입력** 창이 열리는데 바른 암호를 입력하여야만 데이터베이스를 열 수 있게 된다.

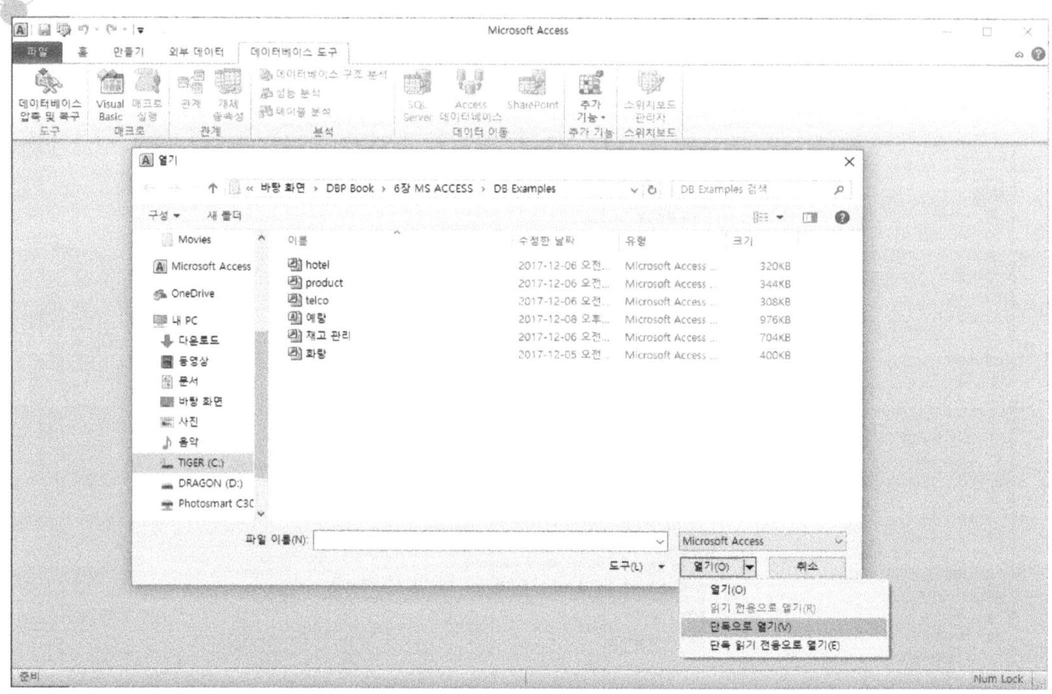

그림 6-88 • 단독으로 열기

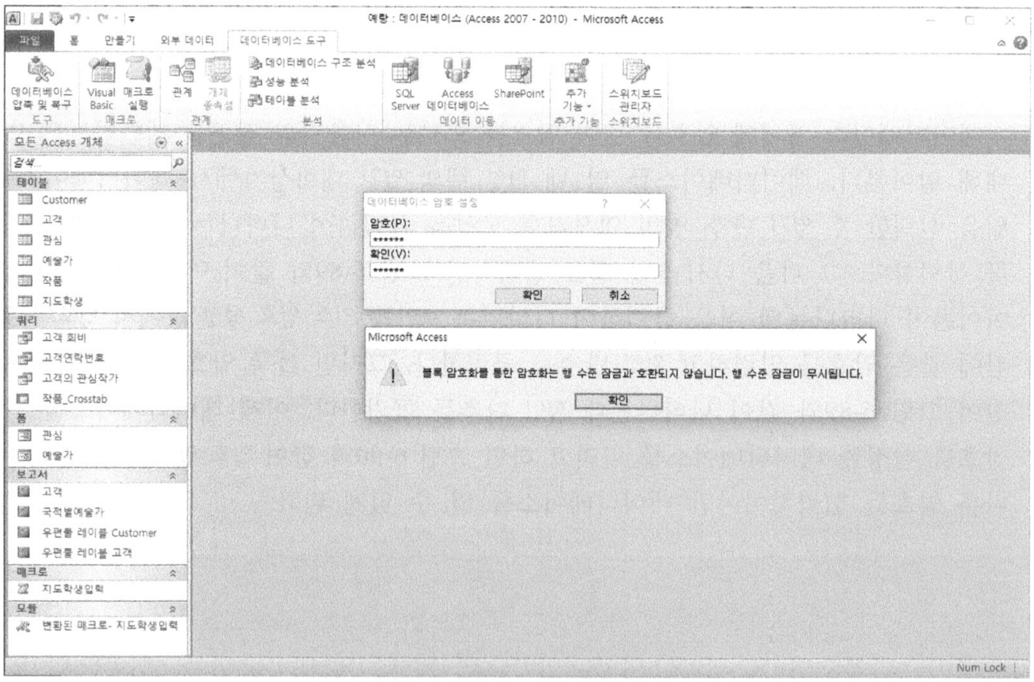

그림 6-89 • 데이터베이스 암호 설정

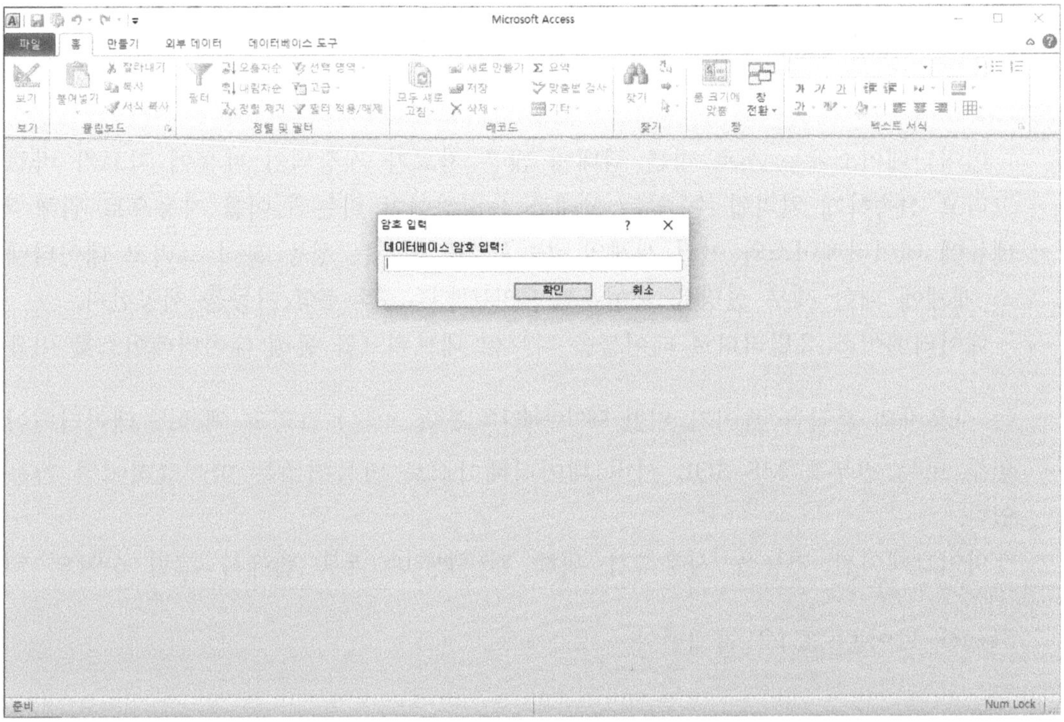

그림 6-90 • 데이터베이스 암호 입력 화면

암호를 해제하기 위해서는 암호를 설정할 때와 마찬가지로 **파일** 탭의 **열기** 대화상자에서 데이터베이스 파일을 선택한 후 **열기** 단추를 클릭하여 나타나는 **단독으로 열기** 메뉴를 클릭한다. 그 다음 다시 **파일** 탭을 선택하면 **데이터베이스 암호 해독** 아이콘이 나타나는데 이를 클릭하여 나타나는 **데이터베이스 암호 해제** 창에서 바른 암호를 입력하고 **확인** 단추를 클릭한다.

6.7.3 데이터베이스 압축 및 복구

데이터베이스 내의 레코드 추가, 삭제, 변경이 빈번하게 일어나는데 특히 삭제 시에 데이터베이스 파일 내부에 지워진 레코드 공간이 재활용되지 않고 남아있어 공간의 낭비와 처리 시간의 지연 요인이 된다. 공간의 낭비와 처리 시간을 단축하기 위해 데이터베이스 파일을 압축하려면 **데이터베이스 도구**의 데이터베이스 압축 및 복구 아이콘()선택하면 된다. 또한 정전 또는 하드웨어 문제로 생긴 데이터베이스 손상을 복구하기 위해서도 같은 메뉴를 사용하면 된다.

6.8 MS SQL Server로 마이그레이션

데이터베이스에는 서로 다른 형태의 많은 자료가 저장되기 때문에 자료가 바르게 그리고 신속하게 처리될 수 있는 상태를 유지하여야 하는데 이를 자동으로 위해 **도구** 메뉴에 데이터베이스와 여러 개체의 **성능 분석**을 해주는 성능 분석 그리고 데이터베이스 개체에 대한 세부 설명을 보여주는 **데이터베이스 구조 분석** 기능을 제공한다.

데이터베이스 유틸리티로 테이블을 나누어 네트워크를 통해 데이터베이스를 이용하는 사용자의 혼잡을 줄이기 위한 **데이터베이스 분할**(Access 데이터베이스) 그리고 액세스 데이터베이스 일부 또는 전부를 MS SQL 서버 데이터베이스로 만들어주는 마이그레이션 기능이 있다.

마이그레이션 기능을 사용하기 위해 **데이터베이스 도구** 탭에서 그림 6-91의 **SQL Server** 아이콘(SQL Server)을 클릭한다.

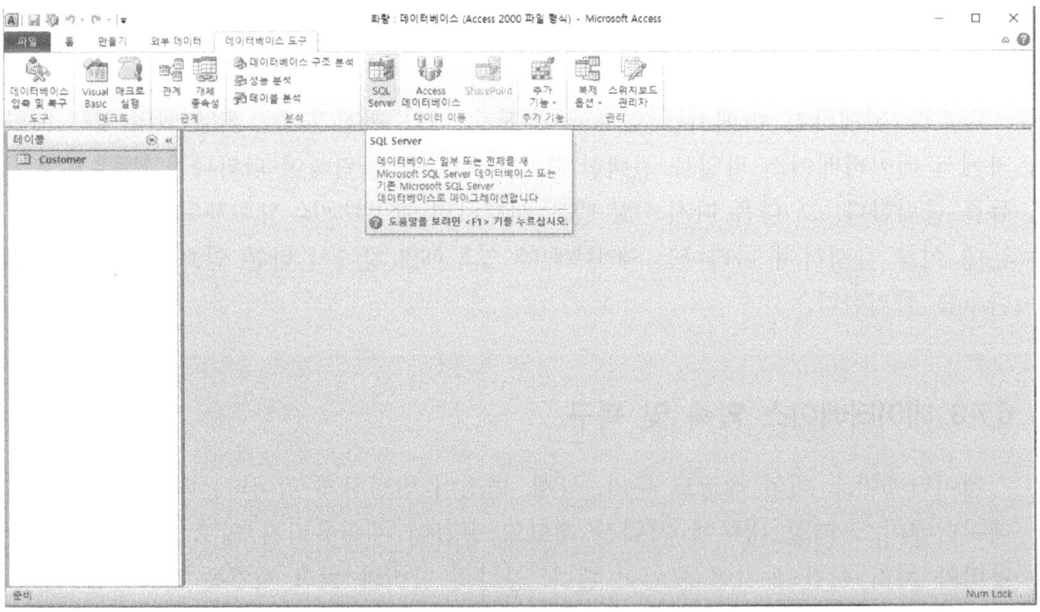

그림 6-91 • SQL Server로 마이그레이션

그림 6-92에서 보는 바와 같이 **업사이징** 대화상자가 나타나고 기존 데이터베이스를 사용할 것인지 아니면 새 데이터베이스로 만들지를 묻는데 SQL Server에 있는 데이

터베이스를 사용하지 않고 새로운 데이터베이스로 만들기 위해 **새 데이터베이스 만들기**를 선택하고 **다음**을 클릭한다.

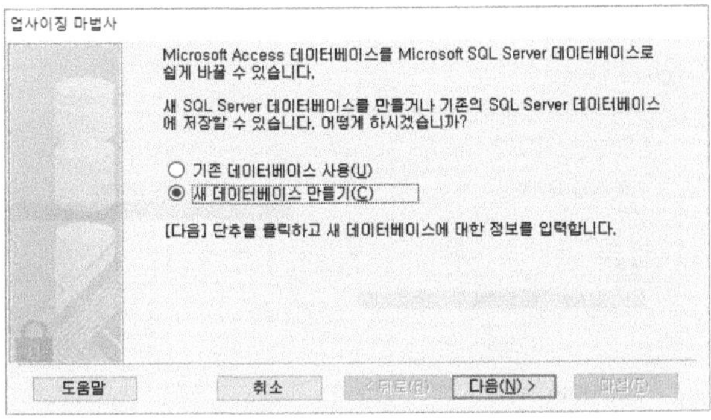

그림 6-92 • **마이그레이션 1번째 단계**

SQL Server 이름을 지정하고 새 데이터베이스 이름을 입력한 후 **다음** 단추를 클릭한다. 이 때 **트러스트된 연결 사용**에 체크 표시를 하면 로그인 이름과 암호를 입력하지 않아도 된다. 트러스트된 연결 사용을 하지 않을 경우에는 데이터베이스 만들기 권한을 가진 사용자 이름과 암호를 입력하여야 한다.

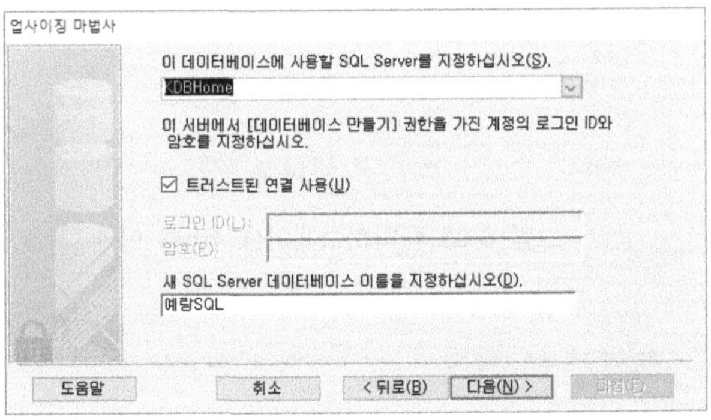

그림 6-93 • **마이그레이션 2번째 단계**

다음 단계에서는 데이터베이스 전체를 SQL Server로 보낼 것인지 아니면 일부만 보낼 것인지를 결정하는 단계로 여기서는 Customer 테이블을 선택한 후 **다음** 단추를 클릭한다. 그림 6-95에서 보는 바와 같이 데이터만 보낼지 데이터는 안 보내고 테이블 구조와 특성만 보낼지를 결정하는 대화상자가 나타나는데 보낼 테이블 특성을 선택하고 마이그레이션 시간을 포함하는 타임스탬프도 같이 보낼지 아닐지를 선택한 후 **다음** 단추를 클릭한다. 그러면 그림 6-96의 기존 응용 프로그램 수정 혹은 SQL Server에서 사용할 새 응용 프로그램을 작성할지를 묻는 대화상자가 나타나는데 적절한 옵션을 선택한 후 혹은 기존 응용 프로그램이 없으면 그냥 **다음** 단추를 클릭한다. 업사이징 준비가 되었다는 대화화면의 **마침** 단추를 클릭한다.

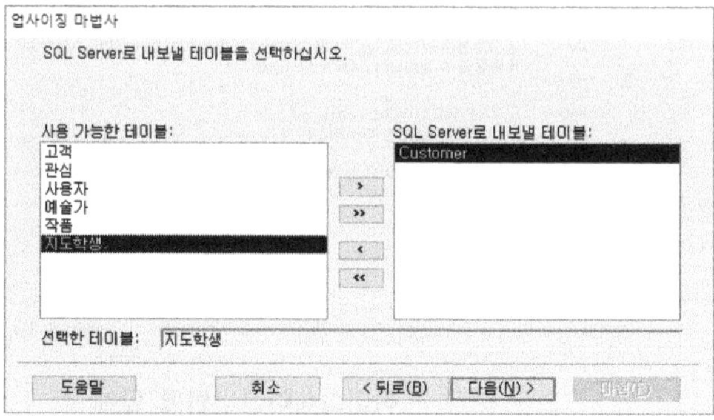

그림 6-94 • **마이그레이션 3번째 단계**

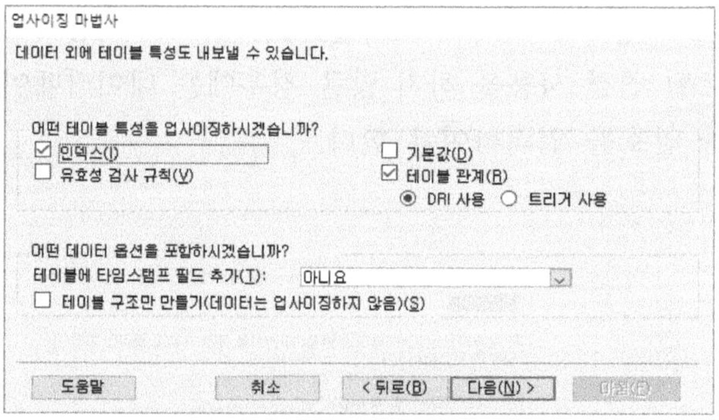

그림 6-95 • **마이그레이션 4번째 단계**

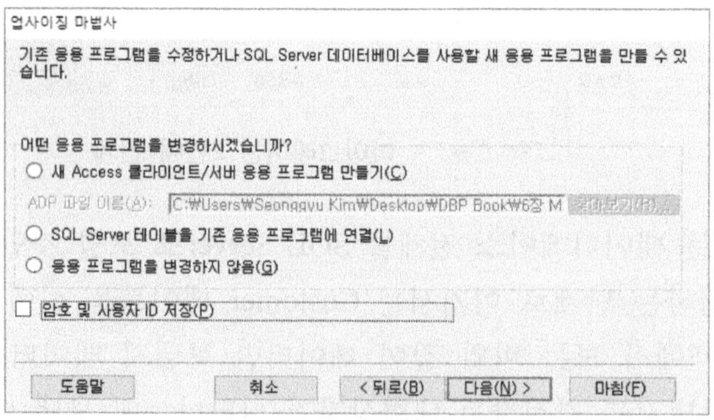

그림 6-96 • **마이그레이션 5번째 단계**

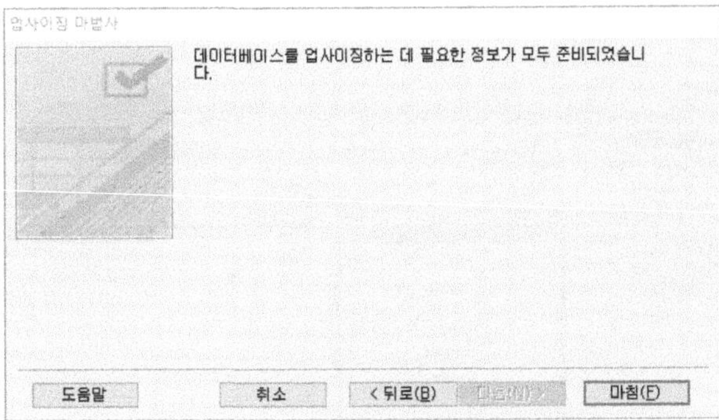

그림 6-97 • **마이그레이션 6번째 단계**

마이그레이션 관련 메시지가 표시된 다음 그림 6-98에서 보는 것과 같은 업사이징 마법사 보고서가 나타나 마이그레이션이 완료되었음을 알려준다.

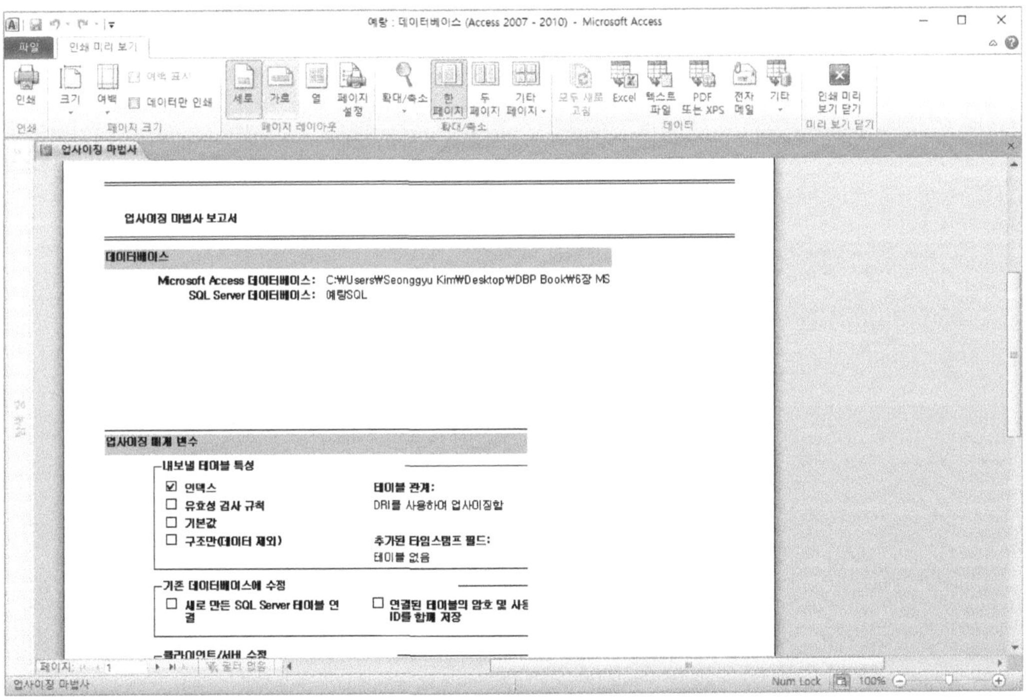

그림 6-98 • **마이그레이션 완료 보고서**

마이그레이션이 제대로 되었는지를 확인하기 위해 액세스의 Customer 테이블과 SQL Server의 Customer테이블을 비교하여 보면 두 테이블이 일치하는 것을 확인할 수 있다.

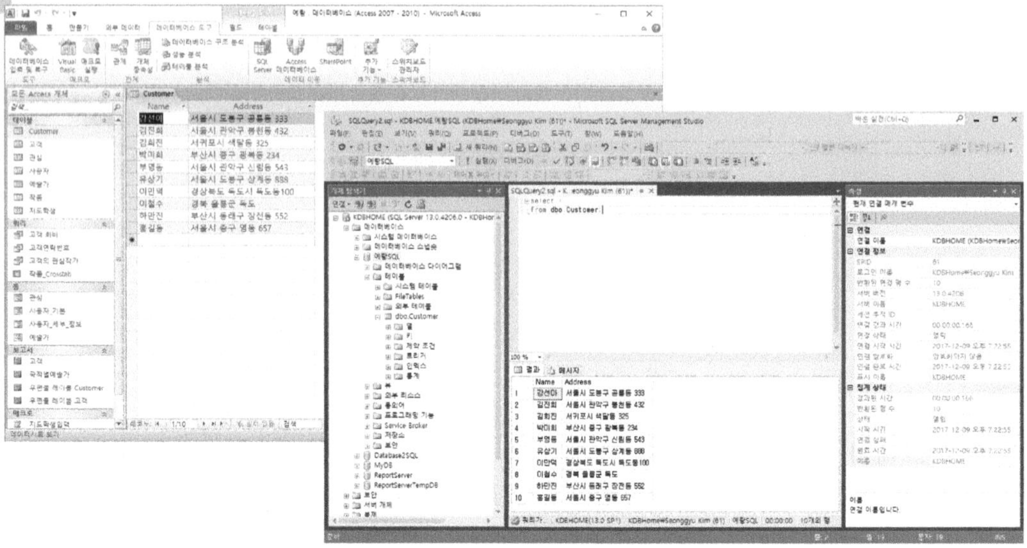

그림 6-99 • SQL Server로의 마이그레이션 완료 확인

익힘문제

1. 병동과 환자 및 의사에 관련된 데이터만 고려하여, 다음과 같은 조건을 만족하는 데이터베이스 시스템을 작성하라.

   - 한 병동에는 여러 명의 환자가 입원하여 있고 의사는 여러 명의 환자를 치료한다.
   - 병동에 입원해 있는 환자의 목록과 특정일 의사가 치료한 환자의 목록을 출력할 수 있어야 한다.
   - 환자가 진료 받은 치료일과 처방을 출력할 수 있어야 한다.
   - 의사들을 진료 과목 별로 그리고 진료일 별로 출력할 수 있어야 한다.

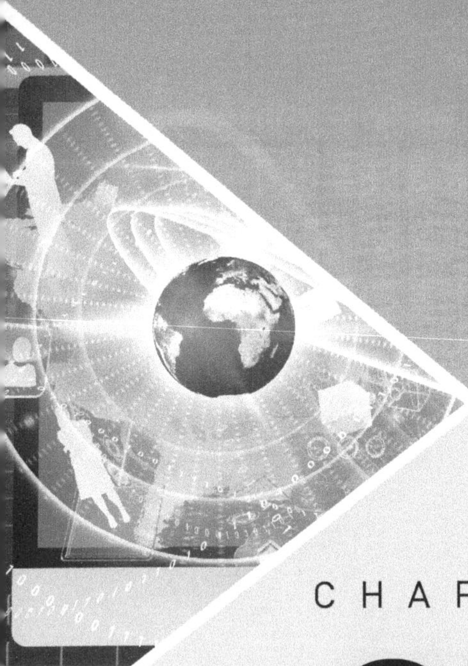

D A T A B A S E

CHAPTER

07

MS SQL Server

MS SQL Server는 대표적인 관계 DBMS의 하나로, 윈도 기반의 데이터베이스를 기반으로 하는 응용 프로그램을 개발하기 위해 필요한 기본 데이터 관리 기능을 제공한다. SQL Server를 이용하여 데스크톱, 서버, 모바일 기기 또는 클라우드에 걸쳐 효율적으로 데이터를 관리할 수 있다. 이 장에서는 MS SQL Server의 기본적인 사용법에 대해 알아본다.

7.1 SQL Server Management Studio

MS SQL Server를 사용하기 위해 그림 7-1에서 보듯 [시작] → [Microsoft SQL Server 2016] →[Microsoft SQL Server Management Studio]를 클릭한다.

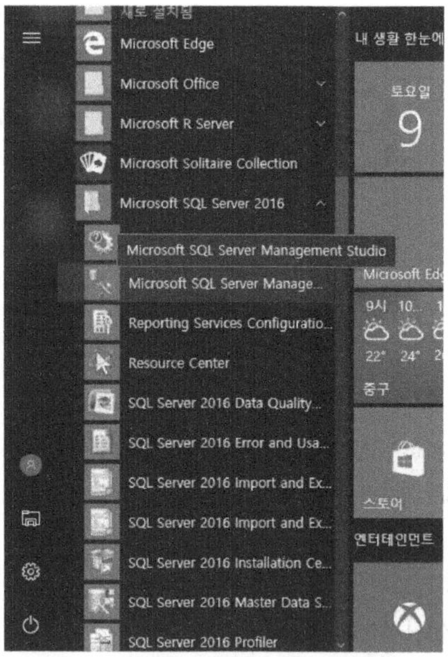

그림 7-1 • SQL Server 시작하기

그러면 그림 7-2와 같이 **서버에 연결** 대화상자가 나타나면 서버이름을 선택하고 Windows 인증의 경우 **연결** 단추를 클릭하거나 SQL Server 인증의 경우 로그인 이름과 암호를 입력하고 **연결** 단추를 클릭한다. 그러면 그림 7-3의 개체탐색기와 메뉴로 이루어진 SQL Server 초기화면이 나타난다.

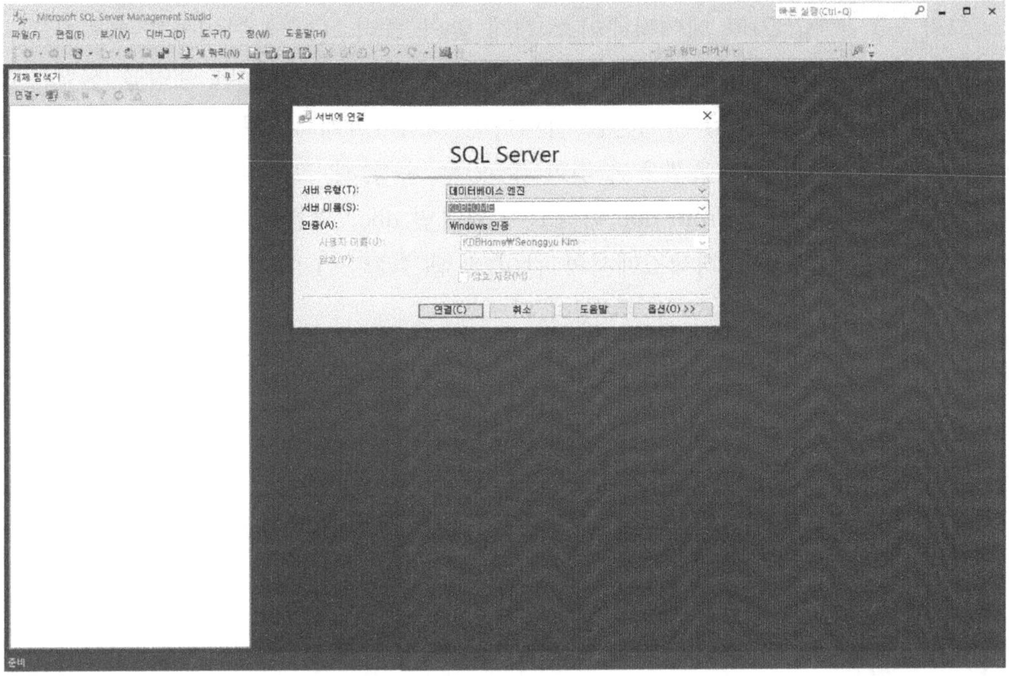

그림 7-2 • SQL Server 연결

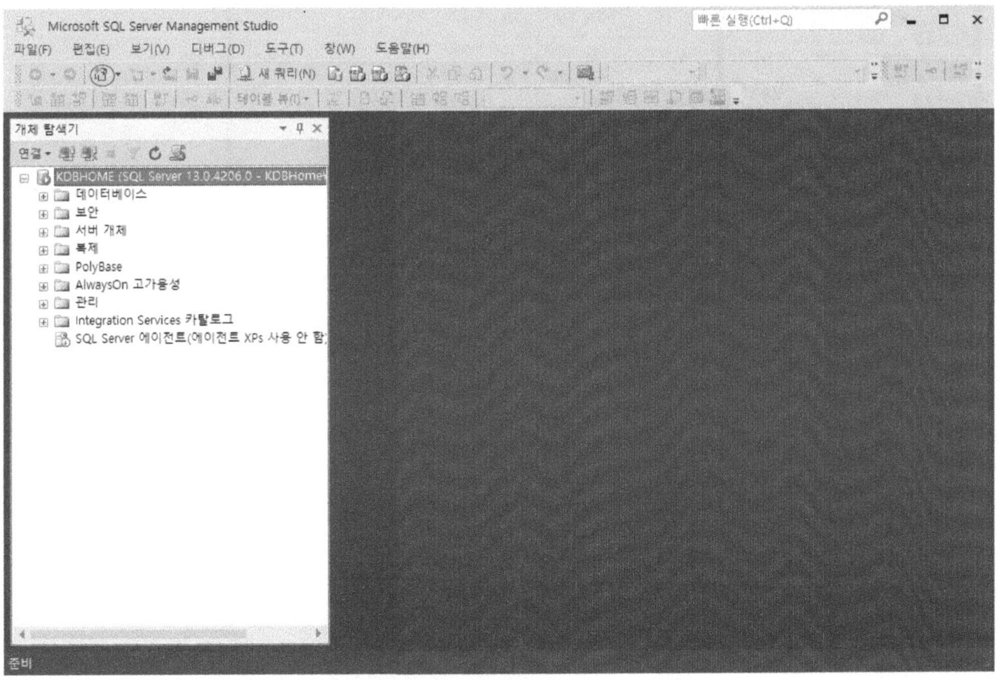

그림 7-3 • SQL Server 초기화면

그림 7-3 개체탐색기의 데이터베이스 개체 앞의 플러스(⊞) 아이콘을 클릭하면 나타나는 데이터베이스 중 예를 들어 액세스로부터 마이그레이션 된 예랑을 선택하고 메뉴의 새 쿼리(새 쿼리(N)) 아이콘을 클릭하면 그림 7-4에서 보듯 쿼리를 입력할 수 있는 창, 현재 쿼리 속성 옵션을 설정할 수 있는 속성 창 그리고 상태 표시줄이 나타난다. 쿼리 창에 select * from dbo.이라고 입력하면 dbo. 다음에 올 수 있는 테이블이 표시되며 이를 클릭하여 액세스에서와 같이 실행(! 실행(X)) 아이콘을 클릭하면 그림 7-5에서 보는 결과 화면을 얻을 수 있다.

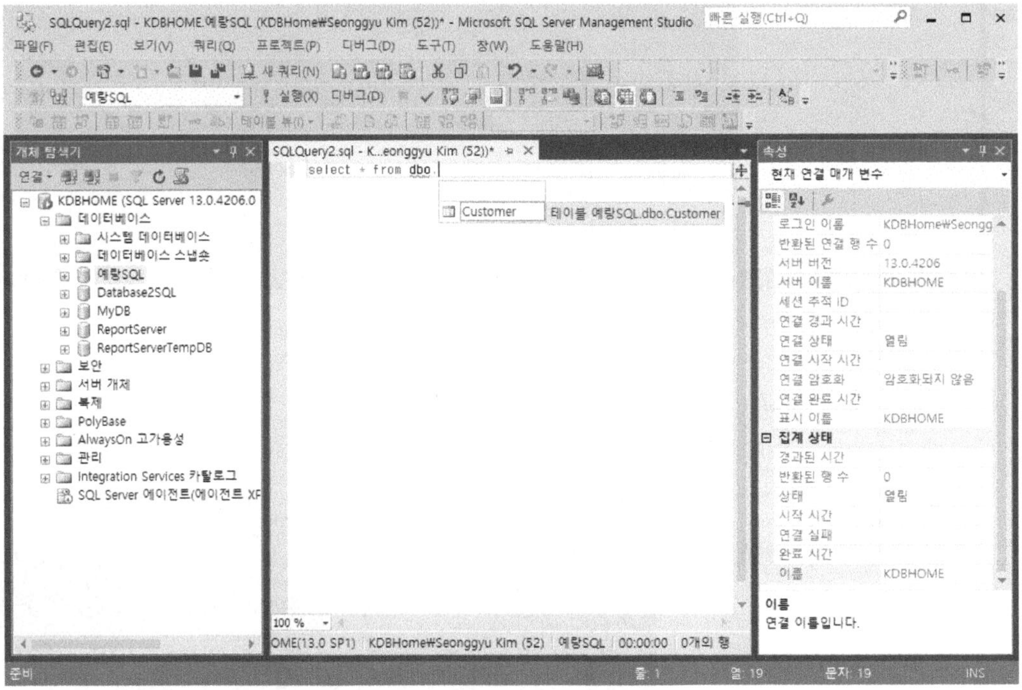

그림 7-4 ● SQL 입력

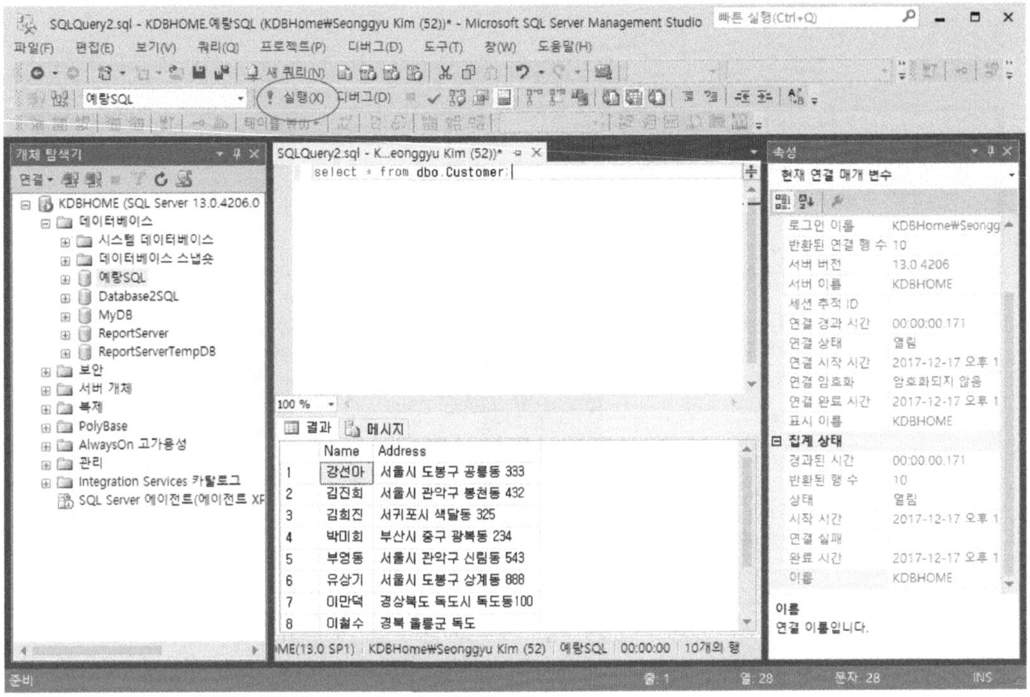

그림 7-5 • SQL 실행 결과

7.2 SQL Server에서의 테이블 생성

7.2.1 테이블 생성

새 데이터베이스를 만들기 위해 그림 7-6에서 보듯 데이터베이스 개체를 우측 마우스로 클릭하여 나타나는 단축메뉴에서 새 데이터베이스를 클릭한다.

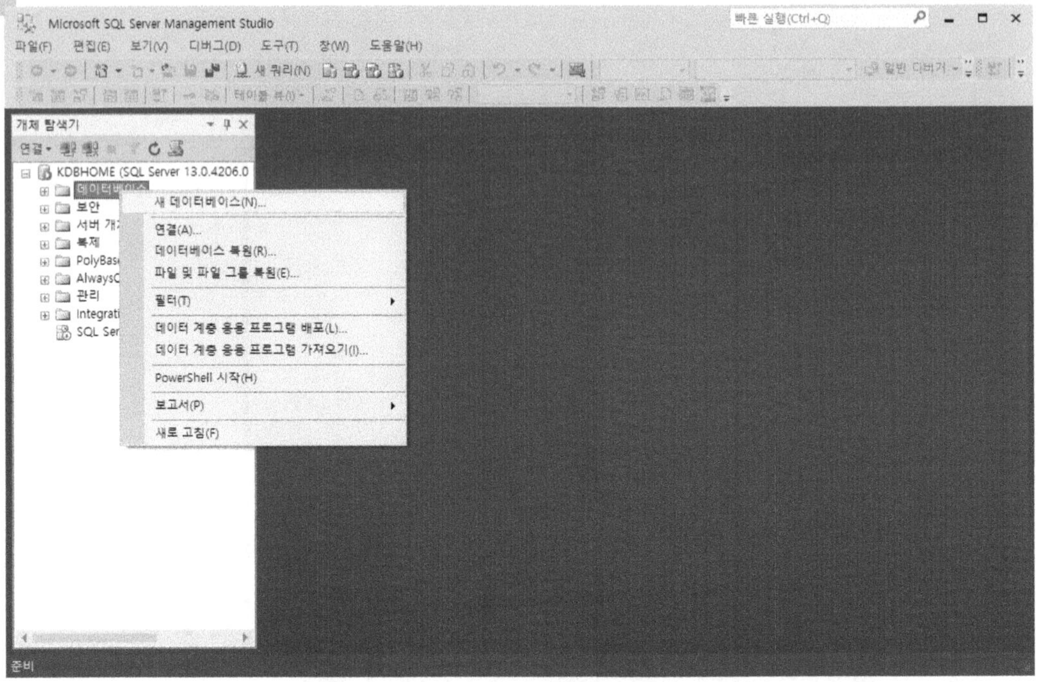

그림 7-6 ● **새 데이터베이스**

그러면 그림 7-7과 같이 새 데이터베이스의 속성을 설정할 수 있는 화면이 나타난다. 그림 7-7은 데이터베이스 이름을 MyDB로 설정한 화면이다.

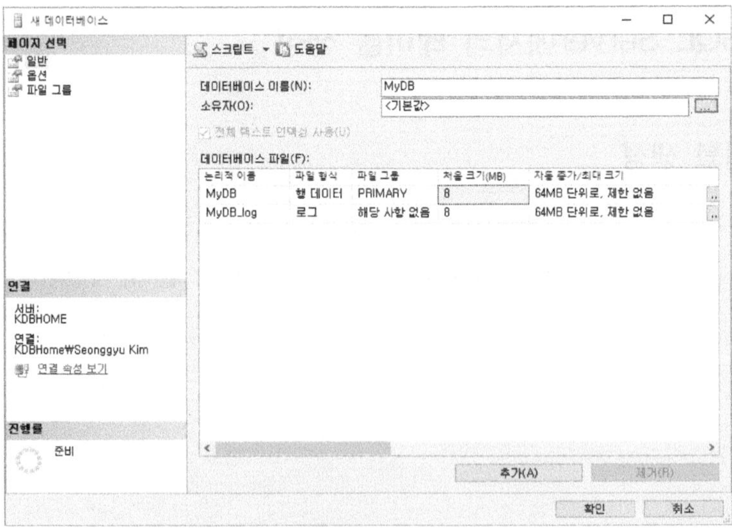

그림 7-7 ● **새 데이터베이스 속성 설정**

그림 7-3 개체탐색기의 데이터베이스 개체 앞의 플러스(+) 아이콘을 클릭하면 나타나는 데이터베이스 중 MyDB를 우측 마우스로 클릭하여 나타나는 메뉴의 새 쿼리(새 쿼리(N)) 아이콘을 클릭하면 쿼리를 입력하는 창이 열리는데 그림 7-8과 같은 SQL 문을 입력한다.

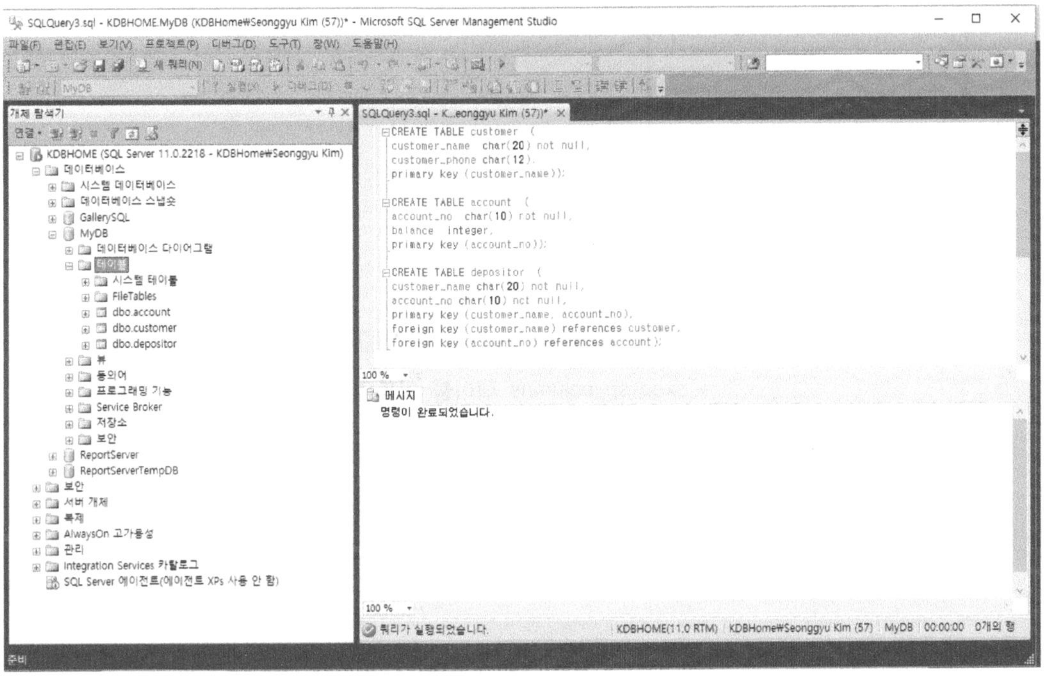

그림 7-8 • **쿼리 입력**

SQL 문으로 테이블이 생성된 후 테이블의 애트리뷰트 속성을 보고자 하면 그림 7-9에서 보듯 `exec sp_columns customer;` 과 같이 입력한 다음 실행(! 실행(X)) 아이콘을 클릭한다.

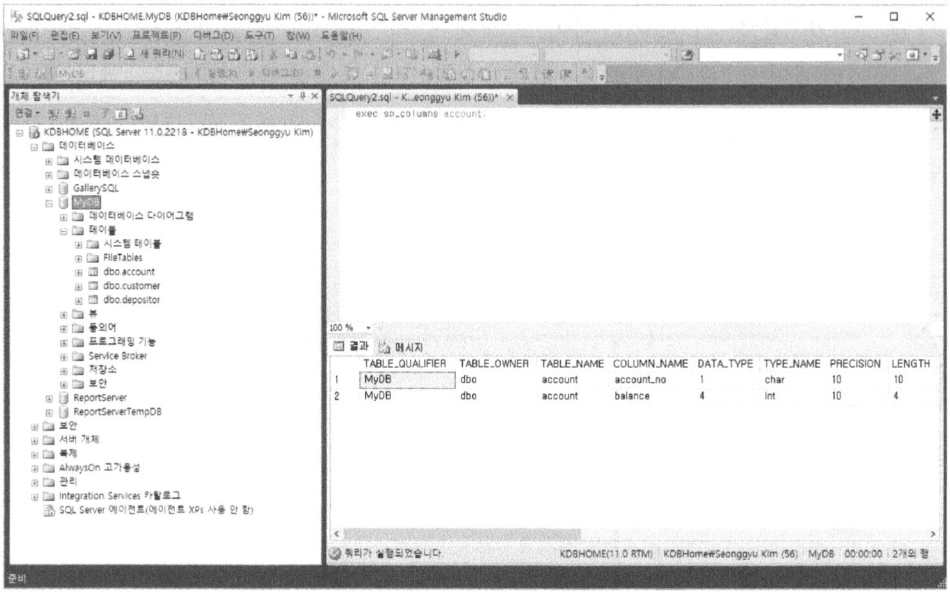

그림 7-9 • **exec sp_columns 테이블 이름의 실행 결과 화면**

테이블 애트리뷰트(Column_Name)의 속성을 추가하기 위해서는

```
alter table epms
    add addr varchar(20);
```

와 같이 입력한 후 실행(! 실행(X)) 아이콘을 클릭한다.

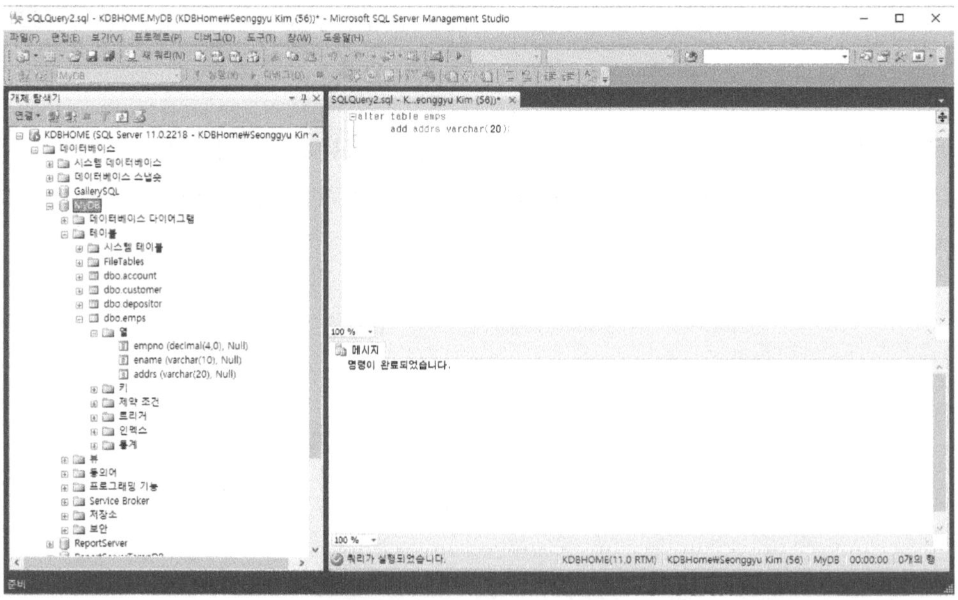

그림 7-10 • **테이블에 애트리뷰트(Column_Name) 추가**

추가한 Column addrs의 길이를 20에서 30으로 수정하려면 다음과 같이 입력하고 실행(! 실행(X)) 아이콘을 클릭한다.

```
alter table emps
    alter column addrs varchar(30);
```

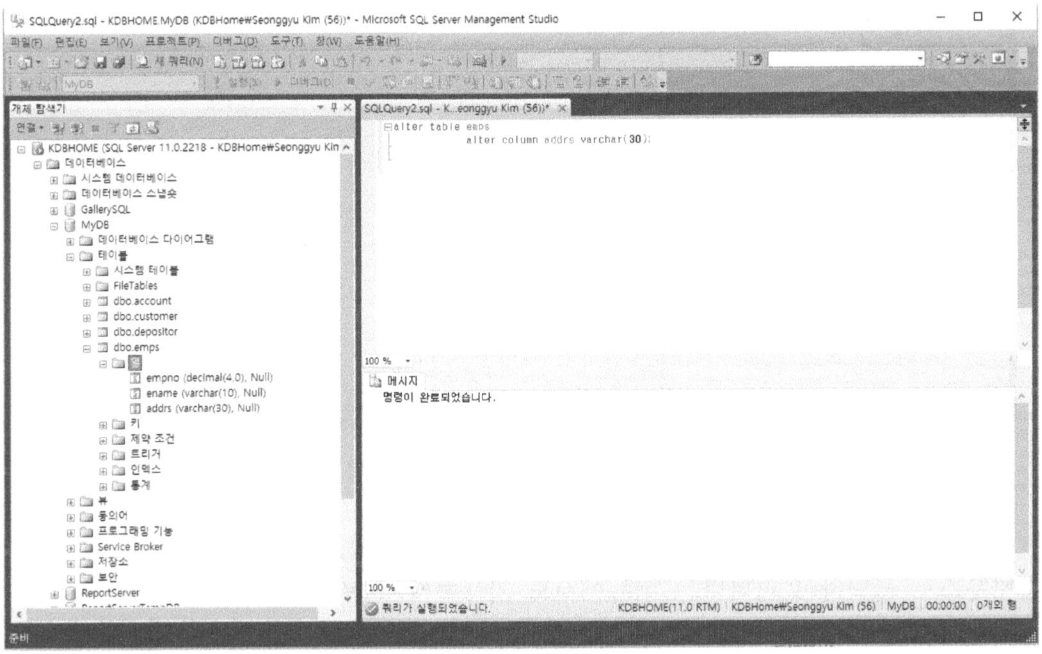

그림 7-11 ● **애트리뷰트(Column)의 길이 수정**

추가한 애트리뷰트를 삭제하기 위해서는 drop 명령을 사용하여 그림 7-12와 같이 입력 후 실행(! 실행(X)) 아이콘을 클릭한다.

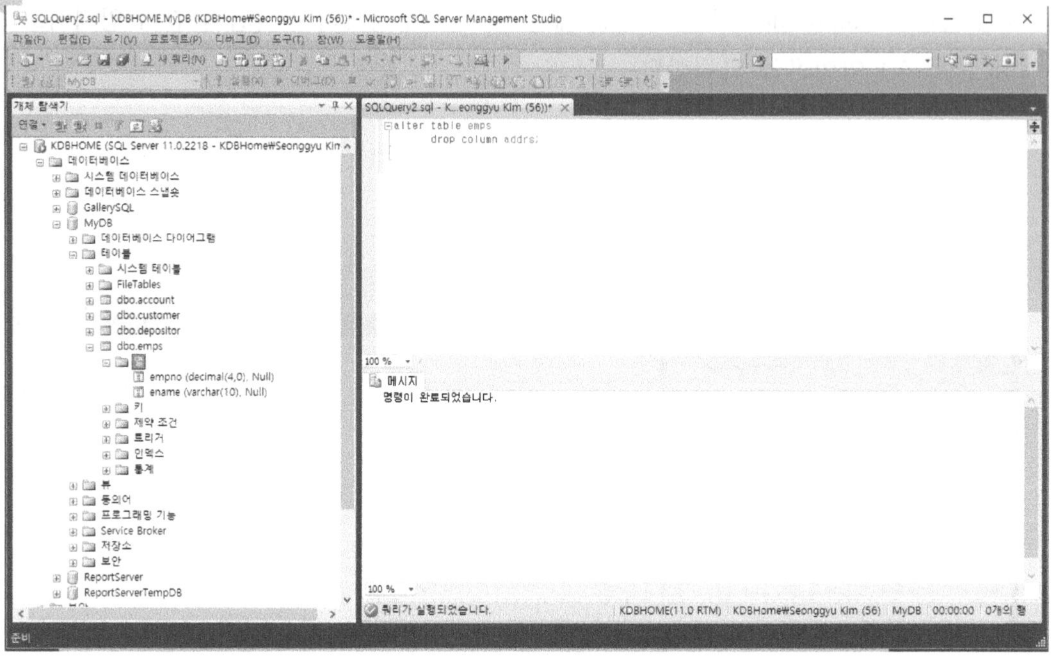

그림 7-12 ● **애트리뷰트 삭제**

테이블의 삭제 및 테이블 애트리뷰트 속성의 추가, 수정, 삭제는 해당 테이블을 우측 마우스로 클릭하여 나타나는 메뉴에서도 가능하다. 그림 7-14는 account 테이블의 디자인 화면을 보여준다.

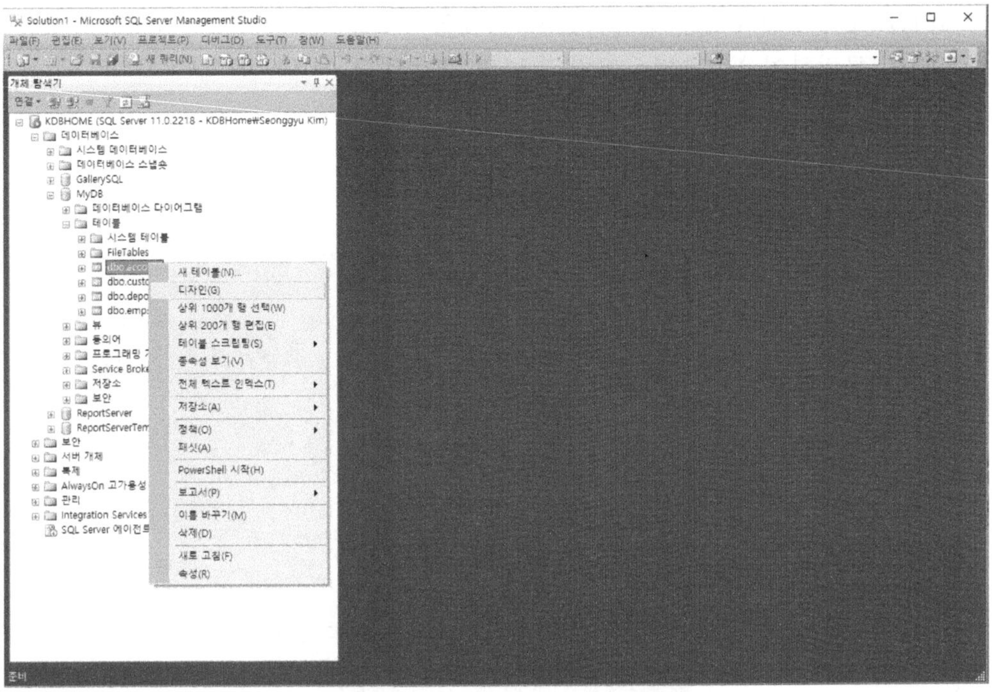

그림 7-13 • **테이블의 단축메뉴**

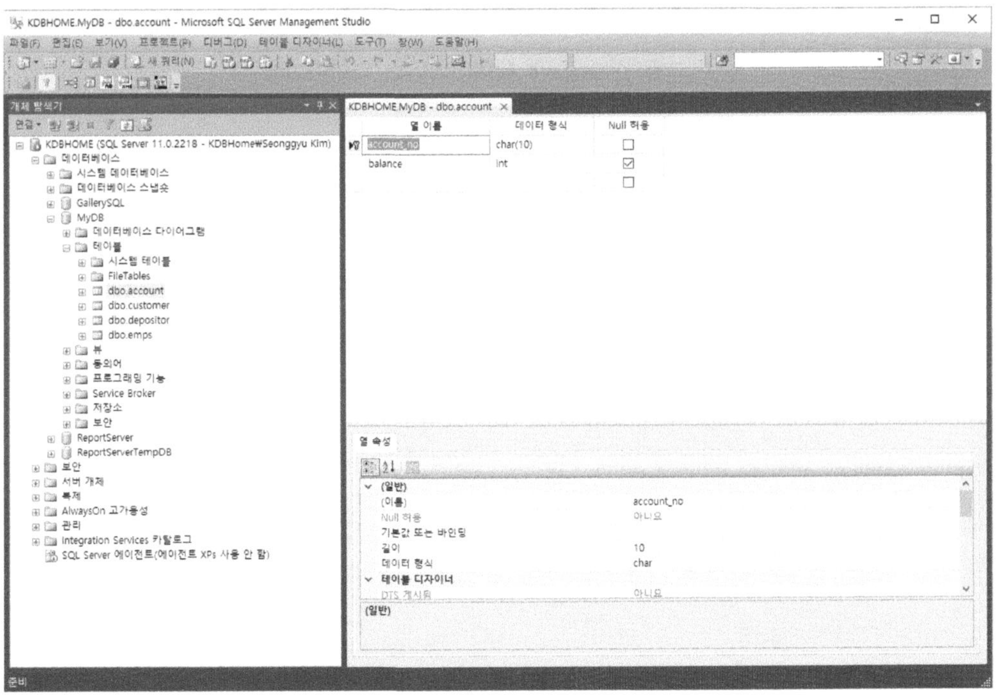

그림 7-14 • **테이블 디자인**

테이블 사이의 관계를 수정하려면 해당 데이터베이스의 **데이터베이스 다이어그램**을 우측 마우스로 클릭하여 나타나는 그림 7-15의 화면에서 **새 데이터베이스 다이어그램**을 클릭한다.

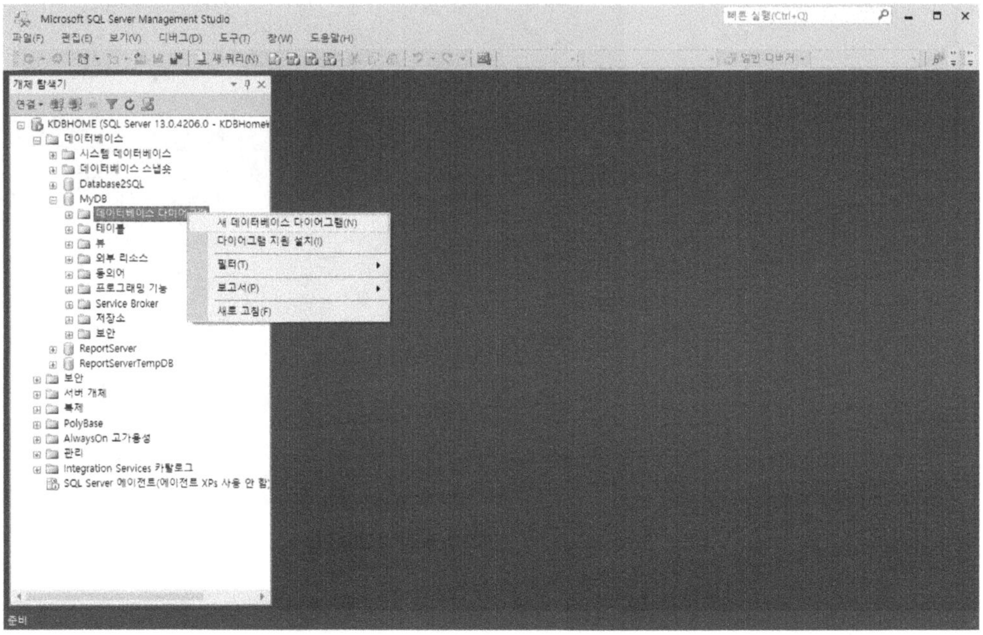

그림 7-15 • **새 데이터베이스 다이어그램**

그러면 액세스에서와 비슷하게 **테이블 추가** 상자가 나타나고 테이블을 추가하면 그림 7-16과 같이 테이블 간의 관계를 보여주는 화면이 나타나는데 역시 선에 마우스를 대고 우측 마우스를 클릭하여 나타나는 메뉴에서 관계 삭제나 그림 우측에 보이는 속성 창에서 Foreign Key 혹은 Insert/Delete 시의 속성 등을 설정할 수 있다.

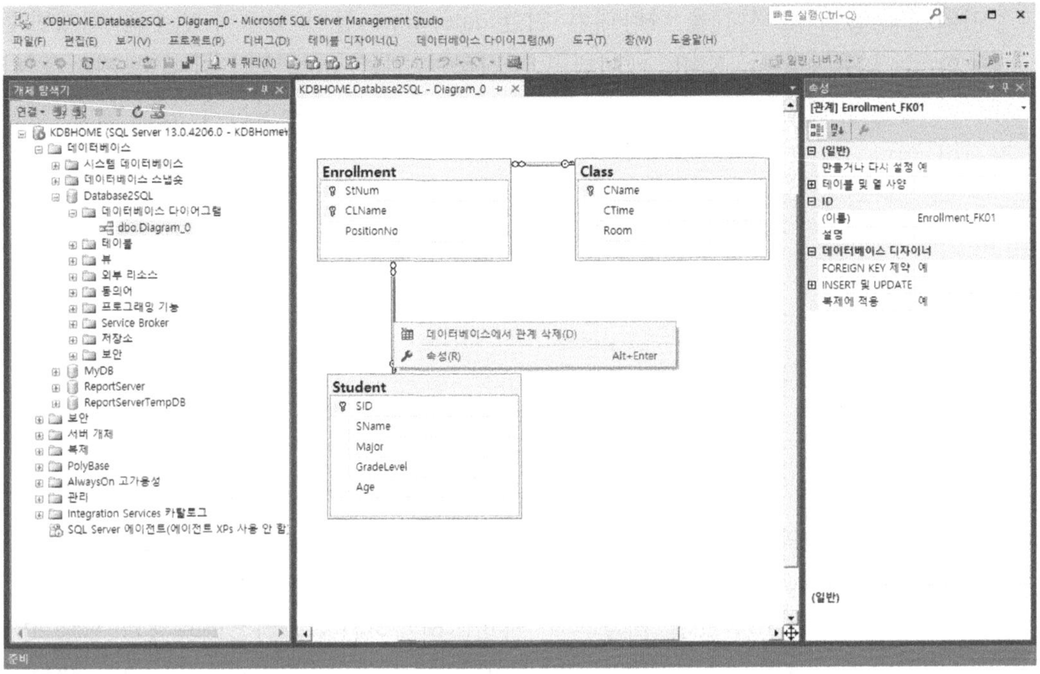

그림 7-16 • **데이터베이스 다이어그램에서 관계 편집**

7.2.2 데이터 형식

정수는 차지하는 저장소 크기에 따라 bigint, int, smallint, tinyint가 있는데 각각 8, 4, 2, 1 바이트가 할당되어 가질 수 있는 정수 값이 예를 들어 tinyint의 경우 0 ~ 255가 된다. Numeric과 decimal은 같은 데이터 형식으로 전체자리수와 소수 자리수가 고정되어 decimal(8,3)과 같이 사용한다. Bit는 0,1 그리고 null 값을 가질 수 있으며 money와 smallmoney는 통화를 나타내기 위한 것으로 각각 8, 4 바이트 의 크기를 차지한다. 실수를 표현하기 위한 데이터 형식으로 float와 real이 있는데 real은 4 바이트로 부동 소수점 숫자 데이터를 표현하는데 반해 float는 값에 따라 크기가 달라진다.

문자열을 나타내기 위한 데이터 형식으로 char, varchar, text가 있는데 char는 고정길이, varchar는 가변길이의 문자를 나타내기 위한 것이고 text는 대용량의 유니코드 및 비 유니코드 문자와 이진 데이터를 저장하기 위한 고정 및 가변 길이 데이터 형식이다. 유니코드 문자열을 위한 nchar, nvarchar, ntext는 기본적으로 char, varchar, text와 각각 동일하나 유니코드를 지원하여 여러 언어를 지원하는 경우에 사용하는 데이터 형식이라는 점이 다르다. 고정 또는 가변 길이의 이진 문자열을 위한 데이터 형식으로 binary, varbinary가 있다.

이외에도 날짜 및 시간을 나타내기 위한 date, time 등이 있으며 변수와 매개변수를 참조할 수 있는 cursor, XML 데이터를 저장하기 위한 xml, 공간 데이터 저장을 위한 데이터 형식과 테이블 반환 함수의 결과인 테이블을 임시 저장하기 위한 table 데이터 형식이 있다.

7.3 데이터 적재

테이블이 만들어진 다음 데이터를 적재하게 된다. 테이블에 데이터를 넣기 위해서는 쿼리 창에서 SQL의 INSERT INTO 테이블이름 VALUES (field1, field2,..) 구문과 같이 쓰면 되지만 다른 형식으로 되어 있는 많은 양의 데이터를 적재하기 위해서는 그림 7-17의 데이터베이스를 우측 마우스로 클릭하여 나타나는 단축메뉴에서 **[테스크]** → **[데이터가져오기]**를 클릭한다. 데이터 가져오기 비슷한 과정의 **데이터 내보내기**로 데이터베이스를 오라클 데이터베이스 파일이나 엑셀 파일로 저장하는 것도 가능하다.

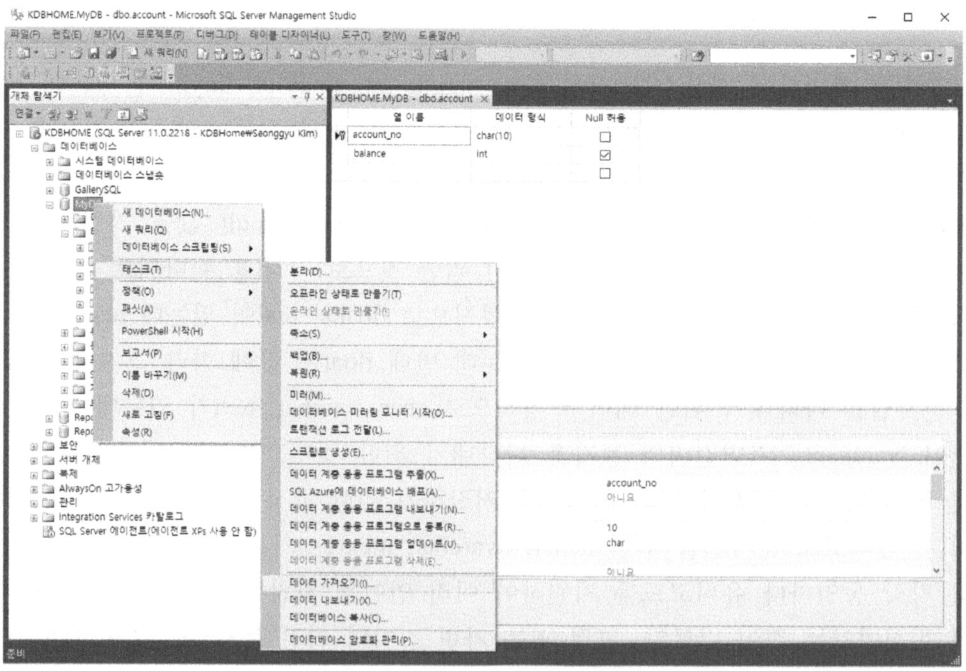

그림 7-17 • **데이터 가져오기**

SQL Server 가져오기 및 내보내기 마법사 시작 창이 열리면 **다음** 단추를 클릭한다. 그림 7-19의 데이터 원본 선택 화면이 나타나면 형식에 맞는 데이터 원본을 풀다운 메뉴를 클릭하여 선택한다. 엑셀과 같은 오피스 제품의 형식의 데이터 원본을 선택하고 **다음** 단추를 클릭하였을 때 "**Microsoft.ACE.OLEDB.12.0 공급자는 로컬 컴퓨터에 등록할 수 없습니다.**"와 같은 오류가 나타나는 경우에는 마이크로소프트사에서 2007 Office System 드라이버: 데이터 연결 구성요소를 다운 받아 설치한 후 **다음** 단추를 클릭한다.

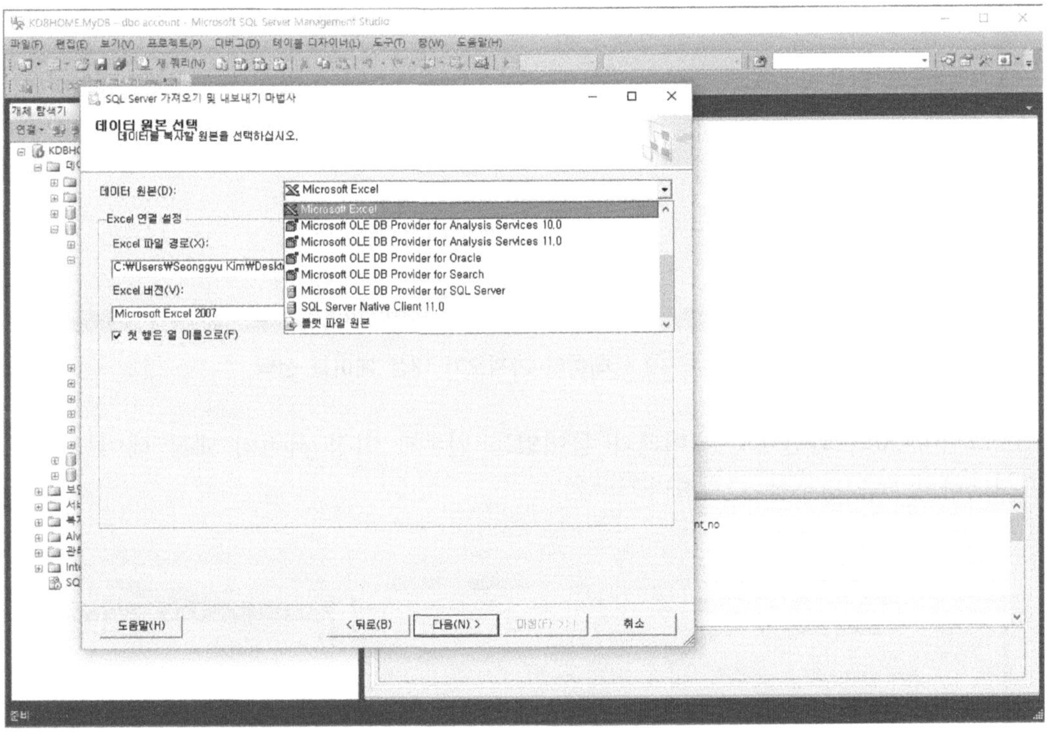

그림 7-18 • **데이터 원본 선택 창**

그림 7-19의 화면이 나타나면 데이터를 넣을 서버이름, 인증 방식 그리고 데이터베이스 이름을 선택하고 **다음** 단추를 클릭한다.

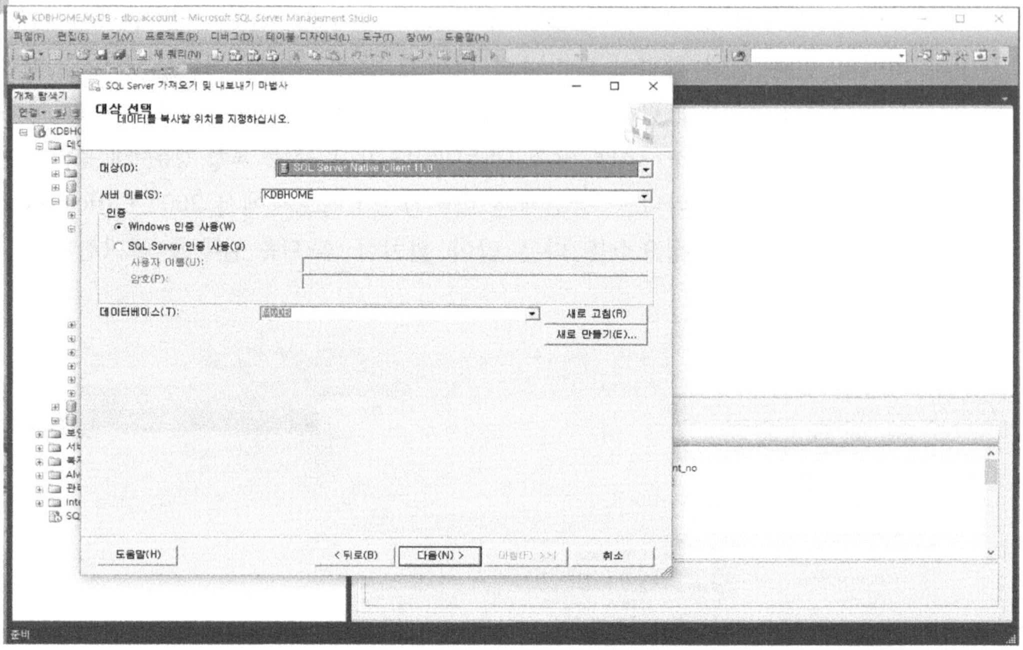

그림 7-19 • **데이터 가져오기 대상 테이블 선택**

그림 7-20의 화면에서 데이터가 들어있는 원본과 지정 서버의 대상 테이블 이름을 선택하고 다음 단추를 클릭한다.

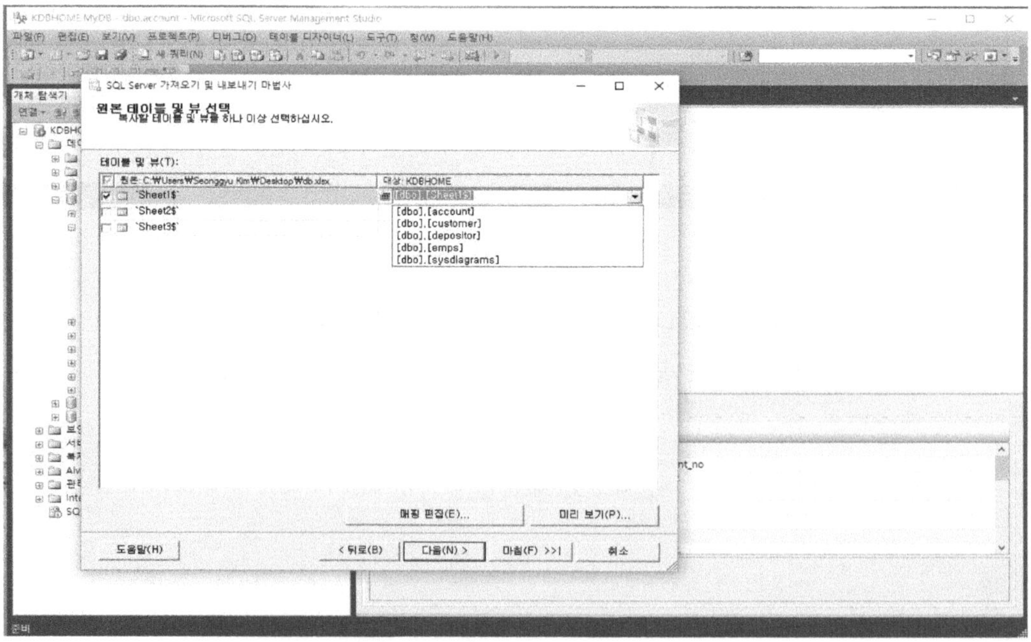

그림 7-20 • **원본 테이블 및 뷰 선택 화면**

매칭편집 단추를 통해 데이터 원본의 어떤 부분을 지정 테이블의 어떤 필드와 연결할지를 편집할 수 있으며, 미리보기 단추를 통해 테이블에 데이터가 어떻게 적재되는지를 확인할 수 있다. 다음 단추를 클릭하면 적재하는 과정을 보여주는 화면이 잠시 나타나고 완료되면 그림 7-21의 가져오기 성공 화면이 나타난다.

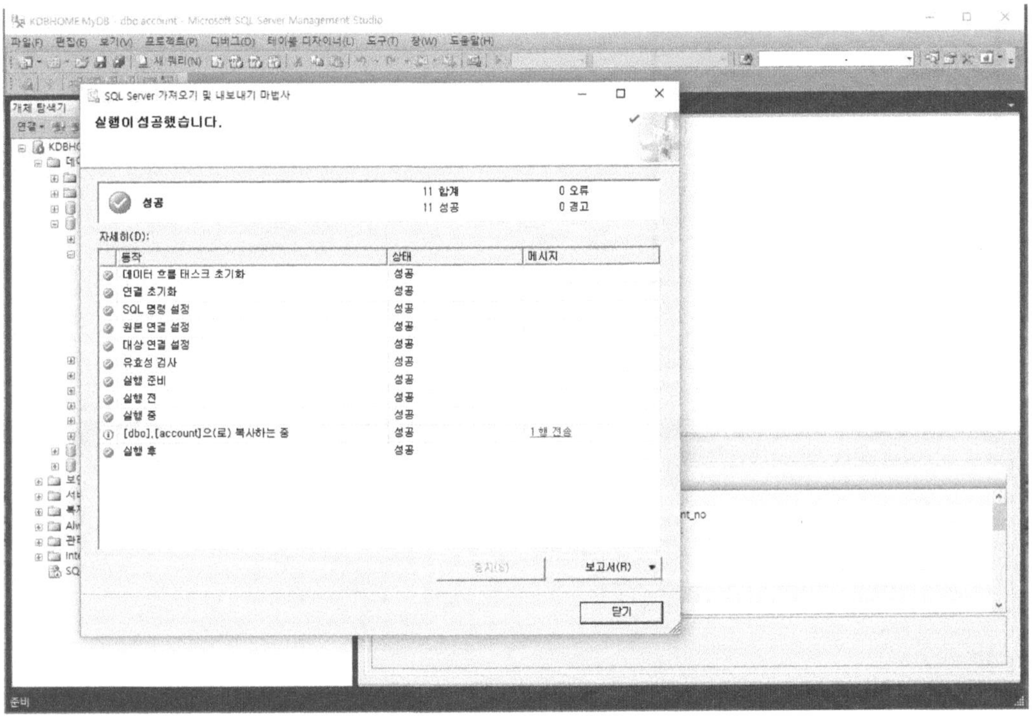

그림 7-21 • **가져오기 성공 화면**

그림 7-22는 가져온 데이터 내용을 확인하기 위한 SQL SELECT 구문을 실행한 결과를 보여준다.

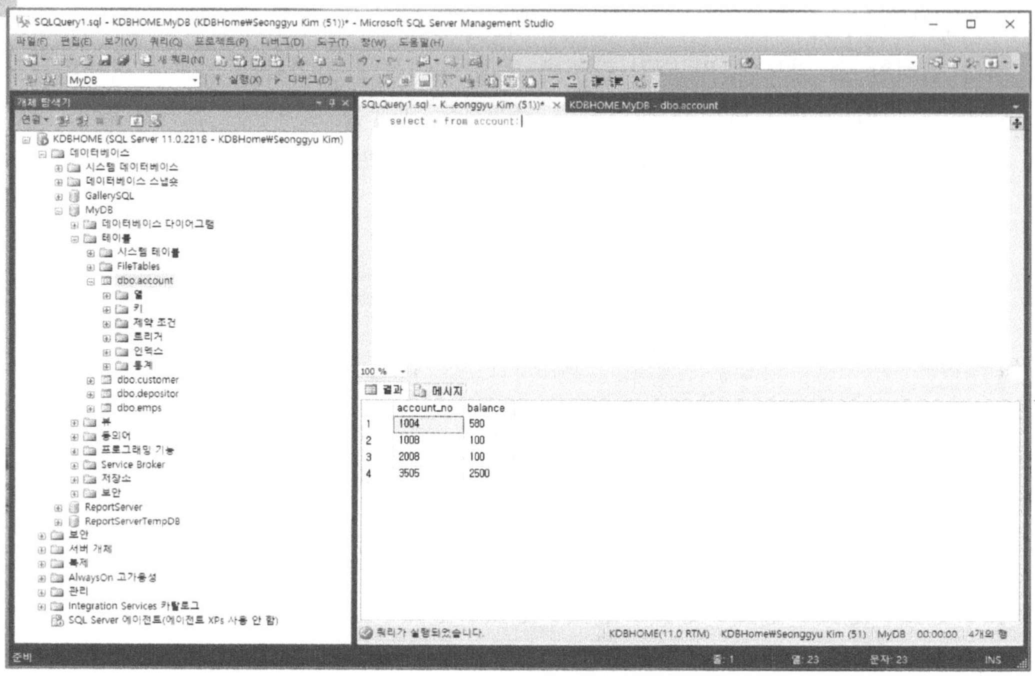

그림 7-22 • **가져온 데이터 SQL로 확인하는 화면**

7.4 새 쿼리

쿼리(Query)는 테이블에서 데이터를 불러와서 사용자가 원하는 형식으로 가공을 해서 보여주거나 데이터베이스의 데이터 단순 조회, 추가, 삭제, 수정 등을 할 수 있으며 새로운 테이블을 만들 수도 있다.

그림 7-23에서처럼 작업하려는 데이터베이스를 우측 마우스로 클릭하여 나타나는 단축메뉴에서 새쿼리를 클릭하거나 데이터베이스 선택 후 메뉴의 새 쿼리(새 쿼리(N)) 아이콘을 클릭하며 그림 7-4에서 보았듯 쿼리를 입력할 수 있는 창이 나타난다.

그림 7-24는 쿼리 입력 창에 SQL 문을 실행시켜 쿼리를 위해 사용할 예제 테이블을 보여준다. SQL을 사용하여 쿼리를 작성하는데 비록 SQL이 표준이기는 하지만 DBMS 회사마다 표준 SQL을 서로 다르게 확장 구현하여 오라클의 SQL 구문이 MS SQL Server에서는 수정하지 않고는 실행되지 않을 수 있다. MS SQL Server의 Transact-SQL (TSQL)에 대해 알아본다.

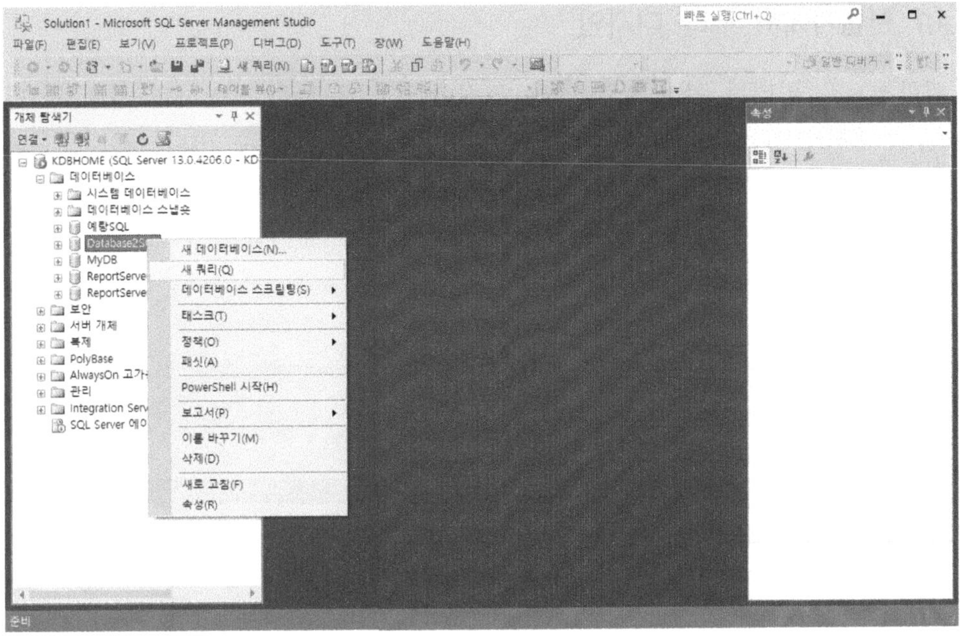

그림 7-23 ● **새 쿼리 메뉴**

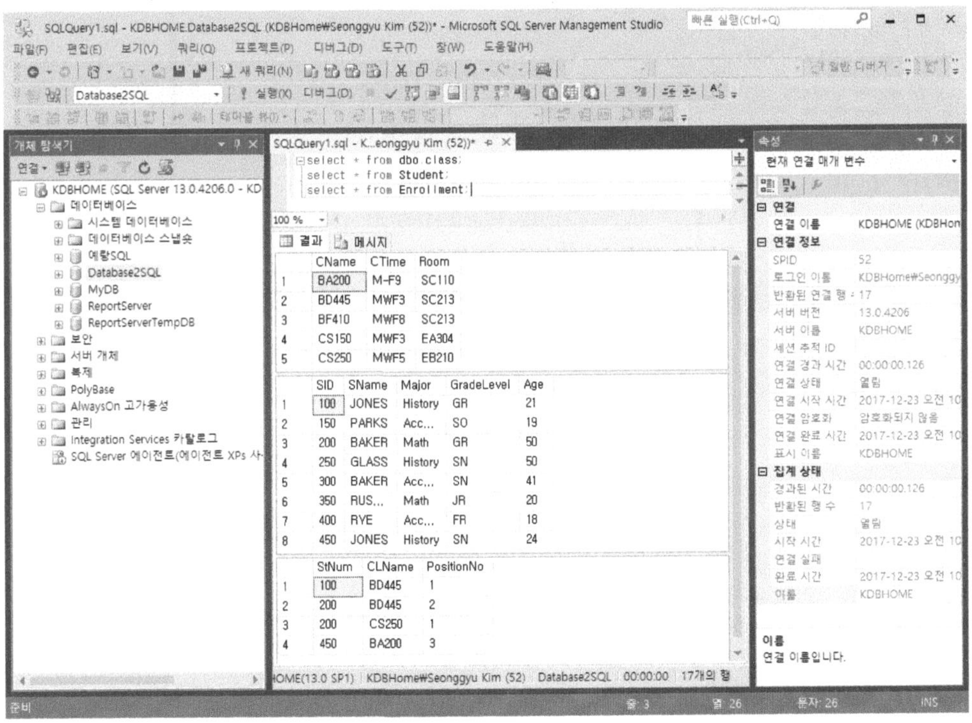

그림 7-24 ● Student, Class와 Enrollment 테이블

7.4.1 편집기에서 쿼리 디자인

일반적으로 쿼리는 쿼리 입력 창에 적절한 SQL 문장을 작성하여 실행시키면 되며 [쿼리] → [구문분석]을 통해 미리 쿼리 구문의 오류를 파악할 수 있다. SQL 구문을 쉽게 작성하기 위해서 그림 7-25에서와 같이 메뉴를 클릭하여 나타나는 메뉴에서 편집기에서 쿼리 디자인을 클릭한다. 그러면 그림 7-26과 같은 테이블을 추가할 수 있는 **쿼리 디자이너** 창이 나타난다.

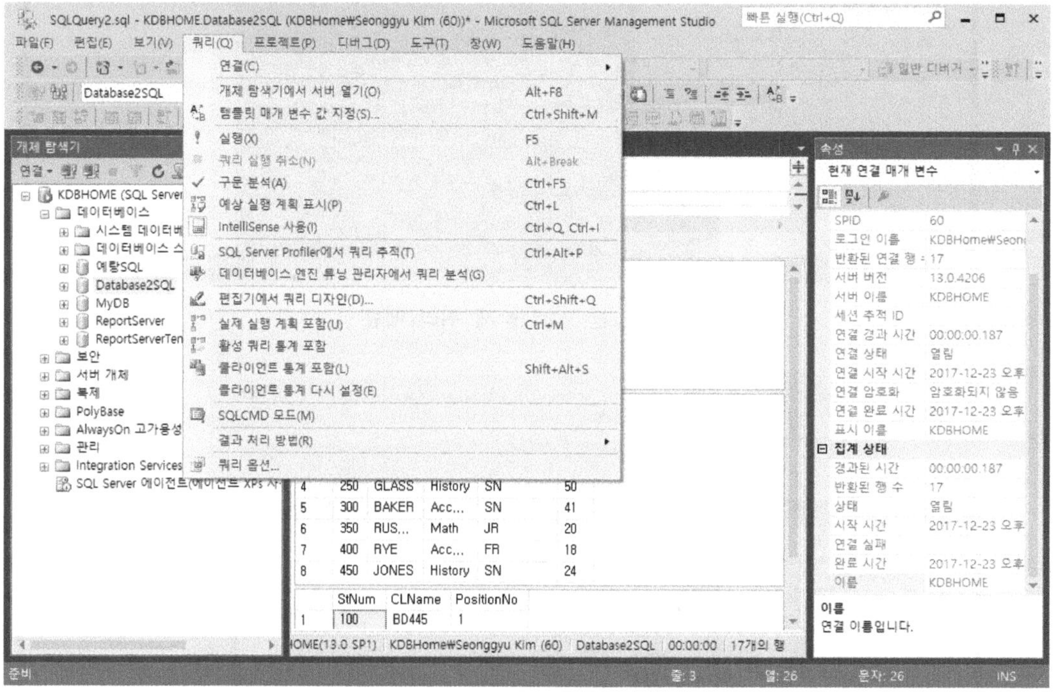

그림 7-25 • **편집기에서 쿼리 디자인**

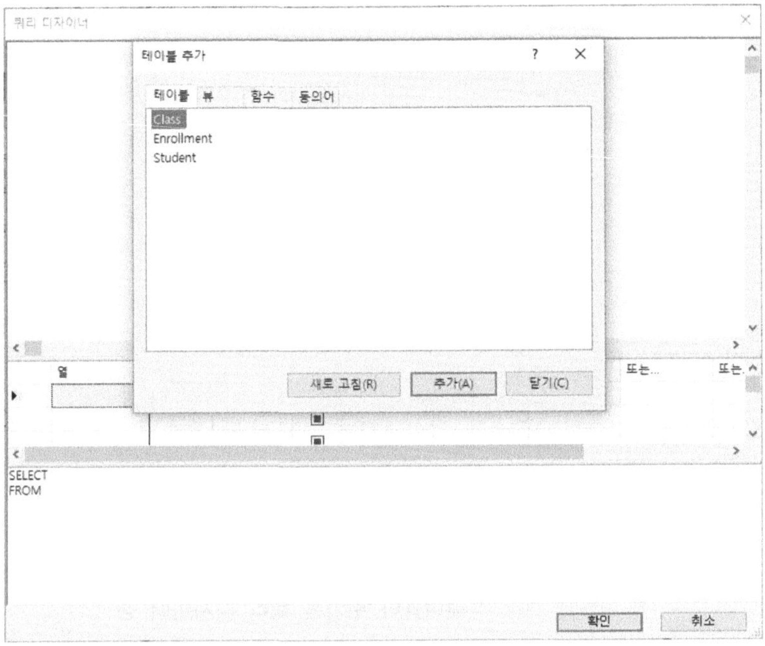

그림 7-26 • **쿼리 디자이너 창에서 테이블 추가**

쿼리에 사용할 테이블을 추가하고 출력할 애트리뷰트 이름을 선택하여 필드이름 앞에 ☑이 나타나게 하면 그림 7-27 하단에 보는 것과 같이 SQL 문이 자동으로 입력되어 있는 것을 확인할 수 있다. 테이블을 다 추가하고 출력할 애트리뷰트 이름을 선택한 다음에 **테이블 추가** 창의 **닫기** 단추를 클릭하고 **쿼리 디자이너** 창의 닫기 **확인** 단추를 클릭하면 그림 7-28 에서와 같이 SQL 문이 입력되어진 것을 확인할 수 있고 이를 그대로 실행시키거나 **쿼리** 메뉴의 **예상 실행 계획** 등을 보고 수정이 필요하면 수정한 다음 실행시키면 된다.

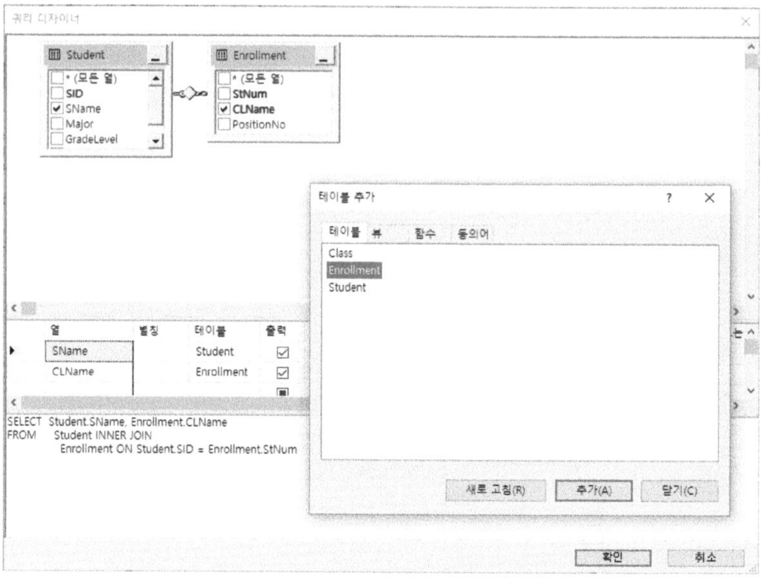

그림 7-27 • **테이블이 추가된 쿼리 디자이너 창**

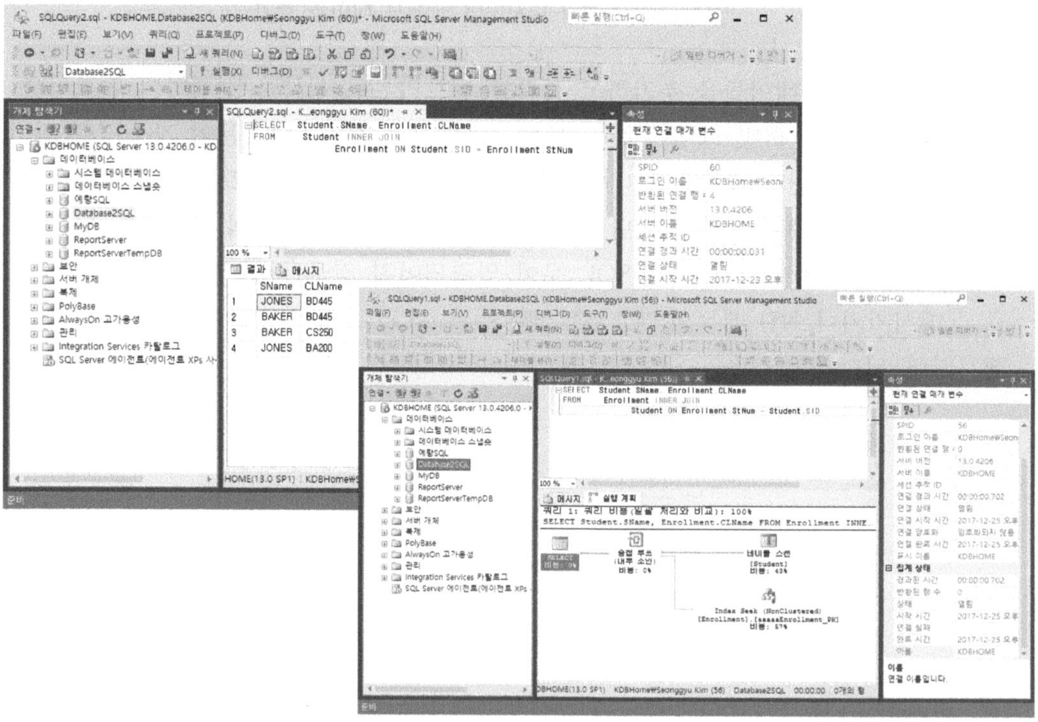

그림 7-28 • **쿼리 창의 SQL과 쿼리 실행 계획**

7.4.2 조인(join)의 종류

내부 조인(inner join)은 따로 선언하지 않는 한 기본 조인으로 양쪽 테이블이나 뷰(view)에서 조인 조건과 일치하는 행이 하나 이상 있을 때만 행을 반환하며 다른 테이블의 행과 일치하지 않는 행은 삭제한다. 그러나 외부 조인(outer join)은 FROM 절에 지정된 하나 이상의 테이블이나 뷰에서 WHERE 또는 HAVING 검색 조건을 만족하는 모든 행을 반환한다. 외부 조인에는 왼쪽 우선, 오른쪽 우선 그리고 완전 외부 조인이 있는데 왼쪽 우선 외부 조인은 조인에 사용되는 두 테이블 A와 B 중 왼쪽에 위치한 A 테이블에서 모든 행이 포함되고 오른쪽 우선 외부 조인은 B 테이블에서 모든 행이 포함된다. 완전 외부 조인에서는 검색 조건에 상관없이 양쪽 테이블의 모든 행이 반환된다. 상호 조인(cross join)은 관계대수의 Cartesian Product에 해당한다.

그림 7-29은 SQL join, 그림 7-30는 내부 조인, 그림 7-31은 왼쪽 우선 외부 조인, 그림 7-32은 오른쪽 우선 외부 조인의 예를 보여준다. 그림 7-30에서 내부 조인은 그림 7-29의 기본적인 조인과 같은 결과를 생성하지만 구문이 다르다는 점에 주목해야 한다. 또한 그림 7-31과 7-32에서 보듯 왼쪽 우선 내부 조인의 결과와 오른쪽 우선 내부 조인의 결과가 다르다는 사실에 주목해야 한다.

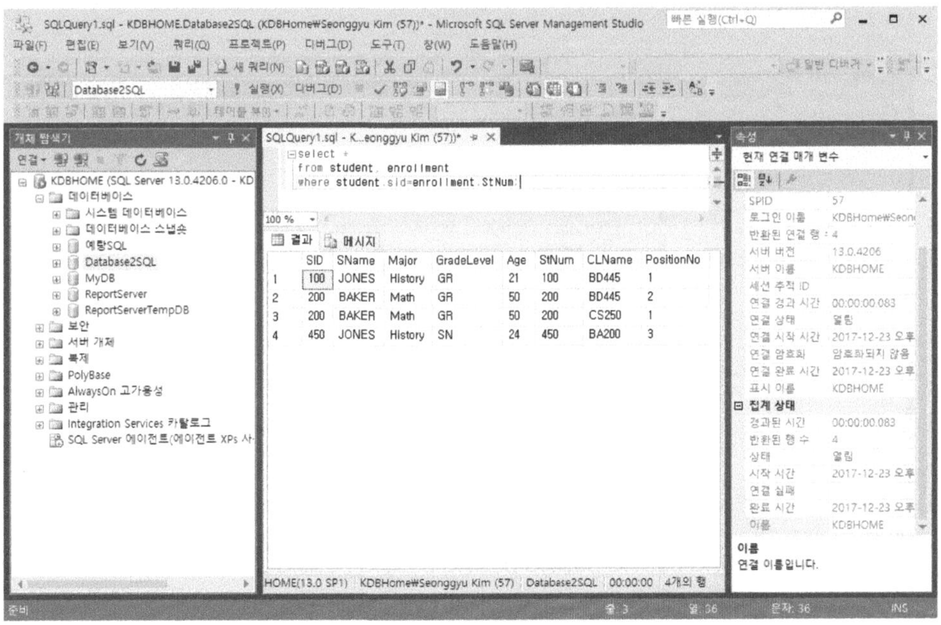

그림 7-29 • SQL Join

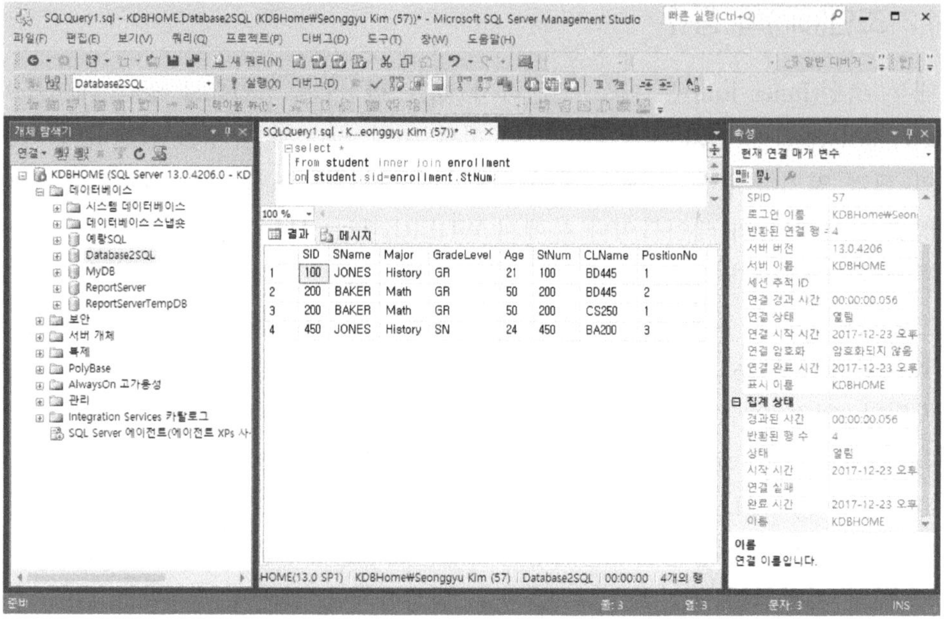

그림 7-30 • Inner Join

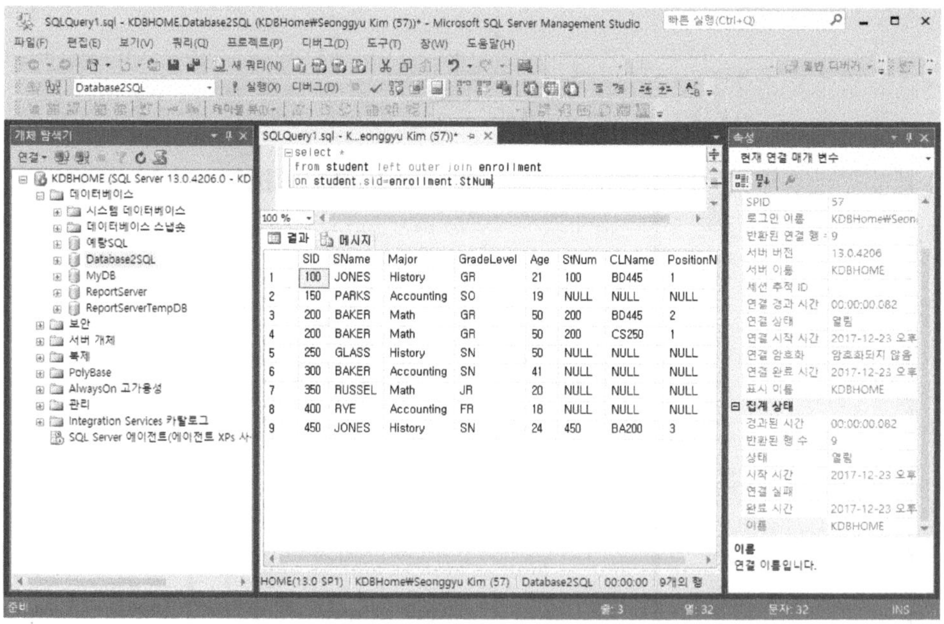

그림 7-31 • Left Outer Join SQL

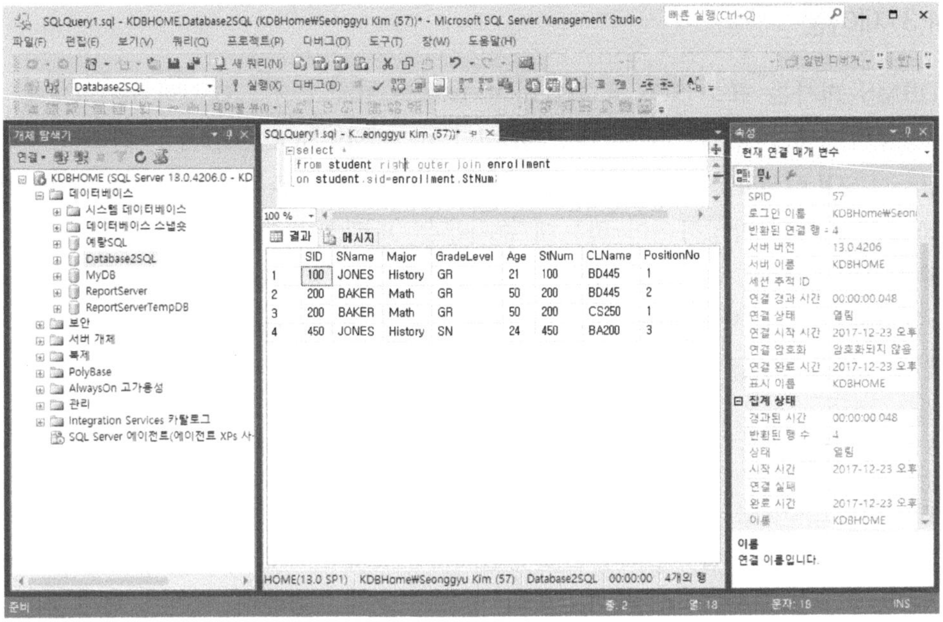

그림 7-32 • Right Outer Join SQL

그림 7-33는 student 테이블과 class 테이블의 상호 조인 결과를 보여주는데 일반적으로 select * from student, class를 실행해도 해도 같은 결과를 얻게 된다.

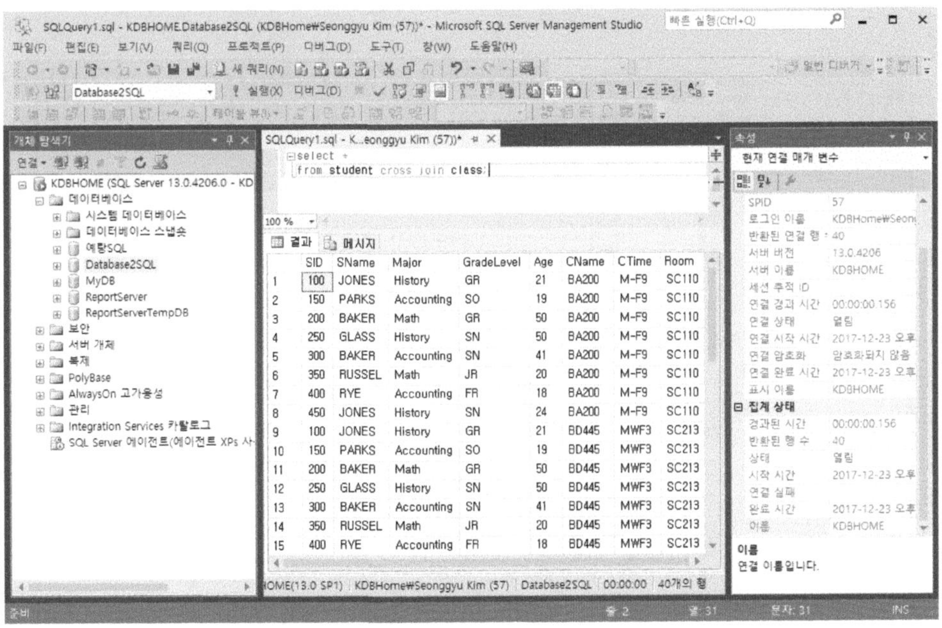

그림 7-33 • 상호 조인 SQL

7.4.3 제어문

DBMS 회사는 표준 SQL의 확장하여 절차적 프로그램을 작성할 수 있도록 제어문을 제공하고 있는데 오라클은 PL/SQL이라 하고 MS SQL Server는 전술한 바와 같이 Transact-SQL(TSQL)이라 한다. 일반적으로 프로그램은 순차문, 반복문, 선택문의 제어 구조를 사용하여 작성하여야 하는데 순차문은 프로그램 코드의 실행이 위에서 아래로 이루어져야 한다는 의미이고 while 구문에서와 같이 반복문은 같은 코드를 조건이 맞는 한 계속해서 다시 실행한다는 의미이며 if 구문이나 case 구문처럼 선택문은 지정한 조건에 맞는 코드를 실행한다는 의미이다.

7.4.3.1 반복문

WHILE 반복문은 WHIEL 다음에 나오는 조건이 참인 동안 하나의 코드 혹은 블록으로 이루어진 코드를 반복하여 실행한다. WHILE과 함께 주로 사용되는 Transact-SQL 문에는 BREAK와 CONTINUE가 있는데 프로그램에서 처리할 행이 더 없는 경우 BREAK 문, 코드를 계속 실행해야 하는 경우에 CONTINUE 문을 사용한다.

그림 7-34은 Class 테이블의 최대 수강인원의 평균이 25보다 작으면 각 과목의 최대 수강 인원을 두 배로 하는데 그 결과 만약 최대 수강인원의 제일 큰 값이 50보다 크면 끝내고 그렇지 않으면 다시 While 문을 반복한다. 최대 수강인원의 평균이 25 이상이면 메시지 창에 “강의실 수용 인원 초과”를 출력하고 마친다.

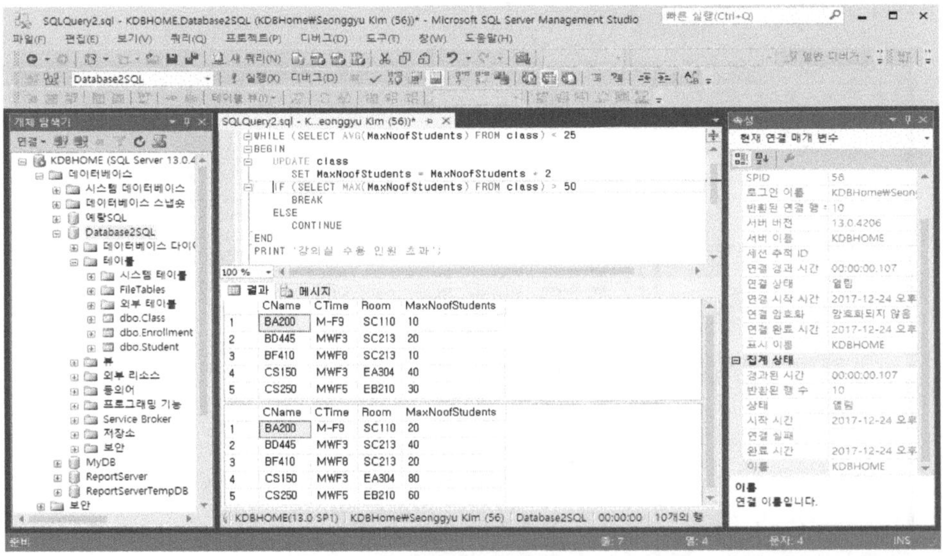

그림 7-34 • WHILE 문

7.4.3.2 선택문

선택문에는 IF ELSE 문과 CASE 문이 있는데 IF condition A ELSE B와 같이 사용되는 IF 문은 condition이 맞으면 A 아니면 B를 실행하는 구문이며 그림 7-35에서와 같이 BEGIN END를 같이 사용하는 것이 필요하다.

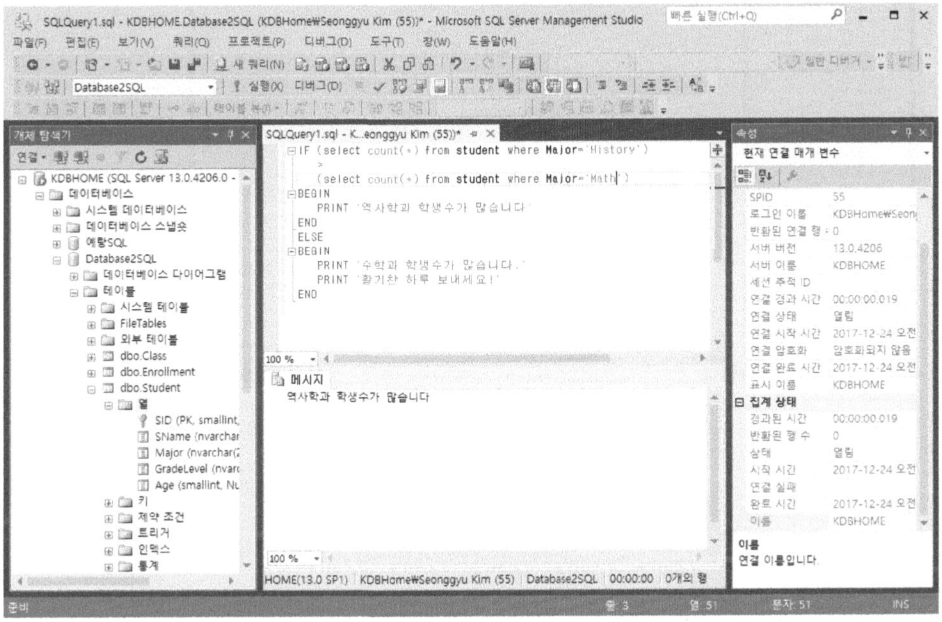

그림 7-35 • IF ELSE

CASE 문은 조건 목록을 평가하고 가능한 여러 결과 식 중 하나를 반환하는데 여기에는 두 가지 형식이 있다. 단순 CASE는 특정 식을 일련의 단순 식과 비교하여 결과를 결정하고 검색된 CASE 식은 일련의 부울 식을 평가하여 결과를 결정한다. 두 가지 형식 모두 선택 사항인 ELSE 인수를 지원한다.

CASE는 유효한 식이 허용되는 모든 문 및 절에 사용할 수 있다. 예를 들어 SELECT, UPDATE, DELETE 및 SET과 같은 문과 IN, WHERE, ORDER BY 및 HAVING과 같은 절에 CASE를 사용할 수 있다.

그림 7-36는 CASE 문의 사용 예를 보여준다. 최대 학생 수가 10명 이상 30명 미만이면 아리관 301에, 30명 이상 50명 미만이면 아리관 306에, 50명 이상이면 아리비전 101에 배정하고 그 외에는 강의실 배정 내용이 없다는 결과를 출력한다.

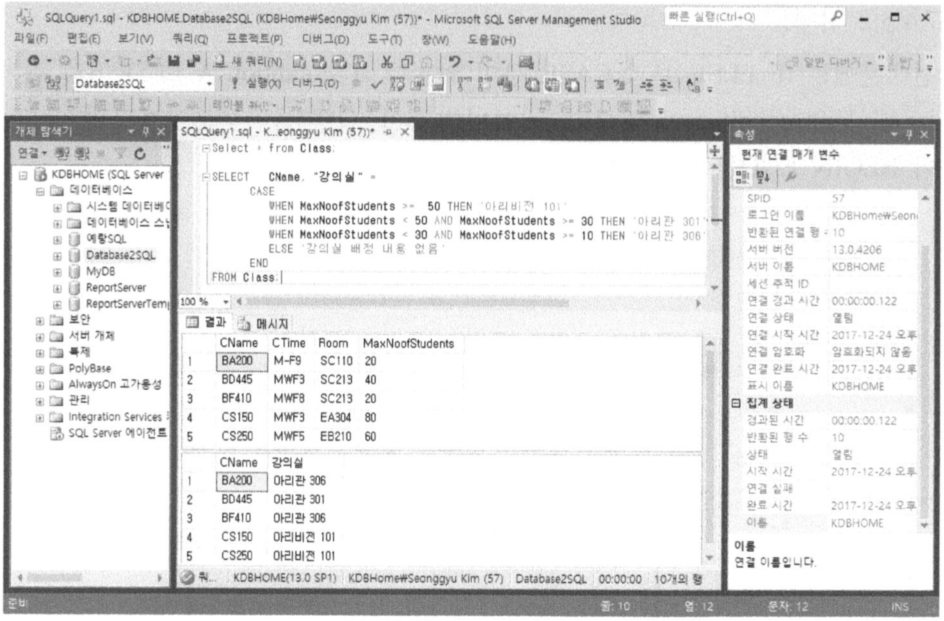

그림 7-36 • CASE

7.5 트랜잭션(Transaction)

트랜잭션은 작업의 한 단위로 트랜잭션이 성공하면 트랜잭션 동안 이루어진 모든 데이터 수정은 완료(commit)되어 데이터베이스에 영구적으로 저장되지만 트랜잭션에 오류가 발생하여 취소되거나 롤백(rollback)되면 모든 데이터 수정은 지워지는 특징을 가지고 있다. 일반적으로 실행되는 개별 SQL 문장은 자동 완료되는 트랜잭션이며 한 단위의 작업으로 이루어진 트랜잭션은 BEGIN TRANSACTION문으로 시작하여 END TRANSACTION으로 끝난다.

다음은 Class 테이블에서 CName이 CS150인 과목을 지우는 트랜잭션이다. BEGIN TRANSACTION을 사용하면 트랜잭션이 완료되거나 롤백될 때까지 사용하는 테이블의 잠금(lock)을 유지하게 된다.

```
BEGIN TRANSACTION
DELETE FROM CLASS
```

```
    WHERE CName = 'CS150'
COMMIT TRANSACTION
```

그림 7-37은 DELETE 문을 트랜잭션으로 선언하고 COMMIT을 하지 않은 채 ROLLBACK을 과목 CS150을 삭제하기 전의 상태로 돌아가는 것을 보여준다.

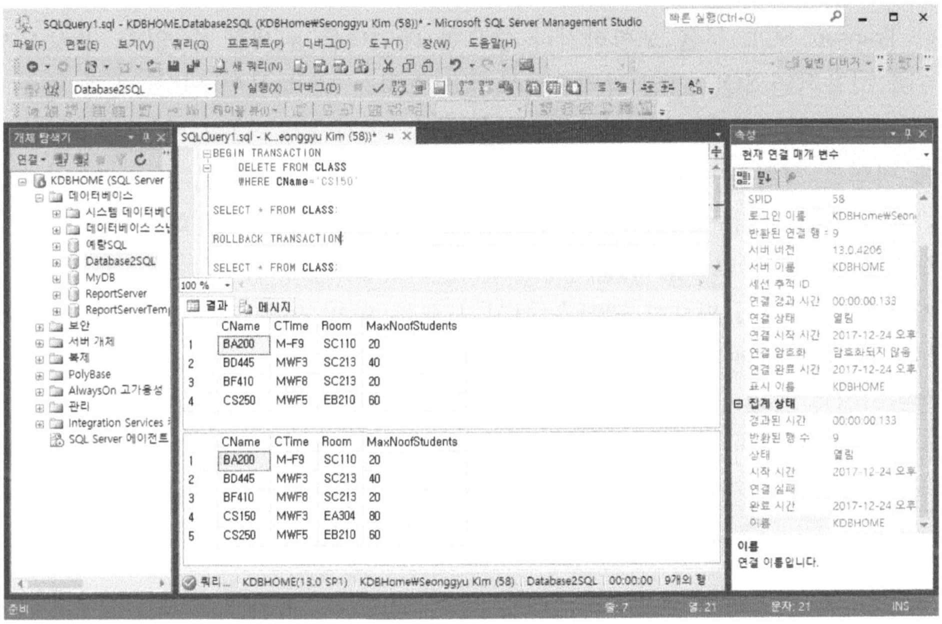

그림 7-37 • Transaction Rollback

7.6 저장프로시저(Stored Procedure)

저장 프로시저(stored procedure)는 하나 이상의 Transact-SQL 문을 마치 하나의 함수처럼 실행하기 위한 쿼리의 집합이며 저장 프로시저를 만들기 위해서는 데이터베이스의 CREATE PROCEDURE 권한과 프로시저를 만들 스키마에 대한 ALTER 권한이 필요하다.

저장 프로시저를 사용할 경우 이점은 다음과 같다. 우선 하나의 프로시저 명령으로 여러 SQL 문을 일괄 처리 코드로 실행하기에 서버/클라이언트 네트워크 부하가 감소한다. 또한 여러 사용자 및 클라이언트 프로그램이 기본 데이터베이스 개체에 대한 직접적인 사용 권한이 없는 경우에도 프로시저를 통해 이러한 기본 개체에 대해 작업을 수행할 수 있다. 프로시저는 수행되는 프로세스 및 작업을 제어하고 기본 데이터베이스 개체를 보호한다. 따라서 개별 개체 수준에서 사용 권한을 부여할 필요가 없으며 보안 계층이 간소화된다. 게다가 네트워크를 통해 프로시저를 호출하면 프로시저를 실행할 호출만 표시되기에 악의적인 사용자가 테이블 및 데이터베이스 개체 이름을 보거나 Transact-SQL 문을 포함하거나 중요한 데이터를 검색할 수 없다. 프로시저 매개변수를 사용하면 SQL 삽입 공격으로부터 보호하는 데 도움이 된다. 매개 변수 입력은 실행 코드가 아니라 리터럴 값으로 처리되므로 공격자가 프로시저 내의 Transact-SQL 문에 명령을 삽입하여 보안을 손상시키기가 보다 어렵게 된다.

반복적인 모든 데이터베이스 작업 코드는 프로시저에서 캡슐화하기에 가장 완벽한 대상으로 이러한 코드를 캡슐화하면 같은 코드를 다시 작성할 필요가 없으며, 코드 불일치가 감소되고, 필요한 권한을 가진 사용자 또는 응용 프로그램에서 코드에 액세스하여 코드를 실행할 수 있다.

클라이언트 응용 프로그램에서 프로시저를 호출하고 데이터베이스 작업을 데이터 계층에 유지하면 기본 데이터베이스의 모든 변경 내용에 대해 프로시저만 업데이트하면 된다. 응용 프로그램 계층은 별도의 계층으로 유지되므로 데이터베이스 레이아웃, 관계 또는 프로세스에 대한 변경 내용을 알 필요가 없어 보다 간편한 유지 관리가 가능하다.

같은 쿼리를 여러 번 실행하면 그 때 마다 쿼리를 컴파일하고 실행계획을 만들어 실행하지만 기본적으로 프로시저는 처음 실행될 때 컴파일되며 이후 실행에 다시 사용되는 실행 계획을 한번만 만든다. 쿼리 프로세서는 새 계획을 만들 필요가 없으므로 일반적으로 프로시저 처리 시간이 줄어들어 성능 향상을 가져온다. 물론 프로시저에서 참조하는 테이블이나 데이터가 크게 변경된 경우에는 미리 컴파일된 계획으로 인해 실제로 프로시저 실행 속도가 느려질 수 있으나 이 경우 프로시저를 다시 컴파일하고 새 실행 계획을 강제 적용하면 성능을 향상시킬 수 있다.

그림 7-38은 매개 변수를 사용하지 않는 저장 프로시저 GetMaxNoofStudents의 예를 보여준다. 그림에서 보는 바와 같이 데이터베이스 개체를 확장하여 나타나는 프로그램 기능 개체를 확장하고 나서 저장프로시저를 확장하면 만든 dbo.GetMaxNoofStudents가 있는 것을 확인할 수 있고 이를 우측 마우스로 클릭하여 나타나는 그림 7-39의 편집화면에서 저장프로시저를 수정할 수 있다. 실행은 EXEC 다음에 프로시저이름인 GetMaxNoofStudents를 입력하거나 G를 입력하면 나타나는 프로시저에서 해당 프로시저를 더블 클릭하고 실행(! 실행(X)) 아이콘을 클릭하면 프로시저가 함수처럼 호출되어

실행된다.

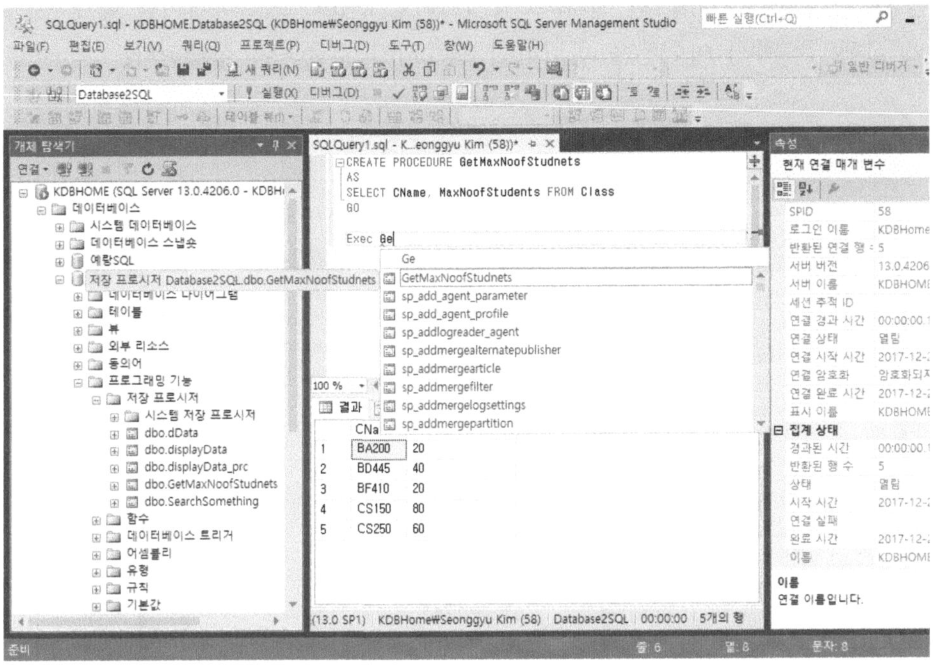

그림 7-38 • **매개 변수를 사용하지 않는 저장 프로시저**

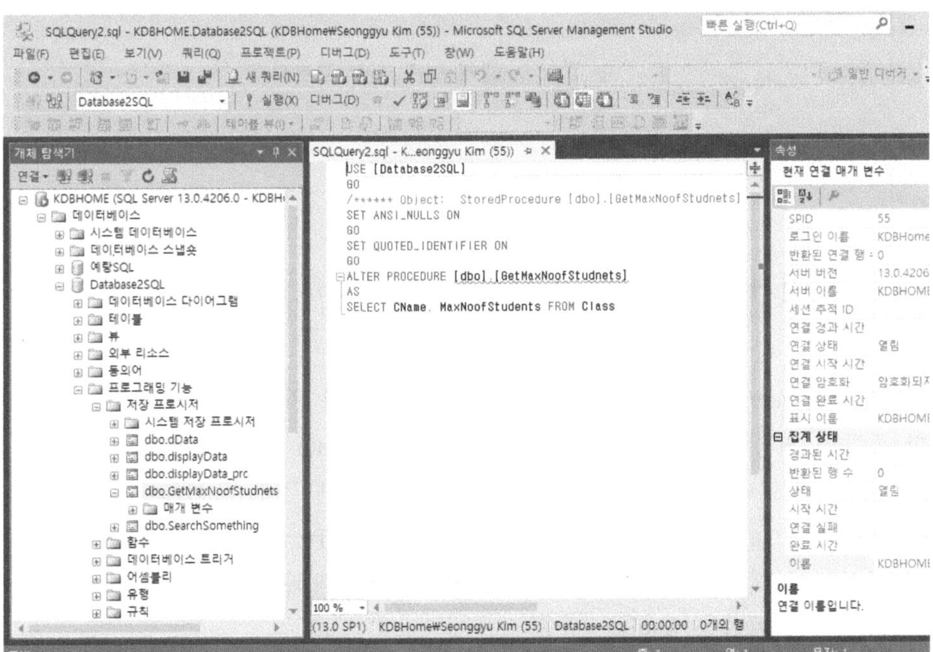

그림 7-39 • **저장 프로시저의 수정**

그림 7-40은 매개 변수를 사용하는 저장 프로시저를 보여준다. 하나 이상의 매개 변수는 ,로 연결하여 작성하면 된다. 그림에서처럼 EXEC 프로시저이름 매개변수를 입력하고 실행(! 실행(X)) 아이콘을 클릭하면 프로시저 호출되어 실행된다.

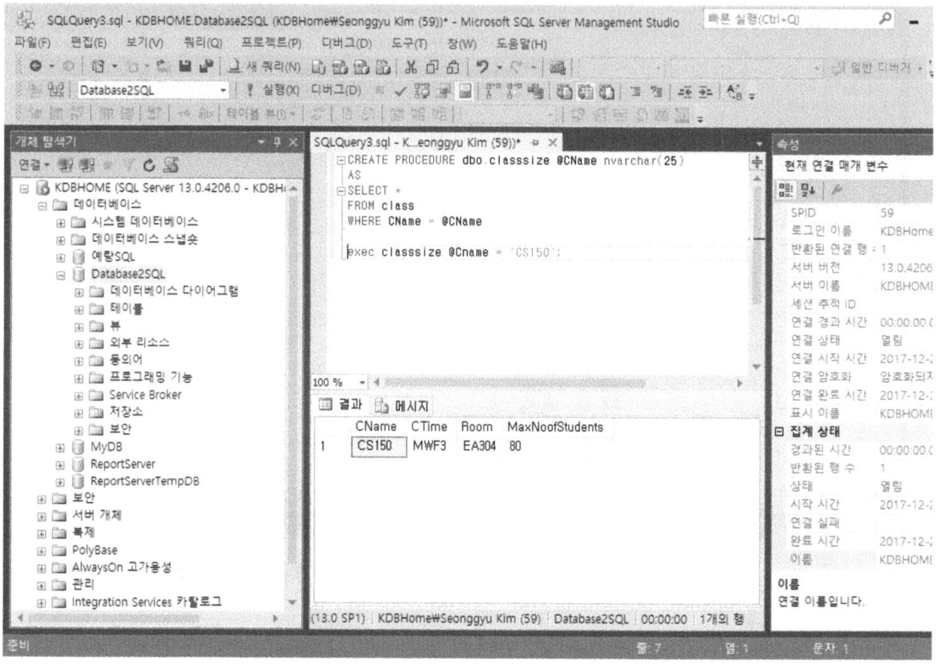

그림 7-40 • **매개 변수 저장 프로시저**

7.7 트리거(Trigger)

트리거(Trigger)는 데이터베이스 서버에서 이벤트가 발생하면 자동으로 실행되는 특수한 종류의 저장 프로시저이다. 트리거에는 DML(Data Manipulation Language), DDL 또는 LOGON 트리거가 있는데 데이터 무결성 유지에 주로 쓰이는 DML 트리거는 테이블이나 뷰에 대한 INSERT, UPDATE 또는 DELETE 등의 데이터를 수정하려는 경우에 실행되며 테이블 행이 영향을 받는지 여부에 관계없이 유효한 이벤트가 발생할 때 이러한 트리거가 작동한다.

그림 7-41는 DML 트리거의 작동 예를 보여준다. 그림에서 보듯 트리거는 CREATE

TRIGGER로 선언하여 만들고 이미 만들어진 트리거는 ALTER TRIGGER로 수정한다.

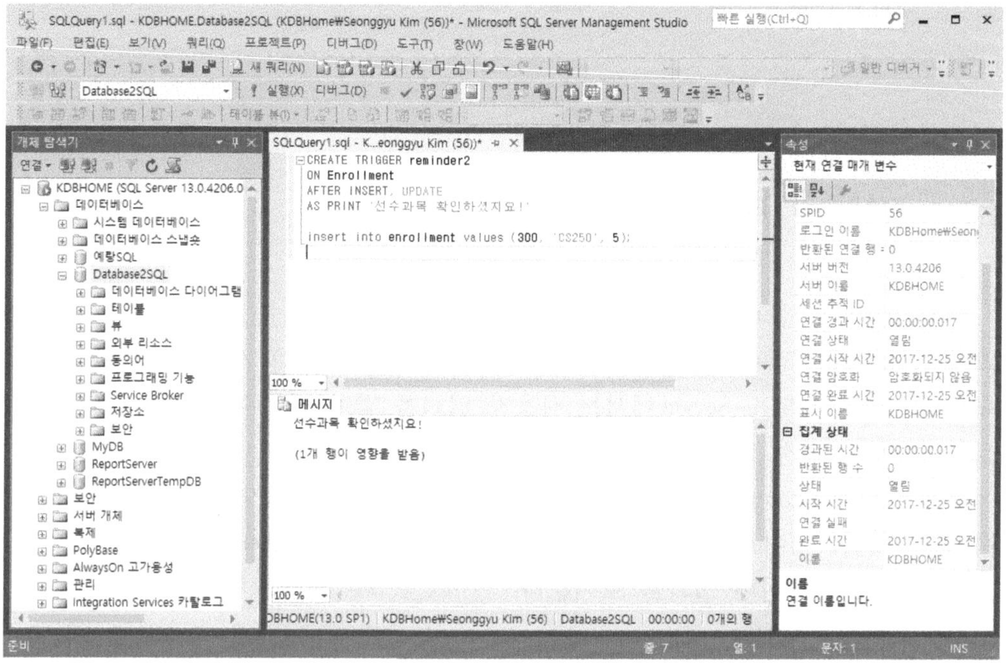

그림 7-41 • **트리거**

7.8 뷰(View)

뷰(VIEW)는 각 사용자가 데이터베이스를 보는 시각에 초점을 맞추어 데이터 조작을 간소화하며 원본 테이블에 직접 액세스할 수 있는 권한을 부여하지 않고 뷰를 통해 데이터에 접근하도록 하기 때문에 보안 기법으로도 사용할 수 있다. 다음 SQL 문은 학과별 수강신청 과목을 뷰로 나타낸 것이다. 뷰의 수정은 ALTER VIEW로 이루어진다.

```
CREATE VIEW ClassforDept
AS
SELECT Student.Major, Enrollment.CName
```

```
FROM Student, Enrollment
WHERE Student.SID = Enrollment.StNum ;
```

7.9 사용자 입력

액세스에서는 [Enter name]으로, Oracle PL/SQL에서는 ACCEPT input_name PROMPT 'Enter name :'과 같이 한 다음 &input_name으로 사용자 입력을 받아들일 수 있다. 하지만 SQL Server에서는 사용자 입력을 받아들일 수 없으며 클라이언트 프로그램에서 사용자 입력을 받아들이도록 하여야 한다.

다음은 Java Scanner와 JDBC(Java DataBase Connectivity) 연결을 통해 사용자 입력을 받아 데이터베이스 테이블에 데이터를 추가하는 프로그램이고 그림 7-42은 클라이언트 프로그램의 실행 결과를 보여준다.

```
import java.util.Scanner;
import java.sql.*;
public class PromptinsertTable
{
     public static void main(String[] argv)
     {
   Connection conn = null;
   PreparedStatement pstmt = null;

   int Result;
   try {
       String url =
            "jdbc:sqlserver://localhost;databaseName
                             =MyDB;integratedSecurity=true";
       Class.forName("com.microsoft.sqlserver.jdbc.
                                          SQLServerDriver");
       conn = DriverManager.getConnection(url);
```

```
        Scanner scanner = new Scanner(System.in);

        System.out.print("Enter your name: ");
        String YName = scanner.nextLine();

        System.out.print("Enter your Phone: ");
        String YPhone = scanner.nextLine();

        String sql =
            "INSERT INTO createTest " + "(name, tel)" + " values (?, ?)";
        pstmt = conn.prepareStatement(sql);

        pstmt.setString(1, YName);
        pstmt.setString(2, YPhone);

        Result = pstmt.executeUpdate();

        System.out.println(Result + " Row inserted");

        pstmt.close();
        conn.close();
    }catch(Exception e)
          {e.printStackTrace(); }
    }
}
```

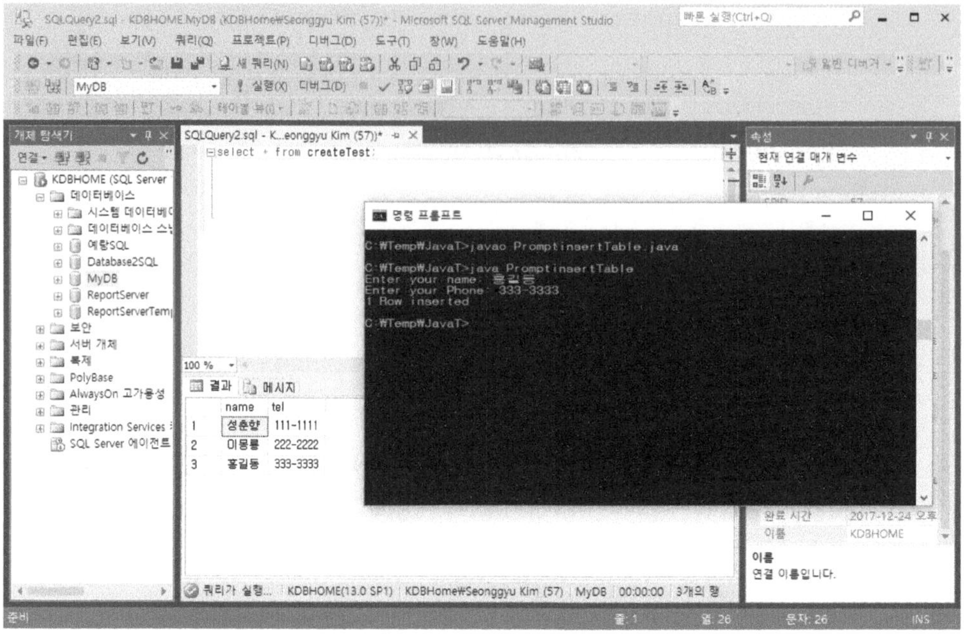

그림 7-42 ● **사용자 입력 클라이언트 프로그램**

7.10 보안

보안 및 사용자 권한 설정을 위해 우선 사용자 등록을 해주어야 한다. 그림 7-41에서 보듯 연결된 서버의 **보안** 개체를 우측 마우스로 클릭하여 나타나는 **새 로그인** 메뉴를 클릭하면 로그인 속성 대화상자가 나타나는데 로그인 이름, 암호 및 기본 데이터베이스를 설정하고 **확인** 단추를 클릭하여 사용자 등록을 한다.

허가된 사용자의 접근을 위한 보안 및 사용자 별 권한 부여를 위해 윈도우 인증 방식으로 되어 있다면 SQL Server 인증 방식으로 바꾸어 주어야 한다. SQL Server의 인증 모드로의 변경은 그림 7-44와 같이 연결된 서버 이름을 우측 마우스로 클릭하여 나타나는 메뉴에서 **속성**을 선택하면 **서버 속성** 대화창이 나타나는데 **페이지 선택**의 **보안**을 클릭하고 서버 인증 방식으로 **SQL Server 및 윈도우 인증 모드**를 선택한 후 **확인** 단추를 클릭한다. 다시 개체탐색기에서 서버를 우측마우스로 클릭하여 나타나는 **다시 시작** 메뉴를 클릭하여 SQL Server Management Studio가 시작되면 서버를 우측마우스로 클릭하여 나타나는 **연결 끊기** 메뉴를 선택 후 **연결** 메뉴를 클릭하면 서버 인증 방식으로 변경된다.

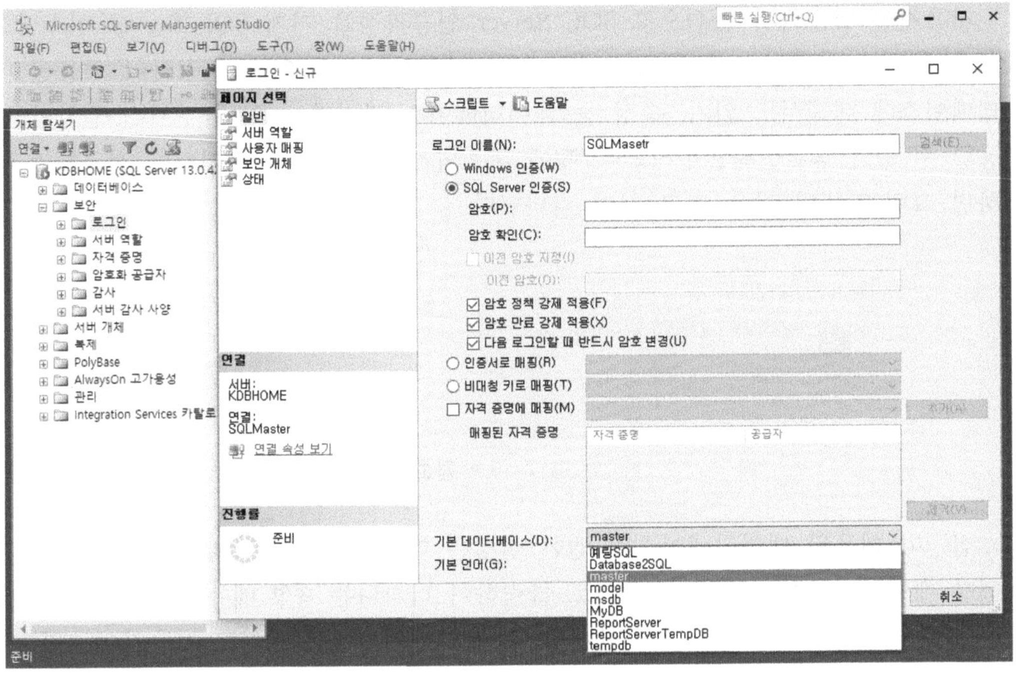

그림 7-43 • **보안 및 권한을 위한 사용자 등록**

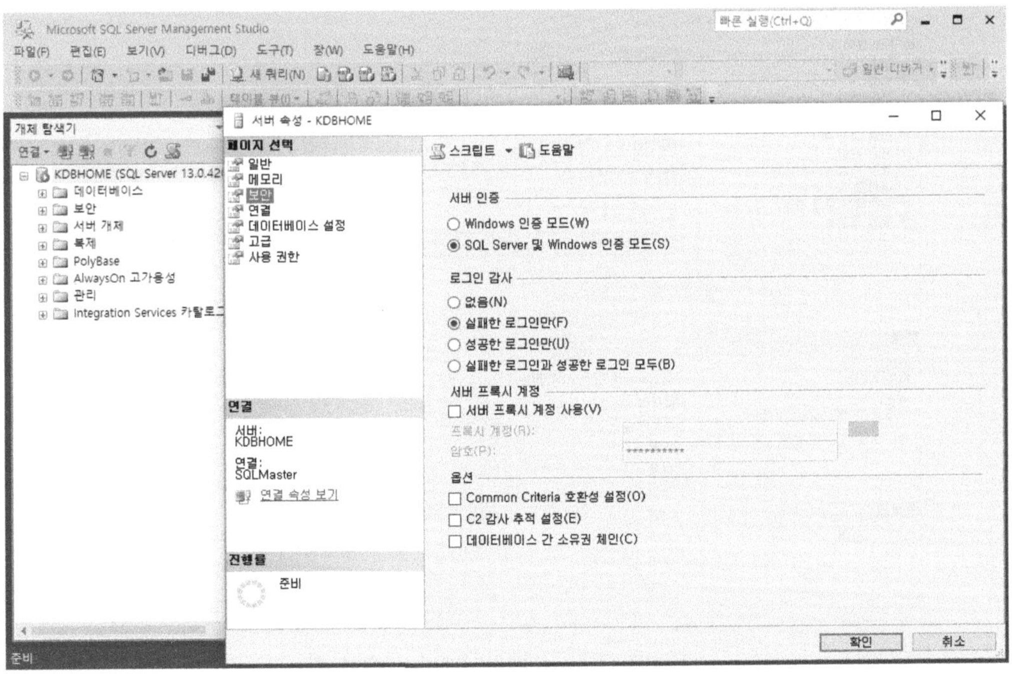

그림 7-44 • **서버 속성 창**

사용자는 암호화된 통신으로 SQL Server 인증과정을 거쳐 SQL Server 인스탄스에 연결된 다음 접근이 허용된 데이터베이스에만 접근할 수 있으며 접근이 허용된 데이터베이스에 대해서도 읽기, 수정 등 데이터베이스 관리자에 의해 부여된 권한만큼 사용할 수 있다. **로그인 속성**의 **사용자 매핑**에 허용되지 않은 데이터베이스에 접근하려 시도하면 그림 7-45와 같은 경고 창이 나타난다.

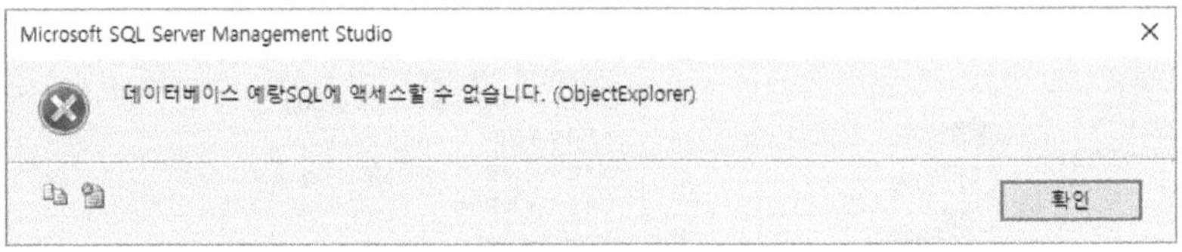

그림 7-45 • **경고 창**

접근이 허용된 데이터베이스의 권한 설정은 데이터베이스 관리자 계정의 사용자가 해당 데이터베이스를 우측 마우스로 클릭하여 나타나는 **속성** 메뉴를 선택하여 나타나는 그림 7-46의 **데이터베이스 속성** 창에서 **사용권한** 페이지를 선택하고 사용자에 대한 명시적 사용권한을 허용 또는 거부 체크박스 클릭을 통해 이루어진다.

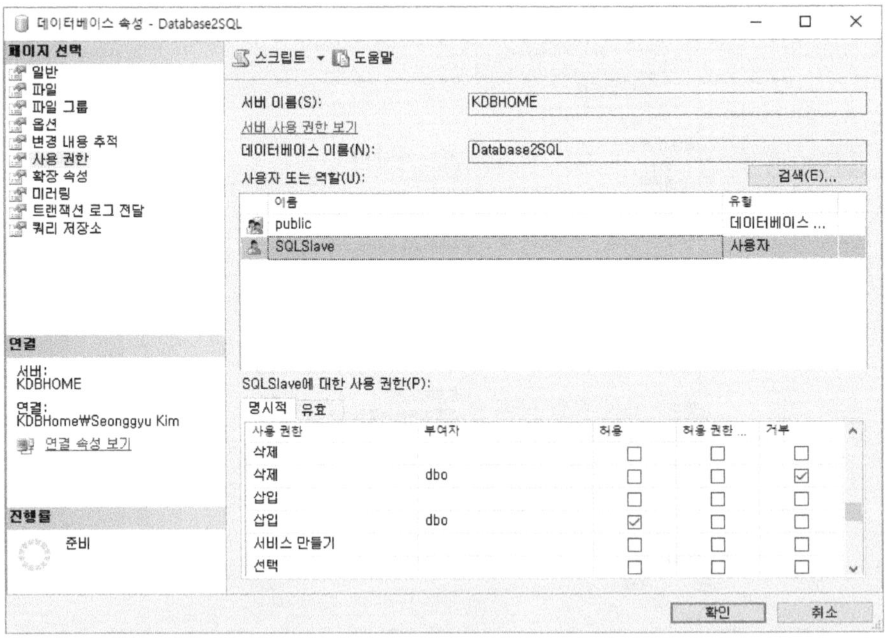

그림 7-46 • **데이터베이스 속성 창**

이러한 사용자에 대한 명시적 권한은 데이터베이스 관리자 계정으로 연결하여 다음과 같은 SQL 문을 실행해도 가능하다. 권한을 부여하기 위해서는 GRANT 구문을, 권한 취소를 위해서는 REVOKE 구문을 사용한다.

권한 부여	권한 취소
GRANT INSERT ON Database2SQL TO SQLSlave;	REVOKE DELETE ON Database2SQL FROM SQLSlave;

익힘문제

다음 SQL을 수행하기 위한 고객, 계좌 데이터베이스 테이블을 만들고 SQL 문을 작성하시오.

1. 계좌의 잔액을 구하는 SQL

2. 고객의 연락처를 구하는 SQL

3. 계좌의 잔액이 백만 원 이상인 고객의 연락처를 구하는 SQL

DATABASE

CHAPTER

08

오라클 데이터베이스

오라클은 현재 전 세계 데이터베이스 시장에서 가장 많이 사용되고 있으며 오픈소스 데이터베이스를 쓸 수 없는 환경에서, 특히 금융 분야와 같이 상당한 신뢰성이 요구되는 이른바 미션크리티컬 환경에서 많이 쓰이고 있다. 이 장에서는 오라클 데이터베이스의 설치, 테이블 생성, 데이터 적재, 쿼리 작성 및 실행, PL/SQL 작성 및 실행, 오라클 관리 및 튜닝 기초에 관해 알아본다.

8.1 오라클 서버 (Oracle 12c Server) 설치

오라클 서버를 다운로드 받아 압축을 푼 후 그림 8-1에서처럼 setup을 더블클릭하면 그림 8-2가 나타난다. 보안 갱신이 필요하면 전자우편 주소를 입력하고 다음을 클릭한다.

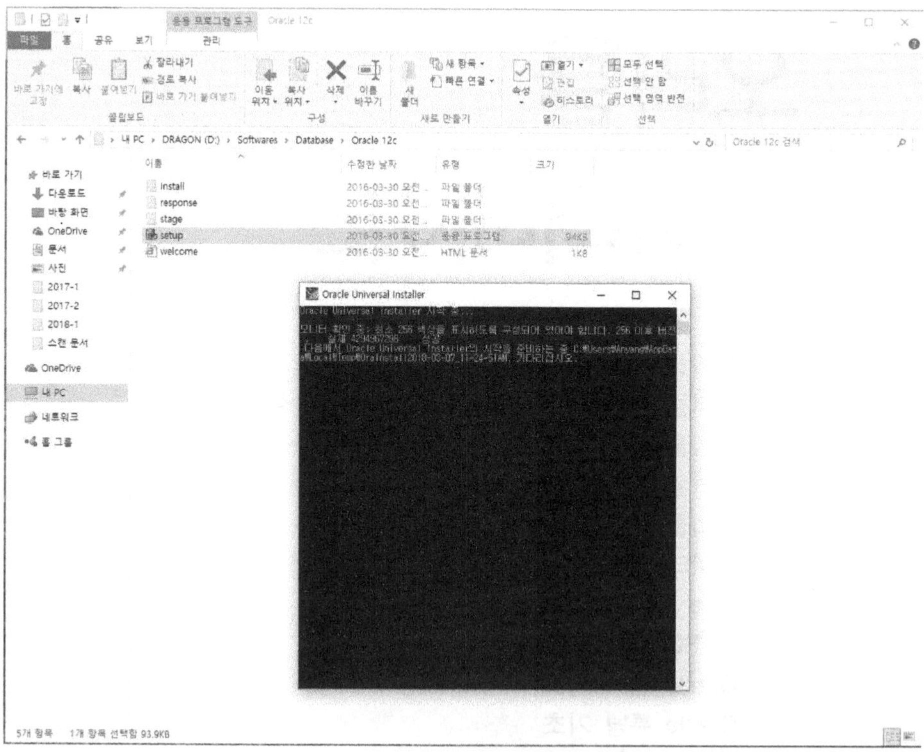

그림 8-2 • 오라클 서버 설치 1

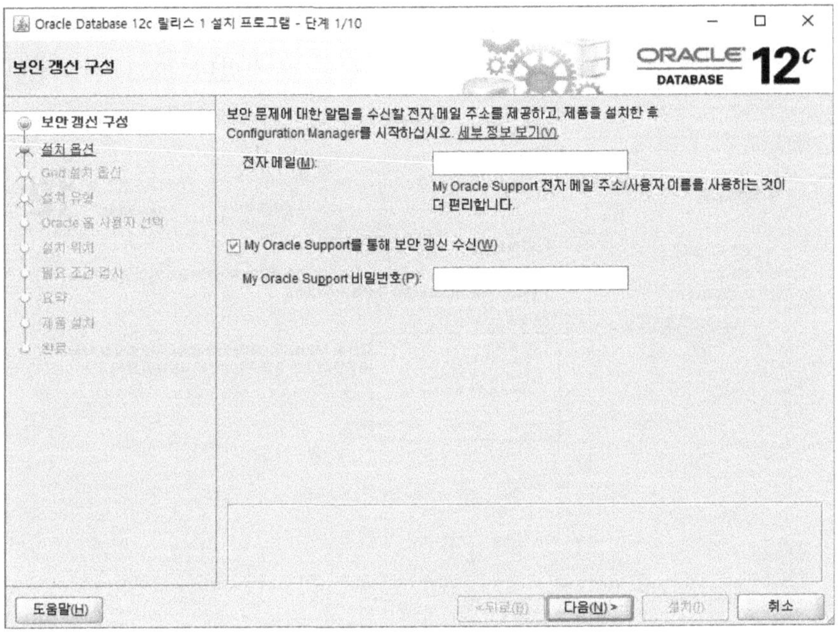

그림 8-3 • **보안갱신 구성**

그림 8-3의 설치 옵션에서 데이터베이스 생성 및 구성을 선택하고 다음을 클릭한다.

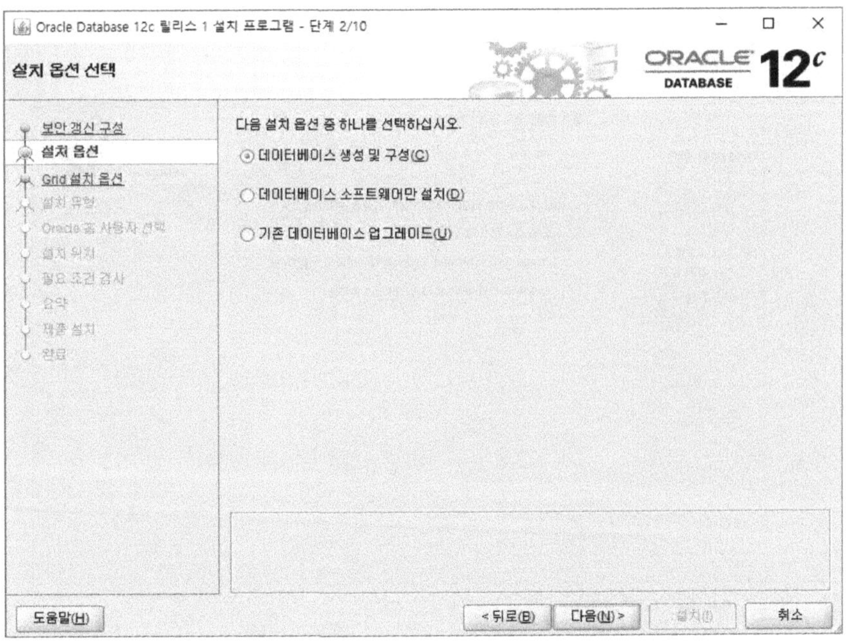

그림 8-4 • **설치옵션**

그림 8-4의 시스템 클래스 선택할 수 있는 화면이 나타나면 데스크톱클래스나 서버 클래스 중 적정 클래스를 선택한 후 다음 단추를 클릭한다.

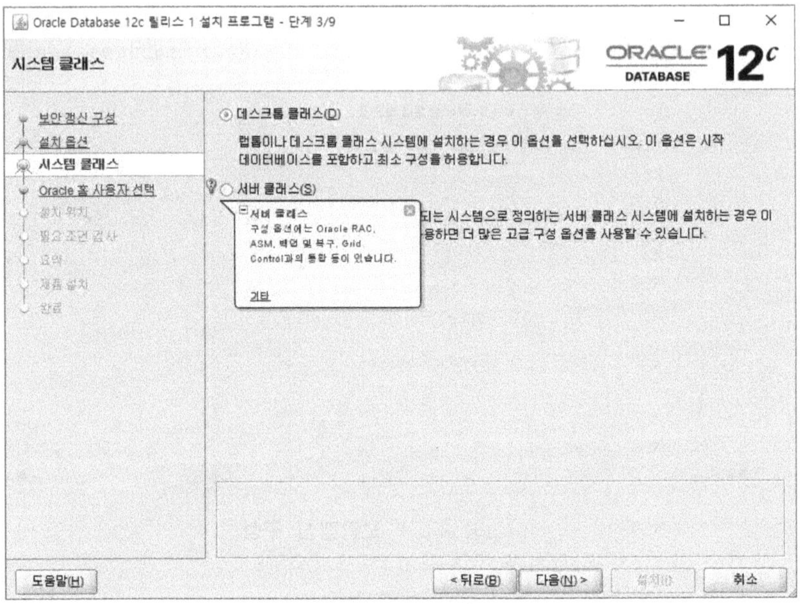

그림 8-5 • 시스템 클래스 선택

그림 8-5와 8-6에서처럼 설치유형을 선택한다.

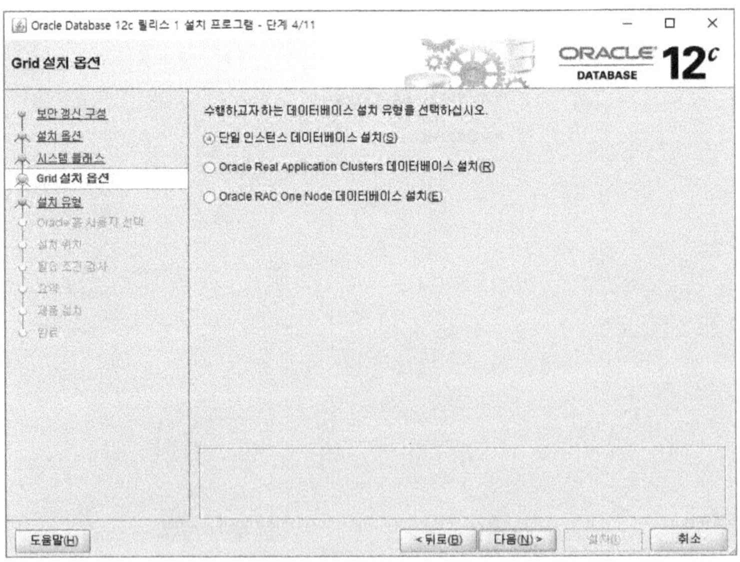

그림 8-6 • 데이터베이스 설치 유형

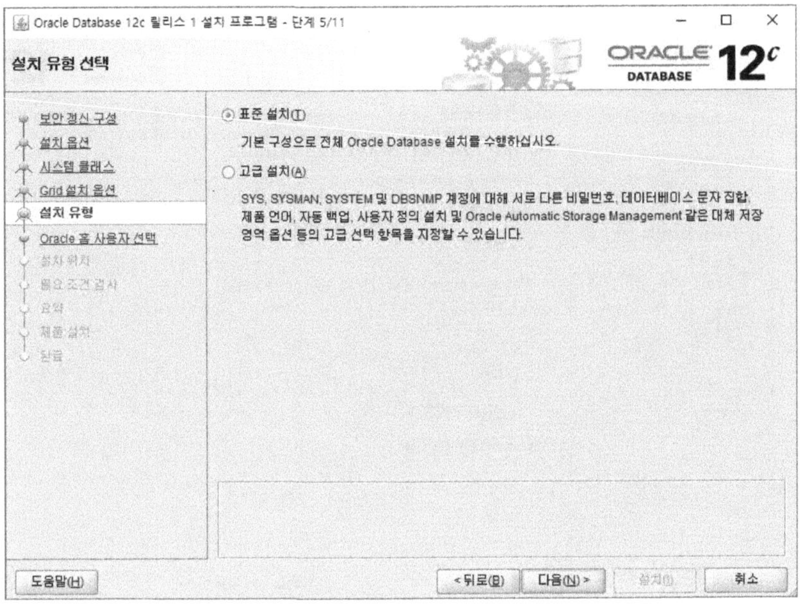

그림 8-7 • **표준설치와 고급설치 옵션**

그러면 그림 **8-7**에서와 같이 표준 윈도우 사용자 계정을 지정하는 화면이 나타난다. 그 다음에는 오라클을 설치할 폴더, 데이터베이스 파일 위치 및 전역 데이터베이스 이름을 지정하고 관리 비밀번호를 설정할 수 있는 화면이 나타난다. 적절하지 않은 비밀번호의 설정은 그림 **8-8**과 같은 오류 메시지를 반환하기에 대소문자와 숫자, 특수문자 8자 이상으로 이루어진 암호를 설정한다.

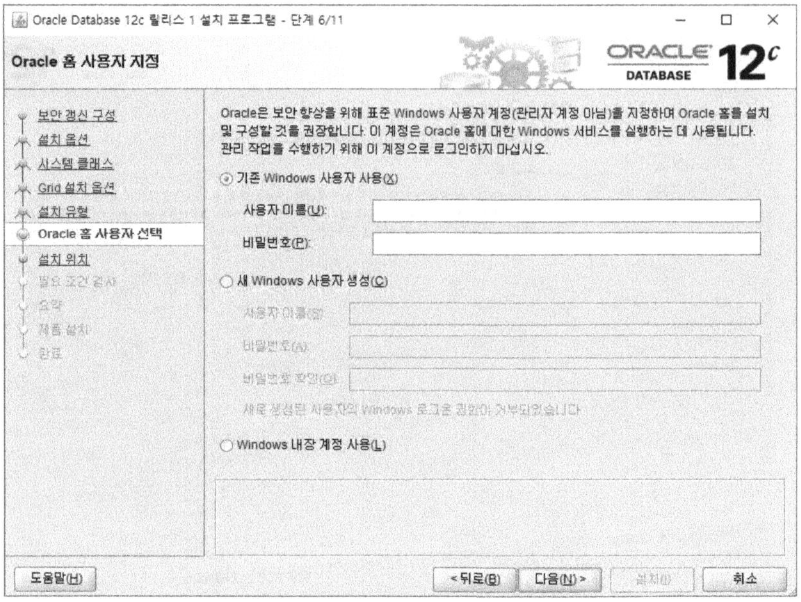

그림 8-8 ● **표준 Windows 사용자 지정**

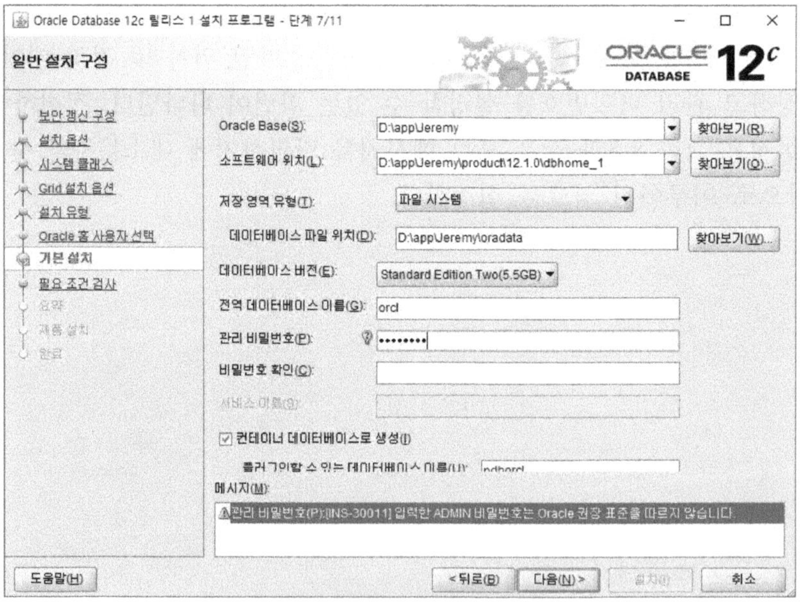

그림 8-9 ● **관리 비밀번호 설정**

비밀번호 설정을 한 후에는 그림 8-9에서와 같은 필요조건 검사가 이루어진다. 검사 후 이상이 없는 경우 그림 8-10과 같이 설치 환경을 보여주는 화면이 나타나는데 수정할 내용이 없으면 설치 단추를 클릭한다.

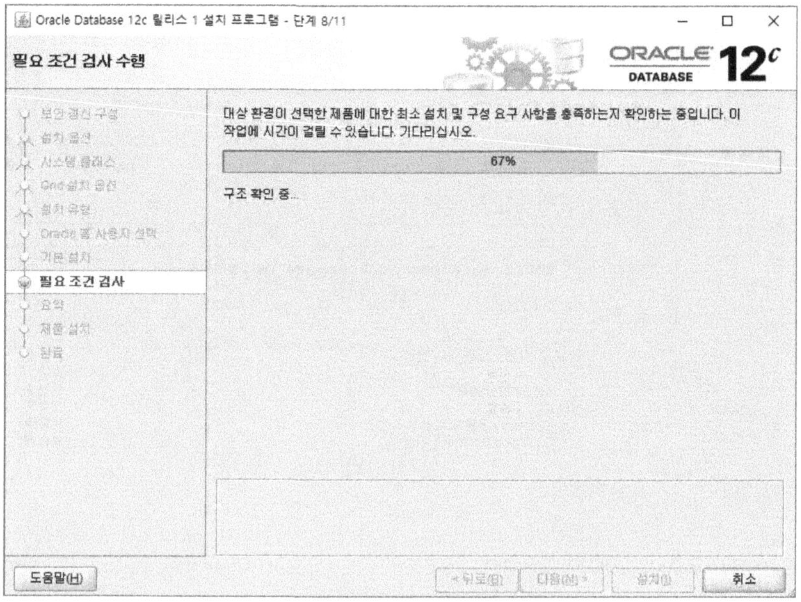

그림 8-10 • **필요조건 검사**

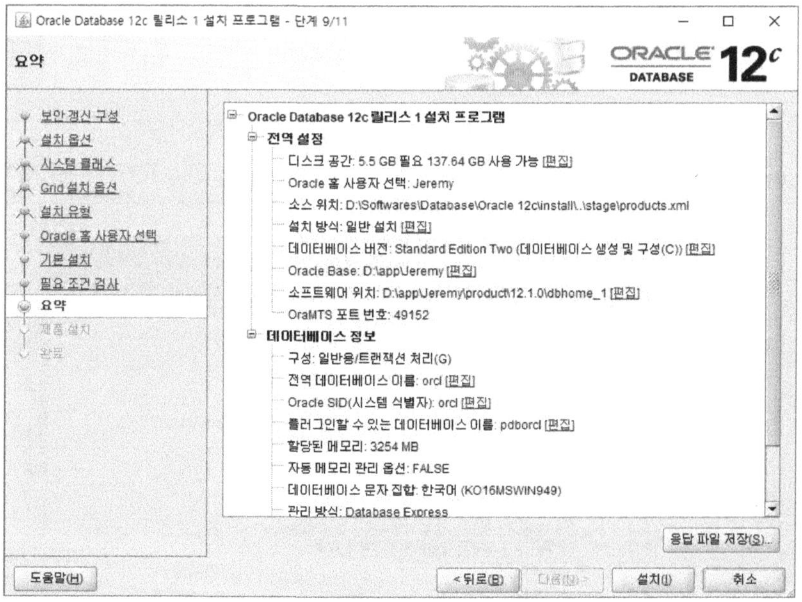

그림 8-11 • **설치 요약**

그림 8-11에서와 같이 설치 진행률을 보여주는 화면이 나타나고 나서 그림 8-12의 방화벽 설정화면이 나타나는데 허용 가능한 네트워크를 선택하면 다시 설치 진행이

이루어진다.

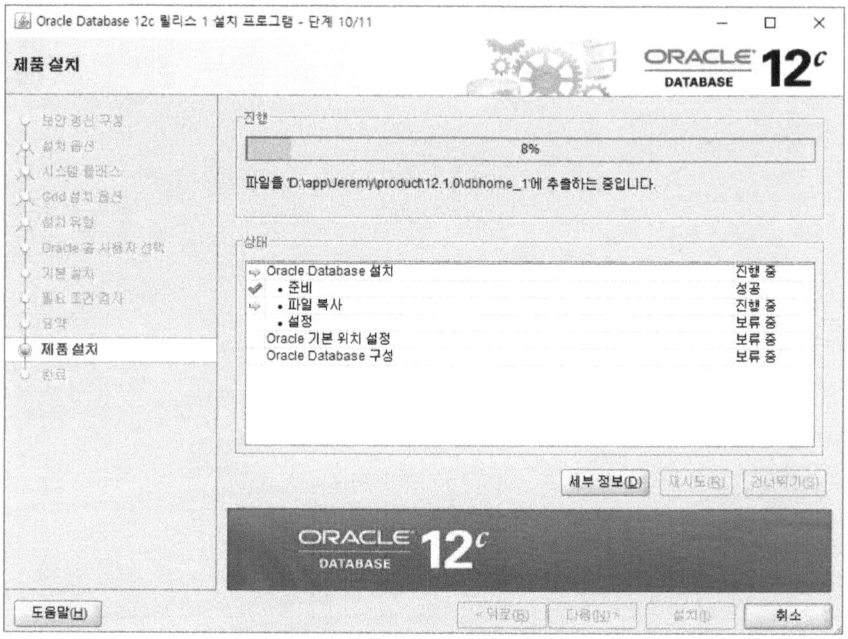

그림 8-12 • **제품설치**

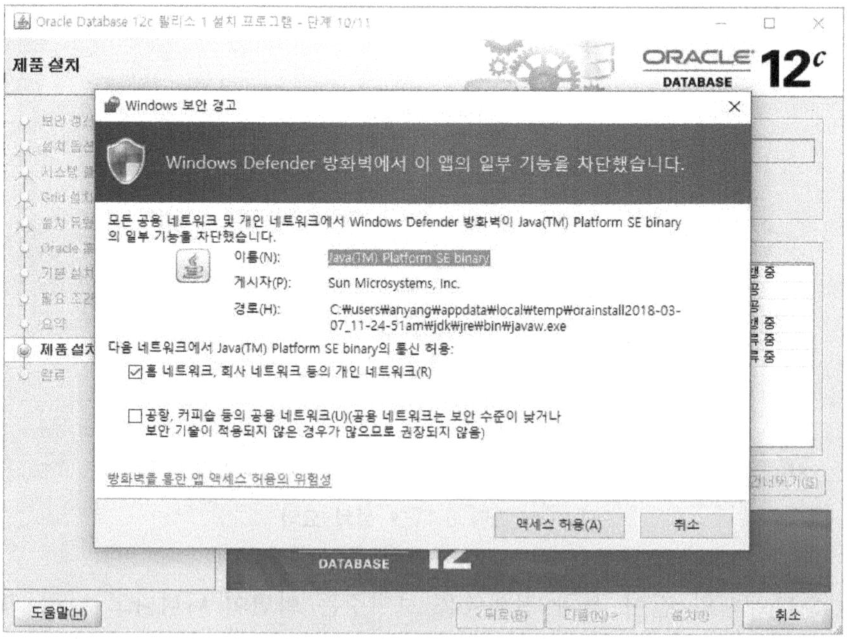

그림 8-13 • **방화벽 액세스 허용**

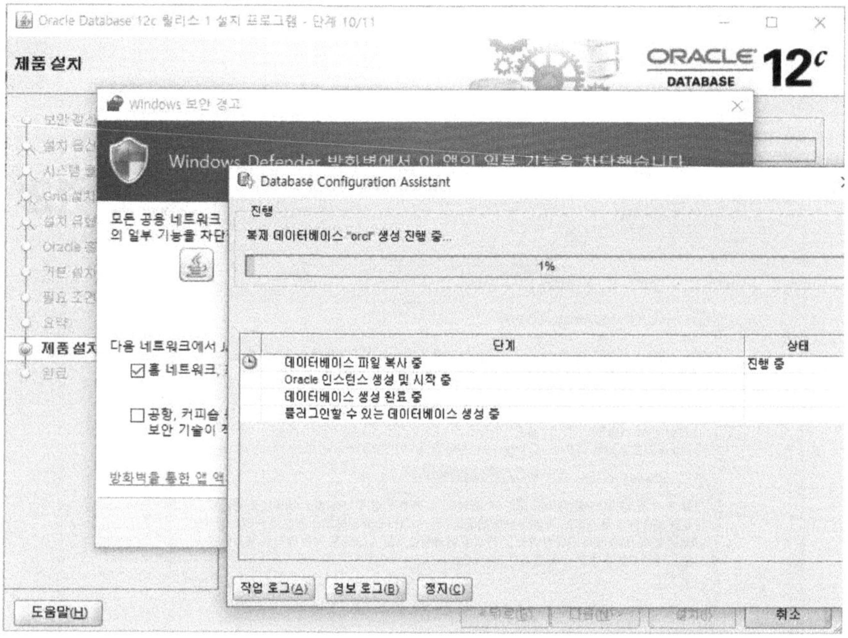

그림 8-14 • 제품설치 진행률 1

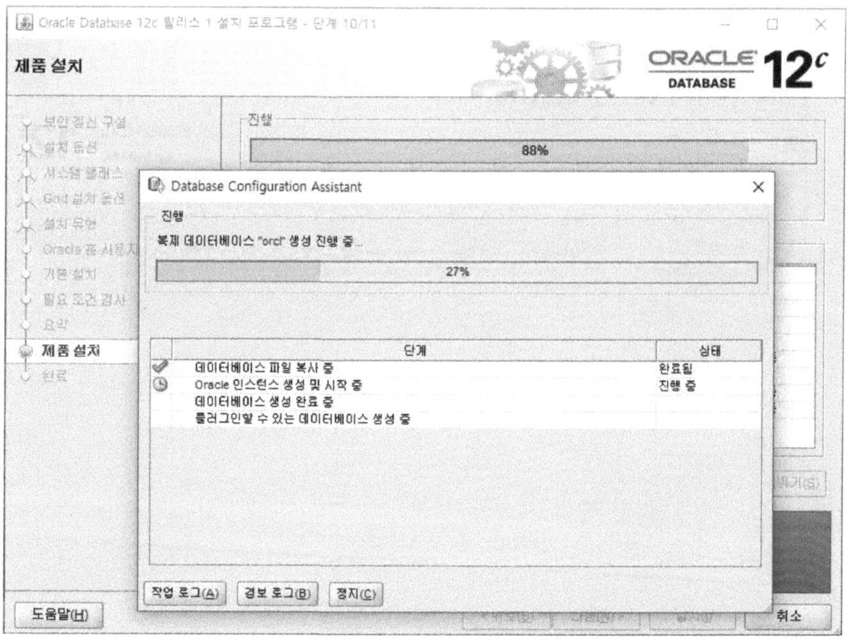

그림 8-15 • 제품설치 진행률 2

그림 8-15에서 비밀번호 관리 단추를 클릭하여 사용자 및 관리자의 초기 비밀번호 변경 및 설정이 가능하다.

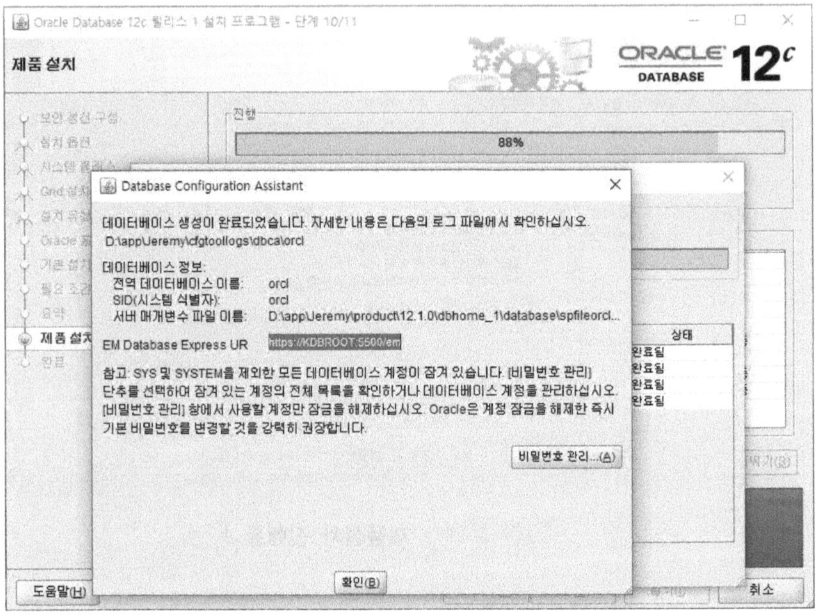

그림 8-16 ● **데이터베이스 생성 완료**

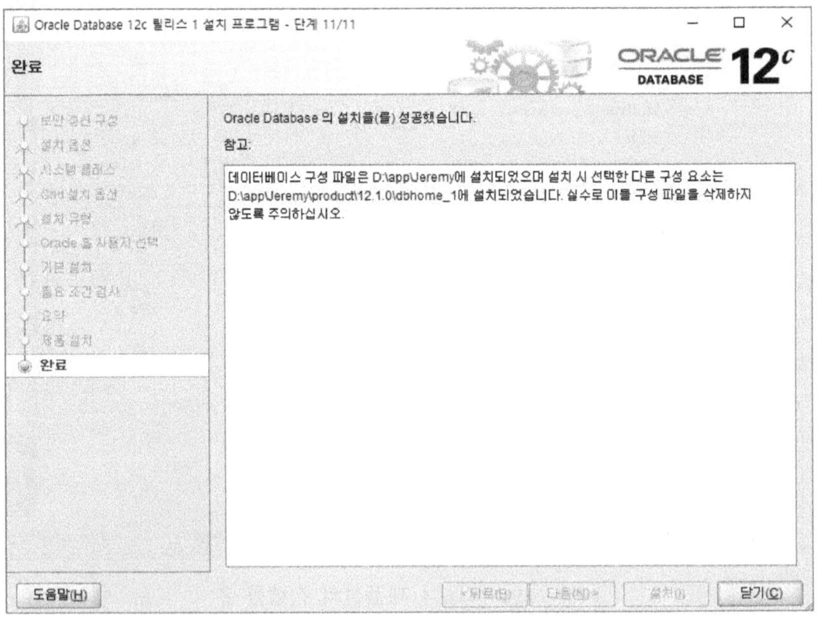

그림 8-17 ● **설치 성공**

설치 완료 후 확인은 설치폴더의 sqlplus나 sqldeveloper로 확인해 볼 수 있다. 자바 기반의 SQL Developer외에 오라클 데이터베이스 접속을 위해 제공되는 기본적인 프로그램에는 SQL PLUS가 있으나 여기서는 SQL Developer를 사용하여 설명한다.

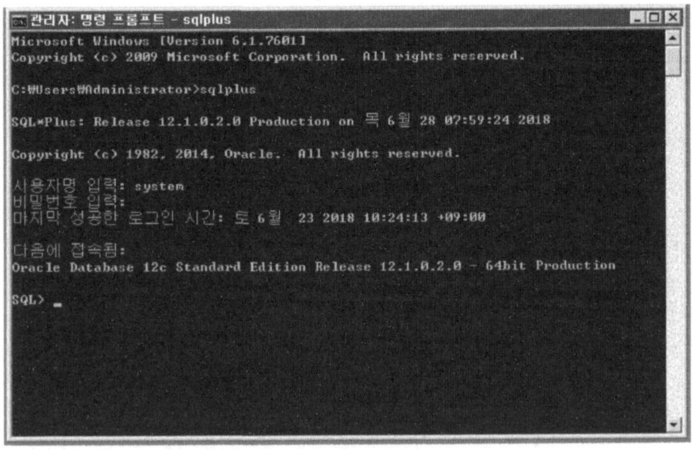

그림 8-17 • sqlplus 실행화면

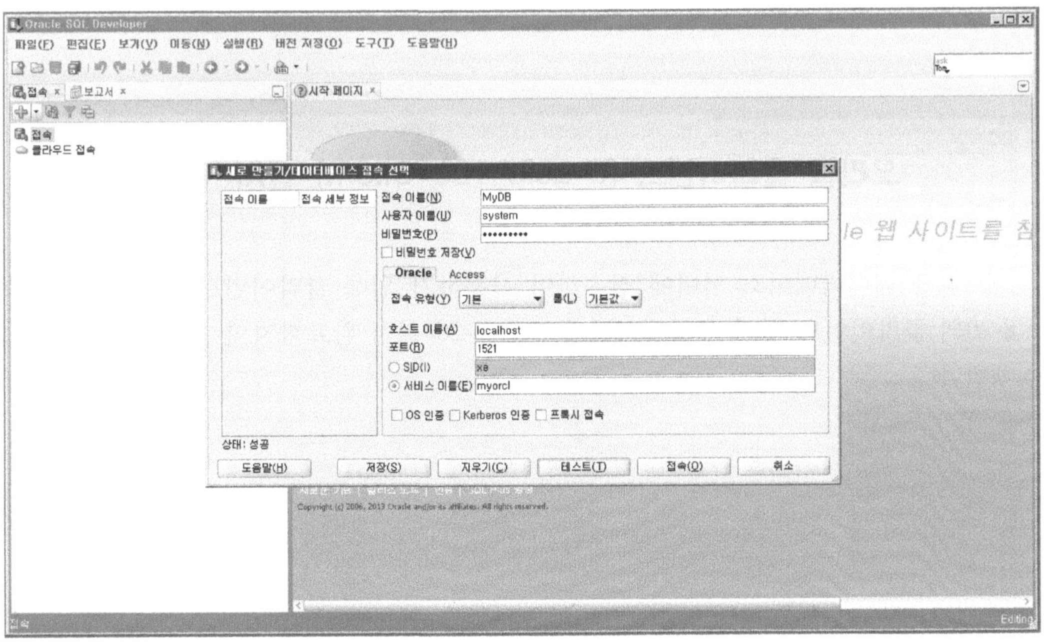

그림 8-18 • SQL Developer 실행화면

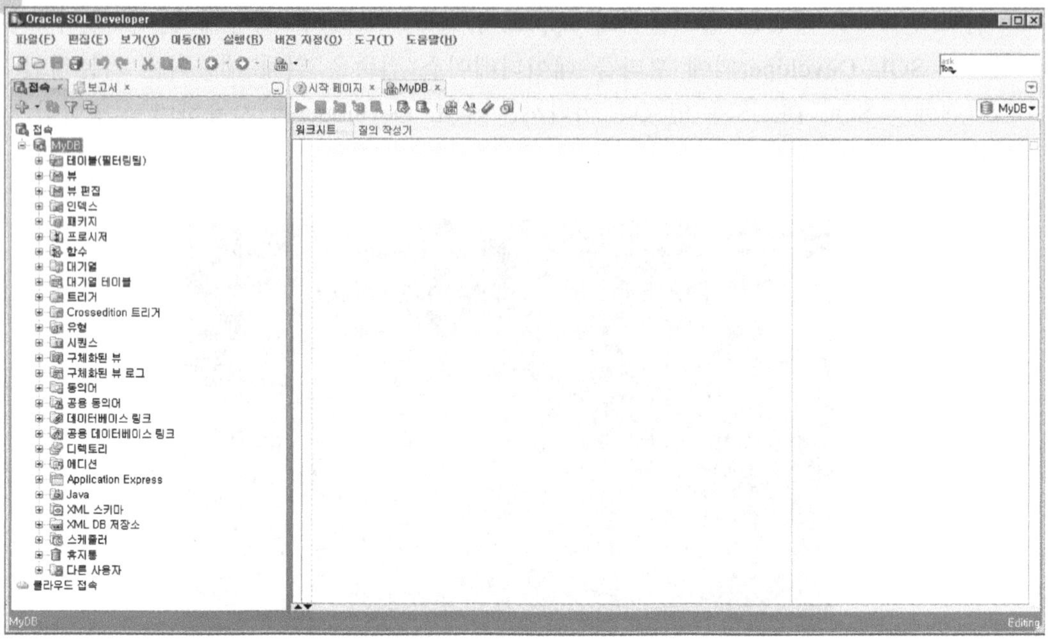

그림 8-19 • SQL Developer에서 데이터베이스 접속 후 질의 작성기 화면

8.2 오라클 클라이언트 (Oracle 12c Client) 설치

오라클 데이터베이스 서버에 접속하여 사용하기 위해 클라이언트를 설치한다. 그림 8-20의 클라이언트 설치 유형에서부터 그림 8-26 설치 완료까지의 과정을 순서대로 진행한다.

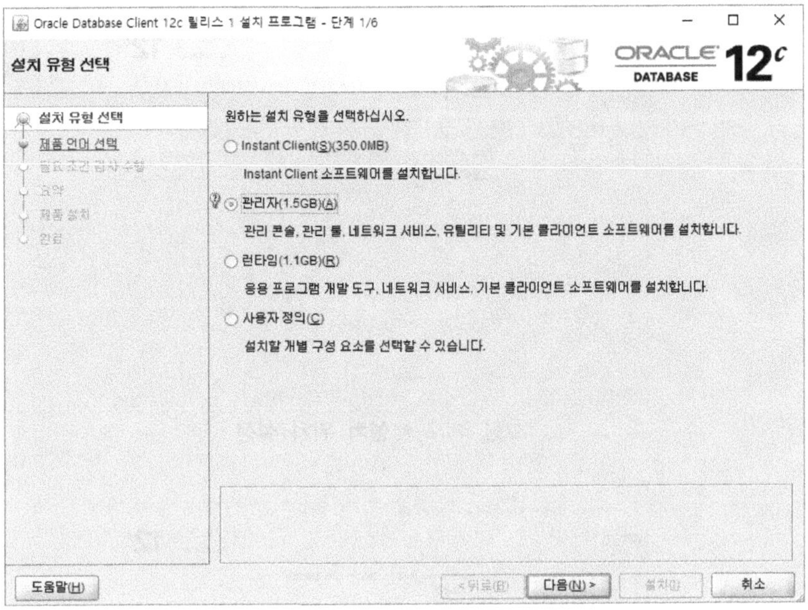

그림 8-20 • **클라이언트 설치 유형 선택**

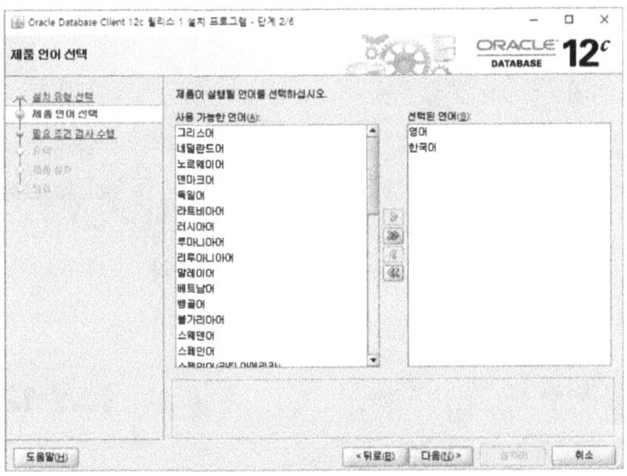

그림 8-21 • **제품언어 선택**

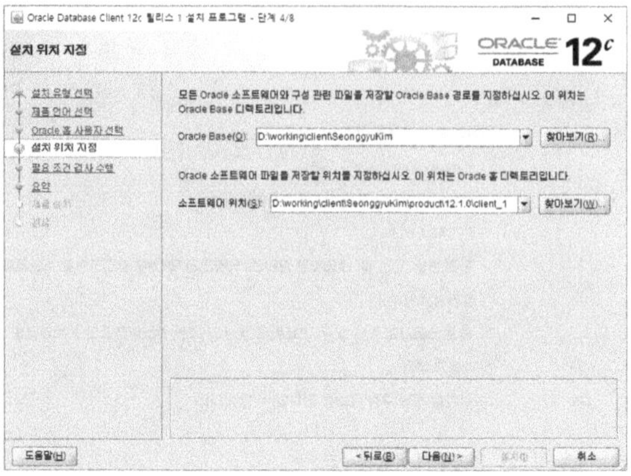

그림 8-22 • 설치 위치 설정

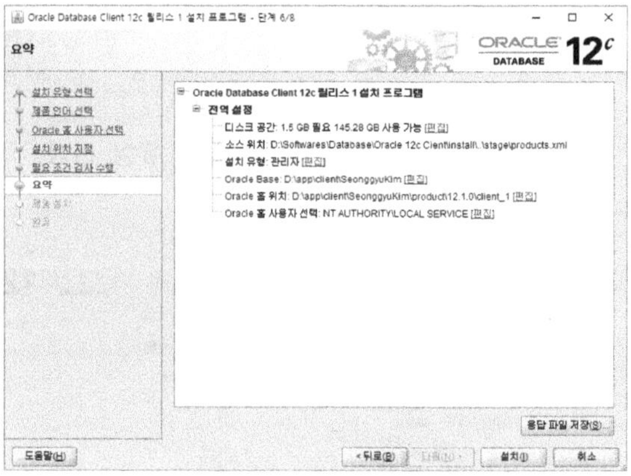

그림 8-23 • 설치 요약

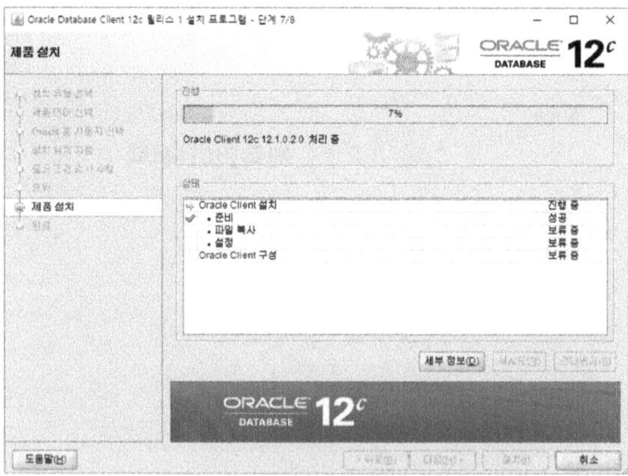

그림 8-24 • 제품 설치 진행 화면

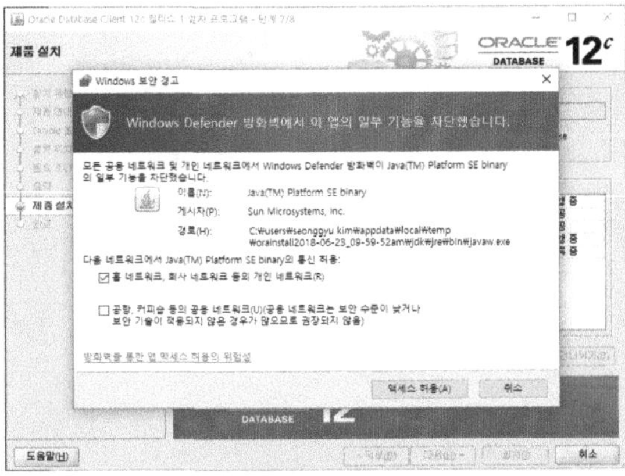

그림 8-25 • **방화벽 액세스 허용**

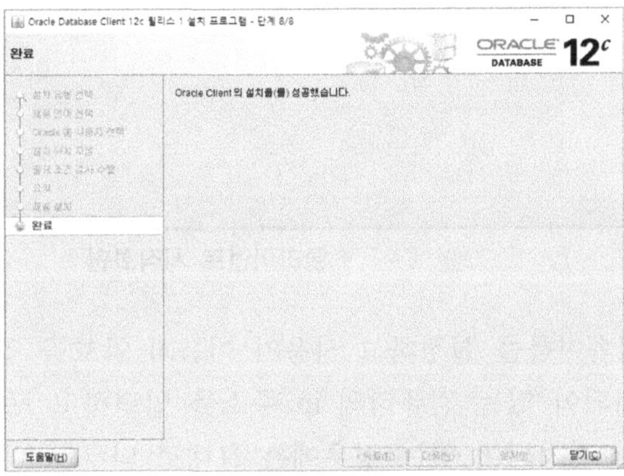

그림 8-26 • **클라이언트 설치 완료**

클라이언트 설치를 확인하기 위해 SQL Developer를 실행시켜본다. SQL 파일, PL/SQL 파일 연결 여부를 묻는 화면이 나타나는데 SQL Developer로 작업하고자 하는 파일확장자를 선택하면 그림과 같은 화면이 나타난다. 그림 8-27의 화면에서 보는 바와 같이 새 접속 아이콘을 클릭하면 그림 8-28에서와 같이 새로 만들기/데이터베이스 접속 선택 창이 나타난다.

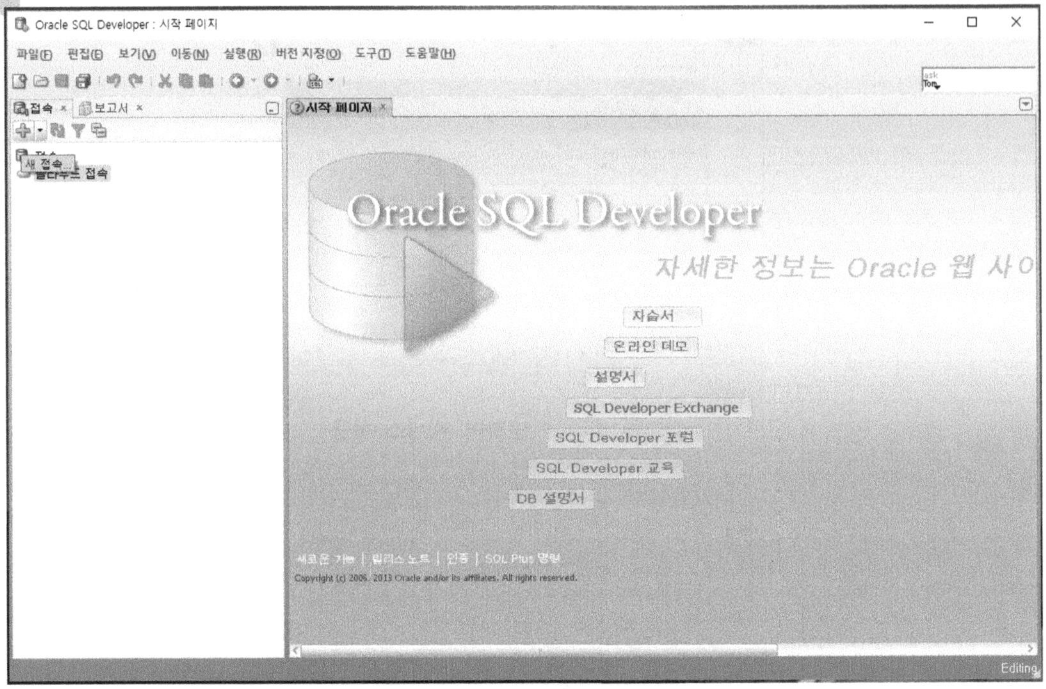

그림 8-27 • **클라이언트 시작화면**

MyDB와 같은 접속이름을 설정하고 사용자 이름과 암호를 입력한다. 호스트 이름은 오라클 서버가 설치되어 있는 컴퓨터의 ip 주소를 입력하고 포트는 오라클의 기본 포트인 1521로 서버가 설치되어 있는 경우에는 그대로 놔두고 변경한 경우에는 그 포트 번호를 입력한다. 그 다음으로는 오라클 서버 설치 시 지정한 서비스 이름을 해당 칸에 입력한 후 테스트 단추를 클릭하여 도움말 단추 위에 보이는 상태가 성공이면 접속 단추를 클릭한다. 상태가 성공이 아니면 사용자 이름, 암호, 호스트이름, 포트번호, 서비스이름 설정을 다시 해주어야 한다.

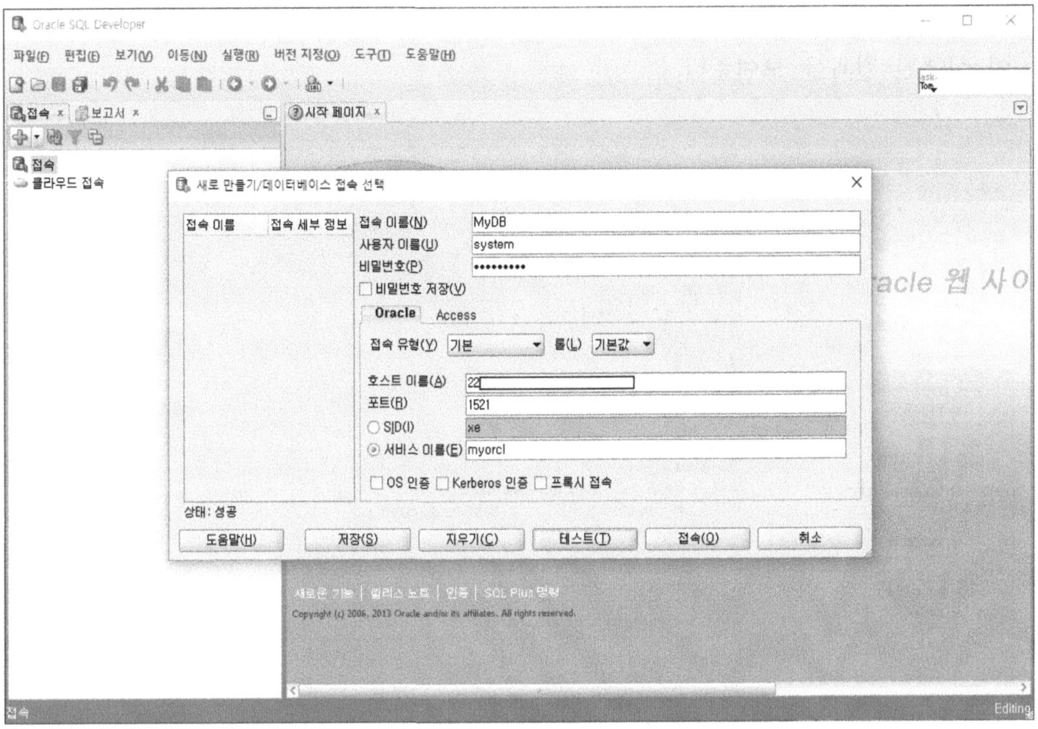

그림 8-28 • **새로만들기/데이터베이스 접속 선택 화면**

그림 8-29는 서버에 접속된 클라이언트 SQL Developer 화면이다.

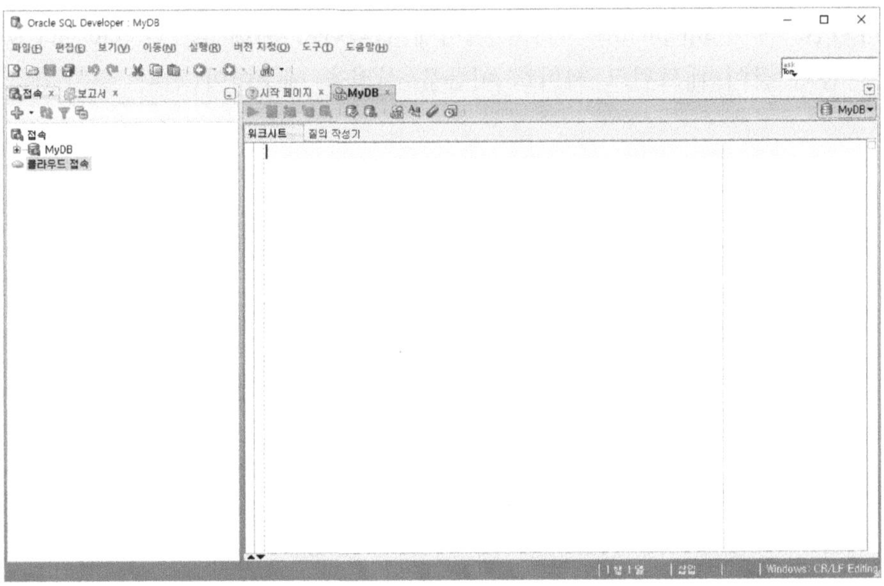

그림 8-29 • **서버에 접속된 SQL Developer**

그림 8-30은 워크시트에 간단한 SQL 문을 입력하고 빨간 원의 실행 단추를 클릭하여 실행된 결과를 보여준다.

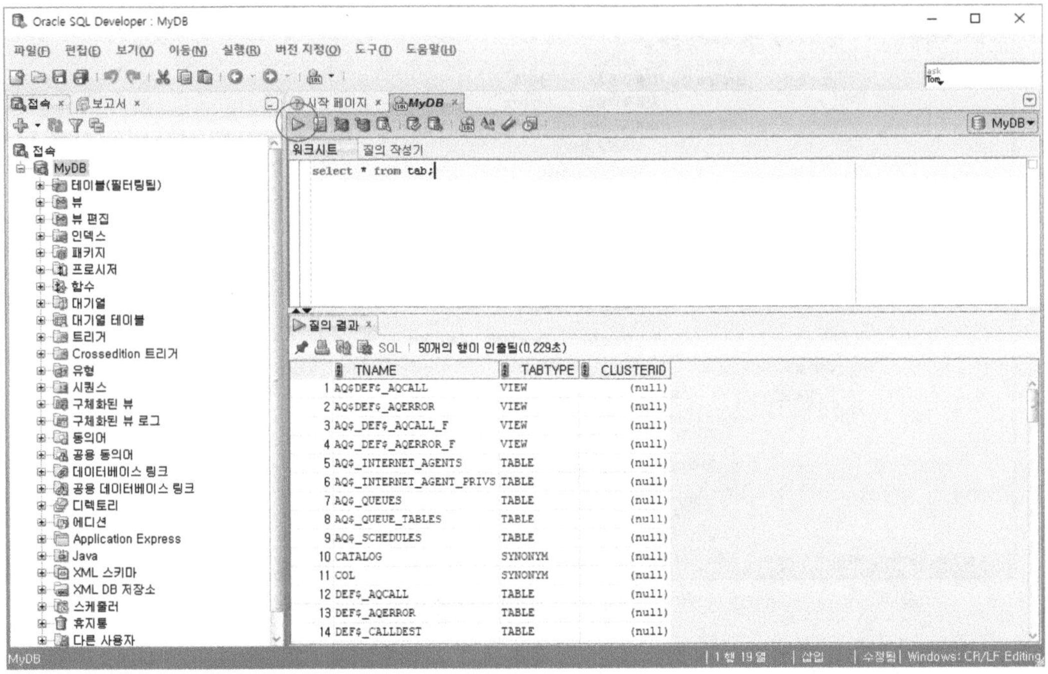

그림 8-30 • **SQL Developer의 실행 단추**

클라이언트에서 sql plus로 오라클 서버에 접속하기 위해서는 Oracle Net Manager를 통해 다음과 같이 네트워크 서비스 이름을 설정을 해주어야 한다.

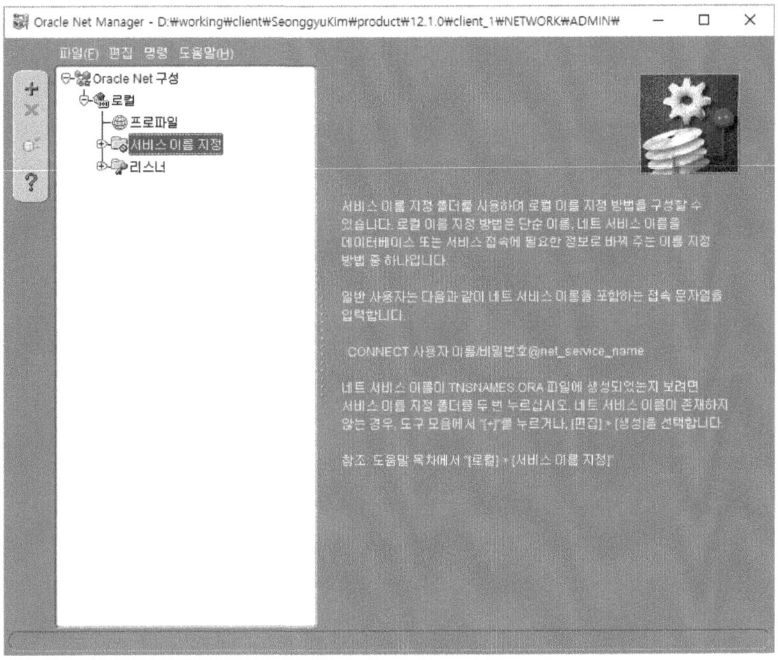

그림 8-31 • Net Manager의 서비스 이름 지정

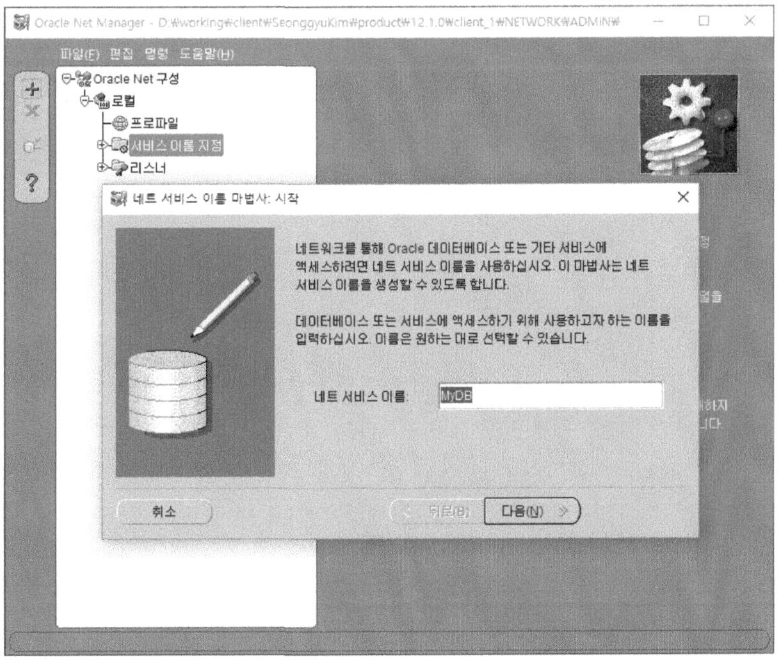

그림 8-32 • 네트 서비스 이름 마법사 시작

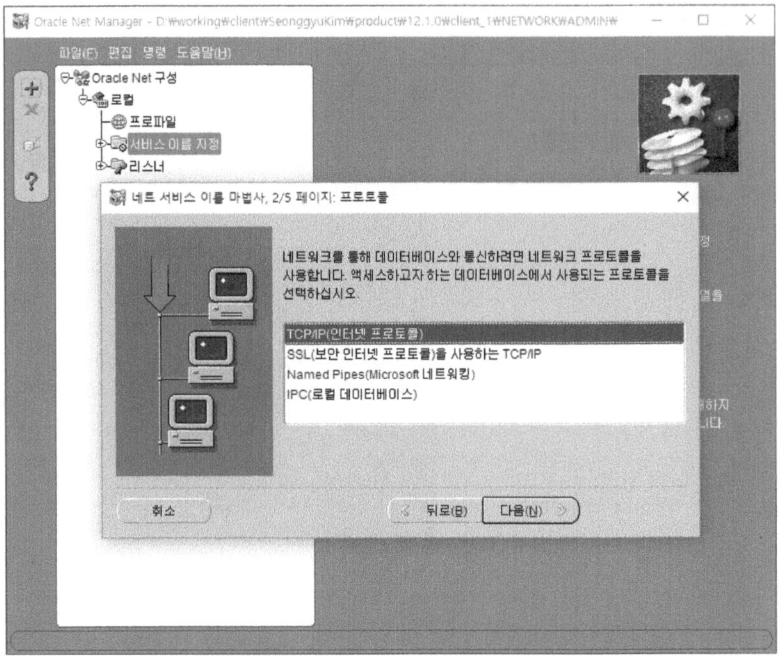

그림 8-33 • 네트 서비스 이름 마법사 프로토콜 설정 1

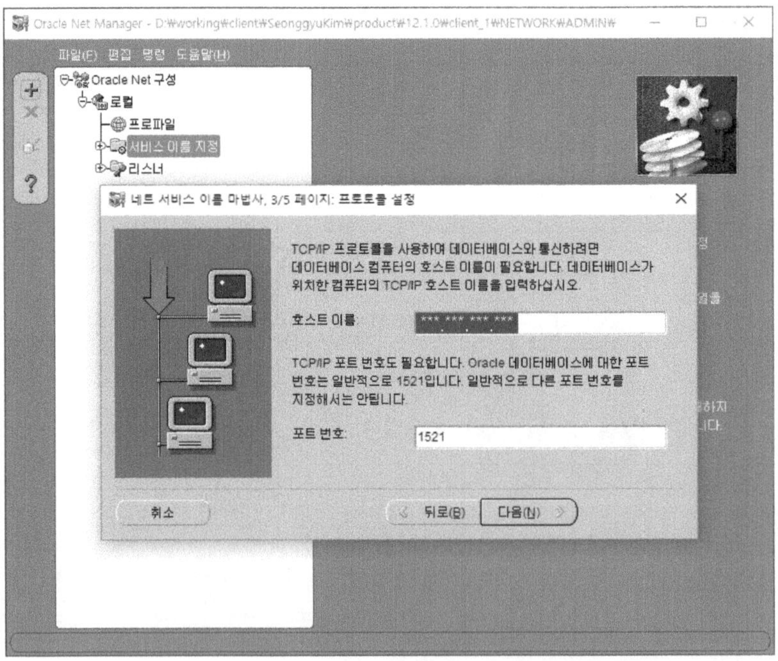

그림 8-34 • 네트 서비스 이름 마법사 프로토콜 설정 2

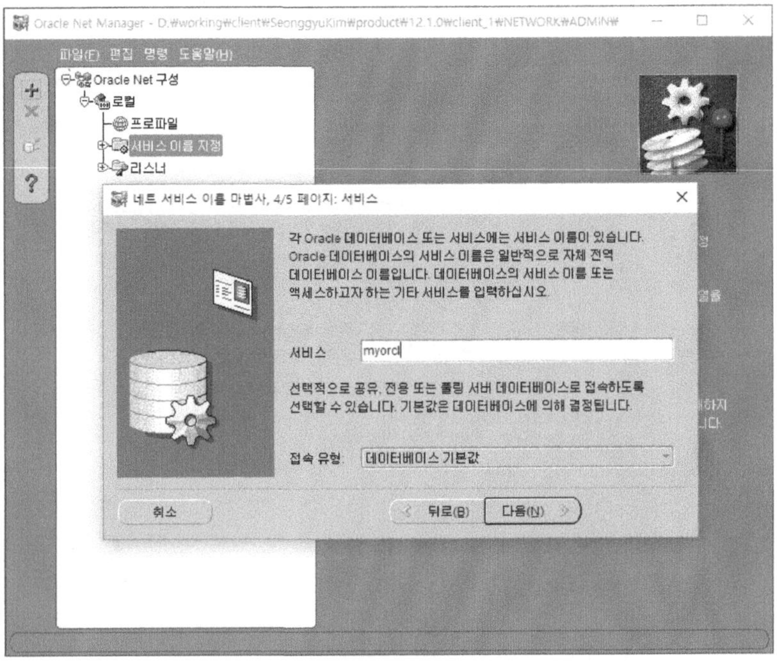

그림 8-35 • **네트 서비스 이름 마법사 서비스 설정**

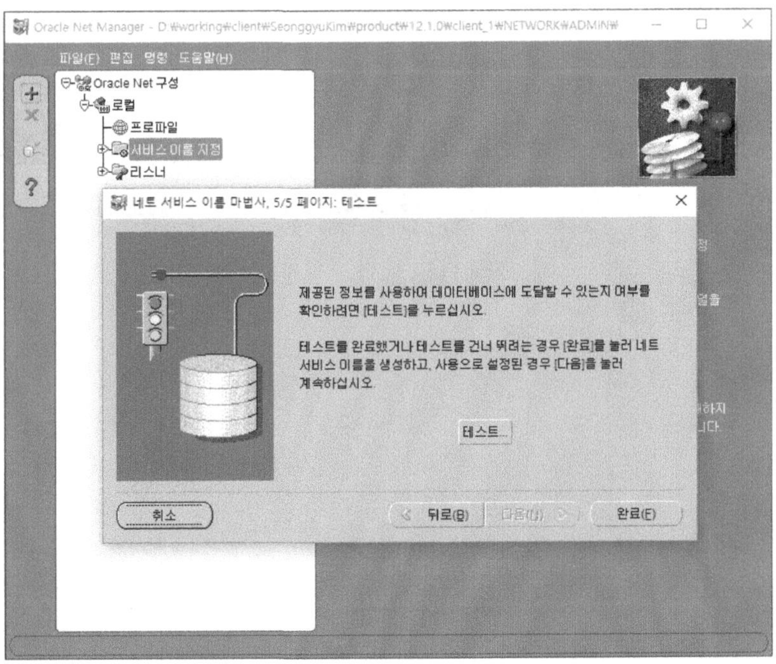

그림 8-36 • **네트 서비스 이름 마법사 테스트**

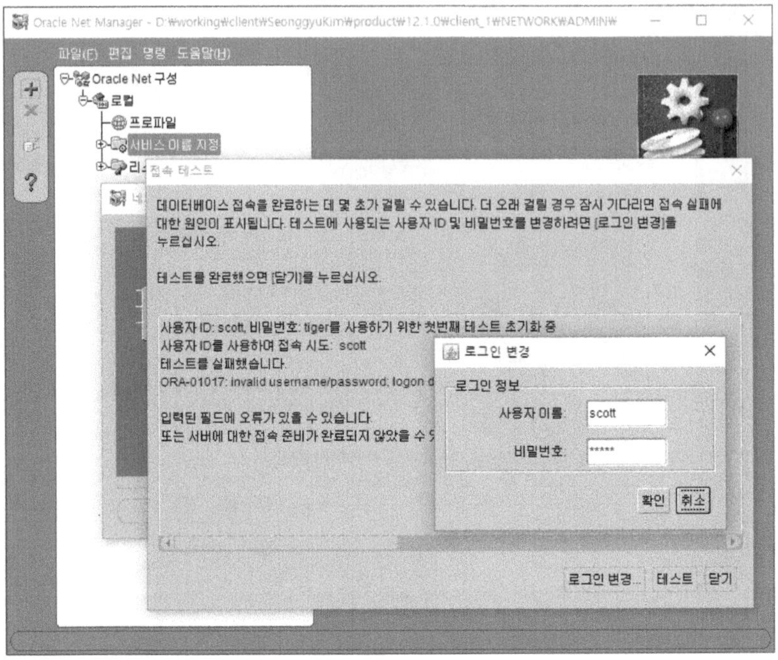

그림 8-37 • **네트 서비스 이름 마법사 접속 테스트**

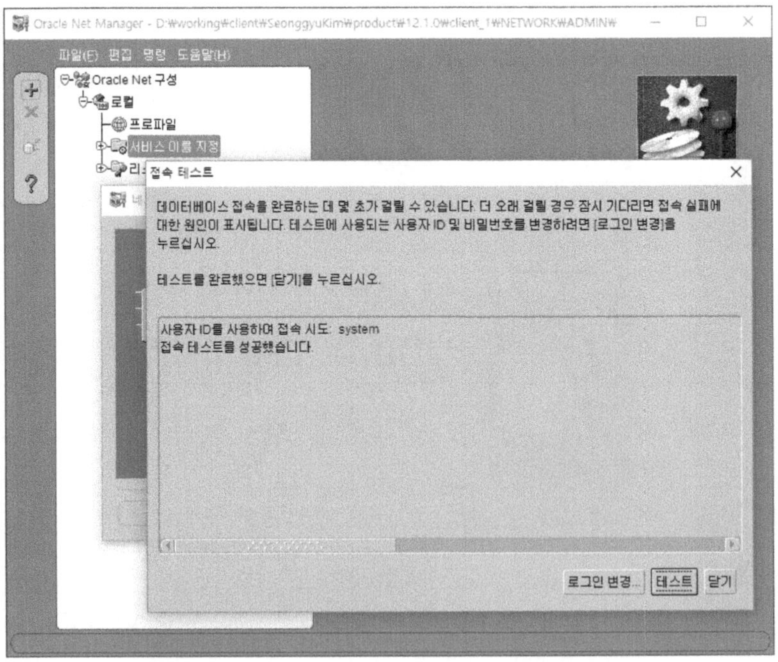

그림 8-38 • **네트 서비스 이름 마법사 접속 테스트 성공**

그림 8-39 • **네트 서비스 이름 확인**

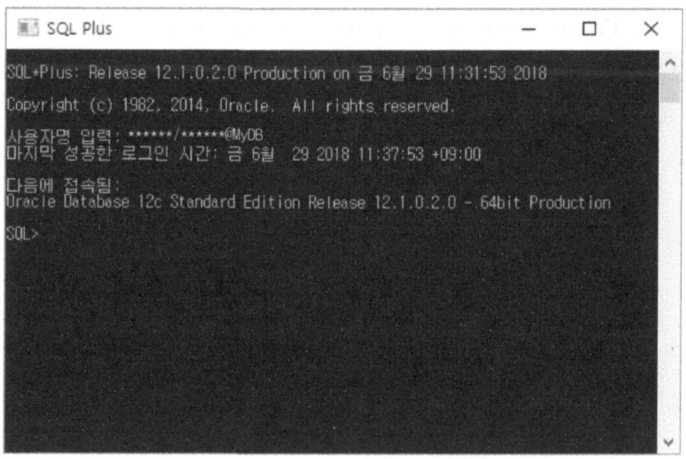

그림 8-40 • **SQL Plus 접속 성공 화면**

이상의 과정을 거쳐 SQL PLUS로 오라클 서버에 접속할 수 있으나 사용하기 쉬운 사용자 인터페이스를 제공하는 SQL Developer를 사용하여 설명한다.

8.3 오라클 데이터베이스 구조

오라클 데이터베이스는 1장의 데이터베이스 3계층 구조에서 설명한 바와 같이 물리적 데이터베이스와 논리적 데이터베이스의 독립성이 보장되어 물리적 데이터베이스의 구조 변경이 논리적 데이터베이스의 구조를 변경할 필요가 없게 되어 있다.

오라클 인스턴스(instance)는 기본적으로 SGA(System Global Area)와 백그라운드(Background) 프로세스로 구성되며 오라클 서버가 기동될 때 SGA가 할당되고 백그라운드 프로세서가 기동되는데 파라미터 파일은 인스턴스의 특성을 결정하며 복수의 인스턴스는 ORACLE SID로 구분한다. 오라클 데이터베이스의 물리적 구성은 그림 8-41과 같다. 첫 번째는 SGA(System Global Area)로 공유 풀(SHARED POOL), 데이터 버퍼 캐시(DATA BUFFER CACHE), 로그 버퍼(LOGO BUFFER) 그리고 대형 풀(LARGE POOL)로 되어 있고 두 번째는 프로세스 영역으로 백그라운드 프로세스(DBWR, LGWR, PMON, SMON, CKPT)와 사용자 프로세스 그리고 오라클 데이터베이스에 접속하는 모든 사용자 각각이 독자적으로 사용하는 오라클 메모리 영역인 서버 프로세스(PGA: Program Global Area)로 구성되어 있으며 마지막은 파일 영역으로 컨트롤 파일(CONTROL FILES), 파라미터 파일(PARAMETER FILES), 데이터 파일(DATA FILES) 그리고 리두 로그 파일(REDO LOG FILES)로 구성되어 있다. 각 영역의 구성에 대해 좀 더 자세히 알아본다.

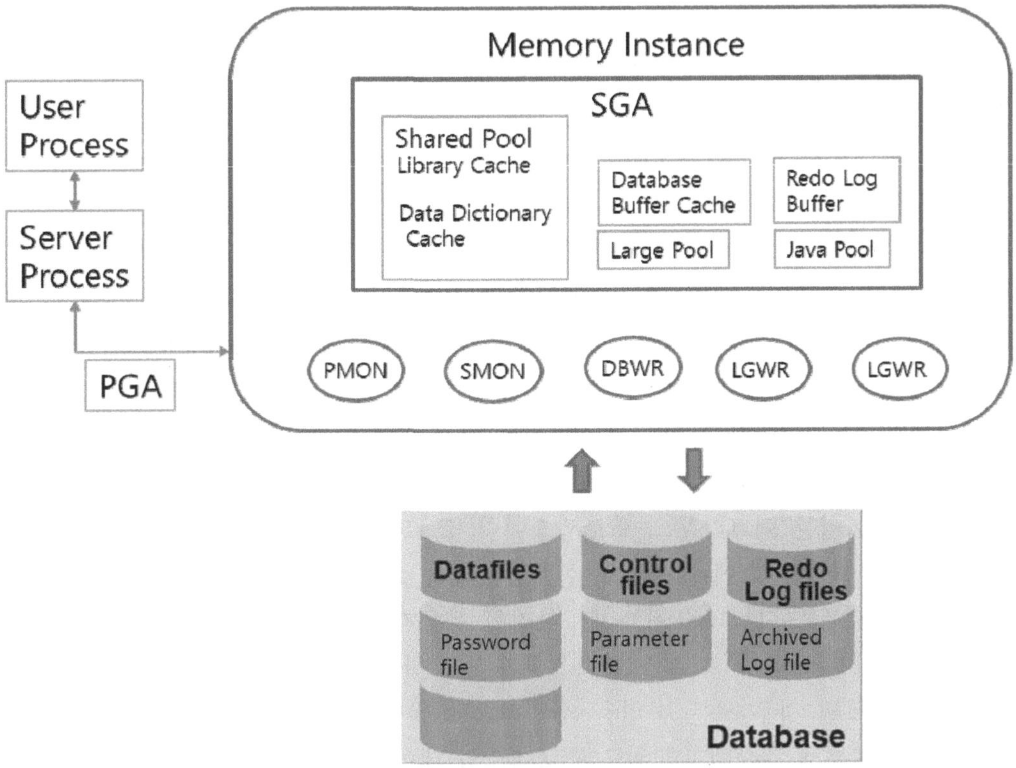

그림 8-41 • **오라클 데이터베이스 구성**

SGA는 데이터베이스에 접속하는 모든 사용자들이 공유하는 영역으로 사용자가 실행한 SQL문에 의해 검색 또는 변경되는 테이블 데이터를 임시로 저장하는 메모리 영역이며 SGA는 오라클 데이터베이스에서 가장 중요한 영역으로 데이터베이스의 크기를 결정하는 척도이고 전체 실행속도를 향상시키기 위한 튜닝의 대상이 된다. 공유 풀 영역(Shared Pool Area)는 SQL*PLUS, 애플리케이션 프로그램 등에서 데이터베이스에 접속하면 하나의 사용자 프로세스와 하나의 서버 프로세스가 할당되고 사용자는 SQL문을 실행하게 되는데 서버 프로세스는 SQL문의 문법(Syntax)을 확인하고 사용된 테이블이 데이터베이스 내에 존재하는지를 확인한 다음 SQL문의 실행 가능한 실행코드와 실행에 필요한 실행 계획(Explain Plan)을 수립하고 그 내용을 저장하는 곳이다. 데이터 버퍼 캐시 영역(Data Buffer Cache Area)은 서버 프로세스는 사용자가 실행한 SQL문에 정의된 테이블이 존재하는 데이터 파일로부터 테이블을 읽어서 데이터베이스 버퍼 캐시(Buffer Cache) 영역에 저장한다. 로그버퍼 영역(Log Buffer Area)은 사용자의 모든 작업내역을 저장하여 갑작스런 시스템의 다운 또는 데이터베이스의 다운 시 처리하고 있던 모든 작업내용을 복구하기 위함이다. 대형 풀 영역(Large Pool Area)

은 일반적으로 백업과 복구 작업을 실행할 때 복구관리자(Recovery Manager)라는 도구에서 사용할 수 있고 또한 사용자가 데이터베이스에 접속하는 방법 중에 공유 서버(Shared Server) 프로세스라는 환경이 있는데 이러한 환경을 구성할 때 사용된다.

백그라운드 프로세스는 오라클 데이터베이스의 현재 상태를 모니터링하거나, 사용자가 실행한 SQL문의 작업을 처리해주는 프로세스를 백그라운드 프로세스라고 한다. 데이터베이스 기록기(DBWR) 프로세스는 사용자가 실행한 SQL문에 의해 데이터의 변경내역(입력, 수정, 삭제)을 테이블에 저장하는 작업을 수행한다. 로그 기록기(LGWR) 프로세스는 사용자가 실행한 SQL문을 완료(Commit)하면 화면에 '커밋이 성공적이다'라는 메시지를 보여주고 이때 완료했던 모든 작업내용을 리두 로그 파일에 백업하게 되는데 이러한 작업을 로그 기록기(LGWR)가 처리해 준다. 데이터베이스 기록기(DBWR)와 로그 기록기(LGWR)는 데이터베이스를 시작하면 자동으로 생성되고 종료하면 없어지는 백그라운드 프로세스이다. 프로세스 모니터(PMON) 프로세스는 사용자들이 데이터베이스에 접속하면 한 번의 접속 요구마다 사용자 프로세스가 하나씩 생성되며 프로세스 모니터(PMON)는 이러한 사용자 프로세스들의 상태를 감시하게 되는데 만약 어떤 사용자 프로세스에 오류가 발생하거나 또는 사용자 프로세스가 비정상적으로 종료된 경우 모든 작업을 자동적으로 롤백(Rollback) 시켜준다. 시스템 모니터(SMON) 프로세스는 백그라운드 프로세스와 데이터베이스 메모리 영역의 상태를 감시하며 데이터베이스가 다운된 후 다시 시작될 때 자동적인 복구 작업을 수행해 준다. 체크포인트(CKPT) 프로세스는 LGWR 프로세스에 의해 동작하며 사용자가 COMMIT 문을 실행할 때마다 오라클 서버가 관리하는 시스템 변경번호(SYSTEM CHANGE NUMBER) 및 데이터베이스의 상태정보를 컨트롤 파일과 데이터 파일에 저장하는 작업을 한다.

파일영역에는 데이터베이스가 생성되면서 만들어졌던 자료사전 테이블과 뷰 그리고 사용자가 직접 생성한 테이블, 인덱스(index), 뷰(view), 시퀀스, 시노님(synonym) 등이 저장되어 있으며 데이터베이스의 모든 상태정보 또한 저장되어 있다. 오라클 데이터베이스가 시작되기 위해서는 최소한 하나의 컨트롤 파일(Control Files)이 존재해야 하는데 컨트롤 파일은 데이터베이스를 시작(STARTUP)할 때 항상 참조되는 파일로 여기에는 데이터베이스에서 사용하게 될 모든 파일들의 절대경로와 파일크기 등의 정보를 저장하고 있기 때문에 파일들의 이상 유무를 확인하기 위해서 참조하게 되며 새로운 데이터 파일이 추가되면 해당 파일의 디렉토리 정보와 파일의 상태가 컨트롤 파일에 저장된다. 파라미터 파일(Parameter File)은 시스템 메모리 영역으로부터 데이터베이스가 전용으로 사용하기 위해 할당받게 되는 SGA 영역 크기, 컨트롤 파일의 경로, 데이터베이스의 환경설정 등 관련된 모든 정보를 포함하고 있다. 기본적으로 데이터베이스를 설치하면 INIT.ORA와 같은 파일 이름으로 존재한다. 리두 로그 파일(Redo Log Files)은 사용자가 실행한 모든 작업 내역을 저장하고 갑작스런 시스템의 다운 또는 데이터베이스의 다운 시 처리하고 있던 모든 작업내용을 복구하는데 사용된다.

8.4 오라클 데이터베이스 계정

SQL Developer을 이용하여 계정을 만들어본다. 계정을 생성하기 위해 DBA 계정으로 로그인한다.

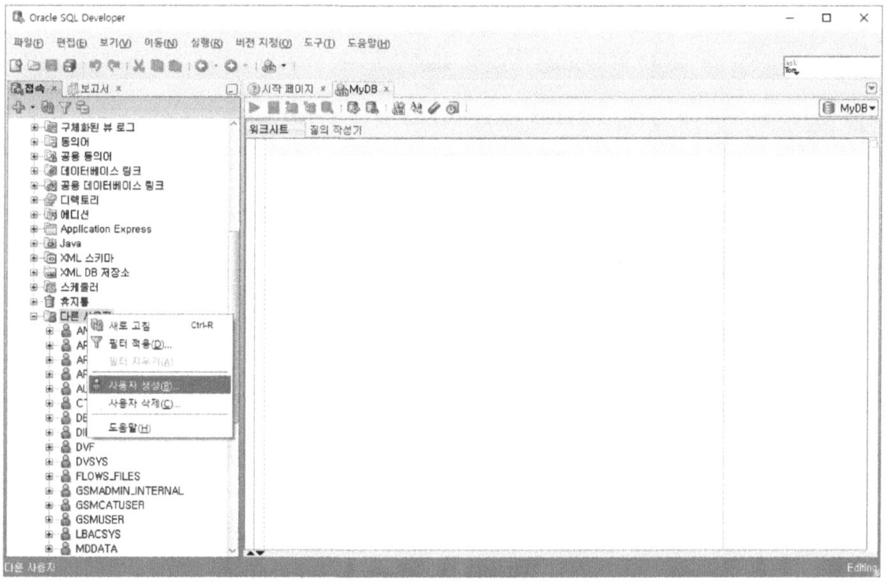

그림 8-42 • **계정 생성**

오라클 12c부터는 사용자 계정 생성 시 사용자 이름 앞에 c##을 붙여주어야 하는데 이전 버전에서와 같이 사용자 이름을 사용하기 위해서는 다음 SQL 문장을 먼저 실행시킨다.

```
SQL> ALTER SESSION SET "_ORACLE_SCRIPT" = true;
```

사용자 계정 생성을 위해 SQL Developer에서 아래의 SQL 명령으로 기본 및 임시 데이터베이스 테이블스페이스 지정한다. 테이블 생성은 SQL중 DDL(create)에 속하는 것이므로 자동 완료(auto commit)이 실행된다.

```
SQL> CREATE USER myuser IDENTIFIED BY myuserpw
     DEFAULT TABLESPACE USERS
     TEMPORARY TABLESPACE TEMP;
```

생성된 계정에 접근하여 테이블을 생성하고 SQL 문을 실행하기 위해 아래와 같이 GRANT 문과 ALTER USER 문으로 권한을 부여한다.

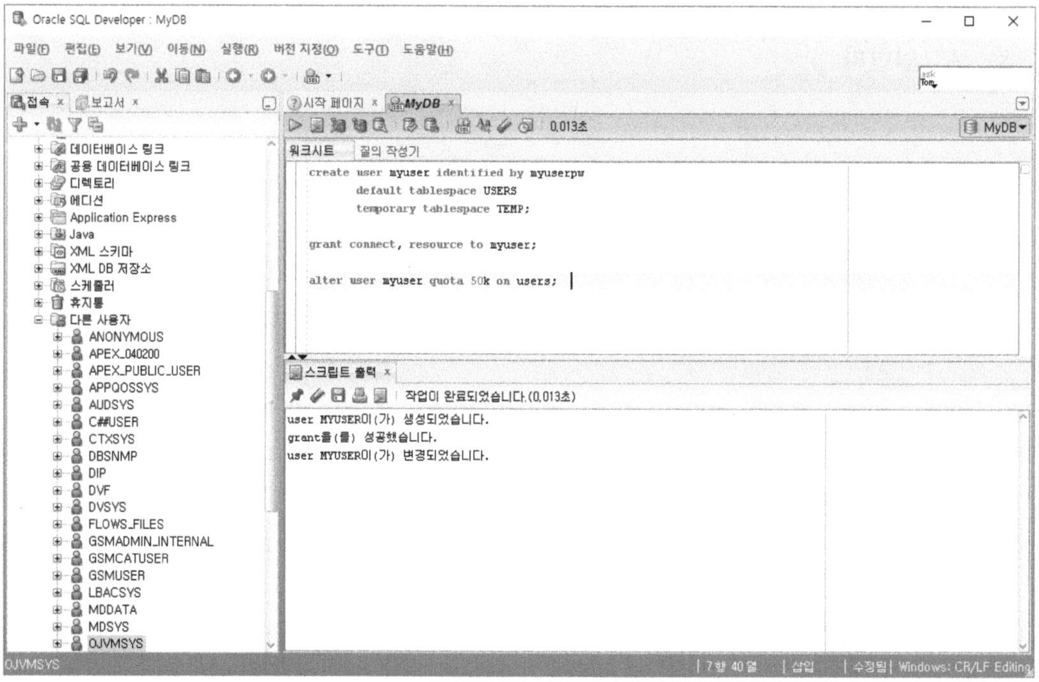

그림 8-43 • **계정 생성 후 권한 부여**

혹은 그림 8-42에서처럼 다른 사용자를 우측 마우스로 클릭하여 나타나는 사용자 생성을 클릭하여 나타나는 그림 8-44의 사용자 생성/편집 대화상자의 사용자 탭에서 사용자 이름, 암호, 기본 테이블스페이스 및 임시 테이블스페이스를 설정하고, 롤 탭에서 CONNECT, RESOURCE 항목의 권한이 부여됨 칸을 클릭하여 선택하고 할당량 탭의 USERS 할당량 칸에 50K를 입력한 다음 적용을 클릭해도 된다.

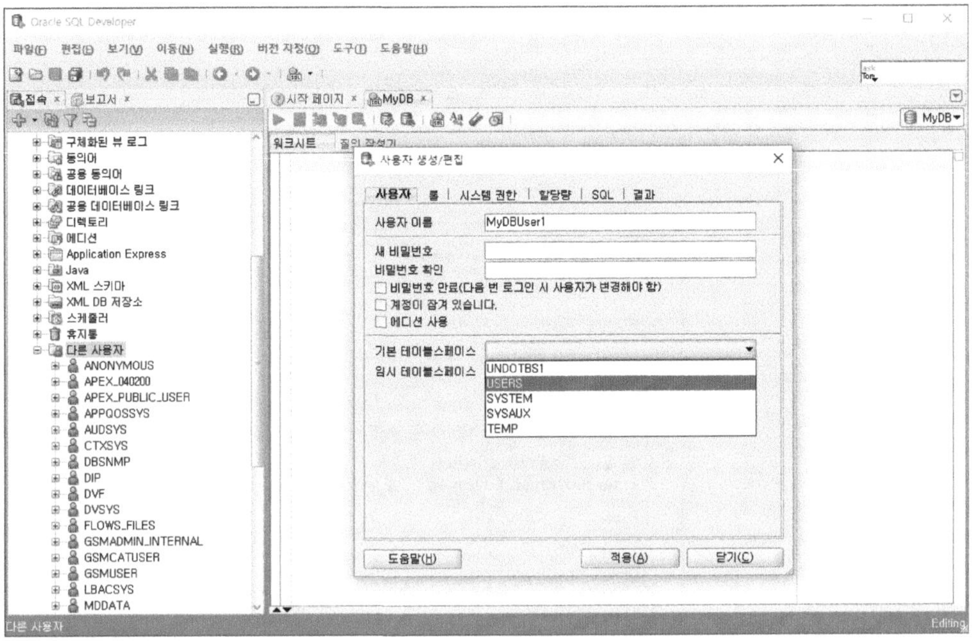

그림 8-44 • **사용자 생성/편집 대화상자**

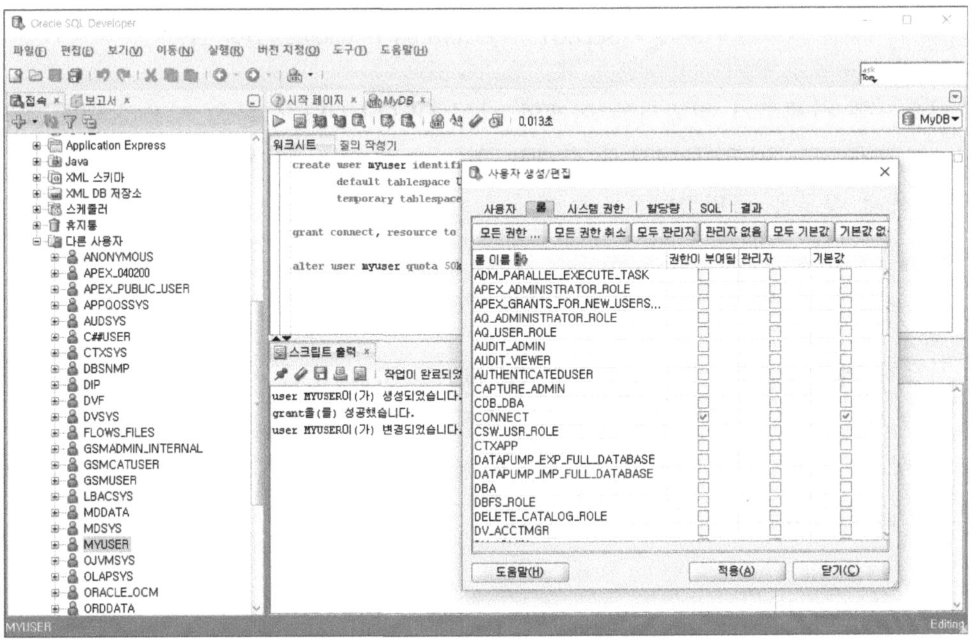

그림 8-45 • **계정 권한 및 롤 부여**

USERS 테이블에 사용자 myuser의 스페이스 할당량을 확인하기 위해서 다음과 같은 SQL 문을 수행시킨다.

```
SQL> SELECT * FROM dba_ts_quotas;
```

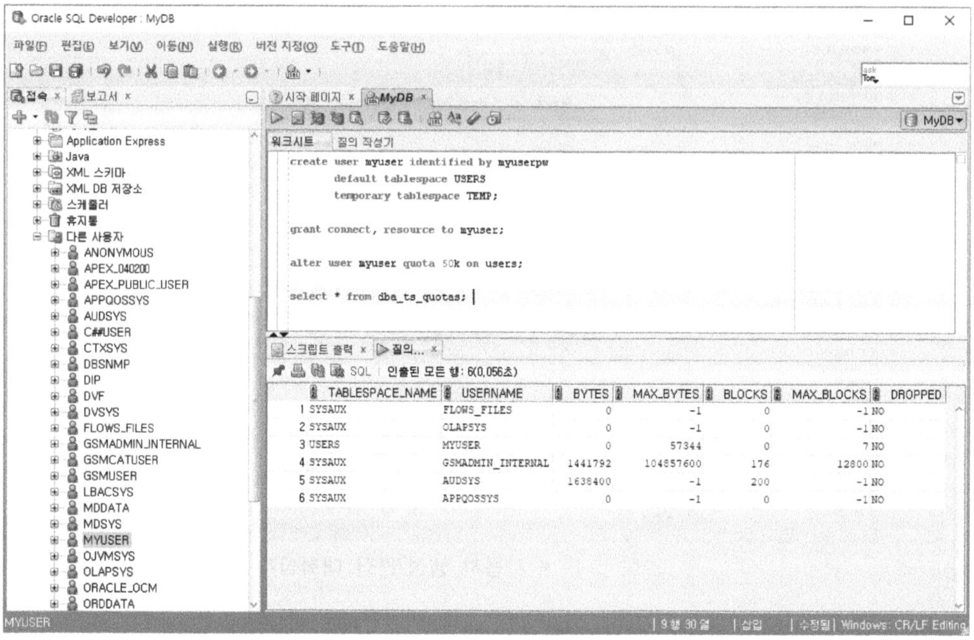

그림 8-46 ● SELECT * FROM dba_ts_quotas; 실행 화면

사용자를 삭제하기 위해서는 아래와 같이 DROP USER 문을 사용하거나 그림에서 삭제하고자 하는 사용자 이름을 선택한 후 마우스 우측 단추를 클릭하여 나타나는 사용자 삭제 항목을 클릭한다.

```
SQL> DROP USER myuser CASCADE;
```

사용자 계정을 변경하기 위해서는 ALTER USER 문을 사용하거나 그림에서 변경하고자 하는 사용자 이름을 선택한 후 마우스 우측 단추를 클릭하여 나타나는 사용자 편집 항목을 클릭하여 변경한다. 예를 들어 패스워드를 무효화하기 위해서는 아래의 SQL문을 실행시킨다.

```
SQL> ALTER USER myuser PASSWORD expire;
```

8.5 오라클 테이블 만들기

오라클로 테이블을 만들기 전에 우선 등록되어 있는 테이블을 확인하기 위해 다음의 SQL문을 실행시킨다.

```
SQL> SELECT * FROM tab;
```

테이블 생성을 위한 SQL문은 CREATE TABLE이고 다음은 사원번호(empno)와 사원이름(ename)으로 된 emps 라는 테이블을 생성해준다. 테이블 생성은 테이블 생성은 SQL중 DDL(create)에 속하므로 자동 완료(auto commit)가 된다.

```
SQL> create table emps
           (empno number(4),
            ename varchar2(10));
```

테이블의 구조를 보기 위해서는 DESC 문을 이용하여 DESC 테이블 이름을 입력하면 된다. 테이블 이름을 정할 때는 SQL에서 사용 중인 예약어는 사용 불가하고 30자 이상의 글자를 초과하는 이름은 불가하며 첫 글자는 반드시 영문으로 시작되어야 한다. 한글명의 테이블을 만들기 위해서는 Characterset을 변경하고 만들어야 하기 때문에 가능하면 영문명의 테이블을 만드는 것이 편리하다. 테이블 필드의 데이터 유형의 예는 다음과 같다.

```
Number(4)     : 숫자 네 자리
Number(p,s)   : p는 전체 자리 수이고 s는 소수점 자리 수
date          : 날자 타입
varchar2(10)  : 들어갈 수 있는 글자 수 10 명시
```

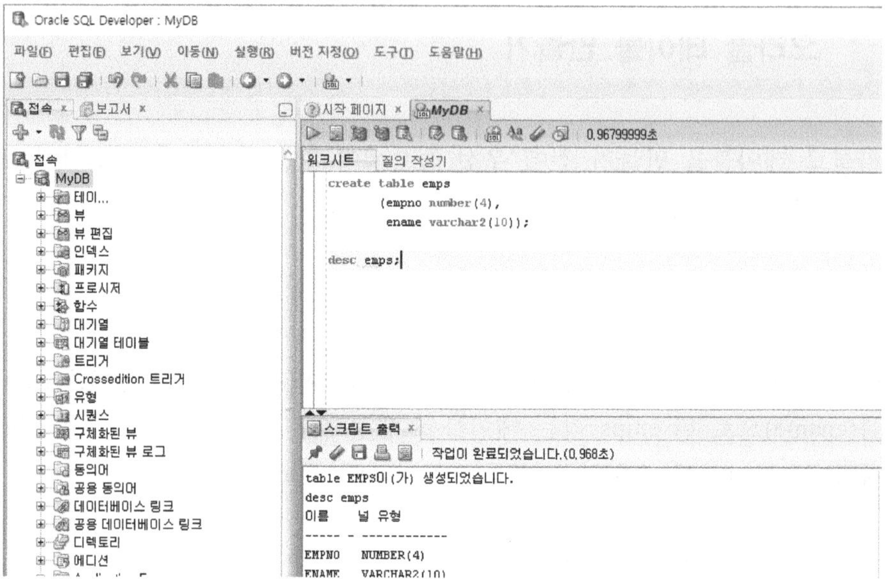

그림 8-47 • **테이블 생성 화면**

테이블 이름의 변경은, 예를 들어 emp를 emp1으로 테이블 이름을 변경하기 위한 SQL 문은 다음과 같다.

```
SQL> RENAME emp TO emp1;
```

존재하는 테이블에 필드 추가, 필드 길이 변경 및 필드 삭제를 위한 SQL 문은 다음과 같다.

가) 기존 테이블에 addr 필드(컬럼)를 추가하는 SQL은 다음과 같다.

```
SQL> ALTER TABLE emps
                    ADD (addrs varchar2(20));
```

나) 기존 테이블의 필드의 길이 등의 내용을 변경하기 위한 SQL은 다음과 같다. 여기서는 addr의 길이를 20자리에서 30자리로 늘인다.

```
SQL> ALTER TABLE emps
                    MODIFY (addrs varchar2(30));
```

다) 테이블 필드 삭제를 위한 SQL문은 다음과 같다.

```
SQL> ALTER TABLE emps
```

```
DROP COLUMN addrs;
```

기존 테이블에 새로운 필드가 추가되면 추가된 필드는 Null 값으로 채워지므로 Null 값을 전부 Update 해 주어야 하며. Modify 명령으로 이미 입력된 데이터가 없다면, 데이터 유형도 변경할 수 있다. 단, 서비스 운영 중 필드 삭제가 일어나면 안 된다.

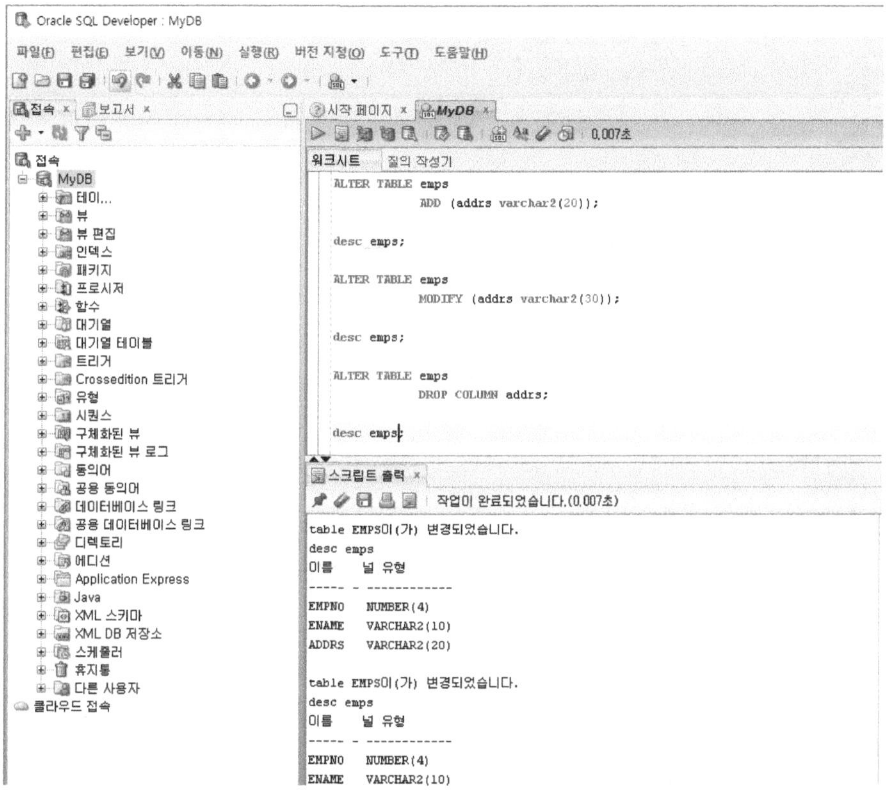

그림 8-48 • **테이블 변경**

기존 테이블을 삭제하기 위해서는 다음의 SQL 문을 실행시킨다.

```
SQL> DROP TABLE emps;
```

만약 테이블을 잘못 삭제하였다면, 복구할 방법이 없다. 따라서 데이터 백업은 정말 중요하며 문제 발생 시간을 알면, 데이터 백업을 보다 쉽게 처리 할 수 있다. 현재 시간을 아는 방법은 다음과 같다.

```
SQL> SELECT to_char(sysdate, 'YYYY/MM/DD, HH24:MI:SS')
     FROM dual;
```

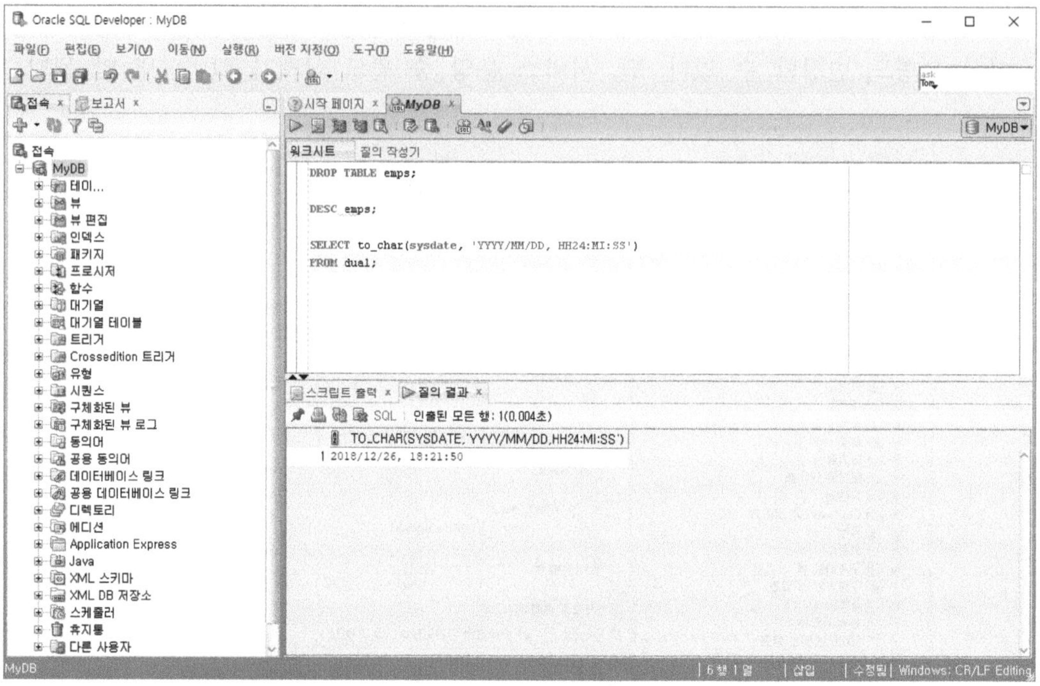

그림 8-49 • **현재 시간 확인을 위한 SQL 실행**

8.6 데이터 적재

INSERT INTO 구문을 사용하는 경우와 sqlloader를 이용하여 테이블에 데이터를 적재할 수 있다. INSERT INTO 구문을 사용 시 자동 완료가 되지 않으므로 commit 명령문을 사용해야 데이터베이스 파일로 저장된다. Emps 테이블에 데이터를 적재하기 위한 SQL 문은 다음과 같다.

```
SQL> INSERT INTO emps VALUES (1050,'Scott');
```

테이블이 생성만 되고 데이터가 없는 상태에서 많은 양의 데이터를 테이블에 적재하기 위해 다음과 같이 sqlloader를 사용하여 두 가지 사례에 대해 알아본다.

첫 번째 사례는 가변길이의 데이터를 컨트롤 파일에 직접 입력하여 적재하는 것이다. 사용할 테이블 dept의 구조는 다음과 같다.

```
(deptno NUMBER(2) NOT NULL,
 dname        VARCHAR2(14),
 loc           VARCHAR2(13))
```

```
SQL> create table dept_tmp as select * from dept;
Table created.
SQL> truncate table dept_tmp;
Table truncated.
```

```
제목 없음 - 메모장
파일(F)  편집(E)  서식(O)  보기(V)  도움말(H)
load data
infile *
replace
into table dept_tmp
fields terminated by ',' optionally enclosed by      '"'
(deptno, dname, loc)
begindata
12,research,"saratoga"
10,"accounting",cleveland
11,"art","salem"
13,"finance","boston"
```

그림 8-50 • test.ctl

infile *는 데이터가 ctrl 파일 끝에 있다는 의미이며, replace는 빈 테이블일 때만 데이터를 적재하고 fiels terminated by ',' optionally enclosed by ""는 필드 구분자와 "가 들어가면 빼고 입력하는 것을 의미한다. 위의 내용을 메모장으로 작성 후 test.ctl로 저장한다.

위와 같이 컨트롤(control) 파일인 test.ctl을 구성 후 다음의 sqlldr을 실행하면 그림 8-51과 같이 완료된 레코드의 개수를 보여주며 실행을 마친다.

```
c:\oracle\bin>    sqlldr    scott/tiger@MyDB    control=test.ctl
log=test.log bad=test.bad
```

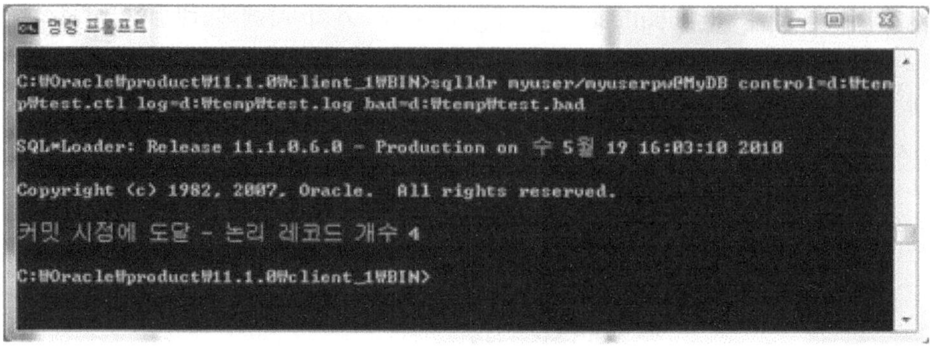

그림 8-51 ● test.ctl 실행 화면

두 번째 사례는 외부 파일에 저장되어 있는 고정 길이의 튜플을 적재하는 것으로 다음과 같은 형태로 test.dat가 저장되어 있다.

1111	joo	manager	1111	19191.00	10
2222	hwang	salesman	2222	294974.50	20
3333	test	test	3333	4984.00	40
4444	kwon	engineer	4444	49.90	50

위의 test.dat 데이터 파일의 내용을 보고 그에 맞게 테이블과 control file을 구성하여 다음의 test.ctl 파일을 만든다.

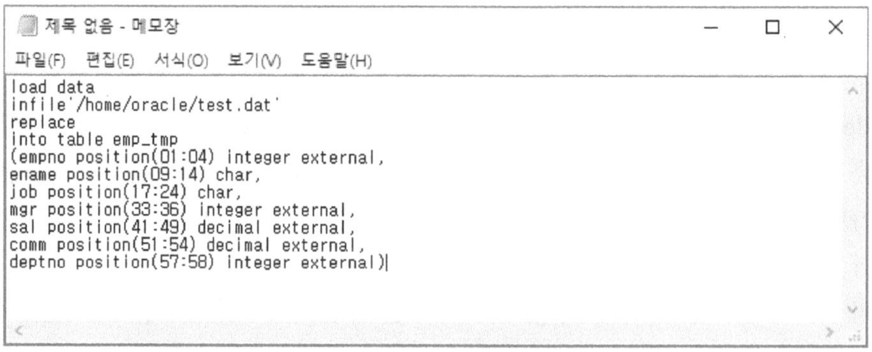

그림 8-52 ● test.ctl

데이터 파일의 데이터가 공백이 아닌 tab으로 나누어져 있으면 position에서 한 칸으로 인식하며 position(01:04)에서 보는 바와 마찬가지로 position을 일일이 맞추어 주어야 한다는 점을 주의해야 한다.

```
c:\oracle\bin> sqlldr myuser/myuserpw@MyDB control=test.ctl
data=test.dat log=test.log bad=test.bad
```

해당 테이블의 적재된 데이터를 삭제하는 방법에는 삭제할 데이터 선택이 가능하며 취소(rollback)이 가능한 DELETE 문과 취소가 불가능하며 모든 데이터 값을 삭제하기 위한 TRUNCATE 문이 있다. DELETE 문의 사용 시 Rollback segment(논리적 저장영역)에 변경전 이미지(before image)가 복사되기 때문에 삭제할 데이터를 저장할 영역이 부족할 수 있고, 시간이 많이 소요된다. 하지만 TRUNCATE 명령은 DDL 명령이므로 before Image를 복사하지 않고 바로 지운다.

```
SQL> DELETE emp
     WHERE ename = 'scott';

SQL> TRUNCATE TABLE emp;
```

8.7 Query 연습

질의 연습을 위해 다음의 학생(student), 교과(class) 그리고 수강(enrollment) 테이블을 만들고 나열한 테이블 순서대로 데이터를 적재한다.

student

SSID	SName	Major	GradeLevel	Age
100	정시민	국사	GR	21
150	한성환	회계	SO	19
200	김혜진	수학	GR	50
250	김종민	국사	SN	50
300	나유미	회계	SN	41
350	박부희	수학	JR	20
400	오상욱	회계	FR	18
450	김민성	국사	SN	24

class

CID	Time	Room
BA200	M-F9	SC110
BD445	MWF3	SC213
BF410	MWF8	SC213
CS150	MWF3	EA304
CS250	MWF12	EB210

enrollment

StudentNumber	ClassID	Preference
100	BD445	1
150	BA200	1
200	BD445	2
200	CS250	1
300	CS150	1
400	BA200	2
400	BF410	1
400	CS250	2
450	BA200	3

Student 테이블을 만들기 위해 CREATE TABLE 구문을 사용하여 SSID는 숫자, SName은 8자리 문자, Major는 5자리 문자, GradeLevel은 두 자리 문자, Age는 숫자로 정의하고 SSID를 기본 키(key)로 설정한다.

Student 테이블을 만든 후 데이터를 적재하는 방법은 그림 8-54에서 보는 바와 같이 우측 테이블에서 student 테이블을 찾아 더블 클릭 한 후 행 삽입 아이콘( )을 클릭하여 나타나는 행의 각 칼럼을 더블 클릭하여 데이터를 하나씩 입력하고 완료( ) 단추를 클릭하여 입력하거나, 전술한 INSERT INTO 구문을 이용하여 데이터를 입력하거나 sqlloader를 이용하여 입력하거나 혹은 사용자 입력을 받는 프로그램을 작성하여 그림 8-57과 같이 데이터를 입력할 수 있다.

```
SQL> CREATE TABLE student
```

```
    (SSID   number(8) not null,
     SName  varchar2(8),
     Major      varchar2(5),
     GradeLevel varchar2(2),
     Age    number(2),
     Primary Key   (SSID));

SQL> CREATE TABLE mclass
    (ClassID       varchar(8) not null,
     Time       varchar2(8),
     Room       varchar2(8),
     Primary Key   (ClassID));

SQL> CREATE TABLE enrollment
    (StudentNumber    number(8) not null,
     ClassID       varchar2(8) not null,
     Preference    number(2),
     primary key (StudentNumber, ClassID),
     foreign key (StudentNumber) references student,
     foreign key (ClassID) references mclass);
```

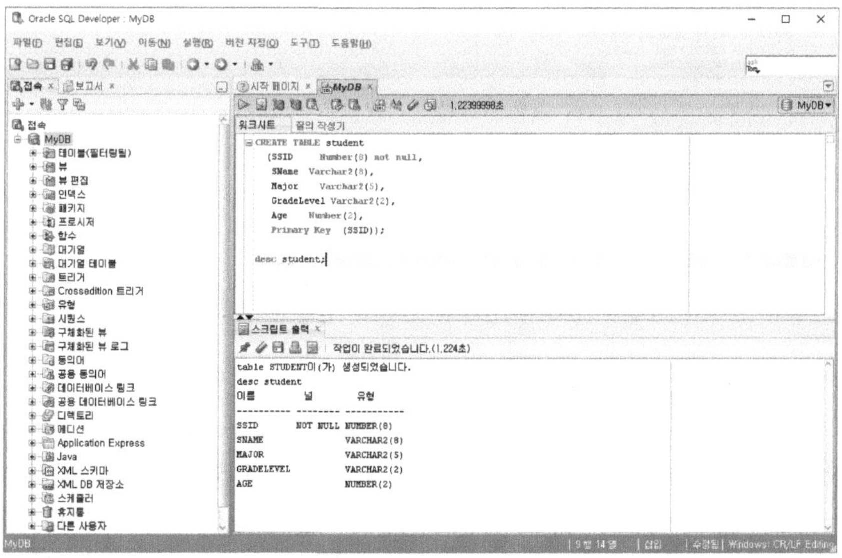

그림 8-53 • student 테이블 생성

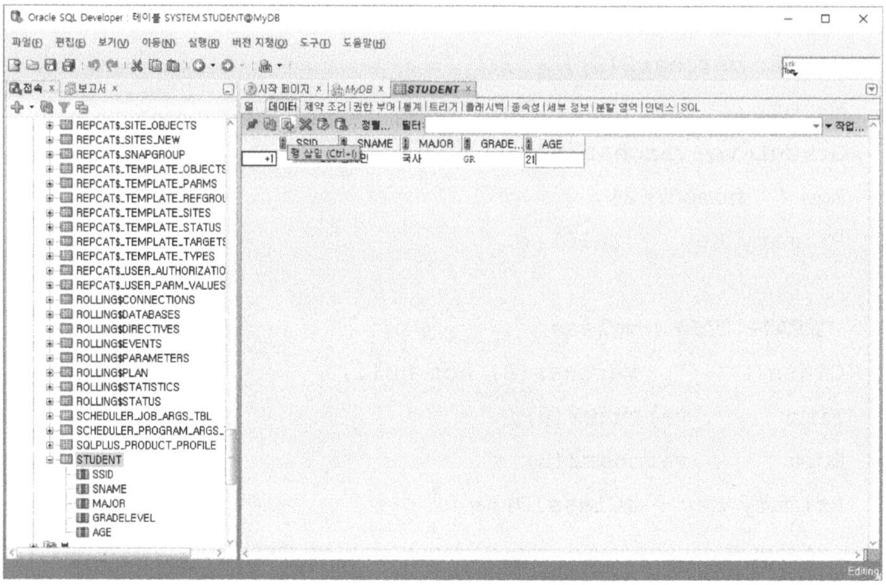

그림 8-54 • **데이터 입력 1**

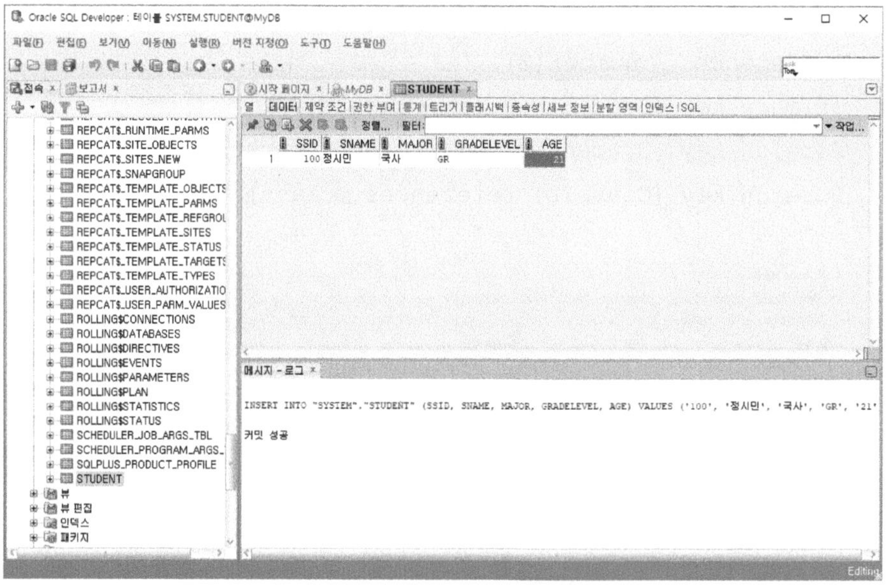

그림 8-55 • **데이터 입력 2**

INSERT 구문은 자동완료가 되지 않기에 INSERT 구문 실행 후에는 commit을 해주어야 한다. 그림 8-56에서 INSERT 구문을 실행 후 SELECT 구문으로 테이블에 데이터가 들어간 것을 확인할 수 있으나 rollback 명령을 실행시키면 입력이 취소되고 다시 INSERT 구문을 실행시킨 후 commit을 하면 rollback을 해도 입력 내용이 사라지지 않고 남아 있는 것을 확인할 수 있다.

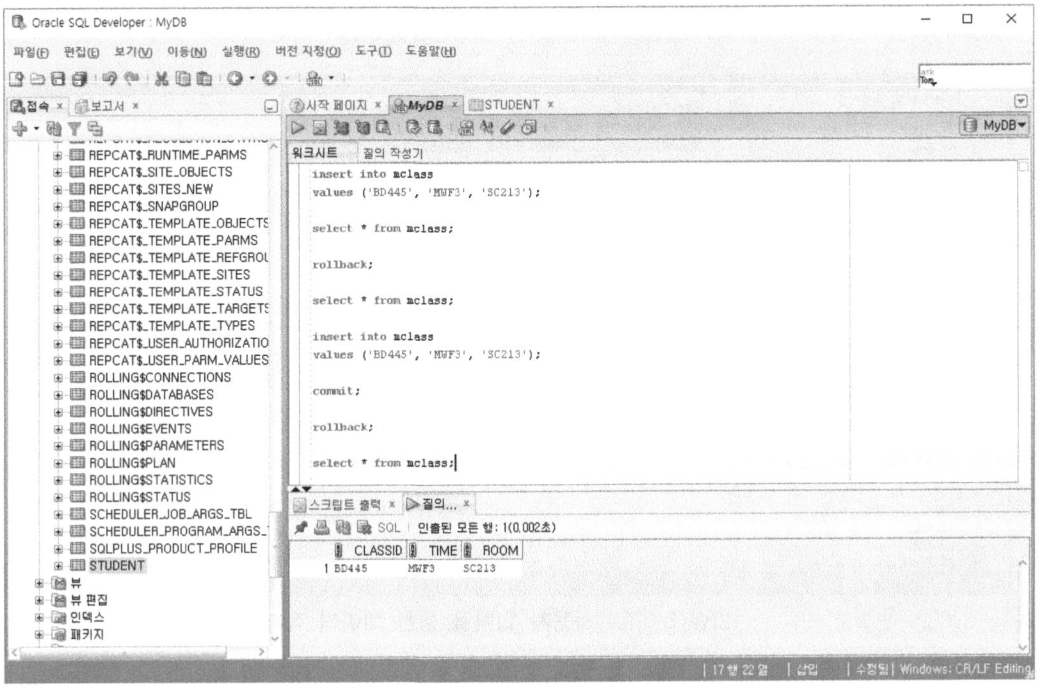

그림 8-56 • INSERT 구문과 Rollback

다음으로 테이블에 데이터를 입력하는 방법은 그림 8-57에서 보는 바와 같이 INSERT INTO 구문과 사용자 입력을 위한 prompt, accept 구문을 사용하는 것이다.

```
prompt Enter enrollment information:;
accept l_stno number format '999' prompt 'Student Number: ';
accept l_classid char format a9 prompt 'Class ID: ';
accept l_pref number format '99' prompt 'Preference [number]: ' default '1';

insert into enrollment (StudentNumber, ClassID, Preference)
values (&l_stno, '&l_classid', &l_pref);
```

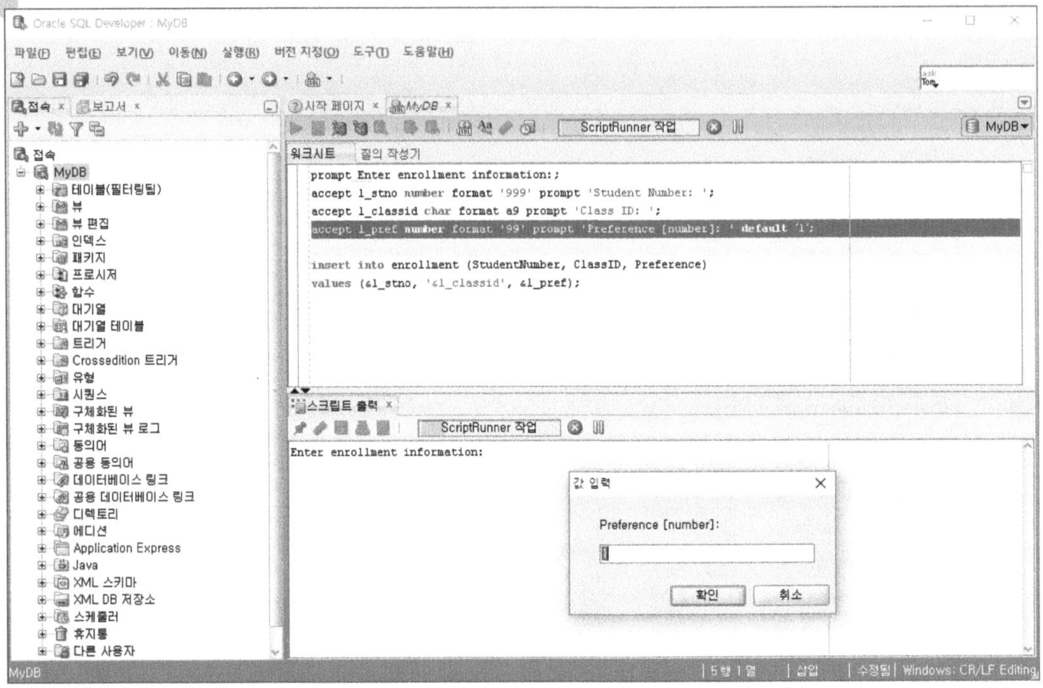

그림 8-57 • **사용자 입력을 통한 데이터 적재**

Class 테이블은 비슷하게 생성하고 데이터를 적재할 수 있다. 반면 enrollment 테이블은 StudentNumber가 student 테이블의 SSID를 참조하고 ClassID는 class 테이블의 ClassID를 참조하는 참조 무결성 제약으로 인해 데이터 입력 시 참조 무결성에 위배되지 않도록 주의하여야 한다.

테이블이 생성되고 데이터가 적재되고 나면 그 다음으로 일어나는 일은 저장되어 있는 데이터베이스에서 필요로 하는 데이터를 검색하거나 가공하는 것이다. 다음의 SQL 문을 실행시켜보기로 한다.

아래 SQL 문은 Student 테이블에서 전공(Major)을 나열하는 것이다. 전공을 나열하는데 성능을 위해 중복을 제거하지 않고 출력한다.

```
SQL> SELECT    Major
     FROM  STUDENT;
```

아래 SQL 문은 Student 테이블에서 전공이 수학인 학생의 학번(SSID), 이름(SName), 전공(Major), 학년(GradeLevel), 나이(Age)를 출력하는 것이며 SELECT * FROM Student WHERE Major = 'Math';와 같은 결과를 출력한다.

```
SQL> SELECT    SSID, SName, Major, GradeLevel, Age
     FROM  STUDENT
     WHERE     Major = 'Math';
```

아래 SQL 문은 Student 테이블에서 전공이 수학이거나 회계학인 학생을 출력한다.

```
SQL> SELECT    SSID, SName, Major, GradeLevel, Age
     FROM  STUDENT
     WHERE     Major IN ('Math', 'Accounting');
```

아래 SQL 문은 Student 테이블에서 학년이 2학년, 4학년 혹은 대학원생을 찾아 이름, 전공, 나이를 출력하는데 이름에 대서는 오름차순, 나이는 내림차순으로 출력한다.

```
SQL> SELECT    SName, Major, Age
     FROM  STUDENT
     WHERE     GradeLevel IN ('GR', 'SO', 'SN')
     ORDER BY Name ASC, Age DESC;
```

아래 SQL 문은 Student 테이블에서 중복을 제거한 전공의 수를 출력한다.

```
SQL> SELECT    COUNT(DISTINCT Major)
     FROM  STUDENT;
```

아래 SQL 문은 Student 테이블에서 학생을 전공별로 묶어 그 수가 3이상이면 전공명과 학생 수를 출력한다.

```
SQL> SELECT    Major, COUNT(*)
     FROM  STUDENT
     GROUP BY Major
     HAVING    COUNT(*) > 2;
```

아래 SQL 문은 Student 테이블에서 4학년 학생을 전공별로 묶어 그 수가 2 이상이면 전공명과 평균나이를 출력한다.

```
SQL> SELECT    Major, AVG(Age)
     FROM  STUDENT
     WHERE     GradeLevel = 'SN'
     GROUP BY  Major
     HAVING    COUNT(*) > 1;
```

아래 SQL 문은 중첩 질의(nested SQL)문으로 Student 테이블에서 대학원생이 아닌 학생의 학번과 수강(enrollment) 테이블의 학번(StudentNumber)가 같은 경우 중복을 제거한 교과목(ClassName)을 출력한다. 즉, 학부 학생이 듣는 교과목을 출력하는 SQL 문이다.

```
SQL> SELECT    DISTINCT ClassName
     FROM  ENROLLMENT
     WHERE     StudentNumber IN
     (SELECT   SSID
     FROM      STUDENT
     WHERE     GradeLevel <> 'GR');
```

아래 SQL 문 역시 위의 SQL 문과 같은 결과를 출력하는데 위는 중첩 질의 문이지만 여기서는 조인(join)을 사용한 것이다.

```
SQL> SELECT    DISTINCT ENROLLMENT.ClassName
     FROM  ENROLLMENT, STUDENT
     WHERE ENROLLMENT.StudentNumber = STUDENT.SSID
     AND   STUDENT.GradeLevel <> 'GR';
```

아래 SQL 문은 수강 테이블을 A, B로 놓고 A와 B의 학번은 같으면서 교과목(ClassID)은 다른 경우가 존재하면 수강 테이블에서 중복을 제거한 학번을 출력한다. 결국 두 과목 이상을 수강하는 학번을 출력하게 된다.

```
SQL> SELECT    DISTINCT StudentNumber
     FROM  ENROLLMENT A
     WHERE     EXISTS
   (SELECT *
```

```
FROM    ENROLLMENT B
WHERE   A.StudentNumber = B.StudentNumber
AND A.ClassID NOT = B.ClassID);
```

아래 SQL 문은 Student 테이블에서 전공이 회계학인 학생의 학번과 수강 테이블의 학번이 같은 경우 수강 테이블에서 삭제하는데 이는 다시 말하면 회계학 전공 학생들의 수강을 철회하라는 의미이다.

```
SQL> DELETE    ENROLLMENT
     WHERE ENROLLMENT.StudentNumber IN
        (SELECT STUDENT.SID
     FROM   STUDENT
     WHERE  STUDENT.Major = 'Accounting');
```

아래 SQL 문은 교과(Mclass) 테이블에서 교과목(ClassID)이 BD445인 것을 BD564로 변경하라는 것이며 이 때 수강(enrollment) 테이블이 교과 테이블을 참조하기 때문에 수강 테이블에서 BD445인 교과목 역시 변경해주어야 한다.

```
SQL> UPDATE    MCLASS
     SET   ClassID = 'BD564'
     WHERE ClassID = 'BD445';
```

8.8 PL/SQL

PL/SQL은 SQL 절차적 구문을 더하여 확장한 것으로 변수와 데이터 유형의 선언이나 IF-THEN-ELSE와 같은 조건문과 FOR와 같은 반복문이 가능하며 프로시저나 함수의 선언도 가능하다. PL/SQL의 기본적인 단위는 블록으로 한 블록은 논리적인 작업의 단위이며 블록 안에 블록을 중첩할 수 있다.

PL/SQL 프로시저의 생성과 컴파일은 다음과 같다. 그림 8-58에서처럼 프로시저 개체를 우측 마우스로 클릭하여 나타나는 메뉴에서 새 프로시저를 선택한다.

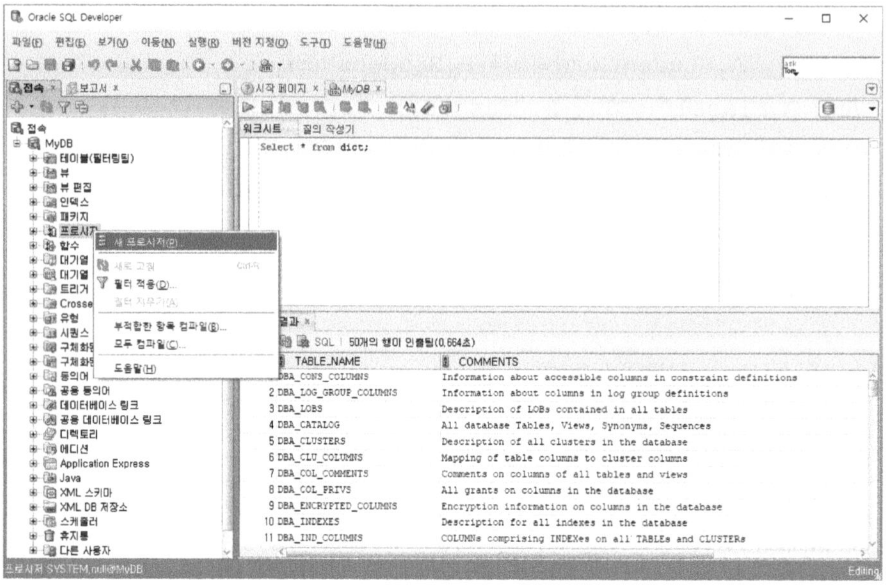

그림 8-58 • **새 프로시저 선택**

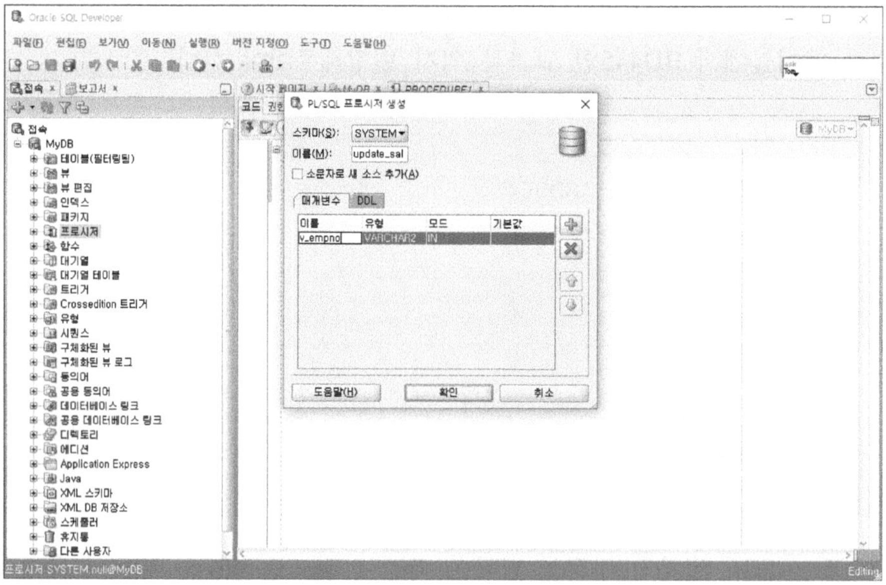

그림 8-59 • **프로시저 생성 대화상자**

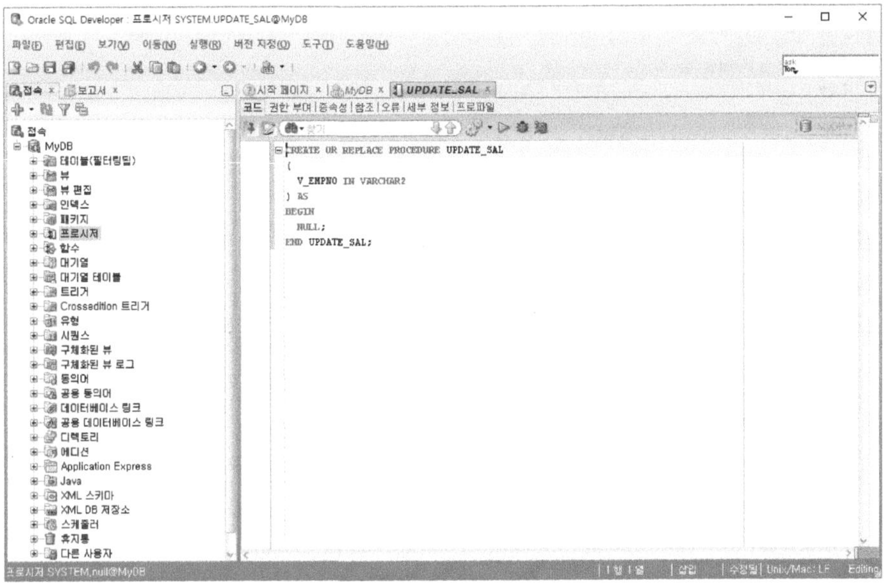

그림 8-60 • **프로시저 입력 화면**

그림 8-59의 프로시저 생성 대화상자에서 프로시저 이름과 필요한 매개변수를 지정한 다음 확인 단추를 클릭하면 그림 8-60의 프로시저 입력 화면이 나타난다. 예를 들어 아래와 같이 update_sal이라는 프로시저를 선언하여 컴파일( ) 단추를 클릭하여 컴파일하면 그림 8-61의 하단 메시지 창에서처럼 "컴파일됨"이라 표시되며 Execute update_sal(1004);를 실행시키면 emp 테이블의 매개변수로 받은 사원번호(v_empno)의 급여(sal)는 10%가 증가하게 된다.

```
CREATE OR REPLACE PROCEDURE update_sal
/* IN Parameter */
(v_empno IN NUMBER)
IS
BEGIN
UPDATE emp
SET sal = sal * 1.1
WHERE empno = v_empno;
COMMIT;
END update_sal;
```

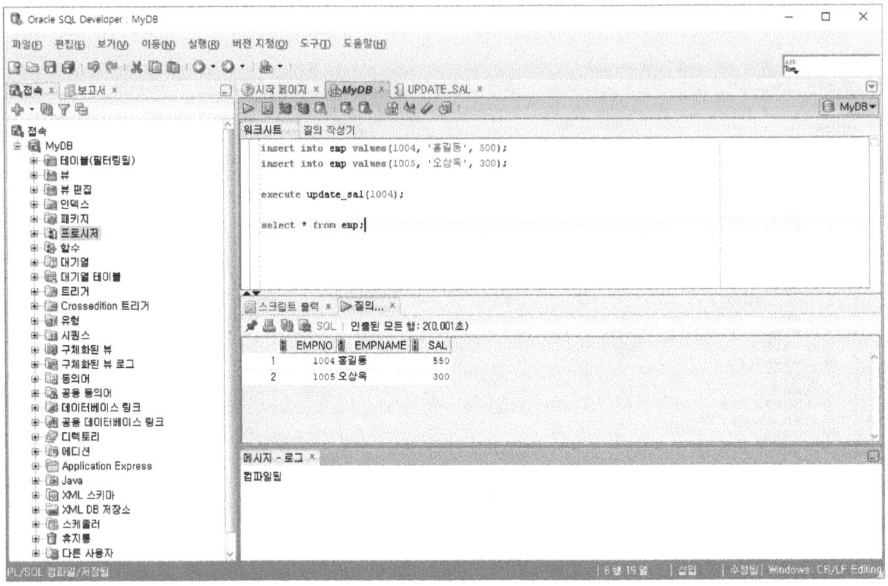

그림 8-61 ● Execute update_sal

일반적인 프로그래밍에서와 마찬가지로 PL/SQL에서도 함수의 사용이 가능한데 PL/SQL의 함수는 다음과 같이 정의한다. 함수의 생성도 프로시저와 마찬가지로 함수를 우측 마우스로 클릭하여 나타나는 새 함수 메뉴를 선택하여 아래의 구문에 맞춰 작성한 다음 컴파일하면 메시지-로그 창에 "컴파일됨"이라 표시되고 오류가 있을 때는 상응하는 오류 구문이 나타난다.

```
CREATE FUNCTION fname [(parameter_name [IN|OUT|IN OUT] type [, ...])]
RETURN return_datatype
{IS | AS }
BEGIN < function_body >
END [function_name];
```

다음 함수는 totalEMPS로 EMP 테이블의 튜플 수를 반환하며 프로시저 PrintotalEMPs는 컴파일하고 Execute PrintotalEMPs;를 실행시키면 함수를 이용하여 "Total no. of Employers: " 다음에 함수의 결과 값을 출력한다. 결과가 안 나타나면 SET SERVEROUTPUT ON; 실행한 후 Execute PrintotalEMPs;를 실행시킨다. 연관된 PL/SQL 프로시저와 함수의 집합을 Ada 언어로부터 유래되어 패키지(Package)라고 한다.

```
CREATE OR REPLACE FUNCTION totalEMPs
```

```
RETURN number
IS total number(2) := 0;
BEGIN
SELECT count(*) into total FROM EMP;
RETURN total;
END;

CREATE OR REPLACE PROCEDURE PrintotalEMPs
IS c number(2);
BEGIN
c := totalEMPs();
dbms_output.put_line('Total no. of Employers: ' || c);

END;
```

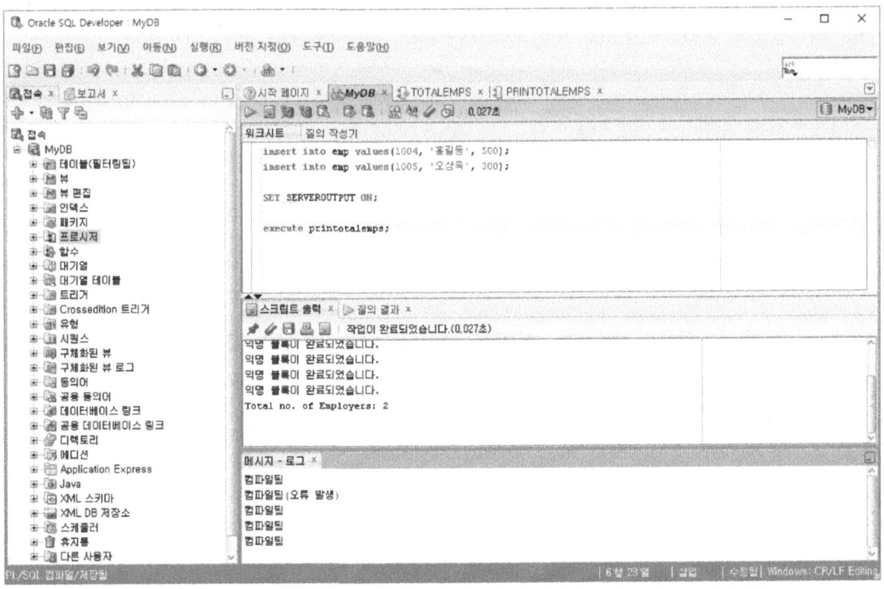

그림 8-62 • **함수를 포함하는 프로시저 실행**

다음은 x를 100으로 설정하고 나머지를 구하는 MOD 함수를 이용하여 1부터 10까지 반복하면서 i 값이 짝수이면 mytemp 테이블에 i 값, 100, '짝수'를 i 값이 홀수이면 mytemp 테이블에 i 값, 100, '홀수'를 INSERT해주는 프로시저의 일부 구문이다.

```
DECLARE
   x NUMBER := 100;
BEGIN
   FOR i IN 1..10 LOOP
      IF MOD(i,2) = 0 THEN     -- i is even
         INSERT INTO mytemp VALUES (i, x, '짝수');
      ELSE
         INSERT INTO mytemp VALUES (i, x, '홀수');
      END IF;
      x := x + 100;
   END LOOP;
   COMMIT;
END;
```

사용자의 입력 값을 받아들이는 Accept 구문을 사용한 PL/SQL 프로시저의 예는 다음과 같다. 우선 다음과 같은 간단한 testpay 테이블을 만든다.

```
SQL> create table testpay
        (idno NUMBER(3),
         name VARCHAR2(20),
         grosspay NUMBER(6,2));
```

그리고 사용자 입력과 계산을 위한 프로시저를 다음과 같이 작성한 후 저장 아이콘(💾)을 클릭하여 cal_pay.sql로 저장한다. 그림 8-63에서처럼 @cal_pay로 실행시키면 입력을 위한 대화상자가 나타나고 입력을 마치면 테이블에 데이터가 저장된다.

```
SET VERIFY OFF
ACCEPT in_id PROMPT 'Enter id #: '
ACCEPT in_name PROMPT 'Enter name: '
ACCEPT in_hrs PROMPT 'Enter hours worked: '
ACCEPT in_payhr PROMPT 'Enter pay per hour: '
DECLARE
  v_pay NUMBER(6,2);
  v_hrs NUMBER(2) :=&in_hrs;
```

```
  v_payhr NUMBER(5,2) := &in_payhr;
BEGIN
  v_pay := v_hrs * v_payhr;
  INSERT INTO testpay
  VALUES(&in_id,'&in_name', v_pay);
END;
/
SET VERIFY ON
```

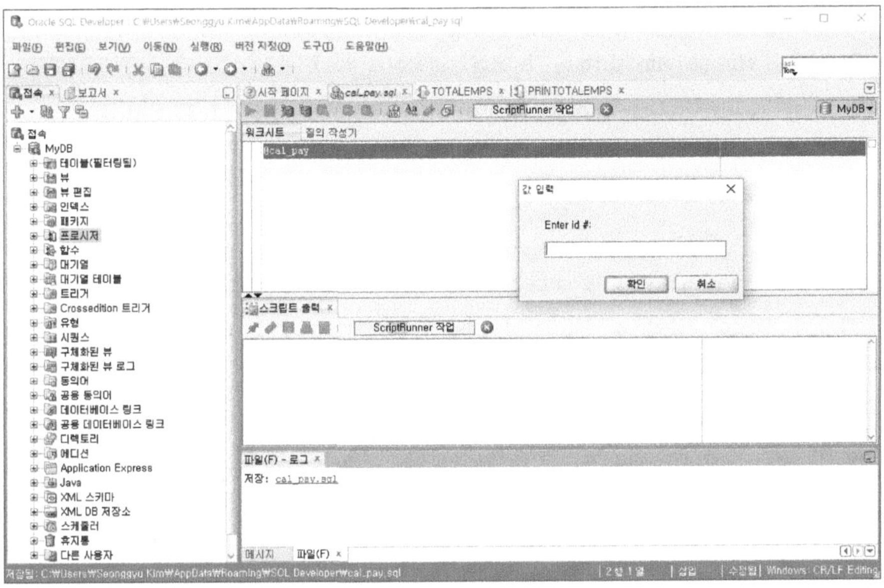

그림 8-63 • **@cal_pay로 실행**

주어진 프로시저 test_debit의 SELECT, INSERT INTO 구문과 사용된 변수를 고려하여 프로시저 실행에 필요한 테이블을 작성하는 연습을 해본다.

```
CREATE OR REPLACE PROCEDURE test_debit (
  acco_no          in    VARCHAR2,
  cust_no          in    VARCHAR2,
  amount           in    NUMBER,
  err_message      out   VARCHAR2)
IS
  old_balance          number(13);
```

```
  new_balance         number(13);
  account_no          varchar2(8);
  serial_no           decimal(5);
  acc_date            date;
  open_date           date;
  item_dist           varchar2(20);
  item_name           varchar2(20);
  b_no                varchar2(3);
  deposit_shortage    EXCEPTION;
BEGIN
  SELECT  sum(a_amount), a_no, max(a_serial_no)+1, SYSDATE
  INTO    old_balance, account_no, serial_no, acc_date
  FROM    account
  WHERE   a_c_no = cust_no and a_no=acco_no
  GROUP BY a_no;
SELECT  a_open_date, a_item_dist, a_item_name, a_b_no
  INTO    open_date, item_dist, item_name, b_no
  FROM    account
  WHERE   a_no = acco_no
  GROUP BY a_open_date, a_item_dist, a_item_name, a_b_no;

  new_balance := old_balance - amount;
  IF new_balance < 0 THEN
        RAISE  deposit_shortage ;
  ELSE
        INSERT INTO account
        VALUES(account_no, serial_no, acc_date, amount, open_date, null, null,
               item_dist, item_name, b_no, cust_no);
  END IF;

EXCEPTION
   WHEN deposit_shortage THEN
   err_message := 'Remaining deposit is not enough.';
END test_debit;
```

프로시저 실행에 필요한 테이블을 생성하고 필요한 데이터를 입력한 후 위의 프로시저를 컴파일하고 Execute test_debit('A1004', '1004', 100, :err-message)로 실행시켜 프로시저가 어떤 일을 하는지 확인해 본다.

8.9 Oracle 관리 기초

8.9.1 관리를 위한 테이블의 종류

데이터베이스의 메타 데이터인 딕셔너리(dictionary)에는 관리를 테이블 종류를 조회하기 위해 다음의 SQL 문을 실행시킨다.

```
SQL> Select * from dict;
```

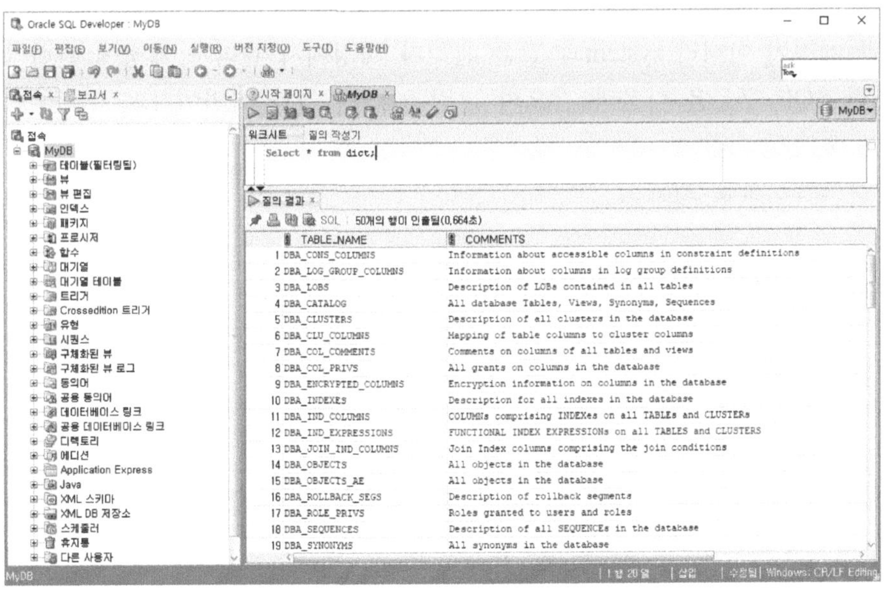

그림 8-64 • Select * from dict;의 결과

관리자 계정에서 실행시킨 결과를 보여주는 화면과 일반 사용자 계정에서 실행시킨 결과를 보여주는 화면이 다른데 관리는 보통 관리자 계정에 이루어지므로 관리자 계

정의 화면을 보면 그림 8-64와 같다. 크게 4 가지 형태의 테이블이 존재하는데 user_로 시작하는 것은 내가 만든 것에 대한 정보를 볼 때, all_로 시작하는 것은 권한이 있는 것들의 정보를 볼 때. dba_로 시작하는 것은 데이터베이스 관리자가 데이터베이스에 대해 관리 목적상 정보를 볼 때 그리고 v$_로 시작하는 것은 동적 성능에 대한 정보를 볼 때 필요하다.

특정 딕셔너리(dcitionary)의 조회는 테이블 관련해서는 다음과 같은 SQL 문을 실행시키면 되고 인덱스(index) 관련해서는 like 다음의 '%TABLE%'를 '%INDEX%'로 바꾸면 된다.

```
SQL> select * from dictionary
     where table_name like '%TABLE%';
```

현재 사용 중인 User를 보기 위한 SQL 문은 다음과 같으며 실행 결과는 스크립트 출력 창에 "USER이(가) SYSTEM입니다."라고 나타난다..

```
SQL> show user
```

일반 계정이 아니라 system과 같은 관리자 계정에서 관리자 계정에 관한 목록을 보기 위한 SQL 구문은 다음과 같으며 그림 8-65는 결과 화면이다.

```
SQL> desc dba_users;
```

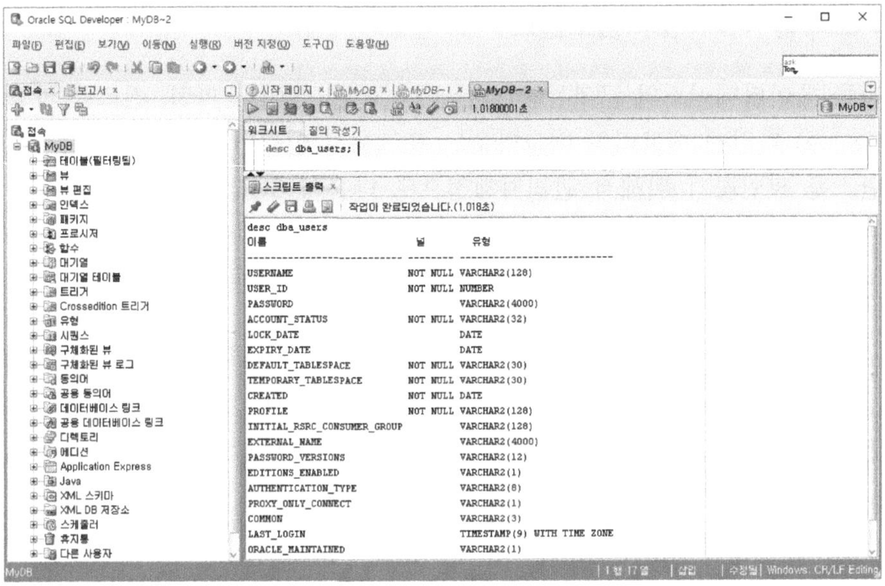

그림 8-65 • desc dba_users; 결과 화면

이러한 dba_users 테이블의 내용을 보기 위한 SQL 문은 다음과 같으며 그림 8-66은 결과 화면이다.

```
SQL> select username, password
      from dba_users;
```

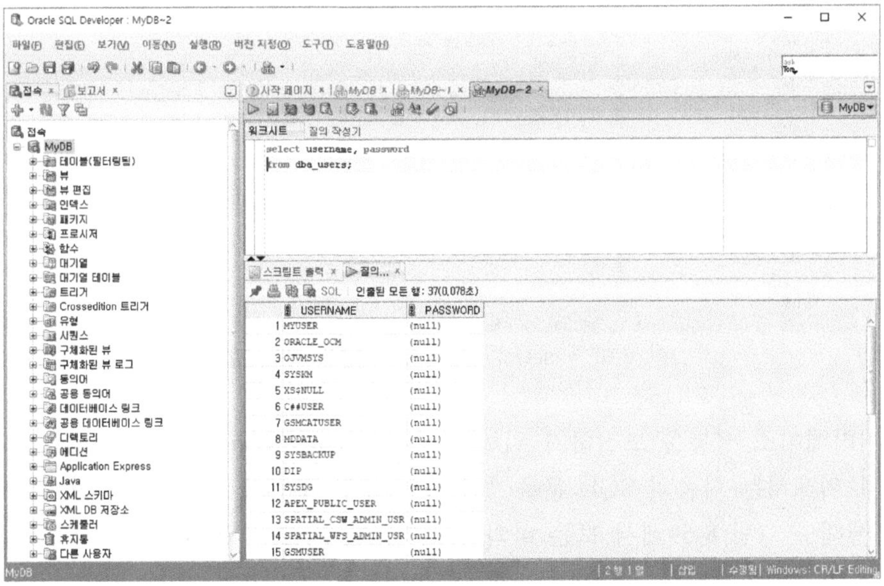

그림 8-66 • dba_users 테이블의 사용자이름과 암호 내용

8.9.2 오라클 아키텍처 컴포넌트

오라클 데이터베이스의 구조는 전술한 바와 같이 데이터 파일, 컨트롤 파일, 리두 로그(redo log) 파일에 메모리와 백그라운드 프로세서 인스턴스로 이루어져 있다. 오라클 인스탄스를 확인하기 위해서 관리자계정으로 다음의 SQL문을 실행한다.

```
SQL> select instance_name from v$instance;
```

데이터 파일들의 경로 및 정보는 v$datafile에 그리고 컨트롤 파일의 경로 정보는 v$controlfile에 각각 존재하며 다음의 SQL 문을 실행하면 그림 8-67에서 보는 바와 같이 데이터 파일의 경로 정보를 얻을 수 있다. 컨트롤 파일 정보도 v$datafile를 v$controlfile로 바꾸면 마찬가지 방법으로 얻을 수 있다.

```
SQL> select name from v$datafile;
```

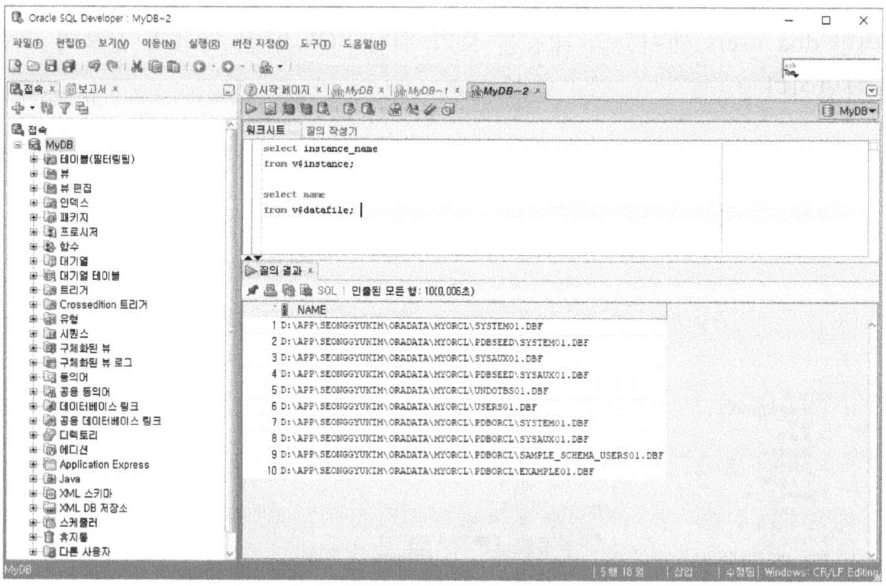

그림 8-67 • select name from v$datafile; 결과 화면

데이터베이스 성능을 조절하기 위해 필요한 SGA(System Global Area)의 내용을 조회하기 위해서는 다음의 SQL 문을 실행하면 그림 8-68을 얻을 수 있으며 show SGA를 실행해도 그림 8-69에서 보는 바와 같이 좀 더 자세한 SGA(System Global Area)의 내용을 조회할 수 있다.

```
SQL> select * from v$sga;
```

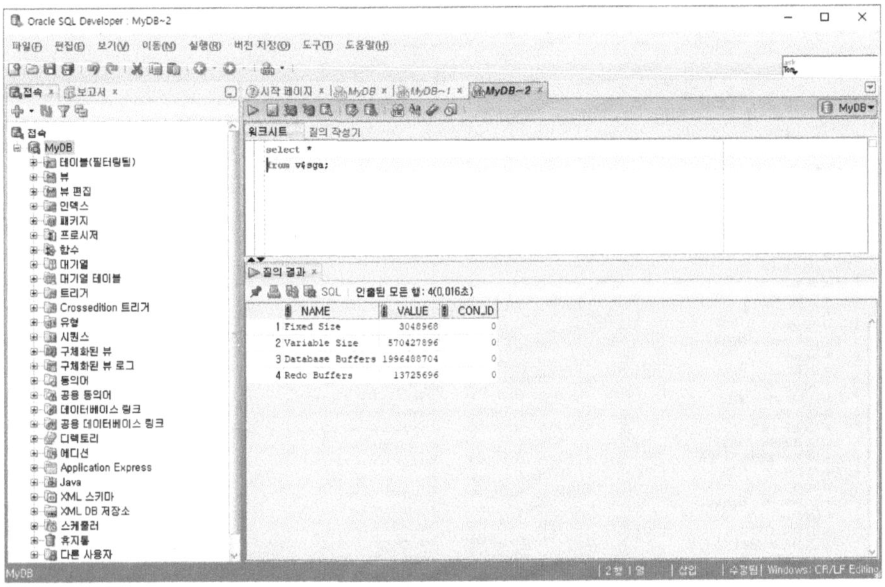

그림 8-68 • select * from v$sga; 의 결과

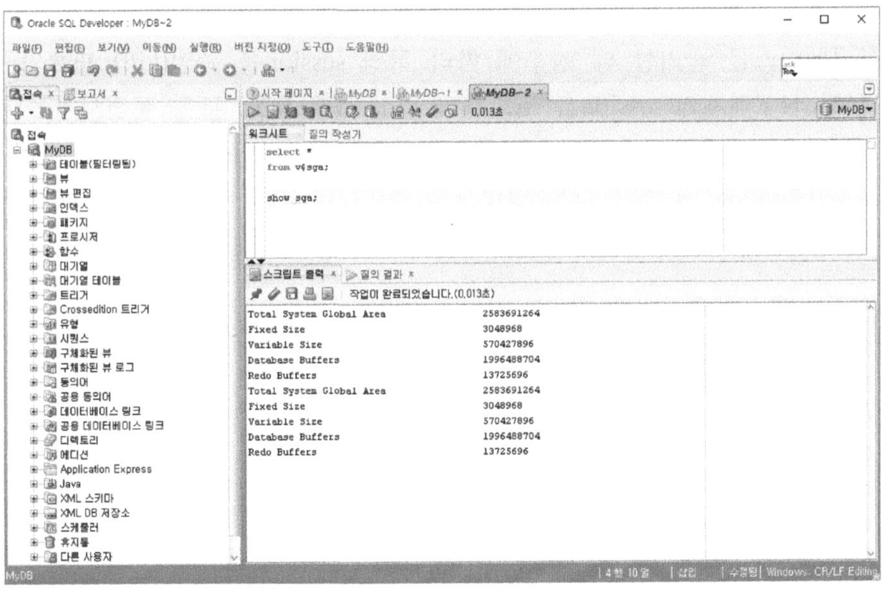

그림 8-69 • show sga의 결과

다음으로 현재 수행중인 background process 확인하기 위해서는 다음의 SQL 문을 수행시키면 그림 8-70의 화면을 얻을 수 있다.

```
SQL> select paddr, name, description
     from v$bgprocess where paddr>'00';
```

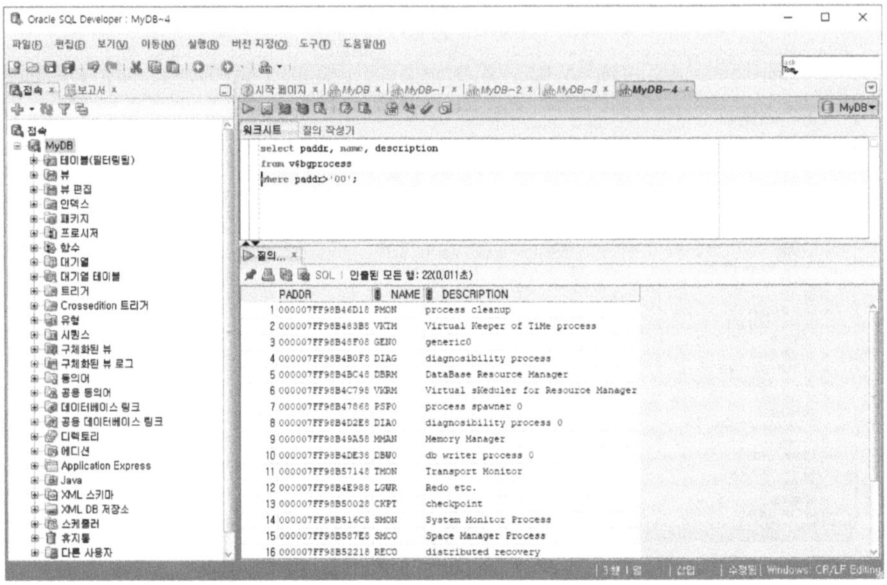

그림 8-70 ● **백그라운드 프로세스 조회**

데이터베이스를 관리할 때 경우에 따라 특정 session을 죽일(kill) 필요가 생기는데 이를 위해서는 현재의 session을 조회하기 위한 다음 SQL 문을 실행시켜 그림 8-71의 화면에서 예를 들어 6번째 sid, 3 번째 serial#를 갖는 session을 죽이기 위해서는 alter system kill session '6.3';와 같은 명령으로 죽일 수 있다. 특정 사용자 관련 session은 SQL 문에 where username='Scott'와 같이 추가하면 된다.

```
SQL> select sid, serial#, username, status from v$session;
```

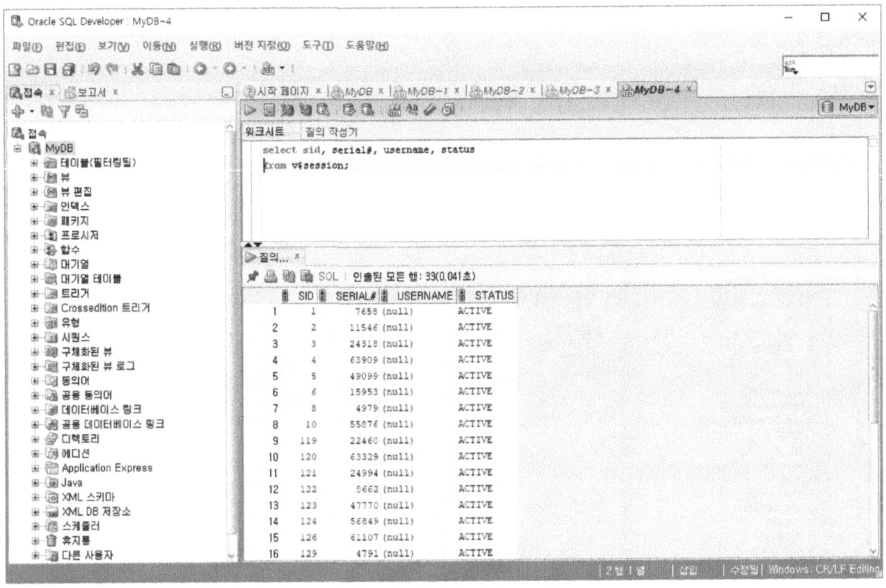

그림 8-71 • Session 정보 조회

데이터베이스 로그 모드 확인을 위해서는 아래 SQL 문을 실행시키면 결과로 NOARCHIVELOG와 같은 결과가 나오고 데이터 파일에서처럼 v$logfile를 통해 로그 파일 경로 정보를 확인할 수 있다.

```
SQL> select log_mode from v$database;
```

8.9.3 테이블 스페이스(TableSpace)와 데이터 파일 관리

8.9절의 학습 내용으로 테이블 스페이스, 데이터 파일, 컨트롤 파일, 리두 로그(Redo log)파일, 인덱스 등 오라클 컴포넌트를 확인하고 이 들의 생성, 삭제 등의 관리가 가능한데 여기서는 테이블 스페이스와 데이터 파일 관리를 대표적으로 알아본다. 데이터베이스 tablespace 조회를 위한 SQL 문은 다음과 같다.

```
SQL> select tablespace_name, status, contents from dba_tablespaces;
```

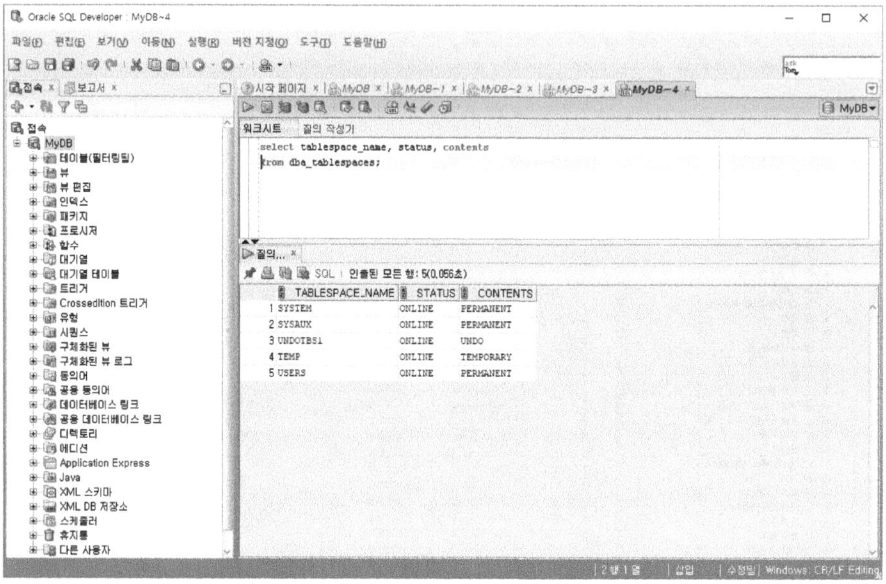

그림 8-72 • **테이블스페이스 조회**

데이터 파일(datafile) 조회를 위한 SQL 문은 다음과 같으며 그림 8-73의 조회 결과이다.

```
SQL> select tablespace_name, bytes, file_name from dba_data_files;
```

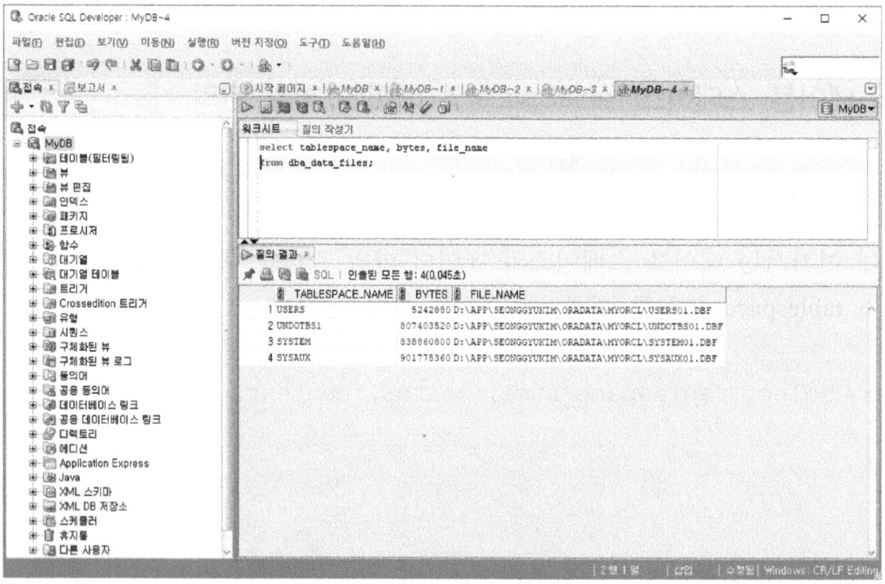

그림 8-73 • **데이터 파일 조회**

데이터베이스 tablespace를 생성하고 크기를 변경하는 방법에 대해 알아본다. 다음 SQL 문을 실행시키면 "tablespace DATA05이(가) 생성되었습니다." 라는 스크립트 출력을 받는다. SQL 문의 경로는 그림 8-73의 경로를 이용하면 된다.

```
SQL> create tablespace data05
       datafile '\APP\SEONGGYUKIM\ORADATA\MYORCL\data05_01.dbf'
       size 1m;
```

1M 크기의 데이터 파일 하나를 가진 tablespace data05를 추가하는 SQL 문의 실행 후 확인을 위해 다음 SQL 문을 실행시켜보면 그림 8-74를 얻을 수 있다..

```
SQL> select tablespace_name, bytes, file_name from dba_data_files
        where tablespace_name='DATA05';
```

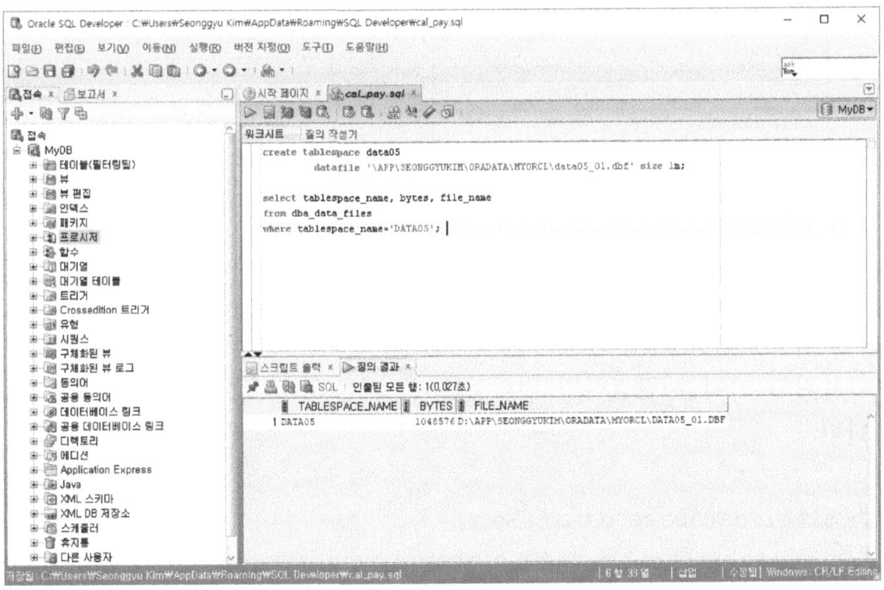

그림 8-74 • tablespace data05의 추가

tablespace가 부족할 때 늘리는 방법에는 데이터 파일을 추가하거나 데이터 파일의 크기를 늘리는 방법이 있다. 데이터 파일을 추가하기 위해서는 다음의 SQL 문을 실행시킨다.

```
SQL> alter tablespace data05
     add datafile '\APP\SEONGGYUKIM\ORADATA\MYORCL\data05_02.dbf'
     size 1m;
```

확인하기 위해 이전과 같은 SQL 문을 실행시키면 그림 8-75처럼 데이터 파일이 추가된 것을 확인할 수 있다.

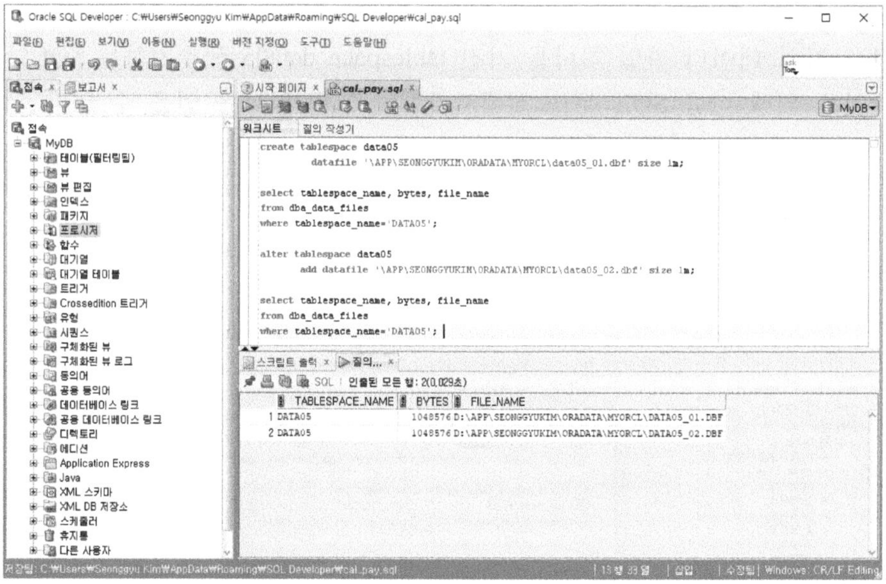

그림 8-75 • **Tablespace에 데이터 파일 추가**

데이터 파일 크기를 변경하기 위한 SQL은 다음과 같으며 확인은 이전과 같은 방법으로 한다.

```
SQL> alter database datafile
       '\APP\SEONGGYUKIM\ORADATA\MYORCL\data05_01.dbf' resize 2m;
```

단, tablespace 삭제 시에는 딕셔너리(Dictionary)에서만 삭제되는 것이므로 실제로 파일은 운영체제 명령어로 삭제해야 한다.

8.10 Oracle 튜닝 기초

여러 사용자가 사용하는 데이터베이스 시스템에서의 성능 관리는 필수적이며 가장 먼저 할 수 있는 방법이 SQL 자체의 구문을 분석하여 성능을 향상시킬 수 있는지 알아보는 것이다. 예를 들어 아래의 SQL 프로그램이 하는 일을 알아본다. WORK 테이블을 W1, W2로 놓고 내부의 SQL에서는 W1의 WorkID와 W2의 WorkID가 다른 경우 WorkID를 내보는데 W1, W2 테이블의 WorkID가 같은 경우에 Title과 Copy를 출력하기 때문에 옳지 않은 SQL 프로그램이다. 이러한 SQL 프로그램이 Work 테이블의 데이터가 많을 때는 상당한 시간이 소요되기에 이런 프로그램이 있는지 주기적으로 모니터링하고 수정해야 한다. 또한 복잡한 SQL 문을 실행시킬 때 임시 테이블을 사용하면 성능을 향상시킬 수 있다.

```
SELECT W1.Title W1.Copy
FROM    WORK W1
WHERE W1.WorkID IN
        (SELECT    W2.WorkID
         FROM      WORK W2
         WHERE  W1.Title=W2.Title AND
                W1.WorkID <> W2.WorkID);
```

또한 SQL 모니터링을 위해 가장 많이 실행되는 SQL 프로그램을 찾을 필요가 있는데 이를 위해 다음의 SQL을 실행시킨다. 많은 결과가 나오는 경우 실행 횟수(현재 10000)의 값을 증가시킨다. 이렇게 하여 찾은 SQL 프로그램들에 대해 성능을 지속적으로 유지시킬 방안을 세워야 한다.

```
SQL> Select executions, buffer_gets, sql_text
     From v$sqlarea
     Where executions > 10000
     Order by executions desc;
```

8.10.1 데이터 재구성(reorganization)

과도하게 조각난 테이블이나 인덱스는 성능에 지대한 영향을 미친다. 다음 SQL 문은 10개 이상의 영역에 나누어져 저장된 데이터베이스를 알려준다.

```
SQL> select * from dba_segments where extents > 10;
```

일반적으로 테이블이건 인덱스이건 10개 이상의 영역에 나누어 저장된 경우 하나의 연속된 영역(extent)에 저장되도록 재구축해줄 필요가 있다. 테이블은 엑스포트(export)한 다음 테이블을 삭제(drop)하고 다시 임포트(import)해야만 재구축이 가능하다. 인덱스는 다른 사용자가 테이블을 쓰지 못하도록 하지 않고도 재구축할 수 있다. 삭제와 삽입이 많이 일어난 다음에는 주기적으로 인덱스를 재구축하는 것이 좋다. 인덱스를 재구축하기 위한 SQL 문은 다음과 같다.

```
SQL> Alter index <index_name> rebuild;
```

리두 로그 파일을 쓰지 않아 좀 더 빠르게 인덱스를 재구축하기 위한 SQL 문은 다음과 같다.

```
SQL> Alter index <index_name> rebuild unrecoverable;
```

또한 데이터 영역에 사용자가 입력한 데이터들이 모두 입력되어 저장 공간이 없는 경우 기존 데이터의 변경작업이 일어나면 변경에 의해 저장할 수 있는 공간이 없게 된다. 이런 경우 오라클 서버는 변경할 수 없었던 행(row)들을 모구 새로운 블록으로 이동시킨 후 변경작업 수행하게 된다. 이러한 행 이주(row migration)가 일어나면 여러 블록에서 데이터를 읽어야 하므로 그만큼 성능이 떨어진다. 이를 해결하기 위해 주기적으로 분석하여 확인해 보고 입력를 다시 해주면 된다. 이런 행 이주로 chaining이 일어난 행들의 rowid로 임시 테이블을 생성하고 원래 테이블에서 chaining이 일어난 data를 삭제하고 다시 입력하면 성능을 향상시킬 수 있다.

8.10.2 PlanTable

일반적으로 질의 처리 시 수행시간 최적화를 위해 조인(join) 연산 이전에 프로젝션(projection)과 셀렉션(selection) 연산이 이루어지며 user_tables에 대한 통계 정보가 생성되어 데이터 양 혹은 데이터 분포에 따라 연산 우선순위가 선택된다. 통계정보 유무를 확인하기 위한 SQL 문은 다음과 같다.

```
SQL> select table_name, last_analyzed
     from user_tables;
```

또한 질의 처리의 최적화를 위해 질의 처리기가 SQL을 어떻게 처리할 지에 대한 계획을 알 필요가 있는데 이를 위해 Plan_table을 만들고 EXPLAIN PLAN FOR SELECT * FROM STUDENT;와 같이 실행 계획을 알고자 하는 SQL 문을 Explain for 다음에 입력한 후 다음에 나오는 SQL 문을 실행시키면 SQL 실행 계획이 그림 8-76처럼 나타난다.

```
create table PLAN_TABLE (
   statement_id   varchar2(30),
   timestamp      date,
   remarks        varchar2(80),
   operation      varchar2(30),
   options        varchar2(255),
   object_node    varchar2(128),
   object_owner   varchar2(30),
   object_name    varchar2(30),
   object_instance numeric,
   object_type     varchar2(30),
   optimizer      varchar2(255),
   search_columns  number,
   id  numeric,
   parent_id  numeric,
   position   numeric,
   costnumeric,
   cardinalitynumeric,
   bytes   numeric,
   other_tag       varchar2(255),
   partition_start varchar2(255),
      partition_stop  varchar2(255),
      partition_id    numeric,
   other   long,
   distribution    varchar2(30),
```

```
    cpu_cost    numeric,
    io_cost numeric,
    temp_space numeric,
        access_predicates varchar2(4000),
        filter_predicates varchar2(4000));

SQL> EXPLAIN  PLAN FOR
      SELECT * FROM STUDENT;

SQL> SELECT LPAD(' ', 2*(Level-1))||OPERATION||' '||OPTIONS||' '||
          DECODE (OBJECT_INSTANCE, NULL, OBJECT_NAME,
          TO_CHAR(OBJECT_INSTANCE)) ||'*'||OBJECT_NAME PLAN
      FROM PLAN_TABLE
      START WITH ID=0
      CONNECT BY PRIOR ID = PARENT_ID
      ORDER BY ID;
```

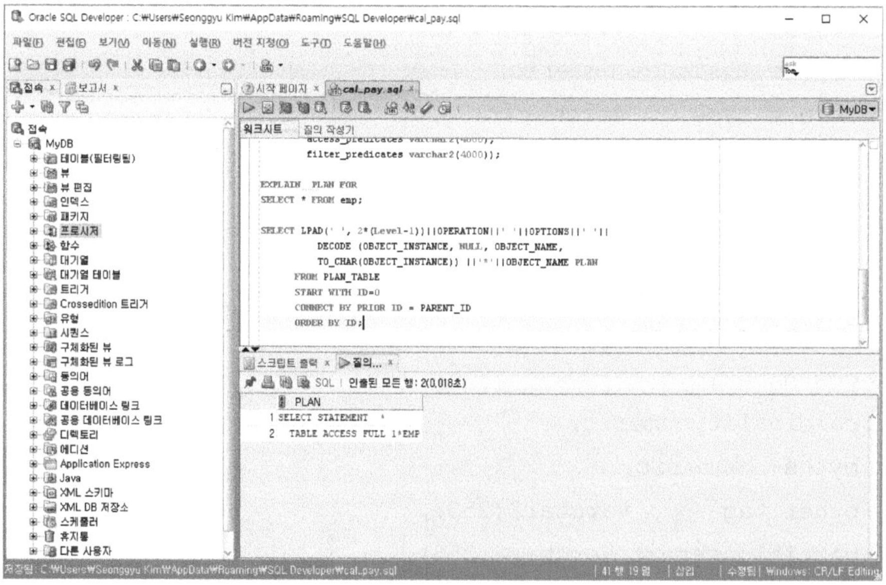

그림 8-76 • Plan Table 실행 계획

8.10.3 시스템 매개변수(System Parameters)

8.9.2 절에서 다룬 SGA(System Global Area)는 공유 영역으로 다양한 프로세스들이 고유의 PGA(Program Global Area)를 가지며 SGA를 사용하기 때문에 SGA 매개 변수의 수치를 조절하면 성능을 향상시킬 수 있다. 이 중 SHARED_POOL_SIZE, LOG_BUFFER, SORT_AREA_SIZE 조정을 통해 성능 향상 방법에 대해 알아본다.

캐시(cache) 히트(hit)율은 캐시에 원하는 것이 있는 회수를 전체 캐시 읽기 회수 로 나누어 백분율로 표현한 것으로 다음의 SQL 문으로 계산할 수 있다.

```
SQL> Select sum(pinhits) / sum(pins) "Hit Ratio",
            sum(reloads) / sum(pins) "Reloadpercent"
     From v$librarycache
     Where namespace in ('SQLAREA','TABLE/PROCEDURE','BODY','TRIGGER');
```

그림 8-77에서 캐시 히트(hit) 확률은 최소 85%이상이 되어야 하고 캐시 미스(cache miss)에 해당하는 재적재률(reload percent)은 2% 미만이 되어야 한다. 여기에 해당되지 않는 다면 SGA 매개변수 중 SHARED_POOL_SIZE를 alter system set shared_pool_size=500m; 와 같은 명령으로 증가시켜야 한다.

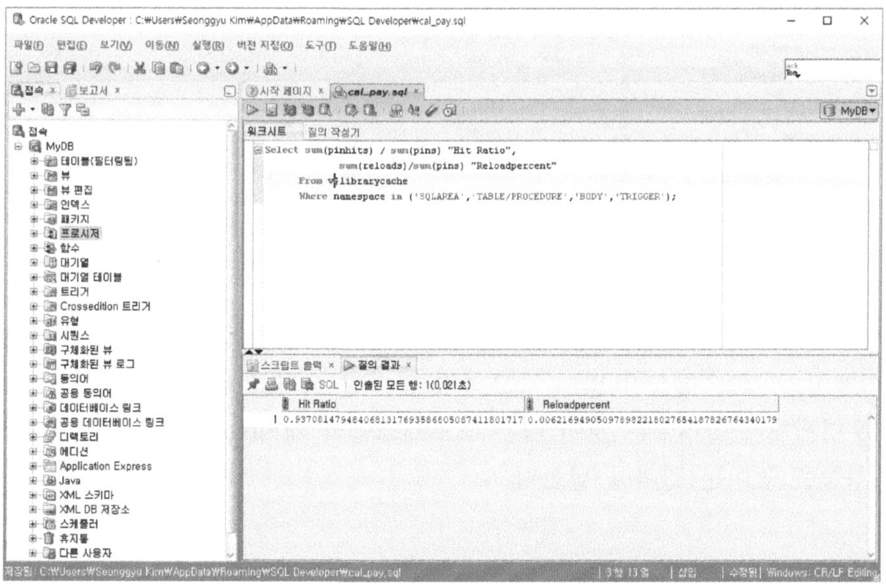

그림 8-77 • 캐시(cache) 히트(hit)율

만약 메모리가 제약이 되지 않는다면 프로세스가 로그(log) 캐시(cache)가 깨끗하게 비워질 때까지 기다리는 횟수를 줄여야 하는데 이를 알기 위해 다음의 SQL을 실행시킨다. 기다리는 횟수는 0이 되어야 하고 아니면 0이 될 때까지 LOG_BUFFER를 증가시켜야 한다.

메모리와 디스크에서 일어나는 정렬(sorting)의 양을 알기 위해 다음의 SQL 문을 실행시키면 그림 8-78의 결과를 얻을 수 있는데 만약 디스크 I/Q를 필요로 하는 많은 양의 정렬을 위해서는 SORT_AREA_SIZE를 증가시켜야 한다.

```
SQL> Select name, value from v$sysstat
     where name in('sorts(memory)','sorts (disk)');
```

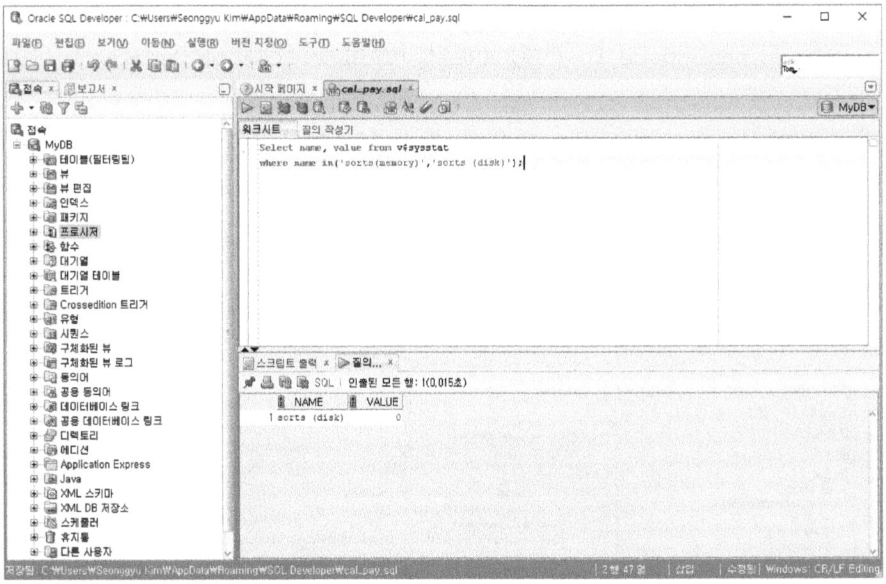

그림 8-78 • **메모리와 디스크에서 일어나는 정렬(sorting)의 양**

이 외에도 여러 다양한 방법으로 데이터베이스의 성능을 향상시킬 수 있는데 만약 데이터베이스 성능 향상이 많이 중요하지 않다면 오라클 DBMS가 가지고 있는 메모리를 운영체제에 돌려주는 것이 다른 프로세스들의 캐시(cache) 성능을 향상시켜 전체적인 성능을 높이는 결과를 낳는다.

익힘문제

1. 다음 SQL을 수행하기 위한 고객, 계좌 데이터베이스 테이블을 만들고 SQL 문을 작성하시오.

   1) 계좌의 잔액을 구하는 SQL

   2) 고객의 연락처를 구하는 SQL

   3) 계좌의 잔액이 백만 원 이상인 고객의 연락처를 구하는 SQL

2. 병동, 환자 및 의사에 관련된 데이터만 고려하여 다음과 같은 조건을 만족하는 데이터베이스를 구축하시오.

   - 한 병동에는 여러 명의 환자가 입원하여 있고 의사는 여러 명의 환자를 치료한다.
   - 병동에 입원해 있는 환자의 목록을 출력할 수 있어야 한다.
   - 특정일에 의사가 치료한 환자의 목록을 출력할 수 있어야 한다.
   - 환자가 진료 받은 날자와 처방 내용을 출력할 수 있어야 한다.
   - 의사들을 진료 과목 별로 그리고 진료일 별로 출력할 수 있어야 한다.

DATABASE

CHAPTER

09

웹과 데이터베이스

네트워크가 발달하면서 인터넷(internet) 혹은 인트라넷(intranet)에서 데이터베이스 관련 쿼리나 보고서를 요구하는 데이터베이스 응용 프로그램이 필요하게 되었다. 이렇게 웹 브라우저를 통해 데이터베이스에 접근하여 정보를 동적으로 보여주기 위한 여러 방안이 개발되어 사용되고 있다. 마이크로소프트 윈도를 사용하는 일반적인 작업 환경을 고려하여 ASP(Active Server Pages)를 이용한 웹과 데이터베이스를 연동 방법에 대해 알아본다.

9.1 ASP 기본 개요

ASP는 정적인 HTML과는 달리 데이터베이스와 관련된 은행 계좌의 잔액 정보, 비행기 실시간 예약 상황 등과 같은 동적인 정보를 보여주기 위한 웹 페이지 작성도구이다. ASP는 마이크로소프트사가 웹 서버 IIS(Internet Information Server) 3.0에서 작동하게끔 처음 만들어진 이후 현재는 윈도 2000의 IIS 5.0에서 작동하는 ASP 3.0으로 발전하였다. ASP는 마이크로소프트사의 IIS와 PWS(Personal Web Server)에서만 동작하지만 웹서버가 유닉스나 리눅스 기반에서 관리하기가 편하고 친한 윈도 환경으로 바뀌면서 동적인 사이트를 만들기 위해서 ASP를 이용한 웹 서비스가 다양하게 제공되고 있다. ASP는 웹 서버모듈에 포함되어 있기에 웹 서버를 설치만 하면 사용할 수 있다.

ASP는 서버 측 환경으로, 동적 대화형 웹 서버 응용 프로그램과 IIS 5.0을 작성하고 실행할 때 사용한다. 개발자는 ASP를 사용하여 HTML 페이지, 스크립트 명령, COM+ 구성 요소를 결합하여 강력한 COM 기반의 응용 프로그램을 위한 웹 기반 인터페이스를 작성할 수 있으며 브라우저와 독립된 동적 내용을 작성할 수 있다. ASP는 내용 개발자가 스크립트 언어나 서버 구성 요소를 HTML 페이지에 포함할 수 있도록 함으로써 CGI(Common Gateway Interface)와 ISAPI(Internet Server Application Program Interface)에 사용하기 쉬운 대체 방법을 제공한다. ASP 페이지는 표준 기반의 데이터베이스 연결 및 다른 브라우저의 내용을 사용자 정의할 수 있는 기능을 제공하며 웹 기반 응용 프로그램의 오류 처리 기능을 제공한다. 그림 9-1은 윈도 기반의 데이터베이스 연동 시 필요한 3-tier 구조의 컴포넌트를 보여준다. 웹 브라우저와 웹 서버는 HTTP 통신규약으로 HTML, XML 그리고 JavaScript와 VBScript 등으로 이루어진 웹 페이지, 클라이언트 코드와 데이터를 주고받는다.

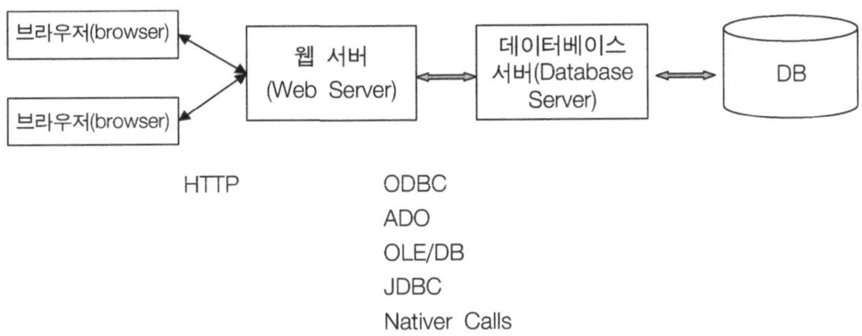

그림 9-1 • **웹과 데이터베이스 연동을 위한 3-tier구조**

HTTP 통신규약을 처리하는 웹 서버와 SQL 처리와 데이터베이스 관리를 위한 데이터베이스 서버는 SQL 문장과 관계 데이터를 주고 받는다. 이 때 데이터베이스 서버와 웹 서버를 연결하는 기술에 ODBC(Open Database Connectivity), ADO(Active Data Objects), OLE/DB(Object Linkng and Editing/Database), JDBC(Java Database Connectivity) 그리고 종래의 함수 호출 방식이 쓰인다.

그림 9-2는 ASP 구동을 위한 마이크로소프트 윈도 환경에서의 웹 서버와 언어를 보여준다. 웹 서버로 Internet Information Server가 사용되며 다른 프로그램이 HTTP 메시지를 사용할 수 있도록 ISAPI(Internet Server Application Program Interface)와 연결된다. ASP는 그러한 프로그램 중 하나로 IIS가 클라이언트로부터 .asp 확장자를 갖는 웹 페이지를 받으면 ISAPI를 통해 ASP에게 전달되고 ASP는 데이터베이스와 연동하여 그 페이지를 처리하고 결과를 돌려주게 된다.

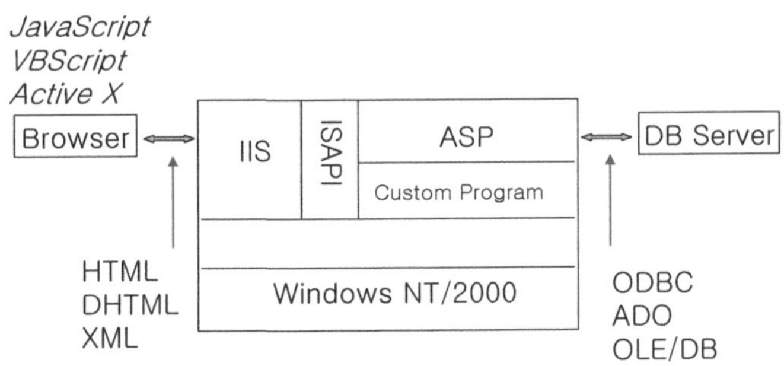

그림 9-2 • **웹 서버와 ASP**

윈도 환경에서 웹을 통해 데이터베이스 서버에 접근하기 위한 관계 DBMS에 독립적인 인터페이스에는 일반적으로 ODBC(Open DataBase Connectivity), OLE(Object Linking & Editing) DB 그리고 ADO(Active Data Objects)가 있다.

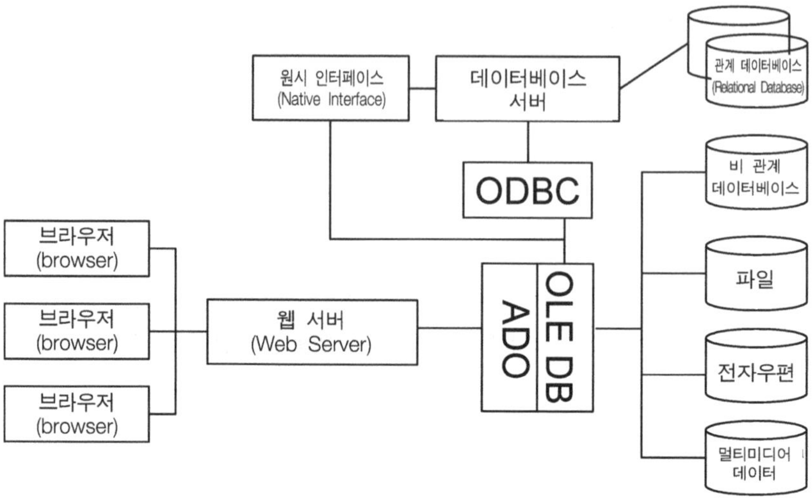

그림 9-3 • ODBC, OLE DB, ADO의 역할

ODBC는 관계 데이터베이스 처리를 위한 DBMS에 독립적인 인터페이스를 제공하며 OLE DB는 데이터베이스 서버의 기능을 객체 지향 인터페이스로 Java나 C++로 프로그램을 작성할 수 있게 해주며 관계 데이터베이스뿐만 아니라 다양한 데이터 모델에 적용될 수 있도록 설계되었으나 Visual Basic이나 스크립트언어로는 프로그램 할 수 없는 단점이 있다. 반면 ADO는 거의 모든 프로그래밍 언어로 OLE DB에 접근할 수 있게 해주며 원격 데이터 서비스(remote data service)와 연동되어 작동하기에 ADO 컴포넌트를 이용한 데이터베이스 연결에 대해 알아본다.

9.2 ODBC 설정

웹과 관계 데이터베이스 서버를 연동시키기 위해서는 ODBC 설정을 먼저 해주어야 한다.

ODBC 설정은 **외부데이터** 탭의 **ODBC 데이터베이스** 아이콘(ODBC 데이터 원본(32비트))을 클릭하면 ODBC 설정이 가능한데 그림 9-9 새 데이터 원본 만들기 설정 단계까지는 Windows 검색 칸에 ODBC를 입력하면 ODBC 데이터 원본(32비트), ODBC 데이터 원본(64비트)나타나는데 원하는 ODBC 원본을 선택하여도 가능하다.

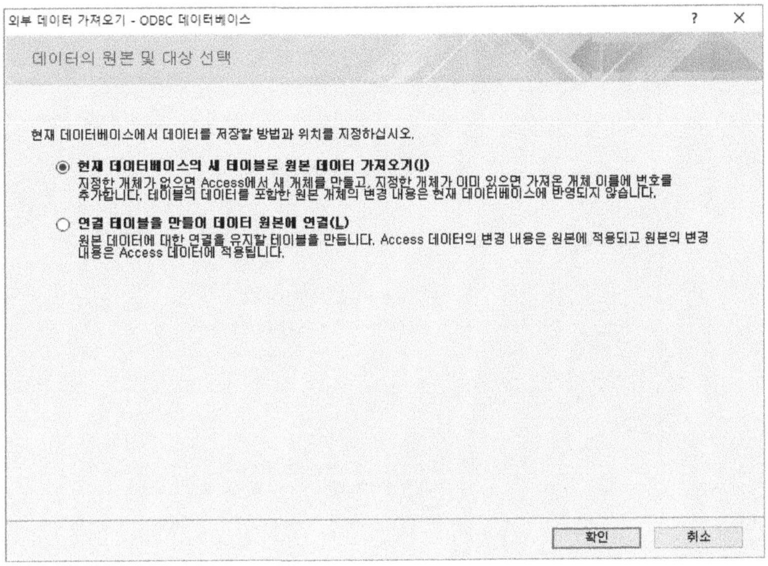

그림 9-4 • **외부 데이터 가져오기**

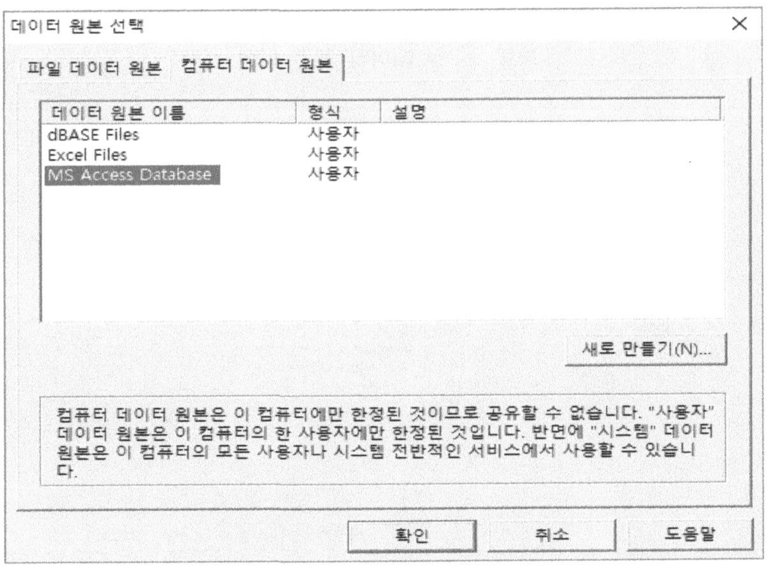

그림 9-5 • **데이터 원본 선택**

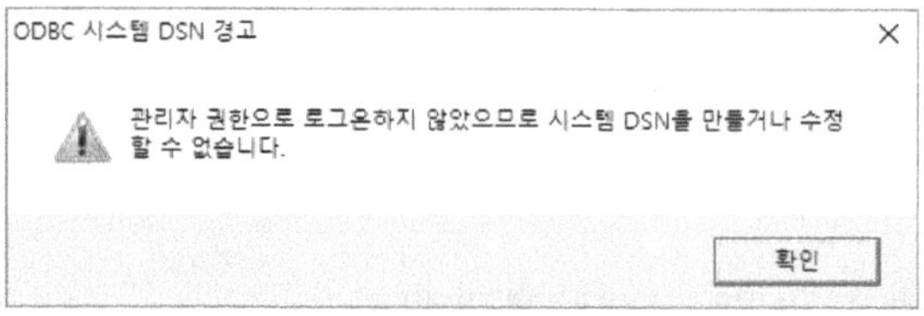

그림 9-6 • DSN 경고

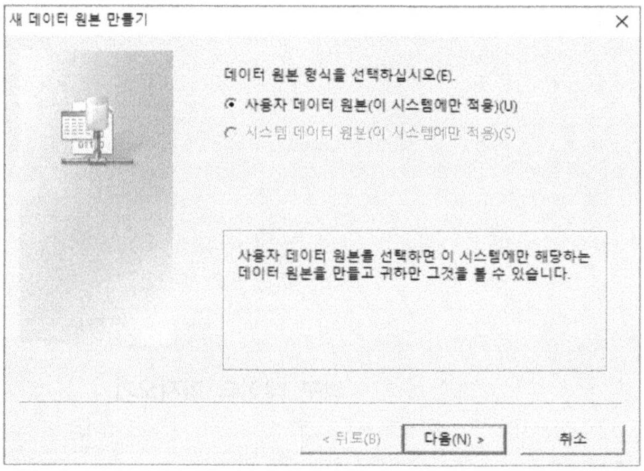

그림 9-7 • 데이터 원본 형식 선택

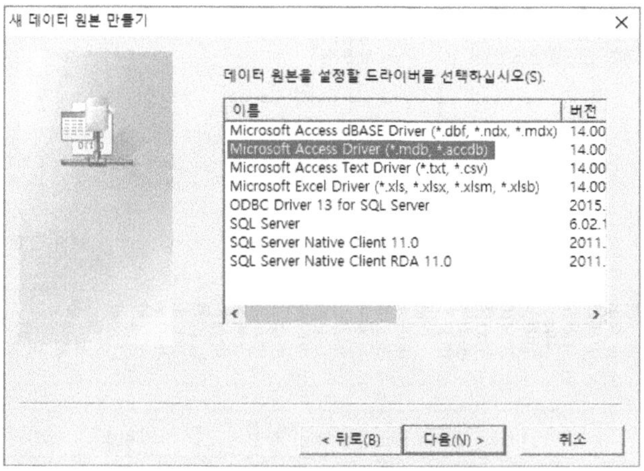

그림 9-8 • 설정할 드라이버 선택

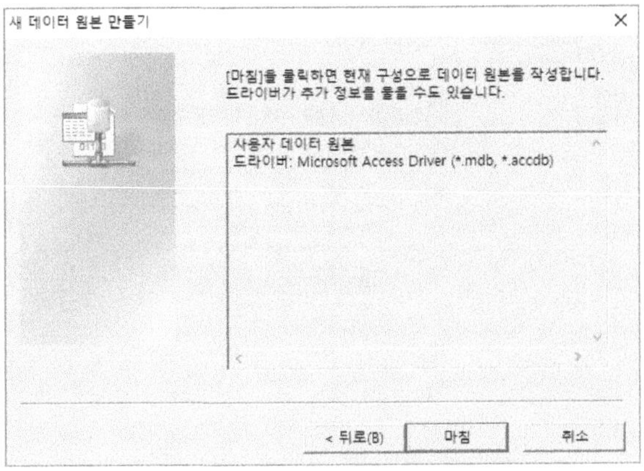

그림 9-9 • **데이터 원본 구성 완료**

검색 결과로 나온 ODBC 데이터 원본 중 원하는 ODBC 데이터 원본을 클릭하면 ODBC 데이터 원본 관리자 대화상자가 나타나는데 **시스템 DSN** 탭을 선택하고 **추가** 단추를 클릭한다.

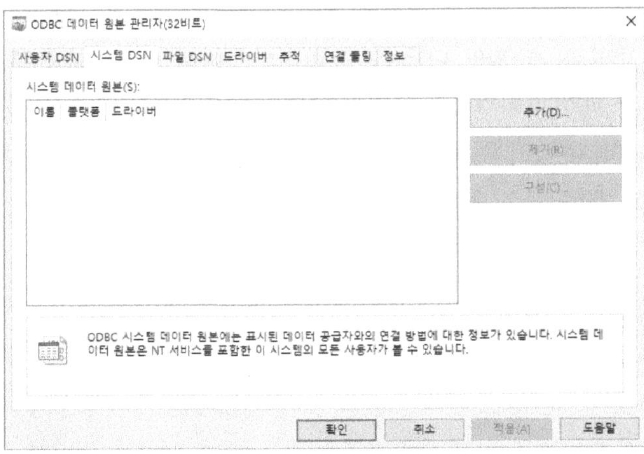

그림 9-10 • **ODBC 설정 - 1 단계**

그러면 **새 데이터 원본 만들기** 대화상자가 나타나고 데이터 원본을 설정할 드라이브 선택해야 하는데 마이크로소프트 액세스를 이용할 것이기에 **Microsoft Access Driver (*. mdb)**를 선택한 다음 **마침** 단추를 클릭한다.

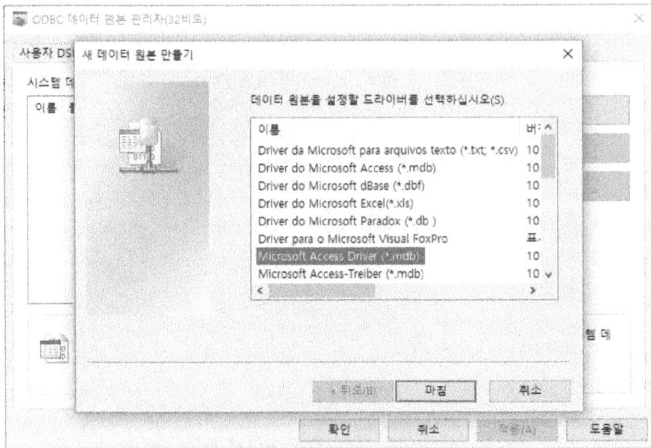

그림 9-11 • **ODBC 설정 - 2 단계**

두 방법 중 어느 방법을 사용해도 다음 단계는 ODBC Microsoft Access 설정 대화상자가 나타나는데 웹과 데이터베이스 연동 시 사용할 데이터베이스 원본 이름을 입력하고 데이터베이스 항목에서 실제 데이터베이스의 위치와 이름을 알려주기 위해 **선택** 단추를 클릭하여 나타나는 **데이터베이스를 선택하십시오.** 대화상자에서 데이터베이스의 위치와 이름을 알려준 후 **확인** 단추를 클릭한다. 또한 옵션 단추를 클릭하여 드라이버가 사용하지 않는 페이지가 버퍼에 남아 있는 시간, 액세스에서 디스크로 데이터를 전송하거나 디스크의 데이터를 가져올 때 사용하는 내부 버퍼의 크기(KB) 그리고 데이터베이스 액세스 제약 조건을 설정할 수 있다.

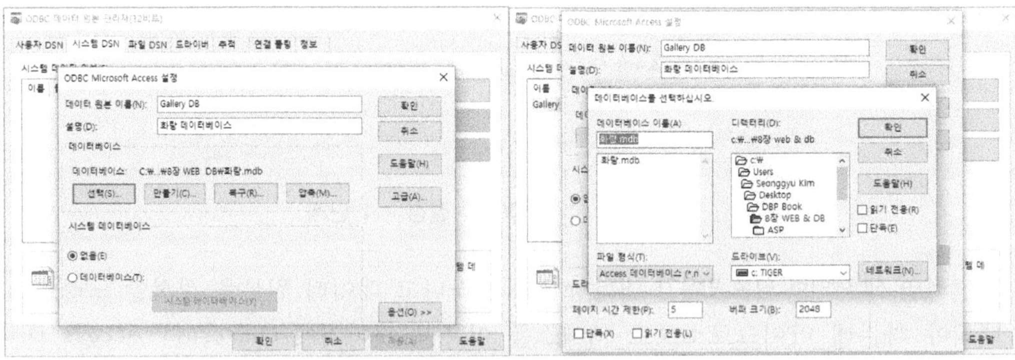

그림 9-12 • **ODBC 설정 - 3 단계**

ODBC Microsoft Access 설정 대화상에서 **고급** 단추를 클릭하면 데이터 원본에서 시스템 데이터베이스를 사용하는 경우에 사용 중인 시스템의 보안 요구 사항에 따라서 드라이버에서 사용자 이름과 암호를 묻는 상자가 나타난다. 원하는 이름과 암호를 입력하고 **확인** 단추를 클릭한다. 기본 로그인 이름은 **Admin**이며 Admin 사용자의 기본 암호는 빈 문자열이다. 또한 성능에 관련된 항목을 설정할 수도 있으나 여기서는 생략하기로 한다.

그림 9-13 • **암호와 성능 설정**

다시 ODBC 데이터 원본 관리자로 돌아오게 되는데 시스템 데이터 원본에 이제 막 설정한 데이터베이스 이름과 드라이버가 나타난다. 고칠 사항이 있으면 **구성** 단추를 클릭하여 수정하고 수정할 사항이 없으면 **확인** 단추를 클릭하여 ODBC 설정을 마친다.

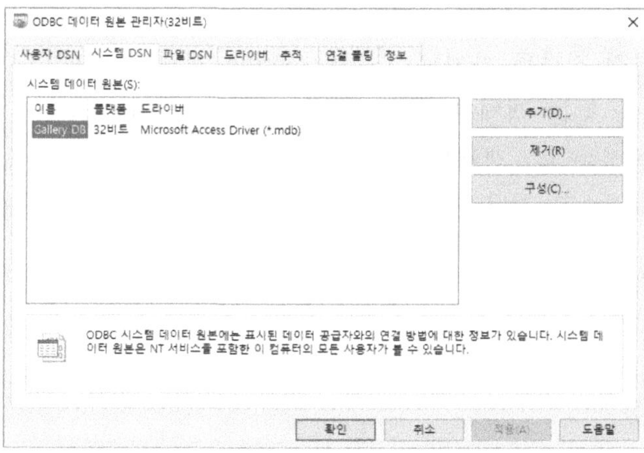

그림 9-14 • **ODBC 설정 - 마지막 단계**

9.3 ASP 객체

ASP는 그림 9-15와 같이 Request, Response, Application, Session 그리고 Server 객체로 구성되어 있다.

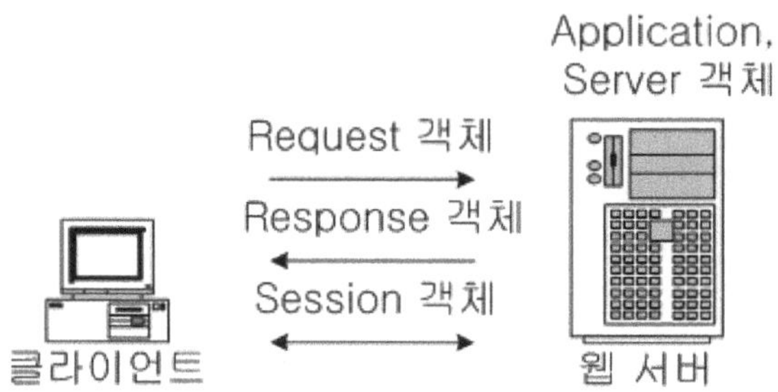

그림 9-15 • **ASP 객체**

Request 객체는 클라이언트의 문서 요청 정보를 담고 있으며 Response 객체는 클라이언트의 요청에 대한 응답 정보를 담고 있다. 클라이언트의 입력정보를 form 태크를 이용하여 읽어 들일 때 post 방식은 form collection을 이용하고 get 방식은 QueryString collection을 이용한다.

Application 객체는 웹 서비스를 담당하는 응용 프로그램의 정보를 가지고 있는 객체로 웹 서비스 전체에 하나만 존재하는데 반해 session 객체는 서비스에 접속하는 클라이언트마다 연결 정보를 가지므로 여러 session 객체가 존재할 수 있다. Server 객체는 새로운 기능을 갖는 객체를 생성하는데 사용하는 객체이다.

ASP에서 제공하는 각 객체는 객체 별로 키와 값의 쌍으로 구성된 배열 형태의 collection, 내부 변수로 사용할 수 있는 속성, 실행 함수인 메서드(method) 그리고 객체에서 발생할 수 있는 사건으로 구성된다.

9.4 ADO(Active Data Object)

ASP에서 데이터베이스 연동을 위해 ADO 컴포넌트(Component)를 앞서 언급한 장점으로 많이 사용한다. ODBC 설정 후 ADO 컴포넌트로 데이터베이스 연동하는 방법에 대해 알아본다. 일반적으로 ADO의 connection 객체를 생성하고 open함으로써 데이터베이스에 연결된다. 다음의 프로그램을 수행하기 위해서는 마이크로소프트사의 IIS나 PWS(Personal Web Server)가 설치되어 있어야 한다.

```
' 연결 객체 DBConn 생성
Set DBConn = Server.CreateObject("ADODB.Connection")

' open 매쏘드를 이용하여 데이터 소스에 연결
DBConn.Open  "GalleryDB"
```

이렇게 데이터베이스에 연결된 다음에는 쿼리를 실행하면 된다. Select 쿼리의 결과를 얻기 위해서는 recordset 객체가 필요하며 Execute 매쏘드를 이용하여 바로 쿼리를 실행하여 결과를 recordset 객체로 받거나 recordset 객체를 생성한 뒤 쿼리를 실행할 수가 있다.

```
' 쿼리 실행
Set rs = DBConn.Execute("SELECT * FROM Customer WHERE Name like '
김%'")

' RecordSet 객체 생성 후 실행
Set rs = Server.CreateObject("ADODB.Recordset")
sql = "SELECT * FROM Customer WHERE Name like '김%'"
rs.Open sql, DBConn
```

데이터베이스의 Customer 테이블에 phone 필드가 존재한다고 가정할 때 데이터베이스의 내용을 보기 위해서는 서버의 내용을 클라이언트로 보내주는 response 객체의 write 메서드를 이용해야 한다. Response 객체는 ASP에 미리 정의되어 있는 객체이기에 생성할 필요가 없다.

```
'rs 객체에서 전화번호 출력하기
Response.write "전화번호 " & rs("phone")
```

데이터베이스와 연결하여 모든 작업을 마치고 난 뒤에는 connection 객체를 닫아주고 사용한 자원을 바로 돌려주어야 한다. 객체를 닫아주기 위해서는 메서드 close를 사용하면 되고 사용한 자원을 돌려주기 위해서는 생성된 객체 변수에 nothing을 할당하면 된다.

```
'DBConn connection 객체 닫기
DBConn.close

'객체 변수의 자원 반환
Set DBConn=nothing
Set rs=nothing
```

지금까지의 내용을 종합하여 ASP를 이용한 웹 페이지 예를 만들어 보면 다음과 같다.

```
<HTML>
<HEAD>
<TITLE>ASP EXAMPLE</TITLE>
</HEAD>
<BODY>
<%
    ' 연결 객체 DBConn 생성
    Set DBConn = Server.CreateObject("ADODB.Connection")

    ' open 매쏘드를 이용하여 데이터 소스에 연결
    DBConn.Open  "GalleryDB"

    ' RecordSet 객체 생성 후 실행
    Set rs = Server.CreateObject("ADODB.Recordset")
    sql = "SELECT * FROM Customer WHERE Name like '김%'"
    rs.Open sql, DBConn
%>
<TABLE>
<TR>
<TD> 이름 </TD>
```

```
<TD> 주소 </TD>
<TD> 전화번호 </TD>
</TR>
<%
    Do While Not rs.eof
        Response.write "<TR>"
        Response.write "<TD>" & rs("Name") & "</TD>"
        Response.write "<TD>" & rs("Address") & "</TD>"
        Response.write "<TD>" & rs("Phone") & "</TD>"
        Response.write "</TR>"
        rs.MoveNext
    Loop

    'DBConn connection 객체 닫기
    DBConn.close

    '객체 변수의 자원 반환
    Set DBConn=nothing
    Set rs=nothing
%>
</TABLE>
</BODY>
</HTML>
```

그림 9-16과 같은 데이터베이스 데이터로부터 얻은 프로그램의 실행 결과는 그림 9-17과 같다.

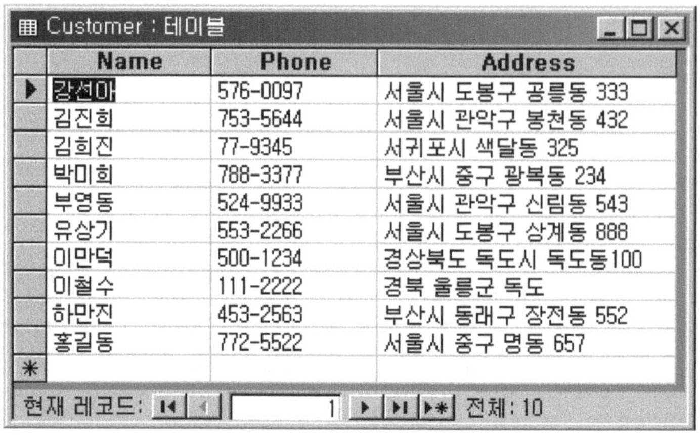

Name	Phone	Address
강선미	576-0097	서울시 도봉구 공릉동 333
김진희	753-5644	서울시 관악구 봉천동 432
김희진	77-9345	서귀포시 색달동 325
박미희	788-3377	부산시 중구 광복동 234
부영동	524-9933	서울시 관악구 신림동 543
유상기	553-2266	서울시 도봉구 상계동 888
이만덕	500-1234	경상북도 독도시 독도동100
이철수	111-2222	경북 울릉군 독도
하만진	453-2563	부산시 동래구 장전동 552
홍길동	772-5522	서울시 중구 명동 657

그림 9-16 • **Customer 테이블의 데이터**

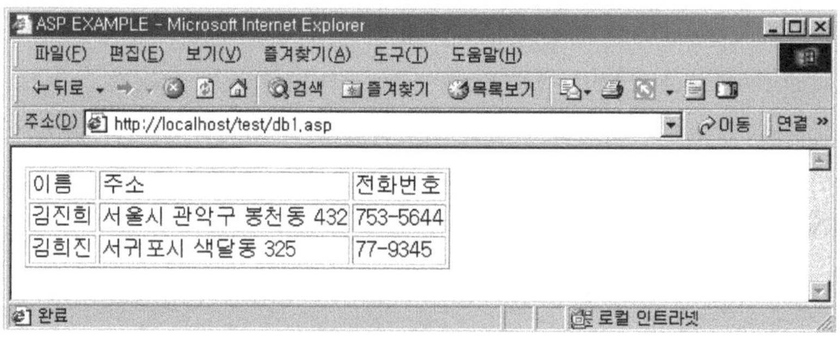

이름	주소	전화번호
김진희	서울시 관악구 봉천동 432	753-5644
김희진	서귀포시 색달동 325	77-9345

그림 9-17 • **실행 결과**

다음으로 사용자의 입력을 받아서 데이터베이스에 레코드를 추가하는 ASP 프로그램을 만들어 본다. 사용자의 입력을 받아들이기 위한 고객 등록 페이지의 소스는 다음과 같다.

```
<HTML>
<HEAD> <TITLE> 회원 가입 </TITLE> </HEAD>
<BODY>
<H1> 고객 정보 입력 화면 </H1>
<form method=post action=insert_customer.asp>
이름 <input type=text name=name><br>
주소 <input type=text name=address><br>
전화번호 <input type=text name=phone><br>
<input type=submit value=등록>
```

```
<input type=reset value=취소>
</form>
</BOBY>
</HTML>
```

Form 태그는 클라이언트에게 다양한 형태의 입력 폼을 제공하여 클라이언트 입력정보를 웹 페이지 정보와 함께 전달하는 역할을 한다. <form method=post action=insert_customer.asp>는 클라이언트의 정보 전달 방식을 method 속성에 지정하고 입력 값을 받을 페이지를 action 속성에 지정한다. 전화번호:<input type="text" size=9 name=phone>는 9개의 문자로 이루어진 전화번호를 phone의 값이 서버에 전달되도록 해준다. 또 <input type=submit value=등록>는 클라이언트 입력한 값을 서버에 전달해 주는, <input type=reset value=취소>는 입력 값을 초기화하는 역할을 한다. 그림 9-18은 수행결과를 보여주며 Insert_customer.asp의 소스 코드는 다음과 같다.

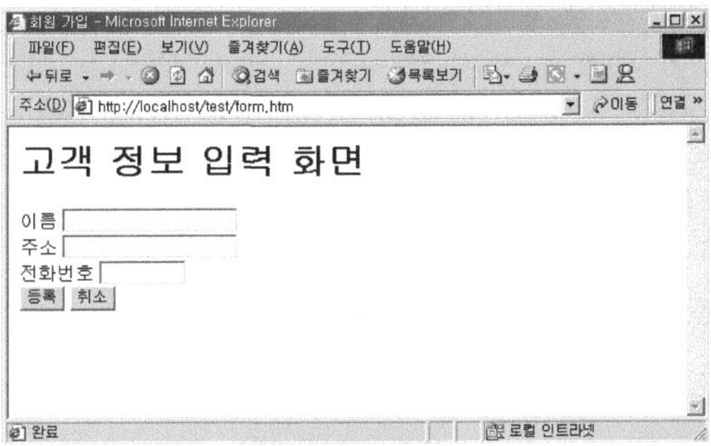

그림 9-18 • **고객 정보 입력 초기 화면**

```
<HTML>
<BODY>
<%
    ' 연결 객체 DBConn 생성
    Set DBConn = Server.CreateObject("ADODB.Connection")

    ` open 매소드를 이용하여 데이터 소스에 연결
    DBConn.Open  "GalleryDB"
```

```
    name=request("name")
    address=request("address")
    phone=request("phone")

    ' RecordSet 객체 생성 후 실행
    SQL="insert into Customer"
    SQL=SQL & "(Name, Address, Phone)"
    SQL=SQL & "values('"& name"', '"& address"', '"& phone"')"

    '쿼리 실행과 종료 문구
    DBConn.Execute SQL
    response.write "고객" & name & "님 등록 완료"

    'DBConn connection 객체 닫기
    DBConn.close

    '객체 변수의 자원 반환
    Set DBConn=nothing

%>
</BODY>
</HTML>
```

그림 9-18의 화면에서 그림 9-19에서 보듯 값을 입력하고 등록 단추를 클릭하면 action에 지정된 insert_customer.asp가 불려 져서 수행되어 그림 9-20의 화면이 나타나고 데이터베이스를 열어서 보면 그림 9-21과 같이 고객 등록 사실을 확인할 수 있다.

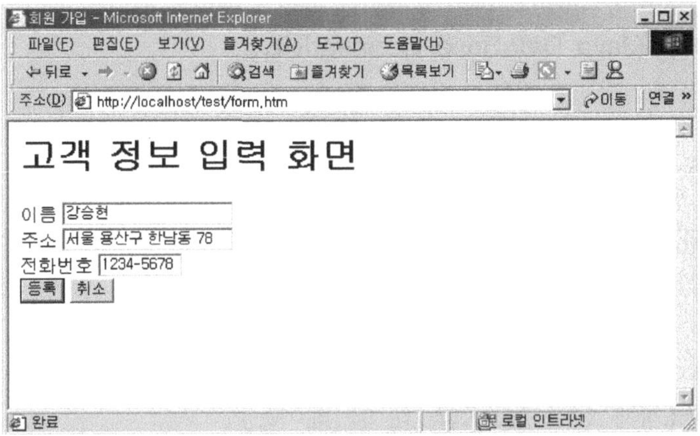

그림 9-19 • **고객 정보 입력 화면**

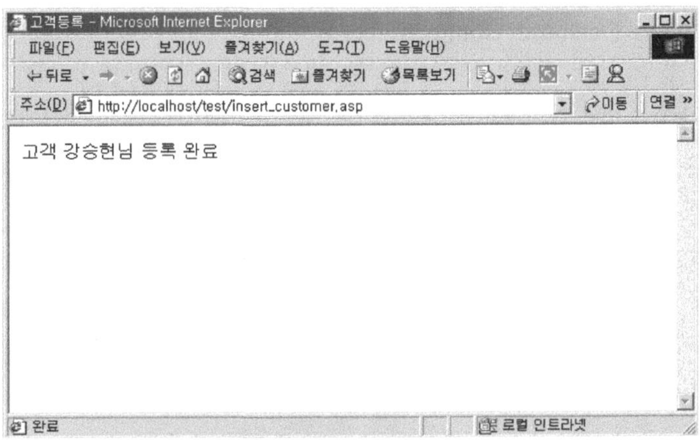

그림 9-20 • **고객 등록 완료 화면**

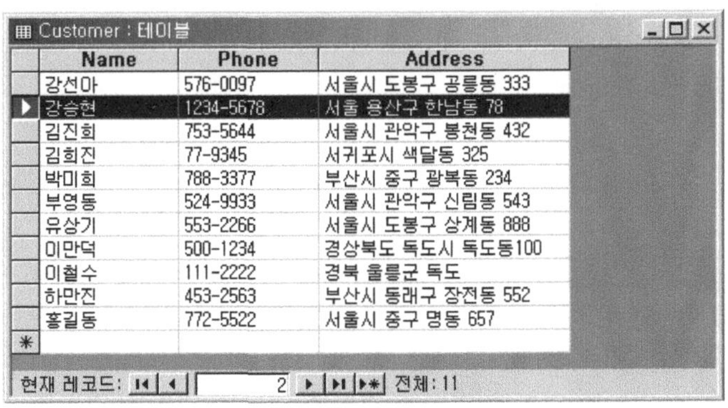
Customer : 테이블

Name	Phone	Address
강선아	576-0097	서울시 도봉구 공릉동 333
강승현	1234-5678	서울 용산구 한남동 78
김진희	753-5644	서울시 관악구 봉천동 432
김희진	77-9345	서귀포시 색달동 325
박미희	788-3377	부산시 중구 광복동 234
부영동	524-9933	서울시 관악구 신림동 543
유상기	553-2266	서울시 도봉구 상계동 888
이만덕	500-1234	경상북도 독도시 독도동100
이철수	111-2222	경북 울릉군 독도
하만진	453-2563	부산시 동래구 장전동 552
홍길동	772-5522	서울시 중구 명동 657

현재 레코드: 2 전체: 11

그림 9-21 • **등록 결과**

9.5 JDBC(Java DataBase Connectivity)

9.5.1 액세스

그림 9-22에서 보듯 Access 프로그래밍에 사용되는 데이터 액세스 API 및 데이터 액세스 계층은 다음과 같다.

- DAO(Data Access Objects)
- OLE DB(개체 연결 및 포함, 데이터베이스)
- ADO.NET
- ADO(ActiveX Data Objects)
- ODBC(Open Database Connectivity)

ODBC는 마이크로소프트사가 주도적으로 개발한 데이터베이스 드라이버로 사실상의 산업체의 표준이며 윈도우 운영체제에서 사용된다. 반면 JDBC는 자바를 지원하는 모든 플랫폼에서 사용할 수 있는 표준 API이다. JDBC는 자바 언어로 데이터 원본과 상호작용할 수 있도록 해주는 데이터 접근 계층이며 JDK 1.7 버전까지 제공되던 JDBC-ODBC 브리지는 액세스 데이터베이스 연결을 위한 ODBC 기반 데이터베이스 드라이버이다. 이 드라이버는 JDBC 메서드를 ODBC 함수 호출로 바꾸어주는 역할을 한다.

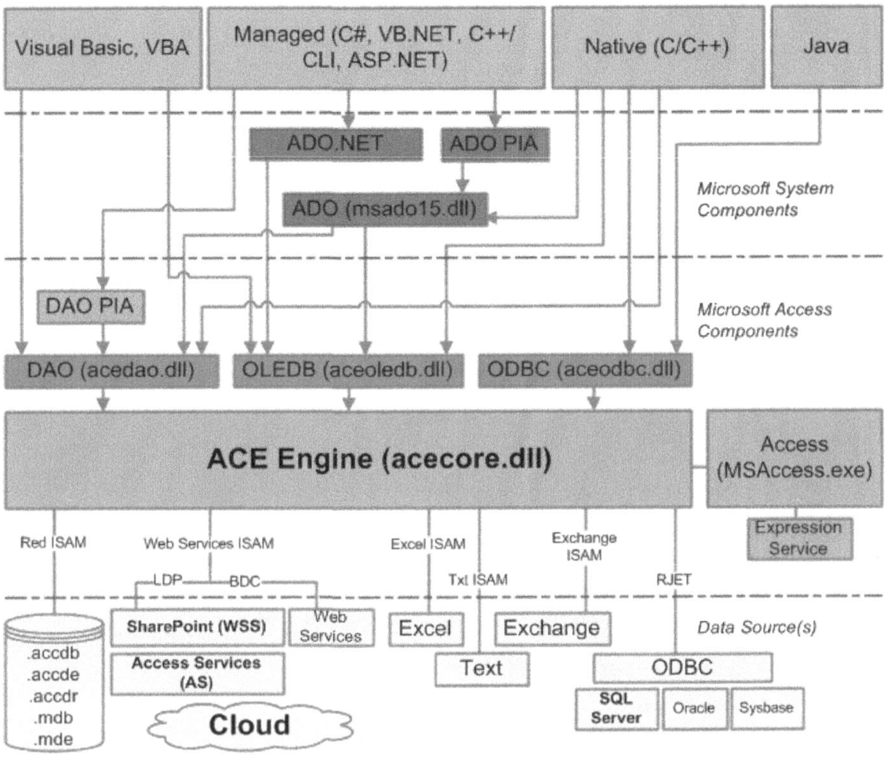

원본 (https://docs.microsoft.com/en-us/previous-versions/office/developer/office-2010/ff965871(v=office.14))

그림 9-22 • **액세스의 데이터 액세스 API와 Java의 관계**

```
Class.forName("sun.jdbc.odbc.JdbcOdbcDriver");
conn=DriverManager.getConnection("jdbc:odbc:GalleyDB", "charSet",
"8859_1" );
```

액세스 데이터베이스를 JDBC로 연결하는 accessJDBC.java 소스는 다음과 같다. JDK 1.8 부터는 ODBC-JDBC 브리지를 지원하지 않기에 소스의 실행을 위해서는 JDK 1.7이 필요하다.

```
import java.awt.*;
import java.awt.event.*;
import java.sql.*;

public class accessJDBC extends Frame implements ActionListener{
   Frame f;
```

```
Label l1, l2;
TextField t1, t2;
Button b1, b2, b3, b4, b5;

Connection conn;
Statement stmt;
ResultSet rs;

accessJDBC (){
    try{

        f=new Frame();
        f.setLayout(null);
        f.setVisible(true);
        f.setSize(800, 600); //메뉴화면크기
        l1=new Label("ID");
        l1.setBounds(50, 100, 100, 50);
        f.add(l1);
        l2=new Label("Name");
        l2.setBounds(50, 150, 100, 50);
        f.add(l2);
        t1=new TextField();

        t1.setBounds(150, 100, 100, 40);
        f.add(t1);
        t2=new TextField();
        t2.setBounds(150, 150, 100, 40);
        f.add(t2);

        b1= new Button("INSERT");
        b1.setBounds(200, 300, 75, 50);
        f.add(b1);
        b1.addActionListener(this);
```

```
        b2= new Button("UPDATE");
        b2.setBounds(300, 300, 75, 50);
        f.add(b2);
        b2.addActionListener(this);

        b3= new Button("DELETE");
        b3.setBounds(400, 300, 75, 50);
        f.add(b3);
        b3.addActionListener(this);

        b5= new Button("EXIT");
        b5.setBounds(600, 300, 75, 50);
        f.add(b4);
        b5.addActionListener(this);

        Class.forName("sun.jdbc.odbc.JdbcOdbcDriver");
        conn=DriverManager.getConnection("jdbc:odbc:GalleryDB",
         "charSet", "8859_1" );
        stmt=conn.createStatement();

        }catch(Exception e){}

    }//ends accessJDBC Constructor

public void actionPerformed(ActionEvent ae){
    try{

        if(ae.getSource()==b1){
            String s1="INSERT INTO Customer(id, cname)
            VALUES("+t1.getText()+",'"+t2.getText() + "')";
            System.out.println(s1);
            stmt.executeUpdate(s1);
            System.out.println("Done");
            t1.setText("");
```

```
            t2.setText("");

            }else if(ae.getSource()==b2){
            String s2="UPDATE Customer SET
            cname='"+t2.getText()+"'WHERE id="+t1.getText();
            System.out.println(s2);
            stmt.executeUpdate(s2);
            System.out.println("Done");
            t1.setText("");
            t2.setText("");

            }else if(ae.getSource()==b3){
            String s3="DELETE FROM Customer WHERE
             id="+t1.getText();
            System.out.println(s3);
            stmt.executeUpdate(s3);
            System.out.println("Done");
            t1.setText("");
            t2.setText("");

            }else if(ae.getSource()==b4){
                conn.close();
                f.dispose();
                                    }

        }catch(Exception e){}
      }

   public static void main(String args[]){
       new accessJDBC();

   }

}//end of accessJDBC
```

액세스의 JDBC 연결 실행을 설명하면 accessJDBC.java를 실행시키기 전 화랑 데이터베이스는 그림 9-23과 같으며 accessJDBC.java를 컴파일하여 실행시키는 화면을 보여주는 그림 9-24의 과정을 거쳐 그림 9-25의 결과를 얻을 수 있다.

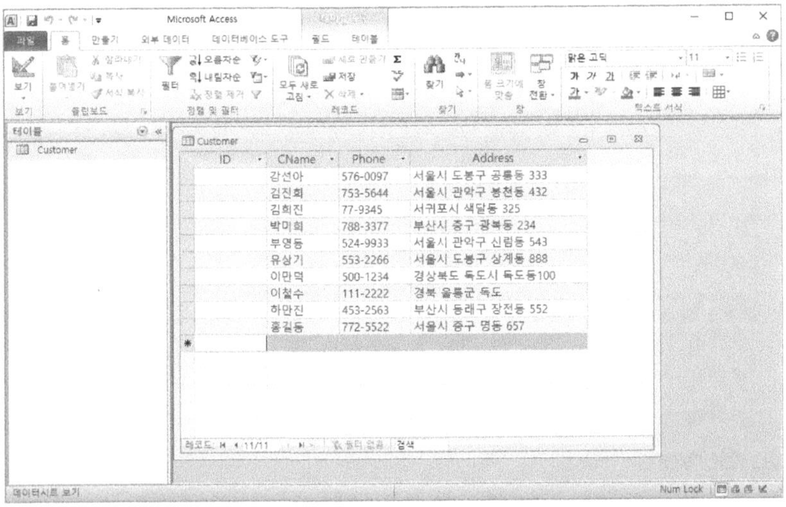

그림 9-23 • **화랑 데이터베이스의 Customer 테이블**

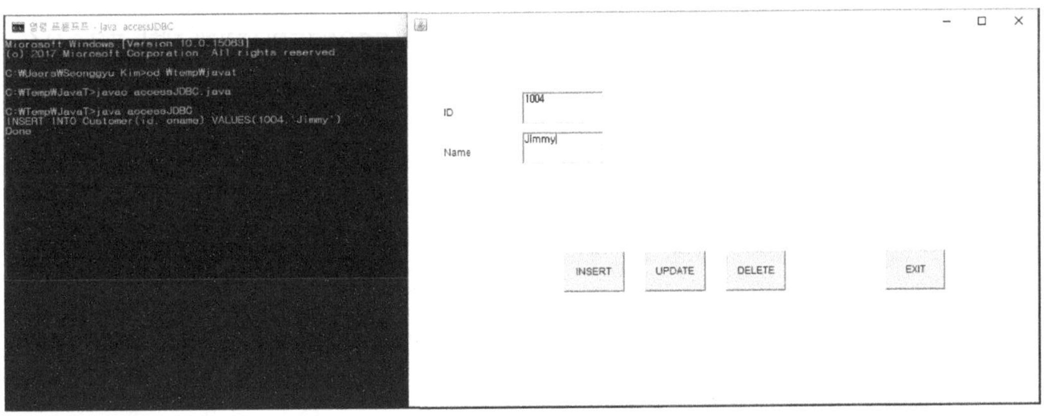

그림 9-24 • **accessJDBC 컴파일 후 실행 화면**

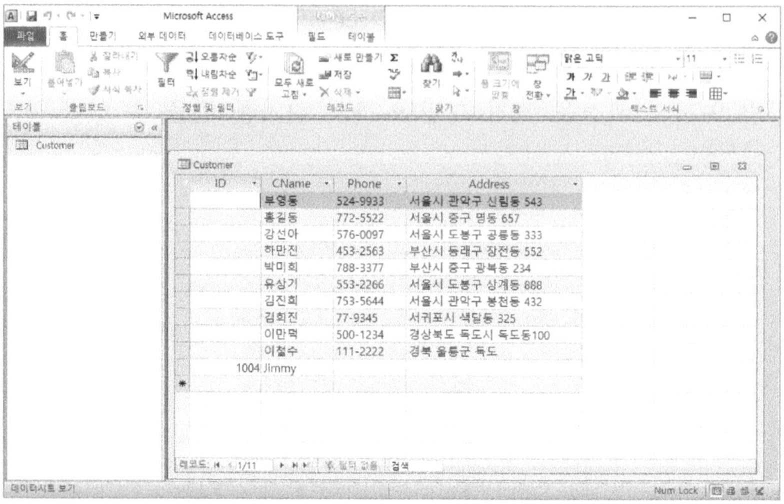

그림 9-25 • INSERT 후 Customer 테이블

9.5.2 SQL Server

SQL 서버를 JDBC로 연결하기 위해서는 우선 Windows 폴더의 SysWOW64 폴더로 이동하여 SQL Server Configuration Manager 아이콘 (SQLServerManager13)을 클릭하여 나타나는 그림 9-26에서 SQL Server 네트워크 구성의 MSSQLSERVER에 대한 프로토콜을 선택하면 나타나는 TCP/IP의 상태가 사용으로 되어 있어야 한다.

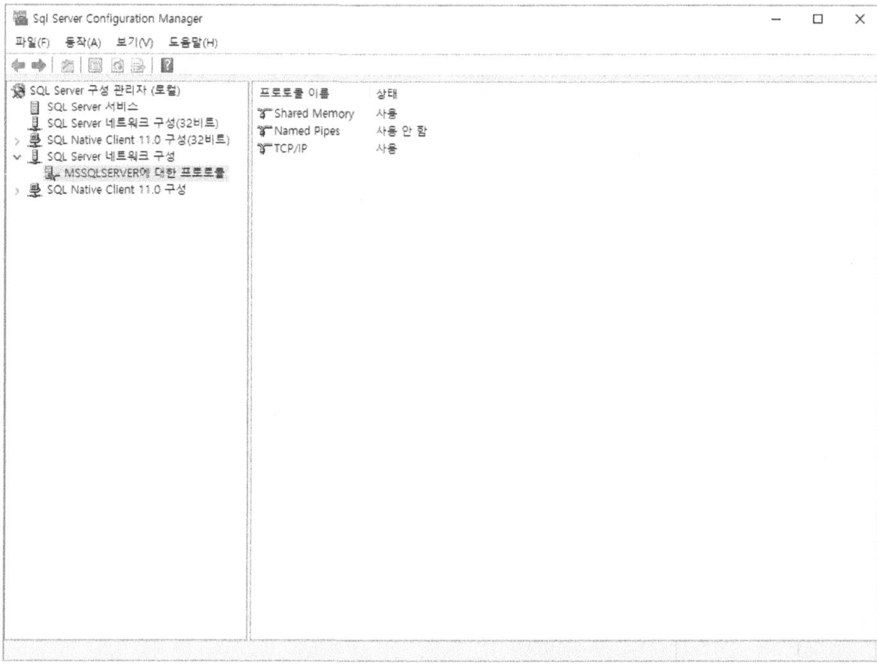

그림 9-26 • MS SQL Server에 대한 프로토콜 설정

또한 설치된 JDK 버전에 맞게 마이크로소프트사에서 SQL Server 용 JDBC 드라이버를 다운로드 받아 설치하고 시스템의 환경변수 중 시스템 변수 CLASSPATH 값으로 JDBC 드라이버가 설치된 디렉터리로 설정하고 윈도우의 system32 폴더에 JDBC 설치 폴더에서 sqljdbc_auth.dll를 찾아 복사해 두어야 한다.

JDBC 연결을 URL 형식은

jdbc:sqlserver://[serverName[\instanceName][:portNumber]][;property=value[;property=value]]인데 jdbc:sqlserver://은 필수이고 serverName은 localhost이고 instanceName은 serverName에 연결할 데이터베이스 인스턴스 이름으로 지정하지 않으면 기본 인스턴스에 연결되며, portNumber는 SQL Server에서 정한 포트인 1433을 쓸 경우 이를 생략하고 아니면 포트번호를 지정하여 사용한다.

```
String url = "jdbc:sqlserver://localhost;integratedSecurity=true";
String url =
"jdbc:sqlserver://localhost:1433;databaseName
                                =MyDB;integratedSecurity=true";
```

윈도우 통합 인증의 경우 사용할 데이터베이스 이름을 MyDB 그리고 보안을 위한 intergratedSecurity를 true로 다음과 같이 입력하면 연결 형식을 지정하면 된다.

```
  String url
  =
"jdbc:sqlserver://localhost;databaseName=MyDB;integratedSecurity=true";
  Class.forName("com.microsoft.sqlserver.jdbc.SQLServerDriver");
  conn = DriverManager.getConnection(url);
```

SQL 인증의 경우 DriveManager.getConnection(url)을 수정하여 DriveManager.getConnection (url, “userName”, “password”)를 입력한다. JDBC를 이용한 JAVA 프로그램의 예를 몇 가지 들어본다.

다음은 createTest라는 테이블을 만드는 JDBC를 이용한 JAVA 프로그램이며 그림 9-27은 결과를 보여준다.

```
import java.sql.*;
public class createTable
{
    public static void main(String[] argv)
    {
        Connection conn = null;
        Statement stmt = null;

        try {
            String url =
             "jdbc:sqlserver://localhost;databaseName
                                    =MyDB;integratedSecurity=true";
            Class.forName("com.microsoft.sqlserver.jdbc.
                                                SQLServerDriver");
            conn = DriverManager.getConnection(url);
            stmt = conn.createStatement();
            stmt.executeUpdate(
                "CREATE TABLE createTest(" +
                    "name NCHAR(10), " +
```

```
                    "tel NCHAR(15))"
            );
    System.out.println("Table Created!!!");
            stmt.close();
            conn.close();
        }catch(Exception e)
              {e.printStackTrace(); }
    }
}
```

Connection 객체는 특정 데이터 원본과 연결된 커넥션을 나타내고, 특정한 SQL 문장을 정의하고 실행시킬 수 있는 Statement 객체를 생성할 때도 Connection 객체를 사용한다, 정적 SQL 문을 실행하여 돌려주기 위한 객체에 Statement 객체와 PreparedStatement 객체가 있는데 PreparedStatement 객체는 Statement 객체와 달리 한 번 사용한 SQL은 저장하기에 반복하여 사용할 경우 보다 나은 성능을 낸다. DriverManager 클래스는 데이터 원본에 JDBC 드라이버를 통하여 커넥션을 만드는 역할을 한다. 또한 CallableStatement 객체가 있는데 이는 주로 쿼리를 미리 저장하여 보다 나은 성능을 제공하기 위한 저장된 프로시저(stored procedure)에 사용된다.

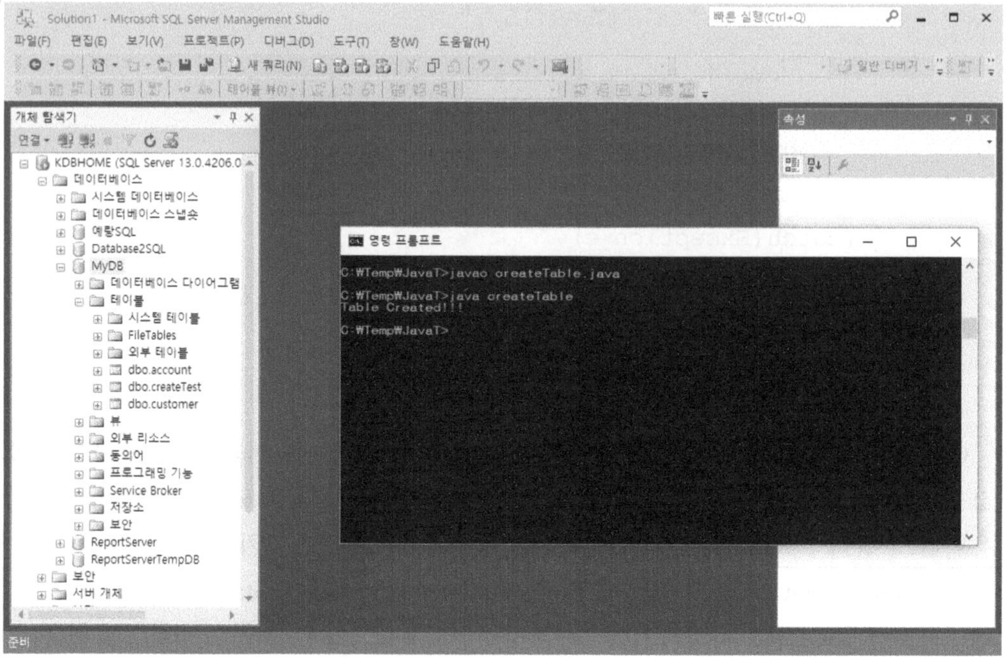

그림 9-27 • createTable.java 실행 결과

다음은 createTest 테이블에 데이터를 입력하는 JDBC를 이용한 JAVA 프로그램이며 그림 9-28은 결과를 보여준다.

```
import java.sql.*;
public class insertTable
{
     public static void main(String[] argv)
     {
   Connection conn = null;
   Statement stmt = null;

   int result;
   try {
        String url =
              "jdbc:sqlserver://localhost;databaseName
                                        =MyDB;integratedSecurity=true";

        Class.forName("com.microsoft.sqlserver.jdbc.
```

```
                                        SQLServerDriver");
            conn = DriverManager.getConnection(url);
            stmt = conn.createStatement();
            result = stmt.executeUpdate(
                "INSERT INTO createTest  VALUES(" + "'성춘향', '111-1111')"
                );
            System.out.println(result + " Row inserted");
            result = stmt.executeUpdate(
                "INSERT INTO createTest  VALUES(" + "'이몽룡', '111-1111')"
                );
            System.out.println(result + " Row inserted");
            stmt.close();
            conn.close();
        }catch(Exception e)
              {e.printStackTrace(); }
        }
}
```

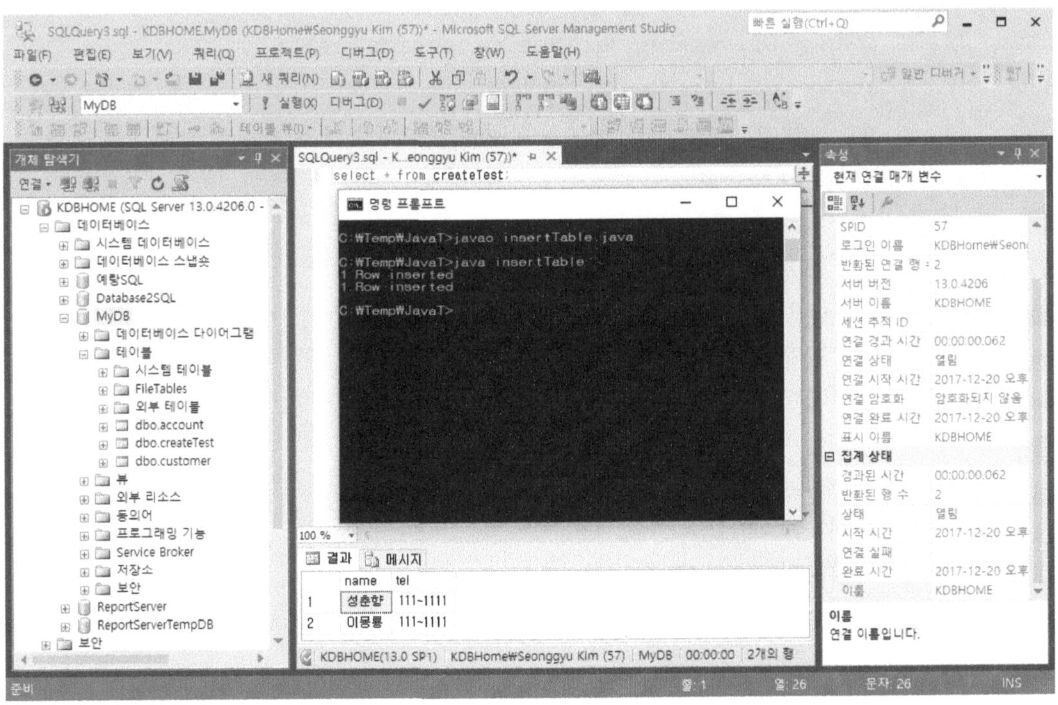

그림 9-28 • insertTable.java 실행 결과

다음은 createTest 테이블의 데이터를 보여주는 JDBC를 이용한 JAVA 프로그램이며 그림 9-29는 결과를 보여준다.

```
import java.sql.*;
public class selectTable
{
    public static void main(String[] argv)
    {
    Connection conn = null;
    Statement stmt = null;
    ResultSet rs = null;
    try{
        String url =
            "jdbc:sqlserver://localhost;databaseName
                                =MyDB;integratedSecurity=true";

            Class.forName("com.microsoft.sqlserver.jdbc.
                                        SQLServerDriver");
        conn = DriverManager.getConnection(url);
        stmt = conn.createStatement();
        rs = stmt.executeQuery("SELECT * FROM createTest");
        while(rs.next())
            {
            String name = rs.getString(1);
            String tel = rs.getString("TEL");
            System.out.println(" NAME : " + name);
            System.out.println(" TEL : " + tel);
            }
        rs.close();
        stmt.close();
        conn.close();
    }catch(Exception e)
     {e.printStackTrace(); }
     }
```

```
}
```

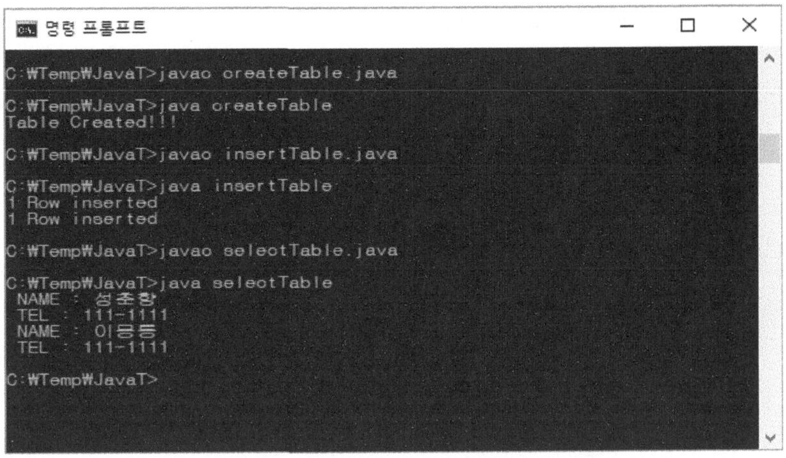

그림 9-29 • selectTable.java 실행 결과

다음은 createTest 테이블의 데이터 중 이몽룡의 전화번호를 222-2222로 갱신하는 JDBC를 이용한 JAVA 프로그램이며 그림 9-30은 결과를 보여준다.

```
import java.sql.*;
public class updateTable
{
    public static void main(String[] argv)
    {
        Connection conn = null;
        Statement stmt = null;
        int result;
        try {
            String url =
             "jdbc:sqlserver://localhost;databaseName
                                    =MyDB;integratedSecurity=true";

        Class.forName("com.microsoft.sqlserver.jdbc.
                                            SQLServerDriver");
        conn = DriverManager.getConnection(url);
        stmt = conn.createStatement();
```

```
        result = stmt.executeUpdate(
                "UPDATE createTest " +
                 "SET tel = '222-2222' " +
                 "WHERE name='이몽룡'"
        );
        System.out.println(result + " Row updated");
        stmt.close();
        conn.close();
        }catch(Exception e) {e.printStackTrace(); }
    }
}
```

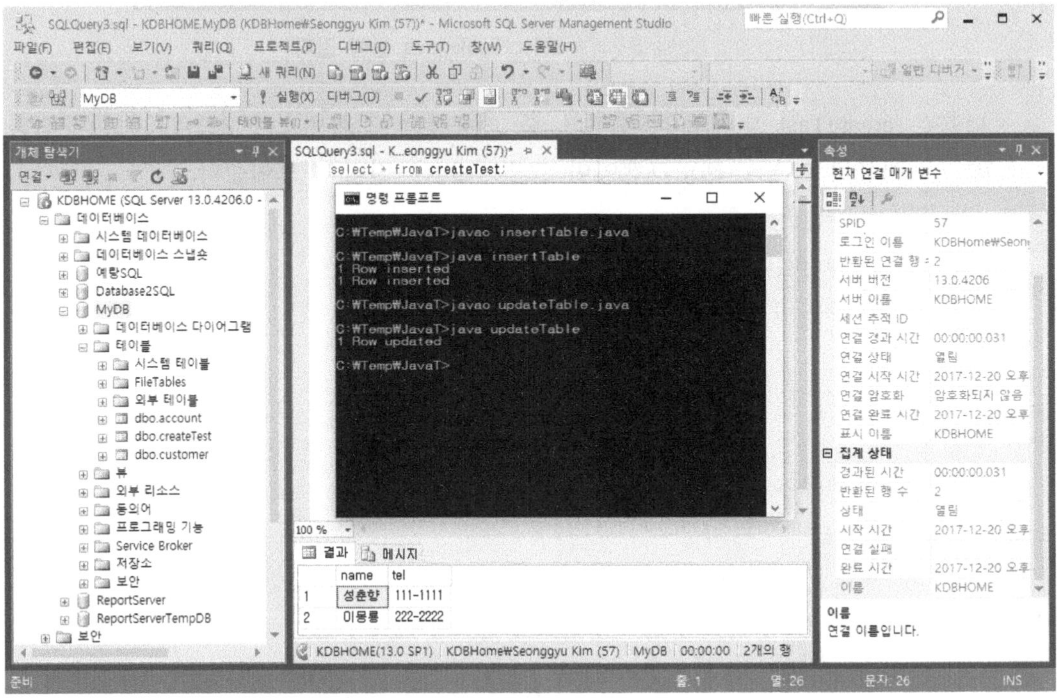

그림 9-30 • updateTable.java 실행 결과

9.5.3 오라클 데이터베이스 연결

오라클 데이터베이스를 JDBC로 연결하기 위해 JDK(Java Development Kit)을 설치하고 시스템 속성의 시스템의 환경변수 중 CLASSPATH 값으로 JDBC 드라이버가

설치된 디렉터리로 설정하고 path를 C:\Java\jdk1.8.0_152\bin와 같이 설정해 두어야 한다.

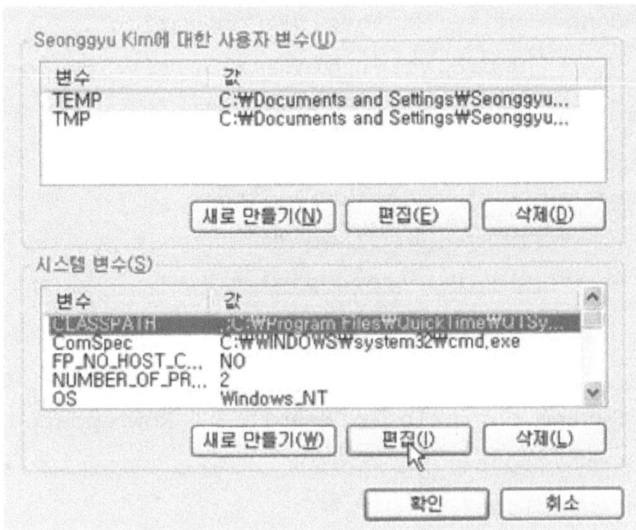

그림 9-31 • **JDBC 연결을 위한 환경설정**

JDBC 연결을 위한 connection을 위한 구문이 다음과 같이 조금 달라진다는 점 이외에 SQL Server에서의 JDBC 연결과 차이가 없다.

```
Class.forName("oracle.jdbc.driver.OracleDriver");
conn = DriverManager.getConnection
    ("jdbd:oracle:thin:@192.1.1.1:1521:orcl", "csdb40", "csdb40");
```

예를 들어 SQL Server와 JDBC 연결 제일 마지막에 나오는 updateTable.java의 경우 다음과 같다.

```
import java.sql.*;
public class updateTable
{
    public static void main(String[] argv)
    {
        Connection conn;
        Statement stmt;
        int result;
```

```
        try {
                Class.forName("oracle.jdbc.driver.OracleDriver");
            conn = DriverManager.getConnection
                ("jdbd:oracle:thin:@192.1.1.1:1521:orcl", "myuser",
                                "myuserpw");
            stmt = conn.createStatement();
            result = stmt.executeUpdate(
                "UPDATE createTest " +
                "SET tel = '222-2222' " +
                "WHERE name='이몽룡'"
            );
            System.out.println(result + " Row updated");
            stmt.close();
            conn.close();
        }catch(Exception e) {e.printStackTrace(); }
    }
}
```

익힘문제

1. 다음과 같은 데이터베이스 테이블을 만들고 ODBC 설정을 한 다음 특정 고객을 삭제하는 ASP 프로그램을 작성하시오.

Customer : 테이블

Name	Phone	Address
강선미	576-0097	서울시 도봉구 공릉동 333
김진희	753-5644	서울시 관악구 봉천동 432
김희진	77-9345	서귀포시 색달동 325
박미희	788-3377	부산시 중구 광복동 234
부영동	524-9933	서울시 관악구 신림동 543
유상기	553-2266	서울시 도봉구 상계동 888
이만덕	500-1234	경상북도 독도시 독도동100
이철수	111-2222	경북 울릉군 독도
하만진	453-2563	부산시 동래구 장전동 552
홍길동	772-5522	서울시 중구 명동 657

현재 레코드: 1 전체: 10

2. 고객의 전화번호와 주소를 수정하는 프로그램을 작성하시오.

D A T A B A S E

CHAPTER

10

데이터베이스 관리

데이터베이스 시스템을 구축하기 위해 좋은 데이터베이스를 설계하고 데이터가 적재되었을 때 SQL을 통해 원하는 내용을 추출하거나 조작하는 방법에 대해 알아보았다. 데이터베이스 관리에서는 어떻게 하면 데이터베이스를 보호하고 데이터베이스가 효율적으로 사용될 수 있는지 알아본다.

데이터베이스 관리에서 제일 먼저 생각해 볼 것은 데이터의 표준화 방안이다. 데이터베이스를 사용하는 사람이 다양한 만큼 데이터를 나타내는 방법이 다양한데 이를 통일해주어야 한다. 예를 들어 점수인 경우 자료형(Data Type)을 정수로 할 지 실수로 할지 실수로 하면 소수점 몇 째 자리까지 허용할지 등을 결정해야 한다. 자료형뿐만 아니라 단위, 이름까지도 표준화해야 한다.

데이터베이스를 사용하는 사용자의 요구사항 그리고 하드웨어와 소프트웨어 환경은 기술이 발달함에 따라 변하기 마련이다. 따라서 데이터베이스의 스키마도 사용자의 요구 변화를 반영해야 한다. 데이터베이스 관리에서는 사용자의 요구 사항을 제대로 반영하기 위해 데이터베이스 스키마의 관리를 해야된다. 또한 데이터베이스 설계에서 변경에 이르는 내용을 문서로 남겨두어야 데이터베이스 시스템 유지보수 하기가 수월하다는 점도 간과해서는 안 된다.

데이터베이스 관리 면에서 해야 할 일을 요약하면 다음과 같다.

- 데이터베이스 구조 변화에 대한 관리
- 데이터의 표준화, 권한 그리고 회복 기법에 대한 관리
- 데이터베이스 활동을 감시하고 성능 향상을 위한 관리
- 데이터베이스 신뢰성 제공
- 데이터베이스 보안 기능 제공
- 데이터베이스 관련 문서 관리

데이터베이스 구조 변화에 대한 관리는 사용자의 환경과 요구 사항의 변화로 인해 데이터베이스 스키마가 변해야하는데 데이터베이스가 바른 상태를 유지하면서 가능하면 최적의 성능을 제공할 수 있도록 스키마를 변경하고 관리해주는 것을 의미한다.

데이터의 표준화에 대한 관리에서는 데이터 자료형, 단위, 형식, 이름 등에 대한 표준을 세우고 관리한다는 의미이며 데이터의 권한 관리는 어떤 사용자에게 데이터베이스 스키마를 만들 수 있게 해줄것인지 데이터를 삽입하고 삭제할 수 있게 해줄 것인지 혹은 보기만 가능하게 해줄 것인지를 정하고 관리하는 것을 뜻하며 회복 기법 관리는 데이터베이스 시스템의 정전, 하드웨어 고장, 소프트웨어 문제로 인한 장애 시 어떻게 데이터베이스를 복구하고 관리할 것인지를 말한다.

데이터베이스 활동을 감시하고 성능 향상을 위한 관리에서는 모든 데이터베이스 처리가 바르게 그리고 최적으로 이루어지는지 감시하고 있다가 쿼리 혹은 트랜잭션 처리 시 성능 저하 문제가 발생하면 성능을 향상시킬 수 있는 방안을 강구하고 실행하는 것을 의미한다. 예를 들어 데이터베이스 처리 요구의 대부분이 고객 테이블에 대해 이루어진다면 고객 테이블의 일부를 메모리에 상주시키거나 가장 빠른 하드디스크에 저장하여 문제를 해결한다.

데이터베이스 신뢰성 제공은 데이터베이스의 수 많은 사용자들이 데이터베이스 시스템을 믿고 사용할 수 있도록 동시성 제어와 트랜잭션의 원소성을 제공해야 하는 것을 의미하며 데이터베이스 보안 기능 제공은 불법으로 데이터베이스에 접근하는 것을 방지하며 각 데이터베이스 사용자가 자신의 권한만큼 데이터베이스가 사용할 수 있도록 해주는 것을 의미한다.

이런한 모든 데이터베이스 관리 과정의 내용 그리고 크고 작은 변경 내용 등은 항상 문서화 되어 관리 대상이 된다.

이 장에서는 먼저 성능 향상을 위해 쿼리 처리가 어떻게 이루어지는 알아보고, 데이터베이스 신뢰성과 복구 그리고 보안에 대해 알아보기로 한다.

10.1 쿼리 처리

데이터베이스 사용자는 무수히 많다. 많은 사용자들이 사용하고 있는 데이터베이스의 성능은 항상 감시되고 최적화되어야 한다. 쿼리 처리는 그림 10-1과 같이 이루어진다. 쿼리가 주어지면 파싱(Parsing)과 번역 모듈에 의해 SQL의 철자, 문법이 맞는지 알아보고 맞으면 SQL의 의미가 무엇인지 번역한다. SQL은 비 절차 형식이기에 어떤 절차를 거쳐 이 번역된 의미가 수행될 수 있는지를 나타내는 여러 관계 대수로 바뀌고 데이터에 대한 통계 자료를 이용하는 최적화 모듈에 의해 가장 빨리 수행될 수 있는 관계 대수가 선택되고 처리 엔진(Evaluation Engine)에 의해 SQL이 처리되어 사용자에게 결과가 전달된다.

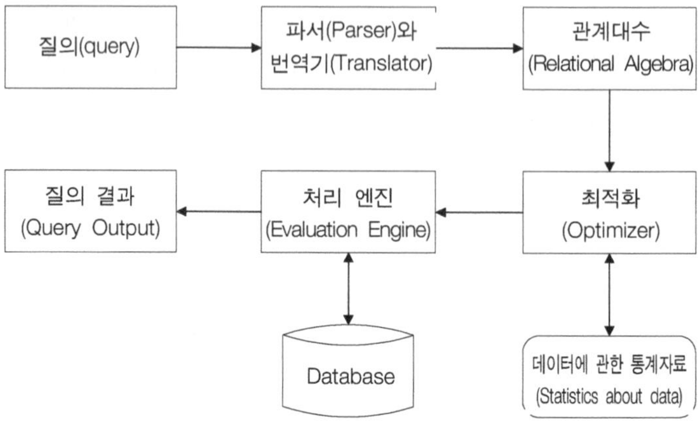

그림 10-1 • Query Processing

예를 들면 다음과 같은 SQL 구문은 파싱과 번역과정을 거쳐 다음 두 관계 대수로 번역된다. 쿼리 처리 엔진은 데이터에 대한 통계 자료를 이용하여 어떤 관계 대수가 더 빨리 처리될 수 있는지를 찾아내고 선택된 관계 대수를 이용하여 쿼리를 처리하고 그 결과를 알려준다.

```
SELECT   balance
FROM     account
WHERE    balance < 250
```

→

$\sigma_{balance\ <\ 250}(\Pi_{balance}\ account)$

$\Pi_{balance}(\sigma_{balance\ <\ 250}\ account)$

쿼리 처리를 최적화하여 데이터베이스의 성능 향상을 얻는 방법이 많이 연구되고 있으나 최적화 방안에 대한 자세한 내용은 본 서의 범위를 벗어나므로 각 DBMS에서 제공되는 매뉴얼을 참고하기 바란다. 일반적으로 쿼리 처리를 빨리 하기 위해서는 조인(join) 연산을 하기 전에 셀렉션(selection)과 프로젝션(projection)연산을 하여 테이블의 크기를 줄여주는 것이 좋다.

10.2 데이터베이스 신뢰성

데이터베이스의 신뢰성을 보장해주기 위해 트랜잭션의 원자성(Atomicity of Transaction)

과 동시성 제어가 만족되어야 한다.

10.2.1 트랜잭션의 원자성

동시에 처리되는 데이터베이스 시스템은 트랜잭션을 설정하여 DBMS가 백업과 회복 기능을 수행할 수 있도록 해주어야 한다. 트랜잭션은 은행에서의 입금, 출금, 계좌 이체 등과 같이 실제 업무 환경에서 업무 처리의 기본 단위를 의미한다. 트랜잭션으로 정의하면 한 트랜잭션 내의 작업이 모두 수행되면 그 트랜잭션은 수행된 것이고 하나라도 수행되지 않으면 그 트랜잭션은 수행되지 않은 것이다. 이를 트랜잭션의 원자성(Atomicity of Transaction)이라 한다.

예를 들어 은행에서 입금 처리를 하나의 트랜잭션으로 정의하면 이 트랜잭션은 고객 통장의 자석 띠를 읽어 계좌 번호를 가져오고 그 계좌 번호에 해당하는 거래 내역을 불러오고 고객이 입금하고자 하는 금액을 입력하고 주 전산기에 해당 계좌 번호의 내역을 기록하고 통장에 금액을 기입하는 다섯 작업으로 구성된다. 고객의 통장과 돈을 받아 금액 입력 작업 중에 시스템 장애로 중단되었을 경우 돈만 받고 입금 사실이 기록되지 않을 수도 있다. 이런 일이 발생하지 않도록 응용 프로그램에서 트랜잭션을 설정하여 트랜잭션으로 정의된 작업이 제대로 수행되도록 해야 한다.

DBMS 마다 다르지만 트랜잭션의 시작을 알리기 위해 예를 들어 BEGIN TRANSACTION 그리고 논리적 작업 단위인 트랜잭션의 끝을 알리는 END TRANSACTION 지시어를 갖고 있다. 트랜잭션이 제대로 수행되도록 완료(COMMIT) 그리고 복귀(ROLLBACK) 명령어를 두어 트랜잭션의 모든 작업이 끝나면 완료 명령어를 사용하여 트랜잭션으로 인한 실제 변화를 기록하고 시스템의 장애 등으로 트랜잭션이 제대로 수행되지 않았으면 복귀 명령어를 사용하여 임시로 기록하여 놓은 변경 내용이 반영되지 않게 한다.

트랜잭션의 원자성은 트랜잭션의 ACID 속성의 하나로 A(Atomicity)는 원자성을, C(Consistency)는 트랜잭션 수행 시 제약 조건을 만족하도록 일관성 유지를, I(Isolation)은 트랜잭션의 수행 시 다른 트랜잭션으로부터의 고립을, D(Durability)는 트랜잭션에 의한 변경이 또 다른 트랜잭션에 의해 변경되기 전까지 손실되지 않아야 함을 의미한다.

10.2.2 동시성 제어

동시성 제어는 두 사람 이상이 같은 데이터에 동시에 접근하였을 때 이를 제어해주는 것을 의미한다. 예를 들어 하늘 은행의 계좌 1004를 공유하고 있는 두 사람이 각각

서울과 부산에서 동시에 출금하려 한다고 가정해보자. 계좌에는 100만원이 들어 있는데 서울에서는 80만원을, 부산에서는 70만원을 인출하려 한다. 만약 동시성 제어가 안 된다면 두 사람 다 돈을 인출하고도 계좌에는 30만원이 남아 있을 수 있다. 어떻게 이런 일이 가능할까? 서울에 있는 사람이 창구에서 통장과 출금 청구서를 제출했을 때 계좌에는 100만원이 남아있으므로 80만원의 인출이 가능했으며 부산에서도 같은 시간에 통장과 출금 청구서를 제출했기에 아직까지 100만원이 남아 있는 것으로 되어 70만원의 인출이 가능했다. 그럼 이런 일을 방지하려면 어떻게 해야 할까?

동시에 같은 데이터에 접근했을 때 이를 제어하기 위해서는 잠금(Lock)의 개념이 필요하다. 즉, 위의 경우 두 사람이 동시에 인출하려 했다 해도 은행 주 전산기에 둘 중 하나가 먼저 도착하게 된다. 먼저 도착한 데이터 접근 요구에 대해 잠금 장치를 하여 다른 사람이 사용하지 못하도록 하면 이런 일은 해결할 수 있게 된다. 즉, 동시성 제어는 동시에 한 데이터에 접근한 트랜잭션들을 잠금 기법을 이용하여 순서화한다.

잠금을 하는 대상에는 데이터베이스 내의 한 셀, 한 튜플, 여러 개의 튜플, 하나의 테이블, 여러 테이블 그리고 데이터베이스 전체가 될 수 있다. 이를 잠금의 크기(lock granularity)이라 하며 일반적으로 크기가 작아질수록 데이터베이스의 사용자가 증가하여 데이터베이스를 효율적으로 사용할 수 있으나 그 만큼 제어하기가 어려워진다. 또한 잠금에는 배타적인 잠금(exclusive lock)과 공유 잠금(shared lock)이 있는데 배타적인 잠금은 데이터의 내용을 변경할 때처럼 다른 트랜잭션이 그 데이터를 사용하면 안 되는 경우에 사용하며 공유 잠금은 데이터의 내용 읽기만을 할 때처럼 다른 트랜잭션과 같이 사용해도 되는 경우에 사용한다.

잠금 방법에는 묵시적인 잠금(implicit lock)과 명시적인 잠금(explicit lock)이 있는데 묵시적인 잠금은 트랜잭션 내에 잠금 명령을 사용하지 않아도 데이터베이스 시스템에서 알아서 해주는 것이고 명시적인 잠금은 트랜잭션 내에 잠금과 풀기(unlock 또는 release) 명령을 써서 잠금과 푸는 것을 명시해야 하는 것을 의미한다.

다음 상자는 묵시적 잠금을 이용한 동시성 제어를 보여준다. 사용자 C와 D의 트랜잭션에는 잠금 명령을 명시하지 않았지만 데이터베이스 관리 시스템에서 자동으로 사용자 C와 D의 트랜잭션에 잠금을 하여 동시성 제어를 해준다. 사용자 C의 트랜잭션 100번 item을 읽기 위해 잠금이 먼저 이루어졌기에 사용자 D의 트랜잭션에서 100번 item을 읽으려 할 때 잠금이 안되고 잠금이 풀릴 때까지 기다리게 된다. 사용자 C의 트랜잭션이 처리되고 100번 item의 잠금을 해제하면 사용자 D의 트랜잭션이 수행된다.

묵시적인 잠금

사용자 C의 트랜잭션

1. Read item 100.
2. Reduce count of item by 5.
3. Write item 100.

사용자 D의 트랜잭션

1. Read item 100.
2. Reduce count of item 100 by 3.
3. Write item 100.

데이터베이스 관리 시스템에서의 처리

1. Lock item 100 for C
2. Read item 100 for C
3. Lock item 100 for D - *can not be done*
4. Reduce item count by 5 for C
5. Write item 100
6. Release Lock for C
7. Lock item 100 for D
8. Read item 100 for D
9. Reduce item count by 3 for D
10. Write item 100
11. Release Lock for D

명시적인 잠금의 대표적인 예로 Two-Phase Locking을 들 수 있는데 Two-Phase Locking에서는 성장 단계(Growing Phase)에서 잠금을 하는 것은 항상 가능하지만 한 번 잠금을 풀면 축소 단계(Shrinking Phase)로 변하여 더 이상 잠금은 할 수 없고 잠금을 풀 수만 있다. 이를 표로 나타내면 다음과 같다.

Growing phase	Locks	OK	Release	No
Shrinking phase	New Locks	No	Release	OK

아래 트랜잭션에서 사용자 C의 트랜잭션은 성장 단계에서 A에 대해 잠금을 하고 값을 3 만큼 줄여 쓰기를 한 다음 잠금 해제를 하였기에 축소 단계로 들어서게 된다. 한 번 축소 단계로 들어서면 더 이상 잠금을 할 수 없기에 6번째 줄에서 B를 잠금을 하려 해도 할 수가 없다. 따라서 사용자 C의 트랜잭션은 Two-Phase Locking 기법으로는 수행할 수가 없다. 하지만 사용자 D의 트랜잭션에서는 사용하려는 모든 자원에 대한 잠

금이 잠금해제가 일어나기 전에 이루어졌기에 제대로 수행된다.

명시적인 잠금

사용자 C의 트랜잭션	사용자 D의 트랜잭션
1. Lock A	1. Lock A
2. Read A	2. Read A
3. Reduce A by 3	3. Reduce A by 3
4. Write A	4. Write A
5. Unlock A	5. Lock B
6. Lock B	6. Read B
7. Read B	7. Add 5 to B
8. Add 5 to B	8. Write B
9. Write B	9. Unlock A
10. Unlock B	10. Unlock B

사용자 C의 트랜잭션은 Two-Phase Locking을 따르고 있지 않기에 수행될 수 없으나 사용자 D의 트랜잭션은 Two-Phase Locking을 따르고 있다

잠금 기법을 사용할 때 주의해야 할 점은 교착상태(Deadlock)가 발생하지 않도록 해야 한다. 교착상태는 다음과 같이 두 트랜잭션이 상대방이 원하는 자원을 가지고 있으면서 상대방의 자원을 요구하며 기다리는 경우에 발생하며 교착상태가 발생하면 한 트랜잭션을 선택하여 수행을 중단시키는 수밖에 없다. 비록 자원의 사용이 효율적이지 못할 수도 있지만 자원을 정해진 순서대로 사용하게끔 하는 그래프 기반 프로토콜(graph-based protocol) 기법을 사용하면 교착상태를 방지할 수 있다.

Deadlock

1. Lock item 100 for C
2. Lock item 200 for D
3. Set item 100 to 5 for C
4. Set item 200 to 8 for D

5. Put C in wait state for item 200
6. Put D in wait state for item 100

사용자 C의 트랜잭션은 item 100을 가지고 있으면서 사용자 D의 트랜잭션이 가지고 있는 item 200을 요구하며 대기하고 있으며 사용자 D의 트랜잭션은 item 200을 가지고 있으며 사용자 C의 트랜잭션이 가지고 있는 item 100을 요구하며 대기

10.3 데이터베이스 복구

데이터베이스 시스템은 많은 사람들이 사용하고 있기에 시스템의 장애 시 이를 복구할 수 있는 기본 기능을 제공하고 있다. 데이터베이스 복구를 위한 방법에 대해 알아본다.

데이터베이스 복구를 위해서 데이터베이스는 매 15분 또는 20분마다 체크포인트(checkpoint) 명령에 의해 버퍼 내의 내용이 데이터베이스에 저장된다. 데이터베이스가 저장되고 난 후에 수행되는 모든 내용은 로그 파일에 기록된다.

로그 파일에 기록되는 내용에 따라 크게 두 가지 복구 방법이 있다. 첫 번째 방법은 재처리(reprocessing)에 의한 복구 방법인데 이 방법은 데이터베이스 저장된 이후의 모든 트랜잭션을 기록한다. 시스템 장애 후 모든 트랜잭션을 다시 수행하여 복구를 한다.

두 번째 방법은 데이터베이스가 저장된 이후의 트랜잭션 자체를 기록하는 것이 아니라 트랜잭션에 의해 처리된 결과를 기록하는 Rollback/Rollforward 방법이 있다. Rollback은 트랜잭션에 의해 처리되기 전의 레코드(Before Image)를 저장하고 있다가 UNDO 명령을 통해 복구를 수행하는데 반해 Rollforward는 트랜잭션에 의해 처리되고 난 후의 레코드(After Image)를 저장하고 있다가 REDO 명령을 통해 데이터베이스 복구를 하게 된다. UNDO 명령은 변경된 데이터베이스 내용을 취소시키는 것이고 REDO 명령은 데이터베이스에 기록되지 않은 내용을 재실행시키는 것을 의미한다.

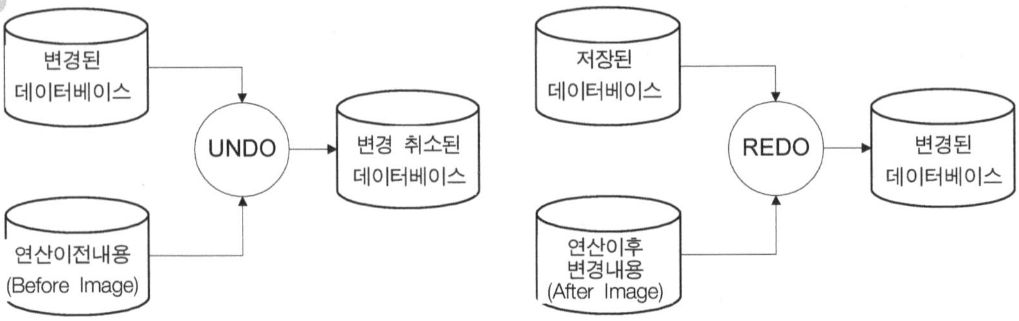

그림 10-2 ● **Rollback과 Rollforward 복구 기법**

그림 10-3은 트랜잭션 로그 파일의 내용을 보여준다. 트랜잭션(transaction) ID는 트랜잭션의 이름이며 전(Reverse) 포인터는 한 트랜잭션의 이전 인스트럭션을 가리키며 후(Forward) 포인터는 한 트랜잭션의 다음 인스트럭션을 가리킨다. 연산종류(type of operation)은 데이터베이스에 취하는 인스트럭션의 유형이며 레코드(record)는 인스트럭션의 적용 대상을, 이전 값(old value)과 새 값(new value)은 인스트럭션에 의해 변경되기 전과 후의 값을 의미한다.

그림 10-3의 트랜잭션 로그 파일에서 11:40에 checkpoint 명령에 의해 데이터베이스가 저장되었고 11:51에 시스템 장애가 일어났다고 가정하자. 그러면 장애가 일어나기 전에 완료(commit)된 트랜잭션 OT1은 연산이후 변경내용(after image)을 이용하여 REDO하게 되고 완료되지 못한 OT2와 CT1은 연산이전 내용(before image)으로 UNDO를 해주게 된다.

전(Reverse), 후(Forward)
포인터(Pointer) 연산종류 이전 값

	트랜잭션 ID	전	후	시간	연산종류	레코드	이전 값	새 값
1	OT1	0	2	11:42	START			
2	OT1	1	4	11:43	MODIFY	CUST 100	400	500
3	OT2	0	8	11:45	START			
4	OT1	2	5	11:47	INSERT	ORDER 11		10
5	OT1	5	0	11:48	COMMIT			
6	CT1	0	7	11:49	START			
7	CT1	6	9	11:50	MODIFY	SP 15	A	B
8	OT2	3	0	11:55	COMMIT			
...								

트랜잭션 ID 시간 레코드 새 값

그림 10-3 ● **트랜잭션 로그 파일 내용**

10.4 데이터베이스 보안

데이터베이스는 많은 사람들이 사용할 수 있기에 데이터에 대한 부당한 접근, 변경, 삭제, 유출 등이 있을 수 있다. 따라서 데이터베이스 관리 시스템은 보안 시설을 통한 물리적 보안을 포함하여 허가받은 사람만이 데이터베이스를 사용할 수 있게 해주며 허가받지 못한 사람은 데이터베이스를 사용하지 못하게 해주는 보안기능이 필요하다. 허가받은 사용자의 경우에도 데이터베이스 내용을 맘대로 보거나 변경하거나 쓸 수 있는 것이 아니다. 사용자에게 부여받은 고유의 권한 한도 내에서 데이터베이스를 사용할 수 있다. 이를 위해 E.B. Fernando, R.C. Summers, 와 C. Wood가 제안한 보안 모델에 대해 알아본다.

표 10-1에서 주체(subject)는 데이터베이스를 사용하는 주체가 되며 주체의 확인은 로그인 이름과 암호로 이루어진다. 대상(Object)은 데이터베이스에서 사용할 수 있는 객체를 의미하며 연산(action)은 주체가 대상에 대해 취할 수 있는 읽기, 쓰기와 같은 데이터베이스 활동을 의미하며 제약(authorization constraints)은 그러한 활동을 취할 때 제한 사항을 의미한다. 표에서 P QE15는 QE15라는 프로그램을 의미하며 QE15 프로그램은 Order 테이블에 레코드를 입력할 수 있는데 금액 한도가 $500,000이하라는 것을 의미한다.

표 10-1 • **보안 모델**

주체	대상	연산	제약
PQE15	ORDER	Insert	〈=$500,000
Sally	ORDER	Read	None
Payroll Dept	EMPLOYEE	Read	Hourly workers
Payroll Dept	EMPLOYEE	Modify	Hourly workers
Payroll Dept	EMPLOYEE	Insert	Hourly workers
Payroll Supv	EMPLOYEE	Delete	Hourly workers
Payroll Supv	Read Permission of EMPLOYEE	Grant	To Payroll Personnel

이러한 보안 모델을 근거로 SQL에는 기본적으로 삽입(insert), 삭제(delete), 갱신(update) 그리고 보기(select) 권한을 부여하기 위한 다음 grant 구문을 포함하고 있다.

```
GRANT <권한> ON <테이블 또는 view 이름> TO <사용자 그룹>
```

예를 들어 “GRANT SELECT ON 등록 TO 학생” SQL은 학생 그룹에게 등록 테이블을 읽을 수 있는 권한을 주는 것을 의미하며 “GRANT INSERT, UPDATE (시간) ON 교과목 TO 홍길동”은 홍길동이라는 사람에게 교과목을 삽입하고 교과목의 시간을 갱신할 수 있는 권한을 부여함을 의미한다.

또한 이렇게 부여한 권한은 언제든지 취소할 수 있어야 하는데 이를 위해 revoke 구문이 준비되어 있다.

```
REVOKE <권한> ON <테이블 또는 view 이름> FROM <사용자 그룹>
```

예를 들어 “REVOKE UPDATE (시간) ON 교과목 FROM 홍길동”은 홍길동이라는 사람의 교과목 시간을 변경시킬 수 있는 권한을 취소시킨다.

데이터의 보안은 view를 통해서 이루어지기도 한다. 예를 들어 사번, 이름, 소속과, 구내번호, 평가점수, 연봉 등의 속성을 갖는 사원 테이블의 경우 외부의 사람들은 사원의 이름, 직급, 구내 번호만 볼 수 있고, 허가 받은 인사과 직원은 사원 테이블의 모든 내용을 볼 수 있으며 한 사원은 자신만의 인사자료를 볼 수 있게 view를 정의하여 기본적인 데이터의 보안이 이루어질 할 수 있다. 사원 테이블에서 외부 사람들은 사원의 이름, 직급, 구내 번호만 볼 수 있도록 해주기 위한 뷰의 정의는 다음과 같다.

```
CREATE VIEW    외부사람 AS
SELECT         이름, 직급, 구내_번호
FROM           사원
```

익힘문제

1. 우편 주문 회사의 데이터베이스에는 어떤 트랜잭션이 있는가?

2. 교착상태를 방지하기 위한 graph-based protocol는 다음과 같은 자원 사용에 관한 그래프를 만들어 각 트랜잭션의 첫 번째 잠금은 어떤 자원이라도 상관없지만 두 번째 잠금은 반드시 부모 자원이 잠겨진 경우에만 가능하며 잠금 해제는 아무 때나 할 수 있다. 예를 들어 한 트랜잭션이 자원 B, D, H를 사용해야 한다면 순서대로 B를 잠그고 해제하지 않고 D를 잠그고 D를 해제하지 않고 H를 잠궈야한다. 물론 잠금의 경우 다른 트랜잭션에 의해 잠겨있는 경우에는 기다려야 하고 잠겨있지 않은 경우에 가능하다. 이 때 동시에 B, E, D, G를 사용하는 트랜잭션 T1, D, H를 사용하는 트랜잭션 T2 그리고 B, E를 사용하는 트랜잭션 T3가 주어졌을 때 트랜잭션이 그래프 기반 프로토콜(graph-based protocol)을 이용하여 제대로 수행되기 위한 인스트럭션 수행 과정 순서를 Lock과 Unlock 명령을 넣어 만들어보라.

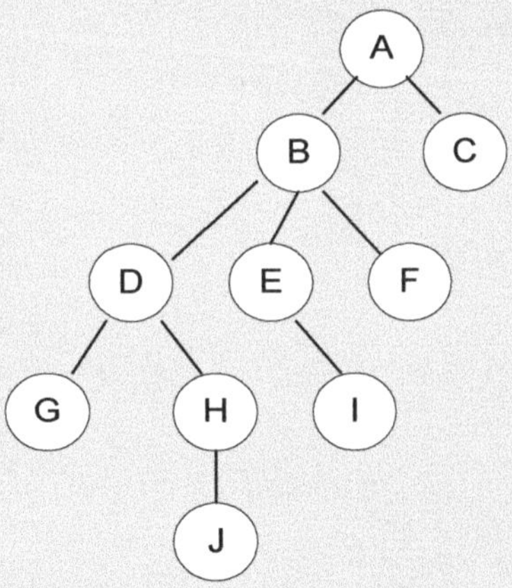

T1	T2	T3
Lock(B)		
...	Lock(D)	
...	...	
...	...	...

CHAPTER

11 데이터베이스 경향

11.1 분산 데이터베이스

데이터베이스의 데이터는 조직의 중요한 자산이다. 이런 데이터는 회사의 운영을 원활히 하는데 뿐만 아니라 관리, 기획, 예측, 전략분석에도 사용되고 있다. 컴퓨터 기술의 발달로 사람들이 데이터베이스를 사용하는 모습도 변해가고 있다. 데이터 저장서버와 다양한 데이터 통신기법이 발달함에 따라 기존의 중앙통제방식을 탈피하여, 중앙의 대형 컴퓨터시스템과 자료처리가 요구되는 곳에 여러 서버로 구성된 네트워크를 개발하게 되었다. 여기에는 데이터통신능력이 동시에 이용되었는데 이것이 분산자료처리(distributed data processing) 개념이며, 이 때 분산데이터베이스는 이를 적용한 기술이다. 분산처리방식을 사용할 경우 자료처리능력이 필요한 곳에 분산되어 있다. 처리능력이 분산되면 처리대상인 자료 역시 분산되어야 한다. 자료를 분산시키는 데는 여러 가지 기법이 사용되고 있다.

컴퓨터가 귀하던 과거에는 그림 11-1에서 보듯 대형 컴퓨터에 데이터베이스 관리 시스템을 설치하고 사용자는 터미널(dumb terminal)을 이용하여 데이터베이스 처리를 하였다. 사용자의 터미널은 일반적으로 자체적인 처리 기능은 없고 문자 위주의 데이터만 보여줄 수 있는 단순한 기능을 갖추고 있었으며 모든 데이터베이스 처리는 메인 컴퓨터에서 이루어졌다.

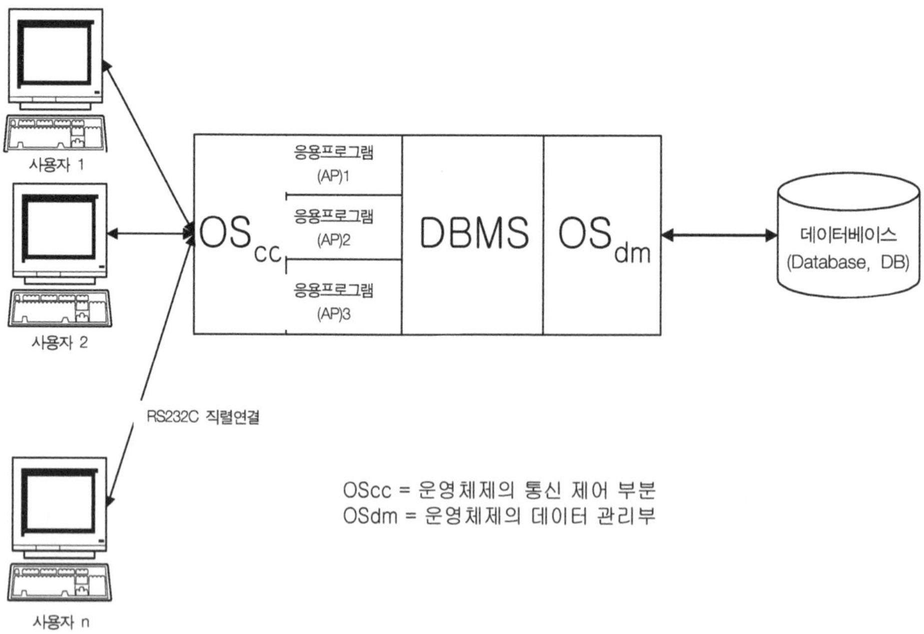

그림 11-1 • **독립 데이터베이스 시스템**(Standalone Database System)

컴퓨터 관련 제조 기술이 발달하여 개인용 컴퓨터가 늘어나고 네트워크가 광범위하게 퍼져나가면서 나타난 것이 클라이언트 서버 데이터베이스 시스템이다. 클라이언트는 서비스를 요구하는 컴퓨터를, 서버는 서비스를 해주는 컴퓨터를 말한다. 클라이언트 컴퓨터는 일반적으로 개인용 컴퓨터가 되고 비싼 데이터베이스 관리 시스템은 서버에만 존재한다. 클라이언트 컴퓨터는 터미널과 달리 처리 기능과 기억 기능을 가지고 있어 응용 프로그램을 수행할 수 있으며 프로그램 수행 중 데이터베이스를 필요로 할 때 LAN (Local Area Network)으로 연결된 데이터베이스 서버에 접속하여 데이터베이스 처리를 하고 그 결과를 서버로부터 받아 클라이언트 컴퓨터에 GUI(Graphical User Interface) 방식으로 표시하게 된다.

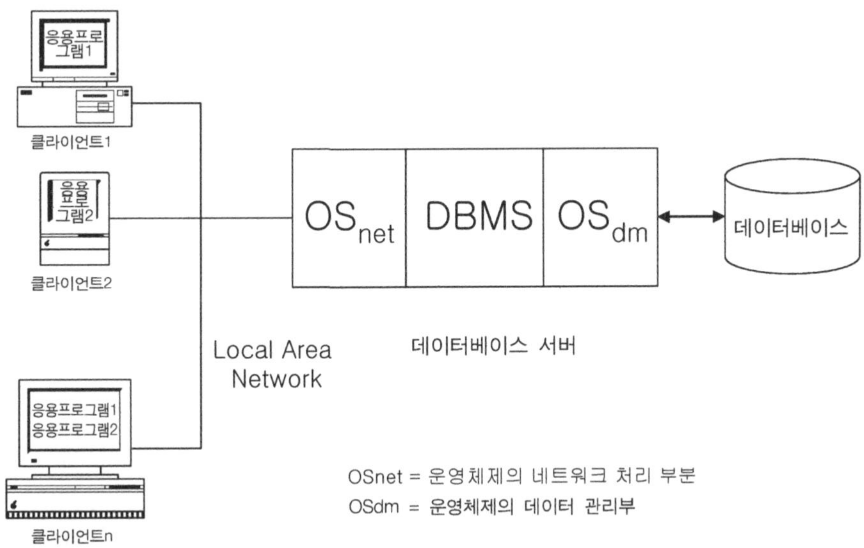

그림 11-2 ● **클라이언트 서버 데이터베이스 시스템(Client-Server Database System)**

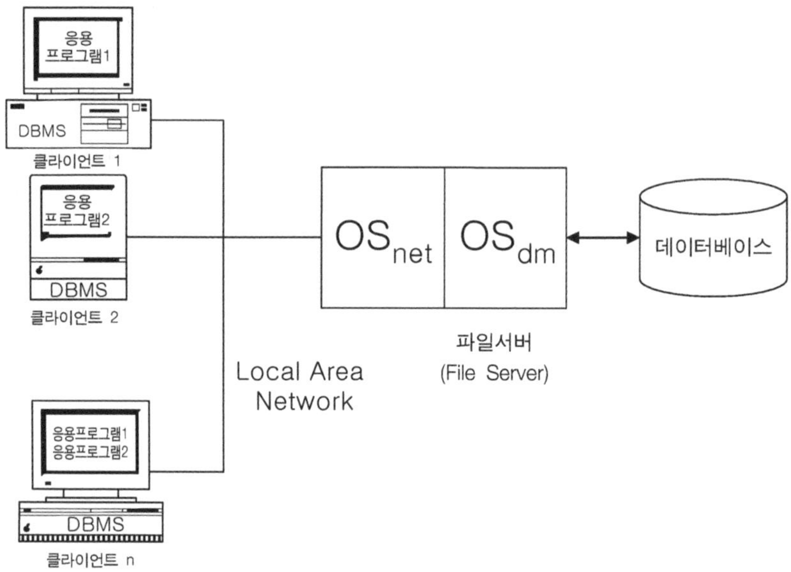

그림 11-3 • **자원 공유**(Resource Sharing Database System)

그림 11-3은 클라이언트 서버 데이터베이스 시스템과 비슷한 시기에 혹은 약간 일찍 나타나기 시작한 것이 자원 공유 방식의 데이터베이스 시스템이다. 자원 공유(Resource Sharing) 데이터베이스 시스템에서는 조직에서 필요로 하는 데이터베이스를 파일서버에 모아 놓고 각 클라이언트는 각자의 데이터베이스 관리 시스템과 응용 프로그램을 갖고 데이터베이스 처리를 한다.

아래의 SQL 문을 처리할 때 클라이언트 서버 데이터베이스 시스템에서는 클라이언트가 SQL 구문 자체를 서버로 전송하고 데이터베이스 관리 시스템을 갖고 있는 서버는 처리 결과로 Name과 Address로 응답한다. 하지만 자원 공유 데이터베이스 시스템에서는 파일서버에 데이터베이스 관리 시스템이 존재하지 않기에 서버 쪽에서 SQL 문을 처리할 수가 없다. 따라서 CUSTOMER 테이블 전체를 클라이언트로 전송하고 클라이언트가 처리를 하게 된다.

```
SELECT Name, Address
FROM CUSTOMER
WHERE ZIP = 98033
```

이런 공유기법으로 중앙의 대형 컴퓨터시스템에 전체 데이터베이스를 두고 각 분산된 컴퓨터에는 전체 데이터베이스의 어느 한 부분만을 복사해 둘 수 있다. 이들 복사된 자료는 해당 컴퓨터시스템이 처리하는 특정 응용에만 사용되는 자료이다. 이 기법을 사용하면 자료를 빨리 액세스할 수 있고 비용 또한 적게 든다. 그러나 자료를 갱신하려면 중앙의 자료까지도 갱신해야 하는 어려움이 있다.

데이터베이스 시스템의 마지막 형태는 그림 11-4의 분산 데이터베이스 시스템이다. 분산 데이터베이스 시스템에서는 클라이언트와 서버의 구분이 없으며 서비스를 요청하는 컴퓨터가 클라이언트, 서비스를 해주는 컴퓨터가 서버가 된다. 각 분산된 시스템에 그 시스템의 작업에 사용되는 자료를 각각 따로 두는 기법이다. 자료가 중앙시스템에 복사되어 있지 않으며, 이러한 기법을 쓰는 한 시스템에서 다른 시스템에 있는 자료를 필요로 하는 경우 상당히 불편하다. 하지만 서로 다른 두 컴퓨터에 같은 데이터베이스가 존재할 수 있기 때문에 기존의 클라이언트 서버 데이터베이스에서처럼 서버에 장애가 있다고 해서 서비스를 받지 못하는 경우도 줄일 수 있으며 데이터베이스 처리를 서로 다른 두 사이트의 컴퓨터에 요청하고 그 결과를 받아 합칠 수도 있다.

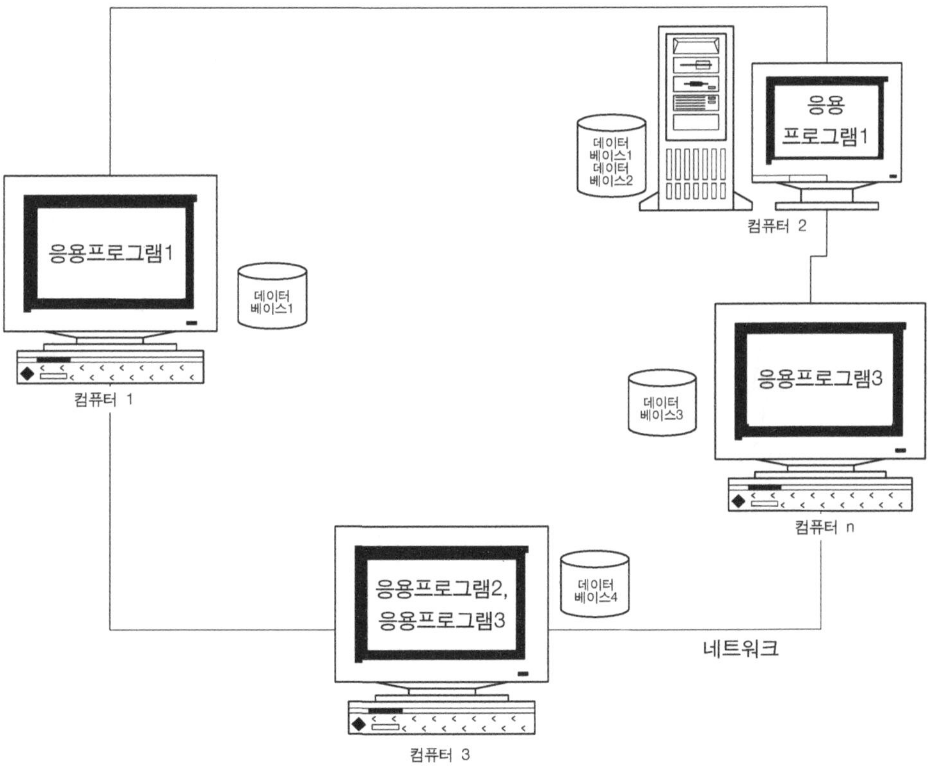

그림 11-4 • **분산 데이터베이스 시스템**(Distributed Database System)

데이터베이스 시스템의 발달과 더불어 데이터베이스 자체도 그림 11-5에서 보듯 여러 유형이 생겨났다. 그 첫 번째는 비분할(nonpartitioned), 비 중복(non replicated) 형태로 데이터베이스가 말 그대로 여러 사이트에 나눠 있지도 중복되지도 않은 형태를 말하며, 두 번째는 비분할, 중복 형태로 데이터베이스가 나눠져 있지 않지만 같은 데이터베이스가 다른 사이트에 존재하는 형태이다. 세 번째는 분할, 비 중복 형태로 데이터베이스 복제는 없지만 데이터베이스가 여러 사이트에 나눠져 있는 형태이고 네 번째는 분할, 중복 형태로 데이터베이스가 여러 사이트에 복제되어 있으면서 데이터베이스도 나눠져 저장되어 있는 형태이다.

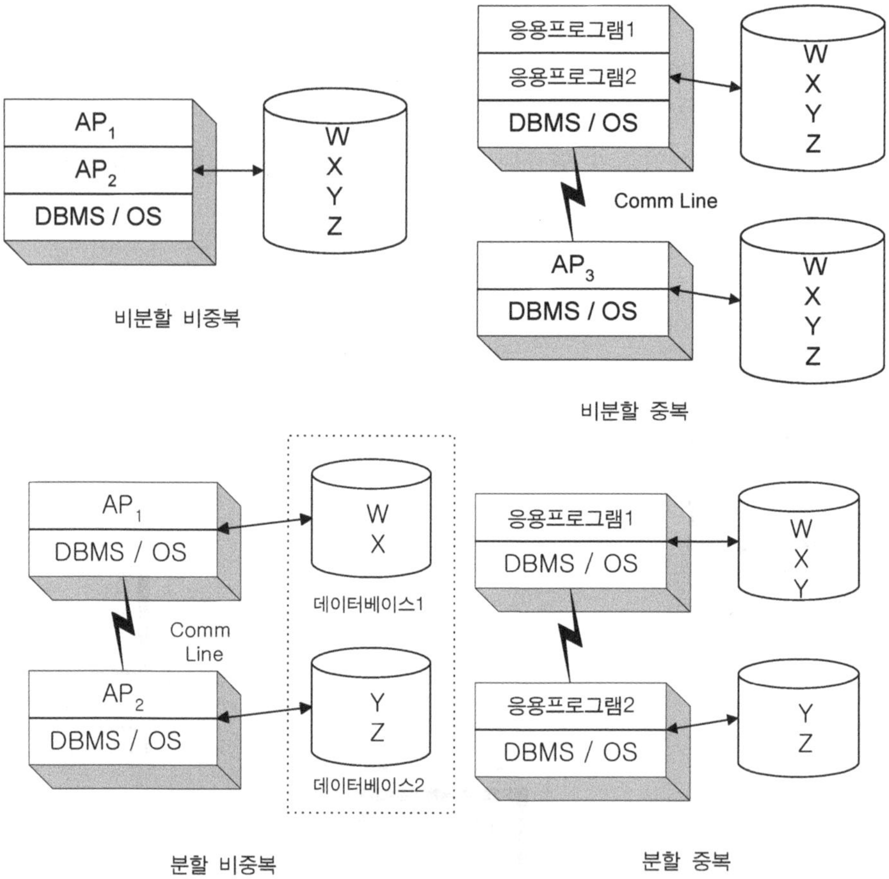

그림 11-5 ● **데이터베이스의 여러 유형**

데이터베이스를 분할하여 저장하는 방법에는 수직분할(Vertical Partition)과 수평분할(Horizontal Partition)이 있다. 예를 들어 관계 R(C1, C2, C3, C4)을 두 사이트에 나누어 저장할 때 수직분할의 경우에는 RA(C1, C2), RB(C1, C3, C4)와 같이 반드시 키인 C1을 공통으로 저장해야 한다. 수평분할은 예를 들어 관계 R(C1, C2, C3, C4)의 튜플이 100개 있을 때 1번부터 50번까지의 R_{1-k}(C1, C2, C3, C4)는 사이트 A에, 51번부터 100번까지의 R_{k+1-n}(C1, C2, C3, C4)은 사이트 B에 저장하는 것을 의미한다.

데이터베이스가 분할되고 복제될수록 데이터베이스를 병렬 처리(parallel processing)하기 좋으며 같은 데이터베이스가 여러 개 있으므로 인한 가용성과 신뢰성이 증가하지만 이를 유지하기 위한 비용과 제어의 복잡성도 증가하고 보안을 유지하기 어려운 단점이 있다.

11.2 차세대 데이터베이스

11.2.1 객체 지향 데이터베이스

컴퓨터 하드웨어와 소프트웨어의 발달로 기존의 단순 숫자, 문자 자료만을 다루던 상황에서 BLOB(Binary Large OBject) 형태의 그림, 영상, 음성 등의 멀티미디어 자료를 처리하게 되자 관계 데이터베이스의 한계점이 나타나고 있다. 즉, 일반적으로 작은 크기, 같은 종류로 된 레코드 중심의 자료를 처리하는 점 그리고 자료 내에 다른 자료를 포함할 수 없는 점 등 새로운 종류의 자료를 처리하기에는 어려운 점이 드러나고 있다.

이를 위해 객체 지향 프로그래밍 개념으로부터 탄생한 것이 객체 지향 데이터베이스이다. 객체 지향 개념은 1969년 Kristin Nygard 박사에 의해 처음으로 고안되었는데 프로그래밍, 데이터베이스, 시스템 분석과 설계, 운영 체제 등 여러 분야에서 관심을 끌고 있다. 일반적으로 프로그램 개발 시 객체 지향 개념을 사용하면 소프트웨어 구성요소들의 재사용을 증가시켜 개발을 쉽게 해주며 또한 구현 환경 변경에 따른 변화가 해당 객체 클래스에만 미쳐 유지하기 쉬워지며 따라서 소프트웨어의 신뢰도를 향상시키고 구조를 명확하게 할 수 있다.

객체 지향 데이터베이스는 데이터와 그 데이터를 조작하는 연산 명령(method)이 하나의 캡슐로 만들어진 객체를 이용하여 서로 다른 형태의 자료를 표현하거나 한 객체 내에 다른 구조의 객체를 내포하는 것이 가능하여 멀티미디어 자료를 나타내는 것이 가능하며 이런 복합 객체에 적용할 수 있는 연산을 정의할 수 있으며, 객체와 그 하위 객체 사이의 중요 성질의 상속(inheritance)도 가능하다. 이러한 이유로 멀티미디어 데이터베이스, GIS(Geographic Information System), CAD(Computer Aided Design) 등 여러 분야에 응용되고 있다.

객체 지향 데이터베이스의 기본적인 개념에 대해 간단히 알아보자. 객체 내부의 데이터 구조와 그 객체에 적용할 수 있는 연산을 묶는 캡슐화(encapsulation)로 내부 데이터 구조를 은닉해주는 효과를 주게 되는데 이러한 개념을 추상화(abstraction)이라고 한다. 실세계와 데이터베이스의 객체들 사이의 직접적인 연관성을 유지하여 객체의 식별성을 잃지 않고 조작될 수 있도록 해주기 위해 시스템에서 자동적으로 고유한 객체 식별자(Object identifier)를 생성해준다. 객체와 객체 사이의 관계는 객체의 식별자를 객체 내에 포함함으로써 이루어지며 이러한 객체는 객체를 생성한 프로그램이 수행되는 동안, 객체가 생성되어 그 객체를 사용하는 프로그램들이 수행되는 동안, 혹은 데이터베이스가 사용되는 동안 지속적(persistent)으로 존재할 수 있다.

객체 지향 데이터베이스는 클래스 계층 구조를 지원하는데 이로 인해 상위 객체로부터 이미 정의된 데이터 구조나 연산을 상속(inheritance) 받을 수 있으며 자기 자신의 새로운 데이터 구조나 연산을 정의할 수가 있다. 또한 객체 지향 데이터베이스는 다형성(polymorphism), 다른 말로 연산자 오버로딩(operator overloading)을 제공한다. 다형성이란 동일한 명령을 받은 하위 객체들이 자신들의 고유한 방법으로 명령을 처리할 수 있는 것을 의미한다.

지난 수년간 MCC의 Orion, HP의 IRIS, Object Design의 ObjectStore 등의 객체지향 데이터베이스가 만들어져 왔으며 객체 지향 데이터베이스를 위한 SQL3까지 만들어져 있으나 아직까지 성능에 대한 확신이 없고 현재 데이터베이스의 대다수 사용자가 요구하는 자료가 문자, 숫자 형태를 요구하기 때문에 상업적으로 널리 쓰이고 있지는 않다. 대신 객체 지향 데이터베이스와 관계 데이터베이스를 결합한 객체 관계 데이터베이스 관리 시스템(OR DBMS: Object Relational Database Management System)이 사용되고 있다.

11.3 멀티미디어 데이터베이스

멀티미디어 데이터베이스는 숫자, 텍스트, 그래픽, 오디오, 비디오를 포함한 여러 가지 미디어들의 정보를 저장한다. 또한 정보를 표현할 때 적절한 디스플레이 장치를 사용한다. 멀티미디어 데이터베이스는 가까운 미래에 다음과 같은 분야에서 대규모 응용이 예상된다.

■ 문서와 기록관리

수많은 사업과 비즈니스에는 매우 자세한 기록과 다양한 문서가 필요하다. 조직에 따라 데이터에는 공학설계와 제조데이터, 환자들의 진료기록, 출판물 보험청구기록 등이 있다.

■ 지식보급

멀티미디어 방식은 지식보급에 매우 유용하다. 지식을 널리 보급하기 위해서 많은 주제들에 대한 전자서적과 정보의 저장소가 필요하게 된다.

■ 교육과 훈련

유치원 어린이로부터 전문적 설비 조작자까지 다양한 대상에 대한 교육 자료가 멀티미디어 자료들로부터 설계될 수 있다.

■ 마케팅, 광고, 소매, 음반

이러한 응용들에 필요한 멀티미디어 정보를 효과적으로 표현하고 이용할 수 있다.

■ 실시간 제어와 모니터링

멀티미디어를 이용한 정보의 표현은 제조업, 핵발전소, 중환자실, 운송시스템 등을 모니터하고 제어하는데 매우 효과적으로 사용될 수 있다.

수천 가지의 이미지, 문서, 오디오, 비디오, 텍스트 데이터를 다루는 멀티미디어 응용들은 데이터의 구조와 내용의 적절한 모델링에 크게 의존한다. 멀티미디어 정보시스템들은 매우 복잡하고, 수많은 과제들을 안고 있다. 예를 들어, 모델링의 분야에서는 정보검색기술과 데이터베이스 기술 중에서 어느 것을 적용할 것인가의 문제가 발생한다. 숫자, 텍스트, 그래픽, 애니메이션, 오디오, 비디오 등의 데이터 타입들로 구성되는 복합객체들을 다루는 문제들이 있다. 또한 이러한 정보를 검색하기 위한 방법은 질의어에 기초하며 내부적으로 인덱스 구조를 유지하므로 정보검색 방법은 키워드나 미리 정의된 인덱스 항목들에 크게 의존한다.

11.4 데이터베이스와 XML

월드 와이드 웹(WWW:World Wide Web)은 스위스의 CERN에서 개발된 하이퍼미디어 방식의 대규모 정보서비스시스템으로 1992년 발표된 이후 인터넷을 중심으로 급속히 성장하여 현재 상업적인 응용에도 많이 사용되고 있다. 월드 와이드 웹은 흔히 줄여서 웹이라고 지칭하는데 이러한 웹은 웹 브라우저라는 공통의 클라이언트, 하이퍼텍스트 방식의 사용자 인터페이스, HTML이라는 표준문서, URL이라는 표준명명규칙, CGI라는 표준연동 인터페이스, HTTP라는 표준프로토콜 기능을 제공한다.

웹은 대규모 멀티미디어 정보시스템으로서 많은 우수성을 갖는 반면, 대량의 자료를 가진 데이터베이스서비스를 개발하는 데는 많은 문제를 내포하고 있다. 그래서 기존의 데이터베이스 시스템의 방대한 데이터베이스 관리기능과 응용개발도구 등의 우수성과 결합하려는 노력이 시도되어 왔다. 특히 인터넷의 기술을 이용한 그룹웨어인 인트라넷과 같은 대규모 서비스 시스템의 구축 시에는 웹과 데이터베이스의 결합은 거의 필수적이라 할 수 있다.

웹과 데이터베이스의 연결에는 CGI(Common Gateway Interface)를 이용하는 간접연결 방법이 있고, 웹 브라우저 내에 자바 애플릿(Java applet), ActiveX와 같이 다운로드가 가능한 동적인 응용프로그램이 필요한 직접연결 방법이 있다.

간접연결(state less)은 웹브라우저와 데이터베이스가 웹을 경유해 연결되는 방법을 말한다. 일반적으로 CGI를 이용하는 이러한 간접연결의 방법은 쉽고 빠르게 작성할 수 있기 때문에 단순한 조회나 검색과 같은 경우에 유용하게 사용된다. 그러나 웹에서 사용되는 대표적인 프로토콜인 HTTP가 비연결지향이기 때문에 데이터베이스와의 연결을 지속시키지 못하고 상태정보를 유지하지 못한다는 단점이 있다. 직접연결(state oriented)은 웹브라우저 내의 응용프로그램이 데이터베이스와 직접 통신하는 방법이다. 이는 웹브라우저 내의 응용프로그램이 데이터베이스의 상태정보와 네트워크 연결을 유지시키기 때문에 사용자와의 지속적인 대화형 응용프로그램을 작성할 수 있다. 특히 이는 전자 상거래에 많이 쓰이고 있는 방법으로 직접연결의 방법에서는 데이터베이스 미들웨어와 ActiveX나 자바 애플릿과 같은 기술들이 사용된다.

최근 웹과 데이터베이스 연동 관련 관심은 XML로 특히 XML 데이터베이스로 향하고 있다. 웹에서 데이터 접근과 검색을 가능하게 하는 다른 방안인 XML(eXtensible Markup Language)은 웹 문서를 구조화하는 사실상의(de facto) 표준으로 W3C(World Wide Web Consortium)가 제안하였으며 디지털 문서의 내용과 구조에 관한 정보를 제공하면서 외관을 분리하기 때문에 디지털 정보의 결정적인 취약점인 운영체제나 애플리케이션 소프트웨어 의존성을 극복할 수 있게 해준다. 특정 하드웨어나 소프트웨어 없이 파일을 직접 XML로 변환시키거나 XML로 직접 파일을 생성할 수 있으며, 데이터베이스나 스프레드시트와 같이 구조화된 데이터들은 XML로 쉽게 이관(migration)할 수 있다.

XML은 문서를 작성하는 규칙을 기술하기 위한 언어로 컨테이너의 선적 화물 정보, 환자의 진료 정보 문서 등 구조화 문서 교환을 위한 표준으로 설계되었다. 기본적으로 데이터베이스의 테이블 이름에 해당하는 원소(element)와 원소를 기술하는 정보인 애트리뷰트(attribute)를 사용하여 그림 11-6과 같이 XML 문서를 작성할 수 있다.

```
<?xml version = "1.0" encoding = "EUC-KR">
<?xml-stylesheet type="text/xsl" href="address.xsl"?>

<!DOCTYPE address
[
  <!ELEMENT address (name, company, phone)>
  <!ELEMENT name  (#PCDATA)>
  <!ELEMENT company  (#PCDATA)>
  <!ATTLIST  company
        location (Seoul | Busan | Gwangju) #REQUIRED>
  <!ELEMENT phone (#CDATA)>
]>

<address location="Seoul">
  <name>Hong Gildong</name>
  <company>AS Production</company>
  <phone>12345678901</phone>
</address>
```

그림 11-6 • **XML 예제**

첫 줄은 XML 처리기에게 XML 버전 1.0이고 한글 문자 인코딩 문서라는 것을 알려주고 <?xml-stylesheet 부분은 데이터와 스타일시트의 분리에 대한 명세로 브라우저에 출력 양식 정보를 알려준다. <!DOCTYPE은 문서의 유형에 대한 정의로 데이터베이스의 튜플 구조를 정의하는 것처럼 XML에서 사용하는 원소나 구조를 정의하는데

이 경우 원소(element)를 정의한다. 루트 원소(root element)로 address를 정의하고 그 아래 name, company, phone 원소를 정의하였으며 각각의 원소는 문자열 데이터를 취함을 의미한다. <!ATTLIST는 원소의 애트리뷰트를 명세하며 <!DOCTYPE 아래 나타나는 내용은 데이터베이스 테이블에 들어가는 데이터에 해당된다. 이 처럼 데이터베이스의 구조를 XML로 표현할 수 있으며 이러한 XML 문서의 데이터 처리를 위해 표준 XML 질의어로 XPath와 XQuery가 있어 XML 데이터베이스가 개발되고 있다.

11.5 공간(Spatial) 데이터베이스

기존의 데이터베이스와 달리 복잡하고 다양한 유형의 데이터 값을 갖는 공간 데이터에 대한 효율적인 관리가 요구되며, 이를 위해 데이터베이스에 공간관리 개념을 추가한 형태의 데이터베이스를 공간데이터베이스라 한다. 공간데이터베이스란 공간객체를 효율적으로 저장하고 관리해 주는 소프트웨어의 총칭이다.

공간데이터베이스는 공간객체의 공간데이터와 비 공간데이터를 동일 시스템에서 효율적으로 관리할 수 있어야 하며, 데이터 모델링과 질의어에서 공간데이터의 타입이 반영되어야 하고, 공간데이터 타입에 대한 효율적인 접근방법과 처리방안을 제공해야 하는 특성을 갖는다. 반면 기존의 속성자료를 위한 일반 데이터베이스로는 이와 같은 복잡한 관계에 의해 표현되는 공간데이터를 처리하는 것이 부적절하다.

비 공간 타입은 단일의 문자와 숫자 등과 같이 기존의 데이터베이스에서 정의된 기본적인 타입뿐만 아니라 집합(set) 또는 가변적인 길이를 갖는 타입을 포함한다. 공간 타입의 경우 점, 선, 영역과 같은 벡터 정보들의 집합으로 임의의 공간객체에 대하여 적게는 몇 개 많게는 수백 개의 가변적인 데이터 규모를 가지며, 일반적으로 공간 위치(좌표)로 표현되고 길이(length), 면적 (area), 반경(perimeter) 등과 같은 유클리드 기하적인 연산이 수행된다.

공간 데이터베이스는 문자, 숫자 등의 단순 자료를 저장하는 것이 아니라 지도 제작이나 지적도 및 토지대장관리, 가스관과 통신선로와 같은 시설물관리, 도로망과 교통정보관리, 경찰 긴급출동과 소방관리 등의 정보뿐만 아니라 농업, 수산업 등의 자원관리와 환경오염 방지를 위한 공간 정보를 저장하여 공간 데이터베이스는 지리정보시스템(GIS)의 구축이나 VLSI CAD와 같은 디자인 데이터베이스 시스템을 구축할 때 사용될 수 있으며 공간 정보를 효율적으로 저장하고 추출할 수 있는 K-D tree, Quadtree, R-tree 등의 Indexing 방법이 필요하다.

그림 11-7 • 지리 정보 시스템의 화면

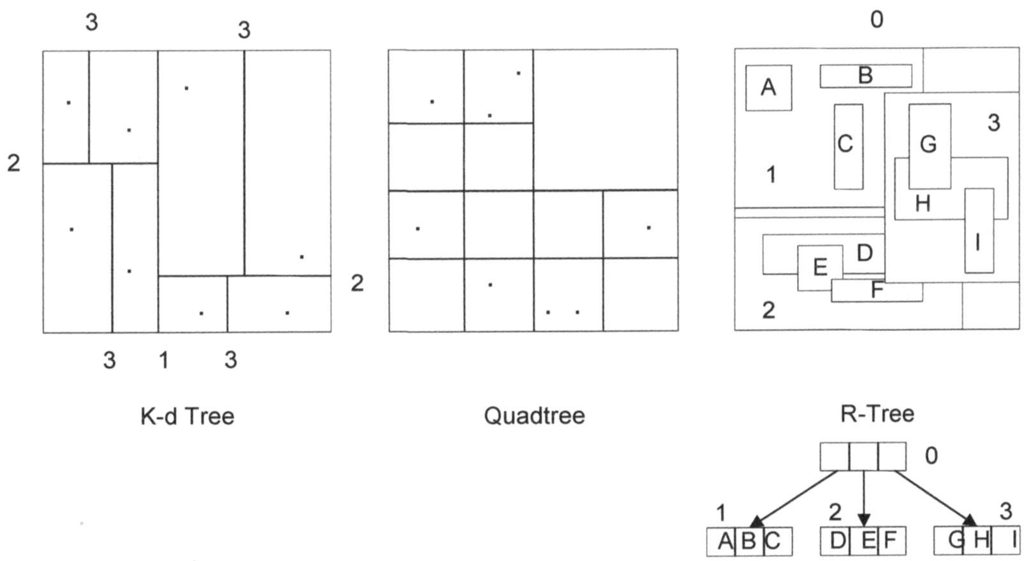

그림 11-8 • 공간 데이터베이스의 indexing 방법

11.6 데이터 웨어하우스

기업 간의 경쟁이 점점 전역화되고 시장의 변화가 빠르게 진행되고 있는 상황에서 기업의 경영에 있어 데이터 처리에 보다 정확성과 신속성이 요구되고 있어 새로운 정보 처리 기술(Information Technology)이 필요하게 되었다. 1970년대 경영 정보 시스템(Management Information System; MIS)의 대두 이후 의사 결정 지원 시스템(decision support system)이나 임원 정보 시스템(executive information system)에서 요구하는 의사 결정에 필요한 정보를 요약, 분석 작업을 통해 효율적으로 제공하기 위해 과거로부터 누적된 이질적이고 방대한 양의 데이터를 통합 관리할 필요성을 느끼게 되었다. 기존에는 경영자, 중간 관리자, 영업 사원의 이런 요구 사항을 운용 데이터베이스에서 직접 연산하여 필요한 정보를 제공해 왔으나 필요한 정보를 추출하기까지 엄청난 시간과 비용이 들게 되어 데이터 웨어하우스(data warehouse)가 등장하게 되었다.

OLTP(Online Transaction Processing)이라 불리는 종래의 데이터베이스 시스템은 비즈니스 업무를 효율적으로 처리하기 위한 것이었다. 이러한 업무용 데이터베이스가 정보 기술의 발달과 축적된 데이터를 이용하여 의사 결정 심지어는 이익을 창출하기 위한 정보 가공에까지 사용되기 시작했다. 방대한 양의 데이터로부터 기업의 중요한 의사 결정에 필요한 정보를 추출하는 OLAP(Onlne Analytical Processing)은 기존의 데이터베이스를 이용하면 상당히 오랜 시간이 걸렸다.

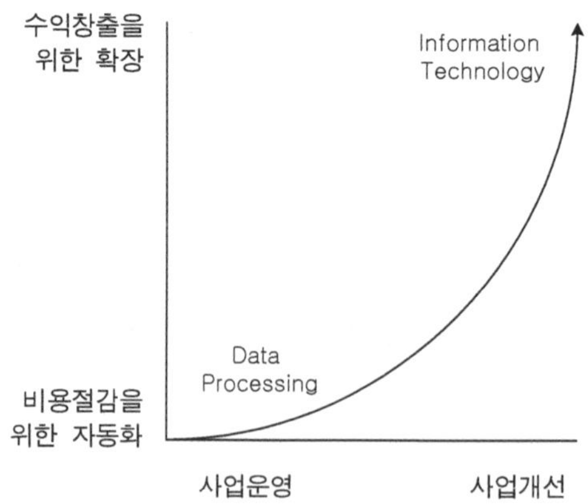

그림 11-9 • OLTP에서 OLAP

이를 해결하기 위해 데이터베이스로부터 데이터를 판매, 마케팅(marketing) 등 주제

별로 추출하고 다차원 형태로 필요에 따라서는 요약하여 저장하였다가 의사 결정에 사용하기 시작하였는데 이를 데이터 웨어하우스라 한다. 결국 데이터 웨어하우스는 여러 사이트로부터 필요한 데이터를 하나의 통일된 스키마로 통합하여 한 곳에 저장해 놓은 정보의 저장소이다.

1980년 경 Inmon에 의해 제창된 데이터 웨어하우스는 직역하면 데이터를 저장하고 필요 시 가져오는 곳을 의미하지만 그 본질은 기업이 보유하고 있는 여러 형태의 데이터를 차원 모델링(dimensional modeling)을 통해 정보화하여 기업 활동의 효율성을 증대시키기 위한 의사 결정을 지원하는데 있다. 데이터 웨어하우스는 현재의 데이터뿐만 아니라 과거의 데이터도 유지하며, 누적된 데이터를 분석하여 「계절에 따른 지역별 상품 구매 동향」과 같은 필요한 정보를 추출하는데 효과적인 도구를 갖는데 이를 OLAP(OnLine Analytical Processing) 도구라 하며 다차원 모델을 분석할 수 있다. 이러한 데이터 웨어하우스는 주제 지향적이며 데이터의 불휘발성과 시계열성을 그 특징으로 하는데 불휘발성은 과거의 데이터는 변경되어서는 안 된다는 의미이고, 시계열성은 데이터를 발생순으로 수집하여 저장함을 의미한다.

데이터베이스 설계 시 ER 모델에 해당하는 스타 스키마(Star Schema)를 이용하여 데이터 웨어하우스를 설계하고 물리적 데이터 웨어하우스로 표현한 다음 그림 11-10에서 보듯 여러 사이트에 흩어져 있는 표 11-1에서와 같은 데이터 소스를 ETL (Extraction, Transformation 그리고 Loading)과정을 거쳐 적재하고 정제하여 주제 별 필요한 정보추출에 편리한 표 11-2와 같이 만들게 된다. 이렇게 만들어진 데이터 웨어하우스는 한번 적재되면 잘못된 데이터가 입력되지 않은 한 변경이 없이 남아있게 된다.

데이터마이닝이란 데이터베이스로부터 과거에는 알지 못했지만 데이터 속에서 새로운 규칙이나 패턴을 발견하여 미래에 실행 가능한 정보로 가공하여 의사 결정에 활용하는 것을 말한다. 데이터 마이닝의 예를 들면 슈퍼마켓의 영수증(트랜잭션)에서 빵을 사는 사람의 90%이상이 우유를 같이 구매한다는 사실을 찾아내는 것이다. 이런 사실은 빵과 우유를 인접하여 진열하면 매상을 올릴 수 있다는 것을 슈퍼마켓 주인에게 알려주거나 재고 확보 계획에 활용할 수 있으며 카드사에서 카드 고객의 정보를 바탕으로 카드를 발급할 때 석사 학위를 취득하고 있으며 연봉이 5 천만 원 이상이면 신용이 우수하다는 사실을 알아내어 이들을 대상으로 마케팅에 활용하는 것 등이 있다. 이렇게 발견한 패턴이나 규칙이 얼마나 유용한지를 평가하는 척도인 신뢰도 역시 데이터베이스 트랜잭션에서 구할 수 있으며 인공지능(artificial intelligence) 분야의 기계 학습(machine learning) 기술이 데이터 마이닝에 많은 기법을 제공하고 있다.

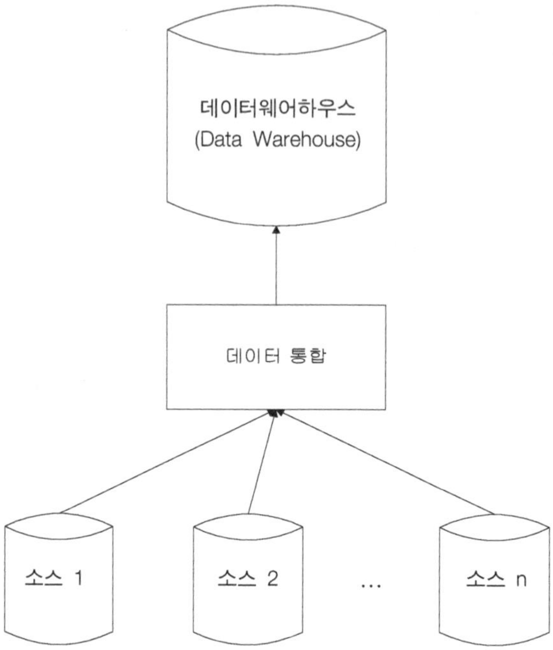

그림 11-10 • **데이터 웨어하우스 구축**

표 11-1 • **관계 데이터베이스**

구분	형태	도시	주	일자	실매매가	가격
신규	단독	Los Angeles	CA	1/1/1998	679,000	685,000
기존	아파트	San Francisco	CA	3/5/1999	327,989	350,000
기존	단독	Elko	NE	7/17/1999	105,675	125,000
신규	아파트	San Diego	CA	12/2/1998	375,000	375,000
기존	단독	Paradise	CA	11/9/1999	425,000	449,000
기존	단독	Las Vegas	NE	1/19/1999	317,000	325,000
신규	단독	San Francisco	CA	1/1//1998	679,000	685,000
기존	아파트	Los Angeles	CA	3/5/1999	327,989	350,000
기존	아파트	Las Vegas	NE	6/19/1999	297,000	305,000
기존	단독	Los Angeles	CA	4/1//1998	579,000	625,000
신규	아파트	Los Angeles	CA	8/5/1999	321,000	320,000

표 11-2 • **데이터 웨어하우스**

평균매매가격			기존물량				신규물량			
			CA			NE	CA			NE
			SF	LA	SD		SF	LA	SD	
1998	Q1	Jan	408	465	375	179	418	468	371	190
		Feb	419	438	382	180	429	437	382	185
		Mar	427	477	380	195	426	471	387	198
	Q2		433	431	382	188	437	437	380	193
	Q3		437	437	380	190	438	439	382	190
	Q4		435	439	377	193	432	434	370	198
1999	Q1	Jan	452	454	368	198	450	457	367	197
		Feb	450	467	381	187	457	464	388	191
		Mar	432	444	373	188	436	446	371	201
	Q2		437	437	368	190	444	432	363	196
	Q3		436	436	388	196	447	455	395	199
	Q4		441	455	355	198	449	455	355	202

데이터 마트는 처음부터 여러 주제를 갖는 커다란 규모의 데이터 웨어하우스를 구축하기보다는 한 가지 주제에 대한 소규모 데이터 웨어하우스를 구축해나가는 방법이 효율적인데 이처럼 한 가지 주제에 대한 데이터 웨어하우스를 데이터 마트라 한다. 이런 데이터 웨어하우스로부터 의사 결정에 필요한 정보를 찾아내기 위해 데이터 마이닝 기법을 이용하기도 한다. 이런 사실은 빵과 우유를 가까운 곳에 진열하면 매상을 올릴 수 있다는 것을 슈퍼마켓 주인에게 알려준다.

11.7 차세대 데이터베이스

11.7.1 템포럴 데이터베이스(Temporal Database)

관계 데이터베이스는 현재 데이터만 갖고 있는데 비해 템포럴 데이터베이스는 현재 데이터뿐만 아니라 과거의 데이터를 갖고 있는 데이터베이스를 말한다. 표 11-3에서 * 는 현재를 의미한다.

표 11-3 • Temporal 데이터베이스

지점	계좌번호	잔액	언제부터	언제까지
순천	A-101	500	1999/1/1	2000/1/24
순천	A-101	100	2000/1/24	*
안양	A-215	700	1999/6/2	2001/8/8
안양	A-215	900	2001/8/8	2001/9/5
안양	A-215	700	1999/9/5	*
강남	A-217	750	2000/7/26	2001/8/5

11.7.2 병렬처리(Parallel) 데이터베이스

컴퓨터 하드웨어의 값이 저렴해지고 막대한 양의 데이터를 처리해야 하는 의사 결정에 데이터베이스 시스템의 활용이 증가하고 병렬처리를 할 수 있는 데이터베이스 시스템이 개발됨에 따라 하나의 컴퓨터 시스템에 여러 개의 프로세서를 두어 데이터베이스 처리를 병렬로 하려는 경향이 나타나고 있다. 이렇게 병렬로 처리하게 되면 단위 시간 당 할 수 있는 일의 양인 처리량(throughtput)이 좋아지고 데이터베이스 처리를 수행시키고 나서 결과를 얻기까지의 시간인 응답시간(response time)이 짧아진다.

이런 병렬처리 데이터베이스 시스템에는 서로 다른 쿼리를 병행하여 수행시키는 방식(interquery)과 하나의 쿼리를 여러 프로세서를 사용하여 병렬로 수행시키는 방식(intraquery)이 존재한다.

11.7.3 멀티데이터베이스(Multidatabase)

멀티데이터베이스는 서로 다른 하드웨어와 소프트웨어를 사용하는 여러 곳에 분산되어 있는 데이터베이스를 물리적으로 통합하지 않고 논리적으로 하나의 데이터베이스처럼 사용할 수 있게 해준다. 따라서 멀티데이터베이스의 전역적 일관성을 갖는 트랜잭션은 해당 지역 사이트에 맞게 변환되고 지역 사이트에서 처리되어 결과를 받게 된다.

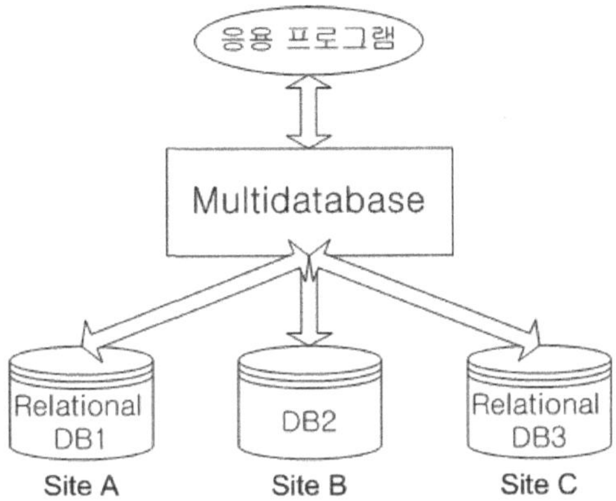

그림 11-11 • Multidatabase

11.7.4 액티브 데이터베이스(Active Databases)

Active 데이터베이스는 데이터뿐만 아니라 데이터 입력 혹은 변경 시 취해야하는 절차까지도 담고 있는 데이터베이스이다. 아래의 예는 직원의 봉급이 매니저의 봉급보다 큰 값이 입력되면 입력을 취소하라는 것이다.

```
DEFINE TRIGGER employee-sal
IN INSERT employee
IF employee.salary >
    (SELECT E.salary
     FROM employee AS E
     WHERE E.name = employee.manager)
THEN abort
```

11.7.5 메인 메모리 데이터베이스(Main Memory Databases)

메인 메모리 데이터베이스는 실시간 처리를 요하는 경우에 요긴하게 쓰일 수 있는 데이터베이스로 속도가 느린 하드디스크에 데이터베이스를 저장하는 것이 아니라 메모리에다 저장한다. 따라서 하드디스크를 사용하는 기존의 데이터베이스에서처럼 변경된 내용이 지워지지 않게 버퍼나 로그 파일을 관리하지 않아도 되지만 메모리의 공간의 제약으로 필요 메모리를 줄일 수 있는 방법, 휘발성 메모리를 극복할 수 있는 방법, 새로운 복구 방법 등이 강구되어야 한다.

11.7.6 모바일(Mobile) 데이터베이스

무선 통신이 가능한 랩톱 컴퓨터. 스마트폰, 스마트패드 등 휴대용 스마트 기기의 보급은 모바일 컴퓨팅 기술의 발전을 야기했으며 무선으로 여러 다양한 산업 현장에서 모바일 기기를 이용하여 위치 기반 정보를 받거나 데이터를 입력할 수 있도록 해주는 필요성이 증가하고 있다. 예를 들어 운전 중 모르는 지역에 도착했을 때 해당 지역의 대표 관광지라든지 음식 정보 혹은 근처의 주차장 정보 등을 위치기반으로 제공하는 것이다. 모바일 데이터베이스는 이를 위해 데이터베이스 서버는 이동 중인 클라이언트 모바일 기기를 추적 관리해야 하고 질의처리를 위한 통신 연결 시간, 전송된 데이터량, 배터리 소모 등을 고려해야 하는 특징을 지닌다.

11.8 빅 데이터(Big Data)

모바일(Mobile) 기기의 보급, SNS(Social Network Services)의 확산, IoT(Internet of Things) 기술의 발전에 따라 엄청난 양의 데이터가 발생되고 있다. 한국 EMC의 조사에 따르면 2013년 한국에서 생성된 디지털 데이터 양은 930억 기가바이트(GB)이며, 2014년에는 1,360억 기가바이트(GB), 2020년에는 8,470억 기가바이트(GB)까지 빠르게 늘어날 것으로 예측되고 있다. 전 세계의 데이터양은 지속적으로 증가하여 2020년에는 35.2 제타바이트(1021 바이트)로 거의 10년 만에 44배가 증가될 것으로 예측된다. 이를 통해 빅 데이터(Big Data) 사회가 도래하였다는 것을 알 수 있다. 빅 데이터란 기존 트랜잭션처리에서의 정형 데이터 이외에도 텍스트, 이미지, 영상 데이터 같은 비정형 데이터를 포함하는 대규모 데이터이다.

빅 데이터 분석은 반드시 대용량의 데이터에 대한 분석을 의미하지는 않지만 일반적으로 기존의 데이터베이스 처리량보다는 많으며 데이터양의 증가속도가 빠른 특징을 가지고 있다.

빅 데이터란 기존 트랜잭션처리에서의 정형 데이터 이외에도 텍스트, 이미지, 영상 데이터 같은 비정형 데이터를 포함하는 대규모 데이터이다. 이러한 빅 데이터는 정형화 가능 정도에 따라 정형화된 데이터, 준 정형데이터, 정형화가 가능한 데이터(quasi-structured data) 그리고 비정형 데이터로 나누어 볼 수 있다. 정형 데이터는 데이터베이스 데이터를 말하며 준정형 데이터는 데이터의 의미를 설명하는 태그(tag)를 가져 필요 시 정형 데이터로 변형이 가능한 데이터로 XML 데이터를 들 수 있으며 정형화가 가능한 데이터는 데이터 구조 파악을 위해 시간과 노력을 들이면 정형화가 가능한 데이터로 사용자가 방문한 URL이 이에 해당된다. 텍스트 문서나 이미지 데이터 등과 데이터 항목에 정의된 설명이 전혀 없어 정형화가 어려운 데이터를 비정형 데이터라고 하며 전 세계 데이터의 80% 정도가 비정형 데이터에 해당하며 SQL과 같은 기존 도구를 이용하여 의미가 있는 정보를 분석해내기 어렵다. 빅 데이터 분석에서는 이러한 비정형 데이터를 분석하기에 기존의 SQL과는 다른 도구가 필요하다.

NoSQL 데이터베이스는 전통적인 관계형 데이터베이스 보다 덜 제한적인 일관성 모델을 이용하는 데이터의 저장 및 검색을 위한 매카니즘을 제공한다. 이러한 접근에 대한 동기에는 디자인의 단순화, 수평적 확장성, 세세한 통제를 포함한다. NoSQL 데이터베이스는 단순 검색 및 추가 작업을 위한 매우 최적화된 키 값 저장 공간으로, 레이턴시(latency)와 스루풋(throuput)과 관련하여 상당한 성능 이익을 내는 것이 목적이다. NoSQL 데이터베이스는 빅 데이터와 실시간 웹 애플리케이션의 상업적 이용에 널리 쓰인다. 또, NoSQL 시스템은 SQL 계열 쿼리 언어를 사용할 수 있다는 사실을 강조한다는 면에서 “Not only SQL”로 불리기도 한다. 이러한 NoSQL 데이터베이스에 몽고DB, Postgres SQL 등이 있다.

11.8.1 Hadoop, Map Reduce

대용량 데이터를 저장하고, 이를 분석하여 활용하는 일이 중요해지자 빅 데이터 처리를 위한 데스크톱 컴퓨터를 활용한 하둡(Hadoop)이나 하이브(Hive)와 같은 분산처리 시스템이 개발되어 사용되고 있다. 하둡(Hadoop)이란 대용량 데이터를 분산 처리할 수 있도록 해주는 아파치 톱 레벨의 오픈 소스 프레임워크이다. 하둡은 분산파일시스템(HDFS)과 분산처리시스템(MapReduce)으로 구성되어있다. 분산파일시스템이란 블록구조의 파일 시스템이며, 여러 개의 블록은 여러 서버에 나눠서 저장되기 때문에 로컬 서버의 하드 디스크보다 큰 규모의 데이터를 저장할 수 있다.

분산처리시스템은 크게 맵(Map)과 리듀스(Reduce) 단계로 비정형 데이터를 처리한다. 맵 단계에서는 입력파일을 한 줄씩 읽어 데이터를 변형하는데, 이때 사용되는 변형 규칙은 개발자가 자유롭게 정의 할 수 있다. 리듀스 단계에서는 맵 단계에서 얻은 결과를 집계한다. 분석하려는 데이터 셋에 대한 MapReduce 분산 처리를 위해서는 하둡에서 제공하는 Map과 Reduce 외의 다양한 기능들을 조합하여 어떻게 프로그래밍을 할 것인가에 대해 설계하는 단계가 필요하다. MapReduce로 처리하는 여러 프로그래밍 패턴 중의 하나는 수치 요약 패턴(Numerical Summarization Pattern)이다. 이는 대용량의 입력 데이터에 대하여 그룹 별로 사용빈도에 대한 카운팅을 하여 결과 값을 대폭 축소할 수 있는 기본적인 MapReduce 패턴이다. 이는 주로 단어수집계(word count), 레코드수집계(record count), 최소값/최대값/집계(min/max/count), 평균/중앙값/표준 편차(average/median/standard) 등의 계산에 사용한다. 수치 요약 패턴의 구조는 다음과 같다.

그림 11-11에서 Mapper는 표준 입력을 통해 들어온 스트림을 분할 데이터 세트로 읽어 들이고 지시한 키에 따라 출력 값을 추출한다. 즉, Mapper는 대용량의 전체 데이터 스트림을 입력받아 레코드 단위로 분할하고, 반복적으로 한 번에 하나의 라인 별로 레코드를 읽고, 이렇게 읽어 들인 레코드를 특정 구분자에 의해 필드별로 구분한다. 여기서 패턴은 결합(Combiner) 기능 없이 수행기(Partitioner)를 사용하여 혼합(Shuffle) 과정 없이 Reducer의 입력 값으로 바로 이동한다. Reduce에서 같은 키 값의 리스트로 묶인 데이터들은 바로 연산되어 처리한다.

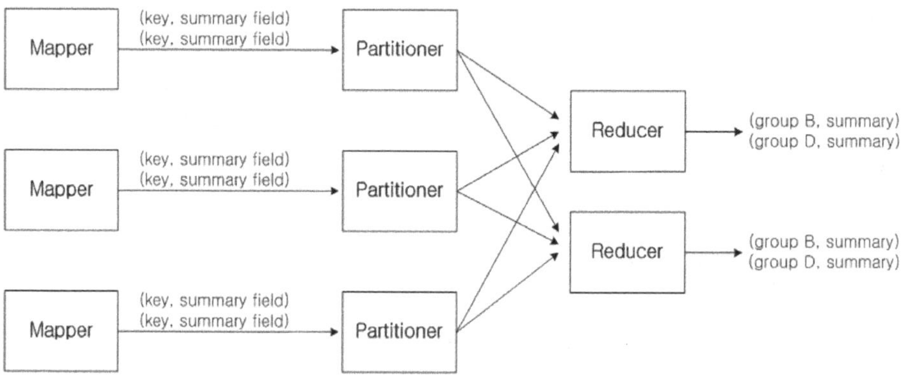

그림 11-11 • Numerical summarization pattern 구조

11.8.2 빅 데이터 처리 수행단계

빅데이터의 처리를 위해 일반적으로 다음 순서의 단계를 거친다.

문제정의 단계에서는 핵심문제를 찾아내고 이런 문제점을 해결함으로써 얻을 수 있는 가치를 파악한다. 문제의 정의는 필요한 데이터를 파악하고 단순 형태의 문서가 아니라 수식을 통해 데이터 분석의 문제로 정형화한다.

데이터 준비단계에서는 분석 작업을 할 작업공간을 준비하고 분석환경을 마련한다. 다양한 분석을 위해 모든 데이터는 임시 작업공간이 샌드박스(sandbox)에 이관 적재되고 샌드박스 내의 오류정제, 표준화 등 데이터 품질을 높이려는 작업을 수행한다. 이러한 데이터의 적재 및 관리 도구에 하둡(Hadoop), 하이브(Hive), 몽고 DB, PostGresSQL 등이 있다.

모델설계 단계에서는 다양한 데이터 소스로 부터 수집된 데이터의 속성들 간의 관계를 파악하여 업무 흐름과 데이터에 관한 개념적 이해를 명확하게 하고 필요 시 분석 모델을 이해하기 쉽도록 속성을 다시 생산하기도 한다. 데이터 분석을 위한 도구로는 데이터베이스와 연계 가능한 R, 자바로 개발된 머신러닝 소프트웨어인 WEKA, 통계 분석 소프트웨어인 SAS, SPSS 등이 있다.

모델구현 단계에서는 분석모델을 실행하기 위해 학습용 데이터세트와 테스트용 데이터세트를 구성한다. 분석모델 결과의 효용성을 검증하기 위해 모델 설계 단계와 구현단계를 반복 수행한다.

결과도출 단계에서는 분석모델로부터 도출된 최종 결과를 점검하고 결과의 가치를 재평가한다.

서비스구현 단계에서는 파일럿 서비스를 통해 실 서비스를 운영해보고 안정적으로 확대하여 기간계 시스템으로 구현한 다음 목표한 효과가 나타나는지 확인한다.

11.8.3 빅데이터 활용사례

미국 국세청(IRS) 컴플라이언스 DW

1996년, 미국 국세청은 분석을 위한 단일 연도 세금 보고서를 업로드하는 프로젝트를 시작했다. 차후 이 프로젝트는 1페타(1015)바이트가 넘는 정보를 가진 컴플라이언스 데이터 웨어하우스(Compliance Data Warehouse: CDW)로 이어졌다. 대부분의 오래된 데이터들은 정형화되었지만, 전자 발송된 세금 보고서, 국제 세금 조약 파트너들과 외부 업체에서 취합한 신규 데이터는 XML, 혹은 다른 반정형/비정형 포맷으로 들어온다. IRS 조사 그룹은 이 데이터에 분석을 통해서, 업계의 세금탈루를 예측하여 미국 과세 격차를 추산하고, 납세자들의 세액을 측정하고, 정책 변경의 세금 행동에 대한 영향을 시뮬레이션한다.

원문보기 : http://www.ciokorea.com/slideshow/14572?slide=5#stage_slide#csidx56face802cb70b68e88e1421e19e638

AM 바이오테크놀로지의 DNA 염기서열 분석 솔루션

미국 휴스턴에 있는 AM 바이오테크놀로지(AM Biotechnologies)는 앱타머(aptamer)라는 화학적으로 수정된 DNA 기반 분자 독립체들을 위한 전매 신기술을 개발하는데 집중하는 회사다. 앱타머는 혈액 샘플 내의 특정 분석 물질의 진단 정량화에서부터 신체내의 특정 부분만을 대상으로 약물을 전달하는 데까지 다양하게 쓰인다. 이 앱타머들의 개발에 수백억 개에 달하는 짧은 DNS 염기 서열의 분석이 필요하다. 이 회사는 CD-HIT과 갤럭시(Galaxy)의 웹-기반 빅 데이터 분석 툴로 이 데이터를 고속 처리하고 있다.

원문보기 :
http://www.ciokorea.com/slideshow/14572?slide=2#stage_slide#csidxfdfc8e0b3b813adba921506ff26db6d

익힘문제

1. 비정형 데이터에는 어떤 것들이 있는가?

2. NoSQL 데이터베이스로 기존의 정형 데이터를 처리하는데 문제점은 없는지 기술하시오.

3. 은행의 대출거래 금액이 총 예금액의 10%를 준비금이라 정의했을 때 그 금액보다 커지면 대출거래가 일어나지 않도록 하는 트리거를 작성해보시오.

D A T A B A S E

부록. 기출문제

2012년1회 1과목 : 데이터베이스

1. 속성(attribute)에 대한 설명으로 틀린 것은?

가. 속성은 개체의 특성을 기술한다.
나. 속성은 데이터베이스를 구성하는 가장 작은 논리적 단위이다.
다. 속성은 파일 구조상 데이터 항목 또는 데이터 필드에 해당된다.
라. 속성의 수를 "cardinality" 라고 한다.

2. 시스템 카탈로그에 대한 설명으로 틀린 것은?

가. 시스템 카탈로그에 저장된 정보를 슈퍼 데이터(super data)라고 한다.
나. 시스템 자신이 필요로 하는 스키마 및 여러 가지 객체에 관한 정보를 포함하고 있는 시스템 데이터베이스이다.
다. 카탈로그들이 생성되면 자료 사전에 저장되기 때문에 좁은 의미로 자료 사전이라고도 한다.
라. 시스템 카탈로그에 대한 사용자의 접근은 읽기 전용으로만 허용된다.

3. 릴레이션의 특징으로 옳지 않은 것은?

가. 모든 튜플은 서로 다른 값을 갖는다.
나. 각 속성은 릴레이션 내에서 유일한 이름을 가지며, 속성의 순서는 큰 의미가 없다.
다. 하나의 릴레이션에서 튜플의 순서는 없다.
라. 한 릴레이션에 나타난 속성 값은 논리적으로 더 이상 분해할 수 없는 원자 값이어서는 안 된다.

4. 정규형에 대한 설명으로 옳지 않은 것은?

가. 제 2정규형은 반드시 제 1정규형을 만족해야 한다.
나. 정규화 하는 것은 테이블을 결합하여 종속성을 재거하는 것이다.
다. 제 1정규형은 릴레이션에 속한 모든 도메인이 원자값 만으로 되어 있는 릴레이션이다.
라. BCNF는 강한 제 3정규형이라고도 한다.

5. 데이터베이스의 정의로 적합하지 않은 것은?

가. integrated data　　나. individual data
다. stored data　　라. operational data

6. 데이터베이스 무결성과 보안의 차이점에 대한 설명으로 가장 적합한 것은?

가. 무결성은 권한이 있는 사용자로부터 데이터베이스를 보호하는 것이고, 보안은 권한이 없는 사용자로부터 데이터베이스를 보호하는 것이다.
나. 무결성은 권한이 없는 사용자로부터 데이터베이스를 보호하는 것이고, 보안은 권한이 있는 사용자로부터 데이터베이스를 보호하는 것이다.
다. 무결성과 보안은 모두 권한이 있는 사용자로부터 데이터베이스를 보호하는 것이지만, 보안은 사용자 계정과 비밀번호로 관리한다.
라. 무결성과 보안은 모두 권한이 없는 사용자로부터 데이터베이스를 보호하는 것이지만, 무결성은 DBMS가 자동적으로 보장해 준다.

7. 계층형 데이터 모델에 대한 설명으로 옳지 않은 것은?

가. 링크를 사용하여 자료와 자료사이의 관계성을 나타낸다.
나. CODASYL DBTG 모델이라고도 한다.
다. 각 레코드가 트리구조 형태로 구성된다.
라. 데이터의 독립성이 보장된다.

8. Which of the following is not a component of Entity-Relationship diagram?

가. Rectangles, which represent entity sets
나. Ellipses, which represent database operations
다. Diamond, which represent relationships among entity sets
라. Lines, which link attributes to entity sets and entity sets to relationships

9. 순차 파일에 대한 설명으로 옳지 않은 것은?

가. 일괄 처리에 적합한 구조이다.
나. 기억장치에 대한 임의접근이나 순차접근이 모두 가능하다.
다. 필요한 레코드의 삽입, 삭제, 수정시 파일을 재구성해야 한다.
라. 파일 탐색시 효율이 좋다.

10. 동시성 제어를 위한 직렬화 기법으로 트랜잭션간의 순서를 미리 정하는 방법은?

가. 로킹 기법
나. 타임스탬프 기법
다. 검증 기법
라. 다중 버전 기법

11. 트랜잭션들을 수행하는 도중 장애로 인해 손상된 데이터베이스를 손상되기 이전의 정상적인 상태로 복구시키는 작업은?

가. Recovery　　나. Restart
다. Commit　　라. Abort

12. 다음과 같은 중위식 표현을 후위식으로 옳게 표현한 것은?

A*(B+C)/D-E

가. + E - A B * C D /　　나. A B C + * D / E -
다. + D / * E - A B C　　라. A B C + D / * E -

13. 다음은 관계 대수의 수학적 표현식이다. 해당되는 연산은?

$$R \times S = r \cdot s | r \in R \wedge s \in S$$
$$r = \langle a_1, a_2, \cdots, a_n \rangle$$
$$s = \langle b_1, b_2, \cdots, b_n \rangle$$

가. 합집합　　나. 교집합
다. 차집합　　라. 카티션 프로덕트

14. 다음 중 큐가 요구되는 작업으로 가장 적합한 것은?

가. 작업 스케줄링　　나. 중위 표기식의 후위 표기 변환
다. 함수 호출과 리턴　　라. 이진트리의 중위 순회

15. 다음 설명에 해당하는 스키마는?

물리적 저장 장치의 입장에서 본 데이터베이스 구조로서 실제로 데이터베이스에 저장될 레코드의 형식을 정의하고 저장 데이터 항목의 표현 방법, 내부 레코드의 물리적 순서 등을 나타낸다.

가. internal schema　　나. conceptual schema
다. external schema　　라. definition schema

16. 다음 자료에 대하여 버블 기법을 이용하여 오름차순으로 정렬하고자 한다. 2회전 후의 결과는?

37, 14, 17, 40, 35

가. 14, 17, 37, 35, 40　　나. 14, 37, 17, 40, 35
다. 14, 17, 35, 37, 40　　라. 14, 17, 37, 40, 35

17. 데이터베이스의 설계 과정을 올바르게 나열한 것은?

가. 요구조건 분석 → 개념적 설계 → 물리적 설계 → 논리적 설계
나. 요구조건 분석 → 개념적 설계 → 논리적 설계 → 물리적 설계
다. 요구조건 분석 → 논리적 설계 → 개념적 설계 → 물리적 설계
라. 요구조건 분석 → 물리적 설계 → 개념적 설계 → 논리적 설계

18. 뷰에 대한 설명으로 옳지 않은 것은?

가. 뷰는 삽입, 삭제, 갱신 연산에 제약사항이 없다.
나. 뷰는 데이터 접근 제어로 보안을 제공한다.
다. 뷰는 독자적인 인덱스를 가질 수 없다.
라. 뷰는 데이터의 논리적 독립성을 제공한다.

19. 다음 설명의 ⓐ와 ⓑ에 들어갈 수 있는 가장 적합한 용어들로 구성된 것은?

If a(n) (ⓐ) exists in a relation, either the (ⓐ) value must match a(n) (ⓑ) value of some tuple in its home relation or the (ⓐ) value must be wholly null.

가. ⓐ foreign key, ⓑ primary key
나. ⓐ alternate key, ⓑ primary key
다. ⓐ alternate key, ⓑ foreign key
라. ⓐ primary key, ⓑ alternate key

20. 이행적 함수 종속 관계를 의미하는 것은?

가. A→B 이고 B→C 일 때, A→C를 만족하는 관계
나. A→B 이고 B→C 일 때, C→A를 만족하는 관계
다. A→B 이고 B→C 일 때, B→A를 만족하는 관계
라. A→B 이고 B→C 일 때, C→B를 만족하는 관계

2012년 2회　　1과목 : 데이터베이스

1. 다음 자료에 대하여 삽입(insertion) 정렬 기법을 사용하여 오름차순으로 정렬하고자 한다. 1회전 후의 결과는?

5, 4, 3, 2, 1

가. 4, 3, 2, 1, 5　　나. 3, 4, 5, 2, 1
다. 4, 5, 3, 2, 1　　라. 1, 2, 3, 4, 5

2. 데이터 모델의 구성 요소 중 데이터베이스에 표현된 개체 인스턴스를 처리하는 작업에 대한 명세로서 데이터베이스를 조작하는 기본 도구에 해당하는 것은?

가. Operation　　나. Constraint
다. Structure　　라. Relationship

3. 데이터베이스의 특성으로 옳은 내용 모두를 선택한 것은?

① 질의에 대하여 실시간 처리 및 응답이 가능하도록 지원해 준다. ② 삽입, 삭제, 갱신으로 항상 최신의 데이터를 유지한다. ③ 다수의 사용자가 동시에 이용할 수 있다. ④ 데이터 참조시 데이터 값에 의해서는 참조될 수 없으므로 위치나 주소에 의하여 데이터를 찾는다.

가. ①, ②　　나. ①, ②, ③
다. ②, ③, ④　　라. ①, ②, ③, ④

4. 제 3정규형에서 보이스코드 정규형(BCNF)으로 정규화 하기 위한 작업은?

가. 원자 값이 아닌 도메인을 분해
나. 부분 함수 종속 제거
다. 이행 함수 종속 제거
라. 결정자가 후보 키가 아닌 함수 종속 제거

5. 정규화의 목적으로 옳지 않은 것은?

가. 어떠한 릴레이션이라도 데이터베이스 내에서 표현 가능하게 만든다.
나. 데이터 삽입시 릴레이션을 재구성할 필요성을 줄인다.
다. 중복을 배제하여 삽입, 삭제, 갱신 이상의 발생을 야기한다.
라. 효과적인 검색 알고리즘을 생성할 수 있다.

6. 스택(Stack)의 응용 분야로 거리가 먼 것은?

가. 인터럽트 처리　　　　나. 수식 계산 및 수식 표기법
다. 운영체제의 작업 스케줄링　　　　라. 서브루틴의 복귀번지 저장

7. "트랜잭션의 연산은 데이터베이스에 모두 반영되든지 아니면 전혀 반영되지 않아야 한다." 는 트랜잭션의 특성은?

가. Consistency　　　　나. Isolation
다. Atomicity　　　　라. Durability

8. 릴레이션의 특징으로 옳은 내용을 모두 선택한 것은?

① 모든 튜플은 서로 다른 값을 갖는다. ② 각 속성은 유일한 이름을 가지며, 속성의 순서는 큰 의미가 없다. ③ 튜플 사이에는 순서가 없다. ④ 모든 속성 값은 원자 값이다.

가. ①, ②, ③, ④　　　　나. ①, ②, ③
다. ②, ④　　　　라. ①, ③, ④

9. 데이터베이스의 설계의 논리적 설계 단계에서 수행하는 작업이 아닌 것은?

가. 논리적 데이터 모델로 변환　　　　나. 트랜잭션 인터페이스 설계
다. 스키마의 평가 및 정제　　　　라. 트랜잭션 모델링

10. 일련의 연산 집합으로 데이터베이스의 상태를 변환시키기 위하여 논리적 기능을 수행하는 하나의 작업 단위를 무엇이라고 하는가?

가. 도메인　　　　나. 트랜잭션
다. 모듈　　　　라. 프로시저

11. 병행제어 기법 중 로킹(Locking) 기법에 대한 설명으로 옳지 않은 것은?

가. 로킹의 대상이 되는 객체의 크기를 로킹 단위라고 한다.
나. 로킹 단위가 작아지면 병행성 수준이 높아진다.
다. 로킹 단위가 커지면 로킹 오버헤드가 증가한다.
라. 데이터베이스도 로킹 단위가 될 수 있다.

12. 다음 트리를 Preorder 운행법으로 운행할 경우 네 번째로 탐색되는 것은?

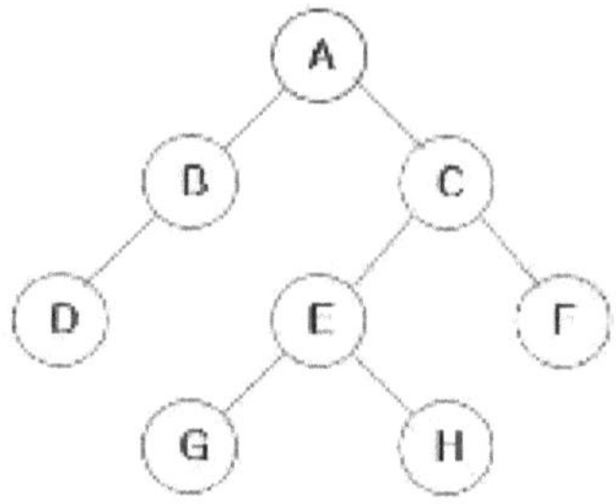

가. B　　나. C
다. E　　라. F

13. 자료 구조의 성격이 나머지 셋과 다른 하나는?

가. 큐(Queue)　　나. 그래프(Graph)
다. 데크(Deque)　　라. 리스트(List)

14. 관계해석에 대한 설명으로 옳지 않은 것은?

가. 수학의 프레디킷 해석에 기반을 두고 있다.
나. 관계 데이터 모델의 제안자인 코드(Codd)가 관계 데이터베이스에 적용할 수 있도록 설계하여 제안하였다.
다. 튜플 관계해석과 도메인 관계해석이 있다.
라. 원하는 정보와 그 정보를 어떻게 유도하는가를 기술하는 절차적 특성을 가진다.

15. 3계층 스키마 중 개념(Conceptual) 스키마에 대한 설명으로 옳은 내용 모두를 선택한 것은?

① 물리적 저장장치의 관점에서 본 데이터베이스의 명세를 말한다. ② 범 기관적 입장에서 본 데이터베이스의 정의를 기술한 것이다. ③ 개체간의 관계와 유지해야 할 제약 조건을 나타낸다. ④ 접근 권한, 보안 정책 무결성 규칙을 명세한다.

가. ②, ③　　나. ①, ②, ③
다. ②, ③, ④　　라. ①, ②, ③, ④

16. Which is the design step of database correctly?

가. Requirement Formulation - Conceptual Schema - Physical Schema-Logical Schema
나. Logical Schema - Requirement Formulation - Conceptual Schema - Physical Schema
다. Requirement Formulation - Conceptual Schema - Logical Schema - Physical Schema
라. Logical Schema - Requirement Formulation - Physical Schema - Conceptual Schema

17. 데이터베이스 설계시 고려 사항으로 적합하지 않은 것은?

가. 데이터 무결성 유지
나. 데이터 일관성 유지
다. 데이터 보안성 유지
라. 데이터 종속성 유지

18. 뷰(View)에 대한 설명으로 옳은 내용으로만 나열된 것은?

① 뷰는 저장장치 내에 물리적으로 존재한다. ② 뷰가 정의된 기본 테이블이 삭제되더라도 뷰는 자동적으로 삭제되지 않는다. ③ DBA는 보안 측면에서 뷰를 활용할 수 있다. ④ 뷰는 구성된 내용에 대한 삽입, 삭제, 갱신 연산에는 제약이 따른다.

가. ①, ②, ③, ④
나. ①, ③, ④
다. ②, ④
라. ③, ④

19. 시스템 카탈로그에 대한 설명으로 틀린 것은?

가. 데이터베이스에 포함된 다양한 데이터 객체에 대한 정보들을 유지, 관리하기 위한 시스템 데이터베이스이다.
나. 시스템 카탈로그를 데이터 사전(Data Dictionary)이라고도 한다.
다. 시스템 카탈로그를 데이터 정보를 메타 데이터라고도 한다.
라. 시스템 카탈로그는 시스템을 위한 정보를 포함하는 시스템 데이터베이스이므로 일반 사용자는 내용을 검색할 수 없다.

20. What is the quantity of tuples in consist of the relation?

가. Degree
나. Instance
다. Domain
라. Cardinality

2012년 3회 1과목 : 데이터베이스

1. 물리적 저장 장치의 입장에서 본 데이터베이스 구조로서 실제로 데이터베이스에 저장될 레코드의 형식을 정의하고 저장 데이터 항목의 표현 방법, 내부 레코드의 물리적 순서 등을 나타내는 스키마는?

가. Relational schema
나. External schema
다. Conceptual schema
라. Internal schema

2. 개체-관계 모델에 대한 설명으로 옳지 않은 것은?

가. 오너-멤버(Owner-Member) 관계라고도 한다.
나. 개체 타입과 이들 간의 관계 타입을 기본 요소로 이용하여 현실 세계를 개념적으로 표현한다.
다. E-R 다이어그램에서 개체 타입은 사각형으로 나타낸다.
라. E-R 다이어그램에서 속성을 타원으로 나타낸다.

3. 다음 중 큐를 이용하는 작업에 해당하는 것은?

가. 운영체제의 작업 스케쥴링
나. 부프로그램 호출시 복귀주소의 저장
다. 컴파일러를 이용한 언어번역
라. 재귀 프로그램의 순서제어

4. 다음과 같은 트랜잭션의 특징은?

여러 개의 트랜잭션이 동시에 실행된다 하더라도 다음과 같은 사항이 보장되어야 한다. 트랜잭션 T1과 T2에 대해서 T1이 시작되기 전에 T2가 끝나든지, T1이 끝난 후 T2가 시작되든지 해야 한다. 따라서 각 트랜잭션은 동시에 실행되고 있는 다른 트랜잭션을 인식하지 못한다.

가. Atomicity
나. Consistency
다. Isolation
라. Durability

5. 시스템 카탈로그에 대한 설명으로 옳지 않은 것은?

가. 사용자가 직접 시스템 카탈로그의 내용을 갱신하여 데이터베이스 무결성을 유지한다.
나. 시스템 자신이 필요로 하는 스키마 및 여러 가지 객체에 관한 정보를 포함하고 있는 시스템 데이터베이스이다.
다. 시스템 카탈로그에 저장되는 내용을 메타 데이터라고도 한다.
라. 시스템 카탈로그는 DBMS가 스스로 생성하고 유지한다.

6. 다음 트리를 후위 순회(Post Traversal)할 경우 가장 먼저 탐색되는 것은?

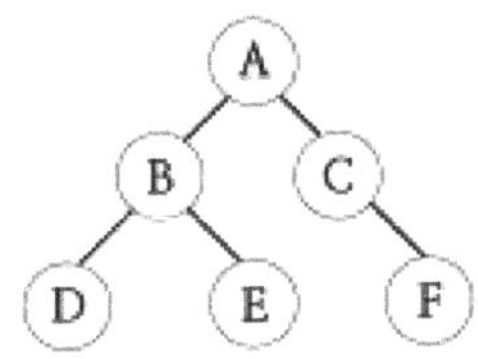

가. A
나. C
다. D
라. F

7. 다음 영문의 ( ) 안 내용으로 공통 적용될 수 있는 것은?

A (　　) is a collection of meta-data describing the structure and constraint of a database.
A (　　) defines data entities, attributes, relations, and constraints on data manipulation.

가. Domain
나. Schema
다. Cardinality
라. Degree

8. 선형 구조에 해당하는 구조를 모두 선택한 것은?

① 트리　② 그래프　③ 스택　④ 큐　⑤ 데크

가. ①, ②
나. ③, ④, ⑤
다. ②, ③, ④, ⑤
라. ①, ③, ④, ⑤

9. 데이터 모델에 대한 다음 설명 중 ( )안에 공통으로 들어갈 내용으로 가장 타당한 것은?

데이터 모델은 일반적으로 3가지 구성 요소를 포함하고 있다. 첫째, 논리적으로 표현된 데이터 구조, 둘째, 이 구조에서 허용될 수 있는 (　　), 셋째, 이 구조와 (　　)에서의 제약조건에 대한 명세를 기술한 것이다.

가. 개체
나. 연산
다. 속성
라. 도메인

10. 트랜잭션을 취소하는 이외의 조치를 명세할 필요가 있는 경우 메시지를 보내 어떤 값을 자동적으로 갱신하도록 프로시저를 기동시키는 방법은?

가. 트리거(trigger)
나. 무결성(integrity)
다. 잠금(lock)
라. 복귀(rollback)

11. 병행제어 기법 중 로킹(Locking) 기법에 대한 설명으로 옳지 않은 것은?

가. 로킹은 데이터의 액세스를 상호배타적으로 수행한다.
나. 데이터베이스, 파일은 로킹 단위가 될 수 없다.
다. 로킹 단위가 커지면 데이터베이스 공유도가 저하된다.
라. 로킹 단위가 작아지면 로킹 오버헤드가 증가한다.

12. 데이터베이스 설계 단계 중 물리적 설계에 해당하는 것은?

가. 데이터 모형화와 사용자 뷰들을 통합한다.
나. 사용자들의 요구사항을 확인하고 메타 데이터를 수집, 기록한다.
다. 파일 조직 방법과 저장 방법, 그리고 파일 접근 방법 등을 선정한다.
라. 사용자들의 요구사항을 입력으로 하여 응용프로그램의 골격인 스키마를 작성한다.

13. 데이터베이스의 특성으로 옳은 내용 모두를 선택한 것은?

① 데이터베이스의 데이터는 그 주소나 위치에 의해 참조된다. ② 데이터베이스는 계속적으로 변화된다. ③ 데이터베이스는 실시간으로 접근한다. ④ 데이터베이스는 동시 공용이다.

가. ②, ③
나. ②, ③, ④
다. ①, ③, ④
라. ①, ②, ③, ④

14. 데이터베이스에서 널(null) 값에 대한 설명으로 옳지 않은 것은?

가. 아직 모르는 값을 의미한다.
나. 아직 알려지지 않은 값을 의미한다.
다. 공백이나 0(zero)과 같은 의미이다.
라. 정보 부재를 나타내기 위해 사용한다.

15. 릴레이션의 특징으로 옳은 내용 모두를 나열한 것은?

① 모든 튜플은 서로 다른 값을 갖는다. ③ 하나의 릴레이션에서 튜플의 순서는 존재한다.	② 각 속성은 릴레이션 내에서 유일한 이름을 가진다. ④ 모든 속성 값은 원자 값이다.

가. ③, ④
나. ②, ③, ④
다. ①, ②, ④
라. ①, ②, ③, ④

16. 다음 설명이 뜻하는 것은?

In the design of information systems, a diagram that shows all the entities(organization, departments, users, programs, and date) that play roles in the system, as well as the relationships between those entities.

가. E-R Diagram　　나. Flow Chart
다. View　　라. Normalization

17. 순서가 A, B, C, D 로 정해진 입력 자료를 스택에 입력하였다가 출력할 때, 가능한 출력 순서의 결과가 아닌 것은?

가. A, B, C, D　　나. C, D, B, A
다. D, C, A, B　　라. B, C, D, A

18. 정규화 과정에서 발생하는 이상(Anomaly)에 관한 설명으로 옳지 않은 것은?

가. 이상은 속성들 간에 존재하는 여러 종류의 종속관계를 하나의 릴레이션에 표현할 때 발생한다.
나. 속성들 간의 종속 관계를 분석하여 여러 개의 릴레이션을 하나로 결합하여 이상을 해결한다.
다. 삭제이상, 삽입이상, 갱신이상이 있다.
라. 정규화는 이상을 제거하기 위해서 중복성 및 종속성을 배제시키는 방법으로 사용한다.

19. DBMS의 필수 기능 중 데이터베이스를 접근하여 데이터의 검색, 삽입, 삭제, 갱신 등의 연산 작업을 위한 사용자와 데이터베이스 사이의 인터페이스 수단을 제공하는 기능은?

가. 정의기능　　나. 조작기능
다. 제어기능　　라. 절차기능

20. 릴레이션에서 튜플을 유일하게 구별해 주는 속성 또는 속성들의 조합을 의미하는 키는?

가. alternative key　　나. foreign key
다. complex key　　라. candidate key

2013년 1회 1과목 : 데이터베이스

1. SQL에서 DELETE 명령에 대한 설명으로 옳지 않은 것은?

가. 테이블의 행을 삭제할 때 사용한다.
나. WHERE 조건절이 없는 DELETE 명령을 수행하면 DROP TABLE 명령을 수행했을 때와 같은 효과를 얻을 수 있다.
다. SQL을 사용 용도에 따라 분류할 경우 DML에 해당한다.
라. 기본 사용 형식은 "DELETE FROM 테이블 [WHERE 조건];"이다.

2. 트랜잭션의 특성을 모두 나열한 것은?

① Atomicity	② Durability	③ Transparency
④ Security	⑤ Consistency	⑥ Isolation

가. ①, ②, ③ 나. ③, ④, ⑤, ⑥
다. ①, ②, ⑤, ⑥ 라. ①, ②, ③, ④, ⑤

3. 시스템 카탈로그에 관한 설명으로 옳지 않은 것은?

가. 가상테이블이며 메타데이터라고도 한다.
나. 시스템 카탈로그 내의 각 테이블은 DBMS에서 지원하는 개체들에 관한 정보를 포함한다.
다. 시스템의 사용자들에 관한 정보를 포함하고 있다.
라. DBMS가 스스로 생성하고 유지하는 데이터베이스 내의 특별한 테이블들의 집합체이다.

4. 뷰(View)에 대한 설명으로 옳지 않은 것은?

가. 뷰는 독자적인 인덱스를 가질 수 없다.
나. 뷰는 논리적 독립성을 제공한다.
다. 뷰로 구성된 내용에 대한 삽입, 갱신, 삭제 연산에는 제약이 따른다.
라. 뷰가 정의된 기본 테이블이 삭제되더라도 뷰는 자동적으로 삭제되지 않는다.

5. Which is not in the three-schema architecture?

가. internal schema 나. conceptual schema
다. external schema 라. procedural schema

6. 데이터베이스의 등장 이유로 보기 어려운 것은?

가. 삽입, 삭제, 갱신 등을 통해서 현재의 데이터를 동적으로 유지하고 싶었다.
나. 데이터의 가용성 증가를 위해 중복을 허용하고 싶었다.
다. 여러 사용자가 데이터를 공유해야 할 필요가 생겼다.
라. 물리적인 주소가 아닌 데이터 값에 의한 검색을 수행하고 싶었다.

7. 다음 트리의 후위 순회 결과는?

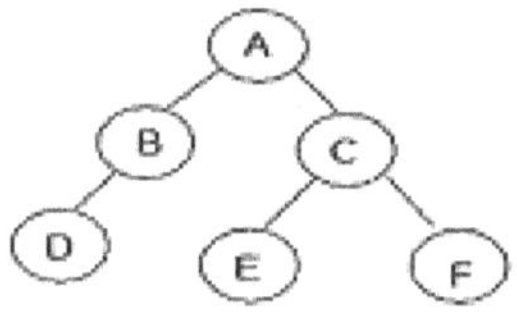

가. A B D C E F　　나. D B A E C F
다. A B C D E F　　라. D B E F C A

8. 해싱에서 동일한 홈 주소로 인하여 충돌이 일어난 레코드들의 집합을 의미하는 것은?

가. Synonym　　나. Collision
다. Bucket　　라. Overflow

9. 데이터베이스 정의에 해당되는 내용을 모두 나열한 것은?

① Shared Data	② Integrate Data	③ Stored Data	④ Operational Data

가. ②, ③　　나. ①, ②, ③
다. ①, ③, ④　　라. ①, ②, ③, ④

10. 데이터베이스의 설계과정 순서로 옳은 것은?

가. 기획→개념적설계→요구설계→물리적설계→논리적설계
나. 기획→요구설계→개념적설계→논리적설계→물리적설계
다. 기획→논리적설계→요구설계→물리적설계→개념적설계
라. 기획→요구설계→물리적설계→논리적설계→개념적설계

11. 로킹 단위가 클 경우에 대한 설명으로 옳은 것은?

가. 로킹 오버헤드 증가, 데이터베이스 공유도 저하
나. 로킹 오버헤드 감소, 데이터베이스 공유도 저하
다. 로킹 오버헤드 감소, 데이터베이스 공유도 증가
라. 로킹 오버헤드 증가, 데이터베이스 공유도 증가

12. 개체-관계 모델(E-R)의 그래픽 표현으로 옳지 않은 것은?

가. 개체타입 - 사각형
나. 속성 - 원형
다. 관계타입 - 마름모
라. 연결 - 삼각형

13. 병행제어의 목적으로 옳지 않은 것은?

가. 시스템 활용도 최대화
나. 데이터베이스 공유도 최대화
다. 데이터베이스 일관성 유지
라. 사용자에 대한 응답시간 최대화

14. 다음 자료에 대하여 선택(Selection) 정렬을 이용하여 오름차순으로 정렬하고자 한다. 3회전 후의 결과로 옳은 것은?

37, 14, 17, 40, 35

가. 14, 17, 37, 40, 35
나. 14, 37, 17, 40, 35
다. 14, 17, 35, 37, 40
라. 14, 17, 35, 40, 37

15. 선형 구조만으로 나열된 것은?

가. 트리, 그래프
나. 트리, 그래프, 스택, 큐
다. 트리, 배열, 스택, 큐
라. 배열, 스택, 큐

16. What are general configuration of indexed sequential file?

가. Index area, Mark area, Overflow area
나. Index area, Prime area, Overflow area
다. Index area, Mark area, Excess area
라. Index area, Prime area, Mark area

17. 정규화에 관한 설명으로 옳지 않은 것은?

가. 릴레이션 R의 도메인들의 값이 원자 값만을 가지면 릴레이션 R은 제1정규형에 해당된다.
나. 릴레이션 R이 제1정규형을 만족하면서, 키가 아닌 모든 속성이 기본 키에 완전 함수 종속이면 릴레이션 R은 제2정규형에 해당된다.
다. 정규형들은 차수가 높아질수록(제1정규형→저5정규형) 만족시켜야 할 제약조건이 감소된다.
라. 릴레이션 R이 제2정규형을 만족하면서, 키가 아닌 모든 속성들이 기본 키에 이행적으로 함수 종속되지 않으면 릴레이션 R은 제3정규형에 해당된다.

18. 어떤 릴레이션 R에서 X와 Y를 각각 R의 애트리뷰트 집합의 부분 집합이라고 할 경우 애트리뷰트 X의 값 각각에 대해 시간에 관계없이 항상 애트리뷰트 Y의 값이 오직 하나만 연관되어 있을 때 Y는 함수 종속이라고 한다. 이 함수 종속의 표기로 옳은 것은?

가. $Y \rightarrow X$
나. $Y \subset X$
다. $X \rightarrow Y$
라. $X \subset Y$

19. 다음 문장의 (　　) 안 내용으로 공통 적용될 수 있는 가장 적절한 내용은 무엇인가?

관계형 데이터 모델에서 한 릴레이션의 (　　)는 참조되는 릴레이션의 기본 키와 대응되어 릴레이션간에 참조 관계를 표현하는데 사용되는 중요한 도구이다. (　　)를 포함하는 릴레이션이 참조하는 릴레이션이 되고, 대응되는 기본 키를 포함하는 릴레이션이 참조 릴레이션이 된다.

가. 후보키(candidate key)
나. 대체키(alternate key)
다. 외래키(foreign key)
라. 수퍼키(superkey)

20. 릴레이션을 조작할 때 데이터의 중복으로 인하여 발생하는 이상(anomaly) 현상이 아닌 것은?

가. 검색 이상
나. 삽입 이상
다. 삭제 이상
라. 갱신 이상

2013년 2회 1과목 : 데이터베이스

1. 다음 SQL 명령 중 DDL에 해당하는 것만으로 나열된 것은?

① CREATE	② SELECT	③ DROP	④ ALTER
⑤ DELETE	⑥ INSERT	⑦ UPDATE	

가. ②, ④, ⑤, ⑥, ⑦
나. ②, ⑤, ⑥, ⑦
다. ①, ②, ⑥
라. ①, ③, ④

2. 뷰(VIEW)에 대한 설명 중 옳은 내용 모두를 나열한 것은?

> ① 하나의 뷰를 제거하면 그 뷰를 기초로 정의된 다른 뷰는 제거되지 않는다.
> ② 뷰는 가상 테이블이므로 물리적으로 구현되어 있지 않다.
> ③ 필요한 데이터만 뷰로 정의해서 처리할 수 있기 때문에 관리가 용이하다.
> ④ SQL에서 뷰를 생성할 때 CREATE 문을 사용한다.

가. ①
나. ①, ②
다. ②, ③, ④
①, ②, ③, ④

3. 후보 키에 대한 설명으로 옳지 않은 것은?

가. 릴레이션의 기본 키와 대응되어 릴레이션 간의 참조 무결성 제약 조건을 표현하는 데 사용되는 중요한 도구이다.
나. 릴레이션의 후보 키는 유일성과 최소성을 모두 만족해야 한다.
다. 하나의 릴레이션에 속하는 모든 튜플들은 중복된 값을 가질 수 없으므로 모든 릴레이션은 반드시 하나 이상의 후보 키를 갖는다.
라. 릴레이션에서 튜플을 유일하게 구별해 주는 속성 또는 속성들의 조합을 의미한다.

4. 데이터베이스 환경 하에서 데이터 참조는 데이터베이스에 저장된 레코드들의 위치나 주소에 의해서가 아니라 사용자가 요구하는 데이터의 내용, 즉 데이터 값에 따라 참조된다는 데이터베이스의 특성은?

가. Time Accessibility
나. Continuous Evolution
다. Concurrent Sharing
라. Content Reference

5. 순차파일에 대한 옳은 설명 모두를 나열한 것은?

> ① 대화식 처리보다 일괄 처리에 적합한 구조이다.
> ② 필요한 레코드를 삽입, 삭제, 수정하는 경우 파일을 재구성해야 한다.
> ③ 연속적인 레코드의 저장에 의해 레코드 사이에 빈 공간이 존재하지 않으므로 기억 장치의 효율적인 이용이 가능하다.
> ④ 파일 탐색시 효율이 좋으며, 접근시간 및 응답시간이 빠르다.

가. ①, ④ 나. ①, ②, ③
다. ②, ③, ④ 라. ①, ②, ③, ④

6. 다음 문장의 (   ) 안 내용으로 옳게 짝지어진 것은?

> (①) involves ensuring that users are allowed to do the things they are trying to do.
> (②) involves ensuring that the things they are trying to do are correct.

가. ①Security ② integrity 나. ①Security ② Revoke
다. ①Integrity ② Transaction 라. ①Integrity ② Revoke

7. 로킹(Locking) 기법에 대한 설명으로 옳지 않은 것은?

가. 로킹의 대상이 되는 객체의 크기를 로킹 단위라고 한다.
나. 로킹 단위가 작아지면 병행성 수준이 낮아진다.
다. 데이터베이스도 로킹 단위가 될 수 있다.
라. 로킹 단위가 커지면 로크 수가 작아 로킹 오버헤드가 감소한다.

8. 데이터베이스 설계에 대한 설명으로 옳지 않은 것은?

가. 요구 조건 분석 단계는 사용자의 요구 조건을 수집하고 분석하여 사용자가 의도하는 데이터베이스의 용도를 파악해야 한다.
나. 개념적 설계 단계에서는 트랜잭션 인터페이스 설계, 스키마의 평가 및 정제 등의 작업을 수행한다.
다. 논리적 설계 단계에서는 개념적 설계 단계에서 만들어진 정보 구조로부터 특정 목표 DBMS가 처리 할 수 있는 스키마를 생성한다.
라. 물리적 설계 단계에서는 저장 구조와 접근 경로 등을 결정한다.

9. 다음 자료에 대하여 선택(Selection) 정렬을 이용하여 오름차순으로 정렬하고자 한다. 1회전 후의 결과는?

> 8, 3, 4, 9, 7

가. 3, 4, 7, 8, 9 나. 3, 4, 7, 9, 8
다. 3, 4, 8, 9, 7 라. 3, 8, 4, 9, 7

10. 트랜잭션의 특성으로 옳은 내용 모두를 나열한 것은?

① Atomicity	② Durability	③ Consistency	④ Isolation

가. ①, ②　　나. ①, ②, ④
다. ①, ③, ④　　라. ①, ②, ③, ④

11. 다음 설명의 괄호 안 내용으로 옳게 짝지어진 것은?

> (①)는(은) 원하는 정보와 그 정보를 어떻게 유도 하는가를 기술하는 절차적인 특징을 가지며, (②)는(은) 원하는 정보가 무엇이라는 것만 정의하는 비절차적인 특징을 가진다. 그러나 (②)과(와) (①)은(은) 관계 데이터베이스를 처리하는 기능과 능력 면에서 동등하다. (②)는(은) 원래 수학의 프레디킷 해석에 기반을 두고 있으며, 관계데이터 모델의 제안자인 Codd가 특별히 관계 데이터베이스에 적용할 수 있도록 설계, 제안하였다.

가. ① 관계형 데이터 모델, ② 계층형 데이터 모델
나. ① 계층형 데이터 모델, ② 관계형 데이터 모델
다. ① 관계 대수, ② 관계 해석
라. ① 관계 해석, ② 관계 대수

12. 데이터베이스의 정의로 옳은 내용 모두를 나열한 것은?

① Distributed Data	② Stored Data	③ Operational Data	④ Shared Data

가. ①, ②　　나. ①, ②, ④
다. ②, ③, ④　　라. ①, ②, ③, ④

13. 한 릴레이션의 기본 키를 구성하는 어떠한 속성 값도 널(Null) 값이나 중복 값을 가질 수 없음을 의미하는 것은?

가. 개체 무결성 제약 조건　　나. 참조 무결성 제약 조건
다. 도메인 무결성 제약 조건　　라. 키 무결성 제약 조건

14. 데이터베이스 설계 순서로 옳은 것은?

① 개념적 설계	② 구현	③ 요구 분석
④ 논리적 설계	⑤ 물리적 설계	

가. ③→④→①→⑤→②　　나. ③→①→④→⑤→②
다. ③→④→⑤→①→②　　라. ③→①→⑤→④→②

15. 다음 그림에서 트리의 차수는?

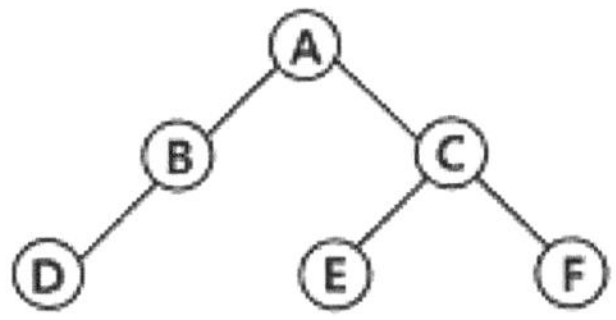

가. 1
나. 2
다. 3
라. 4

16. 릴레이션의 특징으로 거리가 먼 것은?

가. 모든 튜플은 서로 다른 값을 갖는다.
나. 모든 속성 값은 원자 값이다.
다. 튜플 사이에는 순서가 없다.
라. 각 속성은 유일한 이름을 가지며, 속성의 순서는 큰 의미가 있다.

17. 시스템 카탈로그에 대한 설명으로 옳지 않은 것은?

가. 시스템 카탈로그는 DBMS가 스스로 생성하고 유지한다.
나. 시스템 카탈로그 저장된 정보가 메타 데이터라고 한다.
다. 시스템 카탈로그는 시스템 테이블이기 때문에 일반 사용자는 검색할 수 없다.
라. 시스템 카탈로그를 자료 사전이라고도 한다.

18. 다음 설명이 의미하는 것은?

It defines how the data are physically arranged on a storage device. It describes the physical storage structure of a database as seen by a system programmer or system designer.

가. Conceptual Schema
나. External Schema
다. Internal Schema
라. Super Schema

19. 이진 검색 알고리즘의 특징이 아닌 것은?

가. 피보나치수열에 따라 가감산을 이용하여 다음에 비교할 대상을 선정한다.
나. 탐색 효율이 좋고 탐색 시간이 적게 소요된다.
다. 검색할 데이터가 정렬되어 있어야 한다.
라. 비교 횟수를 거듭할 때마다 검색 대상이 되는 데이터의 수가 절반으로 줄어든다.

20. 데이터베이스의 상태를 변환시키기 위하여 논리적 기능을 수행하는 하나의 작업 단위를 무엇이라고 하는가?

가. 프로시저
나. 트랜잭션
다. 모듈
라. 도메인

2013년 3회　　1과목 : 데이터베이스

1. 다음 자료를 버블 정렬을 이용하여 오름차순으로 정렬 할 경우 PASS 1의 결과는?

9, 6, 7, 3, 5

① 6, 9, 7, 3, 5　　② 3, 9, 6, 7, 5
③ 3, 6, 7, 9, 5　　④ 6, 7, 3, 5, 9

2. "트랜잭션 결과 관련 있는 모든 연산들은 완전히 실행 되거나 전혀 실행되지 않아야 한다." 는 내용이 의미하는 트랜잭션의 요구사항은?

① consistency　　② durability
③ isolation　　④ atomicity

3. 다음과 같은 일련의 권한 부여 SQL 명령에 대한 설명 중 부적합한 것은?

```
DBA) GRANT SELECT ON STUDENT TO U1 WITH GRANT OPTION;
U1) GRANT SELECT ON STUDENT TO U2;
DBA) REVOKE SELECT ON STUDENT FROM U1 CASCADE;
```

① U1은 STUDENT에 대한 검색 권한이 없다.
② DBA는 STUDENT에 대한 검색 권한이 있다.
③ U2는 STUDENT에 대한 검색 권한이 있다.
④ U2는 STUDENT에 대한 검색 권한을 다른 사용자에게 부여할 수 없다.

4. 데이터베이스의 특성으로 옳은 내용 모두를 나열한 것은?

① 실시간 접근성	② 동시 공용	③ 계속적인 변화	④ 주소에 의한 참조

① ①, ②　　② ①, ④
③ ①, ②, ③　　④ ①, ②, ③, ④

5. 릴레이션에 대한 설명으로 옳지 않은 것은?

① 모든 튜플은 서로 다른 값을 가지고 있다.
② 하나의 릴레이션에서 튜플은 순서를 가진다.
③ 각 속성은 릴레이션 내에서 유일한 이름을 가진다.
④ 모든 속성 값은 원자 값(atomic value)을 가진다.

6. 다음의 사원 릴레이션에서 "성명"을 기본 키로 사용하기 곤란한 이유로 가장 타당한 것은?

사원(성명, 사번, 주민등록번호, 주소, 전화번호)

① 동일한 성명을 가진 사원이 두 명 이상 존재할 수 있다.
② 성명은 기억하기 어렵다.
③ 성명을 정렬하는데 많은 시간이 소요된다.
④ 성명은 기억 공간을 많이 필요로 한다.

7. 정규화의 목적으로 옳지 않은 것은?

① 어떠한 릴레이션이라도 데이터베이스 내에서 표현 가능하게 만든다.
② 중복을 배제하여 삽입, 삭제, 갱신 이상의 발생을 도모한다.
③ 데이터 삽입시 릴레이션을 재구성할 필요성을 줄인다.
④ 효과적인 검색 알고리즘을 생성할 수 있다.

8. 다음은 무엇에 대한 설명인가?

It defines the overall logical structure of the database. It is a description of all the data items used by the application programs or users and only one it can exist per database.

① Internal Schema ② External Schema
③ Foreign Schema ④ Conceptual Schema

9. 자료구조에 대한 설명으로 옳지 않은 것은?

① 스택은 Last In - First Out 처리를 수행한다.
② 큐는 First In - First Out 처리를 수행한다.
③ 스택은 서브루틴 호출, 인터럽트 처리, 수식 계산 및 수식 표기법에 응용된다.
④ 큐는 비선형구조에 해당한다.

10. SQL의 명령은 사용 용도에 따라 DDL, DML, DCL로 구분할 수 있다. DML에 해당하는 것으로만 나열된 것은?

① SELECT	② UPDATE	③ INSERT	④ GRANT

① ①, ②, ③ ② ①, ②, ④
③ ①, ③, ④ ④ ①, ②, ③, ④

11. 뷰(VIEW)에 대한 설명으로 옳지 않은 것은?

① DBA는 보안 측면에서 뷰를 활용할 수 있다.
② 뷰 위에 또 다른 뷰를 정의할 수 있다.
③ 뷰에 대한 삽입, 갱신, 삭제 연산시 제약 사항이 따르지 않는다.
④ 뷰의 정의는 ALTER문을 이용하여 변경할 수 없다.

12. 데이터베이스에 관한 사항으로 다음에서 설명하는 것은?

> This is a "thing" in the real world an independent existence. It may be an object with a physical existence(a particular person, car house, or employee) or an object with a conceptual existence(a company, a job, or a university course).

① entity ② view
③ value ④ relationship

13. 순서가 A, B, C, D 로 정해진 입력 자료를 스택에 입력하였다가 출력한 결과로 가능한 것으로만 짝지어 진 것은?

> ① D, A, B, C ② B, A, D, C
> ③ A, B, C, D ④ C, B, A, D

① ① ② ①, ②, ④
③ ②, ③, ④ ④ ①, ②, ③, ④

14. 데이터베이스의 정의로 옳은 내용 모두를 나열한 것은?

> ① Integrated Data ② Stored Data
> ③ Operational Data ④ Exclusive Data

① ①, ② ② ①, ②, ③
③ ①, ②, ④ ④ ①, ②, ③, ④

15. 어떤 릴레이션 R에서 X와 Y를 각각 R의 속성 집합의 부분 집합이라고 할 경우 속성 X의 값 각각에 대해 시간에 관계 없이 항상 속성 Y의 값이 오직 하나만 연관되어 있을 때 Y는 X에 함수적 종속이라고 한다. 이를 기호로 옳게 표기한 것은?

① Y → X ② X → Y
③ Y ≫ X ④ X ≫ Y

16. 병행제어 기법 중 로킹에 대한 설명으로 옳지 않은 것은?

① 로킹의 대상이 되는 객체의 크기를 로킹 단위라고 한다.
② 데이터베이스, 파일, 레코드 등은 로킹 단위가 될 수 있다.
③ 로킹의 단위가 작아지면 로킹 오버헤드가 증가한다.
④ 로킹의 단위가 커지면 데이터베이스 공유도가 증가한다.

17. 데이터베이스 설계 단계 중 응답시간, 저장 공간의 효율화, 트랜잭션 처리도와 가장 밀접한 관계가 있는 것은?

① 물리적 설계
② 논리적 설계
③ 개념적 설계
④ 요구조건 분석

18. 시스템 카탈로그에 대한 설명으로 옳은 내용 모두를 나열한 것은?

① 시스템 카탈로그는 DBMS가 스스로 생성하고 유지하는 데이터베이스 내의 특별한 테이블들의 집합체이다. ② 일반 사용자도 시스템 카탈로그의 내용을 검색할 수 있다. ③ 시스템 카탈로그에 대한 갱신은 데이터베이스의 무결성 유지를 위하여 사용자가 직접 갱신해야 한다. ④ 시스템 카탈로그 내의 각 테이블은 DBMS에서 지원하는 개체들의 관한 정보를 포함한다.

① ①, ②
② ①, ④
③ ①, ②, ④
④ ①, ②, ③, ④

19. 다음 트리를 후위 순회(Post Traversal)할 경우, 가장 먼저 순회하는 노드는?

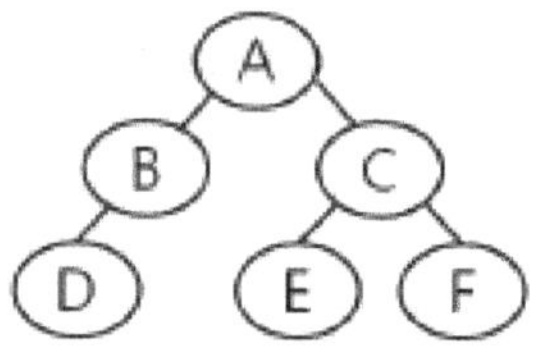

① A
② D
③ E
④ F

20. 데이터베이스에서 사용되는 널(NULL)에 대한 설명으로 가장 적절한 것은?

① 널(NULL)은 비어 있다는 뜻으로 기본 값 "A"를 가진다.
② 널(NULL)은 Space 값을 나타낸다.
③ 널(NULL)은 Zero 값을 나타낸다.
④ 널(NULL)은 공백(space)도, 영(zero)도 아닌 부재 정보(missing information)를 나타낸다.

2014년1회 1과목 : 데이터베이스

1. 관계 대수 및 관계 해석에 대한 옳은 설명 모두를 나열한 것은?

> ㉠ 관계 해석은 원하는 정보와 그 정보를 어떻게 유도하는가를 기술하는 특성을 지닌다.
> ㉡ 관계 해석은 원래 수학의 프레디킷 해석에 기반을 두고 있다.
> ㉢ 관계 대수는 릴레이션을 처리하기 위한 연산의 집합으로 피연산자가 릴레이션이고 결과도 릴레이션이다.
> ㉣ 관계 해석과 관계 대수는 관계 데이터베이스를 처리하는 기능과 능력 면에서 동등하다.

① ㉠, ㉡
② ㉠, ㉢, ㉣
③ ㉡, ㉢, ㉣
④ ㉠, ㉡, ㉢, ㉣

2. 데이터베이스의 특성 중 다음 설명에 해당하는 것은?

> 어느 한 시점에서 데이터베이스가 저장하고 있는 내용은 곧 데이터베이스의 상태를 의미한다. 데이터베이스의 상태는 정적이 아니라 동적이다. 즉, 데이터베이스는 새로운 데이터의 삽입, 삭제, 갱신을 통해 현재의 정확한 자료를 유지하면서 변화한다는 것이다.

① Time Accessibility
② Concurrent Sharing
③ Content Reference
④ Continuous Evolution

3. 다음 트리에 대한 INORDER 운행 결과는?

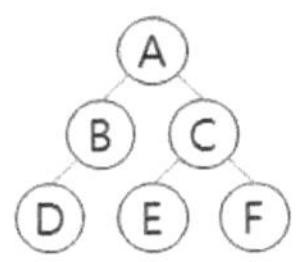

① D B A E C F
② A B D C E F
③ D B E C F A
④ A B C D E F

4. What is the degree of a relation?

① the number of occurrences n of its relation schema
② the number of tables n of its relation schema
③ the number of attributes n of its relation schema
④ the number of key n of its relation schema

5. 분산 데이터베이스에 대한 설명으로 거리가 먼 것은?

① 분산 제어가 용이하다.
② 지역 자치성이 높다.
③ 효용성과 융통성이 높다.
④ 점진적 시스템 확장이 어렵다.

6. 시스템 카탈로그에 대한 설명으로 옳지 않은 것은?

① 시스템 카탈로그는 DBMS가 스스로 생성하고 유지하는 데이터베이스 내의 특별한 테이블들의 집합체이다.
② 데이터베이스 구조가 변경될 때마다 DBMS는 자동적으로 시스템 카탈로그 테이블들의 행을 삽입, 삭제, 수정한다.
③ 시스템 카탈로그는 데이터베이스 구조에 관한 메타 데이터를 포함한다.
④ 일반 사용자도 SQL을 이용하여 시스템 카탈로그를 직접 갱신할 수 있다.

7. 데이터베이스 설계 시 물리적 설계 단계에서 수행하는 사항이 아닌 것은?

① 저장 레코드 양식 설계
② 레코드 집중의 분석 및 설계
③ 접근 경로 설계
④ 목표 DBMS에 맞는 스키마 설계

8. SQL의 명령은 사용 용도에 따라 DDL, DML, DCL로 구분할 수 있다. 다음 명령 중 그 성격이 나머지 셋과 다른 하나는?

① CREATE
② SELECT
③ INSERT
④ UPDATE

9. 다음 설명이 의미하는 것은?

> It is a collection of meta-data describing the structure and constraint of a database. It defines data entities, attributes, relations, and constraints on data manipulation.

① Data Dictionary
② Primary Key
③ Transaction
④ Schema

10. 병행제어의 로킹(Locking)에 대한 설명으로 옳지 않은 것은?

① 로킹 단위가 작아지면 병행성 수준이 낮아진다.
② 로킹은 주요 데이터의 액세스를 상호 배타적으로 운영하는 것이다.
③ 로킹 단위는 병행제어에서 한꺼번에 로킹할 수 있는 객체의 크기를 의미한다.
④ 데이터베이스, 파일, 레코드 등은 로킹 단위가 될 수 있다.

11. 데이터베이스의 정의와 거리가 먼 것은?

① integrated data
② operational data
③ stored data
④ exclusive data

12. 다음 자료에 대하여 "selection sort"를 사용하여 오름차순으로 정렬할 경우 PASS 3의 결과는?

[초기상태] 8, 3, 4, 9, 7

① 3, 4, 7, 9, 8　　② 3, 4, 8, 9, 7
③ 3, 8, 4, 9, 7　　④ 3, 4, 7, 8, 9

13. 데이터베이스의 3층 스키나 중 모든 응용시스템과 사용자들이 필요로 하는 데이터를 통합한 조직 전체의 데이터베이스 구조를 논리적으로 정의하는 스키마는?

① 개념스키마　　② 외부스키마
③ 내부스키마　　④ 응용스키마

14. 다음 표와 같은 판매실적 테이블에 대하여 서울지역에 한하여 판매액 내림차순으로 지점명과 판매액을 출력하고자 한다. 가장 적정한 SQL 구문은?

[테이블명 : 판매실적]

도시	지점명	판매액
서울	강남지점	330
서울	강북지점	168
광주	광주지점	197
서울	강서지점	158
서울	강동지점	197
대전	대전지점	165

① SELECT 지점명, 판매액 FROM 판매실적 WHERE 도시="서울" ORDER BY 판매액 DESC'
② SELECT 지점명, 판매액 FROM 판매실적 ORDER BY 판매액 DESC;
③ SELECT 지점명, 판매액 FROM 판매실적 WHERE 도시="서울" ASC;
④ SELECT * FROM 판매실적 WHEN 도시="서울" ORDER BY 판매액 DESC;

15. 어떤 릴레이션 R에서 X와 Y를 각각 R의 속성 집합의 부분 집합이라고 할 경우 속성 X의 값 각각에 대해 시간에 관계없이 항상 속성 Y의 값이 오직 하나만 연관되어 있을 때 Y는 X에 함수적 종속이라고 한다. 이를 기호로 옳게 표기한 것은?

① X >> Y　　② Y >> X
③ Y → X　　④ X → Y

16. 다음 그림에서 트리의 Degree와 터미널 노드의 수는?

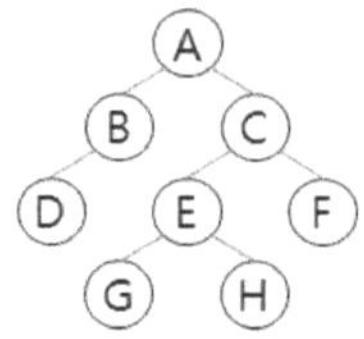

① 트리의 Degree: 4, 터미널 노드: 4
② 트리의 Degree: 2, 터미널 노드: 4
③ 트리의 Degree: 4, 터미널 노드: 8
④ 트리의 Degree: 2, 터미널 노드: 8

17. 개체-관계 모델(E-R Model)에 대한 설명으로 옳지 않은 것은?

① 특정 DBMS를 고려한 것은 아니다.
② E-R 다이어그램에서 개체 타입은 사각형, 관계 타입은 타원, 속성은 다이아몬드로 나타낸다.
③ 개체 타입과 관계 타입을 기본 개념으로 현실 세계를 개념적으로 표현하는 방법이다.
④ 1976년 Peter Chen이 제안하였다.

18. 데이터 모델의 구성 요소 중 데이터베이스에 표현된 개체 인스턴스를 처리하는 작업에 대한 명세로서 데이터베이스를 조작하는 기본 도구를 의미하는 것은?

① Relation
② Structure
③ Constraint
④ Operation

19. 릴레이션의 특징으로 옳은 내용 모두를 나열한 것은?

㉠ 모든 튜플은 서로 다른 값을 갖는다. ㉡ 각 속성은 중복된 이름을 가질 수 있으며, 속성의 순서는 중요하다. ㉢ 튜플 사이에는 순서가 없다. ㉣ 모든 속성 값은 원자 값이다.

① ㉠, ㉡
② ㉠, ㉡, ㉣
③ ㉠, ㉢, ㉣
④ ㉠, ㉡, ㉢, ㉣

20. 색인 순차 파일에 대한 설명으로 옳지 않은 것은?

① 순차 처리와 직접 처리가 모두 가능하다.
② 레코드를 추가 및 삽입하는 경우, 파일 전체를 복사할 필요가 없다.
③ 인덱스를 저장하기 위한 공간과 오버플로우 처리를 위한 별도의 공간이 필요 없다.
④ 색인 구역은 트랙 색인 구역, 실린더 색인 구역, 마스터 색인 구역으로 구성된다.

2014년 2회　　1과목 : 데이터베이스

1. Which of the following does not belong to the DML statement of SQL?

① DELETE　　② ALTER
③ SELECT　　④ UPDATE

2. 정규화에 대한 설명으로 옳은 내용 모두를 나열한 것은?

> ㉠ 정규화 하는 것은 테이블을 결합하여 종속성을 증가시키는 것이다.
> ㉡ 제 2정규형은 반드시 제 1정규형을 만족해야 한다.
> ㉢ 제 1정규형은 릴레이션에 속한 모든 도메인이 원자값 만으로 되어 있는 릴레이션이다.
> ㉣ BCNF는 강한 제 3정규형이라고도 한다.

① ㉠, ㉡　　② ㉠, ㉡, ㉢
③ ㉡, ㉢, ㉣　　④ ㉠, ㉡, ㉢, ㉣

3. 릴레이션의 특징으로 옳은 내용 모두를 나열한 것은?

> ㉠ 모든 튜플은 서로 다른 값을 갖는다.
> ㉡ 각 속성은 릴레이션 내에서 유일한 이름을 가진다.
> ㉢ 하나의 릴레이션에서 튜플의 순서는 존재한다.
> ㉣ 모든 속성 값은 원자 값이다.

① ㉠, ㉢　　② ㉠, ㉡, ㉣
③ ㉡, ㉢, ㉣　　④ ㉠, ㉡, ㉢, ㉣

4. 데이터베이스의 설계단계 순서가 옳은 것은?

① 요구조건 분석단계 → 개념적 설계단계 → 논리적 설계단계 → 물리적 설계단계 → 구현 단계
② 요구조건 분석단계 → 논리적 설계단계 → 개념적 설계단계 → 물리적 설계단계 → 구현 단계
③ 요구조건 분석단계 → 개념적 설계단계 → 물리적 설계단계 → 논리적 설계단계 → 구현 단계
④ 요구조건 분석단계 → 논리적 설계단계 → 물리적 설계단계 → 구현 단계 → 개념적 설계단계

5. 정규화 과정에서 A→B이고 B→C일 때 A→C인 관계를 제거하는 단계는?

① 1NF → 2NF　② 2NF → 3NF
③ 3NF → BCNF　④ BCNF → 4NF

6. 관계대수에 대한 설명으로 옳지 않은 것은?

① 릴레이션을 처리하기 위한 연산의 집합으로 피연산자가 릴레이션이고 결과도 릴레이션이다.
② 원하는 정보와 그 정보를 어떻게 유도하는가를 기술하는 절차적 특징을 가지고 있다.
③ 일반 집합 연산과 순수 관계 연산이 있다.
④ 수학의 Predicate Calculus 에 기반을 두고 있다.

7. 다음 트리를 중위 순회(Inorder Traversal)한 결과는?

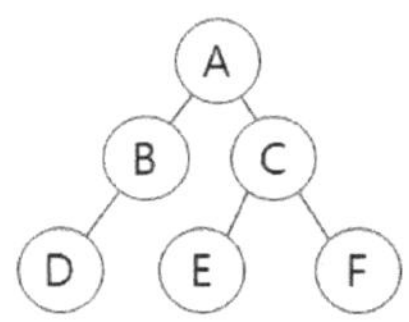

① A B D C E F　② D B A E C F
③ A B C D E F　④ D B E F C A

8. 뷰(VIEW)에 대한 설명으로 옳은 내용 모두를 나열한 것은?

㉠ 뷰에 대한 조작은 기본 테이블 조작과 거의 동일하며, 삽입, 갱신, 삭제 연산에는 제약이 따른다. ㉡ 뷰 위에 또 다른 뷰를 정의할 수 있다. ㉢ 뷰가 정의된 기본 테이블이 삭제되면, 뷰도 자동적으로 삭제된다. ㉣ 뷰는 물리적으로 구현되는 테이블이다.

① ㉠, ㉡　② ㉡, ㉣
③ ㉠, ㉡, ㉢　④ ㉠, ㉡, ㉢, ㉣

9. 데이터 모델의 구성 요소가 아닌 것은?

① 추상적인 개념으로 조직된 구조
② 구성 요소의 연산
③ 구성 요소의 제약조건
④ 구성 요소들의 저장 인터페이스

10. 트랜잭션의 특성 중 둘 이상의 트랜잭션이 동시에 병행 실행되는 경우 어느 하나의 트랜잭션 실행 중에 다른 트랜잭션의 연산이 끼어들 수 없음을 의미하는 것은?

① atomicity ② consistency
③ isolation ④ durability

11. 시스템 카탈로그에 대한 설명으로 옳지 않은 것은?

① 시스템 카탈로그에 저장되는 내용을 메타 데이터라고도 한다.
② 시스템 자신이 필요로 하는 스키마 및 여러 가지객체에 관한 정보를 포함하고 있는 시스템 데이터베이스이다.
③ 기본 테이블, 뷰, 인덱스, 패키지, 접근 권한 등의 데이터베이스 구조 및 통계 정보를 저장한다.
④ 시스템 카탈로그는 사용자가 직접 생성하고 유지한다.

12. 다음 그림에서 트리의 차수는?

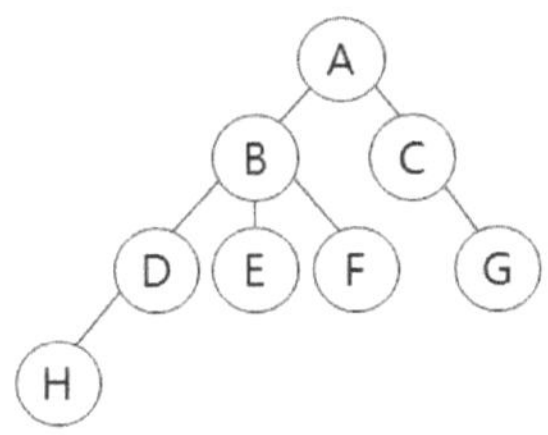

① 3 ② 4
③ 6 ④ 8

13. 다음 영문의 괄호 안에 적합한 수식의 표현은?

The reverse Polish notation is in a form suitable for stack manipulation. The expression (A+B)*(C+D) is written in reverse Polish notation as ( ).

① A B + C D + * ② A B + C D * +
③ + A B + C D * ④ * + A B + C D

14. 로킹(locking) 단위에 대한 설명으로 옳지 않은 것은?

① 로킹의 단위가 작아지면 로킹 오버헤드가 증가한다.
② 로킹의 대상이 되는 객체의 크기를 로킹 단위라고 한다.
③ 로킹의 단위가 커지면 병행성 수준이 낮아진다.
④ 파일은 로킹 단위가 될 수 있으나, 데이터베이스는 로킹의 단위가 될 수 없다.

15. 순서가 A, B, C, D 로 정해진 입력 자료를 스택에 입력하였다가 출력한 결과로 가능한 것이 아닌 것은?

① A, D, B, C
② D, C, B, A
③ B, C, D, A
④ C, B, A, D

16. 병행제어의 목적으로 옳지 않은 것은?

① 시스템 활용도 최대화
② 데이터베이스 공유도 최소화
③ 사용자에 대한 응답시간 최소화
④ 데이터베이스 일관성 유지

17. 다음은 학생이라는 개체의 속성을 나타내고 있다. 여기서 "학과"를 기본 키로 사용하기 곤란한 이유로 가장 타당한 것은?

학생(학과, 성명, 학번, 세부전공, 주소, 우편번호)

① 학과는 기억하기 어렵다.
② 학과는 정렬하는데 많은 시간이 소요된다.
③ 학과는 기억 공간을 많이 필요로 한다.
④ 동일한 학과명을 가진 학생이 두 명 이상 존재할 수 있다.

18. 스키마의 종류 중 다음 설명에 해당하는 것은?

물리적 저장 장치의 입장에서 본 데이터베이스 구조로서 실제로 데이터베이스에 저장될 레코드의 형식을 정의하고 저장 데이터 항목의 표현 방법, 내부 레코드의 물리적 순서 등을 나타낸다.

① 외부 스키마
② 내부 스키마
③ 개념 스키마
④ 슈퍼 스키마

19. 색인 순차 파일에 대한 설명으로 옳지 않은 것은?

① 순차 처리와 직접 처리가 모두 가능하다.
② 레코드의 삽입, 삭제, 갱신이 용이하다.
③ 인덱스를 이용하여 해당 데이터 레코드에 접근하기 때문에 처리 속도가 랜덤 편성 파일보다 느리다.
④ 인덱스를 저장하기 위한 공간과 오버플로우 처리를 위한 별도의 공간이 필요 없다.

20. 데이터베이스의 특성으로 옳지 않은 것은?

① 데이터베이스는 계속적으로 변화된다.
② 데이터베이스의 데이터는 그 주소나 위치에 의해 참조된다.
③ 데이터베이스는 실시간으로 접근한다.
④ 데이터베이스는 동시 공용이다

2014년 3회　1과목 : 데이터베이스

1. 다음 그림과 같은 이진 트리를 후위 순회(postorder traversal) 한 결과는?

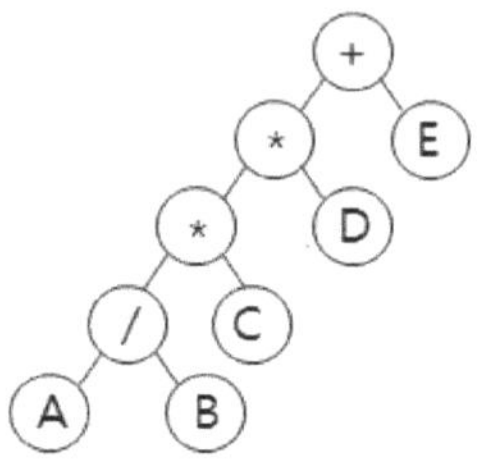

① + * * / A B C D E　　② A / B * C * D + E
③ + * A B / * C D E　　④ A B / C * D * E +

2. 데이터베이스에서 하나의 논리적 기능을 수행하기 위한 작업의 단위 또는 한꺼번에 모두 수행되어야 할 일련의 연산들을 의미하는 것은?

① COLLISION　　② BUCKET
③ SYNONYM　　④ TRANSACTION

3. 데이터베이스의 정의 중 다음 설명과 관계되는 것은?

여러 사용자들이 서로 다른 목적으로 데이터베이스의 데이터를 공동으로 이용한다.

① Integrated Data　　② Stored Data
③ Shared Data　　④ Operational Data

4. 데이터베이스의 특징으로 볼 수 없는 것은?

① real time accessibility　　② concurrent sharing
③ address reference　　④ continuous evolution

5. Which of the following does not belong to the DML statement of SQL?

① SELECT　　② DELETE
③ CREATE　　④ INSERT

6. 뷰(view)에 대한 설명으로 옳지 않은 것은?

① 뷰는 create view 명령을 사용하여 정의한다.
② 뷰는 논리적 독립성을 제공한다.
③ 뷰를 제거할 때는 DROP 문을 사용한다.
④ 뷰는 저장장치 내에 물리적으로 존재한다.

7. 트랜잭션의 특징으로 거리가 먼 것은?

① Consistency
② Isolation
③ Durability
④ Automatic

8. 데이터베이스의 3층 스키마 중 모든 응용 시스템과 사용자들이 필요로 하는 데이터를 통합한 조직 전체의 데이터베이스 구조를 논리적으로 정의하는 스키마는?

① 내부 스키마
② 개념 스키마
③ 외부 스키마
④ 동적 스키마

9. 순차 파일에 대한 옳은 내용 모두를 나열한 것은?

> ㉠ 대화식 처리보다 일괄 처리에 적합한 구조이다.
> ㉡ 어떤 형태의 입출력 매체에서도 처리가 가능하다.
> ㉢ 연속적인 레코드의 저장에 의해 레코드 사이에 빈 공간이 존재하지 않으므로 기억장치의 효율적인 이용이 가능하다.
> ㉣ 새로운 레코드를 삽입하는 경우 파일 전체를 복사하지 않아도 된다.

① ㉢
② ㉢, ㉣
③ ㉠, ㉡, ㉢
④ ㉡, ㉢, ㉣

10. 병행제어의 로킹(Locking) 단위에 대한 설명으로 옳지 않은 것은?

① 데이터베이스, 파일, 레코드 등은 로킹 단위가 될 수 있다.
② 로킹 단위가 작아지면 로킹 오버헤드가 감소한다.
③ 로킹 단위가 작아지면 데이터베이스 공유도가 증가한다.
④ 한꺼번에 로킹 할 수 있는 단위를 로킹 단위라고 한다.

11. 제 2정규형에서 제 3정규형이 되기 위한 조건은?

① 이행적 함수 종속 제거
② 부분적 함수 종속 제거
③ 다치 종속 제거
④ 결정자이면서 후보 키가 아닌 것 제거

12. 스택(stack)에 대한 옳은 내용으로만 나열된 것은?

㉠ FIFO 방식으로 처리된다. ㉡ 순서 리스트의 뒤(Rear)에서 노드가 삽입되며, 앞(Front)에서 노드가 제거된다. ㉢ 선형 리스트의 양쪽 끝에서 삽입과 삭제가 모두 가능한 자료 구조이다. ㉣ 인터럽트 처리, 서브루틴 호출 작업 등에 응용된다.

① ㉠, ㉡
② ㉡, ㉢
③ ㉣
④ ㉠, ㉡, ㉢, ㉣

13. 다음 트리에서 터미널 노드 수는?

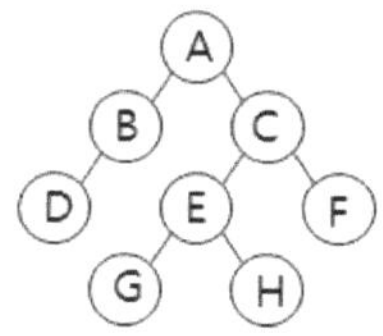

① 2
② 3
③ 4
④ 8

14. 다음 릴레이션의 Degree와 Cardinality는?

13001	홍길동	3학년	전기
13002	이순신	4학년	기계
13003	강감찬	2학년	컴퓨터

① Degree : 4, Cardinality : 3
② Degree : 3, Cardinality : 4
③ Degree : 3, Cardinality : 12
④ Degree : 12, Cardinality : 3

15. 조건을 만족하는 릴레이션의 수평적 부분집합으로 구성하며, 연산자의 기호는 그리스 문자 시그마(σ)를 사용하는 관계대수 연산은?

① Select
② Project
③ Join
④ Division

16. 데이터베이스 설계 순서로 옳은 것은?

① 요구조건분석 → 물리적설계 → 논리적설계 → 개념적설계 → 데이터베이스구현
② 요구조건분석 → 개념적설계 → 논리적설계 → 물리적설계 →데이터베이스구현
③ 요구조건분석 → 논리적설계 → 개념적설계 → 물리적설계 → 데이터베이스구현
④ 요구조건분석 → 논리적설계 → 물리적설계 → 개념적설계 → 데이터베이스구현

17. 데이터베이스의 물리적 설계 단계와 거리가 먼 것은?

① 저장 레코드 양식 설계
② 레코드 집중의 분석 및 설계
③ 트랜잭션 인터페이스 설계
④ 접근 경로 설계

18. 데이터 모델의 종류 중 CODASYL DBTG 모델과 가장 밀접한 관계가 있는 것은?

① 계층형 데이터 모델
② 네트워크형 데이터 모델
③ 관계형 데이터 모델
④ 스키마형 데이터 모델

19. 시스템 카탈로그에 대한 설명으로 옳지 않은 것은?

① 사용자가 시스템 카탈로그를 직접 갱신할 수 있다.
② 일반 질의어를 이용해 내용을 검색할 수 있다.
③ DBMS가 스스로 생성하고, 유지하는 데이터베이스 내의 특별한 테이블의 집합체이다.
④ 데이터베이스 스키마에 대한 정보를 제공한다.

20. 다음 설명이 의미하는 것은?

> It is a collection of meta-data describing the structure and constraint of a database. It defines data entities, attributes, relations, and constraints on data manipulation.

① DBMS
② Schema
③ Transaction
④ Domain

2015년 1회 1과목 : 데이터베이스

1. 다음 SQL문의 실행결과를 가장 올바르게 설명한 것은?

```
DROP TABLE 인사 CASCADE;
```

① 인사 테이블을 제거한다.
② 인사 테이블을 참조하는 테이블과 인사테이블을 제거한다.
③ 인사 테이블이 참조중이면 제거하지 않는다.
④ 인사 테이블을 제거할 지의 여부를 사용자에게 다시 질의한다.

2. Which of the following does not belong to the DDL statement of SQL?

① CREATE ② DELETE
③ DROP ④ ALTER

3. Which of the following is a linear list in that elements are accessed, created and deleted in a last-in-first-out order?

① Queue ② Graph
③ Stack ④ Tree

4. 시스템 카탈로그에 대한 설명으로 옳지 않은 것은?

① 시스템 카탈로그는 DBMS가 스스로 생성하고 유지하는 데이터베이스 내의 특별한 테이블들의 집합체이다.
② 일반 사용자도 시스템 카탈로그의 내용을 검색할 수 있다.
③ 시스템 카탈로그 내의 각 테이블은 DBMS에서 지원하는 개체들에 관한 정보를 포함한다.
④ 시스템 카탈로그에 대한 갱신은 데이터베이스의 무결성 유지를 위하여 사용자가 직접 갱신해야 한다.

5. 릴레이션 R1에 저장된 튜플이 릴레이션 R2에 있는 튜플을 참조하려면 참조되는 튜플이 반드시 R2에 존재해야 한다는 무결성 규칙은?

① 개체 무결성 규칙(Entity Integrity Rule)
② 참조 무결성 규칙(Referential Integrity Rule)
③ 영역 무결성 규칙(Domain Integrity Rule)
④ 트리거 규칙 (Trigger Rule)

6. 데이터베이스의 정의 중 다음 설명과 관계되는 것은?

조직에서 그 고유의 기능을 수행하기 위해 반드시 유지해야 할 데이터가 있다. 조직의 존재 목적이나 기능을 수행하는데 없어서는 안 될 데이터의 집합이다.

① Integrated Data
② Stored Data
③ Operational Data
④ shared Data

7. 정규화의 필요성으로 거리가 먼 것은?

① 데이터 구조의 안정성 최대화
② 중복 데이터의 활성화
③ 수정, 삭제 시 이상현상의 최소화
④ 테이블 불일치 위험의 최소화

8. 해싱에서 동일함 홈 주소로 인하여 충돌이 일어난 레코드들의 집합을 의미하는 것은?

① Overflow
② Bucket
③ Synonym
④ Collision

9. 트랜잭션의 연산은 데이터베이스에 모두 반영되든지 아니면 전혀 반영되지 않아야 한다는 트랜잭션의 특징은?

① Consistency
② Isolation
③ Atomicity
④ Durability

10. 데이터 중복으로 인해 릴레이션 조작 시 예상하지 못한 곤란한 현상이 발생한다. 이를 무엇이라고 하는가?

① normalization
② degree
③ cardinality
④ anomaly

11. 데이터베이스의 물리적 설계 옵션 선택 시 고려 사항으로 거리가 먼 것은?

① 스키마의 평가
② 응답시간
③ 저장 공간의 효율화
④ 트랜잭션 처리도(throughput)

12. 순서가 A, B, C, D 로 정해진 입력 자료를 스택에 입력하였다가 출력한 결과로 가능한 것이 아닌 것은? (단, 왼쪽부터 먼저 출력된 순서이다.)

① D, C, B, A
② D, A, B, C
③ A, B, C, D
④ C, B, A, D

13. 다음 자료를 버블 정렬을 이용하여 오름차순으로 정렬할 경우 PASS 3의 결과는?

9, 6, 7, 3, 5

① 6, 3, 5, 7, 9
② 3, 5, 6, 7, 9
③ 6, 7, 3, 5, 9
④ 3, 5, 9, 6, 7

14. 관계 대수 및 관계 해석에 대한 설명으로 옳지 않은 것은?

① 관계 해석은 원하는 정보와 그 정보를 어떻게 유도하는가를 기술하는 절차적인 특성을 지닌다.
② 관계 해석과 관계 대수는 관계 데이터베이스를 처리하는 기능과 능력 면에서 동등하다.
③ 관계 해석은 원래 수학의 프레디킷 해석에 기반을 두고 있다.
④ 관계 대수는 릴레이션을 처리하기 위한 연산의 집합으로 피연산자가 릴레이션이고 결과도 릴레이션이다.

15. 병행제어의 로킹(Locking) 단위에 대한 설명으로 옳지 않은 것은?

① 데이터베이스, 파일, 레코드 등은 로킹 단위가 될 수 있다.
② 로킹 단위가 작아지면 로킹 오버헤드가 증가한다.
③ 한꺼번에 로킹할 수 있는 단위를 로킹 단위라고 한다.
④ 로킹 단위가 작아지면 병행성 수준이 낮아진다.

16. 개체-관계 모델의 E-R 다이어그램에서 사용되는 기호와 그 의미의 연결이 옳지 않은 것은?

① 사각형 - 개체 타입
② 삼각형 - 속성
③ 선(링크) - 연결
④ 마름모 - 관계 타입

17. 다음 트리를 Preorder 운행법으로 운행할 경우 다섯 번째로 탐색되는 것은?

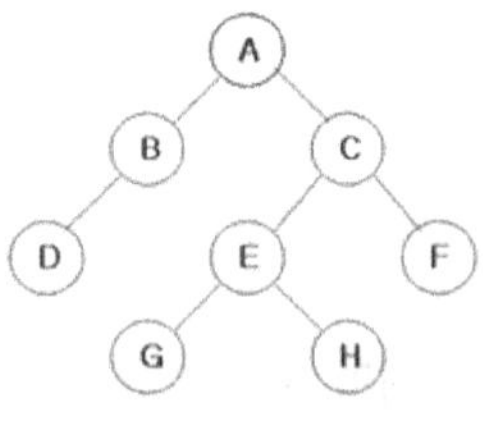

① C
② E
③ G
④ H

18. 릴레이션의 특징으로 적합하지 않은 것은?

① 중복된 튜플이 존재하지 않는다.
② 튜플 간의 순서는 별다른 의미를 가지지 않는다.
③ 속성 간의 순서는 존재하며 중요한 의미를 갖는다.
④ 모든 속성 값은 원자 값을 갖는다.

19. 데이터베이스의 특성으로 옳지 않은 것은?

① 질의에 대하여 실시간 처리 및 응답이 가능하도록 지원해 준다.
② 삽입, 삭제, 갱신으로 항상 최신의 데이터를 유지한다.
③ 다수의 사용자가 동시에 이용할 수 있다.
④ 데이터 참조 시 데이터 값에 의해서는 참조될 수 없으므로 위치나 주소에 의하여 데이터를 찾는다.

20. 스키마, 도메인, 테이블을 정의할 때 사용되는 SQL 문은?

① SELECT　　② UPDATE
③ MAKE　　④ CREATE

2015년 2회 1과목 : 데이터베이스

1. 다음 자료에 대하여 삽입(insertion) 정렬 기법을 사용하여 오름차순으로 정렬하고자 한다. 1회전 후의 결과는?

5, 4, 3, 2, 1

① 4, 3, 2, 1, 5　② 3, 4, 5, 2, 1
③ 4, 5, 3, 2, 1　④ 1, 2, 3, 4, 5

2. What is the quantity of tuples in consist of the relation?

① Degree　② Instance
③ Domain　④ Cardinality

3. 병행제어 기법 중 로킹(Locking) 기법에 대한 설명으로 옳지 않은 것은?

① 로킹의 대상이 되는 객체의 크기를 로킹 단위라고 한다.
② 로킹 단위가 작아지면 병행성 수준이 높아진다.
③ 로킹 단위가 커지면 로킹 오버헤드가 증가한다.
④ 데이터베이스도 로킹 단위가 될 수 있다.

4. 데이터베이스 설계 순서로 옳은 것은?

① 요구 조건 분석→개념적 설계→논리적 설계→물리적 설계→구현
② 요구 조건 분석→논리적 설계→개념적 설계→물리적 설계→구현
③ 요구 조건 분석→논리적 설계→물리적 설계→개념적 설계→구현
④ 요구 조건 분석→개념적 설계→물리적 설계→논리적 설계→구현

5. 어떤 릴레이션 R에서 X와 Y를 각각 R의 속성 집합의 부분 집합이라고 할 경우 속성 X의 값 각각에 대해 시간에 관계없이 항상 속성 Y의 값이 오직 하나만 연관되어 있을 때 Y는 X에 함수적 종속이라고 한다. 이를 기호로 옳게 표기한 것은?

① $Y \rightarrow X$　② $Y \subset X$
③ $X \rightarrow Y$　④ $X \subset Y$

6. 데이터베이스의 특성으로 옳지 않은 것은?

① 실시간 접근성
② 동시 공용
③ 계속적인 변화
④ 주소에 의한 참조

7. 데이터 모델의 구성 요소 중 데이터베이스에 표현된 개체 인스턴스를 처리하는 작업에 대한 명세로서 데이터베이스를 조작하는 기본 도구에 해당하는 것은?

① Operation
② Constraint
③ Structure
④ Relationship

8. DBMS의 필수 기능 중 모든 응용프로그램들이 요구하는 데이터 구조를 지원하기 위해 데이터베이스에 저장될 데이터의 타입과 구조에 대한 정의, 이용방식, 제약조건 등을 명시하는 것은?

① Manipulation 기능
② Definition 기능
③ Control 기능
④ procedure 기능

9. 다음 트리의 중위 순회 결과는?

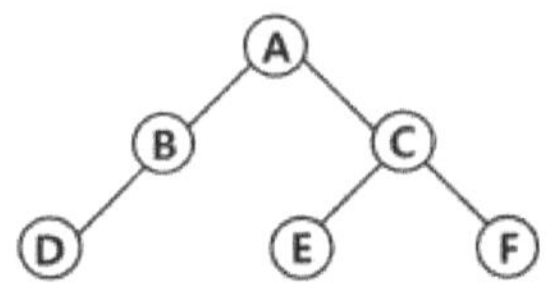

① A B D C E F
② D B A E C F
③ A B C D E F
④ D B E F C A

10. 시스템 카탈로그에 대한 설명으로 옳지 않은 것은?

① 시스템 카탈로그는 DBMS가 스스로 생성하고 유지하는 데이터베이스 내의 특별한 테이블들의 집합체이다.
② 일반 사용자도 SQL을 이용하여 시스템 카탈로그를 직접 갱신할 수 있다.
③ 데이터베이스 구조가 변경될 때마다 DBMS는 자동적으로 시스템 카탈로그 테이블들의 행을 삽입, 삭제, 수정한다.
④ 시스템 카탈로그는 데이터베이스 구조에 관한 메타 데이터를 포함한다.

11. 병행제어의 목적으로 옳지 않은 것은?

① 시스템 활용도 최대화
② 사용자에 대한 응답시간 최소화
③ 데이터베이스 공유 최소화
④ 데이터베이스 일관성 유지

12. 정규화에 관한 설명으로 옳지 않은 것은?

① 릴레이션 R의 도메인들의 값이 원자 값만을 가지면 릴레이션 R은 제1정규형에 해당된다.

② 정규화는 차수가 높아질수록(제1정규형→제5정규형) 만족시켜야 할 제약조건이 많아진다.

③ 릴레이션 R이 제1정규형물 만족하면서, 키가 아닌 모든 기본 키에 완전 함수 종속이면 릴레이션 R은 제2정규형에 해당된다.

④ 릴레이션 R이 제2정규형을 만족하고 , 결정자이면서 후보 키가 아닌 것을 제거하면 제3정규형에 해당된다.

13. 릴레이션의 특징으로 옳은 내용 모두를 나열한 것은?

㉠ 모든 튜플은 서로 다른 값을 갖는다.	㉡ 각 속성은 릴레이션 내에서 유일한 이름을 가진다.
㉢ 하나의 릴레이션에서 튜플의 순서는 없다.	㉣ 모든 속성 값은 원자 값이다.

① ㉢, ㉣
② ㉡, ㉢, ㉣
③ ㉠, ㉡, ㉣
④ ㉠, ㉡, ㉢, ㉣

14. 다음 설명에 해당하는 스키마는?

> 물리적 저장 장치의 입장에서 본 데이터베이스 구조로서 실제로 데이터베이스에 저장될 레코드의 형식을 정의하고 저장 데이터 항목의 표현 방법, 내부 레코드의 물리적 순서 등을 나타낸다.

① conceptual schema
② internal schema
③ external schema
④ definition schema

15. 관계해석에 대한 설명으로 옳지 않은 것은?

① 수학의 프레디킷 해석에 기반을 두고 있다.

② 관계 데이터 모델의 제안자인 코드(Codd)가 관계 데이터베이스에 적용할 수 있도록 설계하여 제안하였다.

③ 튜플 관계해석과 도메인 관계해석이 있다.

④ 원하는 정보와 그 정보를 어떻게 유도하는가를 기술하는 절차적 특성을 가진다.

16. 순서가 A, B, C, D로 정해진 입력 자료를 스택에 입력하였다가 출력할 때, 가능한 출력 순서의 결과가 아닌 것은?

① D, A, B, C
② A, B, C, D
③ A, B, D, C
④ B, C, D, A

17. 다음은 무엇에 대한 설명인가?

It is a minimal subset of attributes in a relation which uniquely identifies each tuple in the relation. It is designated as the primary.

① Super Key
② Foreign Key
③ Alternative Key
④ Candidate Key

18. 뷰에 대한 설명으로 옳지 않은 것은?

① 뷰는 삽입, 삭제, 갱신 연산에 제약사항이 따른다.
② 뷰는 데이터 접근 제어로 보안을 제공한다.
③ 뷰는 물리적으로 구현되는 테이블이다.
④ 뷰는 데이터의 논리적 독립성을 제공한다.

19. 트랜잭션의 특징 중 트랜잭션이 일단 완료되면 그 후에 어떤 형태로 시스템이 고장 나더라도 트랜잭션의 결과는 잃어버리지 않고 지속되는 것은?

① Isolation
② Durability
③ Consistency
④ Automatic

20. 파일조직 기법 중 순차파일에 대한 설명으로 옳지 않은 것은?

① 파일 탐색 시 효율이 우수하며, 대화형 처리에 적합하다.
② 레코드가 키 순서대로 편성되어 취급이 용이하다.
③ 연속적인 레코드의 저장에 의해 레코드 사이에 빈 공간이 존재하지 않으므로 기억장치의 효율적인 이용이 가능하다.
④ 필요한 레코드를 삽입, 삭제, 수정하는 경우 파일을 재수강해야 하므로 파일 전체를 복사해야 한다.

2015년 3회 1과목 : 데이터베이스

1. DBMS의 필수 기능 중 데이터베이스를 접근하여 데이터의 검색, 삽입, 삭제, 갱신 등의 연산 작업을 위한 사용자와 데이터베이스 사이의 인터페이스 수단을 제공하는 기능은?

① 정의 기능　　② 조작 기능
③ 제어 기능　　④ 절차 기능

2. 다음 그림에서 트리의 차수(degree of tree)는?

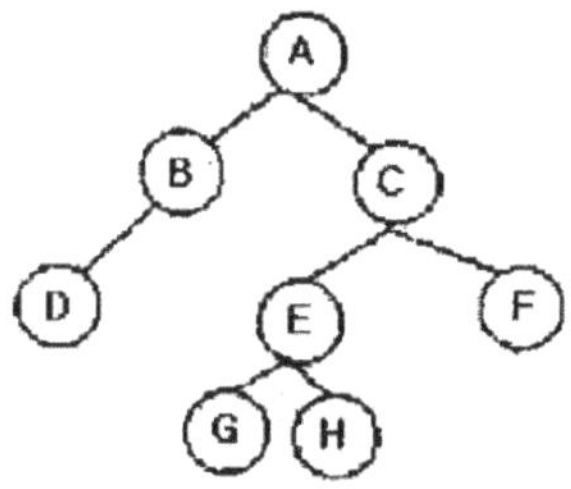

① 1　　② 2
③ 4　　④ 8

3. 데이터베이스에서 널(null) 값에 대한 설명으로 옳지 않은 것은?

① 아직 모르는 값을 의미한다.
② 아직 알려지지 않은 값을 의미한다.
③ 공백이나 0(zero)과 같은 의미이다.
④ 정보 부재를 나타내기 위해 사용한다.

4. 데이터 모델의 구성 요소 중 데이터베이스에 표현될 대상으로서의 개체 타입과 개체 타입들 간의 관계를 기술한 것은?

① structure　　② operations
③ constraints　　④ mapping

5. 관계대수에 대한 설명으로 옳지 않은 것은?

① 원하는 릴레이션을 정의하는 방법을 제공하며 비절차적 언어이다.
② 릴레이션 조작을 위한 연산의 집합으로 피연산자와 결과가 모두 릴레이션이다.
③ 일반 집합 연산과 순수 관계 연산으로 구분된다.
④ 질의에 대한 해를 구하기 위해 수행해야 할 연산의 순서를 명시한다.

6. Which of the following is not a property of the transaction to ensure integrity of the data?

① isolation　② autonomy
③ durability　④ consistency

7. What are general configuration of indexed sequential file?

① Index area, Mark area, Overflow area　② Index area, Prime area, Overflow area
③ Index area, Mark area, Excess area　④ Index area, Prime area, Mark area

8. 데이터베이스에서 하나의 논리적 기능을 수행하기 위한 작업의 단위 또는 한꺼번에 모두 수행되어야 할 일련의 연산들을 의미하는 것은?

① 뷰　② 트랜잭션
③ 튜플　④ 카디널리티

9. 다음 문장의 ( )안 내용으로 공통 적용될 수 있는 가장 적절한 내용은 무엇인가?

관계형 데이터 모델에서 한 릴레이션의 ( )는 참조되는 릴레이션의 기본키와 대응되어 릴레이션 간에 참조 관계를 표현하는데 사용되는 중요한도구이다. ( )를 포함하는 릴레이션이 참조하는 릴레이션이 되고, 대응되는 기본 키를 포함하는 릴레이션이 참조 릴레이션이 된다.

① 후보 키(candidate key)　② 대체 키(alternate key)
③ 외래 키(foreign key)　④ 수퍼 키(super key)

10. 로킹(Locking)에 대한 설명으로 옳지 않은 것은?

① 로킹의 대상이 되는 객체의 크기를 로킹 단위라고 한다.
② 로킹의 단위가 작아지면 로킹 오버헤드가 증가한다.
③ 파일은 로킹 단위가 될 수 있지만 레코드는 로킹 단위가 될 수 없다.
④ 로킹의 단위가 커지면 데이터베이스 공유도가 저하한다.

11. 릴레이션의 특징으로 거리가 먼 것은?

① 모든 튜플은 서로 다른 값을 갖는다.
② 모든 속성 값은 원자 값이다.
③ 각 속성의 명칭은 중복 가능하며, 속성의 순서는 큰 의미가 있다.
④ 튜플 사이에는 순서가 없다.

12. 다음 자료를 버블 정렬을 이용하여 오름차순으로 정렬할 경우 PASS 2의 결과는?

9, 6, 7, 3, 5

① 3, 5, 6, 7, 9　② 6, 7, 3, 5, 9
③ 3, 5, 9, 6, 7　④ 6, 3, 5, 7, 9

13. 시스템 카탈로그(System Catalog)에 대한 옳은 설명 모두를 나열한 것은?

㉠ 데이터베이스에 포함되는 모든 데이터 객체에 대한 정의나 명세에 관한 정보를 유지 관리한다. ㉡ DBMS가 스스로 생성하고 유지하는 데이터베이스 내의 특별한 테이블의 집합체이다. ㉢ 카탈로그에 저장된 정보를 메타 데이터(Meta-Data)라고도 한다. ㉣ 시스템 카탈로그의 갱신은 무결성 유지를 위하여 SQL을 이용하여 사용자가 직접 갱신하여야 한다.

① ㉠　② ㉠, ㉡
③ ㉠, ㉡, ㉢　④ ㉠, ㉡, ㉢, ㉣

14. 데이터베이스 설계 단계 중 물리적 설계의 옵션 선택 시 고려 사항으로 거리가 먼 것은?

① 스키마의 평가 및 정제　② 응답 시간
③ 저장 공간의 효율화　④ 트랜잭션 처리도

15. 데이터베이스 정의에 해당되는 내용을 모두 나열한 것은?

㉠ Shard Data	㉡ Distributed Data	㉢ Stored Data	㉣ Operational Data

① ㉠, ㉡　② ㉠, ㉡, ㉢
③ ㉠, ㉢, ㉣　④ ㉠, ㉡, ㉢, ㉣

16. 속성(attribute)에 대한 설명으로 옳지 않은 것은?

① 속성은 개체의 특성을 기술한다.
② 속성은 데이터베이스를 구성하는 가장 작은 논리적 단위이다.
③ 속성은 파일 구조상 데이터 항목 또는 데이터 필드에 해당된다.
④ 속성의 수를 “cardinality” 라고 한다.

17. 해싱에서 동일한 홈 주소로 인하여 충돌이 일어나는 경우를 무엇이라고 하는가?

① Synonym　② Collision
③ Bucket　④ Overflow

18. 병행제어의 목적으로 옳지 않은 것은?

① 시스템 활용도를 최대화하기 위함이다.
② 데이터베이스 공유도를 최대화하기 위함이다.
③ 사용자에 대한 응답시간을 최대화하기 위함이다.
④ 데이터베이스의 일관성을 유지하기 위함이다.

19. 다음 트리에 대한 중위 순회 운행 결과는?

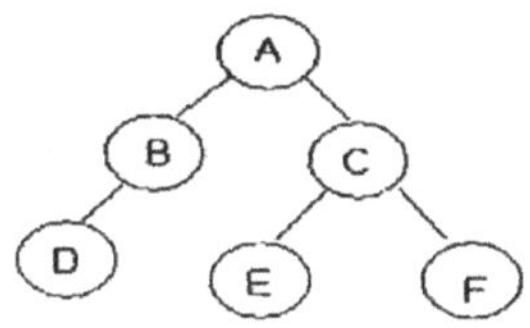

① A B D C E F
② A B C D E F
③ D B E C F A
④ D B A E C F

20. 3NF에서 BCNF가 되기 위한 조건은?

① 이행적 함수 종속 제거
② 부분적 함수 종속 제거
③ 다치 종속 제거
④ 결정자이면서 후보 키가 아닌 것 제거

2016년 1회　　1과목 : 데이터베이스

1. 이행적 함수 종속 관계를 의미하는 것은?

① A→B이고 B→C 일 때, A→C를 만족하는 관계
② A→B이고 B→C 일 때, C→A를 만족하는 관계
③ A→B이고 B→C 일 때, B→A를 만족하는 관계
④ A→B이고 B→C 일 때, C→B를 만족하는 관계

2. 다음 SQL 질의를 관계 대수식으로 표현 하면? (단, P는 WHERE 조건절)

SELECT A, FROM R, WHERE P

① $\pi R_1(\sigma P(A_1))$　② $\sigma A_1(\pi P(R_1))$
③ $\pi A_1(\sigma P(R_1))$　④ $\sigma R_1(\pi P(A_1))$

3. DML에 해당하는 SQL 명령으로만 짝지어진 것은?

① DELETE, UPDATE, CREATE, ALTER
② INSERT, DELETE, UPDATE, DROP
③ SELECT, INSERT, DELETE, UPDATE,
④ SELECT, INSERT, DELETE, ALTER

4. Which is the design step of database correctly?

① Requirement Formulation → Conceptual Schema → Physical Schema → Logical Schema
② Logical Schema → Requirement Formulation → Conceptual Schema → Physical Schema
③ Requirement Formulation → Conceptual Schema → Logical Schema → Physical Schema
④ Logical Schema → Requirement Formulation → Physical Schema → Conceptual Schema

5. **다음 트리를 후위 순회(Post Traversal)할 경우 가장 마지막에 탐색 되는 것은?**

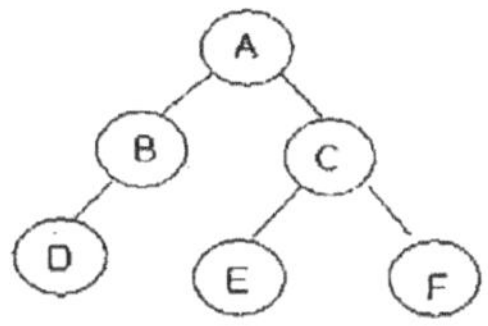

① A　　② D
③ E　　④ F

6. **데이터베이스의 특성으로 옳은 내용 모두를 나열한 것은?**

㉠ 실시간 접근성	㉡ 계속적인 변화	㉢ 동시 공용	㉣ 내용에 의한 참조

① (ㄱ)　　② (ㄴ), (ㄷ)
③ (ㄱ), (ㄷ), (ㄹ)　　④ (ㄱ), (ㄴ), (ㄷ), (ㄹ)

7. **릴레이션의 특징으로 옳지 않은 것은?**

① 한 릴레이션에 포함된 튜플 사이에는 순서가 없다.
② 속성의 값은 논리적으로 더 이상 쪼갤 수 없는 원자 값이다.
③ 한 릴레이션에 포함된 튜플들은 모두 상이하다.
④ 한 릴레이션을 구성하는 속성들 사이의 순서는 존재하며, 중요한 의미를 가진다.

8. **병행제어의 목적으로 옳지 않은 것은?**

① 사용자에 대한 응답시간 최소화
② 시스템 활용도 최대화
③ 데이터베이스 일관성 유지
④ 데이터베이스 공유도 최소화

9. **데이터 모델에 대한 다음 설명 중 ( ) 안에 들어갈 내용으로 가장 타당한 것은?**

데이터 모델은 일반적으로 3가지 구성 요소를 포함하고 있다. 첫째, 논리적으로 표현된 데이터 구조, 둘째, 이 구조에서 허용될 수 있는 연산, 셋째, 이 구조와 연산에서의 (　)에 대한 명세를 기술한 것이다,

① 개체　　② 속성
③ 도메인　　④ 제약조건

10. 개체 - 관계 모델에 대한 설명으로 옳지 않은 것은?

① 오너 - 멤버(Owner-Member) 관계라고도 한다.
② 개체 타입과 이들 간의 관계 타입을 기본 요소로 이용하여 현실 세계를 개념적으로 표현한다.
③ E-R 다이어그램에서 개체 타입은 사각형으로 나타낸다.
④ E-R 다이어그램에서 속성은 타원으로 나타낸다.

11. 스택의 자료 삭제 알고리즘이다. ( ) 안 내용으로 가장 적합한 것은? (단, Top: 스택포인터, S: 스택의 이름)

```
If Top = 0
        Then (     )
Else
        {
                remove S(Top)
                Top = Top-1
        }
```

① Overflow　　② Top = Top+1
③ Underflow　　④ Top = Top-2

12. DBMS의 필수기능 중 사용자와 데이터베이스 사이의 인터페이스 수단을 제공하는 기능은?

① Definition 기능　　② Control 기능
③ Manipulation 기능　　④ Strategy 기능

13. SQL 구문에서 "having" 절은 반드시 어떤 구문과 사용되어야 하는가?

① GROUP BY　　② ORDER BY
③ UPDATE　　④ JOIN

14. 순차 파일에 대한 설명으로 옳지 않은 것은?

① 파일 탐색 효율이 우수하며, 접근 시간 및 응답 시간이 빠르기 때문에 대화형 처리에 적합하다.
② 연속적인 레코드의 저장에 의해 레코드 사이에 빈 공간이 존재하지 않으므로 기억장치의 효율적인 이용이 가능하다.
③ 필요한 레코드를 삽입, 삭제, 수정하는 경우 파일을 재구성해야 하므로 파일 전체를 복사해야 한다.
④ 어떤 형태의 입출력 매체에서도 처리가 가능하다.

15. 트랜잭션은 자기의 연산에 대하여 전부(All)또는 전무(Nothing) 실행만이 존재하며, 일부 실행으로는 트랜잭션의 기능을 가질 수 없다는 트랜잭션의 특성은?

① consistency ② atomicity
③ isolation ④ durability

16. 로킹(Locking) 단위에 대한 설명으로 옳은 것은?

① 로킹 단위가 크면 병행성 수준이 낮아진다.
② 로킹 단위가 크면 병행 제어 기법이 복잡해진다.
③ 로킹 단위가 작으면 로크(lock)의 수가 적어진다.
④ 로킹은 파일 단위로 이루어지며, 레코드 또는 필드는 로킹 단위가 될 수 없다.

17. 관계 데이터 모델에서 릴레이션(Relation)에 포함되어 있는 튜플(Tuple)의 수를 무엇이라고 하는가?

① Degree ② Cardinality
③ Attribute ④ Cartesian product

18. 다음 초기 자료에 대하여 삽입 정렬(Insertion Sort)을 이용하여 오름차순 정렬한 경우 1회전후의 결과는?

초기 자료 : 8, 3, 4, 9, 7

① 3, 4, 8, 7, 9 ② 3, 4, 9 ,7, 8
③ 7, 8, 3, 4, 9 ④ 3, 8, 4, 9, 7

19. 관계 데이터베이스의 정규화에 대한 설명으로 옳지 않은 것은?

① 정규화를 거치지 않으면 여러 가지 상이한 종류의 정보를 하나의 릴레이션으로 표현하여 그 릴레이이션을 조작할 때 이상(Anomaly) 현상이 발생할 수 있다.
② 정규화의 목적은 각 릴레이션에 분산된 종속성을 하나의 릴레이션에 통합 하는 것이다.
③ 이상(Anomaly) 현상은 데이터들 간에 존재하는 함수 종속이 하나의 원인이 될 수 있다.
④ 정규화가 잘못되면 데이터의 불필요한 중복이 야기되어 릴레이션을 조작할 때 문제가 발생할 수 있다.

20. 다음 그림에서 트리의 차수(degree)는?

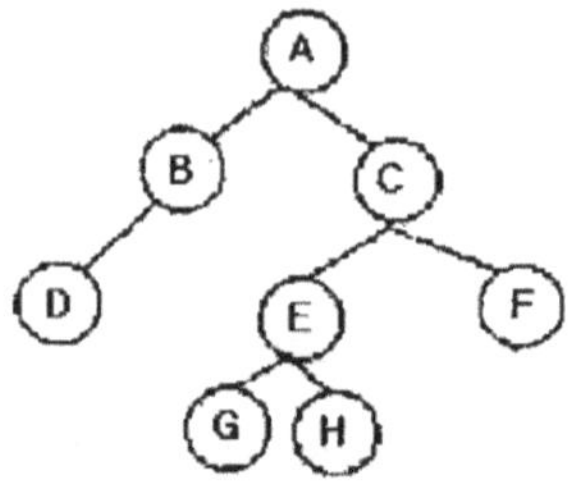

① 1 ② 2
③ 3 ④ 4

2016년 2회　　1과목 : 데이터베이스

1. 뷰(View)에 대한 설명 중 옳은 내용으로만 나열한 것은?

> ⓐ 뷰는 저장장치 내에 물리적으로 존재한다.
> ⓑ 뷰가 정의된 기본 테이블이 삭제되더라도 뷰는 자동적으로 삭제되지 않는다.
> ⓒ DBA는 보안 측면에서 뷰를 활용할 수 있다.
> ⓓ 뷰로 구성된 내용에 대한 삽입, 삭제, 갱신 연산에는 제약이 따른다.

① ⓐ, ⓑ, ⓒ, ⓓ　　② ⓐ, ⓒ, ⓓ
③ ⓑ, ⓓ　　④ ⓒ, ⓓ

2. 아래 그림에서 트리의 차수(degree)를 구하면?

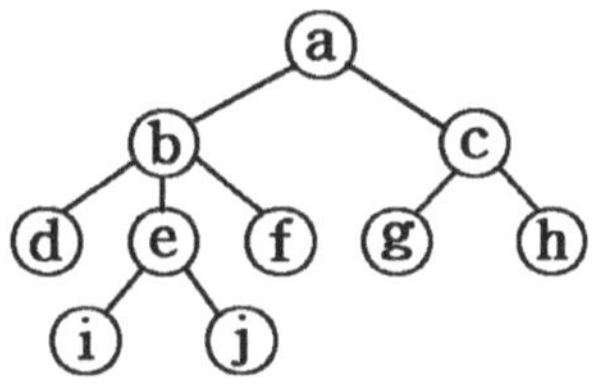

① 2　　② 3
③ 4　　④ 5

3. 다음은 무엇에 대한 설명인가?

> It defines the overall logical structure of the database. It is a description of all the data items used by the application programs or users and only one it can exist per database.

① Internal Schema　　② External Schema
③ Foreign Schema　　④ Conceptual Schema

4. 다음 트리의 터미널 노드 수는?

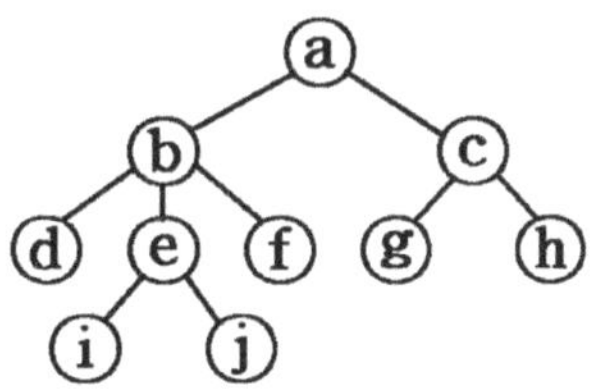

① 2　　② 4
③ 6　　④ 10

5. 스택 알고리즘에서 T 가 스택 포인터이고, m이 스택의 길이일 때, 서브루틴 "AA"가 처리해야 하는 것은?

```
T ← T+1
if T 〉 m then goto AA
else STACK(T) ← item
```

① 오버플로우 처리
② 언더플로우 처리
③ 삭제 처리
④ 삽입 처리

6. 해싱에서 동일한 홈 주소로 인하여 충돌이 일어난 레코드들의 집합을 의미하는 것은?

① Synonym
② Collision
③ Bucket
④ Overflow

7. 다음 자료에 대하여 "selection sort"를 사용하여 오름차순으로 정렬할 경우 PASS 1의 결과는?

초기 상태 : 8, 3, 4, 9, 7

① 3, 4, 8, 7, 9
② 3, 4, 7, 9, 8
③ 3, 4, 7, 8, 9
④ 3, 8, 4, 9, 7

8. SQL에서 DELETE 명령에 대한 설명으로 옳지 않은 것은?

① 테이블의 행을 삭제할 때 사용한다.
② WHERE 조건절이 없는 DELETE 명령을 수행하면 DROP TABLE 명령을 수행했을 때와 같은 효과를 얻을 수 있다.
③ SQL을 사용 용도에 따라 분류할 경우 DML에 해당한다.
④ 기본 사용 형식은 "DELETE FROM 테이블 [WHERE 조건];"이다.

9. 로킹(Locking) 기법에 대한 설명으로 옳지 않은 것은?

① 로킹의 대상이 되는 객체의 크기를 로킹 단위라고 한다.
② 로킹 단위가 작아지면 병행성 수준이 낮아진다.
③ 데이터베이스도 로킹 단위가 될 수 있다.
④ 로킹 단위가 커지면 로크 수가 작아 로킹 오버헤드가 감소한다.

10. 병행제어의 목적으로 옳지 않은 것은?

① 시스템 활용도 최대화
② 데이터베이스 공유도 최대화
③ 데이터베이스 일관성 유지
④ 사용자에 대한 응답시간 최대화

11. 일련의 연산 집합으로 데이터베이스의 상태를 변환시키기 위하여 논리적 기능을 수행하는 하나의 작업 단위는?

① 도메인　　② 트랜잭션
③ 모듈　　④ 프로시저

12. STUDENT 테이블에 독일어과 학생 50명, 중국어과 학생 30명, 영어영문학과 학생 50명의 정보가 저장되어 있을 때, 다음 SQL 문의 실행 결과 튜플 수는? (단, DEPT 컬럼은 학과명)

```
ⓐ SELECT DEPT FROM STUDENT;
ⓑ SELECT DISTINCT DEPT FROM STUDENT;
```

① ⓐ 3 ⓑ 3　　② ⓐ 50 ⓑ 3
③ ⓐ 130 ⓑ 3　　④ ⓐ 130 ⓑ 130

13. SQL언어의 데이터 정의어(DDL)에 해당되지 않는 것은?

① CREATE　　② ALTER
③ SELECT　　④ DROP

14. 관계 데이터베이스 모델에서 차수(Degree)의 의미는?

① 튜플의 수　　② 테이블의 수
③ 데이터베이스의 수　　④ 애트리뷰트의 수

15. 정규화의 목적으로 옳지 않은 것은?

① 어떠한 릴레이션이라도 데이터베이스 내에서 표현 가능하게 만든다.
② 중복을 배제하여 삽입, 삭제, 갱신 이상의 발생을 도모한다.
③ 데이터 삽입 시 릴레이션을 재구성할 필요성을 줄인다.
④ 효과적인 검색 알고리즘을 생성할 수 있다.

16. 선형 구조가 아닌 것은?

① 스택　　② 트리
③ 큐　　④ 연결 리스트

17. 중위 표기법(infix)의 수식 (A+B)*C+(D+E)을 후위 표기법(postfix)으로 옳게 표기한 것은?

① AB+CDE*++　　② AB+C*DE++
③ +AB*C+DE+　　④ +*+ABC+DE

18. 다음은 관계 대수의 수학적 표현식이다. 해당되는 연산은?

$R \times S = \{r's \mid r \in R \wedge s \in S\}$
$r = \langle a_1, a_2 \cdots, a_n \rangle, s = \langle b_1, b_2 \cdots, b_m \rangle$

① 합집합 ② 교집합
③ 차집합 ④ 카티션 프로덕트

19. 데이터베이스에서 사용되는 널(NULL)에 대한 설명으로 가장 적절한 것은?

① 널(NULL)은 비어 있다는 뜻으로 기본값 “A”를 가진다.
② 널(NULL)은 Space 값을 나타낸다.
③ 널(NULL)은 Zero 값을 나타낸다.
④ 널(NULL)은 공백(space)도, 영(zero)도 아닌 부재 정보(missing information)를 나타낸다.

20. 트랜잭션의 특성 중 다음 설명에 해당하는 것은?

트랜잭션의 연산은 데이터베이스에 모두 반영되든지 아니면 전혀 반영되지 않아야 한다.

① Durability ② Isolation
③ Consistency ④ Atomicity

2017년 1회 1과목 : 데이터베이스

1. 다음 관계대수 중 순수 관계연산자가 아닌 것은?

① 차집합(difference) ② 프로젝트(project)
③ 조인(join) ④ 디비전(division)

2. 다음 SQL문 실행결과는? (※ 시험기관 출제 오류 문제입니다.)

```
SELECT A.학번, A.이름, B.학점
FROM 학생 A, 성적 B
WHERE A.학번 = B.학번 AND B.과목이름 = "DB"
```

[학생 테이블]

학번	이름	학년	학과	주소
1000	김철수	1	전산	서울
2000	고영준	1	전기	경기
3000	유진호	2	전자	경기
4000	김영진	2	전산	경기
5000	정현영	3	전자	서울

[성적 테이블]

학번	과목번호	과목이름	학점	점수
1000	A100	자료구조	A	91
2000	A200	DB	A+	99
3000	A100	자료구조	B+	88
3000	A200	DB	B	85
4000	A200	DB	A	94
4000	A300	운영체제	B+	89
5000	A300	운영체제	B	88

①

학번	이름	학점
3000	유진호	B
4000	김영진	A

②

학번	이름	학점
2000	고영준	A+
3000	유진호	B
5000	정현영	B

③

학번	이름	학점
2000	고영준	A+
3000	유진호	B

④

학번	이름	학점
2000	고영준	A+
3000	유진호	B
4000	김영진	A

3. 후위 표기식이 다음과 같을 때 연산 결과는? (※ 시험기관 출제 오류 문제입니다.)

```
4 2 4 * + 2 / 3 +
```

① 6 ② 9
③ 12 ④ 16

4. 뷰에 대한 설명으로 틀린 것은?

① 뷰에 대한 사용자의 권한을 제한할 수 있다.
② 뷰 테이블에 행이나 열을 추가할 때에는 ALTER 문을 사용하여야 한다.
③ 뷰는 다른 뷰를 대상으로 설정될 수 있다.
④ 뷰 테이블은 물리적으로 구현된 것은 아니다.

5. 깊이가 5인 이진트리에서 가질 수 있는 최대 노드 수는?

① 25
② 31
③ 35
④ 42

6. 로킹기법에서 2단계 로킹 규약에 대한 설명으로 옳은 것은?

① 트랜잭션은 lock만 수행할 수 있고, unlock은 수행할 수 없는 확장단계가 있다.
② 트랜잭션이 unlock과 lock을 동시에 수행할 수 있는 단계를 병렬전환 단계라 한다.
③ 한 트랜잭션이 unlock 후 다른 데이터 아이템을 lock 할 수 있다.
④ 교착상태를 일으키지 않는다.

7. 다음 설명이 의미하는 것은?

It defines how the data are physically arranged on a storage device. It describes the physical storage structure of a database as seen by a system programmer or system designer.

① Conceptual Schema
② External Schema
③ Internal Schema
④ Super Schema

8. 데이터베이스에서 개념적 설계 단계에 대한 설명으로 틀린 것은?

① 산출물로 ER-D가 만들어진다.
② DBMS에 독립적인 개념 스키마를 설계한다.
③ 트랜잭션 인터페이스를 설계한다.
④ 논리적 설계 단계의 앞 단계에서 수행된다.

9. 다음과 같이 오름차순 정렬되었을 경우 사용된 정렬 기법은?

초기 상태 : 8, 3, 4, 9, 7
1 PASS : 3, 8, 4, 9, 7
2 PASS : 3, 4, 8, 9, 7
3 PASS : 3, 4, 7, 9, 8
4 PASS : 3, 4, 7, 8, 9

① bubble sort
② selection sort
③ quick sort
④ shell sort

10. Which of the following does not belong to the DML statement of SQL?

① SELECT
② DELETE
③ CREATE
④ INSERT

11. 다음 그래프의 인접 행렬(Adjacency Matrix) 표현 시 옳은 것은?

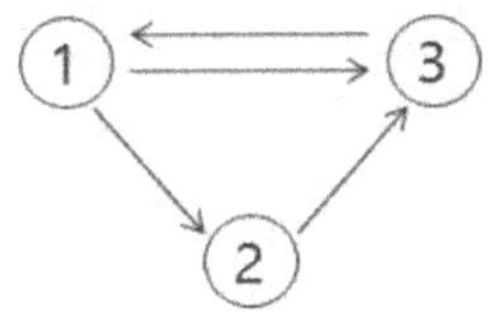

① $\begin{pmatrix} 0 & 1 & 1 \\ 0 & 0 & 1 \\ 1 & 0 & 0 \end{pmatrix}$
② $\begin{pmatrix} 0 & 1 & 1 \\ 0 & 1 & 1 \\ 1 & 0 & 0 \end{pmatrix}$
③ $\begin{pmatrix} 0 & 0 & 1 \\ 1 & 0 & 1 \\ 0 & 0 & 1 \end{pmatrix}$
④ $\begin{pmatrix} 1 & 0 & 1 \\ 0 & 1 & 1 \\ 1 & 0 & 1 \end{pmatrix}$

12. 퀵 정렬에 대한 설명으로 틀린 것은?

① 순환 알고리즘을 사용해야 하므로 스택공간을 필요로 한다.
② 첫 번째 키 만을 분할원소로 정할 수 있다.
③ 키를 기준으로 작은 값은 왼쪽에, 큰 값은 오른쪽 서브파일로 분해시키는 방식이다.
④ 최악의 시간 복잡도는 $O(n^2)$이다.

13. 데이터 모델의 종류 중 CODASYL DBTG 모델과 가장 밀접한 관계가 있는 것은?

① 계층형 데이터 모델
② 네트워크형 데이터 모델
③ 관계형 데이터 모델
④ 스키마형 데이터 모델

14. Commit과 Rollback 명령어에 의해 보장 받는 트랜잭션의 특성은?

① 병행성 ② 보안성
③ 원자성 ④ 로그

15. 시스템 카탈로그에 대한 설명으로 틀린 것은?

① 데이터베이스에 포함된 다양한 데이터 객체에 대한 정보들을 유지, 관리하기 위한 시스템 데이터베이스이다.
② 시스템 카탈로그를 데이터 사전이라고도 한다.
③ 시스템 카탈로그에 저장된 정보를 메타 데이터라고도 한다.
④ 시스템 카탈로그는 시스템을 위한 정보를 포함하는 시스템 데이터베이스이므로 일반 사용자는 내용을 검색할 수 없다.

16. 릴레이션에 대한 설명으로 옳지 않은 것은?

① 모든 튜플은 서로 다른 값을 가지고 있다.
② 하나의 릴레이션에서 튜플은 순서를 가진다.
③ 각 속성은 릴레이션 내에서 유일한 이름을 가진다.
④ 모든 속성 값은 원자 값(atomic value)을 가진다.

17. 해싱에서 충돌이 일어난 자리에서 그 다음 버킷들을 차례로 하나씩 검색하여 최초로 나오는 빈 버킷에 해당 데이터를 저장하는 방법은?

① 선형 개방 주소법 ② 재해싱
③ 임의 조사법 ④ 이차 조사법

18. 릴레이션에 R1에 속한 애튜리뷰트의 조합인 외래키를 변경하려면 이를 참조하고 있는 R2의 릴레이션의 기본키도 변경해야 하는데 이를 무엇이라 하는가?

① 정보 무결성 ② 고유 무결성
③ 키 제약성 ④ 참조 무결성

19. E-R 모델에서 다중 값 속성의 표기법은?

①  ② 
③  ④ —

20. 트랜잭션(Transaction)은 보통 일련의 연산 집합이란 의미로 사용하며 하나의 논리적 기능을 수행하는 작업의 단위이다. 트랜잭션이 가져야 할 특성으로 거리가 먼 것은?

① Atomicity ② Concurrency
③ Isolation ④ Durability

2017년 2회 1과목 : 데이터베이스

1. 트랜잭션의 특성 중 둘 이상의 트랜잭션이 동시에 병행 실행되는 경우 어느 하나의 트랜잭션 실행 중에 다른 트랜잭션의 연산이 끼어들 수 없음을 의미하는 것은?

① log ② consistency
③ isolation ④ durability

2. 조건을 만족하는 릴레이션의 수평적 부분집합으로 구성하며, 연산자의 기호는 그리스 문자 시그마(σ)를 사용하는 관계대수 연산은?

① Select ② Project
③ Join ④ Division

3. 시스템 카탈로그에 대한 설명으로 틀린 것은?

① 시스템 카탈로그의 갱신은 무결성 유지를 위하여 SQL을 이용하여 사용자가 직접 갱신하여야 한다.
② 데이터베이스에 포함되는 데이터 객체에 대한 정의나 명세에 대한 정보를 유지 관리한다.
③ DBMS가 스스로 생성하고 유지하는 데이터베이스 내의 특별한 테이블의 집합체이다.
④ 카탈로그에 저장된 정보를 메타 데이터라고도 한다.

4. 트랜잭션들을 수행하는 도중 장애로 인해 손상 된 데이터베이스를 손상되기 이전의 정상적인 상태로 복구시키는 작업은?

① Recovery ② Commit
③ Abort ④ Restart

5. 관계 해석에 대한 설명으로 틀린 것은?

① 튜플 관계 해석과 도메인 관계 해석이 있다.
② 질의에 대한 해를 구하기 위해 수행해야 할 연산의 순서를 명시해야 하는 절차적인 언어이다.
③ 릴레이션을 정의하는 방법을 제공한다.
④ 수학의 predicate calculus 에 기반을 두고 있다.

6. 어떤 릴레이션 R의 모든 조인 종속성의 만족이 R의 후보 키를 통해서만 만족된다. 이 릴레이션 R은 어떤 정규형의 릴레이션인가?

① 제 5정규형
② 제 4정규형
③ 제 3정규형
④ 보이스-코드정규형

7. Which of the following does not belong to the DML statement of SQL?

① DELETE
② ALTER
③ SELECT
④ UPDATE

8. 데이터 무결성 제약조건 중 "개체 무결성 제약" 조건에 대한 설명으로 맞는 것은?

① 릴레이션 내의 튜플들이 각 속성의 도메인에 지정 값만을 가져야 한다.
② 기본키에 속해 있는 애트리뷰트는 널 값이나 중복 값을 가질 수 없다.
③ 릴레이션은 참조할 수 없는 외래키 값을 가질 수 없다.
④ 키 속성의 모든 값들은 서로 같은 값이 없어야 한다.

9. E-R 모델의 표현 방법으로 옳지 않은 것은?

① 개체타입 : 사각형
② 관계타입 : 마름모
③ 속성 : 오각형
④ 연결 : 선

10. 병행제어의 목적으로 옳지 않은 것은?

① 시스템 활용도 최대화
② 데이터베이스 공유도 최소화
③ 사용자에 대한 응답시간 최소화
④ 데이터베이스 일관성 유지

11. 순서가 A, B, C, D로 정해진 입력 자료를 push, push, pop, push, push, pop, pop, pop 순서로 스택연산을 수행하는 경우 출력 결과는?

① B D C A
② A B C D
③ B A C D
④ A B D C

12. 다음 설명이 의미하는 것은?

It is a collection of meta-data describing the structure and constraint of a database. It defines data entities, attributes, relations, and constraints on data manipulation.

① Interface
② Schema
③ Transaction
④ Domain

13. 다음 그림에서 트리의 차수는?

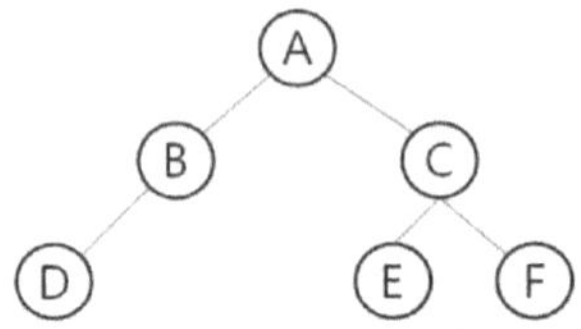

① 1 ② 2
③ 3 ④ 6

14. 사용자 X1에게 department 테이블에 대한 검색 연산을 회수하는 명령은?

① delete select on department to X1;
② remove select on department from X1;
③ revoke select on department from X1;
④ grant select on department from X1;

15. 스키마, 도메인, 테이블을 정의할 때 사용되는 SQL 문은?

① SELECT ② UPDATE
③ MAKE ④ CREATE

16. 릴레이션의 특징으로 거리가 먼 것은?

① 모든 튜플은 서로 다른 값을 갖는다.
② 모든 속성 값은 원자값이다.
③ 튜플 사이에는 순서가 없다.
④ 각 속성은 유일한 이름을 가지며, 속성의 순서는 큰 의미가 있다.

17. 데이터베이스의 물리적 설계 단계와 거리가 먼 것은?

① 저장 레코드 양식 설계 ② 레코드 집중의 분석 및 설계
③ 개념 스키마 모델링 수행 ④ 접근 경로 설계

18. 해싱에서 충돌로 인해 동일한 홈 주소를 갖는 레코드들의 집합을 의미하는 것은?

① Slot ② Bucket
③ Synonym ④ Mapping

19. 다음 트리를 Preorder 운행 법으로 운행할 경우 가장 먼저 탐색되는 것은?

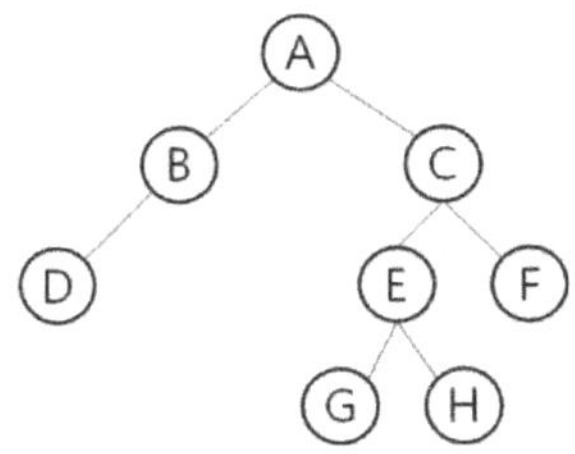

① A ② B
③ D ④ G

20. 다음 자료에 대하여 선택(Selection) 정렬을 이 용하여 오름차순으로 정렬하고자 한다. 1회전 수행 결과는?

8, 3, 4, 9, 7

① 3, 4, 7, 8, 9 ② 3, 4, 7, 9, 8
③ 3, 4, 8, 9, 7 ④ 3, 8, 4, 9, 7

2017년 3회 1과목 : 데이터베이스

1. 관계해석에 대한 설명으로 옳지 않은 것은?

① 수학의 프레디킷 해석에 기반을 두고 있다.
② 관계 데이터 모델의 제안자인 코드(Codd)가 관계 데이터베이스에 적용할 수 있도록 설계하여 제안하였다.
③ 튜플 관계해석과 도메인 관계해석이 있다.
④ 원하는 정보와 그 정보를 어떻게 유도하는가를 기술하는 절차적 특성을 가진다.

2. 색인 순차 파일에 대한 설명으로 옳지 않은 것은?

① 레코드를 참조할 때 색인을 탐색한 후 색인이 가리키는 포인터를 사용하여 직접 참조할 수 있다.
② 레코드를 추가 및 삽입하는 경우, 파일 전체를 복사할 필요가 없다.
③ 인덱스를 저장하기 위한 공간과 오버플로우 처리를 위한 별도의 공간이 필요 없다.
④ 색인 구역은 트랙 색인 구역, 실린더 색인 구역, 마스터 색인 구역으로 구성된다.

3. 뷰(VIEW)에 대한 설명으로 옳지 않은 것은?

① DBA는 보안 측면에서 뷰를 활용할 수 있다.
② 뷰 위에 또 다른 뷰를 정의할 수 있다.
③ 뷰에 대한 삽입, 갱신, 삭제 연산 시 제약 사항이 따르지 않는다.
④ 뷰의 정의는 ALTER문을 이용하여 변경할 수 없다.

4. 정규화의 목적으로 옳지 않은 것은?

① 어떠한 릴레이션이라도 데이터베이스 내에서 표현 가능하게 만든다.
② 데이터 삽입 시 릴레이션을 재구성할 필요성을 줄인다.
③ 중복을 배제하여 삽입, 삭제, 갱신 이상의 발생을 야기한다.
④ 효과적인 검색 알고리즘을 생성할 수 있다.

5. 트랜잭션들을 수행하는 도중 장애로 인해 손상된 데이터베이스를 손상되기 이전의 정상적인 상태로 복구시키는 작업은?

① Recovery ② Restart
③ Commit ④ Abort

6. 해싱함수 중 레코드 키를 여러 부분으로 나누고, 나눈 부분의 각 숫자를 더하거나 XOR한 값을 홈 주소로 삼는 방식은?

① 제산법 ② 폴딩법
③ 기수변환법 ④ 숫자분석법

7. 순서가 A, B, C, D로 정해진 입력 자료를 스택에 입력하였다가 출력할 때, 가능한 출력 순서의 결과가 아닌 것은?

① A, B, C, D ② C, D, B, A
③ D, C, A, B ④ B, C, D, A

8. 다음 설명이 의미하는 것은?

It is a collection of meta-data describing the structure and constraint of a database. It defines data entities, attributes, relations, and constraints on data manipulation.

① Data Dictionary ② Primary Key
③ Transaction ④ Schema

9. Which of the following is a linear list in that elements are accessed, created and deleted in a last-in-first-out order?

① Queue ② Graph
③ Stack ④ Tree

10. DML에 해당하는 것으로만 나열된 것은?

㉠ SELECT ㉡ UPDATE ㉢ INSERT ㉣ GRANT

① ㉠, ㉡, ㉢ ② ㉠, ㉡, ㉣
③ ㉠, ㉢, ㉣ ④ ㉠, ㉡, ㉢, ㉣

11. 깊이가 4인 이진트리에서 가질 수 있는 노드의 최대 수는?

① 13 ② 14
③ 15 ④ 16

12. 다음 트리를 Preorder 운행법으로 운행할 경우 다섯 번째로 탐색 되는 것은?

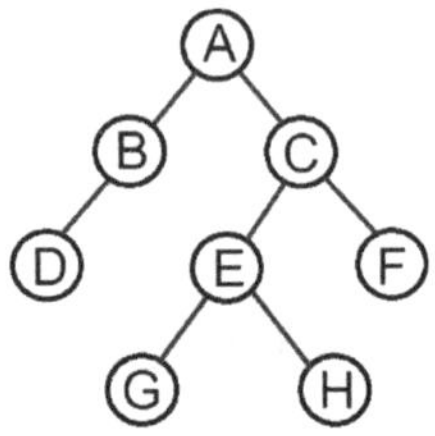

① C ② E ③ G ④ H

13. 트랜잭션의 특성으로 옳은 내용 모두를 나열한 것은?

㉠ Atomicity ㉡ Durability ㉢ Consistency ㉣ Isolation

① ㉠, ㉡
② ㉠, ㉡, ㉣
③ ㉠, ㉢, ㉣
④ ㉠, ㉡, ㉢, ㉣

14. 선형 구조만으로 나열된 것은?

① 트리, 그래프
② 트리, 그래프, 스택, 큐
③ 트리, 배열, 스택, 큐
④ 배열, 스택, 큐

15. 힙 정렬에 대한 설명으로 틀린 것은?

① 정렬한 입력 레코드들로 힙을 구성하고 가장 큰 키값을 갖는 루트 노드를 제거하는 과정을 반복하여 정렬하는 기법이다.
② 평균 수행 시간복잡도는 $O(n\log_2{}^{n})$이다.
③ 입력 자료의 레코드를 완전이진트리(complete binary tree) 로 구성한다.
④ 최악의 수행 시간복잡도는 $O(2n^4)$이다.

16. 다음 자료에 대하여 선택(Selection) 정렬을 이용하여 오름차순으로 정렬하고자 한다. 3회전 후의 결과로 옳은 것은?

37, 14, 17, 40, 35

① 14, 17, 37, 40, 35
② 14, 37, 17, 40, 35
③ 14, 17, 35, 37, 40
④ 14, 17, 35, 40, 37

17. 병행제어의 로킹(Locking)의 단위에 대한 설명으로 옳지 않은 것은?

① 데이터베이스, 파일, 레코드 등은 로킹 단위가 될 수 있다.
② 로킹 단위가 작아지면 로킹 오버헤드가 감소한다.
③ 로킹 단위가 작아지면 데이터베이스 공유도가 증가한다.
④ 한꺼번에 로킹 할 수 있는 단위를 로킹 단위라고 한다.

18. 데이터웨어하우스의 기본적인 OLAP(on-line analytical processing) 연산이 아닌 것은?

① translate ② roll-up
③ dicing ④ drill-down

19. 데이터베이스 설계 단계 중 물리적 설계에 해당하는 것은?

① 데이터 모형화와 사용자 뷰들을 통합한다.
② 트랜잭션의 인터페이스를 설계한다.
③ 파일 조직 방법과 저장 방법 그리고 파일 접근 방법 등을 선정한다.
④ 사용자들의 요구사항을 입력으로 하여 응용프로그램의 골격인 스키마를 작성한다.

20. 시스템 카탈로그에 대한 설명으로 옳지 않은 것은?

① 사용자가 직접 시스템 카탈로그의 내용을 갱신하여 데이터베이스 무결성을 유지한다.
② 시스템 자신이 필요로 하는 스키마 및 여러 가지 객체에 관한 정보를 포함하고 있는 시스템 데이터베이스이다.
③ 시스템 카탈로그에 저장되는 내용을 메타데이터라고도 한다.
④ 시스템 카탈로그는 DBMS가 스스로 생성하고 유지한다.

2018년 1회 1과목 : 데이터베이스

1. 그래프의 특수한 형태로 노드(Node)와 선분(Branch)으로 되어 있고, 정점 사이에 사이클(Cycle)이 형성되어 있지 않으며, 자료 사이의 관계성이 계층 형식으로 나타나는 비선형 구조는?

① tree ② network
③ stack ④ distributed

2. 다음 BETWEEN 연산의 의미와 동일한 것은?

```
SELECT *
FROM 성적
WHERE (점수 BETWEEN 90 AND 95) AND 학과 = "컴퓨터공학과"
```

① 점수>=90 AND 점수<=95 ② 점수>90 AND 점수<95
③ 점수>90 AND 점수<=95 ④ 점수>=90 AND 점수<95

3. 다음 자료에 대하여 삽입(insertion) 정렬 기법을 사용하여 오름차순으로 정렬하고자 한다. 1회전 후의 결과는?

5, 4, 3, 2, 1

① 4, 3, 2, 1, 5 ② 3, 4, 5, 2, 1
③ 4, 5, 3, 2, 1 ④ 1, 2, 3, 4, 5

4. SQL View(뷰)에 대한 설명으로 틀린 것은?

① 뷰(View)를 제거하고자 할 때는 DROP 문을 이용한다.
② 뷰(View)의 정의를 변경하고자 할 때는 ALTER 문을 이용한다.
③ 뷰(View)를 생성하고자 할 때는 CREATE 문을 이용한다.
④ 뷰(View)의 내용을 검색하고자 할 때는 SELECT 문을 이용한다.

5. 다음 설명에 해당하는 스키마는?

물리적 저장 장치의 입장에서 본 데이터베이스 구조로서 실제로 데이터베이스에 저장될 레코드의 형식을 정의하고 저장 데이터 항목의 표현방법, 내부 레코드의 물리적 순서 등을 나타낸다.

① conceptual schema ② internal schema
③ external schema ④ definition schema

6. 데이터베이스 내에서 데이터들이 불필요하게 중복되어 릴레이션 조작 시 예기치 못한 곤란한 현상을 무엇이라고 하는가?

① Normalization ② Bug
③ Anomaly ④ Error

7. 다음 전위식(prefix)을 후위식(postfix)으로 옳게 표현한 것은?

- / * A + B C D E

① A B C + * D / E -
② A B * C D / + E -
③ A B * C + D / E -
④ A B C + D / * E -

8. 트랜잭션의 특성 중 아래 내용에 해당하는 것은?

시스템이 가지고 있는 고정요소는 트랜잭션 수행 전과 트랜잭션 수행 완료 후에 같아야 한다.

① 원자성(atomicity) ② 일관성(consistency)
③ 격리성(isolation) ④ 영속성(durability)

9. 관계데이터 모델의 무결성 제약 중 기본키 값의 속성 값이 널(null)값이 아닌 원자 값을 갖는 성질은?

① 개체 무결성 ② 참조 무결성
③ 도메인 무결성 ④ 튜플의 유일성

10. 양 방향에서 입 · 출력이 가능한 선형 자료구조로 2개의 포인터를 이용하여 리스트의 양쪽 끝 모두에서 삽입 · 삭제가 가능한 것은?

① 데크(Deque) ② 스택(Stack)
③ 큐(Queue) ④ 트리(Tree)

11. 병행제어 기법 중 로킹에 대한 설명으로 옳지 않은 것은?

① 로킹의 대상이 되는 객체의 크기를 로킹 단위라고 한다.
② 파일은 로킹 단위가 될 수 있지만 레코드는 로킹 단위가 될 수 없다.
③ 로킹의 단위가 작아지면 로킹 오버헤드가 증가한다.
④ 로킹의 단위가 커지면 데이터베이스 공유도가 저하한다.

12. NoSQL의 설명으로 틀린 것은?

① Not Only SQL의 약자이다.
② 비정형 데이터의 저장을 위해 유연한 데이터 모델을 지원한다.
③ 전통적인 관계형 데이터베이스관리시스템과는 다른 비관계형(non-relational) DBMS 이다.
④ 정규화를 전제로 하고 있어 갱신 시에 저장 공간이 적게 든다.

13. 트랜잭션의 실행이 실패하였음을 알리는 연산자로 트랜잭션이 수행한 결과를 원래의 상태로 원상 복귀 시키는 연산은?

① COMMIT 연산
② BACKUP 연산
③ LOG 연산
④ ROLLBACK 연산

14. 관계 대수에 대한 설명으로 옳지 않은 것은?

① 릴레이션을 처리하기 위한 연산의 집합으로 피연산자가 릴레이션이고 결과도 릴레이션이다.
② 원하는 정보와 그 정보를 어떻게 유도하는가를 기술하는 절차적 특징을 가지고 있다.
③ 일반 집합 연산과 순수 관계 연산이 있다.
④ 수학의 Predicate Calculus 에 기반을 두고 있다.

15. 데이터베이스 로그(log)를 필요로 하는 회복 기법은?

① 즉각 갱신 기법
② 대수적 코딩 방법
③ 타임스탬프 기법
④ 폴딩 기법

16. What is the quantity of tuples in consist of the relation?

① Degree
② Instance
③ Domain
④ Cardinality

17. 이진 검색 알고리즘에 대한 설명으로 틀린 것은?

① 탐색 효율이 좋고 탐색 시간이 적게 소요된다.
② 검색할 데이터가 정렬되어 있어야 한다.
③ 피보나치수열에 따라 다음에 비교할 대상을 선정하여 검색한다.
④ 비교횟수를 거듭할 때마다 검색 대상이 되는 데이터의 수가 절반으로 줄어든다.

18. 정규화의 필요성으로 거리가 먼 것은?

① 데이터 구조의 안정성 최대화
② 중복 데이터의 활성화
③ 수정, 삭제 시 이상현상의 최소화
④ 테이블 불일치 위험의 최소화

19. 순서가 A, B, C, D 로 정해진 입력 자료를 스택에 입력하였다가 출력할 때, 가능한 출력 순서의 결과가 아닌 것은?

① D, A, B, C
② A, B, C, D
③ A, B, D, C
④ B, C, D, A

20. 개체-관계 모델의 E-R 다이어그램에서 사용되는 기호와 그 의미의 연결이 옳지 않은 것은?

① 사각형 - 개체 타입
② 삼각형 - 속성
③ 선 - 개체 타입과 속성을 연결
④ 마름모 - 관계 타입

2018년 2회　1과목 : 데이터베이스

1. 릴레이션에 포함되어 있는 튜플의 수는?

① Cardinality　② Schema　③ Type　④ Degree

2. 다음 자료를 버블 정렬을 이용하여 오름차순으로 정렬할 경우 PASS 2의 수행 결과는?

9, 6, 7, 3, 5

① 3, 5, 6, 7, 9　② 6, 7, 3, 5, 9
③ 3, 5, 9, 6, 7　④ 6, 3, 5, 7, 9

3. 릴레이션의 R의 차수가 4이고 카디널리티가 5이며, 릴레이션의 S의 차수가 6이고 카디널리티가 7일 때, 두 개의 릴레이션을 카티션 프로덕트한 결과의 새로운 릴레이션의 차수와 카디널리티는 얼마인가?

① 24, 35　② 24, 12　③ 10, 35　④ 10, 12

4. What are general configuration of indexed sequential file?

① Index area, Mark area, Overflow area
② Index area, Prime area, Overflow area
③ Index area, Mark area, Excess area
④ Index area, Prime area, Mark area

5. 데이터베이스 설계 시 물리적 설계 단계에서 수행하는 사항이 아닌 것은?

① 저장 레코드 양식 설계　② 레코드 집중의 분석 및 설계
③ 접근 경로 설계　④ 목표 DBMS에 맞는 스키마 설계

6. 다음 그림에서 트리의 차수(degree)는?

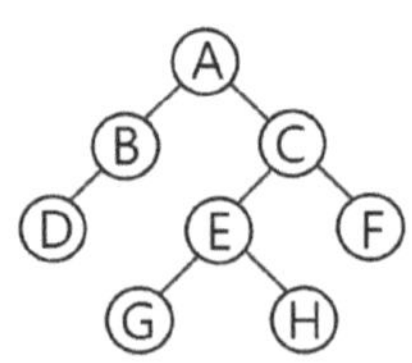

① 1　② 2　③ 3　④ 4

7. 릴레이션에서 기본키를 구성하는 속성은 널(Null)값이나 중복 값을 가질 수 없다는 것을 의미하는 제약조건은?

① 참조 무결성　　② 보안 무결성
③ 개체 무결성　　④ 정보 무결성

8. 다음은 관계형 데이터베이스의 키(Key)를 설명하고 있다. 해당되는 키는?

> 한 릴레이션 내의 속성들의 집합으로 구성된 키로서, 릴레이션을 구성하는 모든 튜플에 대한 유일성은 만족시키지만 최소성은 만족시키지 못한다.

① 후보키　　② 대체키
③ 슈퍼키　　④ 외래키

9. "회사원"이라는 테이블에서 "사원명"을 검색할 때, "연락번호"가 Null 값이 아닌 "사원명"을 모두 찾을 경우의 SQL 질의로 옳은 것은?

① SELECT 사원명 FROM 회사원 WHERE 연락번호 !=NULL;
② SELECT 사원명 FROM 회사원 WHERE 연락번호<>=NULL;
③ SELECT 사원명 FROM 회사원 WHERE 연락번호 IS NOT NULL;
④ SELECT 사원명 FROM 회사원 WHERE 연락번호 DON'T NULL;

10. 다음 SQL문의 실행결과를 가장 옳게 설명한 것은?

```
DROP TABLE 인사 CASCADE
```

① 인사 테이블을 제거한다.
② 인사 테이블을 참조하는 테이블과 인사테이블을 제거한다.
③ 인사 테이블이 참조중이면 제거하지 않는다.
④ 인사 테이블을 제거할 지의 여부를 사용자에게 다시 질의한다.

11. 병행제어의 목적으로 옳지 않은 것은?

① 시스템 활용도를 최대화
② 데이터베이스 공유도 최대화
③ 사용자에 대한 응답시간 최대화
④ 데이터베이스의 일관성 유지

12. 로킹 단위가 큰 경우에 대한 설명으로 옳은 것은?

① 로킹 오버헤드 증가, 데이터베이스 공유도 저하
② 로킹 오버헤드 감소, 데이터베이스 공유도 저하
③ 로킹 오버헤드 감소, 데이터베이스 공유도 증가
④ 로킹 오버헤드 증가, 데이터베이스 공유도 증가

13. SQL 구문에서 "having" 절은 반드시 어떤 구문과 사용되어야 하는가?

① GROUP BY ② ORDER BY
③ UPDATE ④ JOIN

14. 데이터의 중복으로 인하여 관계연산을 처리할 때 예기치 못한 곤란한 현상이 발생하는 것을 무엇이라 하는가?

① 이상(Anomaly) ② 제한(Restriction)
③ 종속성(Dependency) ④ 변환(Translation)

15. 정점이 5개인 방향 그래프가 가질 수 있는 최대 간선 수는? (단, 자기간선과 중복간선은 배제한다.)

① 7개 ② 10개
③ 20개 ④ 27개

16. DBA가 사용자 Park에게 테이블A의 데이터를 갱신할 수 있는 시스템 권한을 부여하고자 하는 SQL문을 작성하고자 한다. 다음에 주어진 SQL문의 빈칸에 알맞게 채운 것은?

SQL〉GRANT ___㉠___ ___㉡___ 테이블A To Park

① ㉠ INSERT, ㉡ INTO ② ㉠ ALTER, ㉡ TO
③ ㉠ UPDATE, ㉡ ON ④ ㉠ REPLACE, ㉡ IN

17. 다음 Postfix 연산식에 대한 연산결과로 옳은 것은?

3 4 * 5 6 * +

① 35 ② 42
③ 77 ④ 360

18. 정규화 과정에서 A → B이고 B → C 일 때 A → C 인 관계를 제거하는 단계는?

① 1NF → 2NF
② 2NF → 3NF
③ 3NF → BCNF
④ BCNF → 4NF

19. 다음 트리에 대한 INORDER 운행 결과는?

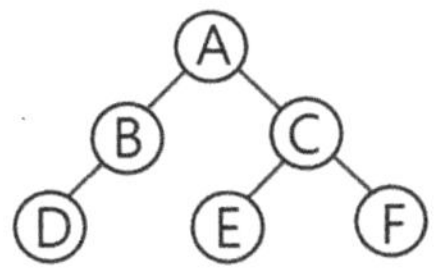

① D B A E C F
② A B D C E F
③ D B E C F A
④ A B C D E F

20. 관계대수에 대한 설명으로 옳지 않은 것은?

① 원하는 릴레이션을 정의하는 방법을 제공하며 비절차적 언어이다.
② 릴레이션 조작을 위한 연산의 집합으로 피연산자와 결과가 모두 릴레이션이다.
③ 일반 집합 연산과 순수 관계 연산으로 구분된다.
④ 질의에 대한 해를 구하기 위해 수행해야 할 연산의 순서를 명시한다.

2018년 3회　　1과목 : 데이터베이스

1. Linear Search의 평균 검색 회수는?

① n-1　　② (n+1)/2
③ n　　④ n/2

2. 관계 데이터베이스 제약조건 중 한 릴레이션의 기보키를 구성하는 어떠한 속성 값도 널(NULL) 값이나 중복 값을 가질 수 없다는 조건은?

① 키 제약 조건　　② 참 조 무결성 제약 조건
③ 참여 제약 조건　　④ 개체 무결성 제약 조건

3. 해싱에서 동일한 홈 주소로 인하여 충돌이 일어난 레코드들의 집합을 의미하는 것은?

① Synonym　　② Collision
③ Bucket　　④ Overflow

4. 뷰에 대한 설명으로 옳지 않은 것은?

① 뷰는 삽입, 삭제, 갱신 연산에 제약사항이 없다.
② 뷰는 데이터 접근 제어로 보안을 제공한다.
③ 뷰는 독자적인 인덱스를 가질 수 없다.
④ 뷰는 데이터의 논리적 독립성을 제공한다.

5. 다음 정규화에 대한 설명으로 틀린 것은?

① 데이터베이스의 개념적 설계 단계에서 수행한다.
② 데이터 구조의 안정성을 최대화한다.
③ 중복을 배제하여 삽입, 삭제, 갱신 이상의 발생을 방지한다.
④ 데이터 삽입 시 릴레이션을 재구성할 필요성을 줄인다.

6. n개의 노드로 구성된 무방향 그래프의 최대 간 선수는?

① n-1　　② n(n-1)/2
③ n/2　　④ n(n+1)

7. 다음 postfix로 표현된 연산식의 연산 결과로 옳은 것은?

3 4 * 5 6 * +

① 35 ② 42
③ 81 ④ 360

8. 동시성 제어를 위한 직렬화 기법으로 트랜잭션 간의 순서를 미리 정하는 방법은?

① 로킹 기법 ② 타임스탬프 기법
③ 검증 기법 ④ 배타 로크 기법

9. SQL 문장 중 DDL문이 아닌 것은?

① CREATE ② DELETE
③ ALTER ④ DROP

10. 다음 문장의 빈칸에 들어갈 단어는?

A ( ) is an ordered list in which all insertions and deletions are made at one end, called the top.

① Stack ② Queue
③ List ④ Tree

11. 해싱 테이블의 오버플로우 처리 기법이 아닌 것은?

① 개방 주소법 ② 폐쇄 주소법
③ 로그 주소법 ④ 재해싱

12. 데이터베이스 설계 단계 중 저장 레코드 양식 설계, 레코드 집중의 분석 및 설계, 접근 경로 설계와 관계되는 것은?

① 논리적 설계 ② 요구 조건 분석
③ 물리적 설계 ④ 개념적 설계

13. 다음 정의에서 말하는 기본 정규형은?

어떤 릴레이션 R에 속한 모든 도메인이 원자값(Atomic Value)만으로 되어 있다.

① 제1정규형(1NF) ② 제2정규형(2NF)
③ 제3정규형(3NF) ④ 보이스/코드 정규형(BCNF)

14. 아래와 같은 결과를 만들어내는 SQL문은?

[공급자 Table]

공급자번호	공급자명	위치
16	대신공업사	수원
27	삼진사	서울
39	삼양사	인천
62	진아공업사	대전
70	신촌상사	서울

[결과]

공급자번호	공급자명	위치
16	대신공업사	수원
70	신촌상사	서울

① SELECT * FROM 공급자 WHERE 공급자명 LIKE '%신%'
② SELECT * FROM 공급자 WHERE 공급자명 LIKE '대%'
③ SELECT * FROM 공급자 WHERE 공급자명 LIKE '%사'
④ SELECT * FROM 공급자 WHERE 공급자명 LIKE '_사'

15. 다음 그림에서 트리의 차수는?

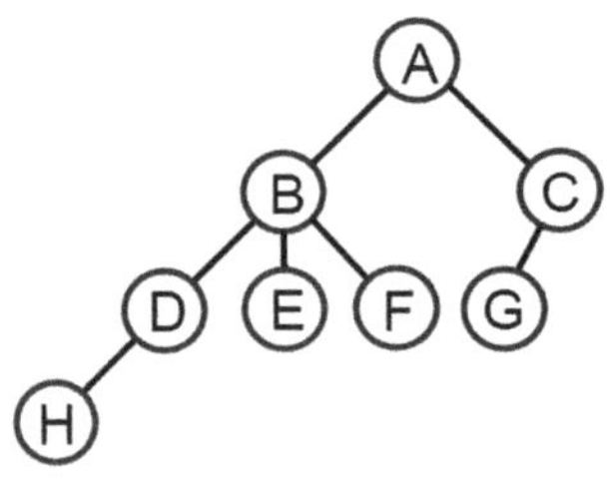

① 3
② 4
③ 6
④ 8

16. 병행 제어의 로킹(Locking) 단위에 대한 설명으로 옳지 않은 것은?

① 데이터베이스, 파일, 레코드 등은 로킹 단위가 될 수 있다.
② 로킹 단위가 작아지면 로킹 오버헤드가 증가한다.
③ 한꺼번에 로킹할 수 있는 단위를 로킹 단위라고 한다.
④ 로킹 단위가 작아지면 병행성 수준이 낮아진다.

17. 데이터베이스에서 널(NULL) 값에 대한 설명으로 옳지 않은 것은?

① 아직 모르는 값을 의미한다.
② 아직 알려지지 않은 값을 의미한다.
③ 공백이나 0(ZERO)과 같은 의미이다.
④ 정보 부재를 나타내기 위해 사용한다.

18. 다음 SQL 문에서 ( )안에 들어갈 내용으로 옳은 것은?

UPDATE 인사급여 ( ) 호봉=15 WHERE 성명=' 홍길동 '

① SET ② FROM
③ INOT ④ IN

19. 다음 자료를 버블 정렬을 이용하여 오름차순으로 정렬할 경우 PASS 3의 결과는?

9, 6, 7, 3, 5

① 6, 3, 5, 8, 9 ② 3, 5, 6, 7, 9
③ 6, 7, 3, 5, 9 ④ 3, 5, 9, 6, 7

20. 3NF에서 BCNF가 되기 위한 조건은?

① 이행적 함수 종속 제거
② 부분적 함수 종속 제거
③ 다치 종속 제거
④ 결정자이면서 후보키가 아닌 것 제거

정답

2012년 1회

1	2	3	4	5	6	7	8	9	10
라	가	라	나	나	가	나	나	라	나
11	12	13	14	15	16	17	18	19	20
가	나	라	가	가	다	나	가	가	가

2012년 2회

1	2	3	4	5	6	7	8	9	10
다	가	나	라	다	다	다	가	라	나
11	12	13	14	15	16	17	18	19	20
다	나	나	라	다	다	라	라	라	라

2012년 3회

1	2	3	4	5	6	7	8	9	10
라	가	가	다	가	다	나	나	나	가
11	12	13	14	15	16	17	18	19	20
나	다	나	다	다	가	다	나	나	라

2013년 1회

1	2	3	4	5	6	7	8	9	10
나	다	가	라	라	나	라	가	라	나
11	12	13	14	15	16	17	18	19	20
나	라	라	라	라	나	다	다	다	가

2013년 2회

1	2	3	4	5	6	7	8	9	10
라	다	가	라	나	가	나	나	라	라
11	12	13	14	15	16	17	18	19	20
다	다	가	나	나	라	다	다	가	나

2013년 3회

1	2	3	4	5	6	7	8	9	10
4	4	3	3	2	1	2	4	4	1
11	12	13	14	15	16	17	18	19	20
3	1	3	2	2	4	1	3	2	4

2014년 1회

1	2	3	4	5	6	7	8	9	10
3	4	1	3	4	4	4	1	4	1
11	12	13	14	15	16	17	18	19	20
4	1	1	1	4	2	2	4	3	3

2014년 2회

1	2	3	4	5	6	7	8	9	10
2	3	2	1	2	4	2	3	4	3
11	12	13	14	15	16	17	18	19	20
4	1	1	4	1	2	4	2	4	2

2014년 3회

1	2	3	4	5	6	7	8	9	10
4	4	3	3	3	4	4	2	3	2
11	12	13	14	15	16	17	18	19	20
1	3	3	1	1	2	3	2	1	2

2015년 1회

1	2	3	4	5	6	7	8	9	10
2	2	3	4	2	3	2	3	3	4
11	12	13	14	15	16	17	18	19	20
1	2	2	1	4	2	2	3	4	4

2015년 2회

1	2	3	4	5	6	7	8	9	10
3	4	3	1	3	4	1	2	2	2
11	12	13	14	15	16	17	18	19	20
3	4	4	2	4	1	4	3	2	1

2015년 3회

1	2	3	4	5	6	7	8	9	10
2	2	3	1	1	2	2	2	3	3
11	12	13	14	15	16	17	18	19	20
3	4	3	1	3	4	2	3	4	4

2016년 1회

1	2	3	4	5	6	7	8	9	10
1	3	3	3	1	4	4	4	4	1
11	12	13	14	15	16	17	18	19	20
3	3	1	1	2	1	2	4	2	2

2016년 2회

1	2	3	4	5	6	7	8	9	10
4	2	4	3	1	1	4	2	2	4
11	12	13	14	15	16	17	18	19	20
2	3	3	4	2	2	2	4	4	4

2017년 1회

1	2	3	4	5	6	7	8	9	10
1	모두답	모두답	2	2	1	3	3	2	3
11	12	13	14	15	16	17	18	19	20
1	2	2	3	4	2	1	4	3	2

2017년 2회

1	2	3	4	5	6	7	8	9	10
3	1	1	1	2	1	2	2	3	2
11	12	13	14	15	16	17	18	19	20
1	2	2	3	4	4	3	3	1	4

2017년 3회

1	2	3	4	5	6	7	8	9	10
4	3	3	3	1	2	3	4	3	1
11	12	13	14	15	16	17	18	19	20
3	2	4	4	4	4	2	1	3	1

2018년 1회

1	2	3	4	5	6	7	8	9	10
1	1	3	2	2	3	1	2	1	1
11	12	13	14	15	16	17	18	19	20
2	4	4	4	1	4	3	2	1	2

2018년 2회

1	2	3	4	5	6	7	8	9	10
1	4	3	2	4	2	3	3	3	2
11	12	13	14	15	16	17	18	19	20
3	2	1	1	3	3	2	2	1	1

2018년 3회

1	2	3	4	5	6	7	8	9	10
2	4	1	1	1	2	2	2	2	1
11	12	13	14	15	16	17	18	19	20
3	3	1	1	1	4	3	1	2	4

참고문헌

- H. F. Korth and A. Silberschatz, Database System Concepts, 6th ed., McGraw-Hill, 2010.
- D. M. Kroenke and D. J. Auer, Database Processing, 13thed., Pearson Education, 2013.
- B. Prabhakaran, Multimedia Database Management Systems, Kluwer Academic Publishers, 1997.
- https://www.microsoft.com/ko-kr/search/result.aspx?q=jdbc&form=MSHOME
- https://technet.microsoft.com/ko-kr/library/
- https://www.wikipedia.org/

찾아보기

ㄹ

ㅁ

ㅂ

ㅅ

ㅍ

ㅎ

A

B

C

D

E

F

G

H

I

J

M

N

O

P

R

S

T

V

W

기타

저자약력

김성규 안양대학교 컴퓨터공학과 교수

고진광 순천대학교 컴퓨터공학과 교수

데이터베이스 처리

초판발행 : 2019년 3월 10일
증보판발행 : 2019년 8월 30일
저 자 : 김 성 규·고 진 광
발 행 처 : 도서출판 한산
서울시 서대문구 수색로6길 43번지 105-602호
TEL : (02)304-3504 FAX : (02)304-3505
발 행 인 : 김 기 영
등록번호 : 제 10-1745 호
I S B N : 979-11-87555-20-9 93560

정가. 30,000원